高句麗歷史諸問題

朴眞奭

1926년 8월 현재의 圖門市 樺田洞에서 출생
1952년 10월 연변대학 역사학부를 필업
　　　　　그 후 주로 이 학교 조선문제연구소와 역사학부에서
　　　　　교학과 연구사업에 종사
　　　　　역사학교수
1991년 5월 이직 휴양(離休).

주요 저서

『朝鮮通史』 1~3分册(공역)
『朝鮮簡史』(공저)
『中國境內高句麗遺蹟研究』(공저)
『中朝經濟文化交流史研究』
『東夏史研究』
『호태왕비와 고대조일관계 연구』
『高句麗好太王碑研究』
『好太王碑拓本研究』

高句麗歷史諸問題

값 44,000원

2011년 10월 1일 초판 인쇄
2011년 10월 10일 초판 발행

저　　자 : 朴眞奭
발 행 인 : 한 정 희
편　　집 : 신 학 태, 김 송 이
발 행 처 : 경인문화사
　　　　　서울특별시 마포구 마포동 324 · 3
　　　　　전화 : 718 · 4831~2, 팩스 : 703 · 9711
　　　　　이메일 : kyunginp@chol.com
　　　　　홈페이지 : 한국학서적.kr / www.kyunginp.co.kr
등록번호 : 제10 · 18호(1973. 11. 8)

ISBN : 978-89-499-0813-7　93910
ⓒ 2011, Kyung-in Publishing Co, Printed in Korca

高句麗歷史諸問題

朴眞奭

景仁文化社

머리말

朴眞奭 교수의 수년간 연구의 결실인『高句麗歷史諸問題』(초고)가 마침내 완성되었다는 기쁜 소식이 전하여 옴과 함께 박교수가 序文을 부탁하여 오니 으레 축하할 일인즉 거절할 수 없어 그의 청탁을 받아드리는 것으로서 먼저 나의 충심으로 되는 축하를 보내려한다.

孔子는『論語』에서 자기는 "好古敏以求者也"하였다고 하였는데 박교수도 고대사에 각별한 흥취를 가져 중국에서의 조선고대사 연구에서의 원로학자로서 선후하여『조선간사』(공저),『중조경제문화교류사연구』,『호태왕비와 고대조일관계연구』,『고구려호태왕비연구』,『호태왕비탁본연구』,『동하사연구』,『중국경내고구려유적연구』(공저) 등 많은 저술들을 내놓았다. 이런 저술들에서도 짐작되는바 그는 특히 고구려사 연구에서 국내외에 널리 알려져 있는 존경받는 석학이다.

고구려는 B.C. 37년에서 A.D. 668년 사이의 700여 년에 걸쳐 오늘의 중국 길림, 요녕 지역을 망라한 동북지역과 조선반도 북반부에서 그의 찬란한 다원문화의 역사를 남긴 고대국가였다. 고구려사에 대한 근대 사학사는 1870~1880년대에 광개토대왕비가 발견된 후부터 각별한 중시를 일으켜 오늘까지 120여 년의 연구사를 쓰고 있다. 그간 고구려역사연구는 오래 동안 특정된 역사적 환경조건에서 또 이어지는 정치적 분단역사의 영향으로 하여 많은 우여곡절을 받게 되었다. 그러나 그 후의 정치적환경의 변화로 특히 21세기에 접어들면서 고구려역사연구는 중한학자들을 중심으로 각별한 중시를 일으켜 새로운 고구려역사연구의 열기를 일으켰다. 이런 가운데서 많은 중대한 연구 성과들을 거두었다. 그러나 몹시 필연적인 일이지만 고구려역사연구에는 오래 동안 밀려 내려오는 미해결의 문제도 적지 않지만 深度있는 연구과정에서 새롭게 제출되는 문제들도 많이 있다.

박교수는 본 저술에서 이런 문제들 가운데서 몇 가지 문제를 둘러싸고 자기 나름대로의 견해를 밝히고 있다. 이를테면 "高句麗"와 "句麗"의 관계에서 "句麗"는 "高句麗" 略稱으로 인정하고 두개 高句麗說을 부정하였다. 고구려 제9대 故國川王의 즉위 배경에 대하여 『三國史記』에 반영된 고구려 제8대 新大王(伯古)이 사망한 후 男武가 "太子"의 신분으로 순리롭게 왕위를 계승하여 보좌에 올랐다는 기재에 의문을 제출하고 그 복잡한 즉위 과정을 고증하였다. 그밖에 好太王陵墓의 위치에 대하여도 將軍塚이라는 학계의 견해를 재 논증하였다. 그리고 中原高句麗碑文에 나와 있는 "高麗太王祖王"에 대한 이해에서도 "太王"과 "祖王"은 두 사람이 아니라 한사람으로서 고구려 長壽王에 대한 부동한 표기라는 견해를 논증하였다.

박교수와 나는 중학교에서도 한때 한반에서 같이 공부하였고 연변대학에 와서도 동기 동반이었으며 졸업 후 함께 사학과에 몸을 담아온 60여 년의 학술적 친분관계를 맺어오고 있다. 이런 과정에서 나는 그에게서 많은 것을 배워오고 있는데 특히 인상적인 점은 꾸준히 참답게 고심연찬하며 대담하게 학술논쟁에 뛰어드는 批判的이고 創新的 학술의식이다. 그는 저술에서 시종 풍부한 사료에 근거하여 한 글자 한 구절을 반복적으로 따져가면서 "考釋癖"이 있는 학풍을 견지하고 있다. 그러기에 문풍도 몹시 소박하다. 그는 평소에 나에게 늘 이렇게 이야기하곤 한다. 그 요지는 대체로 다음과 같다.

"나의 견해는 학술계의 '百家爭鳴'가운데서 능히 '一家之言'으로 될 수 있기를 희망한다. 이런 '一家之言'은 반드시 충분한 자료에 의하여 잘 증명될 수 있도록 최선을 다해야한다."

나는 박진석 교수가 장기간에 걸쳐 쓴 이 책 『高句麗歷史諸問題』는 바로 이런 관점에 의하여 씌어졌다고 인정한다. 나는 또 이 책은 국내외의 학술계에서 진행되는 "百家爭鳴"가운데서 능히 "一家之言"으로 되기에 손색이 없으며 高句麗사를 보다 더 심도 있게 연구하는 사업에 대하여서도 기여할 수 있을 것이라고 생각한다. 물론 이 책 가운데는 일부 미흡한 점도 있을 수 있으며 심지어 착오도 있을 수 있다. 그러나 이런 상황은 앞으로 전개될 수 있는 학술계의 "百家爭鳴" 가운데서 점차적으로 보충되며 보다 더 完善한데로 발전할 수 있으리라고 굳게 믿으면서 나의 序를 끝맺으려 한다.

2009. 7. 3

原中國延邊大學校長 朴文一

전 언

『三國史記』 등의 기록에 따르면 대체로 기원전 37년에 朱蒙을 중심으로 한 일부 사람들은 夫餘(北夫餘 혹은 東夫餘)를 떠나 南下하면서 沸流水(지금의 渾江)유역의 卒本(忽本 혹은 紇升骨城이라고도 한다) 지역에 도읍을 정하고 高句麗를 건국하였다. 주몽에 의해 건국된 고구려는 668년 羅唐연합군에 의하여 멸망할 때까지 700여 년 동안 吉林·遼寧을 포함한 東北지방과 한반도의 북쪽지역에서 정치·경제·문화 등 각 방면에서 높은 발전을 이룩한 국가였다.

오늘 中外 학술계에서는 高句麗史 연구에서 큰 성과를 거두었다고 말할 수 있다. 그러나 상대적으로 고구려사에 대한 기초자료는 부족하며 이에 대한 학계의 연구수준도 그다지 높지 못한 편이다. 고구려사 연구 영역에는 아직도 많은 문제들이 해명되어야 하며, 학자들 사이에도 서로 다른 견해가 제기되고 있는 것이 사실이다.

이 책은 고구려사 연구 영역에서 제기되는 일부 문제들에 대하여 필자의 의견을 제출했는바 도합 8장 21절(자료논문과 부록을 포함하지 않음)로 씌어 있다. 편사 과정에서 필자는 정치와 학술을 구별하며 역사와 현실을 구별하며 실사구시함으로써 역사의 본래 면모를 밝혀내기 위하여 있는 힘을 다하였다. 필자는 또 이 졸작이 "百家爭鳴 百花齊放" 가운데의 "一家之言"으로 되어 금후 학술발전에 약간이라도 기여할 수 있기를 바라마지 않는다.

본서를 편사하고 출판하는 과정에서 延邊大學 유관부분의 협조를 많이 받았다. 原延邊大學校長 朴文一敎授는 본서를 위하여 '머리말'을 써 주었다. 延邊大學社會科學硏究處長 朴燦奎敎授, 人文社會科學院長 姜龍

範敎授, 歷史學部長 王臻敎授 등 여러분들은 본서의 편사와 출판을 위하여 많은 관심과 협조를 아끼지 않았다. 출판과정에서 朴哲과 高光儀 박사는 연락을 담당하는 등 여러 면에서 많은 일을 하였다.

본서의 일부 내용은 본래 中國語로 씌어 진 것이었는데 延邊大學渤海研究所 尹鉉哲敎授와 李東輝敎授가 韓國語로 번역하였다. 또 尹氏와 李氏 및 이 硏究所의 鄭京日氏는 본서의 내용 전부를 '타이핑'함으로써 출판에 편리를 도모하였다.

경인문화사의 한정희 대표님은 기꺼이 본서의 출판을 수락하여 주셨으며 신학태, 김송이 편집선생님은 언어와 서술방법에서 일부 차이가 있었음에도 불구하고 그것을 한국어 맞춤법에 맞게 다듬어 주시었다.

본서에는 아직 결점과 오류들도 있으리라고 생각하면서 광범한 독자들의 가르침이 있기를 희망하는 바이다.

삼가 이 기회를 빌어 도움주신 여러분들에게 진심으로 감사를 드리는 바이다.

저자로부터

2011. 8

x

\<목 차\>

제3장 濊貊族에 관한 몇 개 문제 - 183

제1장

高句麗國號와 두 개 高句麗說에 대하여

제1절 高句麗國號考

-高句麗와 句麗 관계를 중심으로 -

高句麗와 句麗 호칭에 대하여 학계에는 대체로 두 가지 견해가 있다. 첫째는 고구려와 구려는 서로 다른 나라에 대한 호칭으로 고구려에 선행하여 구려국이 존재했다고 인정하는 견해이며, 둘째는 하나의 동일한 대상, 즉 고구려에 대한 전칭과 약칭의 관계에 불과하다고 인정하는 견해이다. 필자는 두 번째 견해가 역사사실에 부합된다고 인정한다.

크게 두 개 방면으로 나누어 필자의 의견을 제기하고자 한다.

1. 高句麗와 句麗를 두 개 나라로 인정하는 견해의 모순

일부 학자들은 고구려가 건국하기 전에 이미 오늘의 渾江 유역과 鴨綠江 중류유역을 중심으로 '句麗國'이 존재했다고 인정한다. 그들은 이 '구려국'은 이미 기원전 5세기 이전에 건국되어 기원전 277년에 멸망했으며 그 뒤를 이어 고구려가 건국되었다고 한다.[1] 그러나 이런 견해는 과학적 증거가 결여되어 사람들을 설득시키기 어렵다.

---

1) 姜仁淑, 「關于先行于高句麗的古代國家句麗」, 『東北亞歷史與考古信息』, 1992년 제1기(原文은 朝鮮, 『역사과학』, 1991년 1기에 실림).

1) 駒驪에 관한 尙書傳의 기록

『尙書傳』 周官에는 다음과 같이 기록되어 있다.

"海東諸夷 駒驪 扶餘 馯貊之屬 武王克商 皆通道焉."[2]

위의 기사 중에서 '駒驪'에 대하여 학계에서는 대체로 두 가지 다른 해석이 있다. 고구려에 선행하여 句麗國이 존재했다고 인정하는 학자들은 이 기록을 매우 중시한다. 그들은 이 기록에 의거하여 기원전 11세기에 周武王이 商王朝를 멸망시키고 西周를 세웠을 때 '駒驪(句麗)'와 서주 왕실 사이에 이미 교통이 열리게 되었다는 것이다. 이것은 '駒驪(句麗)' 명칭의 유래가 매우 오래되었다는 것을 증명해 준다고 인정한다.

그러나 일부 다른 학자들은 '駒驪'칭호는 『尙書』의 원문에는 보이지 않으며 위에서 소개한 『상서전』의 기록은 『상서』 孔傳에 씌어있는 것이라고 한다. 그들은 또 『상서』 공전은 실제 누구에 의하여 씌어졌는지 오늘에 이르기까지도 잘 알 수 없는 것으로써 세인들이 공인하는 僞書라고 인정하면서 거기에 씌어있는 '駒驪'에 관한 기사는 결코 믿을 수 없다고 주장하고 있다.[3]

필자는 『상서전』의 기록에 근거하여 句麗(駒驪)가 고구려보다 더 이른 시기에 존재했다고 인정하는 견해는 과학적 근거가 결여되어 사람들에 대한 설득력도 약하다고 생각한다.

또 상술한 『상서전』의 기록은 마땅히 『汲冢周書』의 기록과 밀접히 연계시키면서 고찰할 필요가 있다고 생각한다. 먼저 『급총주서』의 유관기록을 소개하면 다음과 같다.

---

2) 『尙書傳』 周官 제22 ; 『조선사연표』, 朝鮮과학원, 1957년판, 4쪽.

3) 劉子敏, 1996, 『高句麗歷史硏究』, 延邊大學出版社, 31쪽 ; 『簡明中國古籍辭典』, 吉林文史出版社, 1987년판, 481~482쪽.

"『汲塚周書』云: 成周之會 北方臺正東高夷 嗛羊."
"『汲塚周書』晉孔晁注 云:高夷 東北夷 高句麗."[4]

　『汲塚周書』란 唐왕조 이래『逸周書』에 대한 오칭이다.『일주서』는 고문헌에 대한 匯編으로 원래 명칭은『周書』혹은『周史記』라고 불렸다고 한다. 내용은 위로는 西周초기부터 시작하여 아래로는 春秋시대(기원전 770~476년)말기까지의 역사를 기록하였다. 특히 주목을 끄는 것은『일주서』가운데 일부 문장들은 이미 周初에 이루어 졌으며 그 나머지도 적잖은 내용이 周代 문헌에 속한다는 사실이다.[5]

　成周之會는 成周에서 열린 회의를 가리킬 수 있다. '成周'의 유래는 대체로 다음과 같다.

　周武王은 商왕조를 멸망시킨 지 2년 만에 사망하고 그의 아들 成王이 왕위를 계승하자 周公旦이 섭정하면서 국정을 대신하여 집행하였다. 후에 성왕과 尹公奭을 중심으로 하는 세력과 주공단을 중심으로 하는 세력 사이에 왕위계승권문제를 둘러싸고 내부모순이 일어났다. 이 기회를 이용하여 상왕조의 잔여세력인 武庚(商 紂王의 아들로서 周武王이 諸侯로 봉해 준 사람)이 서주를 반대하는 반란을 일으켰다. 주공단은 무경반란을 평정하고 서주통치를 반대하여 싸우던 '頑民(殷頑이라고도 한다)'들을 상나라의 고지에서 서주의 수도인 洛陽에 이주 시켰다. 또한 주공단은 그들을 위하여 성을 쌓고 집을 지어주게 했는데, 이것을 '成周'라고 불렀다고 한다.[6] 만약 '成周之會'가 이 성주에서 열린 회의를 가리키는 것이 틀림없다면 그 연대의 상한은 서주 초기가 된다. 이런 '成周之會'에 '高夷'가 참가하고 또『汲塚周書』, 즉『逸周書』에 대한 晉 孔晁의 주해 가운데 '高夷', '高句驪' 등의 명칭이 나타난다는 것은 고이나 고구려의

4)『조선사연표』, 朝鮮科學院, 1957년판, 4쪽.
5)『簡明中國古籍辭典』, 360·794쪽.
6) 範文瀾,『中國通史簡編』(수정본 제1편), 民族出版社(朝譯本), 1959년판, 171~173쪽.

역사가 능히 서주 초기까지 거슬러 올라갈 수 있다는 것을 증명해 준다. 따라서 상술한 「尙書傳」에 나오는 '駒驪'가 확실히 존재했다고 하더라도 그것은 '高夷'나 '高句驪'보다 먼저 출현했다고 인정할 아무런 근거가 없는 것이다. 이 경우 「상서전」의 "武王 시기에 이미 駒驪와 서주 사이에 길이 통했다"란 기록은 오늘 일부 학자들이 句麗가 먼저 있었고 高句麗가 그를 계승하여 일어났다고 하는 견해에 과학적인 증거를 제공해 주지 못한다.

2) 應劭의 '故句驪胡'를 분석

일부 학자들은 應劭의 '故句驪胡'에 대하여 다음과 같이 분석하였다.

"3세기 中國의 주석가인 應劭는 이미 漢代의 高句驪縣에 주석을 달아 '故句驪侯'(胡 - 필자)라고 하였다. 이것은 前漢(기원전 206~기원후 24년)때의 高句麗는 그 이전에 이미 '句驪'라고 불렸다는 것을 설명해 준다. 이로부터 또 高句麗 이전에 句麗가 존재했으며 句麗의 뒤를 계승한 것이 곧 高句麗이다."7)

필자는 이런 견해에 동의하지 않는다. 먼저 응소가 주석을 단『漢書』地理志의 관련원문을 소개하면 다음과 같다.

"玄菟郡 武帝元封四年開. 高句驪 莽曰下句驪 屬幽州.(1) … 縣三: 高句驪 遼山 遼水所出 西南至遼隊入大遼水. 又有南蘇水 西北經塞外.(2) …"8)
(1)應劭曰: "故眞番 朝鮮胡國."
(2)應劭曰: "故句驪胡."

---

7) 「關于先行于高句麗的古代國家句麗」,『東北亞歷史與考古信息』 1992년 제1기, 46쪽.
8)『漢書』권28 下, 地理志 下 玄菟郡조.

위의 기록은『한서』지리지에 수록된 玄菟郡에 관한 기록을 요약한 것이다. 여기에는 응소의 주석이 두 곳 나오는데 (1)은 현토군에 관한 주석이고 (2)는 현토군 아래의 "高句驪縣"에 관한 주석으로, 다 같이 당시의 현토군과 고구려현에 대한 연혁을 설명한 것이다. 전자(1)는 당시 漢四郡의 하나인 현토군이 幽州에 소속되어 있다고 쓴 원문에 주석을 달아 옛날에는 그것이 眞番과 朝鮮胡國이 존재하던 곳(故眞番, 朝鮮胡國)이라는 것을 밝힌 것이며, 후자(2)는 지금 현토군에 소속되어 있는 '고구려현'은 옛날에는 句驪族, 즉 高句麗族이 거주하고 있던 곳(故句驪胡)이라는 것을 주석을 통하여 밝힌 것이다. 여기서 다시 한번 강조할 것은 응소의 '故句驪胡'는 '故高句驪胡'와 같은 의미로 쓰인다는 점이다. 그럼에도 불구하고 일부 학자들은 이 '故句驪胡'를 高句麗와 구별하면서 그것을 고구려에 선행한 다른 나라, 즉 '句驪國'이 존재한 것으로 인정하고 있는 것이다. 만약 이것이 漢玄菟郡에 소속되어 있는 '高句驪縣'에 대한 주석이 아니라 西漢시대의 高句麗國에 대한 주석이라고 가정한다면 그런 분석(句驪 → 高句驪)도 나올 가능성이 없지 않다. 그러나 이것은 그들 자신이 말하는 바와 같이 분명히 '高句驪縣'에 대한 주석이지 결코 '高句驪國'에 대한 주석이 아니다. 이럴 경우에 응소의 주석(故句驪胡)은 高句驪에 선행하여 句驪國이 존재했다는 뜻으로 해석될 것이 아니라 漢玄菟郡에 소속되어 있는 高句驪縣은 옛날에는 句驪胡, 즉 高句驪胡였다는 뜻으로 해석되어야 옳다고 생각한다.

우리의 주목을 끄는 것은 상술한 응소의 주석(2) 앞에 高句驪칭호가 두 차례 나왔다는 사실(高句驪 莽曰下句驪 … 縣三:高句驪 …)이다. 특히 응소는 현토군에 소속된 3개 縣에 대해 설명하면서 먼저 '高句驪'현을 제기하고 자연 상황과 연혁을 설명할 때 주석(故句驪胡)을 단 것이기 때문에 그것이 비록 주석이긴 하지만 문장 내에서 중복을 피하기 위하여 '高句驪'에 대한 전칭을 사용하지 않고 약칭인 '句驪'를 사용했을 가능성이 충분히 존재한다. 이와 같이 약칭인 句驪만 사용해도 그것이 '高句驪'를 가리킨다는 것은 명확하게 나타나기 때문에 문제 될 것이 없는 것이다.

상술한 정황은 『한서』 지리지 '高句驪縣'에 대한 응소의 주(2)는 高句麗에 선행하여 句麗라는 나라가 있었다고 인정하는 일부 학자들의 견해에 아무런 증거도 제공해 주지 못한다는 것을 증명해준다.

3) 涓(消)奴部 왕조시대가 句麗國이라고 인정하는 견해

일부 학자들은 朱蒙을 桂婁部 왕조의 시조로 보며, 주몽에 의한 高句麗 건국을 기준으로 그 이전을 涓(消)奴部에서 왕이 나오는 시대로 그 이후를 계루부에서 왕이 나오는 시대로 인정한다. 그들은 연(소)노부에서 왕이 나오는 시대를 '句麗國'이라고 하면서 그것은 기원전 5세기 이전부터 기원전 3세기 전반기까지 발전했다고 주장하고 있다.

필자는 이런 견해에 동의하지 않는다. 3부분으로 나누어 필자의 의견을 제기하면 다음과 같다.

(1) 高句麗五部에 관한 中國 고서들의 기록을 분석

먼저 五部에 관한 中國 고서들의 유관원문을 소개하고 필자의 의견을 제기하기로 한다.

(1) 『三國志』 高句麗傳: "本有五族 有涓奴部 絶奴部 順奴部 灌奴部 桂婁部. 本涓奴部爲王 稍微弱 今桂婁部代之."[9]
(2) 『後漢書』 高句驪傳: "凡有五族 有消奴部 絶奴部 順奴部 灌奴部 桂婁部. 本消奴部爲王 稍微弱 後桂婁部代之."[10]

위의 (1), (2)는 고구려 5부에 관하여 가장 빠른 시기에 나타난 기록이

---

9) 『三國志』 권30, 魏書30 東夷 高句麗傳.
10) 『後漢書』 권85, 列傳85 東夷 高句驪傳.

다. 즉『三國志』는 3세기 말에 陳壽에 의하여 편찬되었는데 魏·吳·蜀 등 삼국의 역사(220~265년)를 서술했으며,『後漢書』는 5세기 전반기에 宋範曄이 東漢(25~220년)의 역사를 서술했다. 이와 같이 책이 저술된 연대는『삼국지』가 더 빠르나 서술한 대상은『후한서』가 훨씬 이르다. 특히 주목을 끄는 것은 범엽이『후한서』에서 고구려 5부에 관해 기록할 때『삼국지』의 관련 기록을 거의 그대로 답습하면서도 그 가운데 관건적인 몇 글자를 바꾸어 놓았다는 사실이다. 즉『삼국지』의 '本有五族'을 '凡有五族'으로, '涓奴部'를 '消奴部'로, '今桂婁部代之'를 '後桂婁部代之'로 바꾸었던 것이다. 이와 같이 '本'을 '凡'으로 바꾸고 '今'을 '後'로 바꾼 것은 그 글자들이 갖고 있는 뜻으로 미루어 보아『후한서』의 서술 대상인 동한(25~220년)이『삼국지』의 서술대상인 위·오·촉 등 3국보다 훨씬 이르다는 사실과 관련될 가능성이 없지 않다. 즉 3국시기의 입장에서 볼 때 "본래부터 5족이 있었다(本有五族)"고 씀으로써 5족의 기원이 보다 오랜 이전에 속한다는 것을 묘사하는 것이 사실에 부합되었다면 東漢시대의 입장에서는 그것을 '무릇(凡)'으로 바꾸어 써서 그것이 보다 현시대에 가까운 총괄적인 뜻으로 묘사하는 것이 더 사실에 부합될 수 있다는 것이다. 그 아래에서『삼국지』의 "今桂婁部代之"를『후한서』에서는 "後桂婁部代之"로 씀으로써 '今'을 '後'로 바꾸어 놓은 것도 대체로 이와 같은 의미를 갖고 있다고 생각된다.

여기서 주목을 끄는 것은 동한의 건립연대는 위·오·촉 등 3국시대에 비하여 훨씬 이르긴 하지만 그 절대연대는 기원전으로 올라가지 못한다는 사실(25~220년)이다. 이것은 高句麗五部에 관한『후한서』의 일부 기록이『삼국지』에 비하여 다르게 씌어있다는 사실과 더불어 五部의 형성시기는 결코 기원전 훨씬 이전까지 끌어올려갈 수 없다는 것을 증명해준다. 그 밖에 古朝鮮에 관한 전기는『史記』나『한서』에 이미 수록되어 있지만 高句麗전은『후한서』에 처음으로 수록되기 시작했다는 것은 이런 견해가 옳다는 것을 증명해주는 또 하나의 유력한 증거가 된다.

주몽 건국 이전에 이미 연(소)노부에서 왕이 나오는 시대가 있었으며 또 그가 句麗國이라고 하면서 고구려 5부의 형성시기를 기원전 5세기 이전까지 끌어올려 가는 일부 학자들의 견해는 충분한 과학적 근거를 갖추었다고 하기 어렵다.

(2) 『三國史記』의 유관기사를 분석

『三國史記』에는 직접 고구려 5부에 대하여 쓴 기록이 없다. 그러나 『삼국사기』 고구려본기에 따르면 고구려 건국초기에 이미 掾(椽)那部・貫那部・桓那部・提那部・東部・南部 등 5부와 관련된 명칭들이 나오고, 또 沸流那陽神이라는 인명이 나오고 있어 '沸流那部'도 존재했다는 것을 짐작할 수 있게 한다.11)

학계에서는 일반적으로 『삼국사기』 고구려본기에서 산견되는 각종 '那部'는 『삼국지』 高句麗傳이나 『후한서』 高句驪傳 등 중국 고서에 씌어있는 고구려 5부에 해당한다고 인정하고 있다. 필자는 이런 견해에 다른 의견이 없다.

고구려 5부의 형성시기에 대하여 일부 학자들은 주몽을 계루부의 시조왕으로 보면서 그 이전에 이미 연(소)노부에서 왕이 나오는 시대, 즉 句麗國시대가 있었다고 인정한다. 최근에는 5부의 형성과 변화발전을 고구려 왕권의 출현과정과 연계시키지 않고 5부 안에서의 패권 지위의 이동으로 인정하는 전혀 새로운 견해도 제기되고 있어 학계의 관심을 불러일으키고 있다. 5부의 형성과 관련하여 본문은 상술한 바와 같은 두 가지 견해를 소개하는데 그친다. 그러나 여기서 마땅히 지적해야 할 것은 가령 주몽 건국 이전에 연(소)노부에서 왕이 나오는 시대가 있었다고

---

11) 『三國史記』 권14, 高句麗本紀2 大武神王 5・15년조 ; 권15, 本紀3 太祖王 20・80년조, 次大王 2년조 ; 권16, 本紀4 故國川王 2・13년조.

하더라도 그것은 결코 일부 학자들이 인정하는 것과 같은 강대한 句麗國은 존재하지 않았다는 점이다.

『삼국사기』에 따르면 주몽이 고구려를 건국한 지역에는 이미 松讓이 왕으로 있는 나라 혹은 '卒本扶餘'라고 불리는 나라가 있었다. 특히 주목을 끄는 것은 송양이 주몽과 패권을 다툴 때 "我累世爲王"을 내세우면서 자기 나라의 우세를 과시했다는 점이다.[12] 만약 이것이 사실이라면 이 나라의 건국연대는 주몽 건국(기원전 37년)보다 몇 세대(累世)위로 당연히 漢四郡 설치(기원전 108~기원전 107년)이전까지도 올라 갈 수 있는 것이다. 비록 그렇다고 하더라도 당시 송양의 나라는 고조선의 일부로써 그의 侯國정도의 처지였을 것이다. 또 한사군이 설치된 다음에는 한 현토군 아래의 高句麗縣에 의한 직접 혹은 간접적인 통치를 받는 처지를 면하지 못했을 것으로 인정된다. 『후한서』에 "武帝滅朝鮮 以高句麗爲縣 使屬玄菟", "濊及沃沮 句麗 本皆朝鮮之地也"[13]라고 쓴 것은 이런 견해가 옳다는 것을 증명해준다.

송양이 "我累世爲王"했다고 한 나라가 만약 연(소)노부에서 왕이 나오는 시대의 산물이라고 하더라도 그것은 결코 주몽 건국의 전신으로서 高句麗"小國" 처지를 면하지 못했을 것이다. 더군다나 일부 학자들이 말하는 비교적 강대한 句麗國(기원전 5세기 이전~기원전 3세기 전반기 사이에 발전)은 못되었을 것이다.

(3) 『三國遺事』에 인용된 『古記』의 기사를 분석

먼저 『三國遺事』의 기록을 살펴보자.

　"古記云: 前漢宣帝神爵三年壬戌四月八日 天帝降於訖升骨城(注略). 乘五龍

---

12) 『三國史記』 권13, 高句麗本紀1 東明王 1~2년조.
13) 『後漢書』 권85, 東夷 高句驪傳 濊傳.

車 立都稱王 國號北扶餘 自稱名解慕漱. … 東明帝繼北扶餘而興 立都於卒本州 爲卒本扶餘 即高句麗之始祖也."[14]

　　일부 학자들은 이 기사를 주몽에 의한 고구려 건국 이전에 句麗國이 존재했다는 증거의 하나로 삼고 있다. 필자는 이런 견해에 동의하지 않는다.

　　그들은 "天帝降於訖升骨城"이라고 쓴 『古記』의 기사는 『魏書』에 고구려 시조 주몽이 도읍을 정했다고 쓴 '紇升骨城'과 문자 상에서 완전히 일치하기 때문에, 그(『고기』의 訖升骨城)가 가리키는 것은 好太王碑文에서 鄒牟(주몽)왕이 도읍을 정했다 한 '忽本' 혹은 『고기』에 東明帝(주몽)가 고구려를 건국하고 도읍으로 삼았다는 '卒本'에 해당한다고 하였다. 이것은 졸본에는 이미 앞선 시기에 '天帝'가 세운 나라가 있었으며 주몽은 그 후에 고구려를 건국했다는 것을 증명하는 것으로, 이 두 나라의 관계는 '천제'가 세운 나라를 계승하여 일어난 것이 고구려라고 썼다.[15]

　　그러나 이 견해는 『삼국유사』에 인용된 『古記』의 기사내용과 부합되지 않는다. 『고기』의 '訖升骨城'과 『위서』의 '紇升骨城'은 "비록 문자 상에서는 완전히 일치"할 수도 있을 것이다. 물론 이런 문제는 계속적인 조사와 연구가 필요 한 것도 사실이다.[16] 여기서 특히 중요한 것은 내용상에서 그들(『고기』의 訖升骨城과 『위서』의 紇升骨城)이 가리키는 대상이 서로 완전히 다르다는 사실이다. 즉 『위서』의 '紇升骨城'은 고구려의 초기수도인 졸본(好太王碑文에는 忽本)을 가리키지만 『고기』의 '訖升骨

---

14) 『三國遺事』 권1, 紀異2 北扶餘傳.

15) 『東北亞歷史與考古信息』, 1992년 1기, 45쪽.

16) 필자가 본 자료에 의하면 『古記』의 "訖升骨城"과 『魏書』의 "紇升骨城"의 첫 번째 글자는 '訖'과 '紇'로서 서로 다르게 씌어있으며 그 글자들의 발음과 뜻도 서로 다른 것이다. 또 어떤 학자들은 『魏書』의 '紇升骨城'의 '紇升'은 '升紇'이 전도된 것이라고 인정했는데 역시 수복할 바이다. 李丙燾, 『韓國古代史研究』, 博英社, 1983년판, 367~368쪽.

城'은 고구려의 초기수도(졸본)를 가리키는 것이 아니라 北扶餘의 수도
를 가리키고 있는 것이다. 그것은 위의 기록에서 알 수 있듯이 『고기』에
는 "天帝降於訖升骨城 … 立都稱王"이라고 기록 한 다음에 계속해서
"國號北扶餘 自稱名解慕漱"라고 한데서 충분히 증명된다. 위의 기록은
'天帝'는 북부여의 시조인 解慕漱를 가리키며 그가 세운 나라는 '북부여'
에 해당한다는 것도 알 수 있게 한다.

　그럼에도 불구하고 일부 학자들은 이 '천제'가 세운 나라는 연노부에
서 왕이 나오는 시대이며, 국명은 '句麗國'이라고 주장하고 있는 것이다.
그들은 '천제'를 북부여왕인 해모수가 아니라 '句麗國王'이라고 인정하
였음이 분명하다. 이것 역시 『고기』의 기사내용과 일치하지 않는다.

　특히 그들은 '천제'가 세운 '句麗國'은 고구려와 구별되는 다른 나라
로서 기원전 5세기부터 기원전 227년까지의 사이에 발전했다고 했는데,
역시 『고기』의 기사내용과 모순된다. 왜냐하면 『고기』에는 '천제'가 세
운 나라는 결코 '句麗國'이 아니라 '북부여'를 가리킨다고 명확하게 기
록하고 있기 때문이다. 이것은 『고기』의 첫 부분에 "前漢宣帝神爵三年
壬戌四月八日, 天帝降於訖升骨城."이라고 쓴 기록과도 모순된다. 『中國
歷史年代簡表』에 따르면 前漢宣帝神爵三年은 기원전 59년이므로 句麗國
이 건립되었다는 기원전 5세기 이전보다는 실제 400년 가량이나 늦은
것이 된다.[17] 이와 같이 양자는 시간상의 거리를 보아도 결코 하나로 연
계시킬 수 없다는 것을 보여준다.

　끝으로 『고기』의 마지막 부분(東明帝繼北扶餘而興, 立都於卒本州, 爲
卒本扶餘, 卽高句麗之始祖也)에 대하여 간단히 설명하려 한다. 기사내용
을 통하여 알 수 있듯이 '東明帝'는 고구려의 시조왕을 가리킨다. 또한
동명제(주몽)는 북부여를 계승하여 일어났으며 졸본주에 도읍을 정하고
고구려의 시조가 되었다는 것을 알 수 있다. 이것은 好太王碑文의 내용

---

17) 『中國歷史年代簡表』, 文物出版社, 1957년판, 57쪽.

(惟昔始祖鄒牟王 … 出自北夫餘 … 於沸流谷忽本西 城山上而建都焉)과
일치하며 『위서』 및 『삼국사기』의 관련기사와 비교하더라도 詳略의 차
이가 있을 뿐 기본내용은 대체로 같다. 따라서 위에서 지적한 바와 같이
"天帝降於訖升骨城 … 立都稱王 國號北扶餘."라고 쓴 『古記』의 앞부분
기록과는 완전히 다르다. 앞부분은 부여(북부여) 건국설화를 반영한 것
이고 뒷부분은 고구려 건국설화를 쓴 것이다. 『삼국유사』에 인용된 『고
기』에서 북부여와 고구려 건국설화를 나란히 서술한 것은 양자의 계승
관계를 설명해 주기에 손색이 없다. '동명제'를 시조왕으로 삼는 건국설
화는 고구려와 부여(북부여)에 같이 있어 후세 사람들로 하여금 적잖은
혼란을 일으키게 하고 있는 것이다.[18] 이것은 고구려 건국설화가 그보
다 이른 시기에 형성된 부여 건국설화를 답습하고 그것을 더 발전시킨
결과 나타난 현상일 수 있다. 이것은 두 나라 관계가 매우 밀접하게 연
계되어 있다는 것을 증명해 준다. 고구려를 夫餘'別種'이라고 부르면서
두 나라의 "言語法則多同"하다고 쓰거나 주몽을 우두머리로 한 고구려
통치층이 부여(북부여 혹은 동부여라고 쓴 곳도 있다)에서 나왔다고 쓴
여러 고문헌의 기록들은 이런 견해가 옳다는 것을 증명해 준다.

　이와 같이 句麗國을 계승하여 일어난 것이 고구려라고 주장하는 일부
학자들의 견해는 『삼국유사』에 인용된 『고기』의 기사와도 모순된다. 필
자는 구려는 결코 고구려의 선행국이 아니라 그에 대한 약칭이었을 가능
성이 많다고 인정한다.

2. 句麗는 高句麗에 대한 略稱

　『후한서』 高句驪傳은 학계에서 고구려와 구려를 두 개의 나라로 인정

---

18) 『論衡』 권2, 吉驗篇. 『三國志』 夫餘傳에서 인용한 『魏略』 ; 『後漢書』 권85, 東
　夷 夫餘傳 ; 『三國史記』 권13, 高句麗本紀1 東明王 1년조.

하는가 아니면 하나의 나라에 대한 전칭과 약칭의 관계로 인정하는가를 구별하는 중요한 자료이다.

이런 정황에서 필자는 본 항목에서 『후한서』 고구려전을 중심으로 하고 그 외 다른 고서기록들을 비교분석하는 방법으로 구려는 결코 고구려와 구별되는 다른 나라가 아니라 그에 대한 약칭에 불과하다는 것을 설명하려 한다.

1) 『後漢書』 東夷傳의 서술특점

『후한서』 東夷傳 가운데는 「夫餘傳」, 「挹婁傳」, 「高句驪傳」, 「東沃沮傳」, 「濊傳」, 「韓傳」, 「倭傳」 등 7개 전기가 기록되어 있다. 7개 나라(혹은 민족)의 전기를 기록할 때 한 가지 공통점이 있다는 것을 알 수 있다. 먼저 관련 기록을 소개하면 다음과 같다.

> (1) 夫餘國: 在玄菟北千里 南與高句驪 東與挹婁 西與鮮卑接 北有弱水 地方二千里 本濊地也.
> (2) 挹婁: 古肅愼之國也 在夫餘東北千餘里 東濱大海 南與北沃沮接 不知其北所極 土地多山險 …
> (3) 高句驪: 在遼東之東 南與朝鮮 濊 貊接 東與沃沮接. 地方二千里 多大山深谷.
> (4) 東沃沮: 在高句驪蓋馬大山之東 東濱大海 北與挹婁 夫餘 南與濊 貊接. 其地東西夾 南北長 可折方千里.
> (5) 濊: 北與高句驪 沃沮 南與辰韓接 東窮大海 西至樂浪.
> (6) 韓: 有三種 一曰馬韓 二曰辰韓 三曰弁韓. 馬韓在西 有五十四國 其北與樂浪 南與倭接. 辰韓在東 十有二國 其北與濊 貊接. 弁辰在辰韓之南 亦十有二國 其南亦與倭接.
> (7) 倭: 在韓東南大海中 依山島爲居 凡百餘國.[19)]

(1)부터 (7)까지를 통하여 알 수 있는 바와 같이 『후한서』 동이전에서

---

19) 위의 기록 (1)~(7)은 『後漢書』 권85, 東夷의 유관부분 참조.

는 각 나라 혹은 민족의 전기를 쓸 때 먼저 지리적 위치를 비교적 상세하게 밝히고 있으며, 자연 환경도 기록(비록 간단하지만)하고 있다. 이것은 서술방법에서의 일종의 공통점이라고 말할 수 있다.

여기서 주목을 끄는 것은『후한서』高句驪傳 가운데의 '句驪' 이후의 부분을 기록할 때 어떤 방법으로 서술했는가를 이해하는 문제이다. 먼저 원문을 소개하면 다음과 같다.

"句驪 一名貊耳 有別種 依小水爲居 因名曰小水貊."[20]

위의 기록에서 알 수 있듯이 '句驪'에 대해서는 전혀 그 위치를 밝히지 않고 있다. 다만 "句驪 一名貊耳"이라고 적고 있을 뿐이다. 즉 '句驪'의 '別種'으로서 小水貊이 있다는 사실을 간단히 적고 나서 계속하여 주요하게 高句麗의 대외관계 내용을 적고 있는 것이다. 만약 '句驪'의 아래 부분이 그 위 부분의 '高句驪'와 구별되는 다른 나라의 전기가 옳다면 결코 이런 방법으로 쓸 수는 없는 것이다. 왜냐하면『후한서』동이전에 수록되어 있는 여러 나라와 민족의 전기를 쓸 때의 공통점과 모순되기 때문이다. 따라서『후한서』高句驪傳에서 '句驪'이하의 부분은 결코 그 앞의 '高句驪'와 구별되는 다른 나라의 전기가 아니라 '高句驪'와 같은 한 나라의 전기였던 것이다.

2)『後漢書』高句驪傳, 句驪 아래 부분의 서술방법

『후한서』高句驪傳 句驪 아래 부분에는 다음과 같은 기사가 있다.

(1) 王莽初 發句驪兵以伐匈奴 其人不欲行 疆迫遣之 皆亡出塞爲寇盜 遼西大尹 田譚追擊 戰死 莽令嚴尤擊之 誘句驪侯騶入塞斬之 傳首長安. 莽大說 更名

---

20)『後漢書』권85, 東夷 高句驪傳.

高句驪王爲下句驪侯. 於是貊人寇邊愈甚.

(2) 建武八年 高句驪遣使朝貢 光武復其王號. 二十三年冬 句驪蠶支落大加戴升
等萬餘口 詣樂浪內屬.

(3) (建武)二十五年春 句驪寇右北平 漁陽 上谷 太原 而遼東太守祭(『삼국사기』
에는 蔡－필자)形以恩信招之 皆復款塞.[21]

王莽은 서기 9년에 新王朝를 건립하여 25년까지 나라를 보전하였다.
이때부터 "王莽初"는 9년 이후의 신왕조 건립초기라는 것을 알 수 있다.
위의 (1)은 9년 이후의 신왕조 건립초기에 왕망과 '高句驪'사이의 모순
을 서술한 것이다. 여기서 주목을 끄는 것은 高句驪와 句驪가 한데 섞여
서술되고 있다는 점이다. 즉 왕망이 匈奴를 정벌하기 위하여 동원한 것
은 '句驪兵'이었으며 또 嚴尤가 유인하여 살해한 것도 '句驪侯騶'였다.
그러나 그 결과에 따라 왕망이 취한 조치는 결코 '句驪侯'에 대한 '更名'
이 아니라 '高句驪王'을 '下句驪侯'로 '更名'한 것이었다. 만약 『후한서』
에 수록된 「高句驪傳」과 「句驪傳」이 서로 다른 두 개 나라에 대한 傳記
라면 결코 이런 일은 일어날 수 없는 것이다.

위의 기사 (2)에 있는 建武는 東漢 光武帝의 연호이며 建武八年은 서
기 32년, 建武二十三年은 47년이다. 또 위의 기사 (3)에 나오는 建武二十
五年은 49년이다.[22]

위의 기사 (2)와 (3)에서 주목을 끄는 것은 32년부터 49년까지 기사인
데 전후 17년 사이에 '高句驪'와 '句驪'의 두 가지 칭호가 서로 섞여 나
온다는 사실이다. 즉 32년에 '高句驪'가 東漢에 사신을 보내어 朝貢을
바치니 광무제는 그의 왕호를 회복해 주었다. 이리하여 신왕조시기에 극
도로 악화되었던 두 나라 관계는 동한 초기에 정상상태로 되돌아 왔다.
그런데 그로부터 15년 후인 47년에는 '句驪'사람 '萬餘口'가 동한의 樂

---

21) 위의 기록 (1)~(3)은 『後漢書』 권85 東夷 高句驪傳 句驪 이후 부분 참조.
22) 『中國歷史年代簡表』, 62~63쪽.

浪郡에 와서 內屬했으며 다시 2년 후인 49년에는 '句驪'가 右北平 등의
지역을 공격하려 했으나 遼東太守의 노력으로 그만두게 되었던 것이다.

　『후한서』 高句驪傳에서 32년에 동한에 와서 朝貢을 바친 '高句驪'와
47년과 49년에 나타나는 '句驪'가 서로 다른 나라라는 것은 상상조차 할
수 없는 일이다. 이것은『후한서』 高句驪傳에 나오는 '句驪' 이후의 부
분은 결코 그 앞의「高句驪傳」과 구별되는 다른 나라의 전기를 가리키
는 것이 아니라 같은 한 나라에 대한 두 가지 부동한 칭호(전칭과 약칭)
라는 것을 증명해 주기에 손색이 없다.

3)『後漢書』高句驪傳과『漢書』王莽傳의 기사를 비교

　왕망과 '句驪'의 관계에 관한『후한서』와『한서』王莽傳의 기록은 모
두 왕망과 '高句驪'의 관계로 표시되어 있다. 이 사실들을 <표> 로 정
리하면 대체로 아래와 같다.

『後漢書』高句驪傳과『漢書』王莽傳의 상관기사 비교표[23]

	『後漢書』高句驪傳의 기사	『漢書』王莽傳의 기사
1	王莽初	先是
2	發句驪兵以伐匈奴	莽發高句驪兵 當伐胡.
3		田譚追擊之 爲所殺 州郡歸咎於高句驪侯騶.
4	嚴尤 … 誘句驪侯騶入塞斬之	尤誘高句驪侯騶 至而斬焉.
5	莽大說 更名高句驪王爲下句驪侯.	莽大說 … 更名高句驪爲下句驪.

　'王莽初'와 '先是'는 비록 표현방식은 다르지만 실제상 같은 시기를
가리킨다. 즉 9년에 왕망이 신왕조를 건립한 이후 얼마 지나지 않은 때
를 가리킴이 분명하다. 또『한서』에서는 왕망이 '高句驪兵'을 동원한 목
적이 '胡'를 정벌하기 위해서라고 썼으며『후한서』에서는 그것이 '匈奴'

23)『後漢書』권85, 東夷 高句驪傳 ;『漢書』권99, 王莽傳 中.

를 치기 위한 것이었다고 쓰고 있다. '胡'와 '匈奴'는 다 같이 중국의 북
방에 있던 거대민족으로 신왕조와 패권을 다투고 있었던 것으로 생각된
다. 그런데 『한서』에서는 그것을 '胡'라고 표현하고 『후한서』에서는 '匈
奴'라고 쓴 것은 편자들의 관점이 서로 다른 것과 관련될 것이다.

위의 기사 (1)~(3)을 밀접히 연계시켜 살펴보면 동일한 시기(신왕조
건립초기)의 동일한 인물(왕망)이 대체로 동일한 상대(胡 혹은 匈奴)를
정벌하려고 취한 조치들을 기록했다는 것을 알 수 있다. 『후한서』에서
는 '句驪兵'을 동원했다고 했으나 『한서』에서는 '高句驪兵'을 동원했다
고 기록하고 있다.

위의 기사 (4)에 의하면 신왕조와 高句麗의 전쟁에서 嚴尤가 유인하여
참살한 것은 '騊'라는 사람이다. 이것을 『후한서』에서는 '句驪侯'로 기
록하였고, 『한서』에서는 '高句驪侯'로 기록하였다. 이것은 '高句驪'와
'句驪'는 결코 서로 다른 나라가 아니라 같은 나라를 가리킨다는 것을
증명해 준다.

끝으로 위의 기사 (5)에 따르면 왕망의 신왕조와 高句麗 사이에 발생
한 충돌 결과에 대하여 쓸 때 『후한서』나 『한서』는 다 같이 '高句驪'란
칭호를 사용하고 있다. 특히 『후한서』는 앞에서는 '句驪'로 쓴 것을 뒤
에서는 '高句驪'로 바꾸어 쓰면서도 그 이유를 설명하지 않고 있다는 것
과 『한서』가 『후한서』보다 이른 시기에 출판되었고, 東漢보다 앞선 시
기인 西漢시대를 대상으로 삼고 있다는 사실에 주목할 필요가 있다.

상술한 일련의 사실들은 高句麗와 句麗는 결코 서로 다른 나라가 아
니라 같은 나라를 가리킨다는 것을 증명해 주기에 손색이 없다.

4) 『後漢書』 高句驪傳과 『三國史記』 高句麗本紀의 기사 비교

『후한서』 高句驪傳에서 '句驪'와 관련되는 기사는 『삼국사기』 高句麗

本紀에도 기록되어 있다. 그 정황들을 <표>로 정리하면 아래와 같다.

『後漢書』高句驪傳과 『三國史記』高句麗本紀의 기록비교[24]

	『後漢書』高句驪傳의 기록	『三國史記』高句麗本紀의 기록
1	王莽發句驪兵以伐匈奴	瑠璃王三十一年(12년-필자) 漢王發我兵 伐胡 ….
2	建武八年(32년-필자) 高句驪遣使朝貢 光武復其王號.	大武神王十五年(32년) 遣使入漢朝貢 光武帝復其王號 是立(建-원주)武八年也.
3	光武二十三年(47년)冬 句驪蠶支落大加載升等萬餘口 詣樂浪內屬.	閔中王四年(47년)冬十月 蠶支落大加載升等一萬餘家,詣樂浪投漢.
4	光武二十五年(49년)春 句驪寇北平 漁陽 上谷 太原 而遼東太守祭(『三國史記』에는 蔡-필자)肜以恩信招之 皆復款塞.	慕本王二年(49년)春 遣將襲漢右北平 漁陽 上谷 太原 而遼東太守蔡肜以恩信待之 乃復和親.
5	句驪王宮 生而開目能視.	太祖大王(或云國祖王) 諱宮 … 王生而開目能視.

『후한서』와 『삼국사기』에 수록된 위의 기록 (1)부터 (5)까지를 각각 비교해 보면 개별적인 부분에서 서로 다른 글자로 씌어 진 정황이 존재한다. 그러나 전체적인 내용에서는 대체로 같은 시간에 같은 대상 사이에 발생한 같은 사건에 대하여 『후한서』高句驪傳에서는 모두 '句驪' 이후의 부분에 쓰어 있으며 또 그 대부분이 '句驪'의 칭호로 표현된다. 그럼에도 불구하고 이런 것들이 『삼국사기』에서는 모두 고구려본기의 왕들, 즉 고구려 제2대 瑠璃王, 제3대 大武神王, 제4대 閔中王, 제5대 慕本王, 제6대 太祖王 등과 연계되어 발생하고 있는 것이다. 따라서 『삼국사기』의 편자인 金富軾은 『후한서』高句驪傳에 나오는 '句麗' 이후의 부분을 결코 고구려와 구별되는 다른 나라로 인정한 것이 아니라 그(고구려)의 약칭으로 인정했다는 것을 알 수 있다. 이것은 고구려와 구려는 결코 서로 다른 나라를 가리키는 것이 아니라는 것을 다시 증명해주는 좋은

---

24) 『後漢書』권85, 東夷 高句驪傳 ; 『三國史記』권13, 高句麗本紀1 ; 권15, 本紀3의 유관연조.

증거가 된다.

5) 『三國志』高句麗傳을 통해 본 高句麗와 句麗의 관계

먼저 『삼국지』高句麗傳에 씌어있는 高句麗 및 句麗 칭호와 관련된
기사를 그것이 기록된 순서에 따라 적으면 다음과 같다.

> (1) 高句麗在遼東之東千里 ….
> (2) 句麗作國 依大水而居 … 句麗別種依小水作國 因名之爲小水貊.
> (3) 王莽初 發高句麗兵以伐胡 … 遼西大尹田譚追擊之 爲所殺 州郡縣歸咎于句
>   麗侯騊. … 尤(嚴尤 - 필자)誘期句麗侯騊至而斬之 … 莽大悅 … 更名高句
>   麗爲下句麗.
> (4) 漢光武帝八年(32년 - 필자) 高句麗王遣使朝貢 始見稱王.
> (5) 至殤安之間(106~125년 - 필자) 句麗王宮數寇遼東.
> (6) 建安中(196~220년 - 필자) … 拔奇遂往遼東 有子留句麗國.
> (7) 伊夷模無子 … 生子名位宮 伊夷模死 立以爲王 今句麗王(位)宮是也.
> (8) 今王(東川王 - 필자)生 墮地 亦能開目視人 句麗呼相似爲位 似其祖 故名之
>   爲位宮.[25]

위의 기록을 통하여 알 수 있는 바와 같이 『삼국지』高句麗傳에는
高句麗 칭호가 4번 나오고 句麗 칭호가 8번 나온다. 여기서 관심을 끄
는 것은 『삼국지』에서는 高句麗傳 외에 따로 句麗傳이 있다고 느낄 수
있는 단락이 존재하지 않으며 처음부터 끝까지 연속적으로 쓰여 있다는
사실이다. 이것은 『후한서』의 高句麗傳을 하나로 볼 것인가 아니면 두
개의 전기(高句驪傳과 句驪傳)로 나누어 볼 것인가를 판단하는데 있어
매우 중요한 의미를 갖는다. 특히 『삼국지』는 『후한서』보다 빠른 시기
인 3세기 말에 毌丘儉이 高句麗를 침공할 때에 현지에서 얻은 자료에
의거하여 기록되었다는 점, 또한 국내외의 사서 가운데 제일 먼저 高

---

25) (1)~(8), 『三國志』권30, 「魏書」권30 東夷 高句麗傳.

句麗傳을 기록한 서적이라는 점에서 의의는 더욱 크다고 할 수 있는 것이다.

또『삼국지』高句麗傳은 '高句麗'란 이름으로 위치, 자연 환경, 관제, 풍속과 습관 등을 서술한 뒤에 "又有小水貊"이라고 쓰고 그다음에 비로소 '句麗'라는 명칭이 8번에 걸쳐 쓰여 있다. 또 '高句麗'란 칭호가 섞여서 3번 나온다.

예를 들면 서기 9년 신왕조가 건국된 지 얼마 지나지 않았을 때 왕망은 '高句麗兵'을 동원하여 胡(『한서』에는 흉노)를 정벌하려고 하였다. 이에 대하여 高句麗는 반항했으며 심지어 자기들을 '追擊'하는 '遼西大尹田譚'을 죽여 버렸다. 그런데 이 사건을 조사하는 州, 郡, 縣에서는 그 죄를 '高句麗'에게 물은 것이 아니라 '句麗侯騶'에게 책임을 물었다. 또 嚴尤는 '句麗侯騶'를 꾀여 자기의 관할범위 내에 들어오게 하여 살해하고 그 首級을 長安에 보내었는데 王莽은 그것을 받고 크게 기뻐하면서 천하에 알리는 한편 '高句麗'의 이름을 바꾸어 '下句麗'라고 했던 것이다.

이와 같이 같은 시기에 같은 사실을 설명하면서 '高句麗兵'이던 것이 뒤에서는 '句麗侯騶'로 바뀌고 다시 '高句麗'로 기록하는 등 양자를 혼용하고 있는 것이다. 이것은『삼국지』의 편자는 결코 '高句麗'와 '句麗'를 서로 다른 나라로 인정한 것이 아니라 오직 하나의 대상(고구려)만으로 인정하고 있었다는 것을 증명해준다.

상술한 일련의 사실들은『후한서』에 의거(高句驪傳과 句麗傳이 수록되어 있다고 착각)하여 高句麗와 句麗를 두 개의 다른 나라로 인정하는 일부 학자들의 견해는 과학적 근거를 갖추지 못했으며 역사사실에도 부합되지 않는다는 것을 증명해 준다. 역사상에는 오직 하나의 高句麗가 있었을 뿐이며 句麗는 高句麗에 대한 약칭에 불과했을 수 있다.

맺음말

高句麗와 句麗를 두 개의 다른 나라로 인정하여 高句麗에 선행하여 句麗가 존재(기원전 5세기 이전에 건립되었다고 인정)했다고 주장하는 일부 학자들의 견해는 충분한 근거를 제시하지 못했다고 생각된다. 예를 들면 '海東諸夷' 가운데 '駒麗' 등이 周武王이 商을 멸망한 후 모두 그와 길이 통했다고 쓴 『尚書傳』의 기록에 의거하여 句麗가 高句麗보다 먼저 있었다고 주장하고 있으나 설복력이 약하다. 그것은 대체로 같은 시기를 반영한 『汲塚周書』 즉 『逸周書』와 그의 주해에도 이미 '高夷'나 '高句驪' 등의 칭호가 나와 있기 때문이다. 『한서』 지리지, 현토군 고구려현에 대한 응소의 주해 가운데 씌어있는 '故句驪胡'도 역시 그 앞에 '高句驪' 칭호가 두 번이나 나온 이후에 씌어 진 것이기 때문에 '句驪'가 '高句驪'보다 먼저 있었다는 것을 증명해주지 못한다. 어떤 학자들은 『후한서』에 '高句驪'와 '句驪'라는 서로 다른 나라의 전기가 수록되어 있다고 인정함으로써 두 개 高句麗說의 가장 중요한 근거로 삼고 있다. 그러나 이것은 일종의 착각에 불과한 것이다. 『후한서』에는 高句驪傳이 있을 뿐 결코 句驪傳은 존재하지 않는다. 여기서 주목을 끄는 것은 『후한서』 高句驪傳의 '句驪' 이후의 부분에 '句驪'와 '高句驪'가 한데 섞여 씌어 있을 뿐만 아니라 句驪관련기사는 『한서』 왕망전에서는 모두 '高句驪'와 관련된 기사로 바뀌어 있으며 『삼국사기』에서도 예외 없이 고구려본기 가운데 씌어 있다는 점이다. 이것은 高句麗와 句麗가 같은 한 나라라는 것을 증명해준다. 그 밖에 역사상 제일 먼저 高句麗傳을 수록한 『삼국지』에는 高句麗傳이 있을 뿐 그것을 다시 高句麗傳과 句麗傳으로 나누어 볼 근거는 전혀 존재하지 않는다는 것도 우리의 주목을 끈다.

상술한 모든 사실들은 高句麗와 句麗는 결코 두 개의 나라가 아니며,

高句麗에 선행하여 句麗國이 있었다는 것도 아니라는 것을 증명해준다. 句麗는 高句麗에 대한 약칭에 불과했던 것으로 생각된다.

후기: 본문은 『廣開土太王과 東아시아世界』, 韓國, 學研文化社 2005년 판에 수록된 것이다. 이번에 본서에 수록하면서 전서의 서술방법을 통일 하기 위하여 고서의 인용을 포함한 일부 형식을 바꾸어 놓았다.

자료논문:

『高句麗國號考 - 高句麗와 句麗관계를 중심으로』 討論文

鄭求福

　　박진석 선생이 오늘 발표하신 고구려와 구려 관계를 중심으로 한 「고구려국호고」에 관한 논문은 강인숙의 설 즉 "高句麗가 건국하기 이전에 이미 오늘의 渾江 유역과 鴨綠江 중유유역을 중심으로 한 지역에 '句麗國'이 존재했다고 인정한다. 그들은 이 '句麗國'은 이미 기원전 5세기 이전에 건립되어 기원전 277년에 멸망했으며 그 뒤를 이어 高句麗가 건립되었다"고 한 설을 반박하기 위한 것이다. 그 결론은 句麗는 당시 사료를 면밀히 검토해본 결과 高句麗의 약칭이나 별칭에 불과하다는 주장이다. 논지의 전개에 있어서 사료의 비판과 해석에 무리가 없어 그 결론은 타당하다고 생각함으로 크게 문제를 제기할 만한 것이 없다. 특히 중국과 한국의 고기록을 정치하게 분석한 대체적 결론에는 동의한다.

　　본인은 원래 한국고대사의 전공자가 아니고 한국사학사를 전공하고 있다. 본인이 1992년에 『高句麗의 '高麗'국호에 대한 일고』(『호서사학』 19·20집)를 쓴 것으로 인하여 처음 논문제목만을 보고 토론자로 지정되었는데 박선생의 논문을 읽어보니 제가 토론자로는 적격자가 아님을 알게 되었음을 먼저 말씀드린다. 그러나 토론자로 나왔기 때문에 몇 가지 질문을 드리지 않을 수 없다.

　　첫째, 박선생이 인용한 『漢書』 권28 下, 지리지 현토군조의 고구려현의 기록을 어떻게 해석하는가에 대한 질의를 드리겠다.

　　그 원문은 다음과 같다.

玄菟郡 武帝元封四年開 高句驪 莽曰下句驪 屬幽州(一)戶四萬五千六. 口二
十二萬一千八百四十五 縣三 高句驪 遼山 遼水所出 西南至遼隊入大遼水 又有
南蘇水 西北經塞外(二)上殷臺 莽曰下殷 西蓋馬 馬訾水西北入鹽難水 西南至西
安平入海 過郡二 行二千一百里 莽曰玄菟亭.
　(一)應邵曰 故眞番 朝鮮 胡國
　(二)應邵曰 故句驪 胡

　이에 대한 본인의 견해로는 이『漢書』지리지에 실린 내용은 玄菟郡
이 설치된 漢 武帝 원봉 4년(기원전 107년 -『한서』무제본기에는 원봉
3년에 4군을 설치했다고 하였음)의 기록이 아니라 왕망 이후의 즉『漢書』
가 편찬된 당시의 상황을 기록하고 있다고 생각한다. 왜냐하면 현토군을
무제 원봉 4년에 열었다고 하면서 기원후 12년에 있었던 왕망이 고구려
를 하구려라고 칭했으며 이를 유주에 예속시켰다는 서술이 있고, 상은대
도 왕망이 하은(대)으로 개칭했다는 기록, 서개마현의 명칭을 현토정으
로 개칭했다는 기술 등에서 이를 확인할 수 있다. 뿐만 아니라 한무제가
위만조선을 치고 이 땅에 4군을 설치했다고 했으나『漢書』지리지에서
는 오직 현토군과 낙랑군만이 보이고 있다는 점에서이다. 따라서 현토군
에 현이 셋이 있다는 기술은 왕망 이후의 상황을 기술한 것으로 해석해
야 한다고 생각한다.

　그리고 위에서 고구려를 왕망이 하구려로 개칭하여 유주에 예속시켰
다는 기록은 왕망이 堯의 12주에 따라 전국을 12주로 개칭할 때의 상황
을 언급한 것이라고 생각한다. 응소의 주1은 幽州의 범위를 말한 내용이
고 응소의 주2는 고구려현의 영역에 대한 것이다. 후한의 응소가 주를
낼 때에 고구려라는 나라가 버젓이 존재하고 있었기 때문에 이를 궁색하
게 주를 내면서 구려라는 별칭을 쓴 것으로 생각한다. 고구려의 주석이
기 때문에 본문에 나오는 고구려라는 칭호 대신 별칭을 썼다는 박선생의
해석은 옳다고 생각하지 않는다. 따라서 이 무렵의 고구려현은 명칭만을

후에 취한 것일 뿐 실제 고구려의 영역을 현토군이 장악 통치했다고 할 수 없을 것이다. 현재 국사학계에서는 현토군조에 고구려현이 있다는 기록을 들어 고구려라는 명칭이 기원전 108년경에 있었다고 보는 견해도 있으나 이는 한서 지리지의 사료비판을 하지 못한 잘못된 오해이다. 이에 대하여 박선생의 견해를 묻고 싶다.

그리고 본인의 생각으로는 응소의 주석2는 옛 구려의 땅과 胡의 땅이라고 나눠서 읽어야 하고 응소의 주석1도 진번, 조선, 호국으로 떼어서 읽어야 한다고 생각한다. 그런데 박선생은 이를 조선호, 구려호로 붙여 읽고 있는데 이는 잘못이라고 생각한다. 이때 胡는 燕나라의 鮮卑族을 지칭하는 것이 아닐까 한다. 이에 대한 박선생의 고견을 말씀해주기 바란다.

둘째, 5부족에 대한 학설로 강인숙의 설만을 비판했는데 그가 소노부에서 왕이 나왔던 국가로서 구려국이 있었다는 설은 근거가 적절하지 못함을 여러 가지로 입증하였다. 그러나 현재 한국학계에서의 학설에 대하여는 어떤 생각을 가지고 있는지를 묻고 싶다. 즉 소노부에서 계루부로의 정권교체 시기는 태조왕대로 보고 있는 설이 있다. 태조대왕은 일명 國祖王이라고 했다. 태조왕이거나 국조왕이거나 간에 그 칭호가 새로운 국가의 시조인 칭호이고 이때부터 해씨성명의 집권층에서 고씨 집권세력으로 넘어간 것으로 해석하고 있다(김철준 설). 그리고 최근의 신설로는 송양국이 소노부 계열이고 부여계 계통의 추모집단은 계루부였다는 설이 있다(이병도, 노태돈설).

셋째, 고구려의 국호라는 논문이기 때문에 본 주제와는 약간 방향이 다른 것이지만 고구려에서 고려라는 국호가 사용된 것이 박선생의 논문 주 26에서 463년 479년 전후라는 설명은 본인의 연구와는 상치된다. 중국 정사의 본기에서 고려국이라는 칭호가 사용된 것을 분석하여 이는 국호의 개칭이며, 그 시기는 장수왕 20년경부터 나오는 점을 들어 이는 고구려가 평양으로 천도한 장수왕 15년경이 아닐까 한 설을 제기한 바 있다. 고려가 고려라고 국호를 칭한 것은 분명한 개칭이라고 본다. 이는 중원고구려비, 연가7년명 기록, 중국사서에서의 기록 등을 통해 볼 때 확실한 개칭이라고 할 수 있다. 이에 대한 고견을 부탁드린다.

후기: 본문은 『高句麗研究』 제21집, 韓國, 學研文化社, 2005년판, 471~473쪽에 실렸음(이 자료논문은 원저자의 허락을 받고 본서에 수록하였음).

제2절 「高句麗國號考 – 高句麗와 句麗관계를 중심으로 –」에 대한 鄭선생의 『討論文』에 대답함

2005년 11월 韓國에서는 제11회 高句麗국제학술대회(廣開土大王과 동아시아)가 열렸다. 당시 필자는 개인사정으로 회의에 참석하지 못하고 논문(高句麗國號考 – 高句麗와 句麗관계를 중심으로)만 보냈다. 주최 측에서는 졸작도 다른 논문들과 마찬가지로 회의일정 가운데 포함시키고 또 논문에 대한 토론도 진행해주었다.

이에 대하여 필자는 진심으로 감사를 표하는 바이다.

필자는 또 鄭선생의 「討論文」을 통하여 많은 계발을 받았다. 특히 鄭선생께서 졸작의 "결론을 타당하다"고 인정한데서 고무를 받았으며 다시 한 번 감사를 표한다.

鄭선생은 또 졸작에 대하여 몇 가지 '질문'을 제기하였다. 필자는 우선 겸허한 자세로 이 몇 가지 질문을 받아들이면서 첫 번째 질문을 중심으로 필자의 의견을 제기함으로써 질문에 대한 답으로 삼으려 한다.

먼저 鄭선생의 첫 번째 질문의 내용을 소개하면 다음과 같다.

첫째, 朴선생이 인용한 『한서』권28 하, 지리지 현토군조의 고구려현의 기록을 어떻게 해석하는가에 대한 질의를 드리겠다.

그 원문은 다음과 같다.

玄菟郡 武帝元封四年開 高句驪 莽曰下句驪 屬幽州 (一)戶四萬五千六 口二

十二萬一千八百四十五 縣三 高句驪 遼山遼水所出 西南至遼隊入大遼水 又有南
蘇水西北經塞外 (二)上殷臺 莽曰 下殷 西蓋馬 馬訾水西北入鹽難水 西南至西安
平入海 過郡二 行二千一百里 莽曰玄菟亭
　　(一) 應劭曰 故眞番 朝鮮 胡國
　　(二) 應劭曰 故句驪 胡

이와 같이 鄭선생은『한서』지리지, 현토군조의 원문(응소의 주를 포
함)을 소개하고 나서 계속해서 그에 대한 자기의 분석을 진행함으로써
이 부분에 대한 졸작(高句麗國號考 – 高句麗와 句麗관계를 중심으로)의
견해가 잘못되었다고 지적하였다.

아래에 3부분으로 나누어『한서』지리지, 현토군과 고구려현에 대한
鄭선생의 분석에 대하여 필자의 의견을 제기하기로 한다.

1.『漢書』地理志 高句驪縣의 서술연대

이에 대하여 鄭선생은 다음과 같이 썼다. "이『한서』지리지에 실린
내용은 현토군이 설치된 漢武帝 元封 4년(기원전 107년)의 기록이 아니
라 왕망 이후의 즉『한서』가 편찬된 당시의 상황을 기록하고 있다고 생
각한다."

상술한 鄭선생의 견해 가운데서 "이『한서』지리지에 실린 내용"이
어느 것을 가리키는지 명확하지 않은 느낌이 없지 않다. 그러나 그것이
현토군이나 "高句驪縣"을 가리키는 것에 관계없이 모두『한서』지리지,
현토군조의 원문 내용과 일치하지 않는다고 말할 수 있다. 그 이유는 대
체로 다음과 같다.

첫째, 鄭선생이 위에서 소개한『한서』지리지, 현토군조의 내용은 결
코 어느 특정한 연대, 즉 "왕망 이후 즉『한서』가 편찬된 당시 상황"만
을 기록한 것이 아니라, 현토군의 沿革(이 郡의 발전과 변화의 역사과정

을 가리킨다)을 포함하여 호구 및 지방행정조직의 소속 등 몇 가지 상황
을 함께 개괄하여 서술하고 있는 것이다. 연혁 가운데서는 우선 西漢 武
帝 元封 4년, 즉 기원전 107년에 한무제가 현토군을 설치한 사실을 서술
한 후, 1세기 초 왕망시기에 이 군(현토군)의 변화상황을 서술하고 있는
데 그것은 모두 이 군의 속현들에서 표현된다.

먼저 앞부분에 왕망이 '高句驪'를 '下句驪'로 개칭했다고 기록한 것은
'高句驪縣'이 현토군의 首縣인 점을 강조하기 위한 방법이었을 것으로
생각된다. 그 뒤를 이어 '屬幽州'라고 쓴 구절이 나옴으로써 "『한서』 지
리지에 실린 내용"의 앞부분은 "玄菟郡 武帝元封四年開 高句驪 莽曰下
句驪 屬幽州"로 된다.

이에 대하여 鄭선생은 "왕망이 '高句驪'를 '下句驪'라고 칭했으며 이
를 幽州에 예속시켰다"고 인정하였다. 그러나 이것은 사실에 맞지 않을
가능성이 없지 않다. 이것은 "高句驪"(왕망은 下句驪라고 개칭)가 유주
에 소속되었다는 것을 의미하는 것이 아니라, 오히려 현토군이 유주에
소속되었다고 해석하는 것이 옳을 것이다. 이것은 같은 책 樂浪郡조에
있는 "樂浪郡 武帝元封三年開 莽曰樂鮮 屬幽州"[1]가 낙랑군이 유주에 소
속되었다는 것을 의미하는 것과 같은 것이다.

『한서』 지리지에는 현토군의 3개 속현과 관련된 "上殷臺 莽曰下殷 西
蓋馬 … 莽曰玄菟亭."의 기록이 있다. 이 기록에서 기원전 107년 한무제
가 현토군을 설치한 이후 100여 년이 지난 신왕조의 왕망에 이르기까지
현토군의 3개 속현에는 비교적 큰 변화가 일어났다는 것을 알 수 있다.
이것은 현토군의 연혁을 서술하는 과정에서 서로 다른 시기에 발생한 사
실을 기록한 것으로서, 서술 형식이나 내용상에서 모순이 존재하지 않는
다. 그럼에도 불구하고 鄭선생은 "현토군을 무제 원봉 4년에 열었다고
하면서 기원후 12년에 있었던 왕망이 高句麗를 下句麗라고 칭했으며, 이

---

1) 『漢書』 권28, 地理志 下 樂浪郡조.

를 유주에 예속시켰다는 서술이 있고"라고 씀으로서 마치 양자 사이에 모순이 있는 것처럼 쓰고 있는데 사실과 맞지 않을 가능성이 있다. 그는 또이 사실을 "上殷臺도 왕망이 下殷(臺)으로 개칭했다는 기록, 西蓋馬縣의 명칭을 玄菟亭으로 개칭했다는 기술" 등과 더불어 "『한서』 지리지에 실린 내용은 현토군이 설치된 한무제 원봉 4년(기원전 107년)의 기록이 아니라 왕망 이후, 즉 『한서』가 편찬된 당시의 상황을 기록"한 것으로 인정할 수 있는 근거가 된다고 보았는데 역시 사실무근이라고 말할 수 있다.

둘째, 鄭선생은 또 "한무제가 衛滿朝鮮을 멸망시키고 이 땅에 4郡을 설치했다고 했으나 『한서』 지리지에서는 오직 현토군과 낙랑군만이 보이고 있다는 점"도 역시 『한서』 지리지에 실린 내용은 "왕망 이후 즉 『한서』가 편찬된 당시의 상황을 기록"한 것임을 보여주는 증거로 된다고 인정하였다.

필자는 한무제가 古朝鮮을 멸망하고 그 자리에 4군을 설치했다고 인정한 鄭선생의 견해에 동의한다. 그것은 『사기』 朝鮮列傳의 "遂定朝鮮爲四郡"[2]과 『한서』 朝鮮傳에 "遂定朝鮮爲眞番 臨屯 樂浪 玄菟四郡"[3]이란 기록에서 증명되며, 학계에서도 공인되고 있는 사실이기 때문이다.

또한 鄭선생은 "『한서』 지리지에서는 오직 현토군과 낙랑군만이 보이고 있다"라고 했는데 다른 의견이 없다. 왜냐하면 『한서』 지리지에는 분명히 한사군 가운데의 두 개 군, 즉 현토군과 낙랑군만이 수록되어 있으며, "玄菟 樂浪 武帝時置"라고 분명히 기록되어 있기 때문이다.[4]

그런데 필자는 鄭선생이 상술한 사실(한무제가 고조선을 멸망하고 4군을 설치했다고 했는데 『한서』 지리지에는 현토군과 낙랑군만 보이고 있는 상황)이 『한서』 지리지에 실린 내용(실제상 현토군조를 가리킨다)은

---

2) 『史記』 권115, 列傳55 朝鮮列傳.
3) 『漢書』 권75, 列傳65 朝鮮傳.
4) 『漢書』 권28, 地理志 玄菟郡조 樂浪郡조.

"왕망 이후의 즉 『한서』가 편찬된 당시의 상황을 기록하고 있다."는 것을 증명하는 자료라는 주장에 대해서는 동의하지 않는다. 왜냐하면 양자 사이에는 사실상 직접적인 인과 관계가 존재하지 않기 때문이다. 전자는 한4군의 발전 과정에서 나타난 한차례의 큰 변화(한4군～한2군)를 반영한 것이며, 후자는 그 과정에서의 일부 내용(현토군 상황)을 서술한 것에 불과한 것이다. 전자, 즉 4군이 2군으로 변화된 연대에 의거하여 후자인 『한서』 지리지에 실린 내용, 즉 현토군조의 서술 연대가 결정되어야지 그와 아무런 연계도 없는 왕망 이후의, 즉 『한서』가 편찬된 당시의 기록으로는 될 수 없을 것이다. 이런 상황에서 한사군이 2군으로 변화된 것이 어느 연대인가를 고찰하는 것은 매우 중요한 일이다.

『후한서』 濊傳에는 다음과 같은 기록이 있다.

漢武帝 "至元封三年 滅朝鮮 分置樂浪 臨屯 玄菟 眞番四郡 至昭帝(始元五年 罷臨屯 眞番 以幷樂浪 玄菟 玄菟復徙居句驪."[5]

한무제 '元封三年'은 기원전 108년이며 '昭帝始元五年'은 기원전 82년이다.[6]

위의 기록에 따르면 기원전 108년에 한무제는 고조선을 멸망하고 그곳에 樂浪·臨屯·玄菟·眞番 등 4군을 설치(현토군은 한 해 늦은 기원전 107년에 설치)했다는 것을 알 수 있다. 이것은 이미 위에서 소개한 『사기』 조선열전과 『한서』 조선전의 기록과 일치 한다는데 중요한 의의가 있다. 그러나 20여 년이 지난 기원전 82년에 西漢 昭帝는 한4군에 대하여 비교적 큰 규모로 조정하였다. 임둔군과 진번군을 폐지하고 그것을 낙랑군과 현토군에 병합시켰다. 이때부터 한4군 시기는 지나가고 새로운 한2군 시기를 맞이하게 되었다고 할 수 있다.

---

5) 『後漢書』 권85, 列傳75 東夷 濊傳.
6) 『中國歷史年代簡表』, 文物出版社, 1975년판, 54～55쪽.

한4군과 관련하여 『한서』 天文志에는 "元封中(기원전 110~기원전 105년 사이 – 필자) … 漢兵擊拔朝鮮 以爲樂浪 玄菟郡."[7]이라 했으며, 지리지에는 "玄菟 樂浪 武帝時置"[8], 『한서』 韋賢傳에는 "孝武皇帝 … 東伐朝鮮 起玄菟 樂浪."[9]라고 했는데 모두 기원전 82년(소제 시원 5년) 이후의 변화된 사실을 기록했다는 것에는 추호도 의심할 바가 없다. "『한서』 지리지에서는 오직 현토군과 낙랑군만이 보이고 있다."는 것 역시 예외가 아니다.

여기서 주목할 것은 한4군이 한2군으로 변화된 서한 소제 시원 5년 (기원전 82년)은 왕망의 재위기간(9~23년 사이)보다 90여 년이나 빠르며 『한서』가 편찬된 1세기 말보다는 170여 년이나 더 빠르다. 이때부터 이미 鄭선생이 지적한 것과 같이 "『한서』 지리지에는 오직 현토군과 낙랑군만이 보이고 있다"는 사회적 환경이 조성되고 있었다는 사실이다.

"『한서』 지리지에서는 오직 현토군과 낙랑군만이 보이고 있다"는 사실은 『한서』 지리지에 실린 내용(실제상 「현토군」 조를 가리킨다)은 결코 "왕망 이후, 즉 『한서』가 편찬된 당시의 상황을 기록"한 것이라는 견해를 증명해 주는데 대하여 크게 도움을 주지 못한다는 것을 알게 한다.

그 밖에 『한서』는 紀傳體로 된 단대사로서 서술대상은 西漢이다. 『한서』를 보통 『前漢書』라고 부르는 이유가 바로 여기에 있다. 『한서』는 西漢 高祖(劉邦) 원년(기원전 206년)으로부터 왕망의 地皇 4년(23년)까지의 230년 역사를 기록하고 있다.[10] 그런데 이미 위에서 지적한 바와 같이 『한서』의 편찬 연대는 1세기 말이다. 즉 서한(왕망 시기를 포함)이 멸망하고 동한이 건립된 지 60여 년이 지난 후인 것이다. 이것은 『한서』 (지리지를 포함)에 왕망 이후의 상황이나 심지어 『한서』가 편찬되던 동

---

7) 『漢書』 권26, 天文志8.

8) 『漢書』 권28, 地理志 樂浪郡조 말미.

9) 『漢書』 권73, 韋賢傳.

10) 『簡明中國古籍辭典』, 吉林文史出版社, 1987년판, 267쪽.

한 시기의 상황이 포함되어 있을 수 없다는 것을 증명해 준다. 또한 "『한서』 지리지에 실린 내용은 … 왕망 이후의 즉, 『한서』가 편찬된 당시의 상황을 기록"한 것이라고 인정하는 鄭선생의 견해는 사실에 맞지 않는다는 것을 증명해 주는 또 하나의 증거이다.

2. 應劭의 주①·②와 관련된 몇 개 문제

1) 應劭의 주①·②가 가리키는 대상에 대한 鄭선생의 견해

이 문제와 관련하여 鄭선생은 우선 다음과 같이 썼다.

> "응소의 주 1은 幽州의 범위를 말한 내용이고 응소의 주 2는 고구려현의 영역에 대한 것이다."

필자는 응소의 주②가 고구려현의 영역에 대한 것이라는 鄭선생의 견해에 이견이 없다. 그러나 "응소의 주①은 유주의 범위를 말한 내용"이라고 인정한데 대해서는 쉽게 동의하지 않는다. 『한서』 지리지 현토군조에 따르면 응소의 주①은 얼핏 보기엔 유주에 관한 주해일 가능성이 없지 않다. 그러나 그가 "유주의 범위를 말한" 주해일 경우에 서한시기 유주의 관할 범위와 응소의 주①(故眞番 朝鮮胡國)사이에는 엄중한 모순이 생길 수 있는 것이다. 『簡明中國歷史地圖集』에 따르면 서한 시기의 幽州刺史部(실제상 유주를 가리킨다)에는 涿涿·勃海·上谷·漁陽·右北平·遼西·遼東·玄菟·樂浪·廣陽國 등 10郡國이 소속되어 있어 그 관할 범위는 지금의 北京 부근으로부터 朝鮮半島 북부에 이르는 넓은 지역이 포함되어 있었다.[11] 따라서 유주에는 응소의 주①의 내용(應劭曰: 故眞番 朝

---

11) 『簡明中國歷史地圖集』, 中國地圖出版社, 1991년판, 17~18쪽, 西漢時期全圖·西漢十四部分察郡國表.

鮮胡國)과는 비교도 할 수 없을 정도로 많은 군국이 포함되어 있었으며, 관할 지역도 훨씬 넓었다는 것을 알 수 있다. 이것은 "응소의 주①은 유주의 범위를 말한 내용"이라고 인정한 鄭선생의 견해는 사실에 맞지 않을 가능성이 많다는 것을 말해 준다. 그럼 응소의 주①은 무엇에 대한 주석인가? 이에 대하여 필자는 「高句麗國號考－高句麗와 句麗 관계를 중심으로」에서 다음과 같이 인정하였다.

> "여기(『한서』 지리지 현토군조)에는 응소의 주석이 두 곳이 나오는데 (1)은 현토군에 관한 주석이고 (2)는 현토군 아래의 '高句驪縣'에 관한 주석인바 양자는 다 같이 당시의 현토군과 高句驪縣에 대한 연혁을 설명한 것이다. 전자 (1)는 당시 한사군 가운데의 하나인 현토군이 幽州에 소속되어 있다고 쓴 원문에 대하여 주석을 달아 옛날에는 그것이 眞番과 朝鮮胡國이 존재하던 곳(故 眞番 朝鮮胡國)이라는 것을 밝힌 것"이다.

「高句麗國號考－高句麗와 句麗관계를 중심으로」에서 응소의 주①에 대한 필자의 해석은 오늘에 이르러서도 변하지 않는다.

다음으로 응소의 주②를 설명하기로 한다. 鄭선생은 "응소의 주②는 고구려현의 영역에 대한 것이다."라고 썼다. 그가 응소의 주②를 '고구려현'에 관한 주석이라고 인정한데 대하여 필자는 다른 의견이 없다.

鄭선생은 계속해서 다음과 같이 썼다.

> "후한의 응소가 주를 낼 때에 고구려라는 나라가 버젓이 존재하고 있었기 때문에 이를 궁색하게 주를 내면서 구려라는 별칭을 쓴 것으로 생각한다."

이것은 응소의 주②가 산생하게 된 원인에 대하여 鄭선생이 견해를 밝힌 것으로 인정된다. 후한(동한)시기에 고구려라는 나라가 존재했다는 것은 객관적인 실제 사실이기 때문에 이를 반대할 사람은 그 어디에도 존재하지 않을 것이다. 그러나 당시 고구려라는 나라가 존재했기 때문에 응소의 주②(故句麗胡)가 산생했으며 또 거기서 '句驪'라는 별칭이 씌어졌다고 인정하는 鄭선생의 견해는 『한서』 지리지 현토군조의 기록 내용과 부합되지 않을 가능성이 많다. 우선 응소의 주②는 결코 高句麗國에 대한 주석이 아니라 현토군에 소속되어 있는 '高句驪縣'에 대한 주석이기 때문이다. 이에 대하여 필자는 「高句麗國號考-高句麗와 句麗 관계를 중심으로」에서 "高句驪縣은 옛날에는 句麗胡, 즉 高句驪胡였다는 뜻으로 해석되어야 옳다"고 했다. 또 응소의 주②에서 '句麗'라는 칭호를 사용한 이유에 대하여 다음과 같이 설명하였다.

> "우리의 주목을 끄는 것은 응소의 주석② 앞에 高句驪 칭호가 이미 두 차례 나왔다는 사실 (高句驪 莽曰下句驪 … 縣三 高句驪 …)이다. 특히 응소는 … 먼저 '高句驪縣'을 제기하고 … 주석(故句驪胡)을 단 것이기 때문에 그것이 비록 주석이긴 하지만 문장 가운데서의 중복을 피면하기 위하여 '高句驪'에 대한 전칭을 사용하지 않고 약칭인 '句驪'를 사용했을 가능성이 충분히 존재한다."

응소의 주②에 대한 필자의 견해는 오늘에 이르러서도 변하지 않는다. 필자는 또 「高句麗國號考-高句麗와 句麗 관계를 중심으로」에서 應劭의 주②에 나오는 '句驪' 칭호는 '高句驪'에 대한 略稱이라고 했으나, 결코 高句驪의 別稱이라고 인정한 일은 없다. 현재 학계에는 高句麗와 句麗는 두 개의 서로 다른 나라라고 인정하는 견해가 있는 상황에서 句麗를 高句麗에 대한 '別稱'이라고 쓰는 것은 사람들로 하여금 진실을 이해하는데 일부 혼란을 초래할 수도 있을 것으로 생각된다.

따라서 "'高句麗'의 주석이기 때문에 본문에 나오는 高句麗라는 칭호 대신 별칭을 썼다는 朴선생의 해석은 옳다고 생각하지 않는다."고 인정한 鄭선생의 견해는 사실에 맞지 않는다 할 수 있다.

2) 玄菟郡과 高句驪縣의 관계

이 문제와 관련하여 鄭선생은 우선 다음과 같이 썼다.

> "따라서 이 무렵의 '高句麗縣'은 명칭만을 후에 취한 것일 뿐 실제 고구려
> 의 영역을 현토군이 장악 통치했다고 할 수 없을 것이다."

위의 기록에서 먼저 '이 무렵'이 어느 시기를 가리키는가를 해명하는
것이 필요할 것 같다. 이 문제는 바로 앞에 기록되어 있는 '따라서'에 의
하여 그 앞에 있는 鄭선생의 견해, 즉 "후한의 응소가 주를 낼 때에 …"
와 직접 연계되어 있다고 말할 수 있다. 『후한서』응소전에 따르면 첫
시작 부분에 "劭字仲遠 少篤學 博覽多聞."이라 쓰고 계속하여 동한 "靈
帝(168~189년 사이 – 필자)時擧孝廉"했다고 썼으며, 그 후 獻帝 建安
"二年(197년 – 필자) … 著漢官禮儀故事 凡朝廷制度 百官典式 多劭所立."
이라고 쓰고 있는 것이 주목된다.[12] 이로부터 우리는 응소가 『한서』지
리지에 있는 현토군이나 '高句驪縣'에 대하여 주석을 단 시기는 대체로
197년경의 동한 말기일 가능성이 많다는 것을 알 수 있다.

한편 『삼국사기』에 따르면 고구려 유리왕 "三十三年 … 王命烏伊 摩
離 領兵二萬 西伐梁貊 滅其國 進兵襲取漢高句麗縣."이라 하고 있다.[13]
유리왕 33년은 14년이다.

상술한 응소가 高句麗縣에 대하여 주석을 단 시기와 高句麗縣이 멸망
한 연대를 밀접히 연계시켜서 생각하면, 鄭선생이 제기한 '이 무렵'(응소
가 玄菟郡과 高句驪縣에 주석을 단 시기)은 현토군의 수현이었던 '高句
驪縣'이 高句麗군에 의하여 '襲取'된 때로부터 이미 170여 년 가량 지나
간 이후일 가능성이 많다는 것을 증명해 준다. 이런 판단이 틀리지 않는

---

12) 『後漢書』권48, 應劭傳.
13) 『三國史記』권13, 高句麗本紀1, 瑠璃王 33년조.

다면 "이 무렵의 高句麗縣은 명칭만을 나중에 취한 것일 뿐 실제 高句麗의 영역을 현토군이 장악 통치했다고 할 수 없을 것이다."라고 지적한 鄭선생의 견해는 실제 존재하지도 않는 高句麗縣에 대하여 서술한 것이기 때문에 큰 의의를 부여하지 않는다.

위와 같이 『한서』 지리지 현토군조에 씌어있는 '高句驪縣'은 대체로 서한 소제 시원 5년(기원전 82년)에 현토군이 서천하는 과정에서 처음으로 설치되었을 가능성이 많다. 그 후 근 100년에 걸쳐 '高句驪縣'은 현토군에 소속된 首縣으로써 그 (현토군)의 직접 혹은 간접적인 통치를 받은 바 있다. 그러다가 14년에 마침내 주몽에 의하여 건국된 고구려군에 의하여 襲取되고 말았던 것이다.

셋째, 鄭선생은 또 필자에게 다음과 같은 문제를 제기하였다.

> "현재 국사학계에서는 현토군조에 高句麗縣이 있다는 기록을 들어 고구려라는 명칭이 기원전 108년경에 있었다고 보는 견해도 있으나 이는 『한서』 지리지의 사료비판을 하지 못한 잘못된 오해이다."

鄭선생은 高句麗라는 명칭이 기원전 108년경에 있었다고 보는 견해는 잘못된 것이라고 인정하면서, 그 원인을 『한서』 지리지의 사료비판을 하지 못한 잘못된 오해에 있다고 지적하였다. 그러나 고구려의 명칭이 기원전 108년경에 있었다고 보는 견해는 결코 잘못 된 것이 아니라고 인정한다.

기원전 108∼107년 사이에 한무제가 고조선을 멸망시키고 한4군을 설치할 때에 현토군 안에 高句麗縣을 설치했다는 확실한 기록은 없다. 앞에서 지적한 바와 같이 필자는 기원전 82년에 서한 소제가 한4군 중에서 임둔과 진번의 2개 군을 취소하고 현토와 낙랑의 2개 군에 병합시킨 후, 현토군의 치소를 원래의 沃沮城(지금의 咸興 부근)으로부터 서쪽으로 고구려 사람들의 집단 거주지 혹은 그 서북쪽으로 옮겨갈 때에 처음

高句麗縣을 설치하고 그것을 현토군에 소속시켰을 가능성이 많다고 생각한다.14) 『한서』 지리지에 "玄菟 樂浪 武帝時置."라고 명확하게 기록되어 있다. 뿐만 아니라 여기에는 현토군과 낙랑군의 2개 군만 수록되어 있으며, 같은 책 현토군조에는 이 군의 수현으로 高句驪縣이 있다고 기록된 사실 등은 당시 상황을 반영해 준 것이라고 말할 수 있다.

여기서 주목을 끄는 것은 기원전 82년에 서한이 현토군의 치소를 서쪽으로 옮겨가는 과정에서 속현으로 高句驪縣을 설치한 것은, 결코 공터에 설치한 것이 아니라 그 이전에 이미 고구려 사람들의 집단거주지를 기초로 하여 설치되었을 가능성이 많다는 사실이다. 『후한서』 고구려전에는 "武帝(기원전 140~기원전 87년 사이에 재위)滅朝鮮 以高句驪爲縣 使屬玄菟.", 東沃沮傳에는 "武帝滅朝鮮 以沃沮城爲玄菟郡 後爲夷貊所侵 徙郡於高句驪西北.", 濊傳에는 "至昭帝始元五年(기원전 82년 - 필자) … 玄菟復徙居句驪."라고 쓴 것 등은 이런 견해가 맞다는 것을 증명해 준다. 한무제가 현토군을 설치하기 시작한 기원전 107년부터 기원전 82년 한소제가 현토군을 서천하는 과정에서 高句驪縣을 설치할 때까지의 차이는 겨우 25년 정도에 불과하다. 그런데 이미 위에서 지적한 바와 같이 기원전 82년에 高句驪縣을 설치하기 이전에 이미 고구려 사람(高句麗族)들이 있었다고 한다면 그로부터 겨우 20여 년 전인 기원전 107년이나 기원전 108년경에 고구려라는 명칭이 있었으리라는 것을 추호도 의심할 바가 없지 않을까 생각할 수 있다.

3) 應劭의 주석①·②의 해독법

이에 대하여 鄭선생은 다음과 같이 썼다.

---

14) 高句麗縣의 위치에 대하여 오늘 학계에서는 일반적으로 지금의 遼寧省 新賓縣 경내에 있은 것으로 보고 있다.

"본인의 생각으로는 응소의 주석②는 옛 구려의 땅과 胡의 땅이라고 나눠서 읽어야 하고 응소의 주석①도 진번·조선·호국으로 떼어서 읽어야 한다고 생각한다. 그런데 박선생은 이를 조선호·구려호로 붙여 읽고 있는데 이는 잘못이라고 생각한다. 이때 胡는 燕나라의 鮮卑族을 지칭하는 것이 아닐까 한다."

응소의 주석①·②를 해독하는 방법에서 鄭선생과 필자 간에는 분명히 의견 차이가 존재한다. 필자는 지금도 응소의 주①은 마땅히 "故眞番朝鮮胡國"으로 붙여서 읽어야 하며 응소의 주②는 "故句驪胡"로 붙여서 읽어야 옳다고 인정한다. 따라서 필자는 "응소의 주석②는 옛 구려의 땅과 胡의 땅이라고 나눠서 읽어야 하고, 응소의 주석①도 진번·조선·호국으로 떼어서 읽어야 한다."라고 한 鄭선생의 견해는 사실과 맞지 않는 잘못된 해독법이라고 생각한다. 그 이유는 대체로 다음과 같다.

첫째, 필자는 졸작(高句麗國號考—高句麗와 句麗 관계를 중심으로)에서 『한서』지리지 현토군조에는 "응소의 주석이 두 곳이 나오는데 (1)은 현토군에 관한 주석이고, (2)는 현토군 아래의 高句驪縣에 관한 주석인바 양자는 다 같이 당시의 현토군과 高句驪縣에 대한 연혁을 설명한 것"이라고 하였다. 또 응소의 주①은 "당시 한사군 가운데 하나인 현토군이 幽州에 소속되어 있다고 쓴 원문에 대하여 주석을 달아 옛날에는 그것이 진번과 조선호국이 존재하던 곳(故眞番 朝鮮胡國)이라는 것을 밝힌 것이다."라고 썼으며 응소의 주②는 "高句驪縣은 옛날에는 句驪胡, 즉 高句驪胡였다는 뜻으로 해석되어야 옳다"라고 하였다.

응소의 주①·②에 관한 졸작에서의 견해는 지금도 변하지 않는다. 다만 응소의 주①을 설명하면서 "당시 한4군 가운데의 하나인 현토군이라고 쓴 부분은 마땅히 당시 한2군 가운데의 하나인 현토군"으로 바꾸어 놓는 것이 보다 더 당시 사실에 맞는 것이라고 생각한다.

『한서』지리지에 수록되어 있는 현토군은 그 치소를 원래의 沃沮城(沃沮地라고도 하는데 지금의 함흥부근이다)으로부터 서쪽으로 고구려족의 집단거주지 혹은 그 서북쪽으로 옮긴 이후의 상황을 가리키는 것으로, 그 치소의 위치는 대체로 지금의 撫順 부근으로 보는 견해가 많다. 따라서 玄菟郡의 영역은 오늘의 무순을 중심으로 한 지역이라는 것은 명확하다. 물론 사방의 경계가 어디까지 미쳤는가에 대하여 구체적으로 말하기 어렵다. 그러나 서쪽 경계가 지금의 遼河 동안에도 미치지 못했다는 것만은 추호도 의심할 바가 없다. 왜냐하면 지금의 요하를 중심으로 그 동쪽에 遼東郡이 있었고 다시 그 동쪽에 현토군이 있었기 때문이다.[15]

한편 『사기』 조선열전에 따르면 고조선은 위만 집권 시기에 "眞番 臨屯皆來服屬 方數千里."에 이르는 나라로 발전하였다. 기원전 108~기원전 107년 漢武帝는 古朝鮮을 멸망시키고 거기에 "眞番 臨屯 樂浪 玄菟四郡"을 설치했으며, 그 후 기원전 82년에 서한 소제는 비교적 큰 규모로 한사군을 정비하였다. 이에 대하여 『후한서』 濊傳에는 "罷臨屯 眞番 以幷樂浪 玄菟."했다고 했는데 문장구조로 보아 임둔은 낙랑에 병합하고 진번은 현토군에 병합되었을 가능성이 없지 않다. 독자들의 이해를 돕기 위해서 상술한 상황을 도표로 표시하면 다음과 같이 된다.

고조선(진번 임둔이 포함) - 한사군(진번 임둔 낙랑 현토) - 한이군(낙랑 현토).

이미 위에서 지적한 바와 같이 『한서』 지리지에 수록되어 있는 '현토군'은 한2군 시기의 현토군을 가리키는 것으로, 여기에 옛날의 진번(혹은 진번군)이 포함되어 있었다는 것은 쉽게 이해할 수 있는 일이다. 물론 고조선 영역의 대부분은 낙랑군에 소속되었을 가능성이 많다. 그러나 당시 고조선의 영역은 '方數千里'에 이를 정도로 넓었기 때문에 일부는 능히 현토군에도 포함되었을 수 있는 것이다.

따라서 『한서』 지리지 현토군에 대한 응소의 주①은 마땅히 "故眞番

---

15) 『簡明中國歷史地圖集』 17~18, 西漢時期全圖.

朝鮮胡國"으로 해독해야 옳을 것이다. 이렇게 하는 것은 역사의 실제 사실과 부합될 수 있기 때문이다.

그러나 만약 鄭선생의 견해에 따라 응소의 주①을 "故眞番 朝鮮 胡國"으로 떼어서 해독하면 상황은 완전히 달라진다.

'胡'는 한 '민족'에 대한 고유명사로 쓰이는 경우와 여러 '민족'에 대한 범칭(통칭)으로 쓰이는 경우가 다 존재한다. 胡가 한 민족의 고유명사일 경우, 거기에는 林胡, 東胡, 匈奴 등이 포함된다. 임호는 晉北 즉 지금의 狹西 북쪽을 중심으로 한 지역에 있었으며 동호는 燕北에 위치해 있었다. 『한서』匈奴傳에는 "燕北有東胡 山戎"외에 "燕有賢將秦開 爲質於胡 胡甚信之. 歸而襲破東胡 (東胡)卻千里. ⋯ 燕亦築長城 自造陽至襄平 置上谷 漁陽 右北平 遼西 遼東郡以距胡. ⋯ 後秦滅六國 ⋯."16)라는 기사가 있다.

위의 기록을 통해 먼저 '胡'와 '東胡'가 같은 명칭임을 잘 알 수 있다. 또 戰國시대 말기에 燕은 上谷 등 5개 군을 설치해서 호(동호)의 남하를 막았다는 사실을 통해, 당시 동호는 대체로 지금의 북경 부근으로부터 요하이동(요동군) 사이에 해당하는 長城(萬里長城을 가리킬 것이다) 이북의 넓은 지역에 위치했다는 것을 알 수 있다. 『簡明中國歷史地圖集』戰國時期全圖와 秦時期全圖에 표시되어 있는 동호의 위치는 이런 견해가 옳다는 것을 증명해 준다.

이럴 경우 현토군에 대한 응소의 주① 가운데 "故眞番 朝鮮胡國"만 포함되는 것이 아니라, 이 외에 '胡國', 즉 동호가 더 포함된다고 인정한다면 그것은 현토군의 위치나 영역을 포함한 실제 상황과 전혀 부합되지 않는 것이다.

또 만약 鄭선생의 견해에 따라 "응소의 주①은 幽州의 범위를 말한 내용"이 옳다고 가정하더라도 역시 모순을 피하지 못 하게 된다. 즉 유

---

16) 『漢書』 권94, 匈奴傳上 ; 『史記』 권110, 匈奴列傳.

주에 대한 응소의 주①을 "故眞番 朝鮮胡國"으로 해석할 경우 그것은 幽州의 범위에 훨씬 미치지 못할 것이 분명하다. 그렇다고 해서 응소의 주①을 "故眞番 朝鮮 胡國"으로 떼어서 해석한다면 그것은 유주의 범위를 훨씬 벗어나게 된다. 왜냐하면 燕 長城(만리장성) 이북의 넓은 지역에 위치해 있은 胡(동호)는 유주에 소속되어 있지 않은 것이 분명하기 때문이다. 상술한 상황은 응소의 주①은 결코 "유주의 범위를 말한 내용"인 것이 아니라 현토군에 대한 주석이 옳다는 것을 증명해 주는 또 하나의 증거가 된다고 할 수 있다.

둘째, 필자가 일부 『사전』들을 참고하여 조사한데 따르면 '胡'는 고대 중국의 北方 혹은 西方에 거주해 있는 여러 민족들에 대한 '泛稱'(統稱이라고도 한다)이다.[17] 예를 들면 316년에 西晉이 멸망한 이후 100여 년 동안에 걸쳐 중국 북방의 여러 민족의 통치자들은 치열한 패권 쟁탈전을 전개함으로써 여러 국가를 건국하였다. 이리하여 당시 북 중국 일대는 '五胡十六國'이라 하는 분열과 할거의 시대가 전개된다. 그런데 일부 학자들의 연구 결과에 따르면 당시 패권 쟁탈전에 참가한 민족은 5개가 아니라 7개이며 그들이 세운 나라는 16개국이 아니라 23개국에 이른다고 한다. 여기서 또 주목을 끄는 것은 옛날 동호의 후신이며 中原지구의 동북방에 위치해 있은 鮮卑族이 세운 나라만 해도 9개국에 이른다는 사실이다.[18] '胡'는 한 민족의 고유 명사로 쓰일 뿐만 아니라 또 고대 중국의 서방과 북방(동북방을 포함)에 거주해 있은 여러 민족을 모두 합한데 대한 범칭(통칭)으로도 쓰이고 있은 것이 분명하다.

『한서』 天文志에는 다음과 같이 썼다.

漢武帝"元封中(기원전 110~기원전 105년 – 필자) 星孛于河戌.占曰 南戌爲

17) 『古漢語常用字字典』, 商務印書館, 1980년판, 101쪽 ; 『古今漢語字典』, 漢語大詞典出版社, 1993년판, 272쪽 ; 『現代漢語詞典』, 465쪽.
18) 『中國古代史』 上, 人民出版社, 1979년판, 543~544쪽.

越門 北戌爲胡門 其後漢兵擊拔朝鮮 以爲樂浪 玄菟郡 朝鮮在海中 越之象也 居北方 胡之域也."[19]

위의 기록 가운데는 물론 점괘와 관련된 미신적 이야기가 포함되어 있는 것이 사실이다. 그러나 여기서 주목을 끄는 것은 "朝鮮在海中 越之象也 居北方 胡之域也."라고 쓴 마지막 부분이다. 왜냐하면 이것은 고조선의 위치를 잘 나타내고 있다는 것이다. 또 고조선이 고대 중국의 북방(실제상 동북방)에 위치해 있다는 사실에서 胡의 지역에 해당한다고 인정하고 있기 때문이다. 이미 위에서 지적한 바와 같이 胡는 고대 중국의 서방 혹은 북방에 거주해 있는 여러 민족들을 한곳에 합하여 부르는 범칭(통칭) 가운데의 일종이기도 하다. 이런 상황에서 역시 고대 중국의 북방(실제상 동북방)에 위치해 있은 고조선이나 그 부근의 고구려를 '胡'의 범칭(통칭) 가운데 포함시키는 것은 결코 잘못된 일이라고 말할 수 없을 것이다. 따라서 『한서』지리지에 쓰여 있는 현토군에 대한 응소의 주①을 "故眞番 朝鮮胡國"이라고 읽으며 高句驪縣에 대한 응소의 주②를 "故句驪胡"를 다 같이 붙여서 해석하는 것은 결코 틀린 것이 아니라 오히려 사실에 부합되는 옳은 해석 방법이라는 것을 증명해 준다. 비교적 많은 학자들이 상술한 응소의 주①을 "故眞番 朝鮮胡國"으로 붙여서 읽고 응소의 주②를 "故句驪胡"로 붙여서 읽는 것은 결코 우연한 일치가 아닐 것이다.[20]

상술한 상황은 응소의 주①은 "故眞番 朝鮮 胡國"으로 떼어서 해독해야 하며 응소의 주②는 "故句驪 胡"로 떼어서 읽어야 한다고 인정한 鄭선생의 견해는 사실에 부합되지 않을 가능성이 많다는 것을 보여 준다.

---

19) 『漢書』 권26, 天文志8.
20) 『高句麗史研究』 Ⅱ(사료편), 延世大學校出版部, 1988년판, 292~293쪽 ; 『東北古史資料叢編』 제1권, 遼瀋書社, 1989년판, 247쪽 ; 『中國正史中的朝鮮史料』 一, 延邊大學出版社, 1996년판, 29쪽.

3. 기타 몇 개 문제

鄭선생은 고구려 '五部族'에 관한 한국 학계의 연구 상황을 소개하고 그에 대한 필자의 생각을 물으면서 다음과 같이 썼다.

> "즉 消奴部에서 桂婁部로의 정권 교체 시기는 太祖大王대로 보고 있는 설이 있다. 태조대왕은 일명 國祖王이라고 했다. 太祖王이거나 國祖王이거나 간에 그 칭호가 새로운 국가의 칭호이고 이때부터 解氏성명의 집권층에서 高氏 집권세력으로 넘어간 것으로 해석하고 있다(김철준 설). 그리고 최근의 신설로는 松讓國이 소노부 계열이고 夫餘系계통의 鄒牟집단은 계루부였다는 설이 있다(이병도·노태돈 설)."

고구려 5部에 대하여 필자는 앞으로 다른 기회에 보다 상세히 서술할 수 있기를 희망하면서 여기서는 간단히 자기 소감을 말하는데 그치려 한다.

鄭선생이 소개한 첫 번째 견해, 즉 "소노부에서 계루부로의 정권 교체 시기"를 태조왕시기로 보는 견해에는 잘 동의되지 않는다.

첫째, 태조왕을 국조왕이라고도 부른 것은 사실이며, 또 이 "칭호가 새로운 국가의 칭호"를 상정한다 해도 그보다 더 중요한 것은 실제 사실이 어떠한가에 있을 것이다. 『삼국사기』에는 "太祖大王(或云國祖王) 諱宮 … 瑠璃王子古鄒加再思之子也."[21]라고 기록되어 있다. 유리왕은 '朱蒙元子'이며 고구려 제2대 국왕이다. 태조왕은 그 명칭에 관계없이 '瑠璃王子'인 再思의 아들인 이상 그는 고구려 왕실의 후손으로 왕위를 계승한 것이다. 즉 태조왕은 비록 慕本王의 太子가 아닌 상황에서 國人들에 의하여 迎立되어 왕이 되었지만, 그래도 고구려 왕실의 후손인 이상 그를 "소노부에서 계루부로의 정권 교체"라고 말할 수 없다는 것은 의심

---

21) 『三國史記』 권15, 高句麗本紀3, 太祖王 1년조.

할 바가 없는 것이다.

鄭선생은 또 "소노부에서 계루부로의 정권 교체 시기는 태조대왕대로 보고 있는" 학자들은 "이때(태조왕 시기를 가리킨다. － 필자)부터 해씨성명의 집권층에서 고씨 집권세력으로 넘어간 것으로 해석하고 있다."고 썼는데 역시 잘 이해되지 않는다. 왜냐하면 이런 견해는 『삼국사기』를 비롯한 여러 고서기록과 부합되지 않기 때문이다.

『삼국사기』에는 "始祖東明聖王 姓高氏 諱朱蒙."[22])이라고 썼으며 『삼국유사』도 "國史高麗本紀云 始祖東明聖帝姓高氏 諱朱蒙."[23])이라고 쓰고 있는 것이다. 그 밖에 『위서』 고구려전에 따르면 "朱蒙至紇升骨城 遂居焉 號曰高句麗 因以爲氏焉."이라고 씀으로써 역시 주몽의 성은 고씨라고 인정하였다.[24])

주지하는 바와 같이 주몽은 고구려를 건립한 시조이며 고구려의 역대 왕들은 모두 주몽의 후손들에 의해 왕위를 계승했던 것이다.

상술한 상황은 고구려의 최고통치자인 국왕과 왕실은 건국 초기부터 멸망에 이르기까지의 전 기간에 걸쳐 성씨가 모두 고씨였다는 것을 증명해 준다. 따라서 고구려 제6대 태조왕 시기부터 "해씨성명의 집권층에서 고씨 집권세력으로 넘어간 것으로 해석"하는 일부 학자들의 견해는 사람들을 설득시키기 어려운 것 같다. 필자는 고구려 역사상 "소노부에서 계루부로의 정권 교체 시기"는 결코 태조왕 시기가 아니라 주몽 건국 시기에 해당할 가능성이 많다고 인정한다. 이런 의미에서 볼 때 鄭선생의 소개한 두 번째 견해(이병도, 노태돈설)는 사람들의 주목을 끌 수 있을 것으로 생각된다.

鄭선생은 끝으로 다음과 같이 썼다.

---

22) 『三國史記』 권13, 高句麗本紀1 東明王 1년조.
23) 『三國遺事』 권1, 紀異2 高句麗조.
24) 『魏書』 권100, 列傳88 高句麗傳.

"高句麗에서 高麗라는 국호가 사용된 것이 朴선생의 논문 주 26에서 463·
479년 전후라는 설명은 본인의 연구와는 상치된다. 중국 정사의 본기에서 高
麗國이라는 칭호가 사용된 것을 분석하여 이는 국호의 개칭이며, 그 시기는
장수왕 20년경부터 나오는 점을 들어 이는 고구려가 평양으로 천도한 장수왕
15년경이 아닐까 하는 설을 제기한 바 있다."

高麗가 高句麗에 대한 "국호의 개칭"이라는데 대하여 鄭선생과 필자
간에는 의견 차이가 존재하지 않는다. 왜냐하면 필자도 鄭선생과 같이
고려는 고구려에 대한 개칭으로 인정하기 때문이다. 그러나 고구려가 어
느 때에 고려로 개칭했는가의 연대 문제에 대하여 鄭선생과 필자 사이에
는 약간의 견해 차이가 존재하는 것이 사실이다.

이 문제는 2000년 10월에 발표한 졸작『中原高句麗碑의 建立年代考
證』에서 처음으로 서술했는데, 거기서 필자는 고구려가 국호를 高麗로
개칭한 연대는 "대체로 宋末齊初, 즉 463년 이후부터 479년을 전후한 시
기"에 해당한다고 하였다.[25] 이런 견해는 그 후 2005년에 발표한「高句
麗國號考 - 高句麗와 句麗 관계를 중심으로」에서도 그대로 답습되었다.
이리하여 고구려가 국호를 高麗로 개칭한 연대에 관한 필자의 초기 견해
는 이에 대한 鄭선생의 "연구와는 상치"되었던 것이다. 그는 "고구려가
평양으로 천도한 장수왕 15년경에" 국호개칭이 이루어졌다고 했으나,
필자는 그 보다 30~50여 년 가량 더 늦은 "463년 이후부터 479년을 전
후한 시기"에 국호가 고구려에서 고려로 개칭되었다고 인정했던 것이다.

최근에 필자는『中原高句麗碑의 "高麗太王祖王"에 대한 초보의견』을
쓰면서 고구려가 국호를 고려로 개칭한 연대는 이전에 필자가 주장한
"463년 이후부터 479년을 전후한 사이"는 물론이고, 鄭선생이 제기한
"고구려가 평양으로 천도한 장수왕 15년경"보다 좀 더 올라갔을 수 있
는 가능성이 있다고 인정하게 되었다. 그 원인은 물론 여러 가지가 있다.

---

25)『中原高句麗碑新照明』, 高句麗研究會, 2000년 10월판, 81~87쪽.

그 중에서 가장 중요한 것은 고구려 사람들이 스스로 자기 나라를 '고려'라고 자칭한 최초 연대에 대한 일부 자료를 새로 보충한 때문이라고 할 수 있다. 예를 들면 『日本書紀』應神天皇 "卄八年(원주: 丁巳)秋 高麗王遣使朝貢 因以上表 其表曰 高麗王敎日本國也 …."26)라고 쓴 부분이 있다.

위의 기사 가운데 "應神天皇卄八年(丁巳)"는 417년으로 고구려 장수왕 5년이다.27)

여기서 관심을 끄는 것은 "高麗王敎日本國也."라고 쓴 부분이다. 이것은 장수왕이 즉위한지 겨우 5년이 되던 해(417년)에 '일본'에 보낸 글에서 왕은 자신을 '고구려왕'이라고 부른 것이 아니라 '고려왕'이라고 부르고 있다는 것이다. 특히 이것은 한 나라의 최고통치자인 국왕이 다른 나라에 보내는 공식 외교문서에서 자신을 '고려왕'이라고 불렀다는데 중요한 의의가 있다. 왜냐하면 '고려'는 결코 '고구려'에 대한 단순한 약칭인 것이 아니라 그에 대한 개칭이며, 정식 국호가 옳다는 것을 증명해 주는 유력한 물증이 될 수 있기 때문이다.

상술한 상황은 고구려가 국호를 고려로 개칭한 연대는 결코 "463년 이후부터 479년을 전후한 사이"거나 혹은 "고구려가 평양으로 천도한 장수왕 15년경"이 아니라 이보다 좀 더 빠른 장수왕 즉위 5년 이전까지도 거슬러 올라갈 가능성이 있다는 것을 증명해 준다.

맺음말

졸작(「高句麗國號考 – 高句麗와 句麗관계를 중심으로」)에 대한 鄭선생의 「討論文」을 읽고 많은 계발을 받았으며, 또 두 사람 사이에 의견을

---

26) 『日本書紀』 권10, 應神天皇 28년조.

27) 『日本史年表』, 東京堂出版, 1999년판, 제12쪽 ; 『조선사연표』, 朝鮮科學院, 1957년판, 78쪽.

교환할 수 있게 된 것을 기쁘게 생각한다. 아래에 필자의 의견을 적으면 다음과 같다.

『한서』지리지에 실린 내용은 결코 어느 특정한 역사 연대, 즉 왕망 이후의 『한서』가 편찬된 당시의 상황만을 기록한 것이 아니라 현토군과 高句麗縣의 연혁(이 군현들의 발전과 변화의 역사과정)을 적은 것일 수 있다.

응소의 주①은 결코 幽州에 대한 주석이 아니라 현토군에 대한 주석이다. 그의 해독법은 결코 "故眞番 朝鮮 胡國"으로 떼어서 읽을 것이 아니라 마땅히 "故眞番 朝鮮胡國"으로 붙여서 읽어야 옳다고 생각한다.

응소의 주②는 高句麗縣에 대한 주석이라고 인정한 鄭선생의 견해에 동의한다. 필자도 역시 졸작(高句麗國號考)에서 그것을 高句麗縣에 대한 주석으로 인정했지 결코 高句麗國에 대한 주석으로 인정한 일은 없다. 응소의 주②도 역시 "故句驪胡"로 붙여서 읽어야지 그것을 "故句驪 胡"로 떼어서 읽어서는 안 된다고 생각한다.

현토군의 수현으로서의 '高句驪縣'은 기원전 82년에 현토군을 서천하는 과정에서 처음으로 설치되었을 가능성이 많다. 그러나 이것은 결코 아무것도 없는 곳에 설치된 것이 아니라 그 이전에 이미 있는 고구려 사람들의 집단 거주지에 의거하여 설치되었을 것이다. 따라서 그로부터 20여 년 전인 기원전 108년경에 고구려 명칭이 있었으리라는 것은 거의 의심할 바가 없다.

태조왕시기는 결코 소노부에서 계루부로의 '정권교체시기'로 보기 어려운 것 같다.

고구려가 국호를 고려로 개칭한 문제에 대하여 鄭선생과 필자사이에는 의견 차이가 존재하지 않는다. 그러나 그의 개칭 연대에 대하여 필자는 이전에는 463년 이후부터 479년을 전후한 사이라고 인정함으로써 鄭선생이 인정하는 "장수왕 15년경"보다 얼마간 늦게 잡았다. 최근에 필자는 이전의 견해를 시정하고 그것을 상수왕 즉위 5년 이전으로 끌어 올릴 수 있는 가능성을 인정하게 되었다.

제3절 이른바 두 개 高句麗 이론에 대한 의견

淸나라때의 저명한 학자 丁謙 선생은 일찍이 2개의 高句麗 이론(高句麗本有二國)을 제기하였다. 1940년대에 金毓黻 선생은 자신의 『東北通史』(上篇), 「六 夫餘族之伸張」에서 丁氏의 2개 고구려 이론은 "실제상 일종의 큰 발견(實爲一大發現)"이라고 높이 평가하면서 그것을 계승, 발전시켰다. 이 두 분 선생의 2개 고구려 이론은 오늘에 이르기까지도 학계에서 일정한 영향력을 갖고 있는 것이 사실이다.

필자는 이 두 분 선생의 2개 고구려 이론을 학습하고 일깨움을 받았다. 또 두 분 선생의 2개 고구려 이론에는 모순이 적잖으며 역사의 실제 사실에도 부합되지 않기 때문에 성립되기 어렵다는 것을 느끼게 되었다.

아래에 크게 두 개 방면으로 나누어 정겸 선생과 김육불 선생의 2개 고구려 이론에 대한 필자의 의견을 제기하려 한다. 서술과정에 결점과 오류들이 있으리라고 생각하면서 여러 독자들의 가르침이 있기를 바라 마지 않는다.

1. 丁謙 선생의 이른바 두 개 高句麗 이론

김육불 선생이 쓴 『동북통사』에는 정겸 선생의 2개 고구려에 관한 이론, 즉 『高句麗有二國考』가 비교적 상세하게 소개되어 있다. 그의 전문은 아래와 같다.

>"丁謙高句麗有二國考 高句驪之在朝鮮 人皆知之 其地當居遼東東南 余讀後
>漢書乃云在遼東之東 且云 南與朝鮮接 何也 況高句驪卽高麗 何夫餘國北又有所
>謂槀離國 種種鶻突 殊不可解. 及讀朝鮮史東藩紀要東國通鑑及高麗好大王碑 幷
>証以魏志南北史新唐書等書 始恍然于高句驪本有二國 其在遼東之東 南與朝鮮
>接者 爲古高句驪 卽地理志玄菟郡所治高句驪縣地. 前漢元帝初 古高句驪王 有
>養子朱蒙 避難南奔 渡鴨綠江 至朝鮮平安道成川郡地 別建爲國 而仍其故號此
>重立之高句驪也. 二國南北相距一千餘里 無可牽混 蔚宗作後漢書 其時古高句驪
>已夷爲郡縣 不應立傳 惟當于重立之高句驪 紀其緣起可耳. 然尙有應析之疑問三
>蓋朝鮮史東國通鑑好大王碑 皆以朱蒙爲夫餘王之養子 而梁書北魏書則謂出于槀
>離 似乎兩歧 不知古高句驪本夫餘同種 亦夫餘國之分部 觀朱蒙建業后 號其國曰
>高句驪 幷號其都城曰夫餘 以示不忘所出 如是則一疑析. 或謂武帝元封間 卽以
>高句驪爲縣 至昭帝始元五年 幷移玄菟郡治高句驪 似朱蒙幼時 古高句驪已無立
>國地 不知高句驪雖已降漢爲郡縣 高句驪王固自在也 如是則二疑析. 至朝鮮舊境
>漢屬樂浪 后雖省臨屯 而樂浪一郡 直至漢末 尙見史冊. 朱蒙之至朝鮮 不問侵犯
>郡縣 復何甌脫 容其立國 不知漢開朝鮮 不過就其平曠之處 建城置邑 其東北近
>山諸地 固仍爲土部所分据 朱蒙之國 蓋兼幷土部而成 迨根据粗定 又北攘挹婁
>東擊沃沮 以廣其境 惟終不敢西侵樂浪 致招大敵 如是則三疑亦析."[1]

위의 기록에서 정겸 선생이 처음 제기한 이른바 2개 고구려 이론(高
句驪有二國考)은 대체로 3개 부분으로 형성되어 있다고 할 수 있다. 첫
째, 정겸 선생이 이 이론을 제기하게 된 동기, 둘째 2개 고구려 이론의
구체내용, 셋째 아직 남아있는 몇 가지 의문 등이 그것이다.

아래에 필자는 丁氏의 2개 고구려 이론의 첫 번째와 두 번째 부분에
대하여 고찰하기로 한다. 세 번째 부분, 즉 아직 남아있는 몇 가지 의문
들은 첫 번째와 두 번째 내용 가운데 같이 서술하는 방법으로 고찰하기
로 할 생각이다.

---

1) 金毓黻,『東北通史』上篇, 社會科學戰線雜志社翻印, 77~78쪽.

1) 丁謙 선생이 이른바 두 개 高句麗 이론을 제기하게 된 동기

앞의 기사의 첫 시작, 즉 "高句麗之在朝鮮"부터 "種種鶻突 殊不可解" 까지는 대체로 丁氏가 2개 고구려 이론을 제기하게 된 동기 부분이라고 말할 수 있다. 丁氏의 이런 동기 가운데는 사실상 많은 모순을 내포하고 있다는 것을 알 수 있다.

(1) 高句麗는 朝鮮경내에 있어야 한다는 丁氏의 견해

앞의 기사에 따르면 丁氏는 우선 고구려는 반드시 朝鮮경내에 있어야 한다고 굳게 믿고 있으며, 따라서 그 강역은 마땅히 遼東郡의 동남쪽에 위치해 있어야 한다 하였다. 그러나 『후한서』를 읽고 비로소 고구려의 위치가 요동군의 동남쪽에 위치해 있는 것이 아니라 오히려 그 동쪽에 위치해 있으며, 더 나아가서 남쪽으로 조선과 경계를 접하고 있다고 쓰여 있는 사실을 알게 되었다고 한다. 이것은 고구려는 조선경내에 위치해 있다고 굳게 믿고 있던 丁氏의 본래 인식에 매우 큰 충격을 주었다. 또한 이것은 丁氏가 2개 고구려 이론을 제기한 가장 중요한 동기가 되었으며 실제상 그의 총적인 출발점이 되었다고 말할 수 있다.

그러나 고구려의 위치에 대한 『후한서』의 기록은 결코 틀린 것이 아니라, 고구려는 반드시 조선경내에 위치해 있어야 한다고 굳게 믿고 있은 丁氏의 견해가 잘못된 것이었다.

아는바와 같이 고구려는 본래 중국의 동북지방에서 기원하였다. 고문헌의 기록들에 따르면 대체로 기원전 37년에 주몽을 비롯한 일부 사람들은 부여왕실의 내부모순으로 그곳을 떠나 남하하여 오늘의 渾江유역(富爾江유역도 포함될 수 있다)인 졸본지구에 도읍을 정하였다. 그리고 그곳의 貊族들과 연합하여 고구려를 건국했으며 점차 자기 강토를 넓혀 갔다. 『삼국사기』에 따르면 고구려가 건립된 후에 "사방에서 소문을 듣

고 와서 따르는 자가 많았다(四方聞之, 來附者衆)."고 썼으며 또 "累世爲
王"을 자랑하던 송양이 와서 "나라를 바치며 항복하였다(以國來降)."고
쓴 것 등은 고구려 건국 초기의 일부 상황을 잘 반영해 준다고 할 수
있다.2)

그로부터 40여 년 지난 서기 3년에 고구려 제2대 유리왕은 수도를 혼
강유역의 졸본에서 압록강 중류유역의 國內지방(오늘의 集安)에 옮겼다.
그 후 400여 년 동안 고구려는 이곳을 수도로 삼고 발전하였다. 427년에
고구려 제20대 장수왕은 수도를 국내로부터 대동강유역의 평양으로 옮
겼다. 그 후 668년 고구려가 멸망할 때까지 평양은 200여 년 동안 고구
려의 수도가 되었던 것이다.

이와 같이 고구려는 건국에서 시작하여 멸망에 이르기까지의 전 기간
(705년)에 걸쳐 중국의 東北지방과 韓半島 북반부를 포함한 지역에서 발
전하고 있었다는 것을 알 수 있다. 다만 통치의 중심은 전기에는 현재
중국의 동북지방이었고, 후기에는 한반도 북반부로 옮겨갔던 것이다.

이와 같은 사실은 고구려는 반드시 압록강 이남의 조선경내에 있어야
하며, 따라서 고구려는 마땅히 요동군의 동남쪽에 위치해야 한다고 믿고
있던 丁氏의 견해는 실제사실에 부합되지 않는다는 것을 증명해준다. 또
丁氏의 2개 고구려 이론은 고구려에 대한 그의 잘못된 주관견해로부터
출발하여, 『후한서』를 읽는 가운데서 나온 것이기 때문에 그 기초부터
틀렸다는 것을 증명해준다.

(2) 丁氏가 본 『後漢書』의 '高句驪卽高麗'

정겸 선생은 또 『후한서』에는 '高句驪卽高麗'라고 쓰거나 부여국의
북쪽에 '槀離國'이 있다고 쓰는 등 "여러 가지 떨떨한 사실(種種鶻突)"들
에 대하여 도무지 이해할 수 없다고 하였다.

---

2) 『三國史記』 권13, 高句麗本紀1 東明王 1~2년조.

丁氏가 인정한 '高句驪卽高麗' 가운데의 '고려'는 『후한서』 고구려전에 나오는 "句驪"를 가리킬 가능성이 많다. 오늘 학계에서 일부 학자들은 고구려와 구려는 결코 하나의 같은 대상을 가리키는 것이 아니라 두 개의 서로 다른 나라를 가리킨다고 인정하고 있다. 그들은 또 그렇게 말할 수 있는 가장 중요한 원인은 『후한서』에는 하나의 「高句驪傳」만 있는 것이 아니라, 서로 다른 두 나라의 전기, 즉 「高句驪傳」과 「句驪傳」이 수록되어 있다는 점을 들고 있다.

丁氏가 "高句驪卽高麗(句驪)"를 『후한서』 가운데 있는 "여러 가지 떨떨한 사실" 가운데 포함시킨 것도 바로 이러한 견해와 관련될 가능성이 많을 것으로 추정된다. 그러나 이런 견해는 고구려 역사의 실제사실에 부합되지 않으며 『후한서』 고구려전의 기사 내용과도 엄중하게 모순됨으로 취할 바가 못 된다. 필자는 『후한서』 가운데는 오직 「고구려전」만 수록되어 있을 뿐이라고 인정한다. 『후한서』 고구려전 가운데 나오는 '句驪'는 결코 '高句驪'와 구별되는 어떤 다른 나라를 가리키는 것이 아니라 오히려 고구려에 대한 약칭에 불과한 것이다. 그것은 『후한서』 고구려전의 '句驪' 이후의 부분에는 여전히 '高句驪'와 '句驪'라는 명칭이 아무런 구별 없이 서로 혼용되고 있는 사실에서 증명된다. 또 이 부분에서 서술된 '句驪' 관련 기사는 대체로 『삼국지』와 『삼국사기』 등 고서에서 서술한 '高句麗' 관련기사와 일치한다는 사실이 그것을 증명해준다. 아무튼 필자는 이런 사실에 대하여 본서(「高句麗國號考 – 高句麗와 句麗의 관계를 중심으로」)에서 비교적 상세하게 논증했기 때문에 여기서 중복하지는 않는다.

만약 상술한 판단이 틀리지 않는다면 丁氏에 의하여 "高句驪卽高麗"(句驪일 것이다)라고 인정된 『후한서』 고구려전의 기록은 결코 "여러 가지 떨떨한 사실(種種鶻突)" 가운데 하나로 인정될 것이 아니다. 오히려 하나의 같은 대상을 가리키는 동의어(句麗는 高句麗의 약칭)인 것이다.

따라서 『후한서』에 나오는 "高句驪卽高麗(句驪)"는 丁氏의 2개 고구려 이론을 제기하는데 대하여 아무런 이유도 되지 않는다고 보여 진다.

정겸 선생은 또 부여국의 북쪽에 있는 '槀離國'에 대해서도 "여러 가지 떨떨한 사실"의 하나로 취급하면서 도무지 이해할 수 없는 사실 가운데 하나로 인정하였다. 그러나 丁氏는 고리국에 대하여 일부 의문을 제출했을 뿐 구체적으로 논술한 것은 거의 없다. 이런 상황에서 필자도 이 문제는 아래에서 다시 서술하기로 하고 여기서는 극히 간단히 언급하는데 그치려 한다.

『후한서』夫餘國傳에 따르면 고리국(『후한서』에는 '索離國')은 부여의 북쪽에 위치해 있는 '北夷'에 의하여 건립된 나라이며 또 부여를 건립한 東明王의 내원지이기도 하다.[3] 동명왕은 부여와 고구려의 건국설화가운데 다 같이 등장하는데 이것은 양자사이에 밀접한 연계가 있었다는 것을 설명해준다. 이것은 또 오랜 역사발전 과정에서 두 나라의 건국설화가 서로 뒤섞인 정황을 설명해준다고 말할 수 있다. 그러나 이것은 결코 두 개의 고구려 이론이 성립되는데 대해서는 아무런 도움도 주지 못한다.

상술한 상황은 丁氏가 이른바 두 개 고구려 이론을 제출하게 된 동기는 실제상 그 본신이 고구려에 대한 잘못된 인식에 기초하여 이루어졌다는 것을 증명해준다. 따라서 丁氏의 이른바 두 개 고구려 이론은 결코 과학적 근거를 갖추었다고 인정하기 어려우며 사람들에 대한 설복력도 약한 것이 사실이다.

2) 丁氏의 이른바 두 개 高句麗 이론의 구체내용

위의 기록에 따르면 丁氏의 이른바 두 개 고구려 이론의 구체내용은

---

3) 『後漢書』 권85, 東夷 夫餘國傳.

"及讀朝鮮史東藩紀要"부터 시작하여 "然尚有應析之疑問三" 직전까지의 기간이다. 아래에 2개 방면으로 나누어 丁氏의 이른바 두 개 고구려 이론에 대한 필자의 의견을 제기하면 다음과 같다.

(1) 丁氏가 '高句麗本有二國'을 크게 깨닫게 된 이유

위에서 지적한 바와 같이 丁氏는 『후한서』 고구려전을 읽으면서 봉착하게 된 "여러 가지 떨떨한 사실"에 대하여 다른 여러 가지 고서들[4]을 읽는 가운데서 크게 깨닫는 바가 있었다고 썼는데, 그것이 '高句麗本有二國'이다. 이것은 고구려역사가 있은 이래 처음으로 丁謙 선생에 의하여 제기된 새로운 이론이며, 후세 사람들에 의하여 "실제상 하나의 큰 발견(實爲一大發現)"이라고 높이 평가되어 온 丁氏의 이른바 두 개 고구려 이론이다. 그러나 丁氏는 이에 대하여 자기가 읽은 몇 가지 책 이름을 제기했을 뿐 구체적인 내용에 대해서는 전혀 언급하지 않은 아쉬움을 남기고 있다.

이런 상황에서 필자는 아직 丁氏가 중국과 조선의 어느 고문헌기록을 통하여 고구려는 본래 두 개 있었다는 것을 크게 깨닫게 되었는지 알 방법이 없다.

최근에 필자는 이 문제를 에워싸고 고구려와 관련되는 기사들에 대하여 조사(그 가운데는 丁氏가 읽고 크게 깨달았다는 상술한 7종의 고문헌기록이 포함된다)해 보았으나, 아직까지 그 어느 고문헌에서도 고구려가 본래 2개 있었다는 것을 증명할 만한 기사는 발견하지 못하였다. 직접 고구려 사람들에 의하여 씌어진 好太王碑文을 포함한 여러 고문헌들에는 대체로 모두 고구려는 부여로부터 나온 주몽 등에 의하여 건립되었으며, 또 고구려의 역대 국왕들은 모두 주몽의 후손들에 의하여 계승되었

---

4) 丁氏가 읽었다는 다른 여러 가지 고문헌 가운데는 『東藩紀要』·『東國通鑑』·好太王碑文·『三國志』魏書·『南史』·『北史』·『新唐書』 등이 포함되어 있다.

다는 것을 증명해주고 있다.

『후한서』고구려전과 『삼국지』고구려전의 첫 머리에는 "高句驪(麗) 在遼東之東千里 南與朝鮮 … 接."이라고 쓴 구절이 있다. 이미 위에서 지적한바와 같이 이것은 高句麗는 본래 두 개 있었다는 것을 증명해주지 못한다(후술).

여기에는 또 주몽의 출신이나 주몽에 의한 고구려 건국설화 같은 것들이 존재하지 않는다. 그러나 두 고서에는 다 같이 고구려는 '夫餘別種'이기 때문에 言語와 法則이 부여와 같은 점이 많았다고 씀으로서 양자의 밀접한 연계에 대하여 설명하고 있다. 또 두 고서에 함께 등장하는 宮(高句麗 제6대 太祖王)·伯固(제8대 新大王)·伊夷模(제10대 山上王)·位宮(제11대 東川王) 등은 모두 주몽왕의 후손들이었다는 것은 추호도 의심할 바가 없다.

상술한 상황에서 『후한서』고구려전이나 『삼국지』고구려전은 다 같이 처음부터 끝까지 모두 주몽에 의하여 건립된 고구려 전기의 역사가 서술되어 있다는 것을 알 수 있다. 따라서 『후한서』고구려전이나 『삼국지』고구려전을 통해서도 역시 고구려는 두 개 있었다는 것을 증명해주지 못한다는 것을 잘 알 수 있다.

또 『삼국사기』고구려본기에 따르면 주몽은 부여(동부여)를 떠나 졸본지역에서 고구려를 건국하였다. 그러나 졸본지역에는 松讓이 '累世爲王'하였노라고 자랑한 沸流國이 있었으며, 또 주몽을 사위로 맞아들였다가 후에 왕위를 물려주었다는 卒本夫餘도 있었다.[5] 물론 이 두 나라가 다 있었는지 아니면 한 나라에 대한 두 가지 부동한 설화인지 명확하지 않은 점이 있다. 그러나 이 두 나라는 결국에는 고구려에 통합된 것만은 명확한 사실이다. 그러나 이런 나라들이 존재했다는 것은 "고구려는 본래 두 개 있었다는 것(高句麗本有二國)"을 증명해주지 못한다. 이런 나라

---

5) 『三國史記』 권13, 高句麗本紀1 東明王 1~2년조.

들은 주몽의 건국과정에서 고구려에 의하여 정복된 주변 소국들에 불과하다.

그 밖에 丁氏의 견해에 따르면 이른바 두 개 고구려, 즉 古高句麗와 주몽이 다시 세운 高句麗는 멀리 1천여 리나 떨어져 있었기 때문에 서로 뒤섞여지는 일이 없었다고 한다. 이미 위의 서술에서 알 수 있듯이 고구려와 비류국 사이는 이런 조건에도 부합되지 않는 것이었다.

상술한 상황은 丁氏는 『후한서』를 제외하고 또 어떤 고서들을 읽고 고구려는 본래 두 개였다는 것을 깨닫게 되었는지에 대하여 의문이 생기지 않을 수 없게 한다.

(2) 丁氏의 이른바 '高句麗本有二國'의 구체내용

丁氏의 이른바 '高句麗本有二國' 가운데는 '古高句驪'와 '다시 건립한 高句驪'가 포함된다. 丁氏의 두 개 高句麗 이론은 비교적 많은 모순을 내포하고 있기 때문에 성립되기 어려운 것으로 생각된다. 아래에 3개 방면으로 나누어 필자의 의견을 제기하면 다음과 같다.

첫째, 丁氏의 이른바 古高句驪

위의 기록에 따르면 丁氏는 "高句驪本有二國"이라고 쓰고 나서 계속하여 "其在遼東之東 南與朝鮮接者 爲古高句驪"라고 쓰고 있는 것이다. 이것은 분명히 『후한서』 고구려전의 첫 단락을 요약한 것이다. 그 전문을 적으면 "高句驪 在遼東之東千里 南與朝鮮 濊貊 東與沃沮 北與夫餘接"으로 되어 있다.[6)]

여기서 우리는 정겸 선생이 말하는 '古高句驪'는 실제상 『후한서』 고구려전의 첫 부분에 씌어있는 '高句驪'를 가리킨다는 것을 알 수 있다. 그러나 이것은 高句麗에 대한 丁氏의 잘못된 인식, 즉 고구려는 반드시 조선경내에 있어야 하며, 따라서 그의 강토는 요동군의 동남쪽에 위치해 있어

---

6) 『後漢書』 권85, 東夷 高句驪傳.

야 한다는 인식에 기초하여 내려진 잘못된 결론이었다고 말할 수 있다.

『후한서』고구려전은『삼국지』고구려전과 더불어 현존하는 국내외의 모든 고서들 가운데서 제일 먼저 高句麗傳(東夷傳을 포함)을 수록한 역사서이다. 이 고서들에는 주몽에 의한 고구려 건국설화가 누락되어 있는 것이 사실이다. 그러나 그의 총적 체계로 보거나 혹은 매개 역사시기의 구체내용으로 보아 그것이 주몽에 의하여 건립된 고구려가 옳다는 것은 추호도 의심할 바가 없다.

정겸 선생이 여러 가지 떨떨한 사실 가운데의 으뜸으로 인정하면서 도저히 이해할 수 없다고 인정한『후한서』고구려전의 첫 부분은 결코 틀린 것이 아니었다. 이것은 주요하게 요동군의 치소(오늘의 요양)의 동쪽 천리 지점에 고구려의 수도(오늘의 집안)가 있었다는 것을 지적한 것일 가능성이 많다.

이것은 마치『후한서』夫餘國傳에 "夫餘國 在玄菟北千里"라고 쓴 것은 실제상 부여국의 수도(오늘의 吉林市 부근)가 현토군의 치소(오늘의 撫順부근)의 북쪽 천리 지점에 있다는 것을 의미하는 것과 같은 도리이다. 이와 같이 양자(고구려전과 부여국전)는 다 같이 먼저 나라의 통치중심(수도)의 위치와 거리를 밝힌 다음, 다시 각자의 사방변계가 어디까지 이르렀는가를 서술함으로서 전국 강토의 대체적인 면적을 알리고 있는 것이다. 따라서『후한서』고구려전의 첫 부분에 씌어있는 "高句驪 在遼東之東千里 南與朝鮮 … 接"은 결코 이해할 수 없는 떨떨한 사실이라고 말할 수 없다.

더군다나 그것으로 주몽에 의하여 건립된 고구려와 구별되는 이른바 '古高句驪'가 따로 있었다고 증명할 수는 더욱 없는 것이다.

아래에 이른바 '古高句驪'의 위치에 대하여 더 구체적으로 설명하기로 한다.

위의 기록에 따르면 丁氏는 "其在遼東之東 南與朝鮮接者 爲古高句驪"

라고 한 다음에 계속해서 "卽地理志玄菟郡所治高句驪縣地"라고 쓰고 있다.

여기서 「地理志」는 『한서』 지리지를 가리킨다. 이제 『한서』 지리지에 따르면 현토군 아래에 도합 3개 현이 소속되어 있었는데, 그 가운데의 首縣은 고구려현이었다. 위치는 대체로 오늘의 遼寧省 新賓縣부근일 것으로 보인다.[7] 그런데 丁氏의 견해에 따르면 이른바 '古高句驪'는 바로 이 고구려현경내에서 발전했다는 것이 된다.

그러나 이런 견해는 이론상에서 모순될 뿐만 아니라 역사의 실제 정황에도 부합되지 않을 가능성이 많다. 왜냐하면 그것은 한 개 지방(玄菟郡 高句驪縣)에 두 개의 부동한 성질을 가진 정권, 즉 玄菟郡 高句驪縣과 古高句驪가 공존한다는 것을 의미하기 때문이다. 좀 더 구체적으로 말하면 高句驪縣은 위로는 현토군에 소속되어 있음으로서 그의 영도 하에 놓여 있었고, 안으로는 황제가 친히 임명한 관리인 '高句驪縣令'에 의하여 통치되었는데, 대체로 기원전 82년부터 시작하여 기원후 14년에 이르기까지 90여 년 동안 지속되었을 것으로 인정된다. 이런 '高句驪縣地' 내부에 또 달리 왕을 최고통치자로 삼는 '古高句驪'가 같이 있었다는 것은 사람들을 설복시키지 못한다. 丁氏는 주몽이 어릴 때 古高句驪는 이미 존재할 자리가 없었는데 그가 어떻게 나라를 보전했는지 모르겠다고 하면서 의문을 제기했는데, 이것은 과연 옳은 것이었다. 다만 그가 이런 의문을 좀 더 정확하게 해결하지 못한 것이 아쉬움으로 남는 것이다.

둘째, 주몽의 출신

위의 기록에 따르면 丁氏는 주몽을 '古高句驪'의 양자에 해당한다고 인정(古高句驪王 有養子朱蒙)하였다. 필자는 여기에 동의하지 않는다. 그것은 주몽의 출신에 관한 여러 고문헌의 기록과 엄중하게 모순되기 때문이다. 아래에 그 상황을 간단히 적으면 다음과 같다.

필자가 조사한데 따르면 『魏書』·『周書』·『隋書』·『北史』·『舊唐書』·『新

---

7) 『漢書』 권28, 地理志 下 玄菟郡조.

『唐書』·『三國史記』·『三國遺事』 등 국내외의 많은 고서들에는 상세하고
간략한 차이는 있지만 대체로 주몽은 부여(北夫餘 혹은 東夫餘라고 쓴
곳도 있다)에서 나와서 졸본(忽本, 紇升骨城)지역에 고구려를 건립했다고
명확하게 쓰고 있는 것이다.[8]

　이로부터 주몽은 결코 '古高句驪王'의 양자가 아니라 부여(북부여 혹
은 동부여라고도 한다)에서 나온 사람이라는 것을 알 수 있다. 그러나
그는 결코 夫餘王子는 아니었던 것으로 보인다.

　특히 주목을 끄는 것은 고구려 사람들에 의하여 직접 씌어진 好太王
碑文이다. 비문 제1면 첫 머리에 "唯昔始祖鄒牟王(주몽 — 필자)之創基也
出自北夫餘 天帝之子 母河伯女郎"이라고 썼으며, 역시 고구려 사람들에
의하여 씌어진 牟頭婁墓誌(冉牟墓誌라고도 한다)의 첫 부분에도 "河伯之
孫 日月之子 鄒牟聖王 元出北夫餘"라고 되어 있는 것이 주목된다. 이것
은 고구려사람들은 일찍부터 주몽을 자기 나라의 시조 왕으로 생각하고
있었으며, 또한 북부여에서 나왔다는 것을 굳게 믿고 있었다는 것을 증
명해준다.

　그러나 丁氏는 아직 남아 있는 3가지 의문 가운데서 주몽의 출신에
대하여 『동국통감』이나 호태왕비문에서는 모두 그(주몽)를 부여왕의 양
자라고 했으나, 『梁書』와 『北魏書』에서는 '槀離'에서 나온 것으로 기록
되어 있다고 하면서 두 가지 부동한 견해가 있는 것 같다고 인정하였다.
계속해서 그는 고구려는 본래 부여와 같은 종족인지 또 부여국의 '分部'
가 옳은지 모르겠다고 하면서 의문을 나타내기도 하였다.

　필자는 丁氏가 『동국통감』이나 호태왕비문에서 모두 주몽을 부여왕
의 양자라고 썼다고 인정한데 대해서는 다른 의견이 없다. 그러나 그가

---

8) 『魏書』 권100, 高句麗傳 ; 『周書』 권49, 高麗傳 ; 『隋書』 권81, 高麗傳 ; 『北史』
　　권94, 高句麗傳 ; 『舊唐書』 권199 上, 高麗傳 ; 『新唐書』 권220, 高麗傳 ; 『三國
　　史記』 권13, 高句麗本紀1 東明王1~2년조 ; 『三國遺事』 권1, 紀異2 高句麗조.

『양서』나 『북위서』(위서)에서는 주몽을 '고리국'에서 나왔다고 했다는
데 대해서는 동의하지 않는다. 먼저 관련 원문을 소개하고 필자의 의견
을 제기하면 다음과 같다.

> (1) 『梁書』: "高句驪者 其先出自東明. 東明本北夷橐離王之子 離王出行 其侍兒
> 於後姙娠 離王還 欲殺之. 侍兒曰 前見天上有氣如大雞子來降我 因以有娠.
> 王囚之 後遂生男. … 東明乃奔走. 南至淹滯水 … 東明乘之得渡. 至夫餘而
> 王焉. 其後支別爲句驪種也."9)
>
> (2) 『魏書』: "高句麗者 出於夫餘 自言先祖朱蒙."10)

상술한 『양서』의 기록 가운데서 우선 주목을 끄는 것은 첫 부분에
"高句驪者 其先出自東明"이라고 쓴 부분이다. 이것을 번역하면 "고구려
는 그의 선조가 東明으로부터 나왔다"는 뜻으로 된다. 이것은 처음으로
고구려의 선조와 동명을 연계시킨 기사라는데 중요한 의의가 있다. 그러
나 이것은 고구려의 선조가 동명으로부터 나왔다는 말이지 결코 '동명'
본인이 고구려의 선조라는 말은 아니다. 따라서 '다시 세운 고구려'를
건립한 주몽이 『양서』에는 고리국에서 나온 것으로 씌어졌다고 인정한
丁氏의 견해는 사실에 부합되지 않는다는 것을 증명해준다. 상술한 『양
서』기록의 마지막 부분에 '동명'은 마침내 고리국에서 도망쳐 나와 부
여에 이르러 왕이 되었다(東明乃奔走 … 至夫餘而王焉)고 쓴 것은 이런
견해가 옳다는 것을 훌륭히 증명해준다. 즉 고리국으로부터 도망쳐 나온
동명은 결코 고구려에 이르러 고구려 시조 왕이 된 것이 아니라, 부여에
이르러 부여왕이 되었다는 것이다. 이것이 『양서』기록의 실제 내용인
것이다.

『양서』에는 또 동명이 부여왕이 되었다는 사실을 쓰고 나서 계속해서

---

9) 『梁書』권54, 東夷 高句驪傳.
10) 『魏書』권100, 列傳88 高句麗傳.

"其後支別爲句驪種也"라고 쓰고 있는 것이 주목된다. 여기서 '其'는 부여에 이르러 왕이 된 '동명'을 가리킨다. 위의 기사를 해석하면 "동명의 후손들의 한 支派가 따로 구려(고구려)종족이 되었다"는 말로 해석된다. 이럴 경우에 주몽은 이 동명의 후손들 가운데의 한 지파(其後支)였을 가능성이 없지 않다. 만약 이런 가능성이 역사사실과 부합된다면 주몽은 결코 고리국으로부터 나온 것이 아니라 부여로부터 나온 것이 됨으로 주몽의 출신에 대한 모든 고문헌의 기록과 잘 부합된다.

『양서』는 결코 주몽을 고리국에서 나왔다고 쓴 일이 없는 것이다. 그러나 이미 위에서 지적한바와 같이 『양서』는 처음으로 고구려의 선조와 동명을 연계시킨 고서라는 데서 우리의 주목을 끈다. 이런 견해는 『삼국사기』에서 더욱 발전했는바 동명과 주몽은 한 사람으로 되어 고구려 시조왕의 신분으로 나타난다. 그러나 여기서도 동명(주몽)은 결코 고리국으로부터 나온 것으로 되어있는 것이 아니라 부여(동부여)로부터 도망쳐 나와 졸본지구에서 고구려를 건국한 깃으로 되어 있다.[11]

아무튼 동명과 주몽이 한 사람으로 되어 고구려 시조왕의 신분으로 나타난다는 사실은 부여와 고구려 사이에 매우 밀접한 연계가 있었다는 것을 반영해 준다. 특히 이것은 오랜 역사발전과정에서 두 나라 건국설화가 한데 뒤섞인 데서 나타난 현상일 가능성이 많다.

『魏書』(丁氏가 말한 『北魏書』)에는 "고구려는 부여에서 나왔으며 스스로 선조는 주몽이라고 말했다."(高句麗者 出於夫餘 自言先祖朱蒙)고 명확하게 씌어있는 것이다. 丁氏는 『북위서』(위서)에는 『양서』와 더불어 주몽이 고리국에서 나온 것으로 씌어있다고 말했는데 이것은 아마 일종의 착각일 가능성이 없지 않다.

상술한 사실은 주몽은 이른바 古高句麗王의 양자라고 인정한 정겸 선생의 견해는 역사사실에 부합되지 않는다는 것을 증명해 주기에 손색이 없다.

---

11) 『三國史記』 권13, 高句麗本紀1 東明聖王 1년조.

셋째, 이른바 주몽이 조선경내에서 다시 세웠다는 고구려에 대하여

위의 기록에 따르면 丁氏는 '古高句麗王'의 양자인 주몽은 '前漢元帝初'에 국내에서의 난리를 피하여 압록강을 건너 '朝鮮平安道成川郡地'에 가서 따로 나라를 세우고 여전히 옛날의 국호를 사용했는바 이것이 주몽이 다시 세운 고구려(重立之高句麗)라고 주장하였다. 丁氏의 이런 견해는 아무런 과학적 근거도 갖추지 못했기 때문에 사람들을 설복시키지 못한다.

우선 그것은 주몽에 의한 고구려 건국설화에 관한 여러 고문헌의 기록과 엄중하게 모순된다. 이미 위에서 지적한바와 같이 대체로 기원전 37년에 주몽은 부여(북부여 혹은 동부여라고도 한다)로부터 남하하여 졸본(홀본, 흘승골성)지구에 도읍을 정하고 고구려를 건립함으로써 그의 시조 왕이 되었다. 주몽을 이른바 '古高句麗王'의 양자라고 인정하거나 또 그가 古高句麗의 난리를 피하여 압록강이남의 朝鮮 平安道 成川郡에 가서 따로 나라를 건립(다시 세운 高句麗)했다는 기록은 국내외의 그 어느 고문헌에서도 존재하지 않는 것이 사실이다.

다음으로 위의 기록 가운데 나오는 몇 개 술어를 해석할 필요가 있다. '前漢元帝'는 기원전 48년부터 기원전 33년 사이에 재위했는바 '元帝初'는 기원전 48년 이후의 수년 사이이다. '朝鮮平安道成川郡地'는 오늘의 평안남도이며 대동강의 동쪽에 위치해 있는데 대체로 평양 동북쪽 50㎞ 가량 되는 지점에 존재한다.

丁氏의 견해에 따르면 기원전 48년 이후의 수년 사이에 주몽은 오늘의 대동강유역의 成川郡에 가서 이른바 '다시 세운 고구려'를 건립했다는 것으로 되는데 설복력이 전혀 없다. 왜냐하면 당시 대동강유역은 서한 낙랑군의 통치하에 놓여 있었기 때문이다.

丁氏의 견해에 따르면 멀리 '一千餘里'밖에 있는 이른바 '古高句麗'에서 난리를 피하여 온 주몽 등 일부 사람들이 낙랑군의 통치권 내에서 따로 나라를 건립한다는 것은 있을 수 없는 일이다. 더군다나 『삼국사기』

에 따르면 주몽은 기원전 58년(癸亥)에 출생했는바 '前漢元帝初', 즉 기
원전 48년 이후의 수년 사이에 이르렀을 때 그의 나이는 겨우 10여 세
밖에 되지 않는 소년이었다는 상황을 고려하면 그의 영도아래 '다시 세
운 고구려'가 건립되었다는 것은 상상조차 할 수 없는 일이다.

상술한 바와 같은 일련의 사실은 丁氏의 이른바 두 개 고구려 이론은
결코 역사의 실제 사실에 부합된다고 인정하기 어려우며 따라서 고구려
사에 대한 일종의 새로운 발견이라고 인정하기도 어렵다는 것을 증명해
준다.

2. 金毓黻 선생의 이른바 두 개 高句麗 이론

김육불 선생은 정겸 선생과 마찬가지로 고구려를 두 개 고구려, 즉
'古高句驪'와 '後高句驪'로 나누어진다고 인징하면서 丁氏의 두 개 고구
려 이론을 실제상 하나의 큰 발견(實爲一大發現)이라고 높이 평가하였
다. 이리하여 金氏는 丁氏의 두 개 고구려 이론을 계승, 발전시킨 첫 번
째 사람으로 되었으며 학계에 미친 영향도 비교적 크다고 말할 수 있다.

아래에 크게 두 개 방면으로 나누어 金氏가 丁氏의 두 개 고구려 이론
을 계승, 발전시킨 정황을 고찰하며 아울러 그에 대한 필자의 의견을 제
기하려 한다.

1) 이른바 '古高句驪'에 대한 金毓黻 선생의 견해를 분석

먼저 이른바 '古高句驪'에 대한 김육불 선생의 견해를 소개하면 다음
과 같다.

"漢書地理志 玄菟郡領縣 本有高句驪 是時朱蒙之高句驪 尙未建立 則舍魏略

所稱之槀離外 尙有何國 故知丁氏所謂 別有古高句驪 其說甚確 其立國之地 卽
爲高句驪縣之所在. 當漢定朝鮮立四郡時 古高句驪早已滅亡 因其舊稱 以名新立
之縣 細玩后書語氣 可知鄒說不謬. 丁氏謂朱蒙爲古高句麗王之養子 似尙未審
… 而朱蒙出於夫餘 尙屬可信. 今不稱夫餘 而謂爲古高句驪王之養子 無徵不信
非此而何 故余不之取焉 惟其謂有二高句驪 實爲一大發現."[12]

위의 기록에 따르면 김육불 선생은 정겸 선생이 맨 처음으로 제출한
두 개 고구려 이론은 매우 정확한 학설(其說甚確, 一大發現)이라고 높이
평가하면서 그 가운데의 '古高句驪'는 『魏略』에 나오는 '槀離國'이라고
주장하였다. 이것은 金氏가 '古高句驪'에 관한 丁氏의 이론을 계승한 기
초 상에서 그것을 보다 구체화함으로서 한걸음 더 발전시킨 가장 중요한
내용이라고 말할 수 있다. 그러나 이른바 '古高句驪'를 고리국이라고 인
정한 金氏의 견해는 모순이 많아 성립되기 어렵다. 그 이유는 대체로 다
음과 같다.

첫째, 金氏는 古高句驪가 고리국이라고 인정했으나 그렇게 말할 수
있는 이유에 대해서는 명확한 해답을 주지 못하고 있는 것 같다. 위의
기록에서 볼 수 있는 바와 같이 이에 대하여 그는 "漢書地理志 玄菟郡領
縣 本有高句驪 是時朱蒙之高句驪 尙未建立 則舍魏略所稱之槀離外 尙有
何國 故知丁氏所謂 別有古高句驪 其說甚確"이라고 쓴 것이 그에 대한 거
의 전부인 것이다. 주몽에 의한 고구려가 건립되기 이전에 고구려 명칭
이 나왔다고 해서 그것이 고리국이라고 인정하는 것은 사람들에 대한 설
득력이 약하다고 말할 수 있다. 그것은 우선 민족명칭일 수 있으며 지방
명칭일 수 있기 때문이다. 즉 고구려 민족이 있는 곳에 고구려현이라는
지방정권을 설립했다고 보는 것이 당시의 실정에 더 잘 부합될 수 있는
것이다. 그 밖에 또 현토군 아래의 '고구려현' 경내에 위치해 있는 이른
바 '古高句驪'가 '고리국'이라고 인정한다면 거기에는 필연적으로 한 지

---

12) 金毓黻, 『東北通史』 上篇, 78~79쪽.

방에 두 개 성격의 국가정권(西漢 高句驪縣과 稾離國)이 공존해 있을 수 있는 이유가 설명되어야 할 것이다. 그러나 金氏는 이런 이유에 대하여 전혀 설명하지 않고 있는 것이 사실이다.

둘째, 『論衡』이나 『삼국지』에서 인용한 『위략』 등 고서에 따르면 夫餘의 시조왕인 동명은 '고리국'에서 나왔다.[13] 그 밖에 또 이미 위에서 설명한 바와 같이 『위서』 고구려전·『삼국사기』 고구려본기·호태왕비문 등 고문헌에 따르면 고구려의 시조왕인 주몽은 부여(북부여 혹은 동부여라고도 한다)에서 온 것으로 되어있는 것이다.

이와 같이 부여 동명왕의 내원지가 고리국이며 고구려 주몽왕(동명왕이라고도 한다)의 내원지가 부여라는 것은 학계에서 공인되고 있는 것으로 이에 대하여 다른 의견이 없다.

그런데 만약 김육불 선생의 견해에 따라 주몽 건국 이전에 존재한 이른바 '古高句驪'가 고리국이라고 한다면 부여 건국설화와 고구려 건국설화에 관한 여러 고서 기록 사이에 엄중한 모순이 생기게 된다. 그것은 夫餘의 시조인 동명왕은 실제상 고구려(古高句驪 = 稾離國)로부터 온 것으로 되는 것이다. 이것은 필연적으로 고구려의 시조인 주몽왕은 부여로부터 왔다는 여러 고문헌의 기록과 모순되며 고구려는 부여의 별종이라고 쓴 『후한서』나 『삼국지』 고구려전의 기록과도 부합되지 않는 것이다.

바꾸어 말하면 부여와 고구려 두 나라의 선후관계가 바뀌어 지며 본말이 전도될 가능성이 많다고 말할 수 있는 것이다.

셋째, 김육불 선생은 丁氏의 이른바 '古高句驪'의 존재설을 매우 정확하다(其說甚確)고 지적하고 나서 그의 위치에 대하여 다음과 같이 썼다.

"其(古高句驪 - 필자)立國之地 卽爲高句驪縣之所在."

---

13) 『論衡』 권2, 吉驗篇 ; 『三國志』 권30, 『魏書』 권30 東夷 大餘傳에서 인용한 『魏略』 ; 『後漢書』 권85, 東夷 夫餘國傳.

이와 같이 金氏는 이른바 '古高句驪'는 현토군의 首縣인 '高句驪縣'과 같은 지역에 위치해 있다고 인정했던 것이다. 『후한서』나 『삼국지』등 고서기록에 따르면 기원전 82년에 西漢 昭帝는 한4군을 2군으로 줄이고 현토군의 치소를 본래의 沃沮城(지금의 咸興부근)으로부터 서쪽으로 옮겨갔는데 이때에 고구려 사람들의 집단 거주지를 중심으로 '高句麗縣'을 설치하고 현토군에 소속(首縣)시켰을 가능성이 많다. 이 高句麗縣의 위치에 대하여 오늘 학계에서는 대체로 모두 지금의 遼寧省 新賓縣 경내에 있었다고 인정하고 있다. 만약 이런 견해가 틀리지 않는다면 金氏가 말하는 이른바 '古高句驪'국도 역시 오늘의 요녕성 신빈현 경내에 있는 것으로 된다. 이것은 金氏가 '古高句驪'의 고지는 오늘의 홍경의 동쪽인 通化·集安일대에 있었다고 말한 것과 비교적 잘 어울린다고 말할 수 있다.[14]

그런데 이미 위에서 지적한 바와 같이 金氏는 '古高句驪'는 고리국이라고 인정하고 있다. 金氏의 이런 견해는 상술한 '古高句驪'의 위치에 관한 자신의 견해와 엄중하게 모순된다. 왜냐하면 『論衡』吉驗篇이나 『三國志』 夫餘傳에 인용된 『魏略』의 夫餘건국설화에 따르면 고리국은 분명히 현토군 고구려현(여기에 金氏가 말하는 古高句驪가 있다)보다 북쪽에 위치해 있는 부여보다도 더 북쪽에 있다는 것이 증명(『논형』에 "北夷橐離國王侍婢有娠 … 後產子 … 名東明 … 東明善射 王 … 欲殺之. 東明走南至掩淲水 … 東明得渡 … 因都王夫餘. 故北夷有夫餘國焉.")되기 때문이다.[15]

한편 『후한서』에 따르면 "夫餘國 在玄菟北千里 南與高句驪 東與挹婁 西與鮮卑接 北有弱水 地方二千里"라고 썼으며 『삼국지』부여전에도 대체로 같은 내용이 적혀져 있다.[16]

---

14) 金毓黻, 『東北通史』上篇, 제80쪽.

15) 『論衡』권2, 吉驗篇 ; 『三國志』권30, 魏書30 東夷 夫餘傳에서 인용한 『魏略』.

위의 기록에서 주목을 끄는 것은 "夫餘國 在玄菟北千里"라고 쓴 부분
이다. 이것은 현토군의 치소(지금의 撫順부근이다)로부터 북쪽으로 1천
리 가량 떨어진 곳에 夫餘國의 수도가 위치해 있었다는 뜻으로 해석된
다. 부여국의 수도에 대하여 학계에서는 대체로 吉林市부근에 있었다고
보는 견해가 많다. 그 강역에 대해서는 대체로 오늘의 吉林·長春을 포함
한 길림성의 일부와 흑룡강성의 중부를 포함한 넓은 지역이었을 것으로
보여 진다. 부여국의 북쪽에 '弱水'(북상 松花江설, 嫩江설, 黑龍江설 등
이 있다)가 있었다고 쓴 기록(北有弱水)은 역시 우리의 큰 주목을 끄는
부분이다. 고리국은 이 부여보다 더 북쪽에 있었던 것이다.

상술한 상황은 金氏가 말하는 '古高句驪'와 槀離國은 결코 동일한 지
역에 공존해 있은 것이 아니라 남북으로 수천 리 떨어져 있었다는 것을
증명해 주며, 또 그 사이에는 거대한 영역을 가진 부여국이 있었다는 것
을 훌륭히 증명해준다. 이런 정황에서 이른바 '古高句驪'는 고리국이라
고 인정한 김육불 선생의 견해는 일반적인 상황에서는 상상조차 할 수
없는 일이라고 말할 수 있다.

넷째, 위의 기록에 따르면 김육불 선생은 한무제가 고조선을 멸망시
키고 그곳에 사군을 설치하던 때 '古高句驪'는 이미 멸망한지도 오래되
었다고 말했으며, 또 현토군에 소속되어 있는 고구려현의 명칭은 이른바
'古高句驪'의 옛 이름에 의거하여 제정된 것이라고 인정하였다.

필자는 한4군을 설치하기 이전에 이미 고구려 명칭이 있었다고 인정
한 金氏의 견해에 동의한다. 그것은 현토군 아래의 고구려현은 결코 아
무것도 없는 곳에서 나타난 것이 아니라고 생각되기 때문이다. 그러나
필자는 한사군을 설치할 때 이른바 '古高句驪'는 이미 멸망한지 오래되
었다고 인정한 金氏의 견해에는 상론할 여지가 많다고 생각한다. 왜냐하
면 한사군을 설치하기 이전에 고구려 사람들은 이미 하나의 독립적인 국

---

16) 『後漢書』 권85, 東夷 夫餘國傳 ; 『三國志』 권30, 魏書30 東夷 夫餘傳.

가정권을 성립했다고 인정할 수 있는 자료적 근거가 없기 때문이다.

우선 그것은 다음과 같은 고서기록에서 표현된다.

『후한서』고구려전에 "武帝滅朝鮮 以高句驪爲縣 使屬玄菟."라고 썼으며 같은 책 濊傳에는 "濊及沃沮 句驪 本皆朝鮮之地也."[17]라고 썼다. 여기서 주목을 끄는 것은 한무제가 고조선을 멸망하고 사군을 설치했는데 고구려는 겨우 한사군 가운데의 한 개 군인 현토군 아래의 縣으로 되는 데 그쳤다는 점이다. 이것은 당시 고구려의 사회적 지위가 몹시 미약했으며 고조선의 한 부분(侯國)에 불과했을 수 있다는 것을 증명해준다.

다음으로 중국 고서들에 수록된 고조선과 고구려의 傳紀상황을 비교 고찰할 필요가 있다. 보다 이른 시기에 간행된 『사기』에는 처음으로 「조선열전」이 있으며, 『한서』에는 「조선전」이 있어 고조선에 관한 역사를 서술하고 있다.[18] 그러나 이런 고서들에는 결코 고구려전이나 구려전과 같은 전기는 존재하지 않는다.

1세기 이후의 동한(25~220년)의 역사를 서술한 『후한서』에 처음으로 「고구려전」이 있으며, 220년부터 265년 사이에 활동한 위·오·촉 등 삼국의 역사를 서술한 『삼국지』에도 「고구려전」이 수록되어 있다.[19] 간행 연대를 살펴보면 『삼국지』는 3세기 말에, 『후한서』는 5세기 전반기에 간행되었다. 간행 연대를 보면 『삼국지』가 『후한서』보다 더 빠르다.

이 고서들에 처음으로 「고구려전」이 수록되기 시작했다는 것은 고구려가 역사무대에 등장한 연대가 고조선(『사기』와 『한서』에서 이미 조선열전이 수록)보다 많이 늦어졌다는 것을 증명해준다.

그 밖에 필자가 조사한데 따르면 한사군을 설치하기 이전의 한 동안 중국 역대왕조(秦과 西漢)가 주변국가 혹은 민족과의 관계를 서술한 내

---

17) 『後漢書』 권85, 東夷 高句驪傳 濊傳.
18) 『史記』 권115, 朝鮮列傳 ; 『漢書』 권95, 朝鮮傳.
19) 『后漢書』 권85, 東夷 高句驪傳 ; 『三國志』 권30, 魏書30 東夷 高句麗傳.

용을 보면 동쪽을 대표하는 나라(혹은 민족)로 '朝鮮'이 나온다. 예를 들면 『사기』에 "元鼎五年(기원전 112년 – 필자)秋, … 是時漢方南誅越 東擊朝鮮 北逐匈奴 西伐大宛 中國多事."라고 썼으며 『한서』에도 "孝武皇帝 … 乃遣大將軍 … 南滅百粤 … 北攘匈奴 … 東伐朝鮮 … 西伐大宛 …"이라고 쓴 것 등이 그것이다.[20] 『梁書』에 "東夷之國 朝鮮爲大"라고 썼으며 『通典』에 "高麗(高句麗 – 필자) 本朝鮮地 漢武置縣 … 時甚微弱."이라고 쓴 것 등은 결코 우연한 일이 아닌 것 같다.[21]

상술한 상황은 기원전 108~기원전 107년 사이에 한무제가 고조선을 멸망하고 4군을 설치하기 이전에 고구려(古高句驪)는 결코 하나의 독립 국가로서 발생, 발전, 멸망하는 과정을 지냈다고 보기보다는 고조선의 일부(侯國)였을 가능성이 많다는 것을 증명해 준다.

다섯째, 김육불 선생은 이른바 古高句驪에 관한 자기 견해를 서술하기에 앞서 고리국에 대하여 다음과 같이 말하였다.

"『위략』에서 말하는 槀離는 그 발음이 句麗와 가깝기 때문에 옛날의 高夷이며 『후한서』의 高句驪다." 또 "구려는 고구려의 약칭"이라는 견해도 밝혔다.[22]

위의 기사 가운데서 주목을 끄는 것은 『위략』에서 말하는 고리국이 『후한서』의 고구려라고 한 金氏의 견해가 역사사실에 부합되는가의 문제이다. 필자는 金氏의 상술한 바와 같은 견해는 모순이 많아 성립되기 어렵다고 인정한다.

우선 金氏가 『위략』에서 말하는 고리국은 『후한서』의 고구려라고 한 이유는 槀離의 발음(고리, gaoli)이 『후한서』에서 고구려의 약칭으로 표현되는 句驪의 발음(구려, gouli)과 비슷하다는데 있다.

---

20) 『史記』 권103, 萬石列傳 ; 『漢書』 권73, 韋賢傳.
21) 『梁書』 권54, 諸夷 東夷 ; 『通典』 권185, 邊防1 東夷上 序略.
22) 金毓黻, 『東北通史』 上篇, 제78쪽.

그러나 『위략』에서 말하는 "槀離之國"의 첫 번째 글자(槀)는 고서들마다 서로 다르게 쓰이고 있으며 그 발음도 서로 다르다. 부여의 시조인 동명왕의 내원지를 제일 먼저 제기한 『論衡』에서는 그것을 '橐(탁, tuo)'이라고 씀으로서 "橐離國", 『후한서』에서는 '索(색, suo)'라고 씀으로서 "索離國", 『위략』에서는 '槀(고, gou)'라고 씀으로서 "槀離國", 『양서』에서는 '槀(고, gao)'라고 씀으로서 "槀離國"으로 사서마다 서로 다르게 불리고 있는 것이다.[23]

물론 '槀離國'의 첫 번째 글자가 서로 다르게 씌어있는 것은 그의 글자형이 비슷한 것과 관련될 가능성이 없지 않다. 비록 그렇다고 하더라도 고서마다 서로 다르게 불리고 있는 정황에서 『위략』에 씌어진 "槀離國"이 『후한서』의 "句驪"와 발음이 비슷하다고 해서 전자(고리국)는 『후한서』의 "高句驪"(구려는 고구려의 약칭)와 같다고 인정하는 것은 지나친 속단일 가능성이 존재한다.

특히 『후한서』에서 그것을 "索離國"(색리국, suoliguo)이라고 씀으로서 같은 책 가운데의 '句驪'(구려, gouli)와의 사이에 발음상 큰 차이가 나타나는 것은 주목을 끌지 않을 수 없다. 왜냐하면 이것은 『후한서』의 편자에게는 북방의 '색리국'과 고구려의 약칭으로서의 '句驪'를 하나의 같은 대상으로 인정한 일이 없다는 것을 증명해 주기 때문이다. 이럴 경우에 『위략』에서 말하는 '고리국'과 『후한서』에 씌어있는 '句驪'의 발음이 비슷하다는 이유에 의거하여 『후한서』의 고구려와 고리국을 하나의 같은 대상으로 인정한 金氏의 견해는 그것이 존재할 수 있는 기초가 희박한 것이 된다.

다음으로 여러 고문헌의 기록에 따르면 고리국은 부여의 북쪽에서 '北夷'에 의하여 건립된 나라였으며, 『후한서』의 '고구려'는 부여의 남

---

23) 『論衡』 권2, 吉驗篇 ; 『後漢書』 권85, 東夷 夫餘國傳 ; 『三國志』 권30, 魏書30 東夷 夫餘傳에서 인용한 『魏略』 ; 『梁書』 권54, 東夷 高句驪傳.

쪽에서 '東夷'에 소속된 나라였다. 양자는 부여를 사이에 두고 남북으로 수천 리 떨어져 있은 것으로 된다. 그 밖에 또 고리국은 부여의 시조 동 명왕의 내원지로서 주몽에 의한 고구려 건국의 내원지는 아니다. 그러나 『후한서』에 나오는 고구려는 분명히 주몽에 의하여 건립된 고구려를 가 리킨다는 것은 추호도 의심할 바가 없다. 이런 상황에서 고리국과 『후한 서』의 고구려가 하나의 같은 대상을 가리킨다고 인정하는 것은 도저히 이해되지 않는다. 이미 위에서 설명한바와 같이 金氏는 또 같은 곳에서 朱蒙 건국 이전의 이른바 '古高句驪'가 고리국이라는 견해를 피력함으로 서 사람들로 하여금 전후가 모순되는 느낌을 갖게 한다.

상술한 일련의 사실은 이른바 '古高句驪'에 관한 金氏의 견해는 모순 이 많아 성립되기 어렵다는 것을 증명해 준다.

2) 이른바 '後高句驪'에 대한 金氏의 견해를 분석

이미 위에서 설명한바와 같이 김육불 선생은 주몽 건국 이전의 고구 려를 '古高句驪'라고 부르면서 그것은 『위략』에서 말하는 고리국이라고 하였다. 金氏는 또 주몽에 의하여 건국된 고구려를 '後高句驪'라고 부르 면서 주몽 건국 이전의 '古高句驪', 즉 '고리국'과 밀접히 연계시키고 있 다. 이리하여 金氏는 丁氏의 이른바 두 개 고구려 이론을 계승하고 한걸 음 더 발전시켰던 것이다.

아래에 두 방면으로 나누어 이른바 '後高句驪'에 관한 金氏의 견해에 대하여 필자의 의견을 제기하기로 한다.

(1) 朱蒙 건국과 이른바 '後高句驪'의 관계

金氏는 주몽에 의하여 건립된 고구려를 '後高句驪'라고 불렀다. 예를 들면 그는 "後高句麗가 현토군을 침략한 기록은 고증이 가능한 것이 매 우 많다."고 쓰고 나서 기원전 1세기부터 기원후 2세기에 이르기까지의 고구려 관련기사를 서술하고 있다. 여기에는 고구려 제6대 태조왕(宮)·제7대 차대왕(遂成)·제8대 신대왕(伯固) 등이 등장하고 있다. 그는 또 "後高句驪 왕족이 부여에서 나왔다는 것은 『魏書』外國傳에서도 이미 말했으며 高句驪 고비에도 역시 기록한 바가 있다."고 쓰고 나서 호태왕비문의 유관기사를 소개하고 있는 것이다.[24]

필자는 金氏의 이런 견해에 잘 동의되지 않는다.

첫째, 주몽이 건립한 나라 이름을 '後高句驪'라고 부르는 것은 고구려 건국설화에 관한 여러 고문헌의 기록과 부합되지 않는다. 이에 대하여 필자는 이미 위에서 설명했기 때문에 여기서는 중복을 피하기 위하여 호태왕비문을 중점으로 분석하고자 한다.

5세기 초에 직접 고구려 사람들에 의하여 씌어진 호태왕비문 제1면 첫 머리에는 다음과 같이 썼다.

> "唯昔始祖鄒牟王之創基也出自北夫餘 … 於沸流谷忽本西城山上而建都焉 … 顧命世子儒留王以道興治大朱留王紹承基業(及)至十七世孫國崗上廣開土境平安好太王二九登祚號爲永樂太王 … 卅有九宴駕棄國 …."

위의 비문 가운데 나오는 명사들을 먼저 설명할 필요가 있다.

'鄒牟王'은 주몽왕을 가리킨다. 忽本은 『삼국사기』의 졸본이며 『위서』에는 이것을 紇升骨城이라고 불렀는데 오늘의 혼강유역에 해당한다.

『삼국사기』에 따르면 비문의 儒留王은 고구려 제2대 유리왕(孺留王이라고도 한다)이며 大朱留王은 고구려 제3대 대무신왕(大解朱留王이라고도 한다)이하며 國崗上廣開土境平安好太王은 고구려 제19대 廣開土王이다.[25] 여기서 비문의 '十七世孫'에 '國崗上廣開土境平安好太王'이 등위

---

24) 金毓黻, 『東北通史』 上編, 80~81쪽.
25) 『三國史記』 권13, 高句麗本紀1 東明王 1년조, 瑠璃王 1년조 ; 권14, 本紀2 大武神王 1년조 ; 권18, 本紀6 廣開土王 1년조.

했다고 쓴 것은 서술상의 실제상황에서 출발하여 제3대 大朱留王(大武神王)부터 시작해서 제17대에 이르는 왕이 광개토왕이라는 뜻으로 풀이하는 것이 옳을 것 같다. 왜냐하면 비문에서는 제3대 대주류왕 앞에 이미 두 세대의 국왕(추모왕과 유류왕)이 더 씌어있기 때문에 결국 광개토왕은 고구려 제19대 왕(대주류왕 이후의 17세대와 그 이전의 2세대를 합한 수자)이 되는 것이기 때문이다.[26]

위의 비문기사를 밀접히 연계시키면서 고려하면 다음과 같은 상황에 대하여 주목하게 된다.

우선 북부여 출신인 추모왕(주몽)은 오늘의 혼강 유역인 홀본(졸본) 지역에 도읍을 정하고 새로 나라를 건국했으며 그 나라의 시조 왕이 되었다. 주몽왕이 사망한 다음에는 그의 '世子'가 왕위를 계승하고 그 후에도 모두 주몽이 후손들에 의하여 왕위가 계승되었던 것이다.

물론 비문에는 추모왕(주몽왕)이 건립한 나라의 명칭이 밝혀지지 않고 있다. 그러나 이것이 고구려를 가리킨다는 것은 추호도 의심할 나위가 없다. 이것은 비문에 나오는 추모왕(주몽왕)을 비롯하여 제2대 유류왕, 제3대 대주류왕 및 국강상광개토경평안호태왕 등은 모두『삼국사기』고구려본기에 수록되어 있는 해당 왕과 일치하다는 사실에 의하여 증명된다. 이것은 또 주몽이 건립한 나라는 결코 '後高句驪'인 것이 아니라 고구려이며 추모왕을 비롯한 유류왕 등은 '後高句驪'의 역대국왕이 아니라 고구려의 역대국왕이라는 것을 증명해 주는 유력한 자료가 된다. 학계에서 호태왕비문에 씌어있는 주몽(추모)이 세운 나라를 고구려가 아닌 '後高句驪'라고 주장할 사람은 없으리라고 필자는 확신한다.

둘째, 金氏의 이른바 두 개 高句驪 이론과 중국 역사상의 일부 상황을 비교 고찰하는 것은 역시 필요한 일이다. 예를 들면 중국 역사상에서

---

26)『高句麗好太王碑研究』, 亞細亞文化社 1996년판, 64~67쪽 ; 延邊大學出版社, 1999년판, 56~59쪽.

‘兩漢’(두개 漢이란 뜻을 나타냄으로써 이른바 두 개 高句麗란 뜻과 같은 의미일 수 있다)이라고 불리는 西漢과 東漢의 역대 황제들은 모두 劉氏였으며 ‘兩晉’으로 불리 우는 西晉과 東晉의 역대 황제는 모두 司馬氏, ‘兩宋’으로 불리우는 北宋과 南宋의 황제는 모두 趙氏였다.[27] 서한과 동한이 ‘양한’으로 서진과 동진이 ‘양진’으로, 북송과 남송이 ‘양송’으로 불릴 수 있은 것은 여러 가지 원인이 있을 수 있다. 그 가운데서도 가장 중요한 원인은 두 나라(예를 들면 서한과 동한)의 국호가 동일하다는 사실 외에 두 나라의 역대황제들 사이에 혈연적 연계가 있다는 사실을 무시하지 못할 것이다.

그런데 金氏가 제기한 ‘古高句麗’와 ‘後高句麗’ 사이에는 물론 두 나라 국호 사이에 공통점(高句麗)이 있는 것만은 사실이다. ‘古高句麗’와 ‘後高句麗’의 역대 국왕들 사이에는 아무런 혈연적 연계도 없는 것으로 되어 있다. 그것은 이미 위에서 지적한 바와 같이 金氏는 주몽을 ‘古高句麗’ 국왕의 양자라고 인정한 丁氏의 견해를 부정했으며, 또 주몽은 ‘古高句麗(고리국)’에서 나온 것이 아니라 부여에서 나왔다고 주장한데서 증명된다. 이와 같이 金氏의 견해에 따르면 ‘古高句麗(槀離國)’와 ‘後高句麗’의 왕실 사이에는 아무런 혈연적 연계도 없는 것이다. 이것은 중국 역사상의 ‘양한’·‘양진’·‘양송’의 왕실 사이에 혈연적 유대관계가 있는 상황과 구별되는 가장 큰 특징이라고 말할 수 있다. 金氏는 ‘古高句麗’와 ‘後高句麗’는 中國의 일부 역대왕조와 구별되는 특징을 갖고 있음에도 불구하고 무엇 때문에 여전히 두 개 高句麗라고 부를 수 있는가에 대하여 충분한 설명을 해야 옳을 것이다. 그러나 金氏는 이러한데 대해서는 아무런 설명도 하지 않고 있는 것이 사실이다. 이것은 金氏의 이른바 두 개 高句麗 이론이 독자들을 설복시키기 어려운 이유로 되고 있다.

---

27) 『中國歷史年代簡表』, 文物出版社, 1975년판, 49~91, 135~156쪽.

(2) 朱蒙의 궐기와 이른바 그의 西侵로정

金氏는 서한 시기 현토군의 서천과 주몽에 의한 고구려 건국 과정을 밀접히 연계시키고 있다. 먼저 본문과 관련되는 유관원문을 소개하면 다음과 같다.

> (1) "蓋玄菟之治地有三 而逐漸內徙者 則以夫餘族之朱蒙 崛起於朝鮮半島北部 逐漸西侵 勢不可遏故也."
>
> (2) "魏志謂 玄菟爲夷貊所侵 徙郡句麗 高句驪爲貊人之一 所謂夷貊卽含高句驪 在內 考昭帝始元五年(기원전 82년－필자)之際 高句驪始祖朱蒙 尙未立國 是時之貊人 當與朱蒙一族有關."[28]

아래에 3개 방면으로 나누어 필자의 의견을 제기하기로 한다.

첫째, 위의 기록 (1)에 따르면 金氏는 현토군의 치소를 연속 두 번이나 서천하게 된 원인을 주몽의 궐기에서 찾고 있다. 즉 부여족 출신인 주몽은 朝鮮半島 북부에서 궐기하여 점차적으로 '西侵'함으로써 나중에는 졸본 지구에 이른바 '後高句驪'를 건립했다고 인정했던 것이다. 金氏가 주몽을 '古高句驪王'의 양자였다고 한 丁氏의 견해를 부정하고 그(주몽)를 부여족 출신이라고 주장한 것은 옳은 것이다. 이런 견해에 필자는 다른 의견이 없다. 그러나 金氏가 주몽은 "조선반도 북부에서 궐기하여 점차 서침하였다."고 주장한 것은 역사 사실에 부합되지 않을 가능성이 많다.

부여족 출신인 주몽이 고구려를 건립하는 과정에서 조선반도 북부에서 궐기했다고 주장하는 것은 부여국의 위치에 관한 여러 고서들의 기록과 부합되지 않는다. 예를 들면 『후한서』 부여국전에는 다음과 같이 썼다.

> 夫餘國 在玄菟北千里 南與高句驪 東與挹婁 西與鮮卑接 北有弱水 地方二千里.[29]

---

28) 金毓黻, 『東北通史』 上編, 80~81쪽.

29) 『後漢書』 권85, 東夷 夫餘國傳 ; 『三國志』 魏書30, 東夷 夫餘傳.

여기서 주목을 끄는 것은 "夫餘國 … 南與高句驪 … 接"이라고 쓴 부분이다. 이것을 다른 말로 바꾸어 말하면 부여국은 고구려의 북쪽에 위치해 있었다는 말로 된다. 부여가 고구려의 북쪽에 위치해 있었다는 것은 『삼국지』 부여전에도 씌어있다. 그 밖에 『삼국사기』 고구려본기에서는 대무신왕 "四年冬十二月 王出師 伐扶餘 … 上道有一人 … 拜王曰 臣 … 竊聞大王北伐扶餘 臣請從行 … 王悅許之."[30]라고 씀으로서 역시 부여가 고구려의 북쪽에 위치해 있었다는 것을 훌륭히 증명해 주고 있다.

이와 같이 부여가 고구려의 북쪽에 위치해 있은 것이 확실한 정황에서 부여족 출신인 주몽은 부여로부터 남쪽으로 내려와 졸본지구에 고구려를 건국했다는 것은 추호도 의심할 바가 없다. 『위서』 고구려전에 "朱蒙乃 … 棄夫餘東南走 … 至紇升骨城 遂居焉 號曰高句麗."[31]라고 썼으며 호태왕비문 제1면에 "惟昔始祖鄒牟王之創基也出自北夫餘 … 巡幸南下 … 於沸流谷忽本西城山上而建都焉"이라고 쓴 것은 이런 견해가 옳다는 것을 훌륭히 증명해 준다.

이와 같이 주몽이 조선반도 북쪽에서 궐기하여 점차 서침함으로서 졸본에서 '後高句驪'를 건립했다고 주장하는 金氏의 견해는 부여의 위치 혹은 고구려의 건국설화에 관한 여러 고문헌의 기록과 전혀 부합되지 않는다는 것을 알 수 있게 한다.

둘째, 위의 기록 (2)는 대체로 전후 두 개 부분으로 나누어 고찰할 수 있다. 앞부분은 기원전 82년에 서한이 현토군을 서쪽으로 옮겨간 원인과 지점을 설명한 것이며, 뒷부분은 당시 고구려 인민들의 반항투쟁은 '朱蒙一族'과 연관되어 있다고 인정한 사실이다.

먼저 첫 번째 부분에 대하여 필자의 의견을 제기하면 다음과 같다. 金氏는 첫 번째 부분에서 "玄菟爲夷貊所侵 徙郡句麗 … 所謂夷貊卽含

---

30) 『三國史記』 권14, 高句麗本紀2 大武神王 4년조.
31) 『魏書』 권100, 高句麗傳 ; 『北史』 권94, 高句麗傳 ; 『隋書』 권81, 高麗傳.

高句驪在內."라고 씀으로서 현토군의 서천원인을 '夷貊所侵'에서 찾고
있다. 또 '夷貊' 가운데 고구려가 포함되어 있다고 하였다. 이에 대하여
필자는 다른 의견이 없다. 그러나 현토군의 서천지점을 고구려지역으로
인정(徙郡句麗)한데 대해서는 상론할 여지가 없지 않다고 생각한다. 먼
저 유관고서들의 원문을 소개하면 다음과 같다.

> (1) 『後漢書』 東沃沮傳: "武帝滅朝鮮 以沃沮地爲玄菟郡 後爲夷貊所侵 徙郡於
>   高句驪西北."[32]
> (2) 『後漢書』 濊傳: "至昭帝始元五年(기원전 82년 - 필자) 罷臨屯 眞番 以幷樂
>   浪 玄菟 玄菟復徙居句驪."[33]
> (3) 『三國志』 東沃沮傳: "漢武 … 伐朝鮮 … 分其地爲四郡 以沃沮城爲玄菟郡
>   後爲夷貊所侵 徙郡句麗西北 今所謂玄菟故府是也."[34]

　　여기서 주목을 끄는 것은 현토군의 치소[35]에 대한 서천 시간과 지점
이 서로 다르게 씌어있다는 사실이다. 즉 『후한서』와 『삼국지』의 「동옥
저전」에 따르면 서천시간은 '後'로 되어있고 지점은 '高句驪西北'(혹은
句麗西北)으로 되어있다. 그러나 『後漢書』 「濊傳」에는 시간은 昭帝 始元
5년, 즉 기원전 82년으로 되어 있고 지점은 '句驪', 즉 고구려 주민구역
으로 되어있는 것이다.
　　『후한서』 예전에서는 현토군의 서천시간을 비교적 구체적으로 명시
(소제 시원 5년, 즉 기원전 82년)함으로서 그것이 '옥저성'(조선 함경남
도 함흥부근)에 있던 현토군의 치소를 처음으로 서쪽으로 옮겨 갈 때의
상황을 말한 것임을 알 수 있게 한다. 이것을 학계에서는 제2현토군 치

---

32) 『後漢書』 권85, 東夷 東沃沮傳.
33) 『後漢書』 권85, 東夷濊傳.
34) 『三國志』 魏書30, 東夷 東沃沮傳.
35) 玄菟郡의 치소와 그의 수현으로서의 高句麗縣의 치소는 같은 지방에 놓여 있었다.
　　아래에서 따로 설명하지 않는다.

소라고 부르는데 대체로 현재의 遼寧省 新賓縣(옛 이름은 興京)부근이다. 그 후(기원전 75년이거나 혹은 그보다 더 늦은 이후시기)의 어느 시기에 漢은 현토군 치소를 다시 서족으로 옮겼다. 이것을 학계에서는 제3현토군 치소라고 부르는데 대체로 현재의 撫順부근이다.

한편『삼국사기』에 따르면 기원전 37년에 주몽은 졸본지구(오늘의 혼강유역의 환인)에서 고구려를 건국했으며, 40년 후인 서기 3년에 수도를 '국내'지방, 즉 오늘의 압록강 중류유역인 집안으로 옮겼다. 이러한 사실로 지금의 혼강유역 환인지방과 압록강 중류유역 집안지방은 그 이전부터 고구려 사람들의 집단으로 거주했다는 것을 알 수 있다.

필자가 유관지도에 따라 조사한데 따르면 제2현토군 치소였던 신빈현(홍경)과 주몽의 건국지점이었던 졸본(오늘의 환인) 사이의 직선거리는 100여 華利이며 고구려의 두 번째 수도였던 '국내성'(오늘의 집안) 사이의 직선거리는 200여 화리에 이르렀다. 또 제3현토군 치소였던 무순과 졸본 사이의 직선거리는 280여 화리, '국내성' 사이의 직선거리는 380여 화리에 달하였다. 이로부터 우리는 제3현토군 치소는 더 말할 필요도 없거니와 제2현토군 치소까지도 모두 고구려 사람들의 집단 거주지 중심에 위치해 있는 것이 아니라 그의 서북쪽으로 비교적 멀리 떨어져 있었다는 것을 알 수 있다. 이것은『후한서』예전의 "玄菟郡復徙居句驪"보다『후한서』와『삼국지』의 동옥저전에 "徙郡於高句驪西北"이라고 쓴 기록이 더 정확할 가능성이 있다는 것을 알게 한다. 현토군 치소의 서천 원인이 '夷貊所侵'에 있었고 이 '이맥' 가운데 고구려 사람들의 반항투쟁이 포함되었다고 인정되는 사실은 이런 견해가 옳다는 것을 더 잘 증명해 준다. 따라서 서한 소제시기에 현토군의 치소를 원래의 '옥저성'으로부터 '句驪'지방으로 옮겨갔다고 인정한 金氏의 견해는 역사사실에 부합되지 않을 가능성이 없지 않다.

셋째, 金氏는 위의 기록 (2)의 뒷부분에서 서한 소제 시원 5년, 즉 기

원전 82년에 현토군의 서천을 초래하게 한 맥인들의 투쟁은 '주몽일족'
과 관련된다고 인정하였다. 그 이유는 당시 주몽에 의한 고구려 건국이
이루어지지 않았다는데 있다. 金氏의 이런 견해 가운데는 적잖게 모순되
는 점들이 존재해 있다고 생각된다.

『후한서』고구려전에 따르면 "武帝滅朝鮮 以高句驪爲縣 使屬玄菟."라
고 썼으며, 같은 책 濊傳에는 "濊及沃沮 句驪 本皆朝鮮之地也."라고 쓰고
있다.[36] 이로부터 우리는 서한이 고조선을 멸망하고 사군을 설치하거나
더 구체적으로는 현토군과 그 아래의 高句驪縣을 설치하는 과정과 그 후
의 통치가운데서 인국인 부여와의 사이에 모순을 조성한 일은 존재하지
않는다는 것을 알 수 있다. 또 한사군 설치 이전에 부여와 고조선 사이
에도 어떤 특수 관계, 예를 들면 종속관계 같은 것이 있었다는 흔적이
보이지 않는다.

이런 정황에서 부여족으로서의 '주몽일족'이 현토군(고구려현을 포
함)의 통치를 반대하여 싸우는 고구려 사람들의 투쟁대열(夷貊所侵)에
함께 참가했다는 것은 일반적인 상황에서는 상상하기 어려운 일이다.

필자는 또 기원전 82년경에 현토군과 고구려현의 통치를 반대하여 싸
운 고구려 사람들의 반항투쟁은 주로 현토군 경내에서 진행되었을 것이
다. 특히 현토군의 서천노정, 즉 옥저성(오늘의 함흥부근)으로부터 시작
하여 서북쪽으로 오늘의 요녕성 신빈현을 경과하여 무순부근에 이르는
연도를 중심으로 진행되었을 가능성이 많다고 볼 수 있다.

그런데『후한서』에 따르면 "夫餘國 在玄菟北千里"라고 쓰고 있다. 이
것은 물론 현토군의 치소(제3현토군 치소일 가능성이 많다)로부터 부여
국의 수도까지의 거리를 가리킬 수 있다. 따라서 현토군과 부여국 사이
의 실제 거리는 곳에 따라서는 천리를 훨씬 넘을 수 있으며 심지어 수천
리에 이를 수도 있는 것이다. 이런 정황에서 주몽이 고구려를 건립하던

---

36)『後漢書』권85, 東夷 高句驪傳 濊傳.

때(『삼국사기』에 따르면 기원전 37년에 주몽이 고구려를 건립하였다)보다 수십 년이나 더 이른 시기에 주몽의 선조들인 '주몽일족'이 부여를 떠나 남쪽으로 천리, 심지어 수천 리나 내려와 현토군 경내에 진입하여 서한의 군현통치를 반대하는 '이맥'(고구려 사람들을 포함)의 투쟁에 합류했다는 것은 상상하기 어려운 일이다. 사실상 이런 기사는 그 어느 고서 가운데서도 찾아볼 수 없는 것이 오늘의 현실이다.

맺음말

청나라 학자 정겸 선생은 처음으로 두 개 고구려 이론을 제기하였다. 그는 고구려는 본래 두 개 있었는데, 『후한서』에 요동의 동쪽에 있으며 남쪽으로 조선과 접하여 있었다고 한 것이 '古高句驪'이며 그 후 '古高句驪王'의 양자인 주몽이 조선 평안도 성천군에 따로 나라를 세운 것이 '다시 세운 高句驪(重立之高句驪)'라고 하였다.

정씨의 두 개 고구려 이론은 모순이 많아 성립되기 어렵다. 왜냐하면 丁氏가 말한 '古高句驪'는 실제상 『후한서』 고구려전에 수록된 고구려를 가리킨다. 그러나 이 고구려는 서술내용으로 보아 결코 주몽 건국 이전의 다른 어떤 고구려를 가리키는 것이 아니라 부여로부터 남하한 주몽에 의하여 건립된 고구려를 가리키는 것이 틀림없다. 또 거기에 나오는 '句驪'는 결코 고구려와 구별되는 다른 나라가 아니라 고구려에 대한 약칭에 불과한 것이다. 그 밖에 주몽이 평안도 성천군에 가서 따로 나라를 세웠다는 기사는 그 어디에도 존재하지 않는 것이 사실이다. 이런 정황에서 필자는 丁氏의 두 개 고구려 이론을 동의하지 않는다.

김육불 선생은 丁氏의 두 개 고구려 이론은 실제상 하나의 큰 발견(實爲一大發現)이라고 높이 평가하면서 그것을 계승 발전시켰다.

金氏는 丁氏와 마찬가지로 고구려가 두 개 고구려, 즉 '古高句驪'와 '後高句驪'로 나누어진다고 인정하였다. '古高句驪'의 위치에 대하여 金氏는 현토군 고구려현이 있던 곳이라고 하면서 대체로 오늘의 요녕성 신빈현 이동의 지역이라고 하였다. 그는 또 '古高句驪'는 『위략』에서 말하는 고리국이었다고 주장하였다. 이것은 金氏가 丁氏의 두 개 고구려 이론을 한걸음 더 발전시킨 내용이라고 말할 수 있다. 그러나 金氏의 이런 견해는 모순이 많아 성립되기 어렵다. 왜냐하면 金氏가 말하는 '古高句驪'와 고리국은 부여를 사이에 두고 남북으로 수천 리나 떨어져 있었다고 보여 지기 때문이다. 金氏는 또 한사군을 설치할 때 '古高句驪'는 이미 멸망된 지 오래 되었다고 말하고 있는데 역시 역사의 실제사실에 부합되지 않을 가능성이 많다.

김육불 선생은 주몽을 '古高句驪王'의 양자였다고 인정한 丁氏의 견해를 부정하고 그를 부여에서 나왔다고 주장했는데 이것은 옳은 것이다. 그러나 金氏는 부여족 출신인 주몽은 처음에 조선반도 북부에서 궐기했으며, 점차 '서침'함으로서 나중에는 졸본지구에서 '後高句驪'를 건국했다고 하였다. 金氏의 이런 견해는 주몽에 의한 고구려 건국설화에 관한 여러 고문헌의 기록과 모순되기 때문에 성립되기 어렵다.

상술한 상황은 정겸 선생이 처음으로 제기하였고 김육불 선생이 계승하고 발전시킨 이른바 두 개 고구려 이론은 모순이 많아 성립되기 어렵다는 것을 증명해준다.

제**2**장

高句麗초기 왕조세계에 관한 몇 개 문제

제1절 高句麗 초기 왕조세계
- 宮〜伯固를 중심으로 -

　본고는 고구려 초기 왕조세계 가운데서 제6대 太祖王(宮)으로부터 제8대 新大王(伯固)에 이르기까지의 왕위세계 가운데 존재하는 몇 가지 문제, 즉 3왕 사이의 혈연관계와 재위기간 등 문제를 중심으로 필자의 의견을 제기하였다.

1. 宮(太祖王)의 신분과 재위기간

1) 宮의 신분

　현재 학계에서 대부분의 학자들은 『삼국사기』의 기록에 따라 '宮'은 고구려 제6대 태조왕(國祖王이라고도 한다)의 이름이라고 인정하고 있다. 필자는 이런 견해에 동감을 표한다. 그러나 극히 소수의 일부 학자들은 고구려는 태조왕 시기에 비로소 국가건립단계에 진입했다고 하면서 태조왕(궁)은 고구려의 시조왕에 해당한다고 하고 있다.

　이런 견해를 제기하는 학자들은 태조왕(궁) 이전의 고구려 초기 왕조의 실제적 존재를 부정하는 데로부터 출발한다. 예를 들면 고구려의 건국시조인 주몽은 실제로 존재한 인물이 아니라 공상적 인물로서 허구에 불과하다는 것이다. 그러나 이런 견해는 일찍 고구려 사람들에 의하여 씌어진 好太王碑文이나 牟頭婁墓誌(冉牟墓誌라고도 한다)의 관련기사와 엄중하게 모순된다. 호태왕비문 제1면에 "惟昔始祖鄒牟王(주몽왕을 가리킨다 - 필자)之創基也"라고 명확하게 썼으며, 모두루묘지에도 "鄒牟聖王 元出北夫餘"라고 한데서 증명된다. 또 중국과 한국 등의 고서 기록에 따르면 주몽의 출생연대와 그에 의한 고구려 건국연대, 건국위치 등이 구체적으로 적혀있다. 즉 주몽은 기원전 58년에 '夫餘'에서 출생하였다. 그 후 부여왕실의 내부모순으로 그곳을 탈출, '南下'하여 비류수(지금의 혼강)유역의 졸본지구에 도읍을 정하고 고구려국을 건국하였다. 이것이 기원전 37년에 있은 일이며 이때 그의 나이는 22세였다고 한다. 또한 주몽과 함께 활동한 인물들은 결코 허구의 인물이 아니라 모두 구체적인 활동 흔적을 남기고 있다. 주몽과 함께 부여를 탈출한 烏伊와 麻離는 고구려가 건립된 이후 太白山 동남쪽에 위치해 있는 '荇人國'을 정복하고 그 곳을 고구려의 '城邑'으로 하는데 공을 세웠다. 당시 함께 부여를 탈출한 狹父는 유리왕 시기에 최고관직인 '大輔'에 임명되었으며 왕의 잘못된 행동에 대하여 시정할 것을 요구하는 의견까지 드렸던 것이다.

이러한 사실은 주몽은 결코 공상적 허구인물이 아니라 실제로 존재한 인물이며 고구려의 건국시조가 맞다는 것을 증명해 준다. 주몽왕부터 태조왕(궁) 이전의 국왕들(2대~5대 국왕)도 모두 실제적으로 존재한 국왕들이었다는 것은 추호도 의심할 바가 없다. 제2대 유리왕부터 제5대 모본왕에 이르기까지 역대 국왕들은 모두 부자세습이거나 혹은 형제상속에 의하여 왕위를 계승하였다.

또 부자세습에 의하여 왕위가 계승된 경우 모든 왕자들은 먼저 '太子'로 책봉되었다. 즉 고구려에는 건국초기부터 왕자 → 태자 → 국왕이라는 엄격한 제도가 수립되어 있었다고 할 수 있다.

『삼국사기』에 따르면 고구려는 제2대 유리왕 때 이미 중앙에 '대보'라는 최고관식을 두어 국왕을 보필하게 했으며, 제3대 대무신왕 때에는 중앙

에 '右輔'와 '左輔'를 설치하여 나라의 '軍國之事'를 맡아보게 하였다.[1]

그 밖에『삼국사기』등 고서기록에 따르면 고구려는 건국초기부터 무력으로 주변소국들을 정복하고 그 곳을 '城邑' 혹은 '郡縣'으로 삼거나 '屬國'으로 하는 등 영역과 세력을 확장하였다. 22년에 대무신왕은 부여를 공격하여 큰 승리를 거두었다. 이 전쟁에서 부여왕은 전사하고 '夫餘王從弟'는 '萬餘人'을 거느리고 고구려에 투항했다고 한다.[2]『후한서』高句驪傳에는 "王莽初 … 莽大說 更名高句驪王爲下句驪侯 於是貊人寇邊愈甚 建武八年(32년 - 필자) 高句驪遣使朝貢 光武復其王號 … 二十五年春(49년 - 필자) 句驪寇右北平 漁陽 上谷 太原 而遼東太守祭(蔡)肜以恩信招之 皆復款塞"[3]라고 기록되어 있는데, 우리의 주목을 끌게 된다. 왜냐하면 이 기사는 태조왕(궁) 이전의 고구려의 급속한 발전상황을 설명해 주고 있으며, 대외 위신도 많이 제고되고 있다는 것을 증명해 주기 때문이다.

여러 고서기록에 따르면 고구려는 태조왕(궁) 때보다 더 큰 발전을 이루었다고 말할 수 있다. 그러나 여기에는 결코 한 역사단계에서 다른 한개 역사단계로의 전환을 표명해 주는 특별한 변화는 존재하지 않는 것이 사실이다. '태조왕'이나 '국조왕'이라고 부른 칭호 때문에 그를 고구려의 '시조왕'으로 볼 수 있다고 인정하는 견해는 설득력이 약하다.『삼국사기』에 따르면 태조왕(궁)은 고구려 제2대 유리왕자인 '再思'의 아들이었다. 이것은 태조왕(궁)은 주몽의 후손이었다는 것을 증명해 주는 것으로 결코 정권교체(예를 들면 소노부 → 계루부한 것을 가리킬 수 있다)와 같은 것들이 존재하지 않는다.

상술한 일련의 상황은 태조왕(궁)시기에 고구려는 비로소 국가건립시기에 진입했으며 따라서 태조왕(궁)은 고구려의 시조왕에 해당한다고 한

---

1)『三國史記』권13, 高句麗本紀1 瑠璃王 22년조 ; 권14, 本紀2 大武神王 8・11년조.

2)『三國史記』권13, 高句麗本紀1 ; 권14, 本紀2 東明王, 瑠璃王, 大武神王조.

3)『後漢書』권85, 東夷 高句麗傳 ;『三國史記』권14, 高句麗本紀2 慕本王 2년조.

일부 학자들의 견해는 사실에 부합되지 않는다는 것을 증명해 준다.

2) 太祖王(宮)의 재위기간

태조왕(궁)의 재위기간을 이해하기 위해서는 먼저 그의 즉위연대를
알아야 하며 다음으로 '禪位'연대(사망연대를 포함)를 확인하는 것이 필
요하다.

태조왕(궁)의 즉위연대에 대해서는 크게 의론이 존재하지 않는다. 그
러나 궁의 재위기간을 해명하기 위해서는 먼저 그의 즉위연대를 알아야
하기 때문에 필자는 『후한서』고구려전과 『삼국사기』고구려본기의 관
련기사를 통하여 그의 즉위연대에 대하여 언급하려 한다. 먼저 관련기록
을 소개하면 다음과 같다.

> (1) 『後漢書』高句驪傳: "建武 … 二十五年春 句驪寇右北平 漁陽 上谷 太原 而
> 遼東太守祭(蔡-필자)肜以恩信招之 皆復款塞 後句驪王宮 生而開目能視 …"4)
> (2) 『三國史記』高句麗本紀: "慕本王 … 二年春 遣將襲右北平 漁陽 上谷 太原
> 而遼東太守蔡肜以恩信待之 乃復和親 … 六年冬十一月 杜魯弒其君" ; "太
> 祖大王(或云國祖王) 諱宮 … 琉璃王子古鄒加再思之子也 … 慕本王薨 太子
> 不肖 … 國人迎宮繼立 王生而開目能視 … 以年七歲"5)

위의 기록 (1), 즉 『후한서』고구려전에 씌어있는 '建武'는 東漢 光武
帝의 연호로 건무 25년은 49년이다.6) '句驪'는 고구려를 가리킨다. 상술
한 『후한서』의 기록을 통하여 49년 봄에 동한과 고구려 사이에 대규모
전쟁이 일어날 뻔 하다가 遼東太守 蔡肜의 화해노력으로 평화적으로 해
결되는 사건이 일어났다는 것을 알 수 있다. 여기서 주목을 끄는 것은
바로 이 사건이 일어난 '後'에 고구려왕 '宮'이 출생했다고 쓴 부분이다.

---

4) 『後漢書』권85, 東夷 高句驪傳.
5) 『三國史記』권15, 高句麗本紀3 慕本王 2·6년조, 太祖王 1년조.
6) 『中國歷史年代簡表』, 문물출판사, 1975년판, 62~63쪽.

다음으로 위의 기록 (2)에 따르면 상술한 49년 사건은 『삼국사기』고
구려본기, 모본왕 2년조에 비록 서술형식은 다르지만 내용은 거의 같게
수록되어 있다는 것을 알 수 있다. 『삼국사기』에는 慕本王 6년에 왕이
신하인 杜魯에 의하여 피살되었는데 이때 '國人'들은 '太子不肖'를 이유
로 왕의 친족들 가운데서 '宮'을 영접하여 왕위를 계승하게 하니 이가
고구려 제6대 태조왕(或云國祖王)이라고 쓰고 있다. 『조선사연표』에 의
하면 모본왕 2년은 서기 49년이며 모본왕 6년은 53년이다.[7] 『삼국사기』
에 의거할 때 태조왕(宮)은 53년에 7세의 어린 나이로 왕위를 계승하였
음이 분명하다. 이것은 49년 사건(句驪寇右北平·漁陽 ···)이 발생한 '後'
에 '句驪王 宮'이 탄생했다고 쓴 『후한서』고구려전의 기록과 일치한다
는데 중요한 의의가 있다.

상술한 정황에 의거하여 고구려 태조왕(궁)은 53년에 왕위를 계승했
다고 할 수다.

다음으로 태조왕(궁)의 선위연대(사망연대를 포함)를 해명할 필요가
있다. 이를 위하여 가장 중요한 자료는 『삼국사기』와 『후한서』의 관련
기록을 들 수 있다.

필자는 이 두 고서의 기록을 비교 분석하여 태조왕(궁)의 선위연대를
고증함으로써 그의 전체 재위기간을 밝히려 한다.

(1) 太祖王 (宮)의 선위연대에 관한 『삼국사기』의 기록을 분석

궁의 선위와 사망연대에 대하여 『삼국사기』에는 다음과 같이 쓰고
있다.

太祖王 "九十四年 ··· 十二月 王謂遂成曰 吾旣老 倦於萬機 天之曆數在汝躬
況汝內參國政 外摠軍事 久有社稷之功 允塞臣民之望 吾所付託 可謂得人 作其

---

7) 『조선사연표』, 朝鮮과학원, 1957년판, 16~17쪽.

即位 永孚于休 乃禪位 退老於別宮 稱太祖大王" ; 次大王 "二十年 三月 太祖大
王薨於別宮 年百十九歲"[8]

태조왕(궁)의 선위와 사망에 관한 위의 기록은 모순이 많으며 사람들
에 대한 설복력도 약하다. 그 이유는 다음과 같다.

첫째『조선사연표』에 따르면 태조왕 94년은 146년이며 차대왕 20년
은 165년이다.[9]『삼국사기』의 기록에 따르면 태조왕(궁)은 53세에 즉위
하여 146년에 차대왕(수성)에게 왕위를 넘겨주기까지 도합 94년 동안 재
위한 것으로 된다. 그 후 '別宮'에서 만년을 보내던 태조왕(궁)은 165년
에 사망함으로써 119세까지 생존했다는 것으로 된다.

과학기술이 발달하지 못하고 위생조건이 낙후한 근 2000년 전의 고
대사회에서 94년 동안이나 재위하며 또 119세까지 생존할 수 있었다는
것은 일반적인 상황에서는 상상하기 어려운 일이다.

둘째,『삼국사기』에 따르면 차대왕(수성)은 태조왕(궁)이 물려준 자리
를 받아 왕위를 계승할 때의 나이가 76세(次大王 … 受太祖大王推護 卽
位 時年七十六)였다.[10]

차대왕(수성)이 76세에 비로소 왕위를 계승했다는 것은 주목을 끌만
하다. 더군다나 당시 정황에서 100세 태조왕과 76세 수성(차대왕)사이에
왕위교체가 진행되었다는 것은 잘 납득이 되지 않는다. 그 이유는 대체
로 다음과 같다.

『三國史記』에 따르면 太祖王 "八十年秋七月 遂成獵於倭山 與左右宴 於是
貫那于台彌儒桓那于台菸支留沸流那皂衣陽神等 陰謂遂成曰 初慕本之薨也 太
子不肖 羣寮欲立王子再思 再思以老讓子者 欲使兄老弟及 今王旣已老矣 而無讓
意 惟吾子計之"[11]

---

8)『三國史記』권15, 高句麗本紀3 太祖王 94년, 次大王 20년조.

9)『조선사연표』, 32·36쪽.

10)『三國史記』권15, 高句麗本紀3 次大王 1년조.

　여기서 우리의 주목을 끄는 것은 "初慕本之蘖也 太子不肖 羣寮欲立王子再思 再思以老讓子 …"라고 쓴 부분이다. 모본왕은 즉위한지 6년 만에 신하인 두로에 의하여 피살되었는데 이것이 53년의 일이다. 이때 '羣寮'들은 '太子不肖'를 이유로 고구려 제2대 유리왕의 아들인 再思를 왕으로 모시려 하였다. 이에 대하여 재사는 자기가 이미 늙었다는데서 그것을 받아들이지 않고 겨우 7세밖에 안 되는 자신의 아들인 宮에게 왕위를 양보했으니 이가 고구려 제6대 태조왕(궁)이었다.

　그렇다면 당시 재사의 연령은 과연 얼마였는가를 알아 볼 필요가 있다. 그러나 필자는 아직 재사의 당시 연령을 알 수 있는 직접적인 자료는 찾지 못하였다. 다행이 유리왕의 셋째아들인 대무신왕의 연령을 알 수 있다. 『삼국사기』에 "大武神王 … 諱無恤 琉璃王第三子 … 琉璃王在位三十三年甲戌 立爲太子 時年十一歲"[12]라고 한 것이 그것이다.

　유리왕 33년 갑술은 14년인데 이때 태자로 봉해진 대무신왕은 11세였다. 따라서 53년(모본왕이 사망하자 '군료'들이 '太子不肖'를 이유로 재사에게 왕위를 계승하라고 권고하던 해에 해당한다)은 대무신왕의 연령이 50세에 이르렀다는 것을 증명해 준다.

　『삼국사기』에 의하면 대무신왕은 '瑠璃王第三子', 閔中王은 '大武神王弟', 재사는 '瑠璃王子'로 씌어있어 그들은 모두 유리왕의 아들이며 형제 사이라는 것을 알 수 있다.[13] 그 밖에 『삼국사기』와 『조선사연표』를 연계시켜 고려하면 대무신왕의 동생에 민중왕이 있고 그 아래에 막내 동생인 재사가 있었다는 것도 알 수 있다.[14]

　위에서 지적한 바와 같이 53년에 대무신왕(瑠璃王第三子)의 연령은

---

11) 『三國史記』권15, 高句麗本紀3 太祖王 80년조.

12) 『三國史記』권14, 高句麗本紀2 大武神王 1년조.

13) 『三國史記』권14, 高句麗本紀2 大武神王 1년조, 閔中王 1년조 ; 권15, 高句麗本紀3 太祖王 1년조.

14) 『조선사연표』부록1, 高句麗조.

50세였다. 이럴 경우에 다음과 같은 결론을 내려 볼 수 있다. 즉 '大武神王弟'인 민중왕은 그보다 세살 적은 47세, 또 그 아래 동생인 재사는 다시 세 살 적은 44세라고 추정할 수 있다. 다시 바꾸어 말하면 53년에 재사의 연령은 40대 중반에도 미치지 못했을 가능성이 있는 것이다. 그럼에도 불구하고 재사는 자기가 늙어 왕위 계승에 관한 '군료'들의 청을 받아들이지 않고, 겨우 7세밖에 안 되는 자기 아들에게 양보했으니 이가 고구려 제6대 태조왕(궁)인 것이다. 재사의 이와 같은 행동은 결코 한 개인의 문제로 볼 것이 아닌 것 같다. 그것은 늙었다는 개념에 대한 당시 사회의 인식을 반영한 것일 수 있다. 따라서 대체로 같은 시기에 생존했다고 볼 수 있는 차대왕(수성)이 76세의 고령으로 왕위를 탐내거나 또 일부 신하들의 권고를 받아들여 왕위에 올랐다는 것은 이해하기 어려운 일이다. 또 『삼국사기』에 따르면 차대왕(수성)은 그 후 20년 동안 재위하다가 96세(165년)에 明臨答夫에 의하여 살해되었다. 2,000년 전의 고대사회에서 형(태조왕)은 119세까지 생존하고 동생(차대왕)은 96세에 피살되었다는 것은 역시 무리인 것 같다.

셋째, 김부식은 태조왕(궁)과 차대왕(수성)의 왕위교체에 관한 『후한서』와 『海東古記』의 기록내용을 비교적 상세하게 소개하고 나서 다음과 같이 썼다.

"漢書(後漢書 高句麗傳 - 필자)所記與古記(海東古記 - 필자)低語 不相符合 豈漢書所記誤耶"[15]

태조왕(궁)의 사망 연대와 왕위교체 연대에 관한 『후한서』의 기록은 『삼국사기』의 관련기록에 비하여 합리적이다. 그럼에도 불구하고 김부식은 『후한서』의 기록내용이 『해동고기』의 기록과 서로 부합되지 않는

---

15) 『三國史記』 권15, 高句麗本紀3 太祖王 94년, 주해.

다는 한 가지 이유로 말미암아 "아마 『후한서』의 기록이 틀린 것 같다 (豈漢書所記誤耶)"라고 단정했던 것이다. 태조왕(궁)의 재위기간에 관한 『후한서』와 『삼국사기』의 기록에 대해서 엄격한 사료비판과 비교연구 를 진행하여 옳은 것을 취하고 틀린 것을 버려야 한다. 그럼에도 불구하 고 김부식은 이런 사업을 전혀 진행하지 않고 다만 본인의 주관적 선입 관에 의거하여 『해동고기』의 기록이 옳고 그와 저촉되는 『후한서』의 기 록은 틀리다는 나름대로의 결론을 내렸기 때문에 다른 사람을 설복하기 어려운 것이다.

상술한 몇 가지 사실에 의거하여 필자는 태조왕(궁)의 선위와 사망연 대에 관한 『삼국사기』의 기록은 과학적 근거를 갖추지 못했으며 사람들 에 대한 설복력도 비교적 약하다고 인정한다.

(2) 宮의 사망연대에 관한 『後漢書』의 기록을 분석
宮의 사망과 관련하여 『후한서』 고구려전에는 다음과 같이 썼다.

> "建光元年春 幽州刺史馮煥 玄菟太守姚光 … 等將兵出塞擊之 … 宮乃遣嗣 子遂成將二千餘人逆光等 … 遂成 … 潛遣三千人攻玄菟 遼東 焚城郭 … 夏 復 與遼東鮮卑八千餘人攻遼隊 殺略吏人蔡諷等 … 戰沒 … 秋 宮遂率馬韓 濊貊數 千騎圍玄菟 夫餘王遣子尉仇台將二萬人 與州郡幷力討破之 … 是歲宮死 子遂 成立 姚光上言 欲因其喪發兵擊之 議者皆以爲可許 尙書陳忠曰 宮前桀點 光不 能討 死而擊之 非義也 宜遣弔問 因責讓前罪 赦不加誅 取其後善 安帝從之 明 年 遂成還漢生口 詣玄菟降 詔曰 遂成等桀逆無狀 當斬 … 幸會赦令 乞罪請降 … 自今以後 不與縣官戰"16)

위의 기록 가운데서 주목을 가장 많이 끄는 것은 "是歲 宮死"라고 쓴 부분이다. '시세'가 어느 연대인가를 밝혀내는 것만이 궁의 사망연대를 해명하는 첩경이다. 그런데 위의 서술내용으로 보아 '시세'는 建光 元年

---

16) 『後漢書』 권85, 東夷 高句麗傳.

이라는 것을 알 수 있다.

건광은 東漢 安帝의 연호로 건광 원년은 121년이며 고구려 태조왕 즉위 69년이다.[17] 이것은 고구려 제6대 태조왕(宮)은 즉위한지 69년 만인 121년에 사망했다는 것을 증명해 준다. 그가 즉위할 때의 나이가 7세였으니, 사망할 때의 연령이 75세였다는 것을 알 수 있는 것이다.

그런데 여기서 반드시 짚고 넘어가야 할 사실이 있다. 그것은 건광 원년의 봄·여름·가을(일설에는 겨울 12월이라고도 한다)에 걸쳐 동한과 고구려 사이에는 전후 3차례의 대규모전투가 전개되었는데 이 전투에서 궁은 모두 중요한 역할을 담당했다는 사실이다. 즉 봄과 여름의 전투에서 궁은 수성으로 하여금 군사를 이끌고 동한군과 싸우게 했으며 가을(秋, 『삼국사기』에는 冬十二月) 전투에서는 궁이 친히 '數千騎'를 이끌고 전투에 나가 싸웠으나 동한과 부여의 연합군에 의하여 패배하였다. 이것은 건광 원년(121년)의 가을(혹은 겨울 12월)에 이르기까지 궁은 여전히 생존해 있었다는 것을 증명해 준다. 그렇다고 해서 궁은 건광 원년(121년)에 사망하지 않았다고 말할 근거는 없다. 필자는 궁은 건광 원년의 가을 이후부터 연말까지의 사이거나 그보다 좀 늦은 시기에 사망했다고 인정하는 것이 비교적 타당하다고 생각한다. 그의 이유는 대체로 다음과 같다.

첫째, 궁의 사망 연대에 대하여 크게 다른 두 가지 견해가 있었다. 첫 번째는 고구려 차대왕 즉위 20년, 즉 165년에 사망했다고 인정하는 견해이며 두 번째는 漢 安帝의 建光 元年, 즉 121년에 사망했다고 인정하는 견해이다.

첫 번째 견해의 사료적 근거는 『삼국사기』 고구려본기, 태조왕조와 차대왕조이다. 그러나 태조왕의 선위와 사망연대에 관한 『삼국사기』의 기록은 모순이 많아 성립되기 어렵다. 이에 대하여 필자는 이미 위에서 설명했기 때문에 다시 중복하지 않는다.

---

17) 『中國歷史年代簡表』, 67쪽 ; 『조선사연표』, 28쪽.

두 번째 견해의 사료적 근거는 『후한서』 고구려전 등을 들 수 있다. 이 기록에 따르면 태조왕(궁)은 동한 안제의 건광 원년, 즉 121년에 사망한 것으로 되어 있는데 『삼국사기』의 기록에 비하여 훨씬 더 합리적이다. 그 이유에 대해서는 아래에서 계속 설명하게 된다.

둘째, 『후한서』에 따르면 동한 안제의 건광 원년(121년)에 고구려 궁(태조왕)이 사망하자 姚光이 안제에게 '上言'하였다. 그의 주요내용은 궁이 사망한 기회를 이용하여 고구려를 정벌하자는 것으로, 비록 여러 사람의 동의를 얻었으나 尙書인 陳忠의 반대로 실행되지 못 하였다. 여기서 요광이 어느 때까지 생존했는가를 살펴 볼 필요가 있다. 요광의 사망연대에 대하여 학계에는 '建光 元年(121년 – 필자)四月 被殺'설과 延光 元年(122년)에 피살되었다는 두 가지 다른 견해가 있다.[18]

전자는 모순이 많아 성립되기 어렵다. 왜냐하면 궁이 사망한 이후에 요광의 '상언'이 나왔는데 궁은 건광 원년 가을(일설에는 겨울 12월)까지도 친히 군사를 거느리고 東漢軍과 싸운 일이 있기 때문이다. 요광은 '建光 元年 四月'에 피살된 것이 아니라 그 이듬해인 '延光 元年'에 피살당한 것이 확실하다. 아무튼 이것은 궁의 사망연대가 아무리 늦어도 연광 원년, 즉 122년 아래로 내려오지 않을 수 있다는 것을 증명해 준다. 따라서 이것은 건광 원년에 궁이 사망했다고 쓴 『후한서』의 기록이 옳다는 것을 증명해 주기에 손색이 없다.

셋째, 그 밖에 『후한서』에 따르면 궁(태조왕)이 사망한 이후 왕위를 계승한 수성(차대왕)은 "동한의 포로를 돌려보내고 현토군에 와서 항복"(還漢生口 詣玄菟降)했다고 한다. 이를 계기로 동한의 안제는 「詔書」를 내려 "이제부터는 '縣官'들과 싸우지 말 것이며 스스로 귀순하여 포로를 돌려보내면 그에 상응하는 대가를 지불"하라고 명령하였다.

---

18) 『歷代各族傳記會編』, 第一·二編, 中華書局, 1958년판, 507쪽 ; 『資治通鑑』 권50, 漢紀42 孝安中 延光元年조.

그런데 『中國歷史年代簡表』에 따르면 안제는 107년부터 125년 사이에 재위하였다.[19] 이것은 궁이 사망하고 궁과 수성사이에 왕위교체가 진행된 연대가 아무리 늦어도 125년 아래로 내려오지 않는다는 것을 증명해 준다.

넷째, 궁(태조왕)의 사망연대와 관련하여 『삼국지』 고구려전에는 다음과 같이 썼다.

> "至殤安之間 句麗王宮數寇遼東 … 遼東太守蔡風 玄菟太守姚光以宮爲二郡害 興師伐之 … 宮密遣軍攻玄菟 … 宮復犯遼東 蔡風輕將吏士追討之 軍敗沒 宮死 子伯固立 順桓之間 復犯遼東 …"[20]

'殤安之間'은 동한의 殤帝와 安帝의 재위기간을 가리키는데 106년부터 125년 사이 이다.[21] 이 기사를 통해 106년부터 125년 사이에 동한과 高句麗 사이에 비교적 큰 규모의 전쟁이 일어났다는 것을 알 수 있다. 물론 전쟁이 발생한 연대에 관한 『삼국지』의 기록은 전후 20년이란 시간적 차이가 있음으로 하여 『후한서』의 해당기록에 비하여 추상적인 상황이 존재한다. 그러나 주목을 끄는 것은 이 전쟁에 관한 『삼국지』의 기록은 내용으로 보나 문장의 상하구조를 보아 건광 원년(121년)에 발생한 것으로 씌어있는 『후한서』의 기록내용과 기본상 동일하다는 사실이다. 즉 전쟁을 지휘한 인물가운데 동한 측에서는 遼東太守 蔡諷과 玄菟太守 姚光이 나오며 고구려 측에서는 주로 궁(태조왕)이 출연한다는 사실, 전쟁 중에 채풍이 전사했다는 사실, 이 전쟁의 과정을 쓰고 나서 계속하여 궁이 사망하였다(宮死)고 쓴 사실 등이 그것이다.

이런 정황은 『삼국지』 고구려전에서 '殤安之間'(106~125년)에 발생

---

19) 『中國歷史年代簡表』, 67~68쪽.

20) 『三國志』 권30, 魏書30 東夷 高句麗傳.

21) 『中國歷史年代簡表』, 66~67쪽.

했다고 쓴 동한과 고구려의 전쟁은 실제상『후한서』고구려전에 수록되어 있는 동한과 고구려 사이에 발생한 건광 원년(121년)의 전쟁을 가리킴에 분명하다. 따라서 이것(『삼국지』의 관련기록)은 "是歲(건광 원년, 즉 121년 – 필자), 宮死"라고 쓴『후한서』고구려전의 기록이 옳다는 것을 더 잘 증명해 줄 수 있는 것이다.

『삼국지』고구려전에는 "宮死 子伯固立"이라고 쓴 다음에 계속해서 "順桓之間"이란 연호가 나온다. 이것은 궁(태조왕)이 사망한 이후에 동한에서는 '順桓之間'이 시작되었다는 것을 증명해 준다. '順桓之間'은 동한의 順帝(126~144년)와 桓帝(和帝, 147~167년)의 재위기간을 가리킨다. 이로부터 우리는 宮의 사망연대는 대체로 '順桓之間', 즉 126년부터 167년 이전으로 거슬러 올라간다는 것을 알 수 있다. 특히 순제가 즉위하던 126년 이전으로 올라갈 수 있다는 것을 증명해 준다. 이것은 또 궁(태조왕)은 건광 원년(121년)에 사망했다고 한『후한서』고구려전의 기록이 옳다는 것을 증명해 주는 또 하나의 자료가 되기에 손색이 없다.

상술한 일련의 사실들은 궁(태조왕)은 53년에 왕위를 계승한 이후 121년에 사망할 때까지 도합 69년 동안 재위했다는 것을 증명해 준다. 宮이 즉위할 때의 나이가 7세였으니 사망할 때의 연령은 75세였을 것으로 생각된다.

2. 宮과 遂成의 혈연관계, 遂成의 재위기간

궁(태조왕)과 수성(차대왕)의 혈연관계에 대하여 고서마다 서로 다르게 쓰고 있다. 예를 들면『후한서』에는 아버지와 아들로,『삼국사기』에는 형과 동생으로 기록하고 있으며,『삼국지』는 수성을 제기하지도 않음으로써 고구려 왕조세계에서 그를 누락시키고 있다. 오늘 학계에서 수성의 신분에 대하여 서로 다른 의견을 제기하고 있는 이유가 바로 여기에 있는 것이다.

필자는 고구려 왕조세계 가운데서 수성은 분명히 존재했다고 인정한다. 그러나 그는 결코 궁의 아들이 아니라 동생이었다. 아래에 크게 2개 방면으로 나누어 필자의 의견을 제기하기로 한다.

1) 宮과 遂成의 혈연관계

『삼국지』 고구려전에는 "宮死 子伯固立"[22]이라고 씀으로써 궁(태조왕)이 사망한 다음에 그의 아들인 伯固(新大王)가 왕위를 계승한 것으로 기록하였다. 필자는 궁과 백고를 아버지와 아들 사이로 인정한 것은 양자에 대한 혈연관계, 즉 혈통상의 벌수에 부합된다고 본다. 그 이유에 대해서는 아래에서 따로 서술하게 된다. 그러나 왕조세계 각도에서 보면 궁과 백고사이에 마땅히 수성(차대왕)이 있어야 한다. 그런데 『삼국지』는 이 수성을 누락시키는 아쉬움을 남기고 있는 것이다.

『후한서』 고구려전에서 이런 아쉬움을 미봉할 수 있었다. 여기에는 "宮死 子遂成立 … 遂成死 子伯固立"[23]이라고 씀으로써 『삼국지』에서 궁과 백고 사이에 누락되었던 遂成을 보충해 넣을 수 있었다. 그러나 『후한서』에서는 궁과 수성을 아버지와 아들 사이라고 썼을 뿐 그에 대한 이유가 전혀 설명되지 않고 있다. 그 정황을 살펴보면 다음과 같다.

『후한서』 고구려전, 安帝 建光 元年(121년)조에 궁과 수성의 혈연관계에 대한 기록이 두 곳 나온다. 첫 번째는 이 해 봄에 동한의 幽州刺史 馮煥과 玄菟太守 姚光 등이 군사를 이끌고 고구려를 공격할 때의 정황을 설명하면서 "宮乃遣嗣子遂成將二千餘人逆光(姚光 – 필자)等"이라고 쓴데서 나타나며 두 번째는 같은 해 가을 전투가 끝난 후 "是歲宮死 子遂成

---

22)『二國志』권30, 魏書30 東夷 高句麗傳.

23)『後漢書』권85, 東夷 高句驪傳.

立”이라고 쓴데서 표현된다. 물론 여기에는 궁과 수성이 아버지와 아들 사이라는 것이 나타나 있다. 그러나 그 기록내용이 지나치게 간단하기 때문에 궁과 수성은 분명히 아버지와 아들 사이라는 것을 증명해 줄만한 근거가 밝혀지지 않고 있는 것이다. 그 밖에 필자가 조사한 것에 의하면 상술한 건광 원년조의 두 곳을 제외하면 『후한서』를 포함한 여러 고서의 어디에도 궁과 수성을 아버지와 아들 사이로 인정한 기록은 존재하지 않는다. 예를 들면 『梁書』 高句驪傳과 『北史』 高句麗傳에 宮과 그 아들 사이에 왕위교체가 진행된 정황이 기록되어 있다. 그러나 여기에는 모두 “宮死 子伯固立”이라고 씀으로써 『삼국지』의 기록을 따르고 있을 뿐 수성에 대해서는 아무런 언급도 없다.[24]

『후한서』 고구려전에서 궁과 백고 사이에 수성을 보충해 넣은 것은 왕위세계 각도에서 보면 옳은 것이다. 그러나 궁과 수성을 아버지와 아들 사이로 인정한 것은 사실에 부합되지 않을 가능성이 많다.

이미 위에서 지적한 바와 같이 『삼국사기』에 따르면 궁과 수성은 형제사이, 즉 수성은 궁의 동생으로 씌어있다. 필자는 궁과 수성을 형제사이로 인정한 『삼국사기』의 기록은 사실에 부합될 가능성이 많다고 인정한다.

먼저 몇 가지 관련기사를 소개하고 필자의 의견을 제기하면 다음과 같다.

(1) 『三國史記』 高句麗本紀: “太祖大王(或云國祖王) 諱宮 … 琉璃王子古鄒加 再思之子也 母太后扶餘人也 慕本王薨 太子不肖 不足以主社稷 國人迎宮繼立 … 以年七歲 太后垂簾聽政”[25]

(2) 太祖王 80년조: “初慕本之薨也 太子不肖 羣寮欲立王子再思 再思以老讓子 …”[26]

___

24) 『梁書』 권54, 東夷 高句驪傳 ; 『北史』 권94, 列傳82 高句麗傳.

25) 『三國史記』 권15, 高句麗本紀3 太祖王 1년조.

(3) 次大王 1년조: "次大王 諱遂成 太祖大王同母弟也……受太祖大王推讓 卽位 時年七十六"[27]

위의 기록 (1)을 통하여 궁(태조왕)은 고구려 제2대 '琉璃王子再思'의 아들로써 왕위를 계승했다는 것을 알 수 있다. 위의 기록 (2) 가운데의 "王子再思"는 문장의 상하구조로 보아 再思가 마치 모본왕의 아들인 것처럼 보일 수 있다. 그러나 대무신왕은 '琉璃王第三子'이며 모본왕은 '大武神王元子'이기 때문에 '유리왕자'인 재사는 결코 모본왕의 아들로 될 것이 아니라 그의 숙부가 되어야 옳은 것이다. 또 위의 기록 (2)에 따르면 53년에 모본왕이 사망했을 때 '군료'들은 우선 재사에게 왕위를 계승할 것을 요청하였다. 그러나 재사는 자기는 이미 늙었다는데서 그것을 거절하고 왕위를 겨우 7세밖에 되지 않는 아들 '궁'에게 양보(再思以老讓子)하니 이가 고구려 제6대 태조왕이었던 것이다. 위의 기록 (3)에 따르면 태조왕은 재위 94년에 100세가 되었을 때 이미 '76세' 고령인 동생 수성에게 왕위를 넘겨주었다. 여기서 궁과 수성은 비록 형제사이지만 그 연령차이는 24세나 된다는 것을 알 수 있다.

일부 학자들은 궁과 수성의 연령차이가 20여 년이나 되며 또 상술한 "再思以老讓子"했다는 사실에 주목하여 당시(53년) 재사가 이미 왕위를 계승할 수 없을 정도로 늙었으니 그의 부인(궁의 어머니로서 후에 太后로 봉해짐) 또한 상당한 정도로 늙었을 것이라고 인정하면서 그로부터 20여 년이 지난 후에 부인(재사의 부인)이 다음 아들을 낳는다는 것은 전혀 '불가능'한 일이라고 인정하였다. 이것은 일부 학자들이 궁과 수성을 형제사이로 인정한 『삼국사기』의 기사를 부정하는 중요한 이유가 된다. 필자는 이런 견해에 잘 동의되지 않는다.

첫째, 부부사이의 연령은 대체로 평형이 잡혀 있어야 한다. 그러나 그

---

26) 『二國史記』 권15, 高句麗本紀3 太祖工 80년조.
27) 『三國史記』 권15, 高句麗本紀3 次大王 1년조.

것은 결코 어떤 고정불변의 규칙에 의하여 얽매어 있는 것은 아니다. 어느 한쪽의 연령이 더 많을 수도 있지만 더 적을 수도 있으며 그 연령차이가 특별히 많은 '예외'도 있을 수 있을 것이다. 필자는 재사의 부인은 재사보다 훨씬 더 젊었을 가능성이 많다고 추정한다. 그것은 재사는 왕족이란 특수신분을 이용하여 자기보다 훨씬 젊은 여자를 선택하여 배우자로 삼을 수 있기 때문이다. 또 재사는 자기는 이미 늙었다는데서 본신에게 주어진 왕위계승권을 아들(궁)에게 양보했지만 부인은 '태후'의 신분으로 새로 즉위한 어린 왕(궁)을 보좌하여 섭정(太后垂廉聽政)했다는 사실에서 이런 견해가 옳다는 것을 증명해 줄 수 있는 것이다.

둘째, 이미 위에서 서술한 바와 같이 53년에 재사가 아들 궁에게 '以老讓子'할 때 그의 실제연령은 아직 40대 중반에도 미치지 못했을 가능성이 많다. 이때 궁의 연령은 이미 7세에 이르고 있었던 것이다. 이로부터 우리는 재사가 궁을 낳은 실제연령은 그 때로부터 7년 이전의 시기, 즉 재사의 연령이 30대 후반에 이르렀을 때의 일이라는 것을 알 수 있다. 이때 재사보다 훨씬 젊었으리라고 인정되는 부인(태후)의 연령은 아직 30대에도 미치지 못했을 수 있다. 이런 판단이 틀리지 않는다면 재사는 30대 후반, 부인은 20대 후반에 아들 궁을 낳은 것으로 된다. 그 때로부터 24년이 지난 후(궁과 수성의 연령차이는 24세이다)에 재사는 60세 전후, 부인은 40대 후반이었을 수 있다. 이런 정황에서 재사와 부인 사이에 두 번째 아들 수성을 낳는다는 것은 크게 문제 될 것이 없다고 생각한다.

이러한 사실은 '再思以老讓子'에 관한 『삼국사기』의 기록은 결코 宮(태조왕)과 수성(차대왕)이 형제 사이였다는 것을 증명해 주는데 대하여 크게 阻碍 되지 않는다.

그밖에 『삼국사기』에는 궁과 수성이 형제 사이라는 것을 증명해 줄 수 있는 기록이 상당히 많다.

첫째, 『삼국사기』 태조왕 69년(121)조에 따르면 이 해 봄에 幽州刺史

馮煥 등이 高句麗를 침공했을 때 太祖王이 취한 조치에 대해 다음과 같이 썼다.

太祖 "王乃遣弟遂成 領兵二千餘人 逆煥 光等"

둘째, 태조왕 80년조에 따르면 이해 가을 7월에 수성과 彌儒는 倭山에서 다음과 같은 담화를 나누었다.

"遂成曰 承襲必嫡 天下之常道也 王今雖老 有嫡子在 豈敢覬覦乎 彌儒曰 以弟之賢 承兄之後 古亦有之 子其勿疑"

여기서 '王'은 태조왕(궁)을 가리킨다. 주목을 끄는 것은 수성은 태조왕(궁)에게 맏아들(嫡子)이 따로 있다는 것을 인정하고 있으며 미유도 수성은 결코 궁의 아들이 아니라 동생이라는 것을 분명히 밝히고 있다는 점이다.

셋째, 태조왕 '86년 봄'에 수성이 사냥하러 가서 7일 동안 돌아오지 않았고 또 가을에도 사냥하러 가서 5일 동안이나 돌아오지 않았다. 이런 상황에서 伯固(후일의 新大王)가 수성에게 간하면서 다음과 같이 말하였다.

"禍福無門 惟人所召 今子(遂成 – 필자)以王弟(태조왕의 동생 – 필자)之親 爲百寮之首 … 宜以忠義存心 禮讓克己 上同王德 下得民心 …"

넷째, 태조왕 '94년 10월'에 右輔인 高福章은 태조왕에게 다음과 같이 진언하였다.

"遂成將叛 請先誅之 王曰 吾旣老矣 遂成有功於國 吾將禪位 子無煩慮 福章曰 遂成之爲人也 忍而不仁 今日受大王之禪 則明日害大王之子孫 大王但知施惠於不仁之弟 不知胎患於無辜之子孫 願大王熟計之"

다섯째, 차대왕 1년조에 다음과 같이 썼다.

    "次大王 諱遂成 太祖大王同母弟也"

여섯째, 『삼국유사』 王曆 高句麗 부분에서 다음과 같이 쓰고 있다.

    "第六國祖王 名宮 亦云大祖王……後遜位于母弟次大王";"第七次大王 名
    遂(成－필자) 國祖王母弟 丙戌立 理十九年"[28]

상술한 사실은 수성은 결코 궁의 아들이 아니라 동생이라는 것을 증
명해 준다. 그것은 수성 본인의 말을 통하여 증명되고 있을 뿐만 아니라
彌儒·伯固·高福章 등 여러 사람들의 말에서도 잘 증명된다.

2) 遂成(次大王)의 재위기간

수성(차대왕)의 재위기간에 대하여 학계에서는 대체로 세 가지 부동
한 견해가 있다. 첫째는 146년부터 165년까지 19년 동안 재위했다고 인
정하는 견해이며, 둘째는 121년부터 126년 혹은 132년까지 5~10년 동
안 재위했다고 인정하는 견해이다. 셋째는 121년부터 165년까지 40여
년 동안 재위했다고 인정하는 견해이다. 3개 방면으로 나누어 필자의 의
견을 제기하면 다음과 같다.

(1) 146~165년까지 재위했다고 보는 견해

종래로 대부분의 학자들은 『삼국사기』와 『삼국유사』의 기록에 의거하
여 고구려 제7대 차대왕(수성)은 146~165년까지 19년 동안 재위했다고 하
였다. 이것은 학계에 전해내려 온 일종의 전통관점이라고 말할 수 있다. 그

---

28) 위의 기록 첫째~다섯째까지, 『三國史記』 권15, 高句麗本紀3 太祖王 69·80·86·
    94년조와 次大王 1년조. 여섯째, 『三國遺事』 권1, 왕력1 高句麗 부분.

러나 이런 견해 가운데는 비교적 큰 모순이 내포되어 있는 것이 사실이다.

첫째, 차대왕(수성)이 146년부터 165년까지 재위했다고 하는 견해는 고구려 제6대 태조왕(궁)이 53년부터 146년에 100세가 될 때까지 94년 동안 재위했다고 한 『삼국사기』의 관련 기록의 전제하에서 이루어진 것이다. 그러나 이미 위에서 지적한 바와 같이 『삼국사기』의 이 기록은 모순이 많아 사람들을 설복시키지 못한다. 고대사회에서 100세 고령에 이르기까지 94년 동안이나 나라의 최고통치자로 군림했다는 것은 일반적인 상황에서는 상상할 수 없는 일이다. 이것은 遂成이 146년에 왕위를 계승했다고 하는 견해의 전제조건이 과학적 근거를 갖추지 못했다는 것을 증명해 준다.

둘째, 이미 위에서 설명한 바와 같이 태조왕(궁)이 사망하고 차대왕(수성)이 왕위를 계승한 것은 결코 146년에 진행된 것이 아니라 그보다 20여 년이나 이른 121년(東漢 安帝의 建光 元年)에 이미 진행되었던 것이다.

따라서 차대왕(수성)은 146년부터 165년까지 재위했다고 쓴 『삼국사기』의 기록은 사실에 부합되지 않는다는 것을 증명해준다. 또 『삼국사기』에는 그가 76세에 이르렀을 때에 왕위를 계승(次大王 … 卽位 時年七十六)했다고 썼는데 역시 당시의 실제상황과 부합되지 않을 가능성이 없지 않다.

(2) 121년~126년(혹은 132년)까지 재위했다는 견해

최근에 일부 학자들은 수성은 121년부터 126년 전후까지 겨우 5년 좌우 동안 재위했다는 견해를 제기하였다. 수성이 왕위를 계승한 연대가 121년이라고 인정하는 견해에 필자는 동감을 표한다. 그 이유에 대하여서는 위에서 서술했기 때문에 다시 중복하지 않는다.

수성의 재위기간의 하한을 126년 전후로 인정하는 데는 일부 도리가 있지만 모순도 존재한다.

『삼국지』고구려전에 따르면 "宮死 子伯固立 順桓之間 復犯遼東 …"

이라고 쓴 기록이 있다.

위의 기록에서 우선 지적할 것은 "宮死 子伯固立"이라고 쓰고 있다는 점이다. 필자는 궁과 백고를 아버지와 아들 사이로 인정한 것은 두 사람 사이의 혈통관계에 부합된다고 인정한다(후술). 그러나 왕위세계각도에서 볼 때 이것은 태조왕(궁)과 신대왕(백고) 사이에서 차대왕(수성)을 누락시킨 것을 알 수 있다. 다음으로 지적해야 할 것은 '伯固立' 다음에 계속되는 첫 번째 연대가 '順桓之間'이라는 사실이다. '順桓之間'은 동한의 순제로부터 환제에 이르기까지의 재위기간을 가리키는데 순제는 126~144년 사이에 재위하였다. 이것은 순제가 왕위를 계승한 126년 이전에 이미 수성이 사망하고 백고가 왕위를 계승했다는 것을 증명하는 자료가 될 수도 있다. 일부 학자들이 수성의 재위기간을 121년부터 126년 전후에 이르는 5년 좌우에 불과하다고 인정한 이유가 바로 여기에 있다.

그 밖에 『후한서』 고구려전에 따르면 "遂成死 子伯固立"이라고 기록한 다음 겨우 10글자를 지나서 "順帝陽嘉元年"이라고 쓴 연호가 나온다. 동한의 순제 양가 원년은 132년이다. 이것은 수성의 재위기간을 121년부터 132년에 이르기까지의 10여 년 동안으로 잡을 수도 있다는 것을 증명해 준다. 수성의 성격이 잔인무도하여 왕족과 귀족을 포함한 많은 사람들을 마구 죽임으로써 민심이 이탈했으며, 결국은 신하들에 의하여 피살되었다는 사실과 연계시켜 볼 때 이런 견해(재위 기간이 10여 년 정도에 이름)는 우리의 주목을 끌지 않을 수 없다.

그러나 아쉬운 것은 이런 견해를 뒷받침해 주는 자료가 거의 단편적이며 추상적인 것이어서 사람들에 대한 설복력이 약하다는 점이다. 만약 이런 견해를 따른다면 수성(차대왕) 다음에 왕위를 계승한 백고(신대왕)의 재위기간이 지나치게 길어진다는 점이다. 궁(태조왕)부터 백고까지에 이르는 3왕 가운데서 2왕(궁과 백고)의 재위기간이 다 같이 65년을 넘긴다는 것은 일반적인 상황에서는 상상하기 어려운 일이라고 말할 수 있다.

(3) 121년~165년까지 재위했다는 견해

최근에 일부 학자들은 수성의 재위기간을 121년부터 165년에 이르기까지 40여 년 동안 지속되었다고 인정하고 있다.[29] 이런 견해에는 이유가 있다고 인정된다.

이미 위에서 설명한 바와 같이 고구려 제6대 태조왕(궁)은 146년에 왕위를 동생인 수성에게 넘겨준 것이 아니라 그보다 20여 년이나 이른 121년에 이미 사망하였다. 바로 이 해에 수성이 왕위를 계승하고 고구려 제7대 차대왕이 되었던 것이다. 따라서 수성의 재위기간은 마땅히 그가 왕위를 계승한 121년부터 시작되어야 한다. 이제 남은 것은 수성의 사망 연대를 해명하는 문제이다.

차대왕(수성)의 사망연대에 대하여 학계에는 대체로 두 가지 다른 견해가 있다. 첫째는 126~132년 전후에 사망함으로써 그(수성)의 재위기간은 겨우 5~10년 밖에 되지 않는다고 인정하는 견해이다. 이 견해는 그것을 뒷받침해 주는 자료적 근거가 지나치게 단편적이며 추상적이어서 설복력이 약하다. 둘째는 165년에 사망함으로써 그의 재위기간을 40여 년(121~165년)으로 보는 견해이다. 필자는 기본상 이 견해에 동의한다. 그 이유는 다음과 같다.

첫째, 수성의 사망연대에 관한 『삼국사기』나 『삼국유사』의 관련기사와 부합된다. 예를 들면 『삼국유사』에는 다음과 같이 썼다.

"次大王 … 丙戌立 理十九年 乙巳 … 兄弟二王(太祖王과 次大王－필자)俱見弑于新王"[30]

위의 기록을 통하여 우리는 차대왕(수성)은 '丙戌'년에 즉위하고 '乙巳'년에 사망(피살)했다는 것을 알 수 있다. 이제 필요한 것은 병술년과

29) 朴燦奎, 『三國志』 高句麗傳硏究, 吉林人民出版社, 2000년판, 89~99쪽.
30) 『三國遺事』 권1, 왕력1 高句麗 次大王조.

을사년이 어느 해인가를 밝히는 문제이다.

『삼국유사』 왕력에 따르면 차대왕 때의 병술년과 병행하여 왼쪽 첫머리 "중국" 부분에 "質帝 本初丙戌"이라고 쓴 것이 관심을 끈다. 이것은 고구려 차대왕 시기의 '병술'은 東漢 質帝의 '本初丙戌'이라는 것을 증명해 준다. 『中國歷史年代簡表』에 따르면 質帝의 本初 元年은 干支로 병술년, 기원으로 146년(병술)이다. 따라서 이것은 146년에 차대왕(수성)이 왕위를 계승했다는 것을 보여 준다. 물론 이것(146년에 차대왕 '수성'이 왕위를 계승한 것을 가리킨다)은 태조왕(궁)이 100세까지 94년 동안이나 재위했다는 것을 전제로 한 것이기 때문에 믿기 어려운 점이 많으며 실제상 역사사실(태조왕과 차대왕의 왕위교체는 121년에 진행되었다)에도 부합되지 않는다. 그러나 여기서 주목을 끄는 것은 차대왕 시기 병술년의 연대(146년)를 해명할 수 있다는 것은 같은 차대왕 시기 을사년의 연대를 천명하는데 대하여 전제조건을 마련해 줄 수 있다는 사실이다. 즉 146년(병술)으로부터 19~20년을 아래로 내려오면 165년(을사)으로 되는데 바로 이 해가 차대왕(수성)의 사망된 해가 되는 것이다.

그 밖에 『삼국유사』 차대왕조에는 을사년과 나란히 왼쪽 첫머리의 "중국" 부분에 '永壽乙未', '延熹戊戌', '永康丁未' 등 東漢 桓帝의 연호가 나오는데 永壽乙未는 155년, 延熹戊戌은 158년, 永康丁未는 167년이다.[31] 이것은 상술한 '本初丙戌'(146년)과 더불어 차대왕(수성) 시기의 을사년이 165년이라는 것을 증명(干支年의 순서와 기원연대의 순서를 비교 고찰하는 방법)해 주는 좋은 방증자료이다.

『삼국유사』와 『삼국사기』에 의거하면 차대왕(수성)의 사망연대는 분명히 165년이라는 것을 알 수 있는 것이다.

둘째, 『후한서』 橋玄傳에 따르면 다음과 같이 쓰고 있다.

---

31) 『三國遺事』 권1, 王曆1 高句麗 次大王조 ; 『中國歷史年代簡表』, 69~70쪽.

　　"桓帝末 鮮卑 南匈奴及高句驪嗣子伯固並畔 爲寇鈔 四府擧玄爲度遼將軍 …
討擊胡虜及伯固等 皆破散退走 在職三年 邊境安靜 靈帝初 徵入爲河南尹 轉少
府 大鴻臚 建寧三年 遷司空 …"32)

위의 기록에 따르면 東漢 '桓帝末'에 이르기까지 백고, 즉 고구려 제8대
신대왕은 아직 '高句麗嗣子'의 신분이었다. 다시 말하면 이것은 차대왕
(수성)은 동한의 '환제말'까지 사망하지 않고 계속 왕위에 있었다는 것을
증명해 준다.

환제는 147년부터 167년까지 재위하였다. '환제말'은 대체로 160년
대 중~후반기라는 것을 알 수 있다. 그러나 이것은 추상적인 느낌이 없
지 않음으로 보다 구체적인 연대를 밝혀내는 것이 필요하다.

주목을 끄는 것은 당시 동한에서는 橋玄을 '度遼將軍'으로 임명하여
백고 등을 '討擊'하게 했는데 그 선후과정을 고찰할 필요가 있다는 사실
이다. 교현은 '환제말'에 도요장군으로 임명된 후 3년간 백고 등을 격파
하고 변경의 안정을 되찾았다. 그 후 '靈帝初'에 河南尹으로 옮겼다가
'建寧 三年'에는 다시 다른 곳으로 옮겼다. '건녕'은 동한 靈帝의 연호로
'건녕 삼년'은 170년이다. 이로부터 건녕 삼년 앞에 씌어있는 '靈帝初'는
틀림없이 건녕 1~2년으로 168~169년이라는 것을 알 수 있다. 그(영제
초, 168~169년)로부터 3년(교현의 '在職 三年')을 올라가면 165~166년
이 된다. 바로 이 해가 '高句麗嗣子伯固'가 鮮卑 등과 더불어 동한의 변
경에서 '寇鈔' 활동을 하자 동한에서 교현을 '도요장군'으로 임명하고 그
들을 격퇴 한 '환제말'에 해당하는 것이다. 이것은 "次大王 … 二十年
(165년 - 필자) … 冬十月 … 明臨答夫 因民不忍 弑王"했다고 쓴 『삼국
사기』의 기록과 부합되며 또 "次大王 … 乙巳(165년 - 필자) … 弑于新
王(실제상 明臨答夫)"했다고 인정한 『삼국유사』의 기록과도 부합되는
것이다.33)

32) 『後漢書』 권51, 列傳41 橋玄傳.

이와 같이 수성(차대왕)의 사망연대를 놓고 『후한서』 교현전, 『삼국사기』, 『삼국유사』 등 여러 고서들의 기록이 대체로 일치하다는 것은 주목을 끌지 않을 수 없다.

그 밖에 수성(차대왕)의 재위기간의 하한을 165~166년까지 이르렀다고 인정하는 견해는 궁(태조왕)부터 백고(신대왕)에 이르기까지의 고구려 왕조세계를 해명하는데 비교적 합리한 조건을 제공해 준다. 예를 들면 수성이 만약 126년 전후거나 132년 이전에 사망하고 백고가 왕위를 계승했다고 가정한다면 백고의 재위기간은 지나치게 길어질 우려(65년~70년 이상)가 없지 않다. 왜냐하면 백고의 재위기간의 하한은 公孫度가 요동에서 집권하고 있던 시기(189~204년 사이)와 갈라놓고 생각할 수 없기 때문이다(후술).

만약 165~166년에 수성과 백고 사이에 왕위교체가 진행되었다고 인정한다면 두 왕(차대왕 수성과 신대왕 백고)의 재위기간은 각각 30~40년을 좀 더 넘길 정도에 불과함으로 왕의 재위기간이 지나치게 길어지기 때문에 생기는 우려는 크게 줄어들 수 있는 것이다.

상술한 일련의 사실에 의거하여 고구려 제7대 차대왕(수성)은 대체로 121년에 왕위를 계승한 이후 165년 혹은 166년에 이르기까지 40여 년간 재위했을 가능성이 많다고 인정한다.

3. 宮과 伯固의 혈연관계, 伯固의 재위기간

1) 宮과 伯固의 혈연관계

궁(태조왕)과 백고(신대왕)의 혈연관계에 대하여 『삼국사기』에는 형

---

33) 『三國史記』 권15, 高句麗本紀3 次大王 20년조 ; 『三國遺事』 권1, 왕력1 高句麗 次大王조.

과 동생 사이(新大王 諱伯固 … 太祖大王之季弟)로, 『후한서』에는 할아
버지와 손자 사이(宮死 子遂成立 … 遂成死 子伯固立)로, 『삼국지』에는
아버지와 아들 사이(宮死 子伯固立)로 각각 씌어있다.

학계에서도 대체로 상술한 바와 같은 세 가지 견해가 다 제기되고 있
으며 그 가운데서 형과 동생의 관계로 보는 견해가 우세를 차지하고 있
는 것이 사실이다. 필자는 궁과 백고의 혈연관계는 『삼국지』의 "宮死 子
伯固立"에 따라 아버지와 아들의 사이로 인정하는 것이 역사사실에 부
합될 가능성이 많다고 생각한다. 아래에 3개 방면으로 나누어 그 이유를
서술하면 다음과 같다.

(1) 宮, 遂成, 伯固가 친형제일 때 존재하는 모순

상술한 바와 같이 『삼국사기』에는 궁, 수성, 백고를 친형제 사이로 인
정했는데 모순이 많아 성립되기 어렵다. 먼저 『삼국사기』의 관련기사를
소개하고 필자의 분석을 진행하기로 한다.

> (1) 太祖王 "九十四年 … 冬十月 右輔高福章言於王曰 … 大王但知施惠於不仁
> 之弟 不知胎患於無辜之子孫 願大王熟計之"
> (2) "次大王 諱遂成 太祖大王同母弟也 … 受太祖大王推讓 卽位 時年七十六"
> (3) "新大王 諱伯固 … 太祖大王之季弟 … 及次大王被弒 左輔菸支留與群公議
> 遣人迎致 … 卽位 時年七十七歲"[34]

상술한 『삼국사기』의 기록을 통하여 몇 가지 상황을 알 수 있다.

첫째, 『삼국사기』에 따르면 고구려 제6대 태조왕(궁), 제7대 차대왕
(수성)과 제8대 신대왕(백고) 등 국왕들은 모두 친형제 사이로 되어 있다.
즉 차대왕은 태조왕의 '不仁之弟'이면서 '同母弟'이며 신대왕은 태조왕

---

34) 『三國史記』 권15, 高句麗本紀3 太祖王 94년, 次大王 1년조 ; 권16, 高句麗本紀4
新大王 1년조.

의 막냇동생(季弟)으로 연속 3대나 왕위계승이 모두 형제상속에 의하여 이루어졌다.

그런데 고구려를 포함한 고대사회에서 왕위계승은 주로 부자세습에 의하여 이루어 졌다. 예를 들면 고구려에서 시조왕인 주몽을 제외하고 모두 27명이 왕위를 계승하였다. 그 가운데서 부자세습에 의하여 왕위를 계승한 왕은 도합 17명으로서 왕위계승자 27명의 62.9% 이상을 차지한다. 나머지는 형제상속에 의하여 왕위를 계승하거나 '國人'들의 추대에 의하여 왕위를 계승하게 했는데 이런 방법으로 왕위에 오른 사람은 모두 합하여 10명에 불과하였다.

이러한 사회분위기 속에서 연속 3대 국왕(6~8대)이 모두 한 형제에 의하여 왕위가 계승되었다는 것은 이해하기 어려운 일이다.

둘째, 『삼국사기』에 의하면 146년에 태조왕(궁)은 차대왕(수성)에게 왕위를 물려주었다. 이때 태조왕은 100세였으며 차대왕은 76세였다. 그로부터 19년이 지난 165년에는 차대왕이 살해되고 신대왕(백고)이 왕위를 계승하였다. 이때 태조왕은 119세, 차대왕은 95세, 신대왕은 77세였다. 고대사회에서 왕족이라 하더라도 한 형제가 모두 100세에 가깝거나 100세를 훨씬 넘길 때까지 생존한다는 것은 쉬운 일이 아니다.

위에서 지적한 바와 같이 궁(태조왕)과 수성(차대왕)은 친형제 사이가 옳다. 그러나 궁, 수성과 백고(신대왕)를 다 같이 한 형제라고 인정하는 것은 이해하기 어렵다. 왜냐하면 궁과 백고의 연령차이는 42세(119세, 77세)나 되기 때문이다. 그들이 만약 한 어머니께서 출생한 형제였다고 한다면 일반적인 상황에서는 상상조차 할 수 없는 일이다. 만약 어머니가 다르다고 하더라도 아버지가 같은 형제 사이의 연령차이가 42세나 된다는 것은 결코 쉬운 일이 아니다. 또 백고가 즉위할 때의 나이가 77세였다는 것도 이해되지 않는다.

상술한 정황은 고구려 제6대 태조왕(궁), 제7대 차대왕(수성), 제8대 신대왕(백고)의 3왕을 모두 다 같이 친형제라고 한 『삼국사기』의 기록은 모순을 피면하기 어려우며 따라서 사람들에 대한 설득력도 비교적 약하다고 말할 수 있다.

(2) 伯固(新大王)가 遂成(次大王)의 아들일 때 존재하는 모순

이미 위에서 지적한 바와 같이 『후한서』에는 "宮死 子遂成立 … 遂成死 子伯固立"이라고 기록되어 있다. 이것은 궁(태조왕)과 백고(신대왕)의 관계는 할아버지와 손자로 수성(차대왕)과 백고는 아버지와 아들이라는 것을 증명해 준다.

백고(신대왕)가 수성(차대왕)의 아들이 되는 경우에 존재하는 모순을 적으면 다음과 같다.

첫째, 『삼국사기』 신대왕 원년조에 따르면 "初 次大王(遂成－필자)無道 臣民不親附 恐有禍亂 害及於己 遂避於山谷"이라고 썼으며 또 그 이전의 차대왕(수성) 20년조에는 "冬十月 椽那皀衣明臨答夫 因民不忍 弑王 號爲次大王"이라고 썼다.[35] 충효일치를 표방하는 당시 사회에서 국왕을 '無道'하다고 견책했으며 또 明臨答夫는 '因民不忍'을 이유로 삼아 왕을 죽여 버렸다는 것 등은 결코 간단한 일이 아니다. 이것은 차대왕(수성)이야말로 역사에서 유례를 찾아볼 수 없는 폭군이었다는 것을 증명해 준다. 만약 『후한서』의 기록에 따라 백고(신대왕)를 수성(차대왕)의 아들이라고 한다면 명림답부 등 신하들은 폭군을 제거하고 다시 그 폭군의 아들을 다음 왕으로 추대한 것이 된다. 이것은 "有罪 諸加評議便殺之 沒入妻子爲奴婢"라고 쓴 『삼국지』 고구려전의 기록내용과 모순되며[36] 명림답부 등이 擧事한 목적과도 부합되지 않는다.

둘째, 『삼국사기』에 따르면 차대왕(수성)이 명림답부에 의해 피살되

---

35) 『三國史記』 권15, 高句麗本紀3 次大王 20년조 ; 권16, 高句麗本紀4 新大王 1년조.
36) 『三國志』 권30, 魏書30 東夷 高句麗傳.

자 左輔인 菸支留는 군신들과 의논한 후 '山谷'에 숨어있는 백고(후일의 신대왕)에게 '國璽'를 바치면서 다음과 같이 말하였다.

> "先君(次大王 – 필자)不幸棄國 雖有子 不克有國家 夫人之心歸于至仁 謹拜 稽首 請卽尊位"[37]

이것은 차대왕(수성)에게 따로 아들이 있었다는 것을 의미하는 것이지만 반대로 백고(신대왕)는 결코 수성(차대왕)의 아들이 아니라는 것을 증명해 준다.

이처럼 백고(신대왕)를 수성(차대왕)의 아들이라고 인정한 『후한서』고구려전의 기록은 사실에 부합되지 않을 가능성이 많으며 사람들에 대한 설복력도 약하다는 것을 보여준다.

(3) 『三國志』의 "宮死 子伯固立"에 대하여

이미 위에서 궁(태조왕)과 백고(신대왕)는 형제가 아니며 또 할아버지와 손자도 될 수 없다는 것에 대하여 설명하였다.

필자는 궁과 백고는 아버지와 아들이라고 한 『삼국지』고구려전의 기록(宮死 子伯固立)에 동감을 표한다. 그의 이유는 대체로 다음과 같다.

첫째, 궁과 백고의 혈연관계를 해명하기 위해서는 우선 고구려 왕조세계 가운데 宮과 位宮의 혈연관계와 함께 궁과 위궁이 고구려의 어느 왕에 해당하는가를 밝히는 것이 필요하다. 이에 대하여 필자는 이미 본서의 다른 곳(伊夷模와 位宮의 신분에 관한 의견)에서 비교적 상세하게 설명했기 때문에 여기서는 비교적 간단하게 설명하는데 그치려 한다.

『삼국지』고구려전이나 『삼국사기』고구려본기 등에 따르면 궁과 위궁의 혈연관계는 증조부(궁)와 증손자(위궁)의 관계다. 그 밖에 왕위세계

---

37) 『三國史記』 권16, 高句麗本紀4 新大王 1년조.

각도에서 보면 궁은 고구려 제6대 태조왕(국조왕이라고도 한다)이며 위
궁은 고구려 제11대 동천왕이다. 『삼국사기』에서 山上王을 '위궁'이라
고도 부른다고 쓴 것은 분명히 잘못된 기록이다. 왜냐하면 산상왕(이이
모)은 위궁의 아버지이기 때문이다.

이와 같이 궁(태조왕)과 위궁(동천왕)은 왕위세계에서는 전후 6대로
되며 혈연관계에서는 전후 4세가 됨으로써 증조할아버지와 종손자가 되
는 것이다. 이것은 궁과 백고의 혈연관계(아버지와 아들 사이)를 해명하
는데 중요한 의의가 있다.

둘째 궁과 백고의 혈연관계를 해명하는데 제기되는 다른 하나의 중요
조건은 백고와 위궁(동천왕)의 혈연관계를 해명하는 문제이다.

백고는 고구려 제8대 신대왕이다.[38] 『삼국지』 고구려전에 따르면 백
고(신대왕)에게는 2명의 아들이 있었는데 장자는 拔奇이고 차자는 이이
모였다. 그 밖에 『삼국사기』에 따르면 신대왕(백고)에게는 막내아들 罽
須가 있었다. 신대왕(백고)이 사망한 후에 '국인'들은 둘째아들인 이이모
를 추대하여 왕위를 계승하게 했는데 이가 고구려 제10대 山上王이
다.[39] 백고(신대왕)의 장자인 拔奇(『삼국사기』에 나오는 發岐와 男武는
拔奇와 같은 사람이었을 수 있다)는 장자로써 왕위를 계승하지 못한데
대하여 원한을 품고 요동의 公孫氏에게 투항하였다. 이후 공손씨의 힘을
빌려 고구려의 비류수(지금의 혼강)유역에 돌아와서 거주하면서 스스로
정권을 수립하고 산상왕(이이모)을 반대하여 싸우다가 실패(자살하거나
요동으로 도망)하였다.

산상왕(이이모)은 본래 비류수 유역의 拔奇 정권을 인정하지 않았다.
그러나 拔奇(發岐, 男武)가 사망한 후에는 그가 생전에 범한 죄를 용서하

---

38) 『三國史記』 권16, 高句麗本紀4 新大王 1년조.
39) 『三國志』 권30, 魏書30 東夷 高句麗傳 ; 『三國史記』 권16, 高句麗本紀4 故國川
    王 1년조, 山上王 1년조.

고 "以王禮 葬於裴嶺"[40]함으로써 고구려 왕조세계 가운데서 그의 왕위를 인정해 주었다. 이와 같이 拔奇(發岐, 男武)는 비류수 유역에서 할거 정권을 유지하다가 사후에 비로소 왕위를 인정받았는데 이가 고구려 제9대 고국천왕일 가능성이 많다. 이에 대하여서 본서의 「拔奇와 發岐의 몇 개 문제에 대한 의견」을 참고하기 바란다.

그 밖에 이미 위에서 지적한 바와 같이 고구려 제11대 동천왕은 산상왕(이이모)의 아들인 것이다. 아래에 신대왕(백고)부터 동천왕(위궁)에 이르기까지의 왕위세계와 혈연관계를 <표>로 나타내면 다음과 같다.

<표>를 통하여 알 수 있는 바와 같이 신대왕(백고)과 동천왕(위궁)의 왕위세계는 전후 4대에 이르지만 그의 혈연관계는 할아버지와 손자 사이(전후 3대)로 된다. 이런 정황에서 『후한서』 고구려전의 기록(宮死 子遂成立 … 遂成死 子伯固立)에 따라 백고(신대왕)를 宮(태조왕)의 손자로 인정한다면 궁(태조왕)과 위궁(동천왕)의 혈연관계는 고조부와 고손자 사이(전후 5세대)로 되는데 그 상황을 <표>로 나타내면 다음과 같다.

```
(6대)          (7대)         (8대)        ┌ (9대)
太祖王(宮) ─ 次大王(遂成) ─ 新大王(伯固) ─┤   故國川王
                                        │
                                        │  (10대)         (11대)
                                        └ 山上王(伊夷模) ─ 東川王(位宮)
```

40) 『三國史記』 권16, 高句麗本紀4 山上王 1년조.

또 『삼국사기』의 기록에 따라 태조왕(궁), 신대왕(백고)을 형제 사이로 인정한다면 이들 3왕(궁, 수성, 백고)은 다 같이 동천왕(위궁)의 할아버지뻘(전후 3세대)이다. 그 상황을 <표>로 나타내면 다음과 같다.

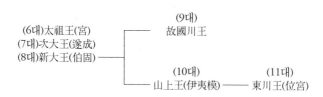

상술한 두 가지 정황을 모두 "其(위궁, 즉 동천왕 ─ 필자)曾祖名宮"이거나 "宮曾孫位宮"이라고 쓴 『삼국지』 고구려전이나 『위서』 고구려전의 기록과 부합되지 않는다는 것을 보여 준다. 이것은 또 백고(신대왕)는 결코 태조왕(궁)의 손자가 될 수 없을 뿐만 아니라 동생도 될 수 없다는 것을 증명해 준다. 따라서 궁과 백고의 혈연관계에 관한 『후한서』나 『삼국사기』의 기사는 모두 성립될 수 없다는 것을 증명해 준다.

그러나 『삼국지』 고구려전의 기록(宮死 子伯固立)에 따라 백고(신대왕)를 궁(태조왕)의 아들로 인정한다면 정황은 달라진다. 즉 궁(태조왕)과 위궁(동천왕)의 혈연관계는 증조부와 증손자(전후 4세대)로 된다. 그 상황을 <표>로 타나내면 다음과 같다.

이와 같이 宮(태조왕)과 位宮(동천왕)의 혈연관계가 증조부와 증손자

가 되는 정황은 상술한 『삼국지』 고구려전을 포함한 여러 고서기록의 관련기사 "其(位宮 – 필자)曾祖名宮, 宮曾孫位宮"과 완전히 일치된다. 이 것은 궁(태조왕)과 백고(신대왕)의 혈연관계를 아버지와 아들로 인정한 『삼국지』 고구려전의 기록(宮死 子伯固立)이 옳다는 것을 증명해 준다.

셋째, 『삼국지』나 『후한서』보다 훨씬 후기에 출판된 고서들 가운데서 궁(태조왕)과 백고(신대왕)의 혈연관계를 서술한 책으로는 『梁書』(636년 에 편사)와 『北史』(659년에 편사) 등이 있다. 이 책들에는 모두 "宮死 子 伯固立"으로 기록되어 있다.[41]

『양서』나 『북사』의 편자들은 『삼국지』나 『후한서』의 관련기사를 다 같이 참조하고 책을 썼다는 것은 의심할 필요가 없다. 그럼에도 불구하 고 그들은 모두 『후한서』 고구려전이 아닌 『삼국지』 고구려전의 기록에 의거하여 궁과 백고를 아버지와 아들 사이로 인정했던 것이다. 이것은 결코 우연의 일치가 아니며 따라서 후세 사람들의 주목을 끌지 않을 수 없다.

상술한 일련의 사실들은 궁과 백고를 아버지와 아들 사이로 인정한 『삼국지』 고구려전의 기록은 정확하다는 것을 증명해 준다. 그러나 왕 위세계 각도에서 볼 때 『삼국지』 고구려전은 궁과 백고 사이에 마땅히 있어야 할 수성(차대왕)을 빼놓는 아쉬움을 남겼던 것이다.

2) 伯固(新大王)의 재위기간

백고(신대왕)의 재위기간을 해명하려면 즉위연대를 먼저 밝힌 후 사 망연대를 밝히는 것이 순서일 것이다.

필자는 이미 수성(차대왕)과 백고(신대왕)의 왕위교체는 165년에 이루 어졌을 가능성이 많다고 인정하였다. 이 기초 상에서 신대왕(백고)의 재

---

41) 『梁書』 권54, 東夷 高句驪傳 ; 『北史』 권94, 列傳82 高句麗傳.

위기간은 마땅히 165년부터 시작되어야 한다고 했던 것이다. 그 이유에 대해서는 이미 "遂成의 재위기간부분"에서 비교적 상세하게 서술했기 때문에 다시 중복하지 않는다.

아래에 백고의 재위기간의 하한, 즉 사망연대를 고찰하기로 한다. 먼저 관련 고서기록들을 소개하고 필자의 분석을 진행하는 방법을 채용하기로 한다.

> (1) 『三國志』 高句麗傳에는 "宮死 子伯固立"이라고 쓴 다음에 '順桓之間', '靈帝建寧二年', '嘉平中' 등에 일어난 사건들을 기록하고 나서 다음과 같이 썼다.
> "公孫度之雄海東也 伯固遣大加優居 主簿然人等助度擊富山賊 破之 伯固死 …"42)
> (2) 『梁書』 高句驪傳과 『北史』 高句麗傳에도 "宮死 子伯固立"이라고 쓴 다음에 '順和之間'(順桓之間), '靈帝建寧二年' 등에 발생한 사건들을 적고나서 계속해서 "公孫度之雄海東也 伯固與之通好 伯固死 …"라고 쓰고 있다.43)
> (3) 『三國史記』 新大王조에 "五年 王遣大加優居 主簿然人等 將兵助玄菟太守 公孫度 討富山賊"이라고 썼다.44)

위의 (1), (2), (3)을 통하여 대체로 다음과 같은 상황을 알 수 있다.

첫째, 『삼국지』 고구려전 등 중국 고서에 따르면 백고(신대왕)의 재위기간에 동한에서는 '順桓之間(順和之間)', '靈帝建寧二年', '嘉平中' 등의 연호가 사용되었다. 앞에서 지적한 바와 같이 '順桓之間'은 동한의 순제와 환제(화제)의 재위기간으로 126~167년 사이이며 '靈帝建寧二年'은 169년이며 '嘉平'은 역시 靈帝의 연호이며 '嘉平中'은 172~178년 사이이다. 주목을 끄는 것은 백고의 재위기간에 나타난 동한 황제의 연호들은 대부분 160년 이후라는 점이다. 이것은 165년에 수성(차대왕)과 백고(신대

---

42) 『三國志』 권30, 魏書30 東夷 高句麗傳.
43) 『梁書』 권54, 東夷 高句驪傳 ; 『北史』 권94, 列傳82 高句麗傳.
44) 『三國史記』 권16, 高句麗本紀4 新大王 5년조.

왕)사이에 왕위교체가 진행되었다고 인정하는 견해가 옳다는 것을 증명해 주는 증거가 된다. 그러나 그 연호들이 가리키는 상한과 하한 사이의 시간적 차이가 크기 때문에 추상적인 느낌을 면하기 어렵게 한다. 특히 '順桓之間' 가운데 순제는 165년 이전에 재위기간(126~144년 사이)이 끝난다. 이것은 『후한서』고구려전에서 '伯固立' 이후에 나오는 '順帝陽嘉元年'(132년)과 더불어 백고의 즉위 연대를 165년 이전으로 보는 조건이 될 수 있다. 일부 학자들이 수성(차대왕)의 재위기간을 121년부터 126년 전후까지 5년 좌우에 이른다고 인정하며 그 이후부터 백고의 재위기간이 시작된다고 한 이유가 여기에 있는 것이다. 필자는 이런 견해는 계속 연구될 필요가 있다고 인정한다. 또한 이런 견해는 아직 그것을 뒷받침해 줄 수 있는 자료적 근거가 몹시 희박하며 따라서 사람들에 대한 설득력도 그다지 크지 않다고 인정한다.

둘째, 위의 (1), (2), (3)을 통하여 보다 큰 주목을 끌게 하는 것은 백고와 公孫度 사이에 비교적 밀접한 연계가 맺어졌다는 점이다.

『삼국지』와 『양서』 등에 있는 "公孫度之雄海東也"는 公孫度가 요동지방에서 집권한 사실을 가리킨다.

공손도는 189년(東漢靈帝中平六年) 혹은 190년(獻帝初平一年)에 처음으로 遼東太守로 임명되었다. 그 후 '遼東候', '平州牧' 등을 자칭하면서 요동지방과 그 주변지역에서 패권을 누리다가 204년(建安 九年)에 사망한 후 그의 아들인 公孫康이 지위를 이어 받았다.[45] 이로부터 공손도가 요동에서 집권한 시기는 바로 189~190년 이후의 10여 년 사이라는 것을 알 수 있다. 따라서 백고(신대왕)가 공손도를 도와 '富山賊'을 토벌했거나 혹은 그와 '通好'한 것은 모두 189~190년 이후의 10여 년 동안이라는 것을 증명해 준다. 이것은 또 백고(신대왕)의 재위기간은 189~190년

---

45) 『三國志』 권8, 魏書8 公孫度傳 ; 『資治通鑑』 권59, 漢紀51 孝獻甲 初平元年條 ; 권64, 漢紀56 獻帝己 建安九年條.

이후 시기까지 지속되었을 수 있다는 것을 알게 한다.

셋째『삼국사기』에 따르면 신대왕(백고)은 즉위 5년에 군사를 파견하여 "현토태수인 공손도를 도와 부산적을 토벌하였다"고 쓰고 있다. 신대왕 5년은 169년으로 이것은 공손도가 처음으로 요동태수로 임명된 189~190년 보다 20~21년이나 이른 것이 된다. 공손도는 아버지(延)를 따라 현토군에 있을 때 '군리'(玄菟小吏)로 임명된 일은 있으나 결코 '玄菟太守'로 임명된 일은 존재하지 않는다.『삼국사기』의 기사는『삼국지』등 중국 고서의 기록에 의거하여 씌어진 것이 분명하지만 상술한 바와 같은 착오를 면하지는 못한 것 같다. 그렇다고 하더라도『삼국사기』에서 신대왕(백고)과 공손도를 연계시키고 있다는 사실은 주목을 끌게 한다. 왜냐하면 신대왕(백고)의 재위기간은 공손도의 집권 시기 이전에 끝난 것이 아니라 그 이후까지 지속되었을 수 있다는 것을 반영해 주는 일종의 증거를 될 수 있기 때문이다.

상술한 사실은 백고(신대왕)의 사망연대는 대체로 189~190년(공손도가 요동태수로 임명된 해임) 이후의 어느 한 해라는 것을 알게 한다. 필자는 이 해(백고의 사망연대)가 197년일 가능성이 없지 않다고 추정한다. 그 이유는 대체로 다음과 같다. 첫째 신대왕이 사망한 후에 왕위를 계승한 것은 그의 둘째 아들인 이이모였으며, 둘째 이이모는 고국천왕이 아니라 산상왕이며, 셋째 산상왕(이이모)이 왕위를 계승한 것은 197년이다. 이로부터 신대왕(백고)의 사망연대는 197년일 가능성이 많다는 것을 알 수 있다. 따라서 신대왕(백고)의 재위기간은 대체로 30여 년(165~197년) 가량 될 것으로 짐작된다. 또 이럴 경우에 신대왕(백고)이 즉위할 때의 연령은 77세였다고 인정한『삼국사기』의 기록(時年七十七歲)은 사실에 부합되지 않을 가능성이 없지 않다.

맺음말

궁은 고구려 제6대 태조왕(국조왕이라고도 한다)으로 53년에 7세의 어린 나이로 왕위를 계승하였다. 이에 대하여 학계에는 크게 다른 의견이 없다. 그러나 재위기간에 대해서는 94년 동안 재위했다고 인정하는 견해(53~146년)와 69년 동안 재위했다고 인정하는 견해(53~121년)로 나누어진다. 필자는 두 번째 견해에 동감을 표한다.

『후한서』에 따르면 121년에 태조왕(궁)은 사망하고 왕위는 수성에 의하여 계승되었으니 고구려 제7대 차대왕이다. 궁과 수성의 혈연관계에 대하여 『후한서』에는 아버지와 아들로, 『삼국지』에는 수성이 누락되었으며 『삼국사기』에는 형과 동생으로 씌어있다. 차대왕(수성)은 태조왕(궁)의 동생일 가능성이 많다. 차대왕(수성)의 재위기간은 대체로 40여 년 동안 지속되었을 것(121~165년)으로 보인다.

차대왕(수성)이 피살되자 신하들은 백고를 맞이하여 왕위를 계승했는데 고구려 제8대 신대왕이다. 태조왕(궁)과 신대왕의 혈연관계에 대하여 『삼국사기』에는 형과 동생으로, 『후한서』에는 할아버지와 손자로, 『삼국지』에는 아버지와 아들로 서술했다. 필자는 세 번째 견해가 사실에 부합될 가능성이 많다고 인정한다. 신대왕의 재위기간은 대체로 30여 년간 지속되었을 것으로 보인다.

총적으로 보아 이들 3왕의 재위기간은 모두 지나치게 길다는 느낌이 없지 않다. 이런 문제는 앞으로 계속 연구될 필요가 있을 것 같다.

제2절 拔奇와 發岐의 몇 가지 문제에 관한 의견

본문은 拔奇와 發岐의 몇 가지 문제에 관하여 필자의 의견을 제기하였다. 논술과정에는 결점과 착오들도 있으리라고 생각하면서 독자들의 가르침이 있기를 바란다.

1. 拔奇와 發岐의 관계

대체로 2세기 말에 高句麗 제8대 신대왕(백고)이 사망하고 그의 둘째 아들인 이이모가 왕위를 계승했는데 이(이이모)가 고구려 제10대왕 山上王(延優)이다.[1] 『삼국지』나 『삼국사기』 고국천왕 원년조에는 이이모의 형으로 拔奇가 있으며 또 『삼국사기』 산상왕 원년조에는 산상왕의 형 가운데 發岐가 나온다. 10여 년 전에 필자는 拔奇와 發岐는 서로 다른 사람이라고 인정한 『삼국사기』의 기록을 실제상 그대로 수용한 바 있다. 그 후 일부 학자들은 拔奇와 發岐는 결코 다른 사람이 아니라 같은 사람을 가리킨다고 인정하는 견해를 제기하였다.[2] 필자는 이런 견해로부터 계발을 받았다. 필자도 역시 拔奇와 發岐는 같은 한 사람을 가리킨다고

---

1) 伊夷模의 본문 '模'자는 古書들마다 서로 다르게 씌어있다. 즉 『三國志』에는 그것을 '模'로, 『梁書』와 『北史』에는 '摸'로, 『三國史記』에는 '謨'로 쓴 것이 그것이다. 본문에서는 모두 '模'자로 통일하여 썼음을 말하여 둔다.
2) 朴燦奎, 2000, 『「三國志·高句麗傳」研究』, 吉林人民出版社, 106~112쪽.

인정하게 되었다. 그 이유는 대체로 다음과 같다.

첫째, 『삼국지』 고구려전과 『삼국사기』 고국천왕 원년조에는 拔奇에 대한 활동이 나오고 『삼국사기』 산상왕 원년조에는 發岐에 관한 활동이 기록되어 있다. 拔奇와 發岐는 비록 씌어진 글자는 서로 다르지만 그의 한국어 발음은 완전히 일치(발기·발기)하며 중국어 발음도 매우 비슷(baji·baqi ; faqi)하다. 이것은 拔奇와 發岐는 실제상 한 사람을 가리킬 가능성이 많다는 것을 보여준다. 이것은 또 拔奇와 發岐를 같은 사람으로 인정하게 되는 출발점이라고 말할 수 있다.

둘째, 『삼국지』 고구려전과 『삼국사기』 고국천왕 원년조와 산상왕 원년조 등 古書 기록을 통하여 알 수 있는 바와 같이 拔奇와 發岐가 왕위계승권을 놓고 투쟁한 대상은 결코 고국천왕 남무와 산상왕 이이모 두 사람이 아니라 산상왕 이이모 한 사람이었던 것이다. 이것은 이(산상왕 이이모와의 왕위계승권 쟁탈)와 밀접히 연계되어 있는 拔奇와 發岐도 역시 서로 다른 사람이 아니라 같은 拔奇(發岐) 한 사람이었다는 것을 증명해 줄 수 있다.

김부식은 이이모(산상왕)를 고국천왕 남무라고 잘못 판단했기 때문에 『삼국사기』 고국천왕 원년조와 산상왕 원년조에서 실제 이이모(산상왕)의 관련기사를 중복되게 서술했던 것이다. 그렇기 때문에 이이모(산상왕)와 밀접히 연계되어 있는 拔奇와 發岐도 중복을 피할 수 없어서 결국 서로 다른 사람으로 나타났던 것이다.

셋째 拔奇와 發岐가 이이모(산상왕)와 더불어 왕위 쟁탈전을 진행한 연대가 동일하다.

『삼국지』 고구려전과 『삼국사기』 고국천왕 원년조에 따르면 拔奇는 동한 獻帝의 '建安初'거나 혹은 '建安中'에 이이모가 왕위를 계승한데 대하여 원한을 품고 요동의 공손씨에게 투항한 후 그의 힘을 빌려 이이모(산상왕)와 더불어 왕위 쟁탈전을 진행하였다.

또『삼국사기』산상왕 원년조에 따르면 發岐는 고구려 산상왕 즉위 원년에 동생인 延優(산상왕 이이모)가 왕위를 계승한데 대하여 大怒하여 그(연우)를 반대하는 활동은 전개했던 것이다.

東漢 獻帝의 建安은 196년에서 220년으로 고구려 산상왕 즉위 원년은 197년이다. 그 밖에 公孫度는 189년에서 204년까지 요동에서 집권했으며 그의 아들 公孫康은 204년에서 220년까지 요동에서 집권했던 것이다.

拔奇가 이이모의 왕위계승을 반대하여 싸운 것은 196년 이후의 수년 사이(建安初)거나 혹은 204년부터 220년까지의 공손강 집권시기(建安中)에 해당한다는 것을 알 수 있다. 또 發岐가 이른바 연우, 즉 산상왕이 왕위를 계승한데 대노하여 그를 반대하는 활동을 한 것은 197년(산상왕 즉위 원년)으로 동한 헌제의 건안 2년이라는 것을 알 수 있다. 여기서 주목을 끄는 것은 拔奇는 이이모와 發岐는 연우와 왕위계승을 놓고 쟁탈하였다. 여기서 이이모와 연우는 다 같이 산상왕의 이름이며 그들이 왕위 쟁탈전을 진행한 연대가 다 같이 산상왕의 재위기간(197~227년)이라는 사실이다. 이것은 拔奇와 發岐는 서로 다른 사람이 아니라 같은 사람이라는 것을 증명해 주는 증거가 되기에 손색이 없다.

넷째, 拔奇와 發岐는 다 같이 공손씨에게 투항하였다.『삼국지』고구려진에 따르면 拔奇는 백고가 사망한 후에 차자인 이이모가 왕위를 계승하게 되자 형으로써 왕위를 계승하지 못한데 대하여 원한을 품었다는 사실을 쓰고 나서 다음과 같이 기록하였다.

　　拔奇“與涓奴加各將下戶三萬餘口詣康降 還住沸流水.”[3]

이에 대하여『삼국사기』고국천왕 원년조에도 개별적인 글자(涓奴加가 消奴加로, 沸流水가 沸流水上으로 되다)를 제외하면 완전히 같은 내

---

3)『三國志』권30, 魏書30 東夷 高句麗傳.

용이 씌어있다.[4]

拔奇는 涓(消)奴加와 함께 각 下戶 3만여 명을 거느리고 공손씨에게 투항했다. 그리고 그의 힘을 빌려 고구려 경내의 비류수(오늘의 혼강) 유역에 거주하면서 이이모(산상왕)와 패권다툼을 하다가 실패한 것이 분명하다.

『삼국사기』산상왕 원년조에 發岐는 전왕이 사망한 후 연우(산상왕)가 왕위를 계승했다는 소식을 듣고 大怒했다는 등의 사실들을 적고 나서 다음과 같이 썼다.

　　　"發岐知難 以妻子奔遼東 見太守公孫度 告曰 … 來投上國 伏願假兵三萬 令擊之 得以平亂 公孫度從之 延優遣弟罽須 將兵御之 漢兵大敗 … 發岐 … 奔至裴川 自刎死."[5]

상술한 여러 기록들을 종합하면 拔奇는 공손강에게 투항했고, 發岐는 공손도에게 투항했다는 것을 쉽게 알 수 있다. 이것은 그 투항한 연대를 서술할 때 약간의 차이(建安中과 建安初)가 생기는데서 나타난 결과로 결코 그 투항대상이 서로 다르다는 것을 의미하지 않는다. 공손도와 공손강은 아버지와 아들의 사이로 요동의 공손씨라는 점에서는 어떠한 본질적 구별도 존재하지 않는 것이다.

또 拔奇는 涓(消)奴加와 함께 각 '下戶三萬餘口'를 거느리고 공손씨에게 투항했다고 썼으나 發岐는 "以妻子奔遼東"했다고 씀으로써 양자의 서술각도가 다를 뿐만 아니라 내용상에서도 다르다는 느낌을 갖게 한다. 그러나 發岐의 관련기사 가운데도 "伏願假兵三萬"이라고 쓴 어구가 존재함으로써 양자(拔奇와 發岐)사이에 다 같이 '三萬'이란 숫자가 나오는 것은 주목을 끌지 않을 수 없다. 특히 주목을 끄는 것은 拔奇와 發岐는

---

4)『三國史記』권16, 高句麗本紀4 故國川王 원년조.

5)『三國史記』권16, 高句麗本紀4 山上王 원년조.

요동의 공손씨에게 투항했으며, 그의 힘을 빌려 고구려에 돌아와 산상왕 이이모와 더불어 패권을 다투다가 실패로 끝났다는 큰 틀에서의 공동점이 존재한다는 사실이다.

상술한 모든 사실은 拔奇와 發岐 사이에는 일부 문제들에서 비교적 많은 차이점을 나타내고 있음에도 불구하고 양자는 결코 서로 다른 사람이 아니라 같은 한 사람을 가리킨다는 것을 증명해 준다.

2. 伯固 死後의 왕위계승자

이미 위에서 拔奇와 發岐는 서로 다른 사람이 아니라 같은 사람이라는 것을 논증하였다. 그럼 拔奇(發岐)는 고구려에서 어떤 위치에 있는 사람인가? 그는 누구와 왕위를 쟁탈했으며 그 결과는 어떻게 되었는가? 등의 문제들에 대하여 보다 심층적으로 연구할 필요가 있다.

이 문제를 해결하기 위해서는 마땅히 신대왕 백고가 사망한 후에 왕위를 계승한 사람이 누구인지를 해명해야 한다. 특히 이 문제에 대해서는 고서마다 서로 다르게 기록되어 있으며 학계에서도 여러 다른 견해들이 존재함으로써 사실상 혼란한 상태에 놓여 있는 정황에서 더욱 그렇다.

아무튼 이 문제(백고가 사망한 후의 왕위계승자를 해명하는 것을 가리킨다)는 拔奇(發岐)의 신분을 보다 구체적으로 해명하는 관건이 되며 또 전제조건이 된다. 더 나아가 이 문제는 고구려 왕조 世系를 바로 잡는 사업에 대해서도 적잖은 작용이 있을 것이다.

먼저 관련 고서들의 기록을 소개하고 필자의 의견을 제기하면 다음과 같다.

　(1)『三國志』高句麗傳: "伯固死 有二子 長子拔奇 小子伊夷模 拔奇不肖 國人
　　　便共立伊夷模爲王 自伯固時 數寇遼東 又受亡胡五百餘家 建安中 公孫康出

軍擊之 破其國 焚燒邑落 拔奇怨爲兄而不得立 與涓奴加各將下戶三萬餘口
詣康降 還住沸流水 降胡亦叛伊夷模 伊夷模更作新國. … 拔奇遂往遼東 有
子留句麗國 今古鄒加駮位居是也."6)

(2) 『梁書』 高句驪傳: "伯固薨 子伊夷摸立 伊夷摸自伯固時已數寇遼東 又受亡
胡五百餘戶 建安中 公孫康出軍擊之 破其國 焚燒邑落 降胡亦叛伊夷摸 伊夷
摸更作新國. … 伊夷摸死 子位宮立."7)

『北史』 高句麗傳에도 이와 같은 내용이 기록되어 있다.8)

(3) 『三國史記』 故國川王 元年: "故國川王 … 諱男武(或云伊夷謨) 新大王 伯固
之第二子 伯固薨 國人以長子拔奇不肖 共立伊夷謨爲王 漢獻帝建安初 拔奇
怨爲兄而不得立 與消奴加各將下戶三萬餘口 詣公孫康降 還住沸流水上."9)

(4) 『三國史記』 山上王 元年: "山上王 諱延優 一名位宮 故國川王之弟也. … 故
國川王無後 故延優嗣立 初 故國川王之薨也 王后于氏 … 夜往王弟發岐宅
曰 王無後 子宜嗣之. … 後憖 便往延優之宅 … 立延優爲王 發岐聞之大怒
以兵圍王宮 … 發岐知難 以妻子奔遼東 見太守公孫度 告曰: 某(發岐 - 필자)
之弟延優與于氏謀 卽位 以廢天倫之義. … 伏願假兵三萬 令擊之 得以平亂
公孫度從之 延優遣弟罽須 將兵御之 漢兵大敗 … 發岐 … 奔至裴川 自刎死
罽須哀哭 收其屍 草葬訖而還 王 … 秋九月 奉迎發岐之喪 以王禮葬於裴
嶺."10)

위에 열거한 기록을 통하여 고구려 제8대 신대왕 백고가 사망한 후에
왕위를 계승한 사람이 누구였으며, 어떻게 계승했는지를 알 수 있다. 크
게 두 개 방면으로 나누어 관련 고서들의 기록을 분석하는 방법을 통하
여 필자의 의견을 제기하고자 한다.

---

6) 『三國志』 권30, 魏書30 東夷 高句麗傳.

7) 『梁書』 권54, 東夷 高句驪傳.

8) 『北史』 권94, 東夷 高麗傳.

9) 『三國史記』 권16, 高句麗本紀4 故國川王 원년조.

10) 『三國史記』 권16, 高句麗本紀4 山上王 원년조.

1) 伯固 死後의 왕위계승자는 伊夷模
-『三國志』의 관련 기사를 분석

위의 기록 (1), 즉『삼국지』고구려전에서 주목을 끄는 것은 "伯固死有二子 長子拔奇 小子伊夷模 拔奇不肖 國人便共立伊夷模爲王."이라고 쓴 부분이다. 여기서 우리는 고구려 제8대왕 신대왕 백고가 사망한 후에 둘째아들(次子)인 이이모가 왕위를 계승했다는 것을 알 수 있다. 필자는 이 견해에 동의한다. 그의 이유는 대체로 다음과 같다.

1.『삼국지』는 3세기 말에 진수에 의하여 편찬되었다. 특히 그 가운데「고구려전」은 백고가 사망(2세기 말에 사망했을 것이다)한 후 불과 50년 정도밖에 지나지 않은 3세기 중엽에 毌丘儉이 고구려를 침공하여 수도인 丸都까지 쳐들어갔을 때 직접 고구려 사람들로부터 입수한 자료에 의거하여 씌어졌을 가능성이 많다는데 중요한 의의가 있다.

그러나 학계에는 백고가 사망한 후에 왕위 계승에 관한『삼국지』고구려전의 기록은 믿기 어렵다고 인정하는 견해가 적지 않다. 이에 대하여 어떤 학자들은 내용을 서술하는 데서 순서상 混亂이 존재한다고 인정한다. 만약 이것이 사실이라면 백고의 사망과 그 후의 왕위계승자를 해명하는 것에서『삼국지』고구려전의 신빙정도는 분명히 크게 떨어질 것이다.

그러나 필자는 크게 우려할 필요는 없다고 생각한다. 왜냐하면『삼국지』고구려전과『梁書』및『北史』高句麗傳의 관련기사를 밀접히 연계시켜 문제를 고찰하면 내용을 이해할 수 없거나 심지어 혼란하다고 느껴지는 곳이 없기 때문이다. 필자는 신대왕 백고가 사망한 후에 왕위를 계승한 사람이 누구였는가를 해명하는 방면에서 후학들에게 혼란을 일으키게 한 것은 결코『삼국지』가 아니라『삼국사기』고국천왕과 산상왕의 원년 기록이라고 인정한다.

또 어떤 학자들은 백고가 사망한 후에 이이모가 왕위를 계승했다고

쓴『삼국지』의 기록은 그 전제부터 틀렸기에 지나치게 편신할 바가 못
된다고 한다. 그러면서『삼국지』는 궁과 백고 사이에서 수성을 빼놓은
예가 있으니, 백고와 이이모 사이에서 男武를 빠뜨릴 수 있다고 강조한
다. 고구려 왕계 가운데서 고국천왕 남무의 존재를 부정하는 견해를 비
판한 것은 옳은 것이다. 또 백고가 사망한 후에 이이모가 왕위를 계승했
다고 쓴『삼국지』의 기록을 편신해서는 안 된다고 강조한 것도 모든 고
서 기록을 대하는 태도에 부합된다고 인정한다. 그러나『삼국지』는 궁
과 백고사이에서 수성을 빼놓은 예가 있다고 해서 백고와 이이모 사이에
남무를 빼놓을 수 있다고 한 것은 사람들을 설득하기 어려울 것 같다.
그보다는 해당 시기의 실제상황을 구체적으로 분석하는 것이 훨씬 더 큰
설득력을 가질 수 있을 것이다. 그 외 어떤 학자들은 백고가 사망하고
이이모가 왕위를 계승한데 관한『삼국지』고구려전의 기록은 "잘못된
기사"라고 하면서『삼국사기』산상왕 원년조 기사는 "진실성이 있는 이
야기 줄거리로 구성되어 있다"고 인정하였다. 그러나 그렇게 인정할 수
있는 이유에 대해서는 전혀 밝히지 않고 있으니 역시 사람들을 설득시키
기 어려울 것 같다. 특히 王禮葬과 같은 관건적인 용어에 대해서는 그것
을 심입 분석하는 것이 아니라 회피하고 있으니 아쉬움을 남기게 한다.

　伯固 死後에 이이모가 왕위를 계승했다고 쓴『삼국지』의 기사를 잘못
되었다고 인정하는 일부 학자들의 견해는 충분한 과학적 근거를 갖추었
다고 보기 어려우며 따라서 사람들에 대한 설득력도 약하다고 할 수 있다.

　2. 고구려에서 父子世襲에 의하여 왕위가 계승된 경우 반드시 父王 재
위기간에 먼저 왕자(우선 장자로부터)를 태자로 봉하고 부왕이 사망하면
태자가 순조롭게 왕위를 계승하는 것이 보통이었다. 그러나 부왕이 사망
한 후에 때로는 國人들의 주도하에 이미 태자로 봉해진 사람이라도 왕위
계승에서 배제되고 다른 왕자나 혹은 왕족 가운데서 적임자를 추대하여
왕위를 계승하게 하는 경우도 있었다(아래에『삼국사기』의 관련기사를

분석할 때 보다 더 상세하게 서술한다).

『삼국지』고구려전에 "伯固死 有二子 長子拔奇 小子伊夷模 拔奇不肖 國人便共立伊夷模爲王."이라고 쓴 것은 기본상 후자의 경우에 해당하는 것이다. 이것은 이이모가 부왕 재위시기에 태자로 봉해진 일이 없다는 사실(백고 재위시기에 태자로 봉해진 것은 남무였다)과 부합되며 또 이이모는 백고의 장자인 것이 아니라 '차자'(둘째아들)였다는 사실과도 잘 어울리는 것이다. 바꾸어 말하면 백고가 사망한 후에 이이모가 왕위를 계승할 때의 상황('국인'들이 주도적 역할)은 그(이이모)의 신분상의 특징과 매우 잘 부합됨으로 그것을 반영한 『삼국지』의 기록은 크게 문제로 될 것이 없을 것으로 생각된다.

3. 拔奇(發岐)의 왕위쟁탈 대상에 대하여

신대왕 백고가 사망한 후에 누가 왕위를 계승했는가에 따라 拔奇(發岐)의 왕위쟁탈대상이 달라지기 마련이다. 그러므로 拔奇(發岐)의 왕위쟁탈 대상을 옳게 판단하는 것은 역시 백고 사후의 왕위계승자를 확인하는 데 대하여 중요한 지름길이 될 수 있다.

일부 학자들은 "故國川王 … 諱男武 … 新大王伯固之第二子."라고 쓴 『삼국사기』의 기록에 따라 拔奇(發岐, 백고의 장자)의 왕위쟁탈 대상은 고국천왕 남무에 해당한다고 한다. 그러나 필자는 고국천왕 남무를 "新大王伯固之第二子"라고 인정한 『삼국사기』의 기사는 모순이 많아 성립될 수 없다고 인정한다(후술). 따라서 고국천왕 남무는 사실상 拔奇(發岐)의 왕위쟁탈 대상으로 될 수 있는 이유를 상실하게 되는 것이다.

그 밖에 필자가 조사한데 따르면 拔奇(發岐)가 고국천왕 남무와 왕위쟁탈전을 진행한 사실은 그 어디에도 존재하지 않는다. 그러나 필자는 拔奇(發岐)가 이이모(산상왕)와 왕위쟁탈전을 진행한 사례는 분명히 존재한다고 인정한다. 예를 들면 『삼국지』고구려전에는 백고가 사망한 후에 '국인'들은 이이모를 추대하여 왕위를 계승하게 했다는 사실을 쓰고 나서 좀 지난 뒤에 다음과 같이 썼다.

"拔奇怨爲兄而不得立 … 詣康降 還住沸流水 降胡亦叛伊夷模 伊夷模更作新國."

이로부터 백고가 사망한 후에 차자인 이이모가 왕위를 계승하게 되니 장자인 拔奇(發岐)는 형으로서 왕위를 계승하지 못한데 대하여 원한을 품게 되었다는 사실, 그 후 공손씨의 지지를 얻은 拔奇(發岐)가 고구려의 비류수 유역에 돌아와서 이이모와 더불어 패권을 다투었다는 사실, 이이모는 拔奇(發岐)와 降胡 등의 침공을 효과적으로 물리치기 위하여 수도까지 옮긴 사실 등을 알 수 있다. 상술한 상황들은 발기(발기)의 왕위쟁탈 대상은 확실히 이이모가 맞다는 것을 증명해주는 것이다.

이런 예들은 『삼국사기』에서도 찾아 볼 수 있다. 즉 『삼국사기』 산상왕 원년조에 따르면 發岐(拔奇)는 王后 于氏가 延優(산상왕 이이모)를 왕으로 삼았다는 소식을 듣고 "大怒, 以兵圍王宮."했으나 정황이 자신에게 불리하게 되자 요동의 공손씨에게 가서 도움을 요청했다는 사실, 그 후 發岐(拔奇)가 공손씨의 지지를 얻어 고구려를 침공하게 되니 "延優遺弟罽須, 將兵御之."했다고 쓴 것 등이 그것이다. 그 후 發岐(拔奇)는 연우, 즉 산상왕 이이모와의 왕위쟁탈전에서 실패하고 자살하자 이이모가 '王禮葬'을 치러준 것은 큰 주목을 끄는 것이다.

상술한 일련의 사실들은 拔奇(發岐)의 왕위쟁탈전 대상은 결코 고국천왕 남무가 아니라 산상왕 이이모였다는 것을 증명해 준다. 따라서 백고가 사망한 후에 이이모(산상왕)가 왕위를 계승했다고 한 『삼국지』 고구려전의 기록은 결코 틀리지 않았으며 역사 사실에도 부합될 가능성이 많다는 것을 증명하여 준다.

4. 위의 기록 (2), 즉 『梁書』 高句驪傳과 『北史』 高麗傳에는 다 같이

"伯固死 子伊夷摸立."이라고 명확하게 쓰고 있다. 비록 이이모가 백고의 몇 번째 아들이라는 것은 밝히지 않았고 또 형으로서 왕위를 계승하지 못한데 대하여 원한을 품은 拔奇가 공손씨의 지지를 얻어 이이모와 왕위 쟁탈전을 진행한 상황도 누락되어 있다. 그렇긴 하지만 이 고서들은 백고가 사망한 후에 왕위를 계승한 것은 남무가 아니라 이이모였다는 것을 증명해 준다는데 중요한 의의가 있다. 왜냐하면 그것은 "國人便共立伊夷模爲王"했다고 쓴 『삼국지』 고구려전의 기록이 옳다는 것을 증명해주는 자료가 되기에 손색이 없기 때문이다.

5. 『삼국사기』에 따르면 신대왕 백고가 사망한 후에 고국천왕 남무가 왕위를 계승하여 19년 동안 재위한 것으로 씌어 있다.

또 고국천왕 원년조에 신대왕 백고가 사망한 후에 고국천왕 남무와 관련되는 기사가 아니라 이이모(산상왕)의 왕위계승 상황을 기록함으로써 제목과 내용이 맞지 않는 자체모순에 빠지고 있는 것도 사실이다. 이와 같이 『삼국사기』는 백고 사후의 왕위계승 문제를 두고 확고하게 옳다고 인정할 수 있는 견해를 내놓지 못했던 것이다. 이것은 김부식이 『삼국지』에 나오는 이이모를 고국천왕 남무라고 잘못 판단한 『東藩紀要』의 기사를 무비판적으로 받아들임으로써 생긴 일종의 오류에 불과한 것이다. 이런 판단이 틀리지 않는다면 신대왕 백고가 사망한 후에 고국천왕 남무가 왕위를 계승했다고 인정한 『삼국사기』의 기록은 결코 『삼국지』의 기본견해(伯固死 國人便共立伊夷模爲王)에 대하여 아무런 영향도 주지 못할 것이다.

상술한 일련의 상황은 신대왕 백고가 사망한 후에 이이모(산상왕)가 왕위를 계승했다고 인정한 『삼국지』 고구려전의 기제는 믿을 수 있다는 것을 증명해 준다. 물론 『삼국지』는 고구려 왕계 가운데서 고국천왕 남무를 완전히 누락시키고 있는데 이것은 역사사실에 부합되지 않는다. 이 것은 고국천왕 남무의 왕권형성과정이 지나치게 특수성을 띄고 있는 상황과 관련될 것으로 생각된다(후술).

2) 伯固 死後 男武가 왕위를 계승했다는 견해
-『三國史記』의 관련기사를 분석 -

위에서 지적한 바와 같이 학계에서는 일반적으로 위위 기록 (3)·(4), 즉 『삼국사기』의 관련기사들에 의거하여 신대왕 백고가 사망한 후에 곧이어 고국천왕 남무가 왕위를 계승하여 19년 동안 재위한 것으로 인정하고 있다. 그러나 이런 견해가 의거하고 있는 『삼국사기』의 관련기사들 가운데는 분명히 적잖은 모순들이 존재하고 있는 것이 사실이다. 필자는 그 가운데의 몇 개 문제들에 대하여 의견을 제기하고 여러 독자들과 더불어 토론하려 한다.

(1) 伯固 死後 太子 男武의 왕위계승 여부에 대하여

일부 학자들은 남무는 백고의 장자로서 이미 백고의 재위시기에 '태자'로 봉해졌기 때문에 백고가 사망한 후에 그가 왕위를 계승하는 것은 '名正言順'(이름이 바르면 말이 떳떳해 진다)[11]한 것으로써 결코 어느 누구라도 이와 더불어 쟁론할 바가 못 된다고 인정하고 있다.[12]

이런 견해는 표면상으로 볼 때엔 도리가 없는 것이 아니다. 그러나 한걸음 더 나가 구체적으로 문제를 고찰하면 역시 모순들이 적잖게 존재한다. 『삼국사기』에 따라 조사한데 의하면 고구려 역대 왕들은 대체로 세 가지 형태로 즉위하였다. 즉 부자세습과 형제상속, 권신이나 혹은 國人들이 왕족들 가운데서 적임자를 추대하여 왕위를 계승케 하는 경우가 그것이다. 그 가운데서 부자세습에 의하여 왕위가 계승되는 경우를 보면 모든 왕자들은 예외 없이 태자로 봉해진 후에 비로소 왕위를 계승했는바

---

11) 『中朝詞典』, 朝鮮外國文圖書出版社·中國民族出版社, 1986년판, 1171쪽.

12) 劉子敏, 1996, 『高句麗史研究』, 延邊大學出版社, 150쪽.

이것은 일종의 엄격한 규정으로 되어 있었다. 그러나 모든 태자들은 전부 다 왕위를 계승하는 것이 아니었다. 아래에 『삼국사기』에 따라 그 상황을 <표>로 작성(고국천왕 남무는 제외)하면 다음과 같다.

高句麗 王子－太子－王位 계승 상황표

王子－太子－王位를 계승	王子－太子－王位를 계승하지 못함
(1) 琉璃明王立 … 朱蒙元子 … 立爲太子 至是嗣位.	(1) 琉璃王二十年春正月 太子都切卒.
(2) 大武神王立 … 諱無恤 琉璃王第三子 … 琉璃王在位三十三年甲戌 立爲太子 … 至是卽位.	(2) 琉璃王二十三年春二月 立王子解明爲太子 … 二十八年 … 太子曰 … 今父王以我爲不孝 賜劍自裁 父之命 其可逃乎 乃往礪津東原 以槍插地 走馬觸之而死 … 以太子禮葬於東原.
(3) 東川王 … 前王十七年 立爲太子 至是嗣位.	(3) 大武神王 … 十五年 … 十二月 立王子解憂爲太子.
(4) 中川王 … 東川王之子 … 東川王七年 立爲太子 … 王薨 太子卽位.	閔中王 諱解色朱 大武神王之弟也 大武神王薨 太子幼少 不克卽政 於是國人推戴以立之.
(5) 西川王 … 中川王第二子 … 中川王八年 立爲太子 … 王薨 太子卽位.	(4) 慕本王 … 元年 … 冬十月 立王子翊爲王太子.
(6) 烽上王 … 西川王之太子也 西川王 … 薨 太子卽位.	太祖大王 … 諱宮 … 琉璃王子古鄒加再思之子也 … 慕本王薨, 太子不肖 不足以社稷 國人迎宮繼位.
(7) 故國原王 … 美川王十五年 立爲太子 … 王薨 卽位.	
(8) 小獸林王 … 故國原王之子也 … 立爲太子 … 王薨 太子卽位.	
(9) 廣開土王 … 故國壤王之子 … 故國壤王三年 立爲太子 … 王薨 太子卽位.	
(10) 長壽王 … 開土王之元子也 … 立爲太子 … 王薨 卽位.	
(11) 安藏王 … 文咨明王之子 文咨在位七年 立爲太子 二十八年 王薨 太子卽位.	
(12) 陽原王 … 安原王長子 … 以安原王在位三年 立爲太子 … 至十五年 王薨 太子卽位.	
(13) 平原王 … 陽原王長子 … 陽原王在位十三年 立爲太子 十五年 王薨 太子卽位.	
(14) 嬰陽王 … 平原王長子也 … 平原王在位七年 立爲太子 三十二年 王薨 太子卽位.	

위의 표를 통하여 대체로 다음과 같은 상황을 알 수 있다.

위에서 지적한 바와 같이 고구려에서 왕위를 계승하는 것은 주로 부자세습에 의하여 진행되는 경우가 많았다. 『삼국사기』에 의거하여 조사한데 따르면 고구려 제2대 琉璃王부터 제28대 寶藏王에 이르기까지 도합 27명의 국왕 가운데서 부자세습에 의하여 왕위를 계승한 왕은 14명에 이르렀다. 그들은 모두 부왕 재위기간 내에 太子로 봉해졌을 뿐만 아니라 부왕이 사망한 후에는 그 누구의 간섭도 받지 않고 매우 순조롭게 왕위를 계승했다.

위 표의 왼쪽 부분에 씌어있는 '王子－太子－왕위 계승'에서 (1)부터 (14)에 이르기까지 한곳도 빠지지 않고 전부 "王死 太子卽位"·"王死 卽位" 혹은 "立爲太子 至是繼位"·"卽位"·"嗣位" 등으로 쓰고 있다는 사실은 이런 견해가 옳다는 것을 증명해 준다.

그러나 왕자에서 태자로 봉해진 사람 전부 다 왕위를 계승하는 것은 아니었다. 그 가운데의 일부 사람들은 비록 태자로 봉해졌음에도 불구하고 끝내 왕위를 계승하지 못하는 경우도 있었다. 위의 표 오른쪽에 씌어있는 '왕자－태자－왕위를 계승하지 못함'에 따르면 앞의 두 사람, 즉 유리왕의 아들 都切(장자일 것이다)과 解明(둘째아들일 것이다)은 모두 부왕 재위기간 내에 선후하여 太子로 봉해졌으나 두 사람은 부왕의 재위기간 중에 이미 사망했기 때문에 왕위를 계승하지 못하였다.

뒷부분의 두 사람, 즉 대무신왕의 아들 해우와 모본왕의 아들 翊은 부왕 재위기간 중에 태자로 봉해져 부왕이 사망했을 때에 생존해 있었음에도 불구하고 國人들의 마음에 들지 않았기 때문에(太子幼少·不克卽政·太子不肖) 왕위계승에서 배제되고 다른 사람이 추대되어 왕위를 계승하게 되니 이가 고구려 제4대 閔中王과 제6대 太祖王이었던 것이다.

이를 통해 고구려에서 왕위를 계승하자면 반드시 태자를 거쳐야 하지만 모든 태자가 다 왕위를 계승한 것이 아니라는 것을 알 수 있다. 특히 부왕이 사망했을 때 태자가 분명히 살아 있었다고 해도 그가 '국인'들의 마음에 들지 않으면 왕위계승에서 배제될 수 있다는 사실은 큰 주목을 끌지 않을 수 없다.

이 기초 상에서 필자는 고국천왕 남무의 실제상황을 고찰할 필요가 있다고 인정한다. 먼저 『삼국사기』에 씌어있는 관련된 원문을 소개하면 다음과 같다.

> (1) 『三國史記』 新大王 12年: "新大王 … 十二年春正月 群臣請立太子 三月 立 王子男武爲王太子."[13]
> (2) 『三國史記』 故國川王 원년: "故國川王 … 諱男武(或云伊夷模) 新大王伯固 之第二子 伯固薨 國人以長子拔奇不肖 共立伊夷模爲王."[14]

위의 기록 (1)에 따르면 신대왕의 왕자인 남무는 이미 부왕의 재위기간 내에 태자로 봉해진 바 있다. 위의 표에서 알 수 있는 바와 같이 고구려에서 부자세습에 의해 왕위를 계승한 14명의 국왕 중에서 태자를 거치지 않은 경우는 한 사람도 존재하지 않았다. 따라서 이것은 왕위계승에서 꼭 지켜야하는 엄격한 규정이었다고 말할 수 있다. 남무는 바로 이 규정에 따라 태자로 봉해졌기 때문에 부왕이 사망한 후에 순조롭게 왕위를 계승할 수 있는 권리를 갖고 있은 것으로 된다. 사실상 『삼국사기』에는 신대왕 백고가 사망한 후에 고국천왕 남무가 왕위를 계승하여 19년 동안 재위한 것으로 되어 있으며, 현재 학계에서도 적잖은 학자들이 이 견해를 따르고 있는 것이 사실이다. 그러나 역사의 실제 사실은 꼭 이대로 발전하지 않았던바 그것은 위의 기록 (2) 즉 『삼국사기』 고국천왕 원년조에 의하여 잘 증명되고 있다.

『삼국사기』 고국천왕 원년조에서 우선 제기해야 할 것은 제목과 내용

---

13) 『三國史記』 권16, 高句麗本紀4 新大王 12년조.
14) 『三國史記』 권16, 高句麗本紀4 故國川王 원년조.

이 서로 부합되지 않는다는 점이다. 즉 "고국천왕 원년"이라는 제목을 달고 고국천왕 남무의 왕위계승에 대하여 쓴 것이 아니라 이이모(산상왕)의 왕위계승에 관한 『삼국지』 고구려전의 기사를 대량으로 인용하고 있는 것이다. 물론 이것은 이이모(산상왕)를 남무(고국천왕)라고 잘못 판단했기 때문에 생긴 오류로서 이 부분에 대하여 신뢰도를 떨어뜨린 중요 원인으로 되고 있다.

다음으로 제기할 것은 위의 기록 (2)의 후반부의 "伯固薨 國人以長子拔奇不肖 共立伊夷模爲王."이라고 기록한 부분이다. 이 기록은 19자밖에 되지 않을 정도로 짧지만 그 가운데 잠재해 있는 의미는 매우 다양한 것이다. 다시 말하면 이 부분은 新大王 伯固가 사망한 후에 실제 왕위를 계승한 사람이 누구였는지를 해명하는데 관건적 의의를 갖고 있는 핵심 부분이라고 말할 수 있다.

필자는 먼저 한 가지 가설을 제시해 보기로 한다. 만약 백고 재위기간에 태자로 봉해진 남무가 백고 사후에 왕위를 계승한 것이 틀림없다면 위의 기록 (2)의 후반부는 위의 <상황표> 왼쪽 부분에 있는 『왕자-태자-왕위를 계승함』의 형식에 따라 씌어져야 할 것이다. 예를 들면 "伯固薨 太子卽位"·"伯固薨 卽位"라고 쓰거나 혹은 "以爲太子 至是繼位·卽位·嗣位" 등 형식으로 써야 한다는 것이다. 왜냐하면 『삼국사기』에 따르면 부왕 재위기간에 이미 태자로 봉해졌으며 또 부왕이 사망한 후에는 태자의 신분으로 순조롭게 왕위를 계승한 고구려 역대 국왕(도합 14명)들은 모두 이런 형식의 왕위계승상황을 묘사하고 있으며, 男武라고 예외가 될 수 없기 때문이다. 그런데 『삼국사기』 고국천왕 원년조에는 백고가 사망한 이후 태자인 남무가 어떻게 왕위를 계승했는가에 대해서는 전혀 언급하지 않고 "伯固薨"이라고 쓴 다음에 계속해서 "國人以長子拔奇不肖 共立伊夷模爲王."이란 말로 대체하고 있는 것이다.

여기서 주목을 끄는 것은 신대왕 백고가 사망한 이후 왕위 계승은 '國

人'들에 의하여 주도되었다는 사실이다. 이것은 이미 위에서 지적한 바와 같이 왕자에서 태자를 경과하여 왕위를 계승한 고구려의 모든 역대 국왕들(14명)에게서는 전혀 찾아볼 수 없는 것이다. 그러나 이것은 부왕이 사망했을 때 분명히 태자였음에도 불구하고 '國人'들의 배척을 받아 왕위를 계승하지 못한 대무신왕의 아들 解憂와 모본왕의 아들 翊의 상황과는 완전히 일치(국인들의 주도적 역할을 가리킨다)한다.

그 밖에 또 주목을 끄는 것은 '국인'들의 활동내용이다. 국인들은 공동으로 의논하여 백고의 장자(拔奇)를 배제하고 차자인 이이모를 추대하여 왕위를 계승하게 하였다. 그런데 이미 위에서 지적한 바와 같이 이이모는 결코 남무(고국천왕)가 아니라 연우, 즉 산상왕인 것이다. 이것은 태자인 남무(고국천왕)는 실제 왕위계승에서 배제되고 백고의 차자 이이모가 왕위를 계승하여 산상왕이 되었다는 것을 의미한다. 이런 정황은 태자의 신분으로 순조롭게 왕위를 계승한 14명의 역대 국왕들에게는 찾아볼 수 없으나 태자의 신분으로 왕위를 계승하지 못한 해우나 익의 경우에서 보는 상황과는 같은 것이다.

상술한 상황은 남무는 부왕인 백고 재위시기에 태자로 봉해졌기 때문에 백고가 사망한 후에 왕위를 계승했다고 인정한 일부 학자들의 견해는 충분한 근거를 갖추지 못했으며 사람들에 대한 설복력도 약하다는 것을 증명해 준다.

(2) 男武를 伯固의 둘째 아들로 인정하는 견해

『삼국사기』 고국천왕 원년조에는 다음과 같이 썼다.

"故國川王 … 諱男武(或云伊夷模) 新大王伯固之第二子."[15]

---

15) 『三國史記』 권16, 高句麗本紀4 故國川王 원년조.

이에 대하여 일부 학자들은 긍정적인 반응을 보이고 있지만 다른 일부 학자들은 그것을 부정하면서 남무는 백고의 장자로 인정하고 있다. 필자는 후자의 견해에 동의한다.

첫째, 고국천왕 남무를 '新大王伯固之第二子'라고 인정하는 견해는 백고 재위시기에 남무가 이미 태자로 봉해진 사실과 모순될 가능성이 많다. 왜냐하면 남무가 일찍 '태자'로 봉해졌다는 것은 그가 백고의 장자였다는 사실과 관련 될 수 있기 때문이다. 만약 그가 백고의 장자가 아니라 차자였다면 그렇게 짧은 시간 내(正月~三月 사이)에 그토록 순조롭게 태자로 봉해지기 어려웠을 것이다. 태자는 일반적으로 장자부터 순서에 따라 봉해지는 것이 순리이기 때문이다.

유리왕이 생전에 이미 태자로 책봉한 바 있는 都切(장자일 것이다)이 사망하자 둘째 아들인 解明을 태자로 책봉하고 그가 자살하자 마지막으로 셋째아들인 無恤을 태자로 책봉하고 왕위를 계승하게 한 사실은 이런 견해가 옳다는 것을 증명해 준다.

둘째, 고국천왕 남무를 '新大王伯固之第二子'로 인정하는 견해는『삼국사기』산상왕 원년조의 서술 내용과도 모순된다. 물론『삼국사기』는 고국천왕 원년조에서 이미 이이모 관련기사를 서술하고 또 산상왕 원년조에서 그것을 중복 서술한 것이기 때문에 여기에는 적잖은 문제들이 존재한다. 예를 들면 이이모는 본래 부자세습에 의하여 왕위를 계승했을 가능성이 많다. 그러나『삼국사기』산상왕 원년조에서는 형제상속에 의하여 왕위가 계승된 것으로 바뀌어 지고 있는 것이다. 이것은 확실히 큰 모순이다. 이런 경우에 왕후 于氏의 활동에 대해서도 적잖은 의문이 생기는 것은 사실이다. 그렇다고 해서 그 가운데 존재하는 구체사실까지 전면 부정하는 것은 방법이 아닐 것이다. 신화와 전설을 통하여 고대사회의 진실면모를 요해 할 수 있는 것처럼 왕후 于氏의 활동을 통해서도 진실상황을 알아낼 수 있으리라 믿는다. 이런 관점으로부터 출발하여 필자는 왕후 于氏의 활동을 고찰할 필요가 있다고 인정한다.

산상왕 원년조에 따르면 고국천왕이 사망하자 왕후 于氏는 비밀에 부치고 '夜往王弟發岐宅'하여 그에게 왕위를 계승하라고 권고했으나 거절당하였다. 이에 창피함을 느낀 于氏는 다시 發岐의 동생인 延優의 집을 찾아 가서 전후 과정을 설명하고 마침내 그를 세워 왕으로 삼을 수 있었던 것(立延優爲王)이다. 이 소식을 들은 發岐는 '大怒'하여 군사를 동원하여 왕궁을 포위하는 한편 "兄死弟及禮也 汝越次簒奪 大罪也"라고 호소했으며, 그 후에는 공손씨의 도움으로 연우(산상왕)를 공격하니 "延優遣弟罽須 將兵御之"했다는 것이다.[16]

여기서 주목을 끄는 것은 『삼국사기』 산상왕 원년조에서 왕후 于氏의 활동과 관련되어 나오는 인물들은 공손도를 제외하고는 모두 고국천왕 남무의 동생 신분이라는 사실이다. 이것은 고국천왕 남무는 산상왕 원년조에 나오는 發岐·延優·罽須의 맏형 벌이라는 것을 의미한다. 위에서 지적한 바와 같이 신대왕(백고) 재위시기에 남무는 태자로 봉해진바 있다. 이제 이 두 가지 사실을 밀접히 연계시켜 고려하면 고국천왕 남무는 결코 '新大王伯固之第二子'가 아니라 그의 장자라는 것을 증명해 줄 가능성이 많다.

여기서 반드시 짚고 넘어가야 할 사실이 있다. 『삼국지』 고구려전에 따르면 남무에 대해서는 아무런 언급도 없으면서 拔奇(發岐)가 백고의 장자로 되어 있다는 점이다. 즉 『삼국사기』에는 고국천왕 남무가 신대왕 백고의 태자인 동시에 장자일 가능성이 많지만 『삼국지』에는 拔奇(發岐)가 백고의 장자로 나타나고 있는 것이다. 여기서 남무(고국천왕)와 拔奇(發岐)는 비록 그 이름은 서로 다르고 출처도 다르지만 신대왕 백고의 장자라는 점에서는 일치하다는 것을 알 수 있다. 따라서 상술한 산상왕 원년조에서의 형제순위는 필연적으로 달라져야 한다. 즉 고국천왕 남

---

16) 『三國史記』 권16, 高句麗本紀4 山上王 원년조.

무와 發岐(拔奇)는 형과 동생이 아니라 같은 사람으로서 백고의 장자이 며 산상왕(이이모·연우)의 맏형이 되어야 한다. 이럴 경우에 연우(산상왕 이이모)는 백고의 제3자가 아니라 제2자가 되어야 하며 계수[17]는 제4자 가 아니라 제3자가 되는 것으로 결국 신대왕 백고에게는 아들 셋이 있은 것이 된다. 이런 판단이 틀리지 않는다면 "伯固死 有二子"라고 쓴 『삼국 지』 고구려전의 기록은 사실에 부합되지 않는 것이 된다.

총적으로 보아 상술한 일련의 사실은 고국천왕 남무는 결코 '新大王 伯固之第二子'가 아니라 장자라는 것을 증명해 준다. 『삼국사기』에서 고 국천왕(남무)를 '新大王伯固之第二子'라고 쓴 것은 백고의 차자인 이이 모를 고국천왕 남무라고 잘못 판단한데서 생긴 오류에 불과한 것이다.

(3) 故國川王 男武가 19년 동안 재위했다는 견해

『삼국사기』와 『조선사연표』에 따르면 고국천왕은 신대왕(백고)과 산 상왕(이이모·연우) 사이에 삽입되어 있는데 이에 대하여 필자는 다른 의 견이 없다. 그러나 필자는 고국천왕이 179년부터 197년까지 19년 동안 재위했다고 인정하는 견해에 대해서는 상논할 여지가 많다고 인정한다.[18]

첫째, 신대왕 백고는 요동의 공손도와 직접 연계한 일이 있다. 『삼국 지』 고구려전에 따르면 "公孫度之雄海東也 伯固(新大王 - 필자) 遣大加優 居 主簿然人等 助度(公孫度 - 필자)擊富山賊 破之."라고 썼으며 『삼국사 기』 신대왕 5년조에도 같은 내용이 적혀져 있다.[19] 또 『梁書』에는 "公 孫度之雄海東也 伯固與之通好."라고 썼으며 『北史』에도 이와 똑같은 내

---

17) 罽須의 신분에 대하여 『三國史記』 故國川王 6년조에서는 "王遣王子罽須"라고 썼으며 山上王 원년조에서는 "延優遣弟罽須"라고 썼다. 故國川王과 山上王 延 優는 형제사이이다.

18) 『三國史記』 권16, 高句麗本紀4 故國川王조 ; 『三國遺事』 권1, 王曆1 高句麗 ; 『조선사연표』, 조선과학원, 1957년판, 38~41쪽.

19) 『三國志』 권30, 魏書30 東夷 高句麗傳 ; 『三國史記』 권16, 高句麗本紀4 新大王 5년조.

용이 기록되어 있다.[20]

한편『삼국지』공손도전에 따르면 東漢 靈帝 中平 六年(189년)에 공손도가 처음으로 요동태수가 되었으며 東漢 獻帝 建安 九年(204년)에 그가 죽은 후 그의 아들 공손강이 직위를 이어 받았는바 공손도는 189년부터 204년 사이에 요동에서 집권한 것이 된다.[21]

상술한 바와 같이 여러 고서들의 기록이 사실에 부합된다면 신대왕 백고의 재위기간의 하한은 공손도의 집권시기(189~204년)의 어느 한 해까지 내려올 수 있는 것이다. 그 밖에 한 가지 사실을 더 고려할 것이 있다. 그것은 신대왕 백고가 사망한 후에 왕위를 계승한 것은 분명히 이이모였다는 점이다. 그런데 이이모는 고국천왕이 아니라 산상왕으로 197년에 즉위한 것이다. 상술한 공손도 관련기사와 이이모 관련기사를 연계시키면서 종합적으로 문제를 고찰하면 신대왕 백고의 재위기간의 하한은 197년까지도 내려올 수 있다는 것을 알 수 있다. 이럴 경우에 고국천왕 남무의 재위기간은 179년부터 197년까지의 19년 동안이라고 인정하는 견해는 신대왕 백고의 재위기간과 중복될 수 있으므로 성립되기 어려운 것이다.

둘째, 고국천왕 남무는 신대왕 백고의 아들이다. 그것은『삼국사기』신대왕 12년 3월에 "立王子男武爲王太子"했다고 썼으며, 같은 책 고국천왕 원년조에 "故國川王 … 諱男武 … 新大王伯固之第二子也"라고 한데서 증명된다. 남무가 백고의 몇 번째 아들인가에는 관계없이 두 사람 사이의 부자관계는 절대 변할 수 없다. 한편 부왕과 자왕의 재위기간이 중복될 수 없다는 것은 누구나 다 아는 일반적인 상식이다. 이럴 경우에 부왕인 신대왕 백고의 재위기간이 끝나기도 전에 자왕인 고국천왕 남무

---

20)『梁書』권54, 東夷 高句驪傳 ;『北史』권94, 列傳82 高句麗傳.
21)『三國志』권8, 魏書8, 公孫度傳 ;『高句麗好太王碑研究』, 亞細亞文化社, 1996
    년판, 79쪽.

의 재위기간이 시작된다는 것은 상상조차 할 수 없는 일이다.

상술한 상황은 고구려 제9대 고국천왕 남무는 그의 재위기간을 배치할 수 있는 시간적 공백을 찾기 어렵다는 것을 증명해주는 것으로 주목을 끌지 않을 수 없다. 이것은 고국천왕 남무의 왕권이 형성되는 과정에 존재하는 '특점'과 관련될 가능성이 없지 않다(후술).

3. 拔奇(發岐)와 伊夷模의 왕위 쟁탈전과 그 결과

1) 拔奇(發岐)와 伊夷模의 왕위쟁탈전
    - 拔奇(發岐)의 "還住沸流水"를 중심으로 -

위의 기록 (1)·(3), 즉『삼국지』고구려전과『삼국사기』고국천왕 원년조에 따르면 신대왕 백고가 사망한 후에 '國人'들은 그의 차자인 이이모를 추대하여 왕위를 계승하게 하니 이가 산상왕이다. 그의 형 拔奇는 왕위를 계승하지 못한데 대하여 원한을 품고 처자와 涓(消)奴加 등과 함께 요동의 공손씨에게 투항하였다. 이후 그의 힘을 빌려 고구려의 비류수 유역으로 돌아와서 거주하면서 산상왕 이이모와 패권투쟁을 진행했던 것이다. 여기서 주목을 끄는 것은 拔奇의 "還住沸流水"(『삼국사기』에는 "還住沸流水上")를 어떻게 이해할 것인가의 문제이다. 이것은 결코 그 하나만을 떼어놓고 고찰할 것이 아니라 그 아래에 계속되는 "降胡亦叛伊夷模"와 "伊夷模更作新國" 등과 밀접히 연계시키면서 분석할 필요가 있다고 생각된다. 그럴 경우에 "還住沸流水"는 결코 단순한 어구 해석에 그칠 것이 아니라 拔奇(發岐)와 이이모 사이의 패권투쟁의 구체표현으로 인식하는 것이 옳을 것이다. 당시 고구려 경내의 비류수 유역에는 拔奇(發岐)를 중심으로 하는 다른 하나의 폭력기구가 수립되어 있었을 가능성이 많다. 그 이유는 대체로 다음과 같다.

첫째,『삼국사기』산상왕 원년조에 따르면 공손씨에게 투항한 發岐(拔奇)는 공손도를 만난 자리에서 연우(산상왕·이이모)가 동생으로써 왕위를 계승한 것은 '天倫之義'를 어긴 것이라고 하면서 "伏願假兵三萬 令擊之"할 것을 요구하였다. 한편 연우(산상왕·이이모)는 "發岐(拔奇－필자)請兵異國 以侵國家 罪莫大焉"이라고 하면서 크게 질책했던 것이다. 이런 拔奇(發岐)가 산상왕(연우·이이모)이 통치하는 고구려의 비류수 유역에 돌아와서 합법적이며 평화적으로 거주한다는 것은 일반적인 상황에서는 상상하기 어려운 일이다. 拔奇(發岐)가 '還住沸流水' 할 수 있은 것은 평화적인 방법으로 이루어진 것이 아니라 공손씨의 지지아래 '폭력'을 통해서 만이 가능했을 것으로 생각된다.

둘째, 위의 기록 (1), 즉『삼국지』고구려전에 따르면 拔奇 "還住沸流水"라고 쓴 다음에 계속해서 "降胡亦叛伊夷模"라고 썼는데 이것은 우리의 주목을 끈다. 왜냐하면 이것은 拔奇 "還住沸流水"의 성격을 규명하는데 대하여 중요한 의의를 갖고 있기 때문이다. 즉 "降胡亦叛伊夷模"에서 '亦叛'이란 중복의 뜻을 나타내는 부사를 사용했다는 것은 그 위의 拔奇 "還住沸流水" 가운데 이미 이이모를 배반하는 성질이 포함되어 있었다는 것을 증명해주는 것이다. 만약 전자(拔奇의 '還住沸流水') 가운데 이이모를 배반하는 성질이 없음에도 불구하고 후자(降胡亦叛伊夷模)에서 '亦叛'이란 부사를 사용하였다면 그것은 문법규율을 위반한 것으로 되며 문장의 상하구조에도 전혀 부합되지 않는 것이다. 이런 판단이 틀리지 않는다면 拔奇의 '還住沸流水'는 결코 단순한 어구 해석에 그칠 문제가 아니다. 그것은 공손씨의 지지를 받는 拔奇가 고구려의 비류수 유역에 돌아와서 폭력기구를 세우고 산상왕 이이모와 더불어 패권쟁탈전을 진행했다는 것을 증명해 주는 증거로 되기에 손색이 없다.

셋째,『삼국지』고구려전에는 "降胡亦叛伊夷模"라고 쓴 다음에 계속해서 "伊夷模更作新國"이라고 쓴 어구가 나온다. 보건데 이것은 산상왕

이이모가 수도를 새로운 곳에 옮겼다는 뜻으로 풀이되는데 역시 주목을 끈다. 왜냐하면 東漢 獻帝의 '建安中'(196~220년 사이)에 '公孫康出軍擊 之'(高句麗－필자)하며 공손씨에게 투항한 拔奇가 그의 힘을 빌려 '還住 沸流水'하며 '降胡亦叛伊夷模'하는 복잡한 형세에 보다 효과적으로 대처 하기 위하여 산상왕 이이모가 친히 취한 가장 중요한 조치의 하나로 인 정되기 때문이다.

'伊夷模更作新國'에 해당하는 기록이 『삼국사기』 산상왕조에는 두 곳 이나 된다. 첫 번째로는 산상왕 "二年(198년－필자) 春三月 築丸都城." 이라고 쓴 것이고 두 번째로는 "十三年(209년－필자) … 冬十月 王移都 丸都城."이라고 쓴 것이 그것이다.22)

여기서 '伊夷模更作新國'하는데 대체로 10여 년이 걸렸다는 것을 알 수 있다. 또 이이모(산상왕)가 왕위를 계승한 후 형으로써 왕위를 계승하 지 못한 拔奇(發岐)가 원한을 품고 공손씨에게 투항하고 다시 그의 힘을 빌려 '還住沸流水'하면서 산상왕 이이모와 더불어 패권투쟁을 진행한 시 간도 대체로 10여 년 가량 걸리거나 그보다 좀 더 걸렸을 수도 있다는 것을 알 수 있다. 『삼국사기』에 따르면 發岐(拔奇)와 이이모(산상왕) 사이 에 진행된 왕위쟁탈전은 4~5개월이란 짧은 시간 내(산상왕 원년 5~9월 사이)에 전부 끝난 것으로 묘사하고 있는데 이것은 역사사실에 부합되지 않을 가능성이 많음으로 믿을 바가 못된다.23) 그동안에 발생한 여러 가 지 사건들, 예를 들면 신대왕 백고의 사망, '국인'들의 추대를 받은 이이모 (산상왕)의 왕위계승, 拔奇(發岐)와 이이모(산상왕)사이에 발생한 왕위쟁 탈전, 拔奇(發岐)와 그의 가족 및 涓(消)奴加 집단의 공손씨에 투항, 공손 씨(공손도와 공손강을 포함)의 지지를 얻은 拔奇(發岐)집단의 '還住沸流 水', 降胡의 '亦叛伊夷模', 伊夷模의 '更作新國', 拔奇(發岐)의 최후(자살

---

22) 『三國史記』 권16, 高句麗本紀4 山上王 2·13년조.

23) 『三國史記』 권16, 高句麗本紀4 故國川王 19년조, 山上王 원년조.

혹은 요동으로 도주), 發岐(拔奇)의 시체에 대한 계수의 '草葬'과 그에 대한 산상왕(이이모)의 '王禮葬' 등 여러 가지 복잡한 사건들이 불과 4~5개월이란 짧은 시간 내에 일어났다는 것은 상상조차 할 수 없는 일이라고 생각된다.

넷째, 拔奇(發岐)는 고구려 경내에서 산상왕(이이모)과 맞서 패권투쟁을 진행할 수 있는 인적, 물적 자원을 갖고 있었다. 『삼국사기』 산상왕 원년조에 따르면 發岐는 산상왕(이이모)과의 왕위쟁탈전에서 패하게 되자 '妻子'를 거느리고 공손씨를 찾아갔다. 또 『삼국지』 고구려전에 의하면 拔奇(發岐)는 涓奴加와 더불어 각각 3만여 명의 '下戶'를 거느리고 공손씨를 찾아가서 투항하고 그의 지지를 받아 '還住沸流水'했다고 쓰고 있다. 상술한 사실만 보더라도 拔奇(發岐)에게는 이미 수만 명의 인원이 모여들었다는 것을 알 수 있다. 또 拔奇(發岐)에게는 당시 비류수 유역을 중심으로 하는 비교적 넓은 지역이 있었으며 그 곳에 거주하고 있는 주민들도 통솔할 수 있었을 것이다.

그 밖에 당시 拔奇(發岐)에게는 대외적으로 상당히 유리한 조건이 구비되어 있었다. 그것은 주로 요동의 공손씨 정권이 적극적으로 拔奇(發岐)를 지지해 주고 있는데서 표현된다. 특히 204년 이후에는 공손강이 친히 군사를 동원하여 고구려를 공격하여 "破其國 焚燒邑落"하는 상황까지 나타났는바 이것은 拔奇(發岐)가 산상왕(이이모)을 반대하는 활동을 전개하는데 대하여 가장 유력한 지원으로 되었을 것이다.

상술한 일련의 사실은 공손씨의 지지를 받는 拔奇(發岐)는 한동안 고구려의 비류수 유역을 근거지로 삼고 산상왕 이이모와 더불어 왕위쟁탈전을 진행한 일이 있다는 것을 증명해 준다. 물론 拔奇(發岐)의 왕위쟁탈전은 실패로 끝났으나 그의 생전에 적어도 비류수유역에서 割據政權을 수립하고 왕을 자칭하면서 일련의 정책을 실시했으나 결코 산상왕(이이모)의 승인을 받지 못했던 것으로 보인다.

2) 拔奇(發岐)와 伊夷模의 왕위쟁탈전의 결과

위의 기록 (1)·(4), 즉『삼국지』고구려전 과『삼국사기』산상왕 원년조에 따르면 拔奇(發岐)와 산상왕(이이모)의 왕위쟁탈전은 결과적으로 볼 때 拔奇(發岐)의 실패와 그에 대한 산상왕 이이모의 타협으로 막을 내렸다고 말할 수 있다.

아래에 두 개 방면으로 나누어 그의 상황을 설명하면 다음과 같다.

(1) 發岐(拔奇)의 시체에 대한 "以王禮葬於裵嶺"을 분석

『삼국사기』산상왕 원년조에는 공손씨의 지지를 받는 發岐(拔奇)군과 罽須(산상왕의 동생)가 이끄는 고구려군의 전투에서 '漢兵大敗'라고 쓰고 나서 다음과 같이 기록하였다.

> 發岐(拔奇)"奔至裵川 自刎死 罽須哀哭 收其屍 草葬訖而還 王(山上王－필자) … 發岐請兵異國 以侵國家 罪莫大焉 今子克之 縱而不殺 足矣 及其自死 哭甚哀 反謂寡人無道乎 … 罽須曰 … 臣欲成大王之美 故收屍殯之 豈圖緣此 逢大王之怒乎 大王若以仁忘惡 以兄喪禮葬之 孰謂大王不義乎 … 秋九月(山上王－필자)命有司 奉迎發岐之喪 以王禮葬於裵嶺。"24)

위의 기록을 통하여 알 수 있는 바와 같이 계수가 이끄는 고구려군과의 전투에서 크게 패한 發岐(拔奇)는 마침내 裵川에서 자살하고 말았다. 罽須는 發岐(拔奇)의 시체를 수습하여 '草葬'을 치르고 돌아와서 산상왕(연우·이이모)에게 정황을 회보하니 왕은 그[發岐(拔奇)]가 생전에 범한 죄를 용서하고 또 왕의 예로써 장례를 치러주었던 것이다.

이것은 산상왕(이이모)이 發岐(拔奇)에 대하여 타협한 것일 뿐만 아니라 더 나아가서 發岐(拔奇)에 대하여 '왕'으로서의 지위를 인정해 준 것이 된다.

---

24)『三國史記』권16, 高句麗本紀4 山上王 원년조.

산상왕(이이모)이 생전에는 철천지원수였던 發岐(拔奇)에 대하여 이와 같이 후한 조치를 취할 수 있는 데는 대체로 다음과 같은 이유가 있었을 것이다.

첫째, 發岐의 자살로 한동안 고구려의 안전을 위협하던 비류수 유역에 있는 拔奇(發岐)집단의 폭력거점은 붕괴되고 산상왕(이이모)을 위수로 하는 고구려의 정통왕권은 안정을 되찾을 수 있었다. 이것은 산상왕(이이모)이 죽은 發岐(拔奇)에 대해 보다 후한 조치를 취할 수 있는 전제조건이다.

둘째, 『삼국사기』산상왕 원년조에 따르면 산상왕(이이모)은 죽은 發岐(拔奇)에 대하여 후한 대우(王禮葬)를 해줌으로써, 동생 계수와의 관계를 더 잘 해결하며 또 형제사이의 우의가 깊다는 것을 표명함으로써 국왕의 권위를 한층 높일 수 있다고 인정한 것으로 생각된다.

셋째, 發岐(拔奇)는 실제로 고구려 경내에 있는 공손씨의 대리인에 불과했던 것이다. 이런 상황에서 산상왕(이이모)은 發岐(拔奇)가 생전에 범한 죄를 용서해 주고 그의 왕권을 승인해 줌으로써 공손씨로부터 오는 압력과 위협을 감소할 수 있다고 인정했을 수 있다.

그 밖에 『삼국지』고구려전에 따르면 산상왕과의 패권 쟁탈전에서 실패한 拔奇(發岐)는 자기 아들을 고구려에 남겨둔 채 요동으로 돌아갔는데 그 아들이 후에 고구려에서는 왕족에게만 주어지는 古鄒加의 칭호를 획득했던 것이다. 이것은 發岐(拔奇)의 시신에 대하여 "以王禮 葬於裴嶺"했다고 쓴 『삼국사기』산상왕 원년조의 기사가 옳다는 것을 증명해 주는 유력한 증거가 된다. 이에 대해서는 아래 항목에서 상세히 논술하게 된다.

(2) 拔奇(發岐) 의 아들 "古鄒加駁位居"에 대하여

위의 기록 (1)에서 볼 수 있는 바와 같이 『삼국지』고구려전에는 다음과 같이 썼다.

> "拔奇遂往遼東 有子留句麗國 今古鄒加駮位居是也."[25]

여기에 씌어있는 "拔奇遂往遼東"은 『삼국사기』 산상왕 원년조에 "發岐 … 奔至裴川 自刎死."라고 쓴 부분에 해당된다. 이것은 공손씨의 지지를 받는 拔奇(發岐)가 이이모(산상왕)와 더불어 왕위쟁탈전을 진행하다가 실패한 최후 상황을 기록한 것임에 틀림없다. 물론 그것은 두 가지 부동한 형태로 표현되는 것은 사실이지만 총적으로 보아 최종실패를 묘사했다는 공통점을 갖고 있는 것이다.

주목을 끄는 것은 拔奇(發岐)가 요동의 공손씨에게 도망갈 때 자기의 아들을 고구려(句麗國은 高句麗國에 대한 약칭)에 남겨 두었는데 그가 고구려에서 '古鄒加'의 관위까지 승진했다는 사실이다.

古鄒加에 대하여 『삼국지』 고구려전에는 다음과 같이 쓰고 있다.

> "其國有王 其官有相加 對盧 沛者 古鄒加 …" ; "王之宗族 其大加皆稱古鄒加 消奴部本國主 今雖不爲王 適統大人 得稱古鄒加 … 絶奴部世與王婚 加古鄒之號."[26]

또 『삼국사기』에 의거하여 고구려 왕족 가운데서 古鄒加로 된 사람들을 적으면 다음과 같다.

(1) "太祖王 … 琉璃王子古鄒加再思之子也."[27]
(2) 太祖王 "二十二年 冬十月 王遣桓那部沛者薛儒 伐朱那 虜其王子乙音爲古鄒加."[28]

---

25) 『三國志』 권30, 魏書30 東夷 高句麗傳.
26) 『三國志』 권30, 魏書30 東夷 高句麗傳.
27) 『三國史記』 권15, 高句麗本紀3 太祖王 원년조.

(3) "美川王 … 西川王之子古鄒加咄固之子."[29]
(4) "文咨明王 … 父王子古鄒大加助多早死 …."[30]

위에 열거한 고서들에 따르면 古雛(『삼국사기』에는 鄒, 아래에서 구체상황에 따라 雛 혹은 鄒로 쓴다 - 필자)加는 고구려에서 相加·對加·沛者에 이어 네 번째로 높은 관등이며 고구려 왕족 가운데의 '大加'에게 주어진 칭호였다. 그 밖에 본래 '國主'였던 涓奴部의 適統大人과 대대로 왕실과 혼인관계를 맺고 있는 絶奴部의 大人에 국한하여 주어진 칭호였던 것이다. 한마디로 말하면 고추가는 오직 왕실 종족에 국한하여 주어진 칭호였다고 말할 수 있다.

필자가 『삼국사기』에 따라 조사한데 의하면 고구려에서 고추가로 불린 사람은 모두 다섯 사람이 있었는데 그들은 모두 왕의 아버지나 아들이었다. 여기서 반드시 짚고 넘어가야 할 한 가지 사실이 있다. 그것은 『삼국사기』에 따르면 태조왕은 주변소국인 朱那國의 왕자를 사로잡아 그에게 고추가의 칭호를 수여했다는 점이다. 이것은 태조왕이 정복당한 주나국의 '유민'들을 회유하기 위하여 취한 일종의 수단, 즉 포로로 잡혀온 주나국의 왕자에게 고추가 칭호의 수여를 통해 그를 고구려 왕족의 일원으로 끌어들이고, 그의 유민들로 하여금 고구려에 충성을 다하도록 하려는 시도였던 것으로 생각된다. 따라서 포로로 된 주나국의 왕자 乙音에게 고추가 칭호를 수여한 것은 결코 왕족에게만 수여한다는 고추가의 성질을 개변하지 못한다.

그런데 이미 위에서 지적한 바와 같이 拔奇(發岐)의 아들인 駁位居는 고구려에 남아 있으면서 왕족의 大加에게만 주어지는 고추가에까지 승진하였다. 이리하여 박위거는 유리왕의 아들이며 태조왕의 아버지인 再

---

28) 『三國史記』 권15, 高句麗本紀3 太祖王 22년조.
29) 『三國史記』 권17, 高句麗本紀5 美川王 원년조.
30) 『三國史記』 권19, 高句麗本紀7 文咨明王 원년조.

思, 西川王의 아들이며 美川王의 아버지인 咄固, 장수왕의 아들이며 文
咨王의 아버지인 助多, 그리고 고구려에 투항한 주나국왕의 아들인 을음
등과 더불어 고구려에서 그의 존재를 확인할 수 있는 고추가 다섯 사람
가운데의 한 사람으로 되었던 것이다. 이것은 박위거의 아버지인 拔奇
(發岐)가 '왕'으로 대우를 받고 있었다는 것을 증명해주는 유력한 증거로
된다. 만약 拔奇(發岐)의 왕위가 인정되지 않았더라면 산상왕 이이모에
의하여 "請兵異國, 以侵國家, 罪莫大焉."이라고 크게 질책 받은 拔奇(發
岐)의 아들이 왕족의 대가에게만 주어지는 고추가에까지 오른다는 것은
상상조차 할 수 없는 일이다.

산상왕(이이모)은 拔奇(發岐)의 시신에 대하여 '왕례'를 갖추어 장례를
치러 주었으며, 그의 아들 박위거에 대해서는 왕족의 대가에게만 주어지
는 고추가에까지 오를 수 있게 하였다. 이것은 한 면으로는 왕위쟁탈전
에서 승리한 산상왕(이이모)이 拔奇(發岐)에 대하여 크게 타협한 것을 표
명하며, 다른 방면으로는 拔奇(發岐)가 생전에 그토록 얻으려고 애썼으
나 얻지 못했던 것(왕위)을 사후에 왕위쟁탈 대상자였던 산상왕(이이모)
에 의하여 얻음으로써 고구려 王系 가운데서 한 자리를 차지할 수 있었
다는 것을 증명해 준다. 그럼 拔奇(發岐)는 과연 고구려의 어느 왕에 해
당하는가를 천명할 필요가 있다. 이에 대하여 필자는 아래 항목에서 자
기의 의견을 간단히 제기하고 여러 독자들의 가르침을 받으려 한다.

3) 拔奇(發岐)와 高句麗 王系의 관계

이미 위에서 지적한바와 같이 拔奇(發岐)는 사후에 비로소 산상왕 이
이모로부터 왕위를 인정받아 고구려 왕계 가운데서 한 자리를 차지할 수
있게 되었다. 따라서 마땅히 拔奇(發岐)는 고구려 왕계 가운데서 어느 왕
에 해당하는 가의 문제가 해명되어야 할 것이다.

필자는 이 拔奇(發岐)가 고구려 제9대 고국천왕 남무일 가능성이 있다

고 인정한다. 그의 이유는 대체로 다음과 같다.

첫째 拔奇(發岐)가 왕위를 인정받게 된 과정을 간단히 회고할 필요가 있다. 신대왕 백고가 사망한 후에 '국인'들은 그의 차자 이이모를 추대하여 왕위를 계승하게 하였다. 장자인 拔奇(發岐)는 형으로써 왕위를 계승하지 못한데 대하여 원한을 품고 요동의 공손씨에게 가서 투항하였다. 그 후 공손씨의 지지를 얻은 拔奇(發岐)는 다시 고구려에 돌아와 산상왕 이이모와 더불어 왕위쟁탈전을 진행했으나 실패함으로써 자살(혹은 요동으로 도주)하고 말았다. 산상왕 이이모는 전국의 통일과 왕실의 안정을 되찾은 기초 상에서 拔奇(發岐)의 시신에 대하여 '王禮葬'을 치러 줌으로써 실제상 그의 왕위를 인정해 주었다. 이리하여 拔奇(發岐)는 고구려 왕계 가운데서도 한 자리를 차지 할 수 있게 되었다.

여기서 주목을 끄는 것은 拔奇(發岐, 백고의 장자)는 이이모(산상왕, 백고의 차자)보다 신분이 더 높다는 점이다. 이것은 拔奇(發岐)에 대한 왕권이 인정되는 전제하에서 고구려 왕계 가운데서의 그의 순위는 마땅히 산상왕 이이모보다 앞에 놓아야 '天倫'에 어긋나지 않는다는 것을 증명해 준다. 다시 말하면 拔奇(發岐)의 왕위 순위는 신대왕(백고, 제8대왕)와 산상왕 이이모(제10대왕) 사이에 놓여야 옳은 것이다.

그런데 『삼국지』고구려전에 따르면 신대왕 백고와 산상왕 이이모 사이는 공백으로 되어 있는바 다른 왕이 삽입된 것이 없다. 다시 말하면 『삼국지』에는 고국천왕(남무)이 완전히 누락되어 있는 것이다. 이것은 신대왕 백고가 사망했을 때 남무는 비록 '태자'의 신분을 갖고 있었지만 제때에 왕위를 계승하지 못한 상황과 관련될 가능성이 많다. 또한 일부 학자들이 고국천왕 남무의 존재를 부정하고 있는 중요한 이유로 되고 있다. 그러나 필자는 고구려 왕계 가운데서 고국천왕 남무의 존재를 전면 부정하는 견해에는 동의하지 않는다. 다만 그의 왕권형성 과정에 다른 역대 국왕들과는 구별되는 특점(제때에 왕위를 계승하지 못한 것 등)이 있었다고 인정한다.『삼국지』등 중국 고서에 고국천왕(남무)이 누락된 것은 이런 특점이 반영되지 못한 것과 관련될 가능성이 많다.

다행히『삼국사기』에서는 신대왕 백고와 산상왕 이이모 사이에 고국천왕 남무를 삽입함으로써『삼국지』에서 누락된 공백을 메울 수 있었다.

김부식은『삼국지』등 중국고서와『東藩紀要』등 당시까지 전해 내려오던 조선·한국 측 고서들을 함께 참고하면서『삼국사기』를 썼을 것으로 생각된다. 그러는 가운데서 그는 백고의 차자인 이이모를 고국천왕 남무라고 잘못 판단한『동번기요』의 기록31)을 무비판적으로 흡수하고 그것을『삼국지』고구려전의 관련기사(伯固死 … 國人便共立伊夷模爲王)와 연계시키면서 고구려 왕계의 이 부분을 작성함으로써 오류를 범했을 것으로 인정된다. 즉『삼국사기』에는 백고(신대왕)가 사망한 후에 이이모(산상왕)가 왕위를 계승했다고 쓴 것이 아니라 남무(고국천왕)가 왕위를 계승하여 19년 동안 재위했다고 쓴 것 등이 그것이다. 또 같은 책 고국천왕 원년조에는 남무(고국천왕)의 왕위계승에 대하여 쓴 것이 아니라 이이모(산상왕)의 왕위계승과 관련되는 기사를 쓰고 있으며 그 아래의 산상왕 원년조에서는 이이모의 왕위계승에 관한 기사를 중복하여 서술하는 오류들을 범하고 있는 것이다.

만약『삼국사기』에서 백고의 차자인 이이모를 男武(백고의 태자이며 장자일 수 있다)라고 인정한『동번기요』의 잘못된 기사를 시정하거나 혹은 백고의 장자인 拔奇(發岐)를 남무라고 인정했더라면 그 결과는 다르게 나타났으리라는 것은 의심할 바가 없다.

둘째 필자가 이미 위에서 논증한데 따르면 拔奇(發岐)와 남무(고국천왕) 사이에는 그의 출신과 왕권형성 등 중요한 방면에서 몇 가지 공동점이 존재한다. 예를 들면 拔奇(發岐)와 남무(고국천왕)는 다 같이 신대

---

31) "伯固次子伊夷模, 東藩紀要云: 名男武, 稱故國川王."(丁謙, 1987,『中國正史朝鮮傳』譯註一, 國史編纂委員會, 184쪽에서 재인용).

왕 백고의 장자일 가능성이 많으며 다 같이 산상왕 이이모의 형일 수 있으며 부왕인 백고가 사망했을 때에는 다 같이 왕위를 계승하지 못했을 수 있다. 그 밖에 백고가 사망한 후에 고국천왕 남무가 왕위를 계승하여 19년 동안 재위(179~197년 사이)했다고 인정한 『삼국사기』의 기록은 부왕인 신대왕 백고의 재위기간과 중첩될 가능성이 많으므로 인정하기 어렵다. 이럴 경우에 고국천왕 남무와 拔奇(發岐)는 다 같이 왕으로 실제 재위기간이 존재하지 않는 공통점이 더 있게 되는 것이다.

拔奇(發岐)와 남무 사이에 존재하는 상술한 바와 같은 공통점은 양자의 관계를 해명하는데 매우 중요한 의의를 갖고 있다고 말할 수 있다.

셋째, 만약 『삼국사기』에 따라 신대왕 백고 - 고국천왕 남무 - 산상왕 이이모의 왕계와 재위기간을 다 인정한 상태에서 따로 拔奇(發岐)왕이 더 있었다고 가정한다면 고구려 왕계 가운데는 1명의 왕이 더 증가하게 됨으로써 도합 29명의 왕이 있게 된다. 이것은 필연적으로 고구려에 28명의 왕이 있는 것으로 기록되어 있는 『삼국사기』나 『삼국유사』 등 고서들의 기록과 모순되며 학계의 전통견해에도 부합되지 않는다.

이것은 또 신대왕 백고가 사망한 후에 왕위를 계승한 것은 고국천왕 남무가 되기 때문에 拔奇(發岐)가 왕위를 쟁탈한 대상도 필연적으로 고국천왕 남무가 되어야 한다. 그러나 拔奇(發岐)가 고국천왕 남무와 더불어 왕위를 쟁탈했다는 기록은 그 어디에도 존재하지 않는다. 『삼국지』나 『삼국사기』 등 고서에 명확히 적혀있는 바와 같이 拔奇(發岐)가 왕위를 쟁탈한 대상은 이이모(산상왕)였으며 發岐(拔奇)가 최종적으로 실패하고 자살한 후에 그의 시신을 '王禮葬'으로 치러준 것도 산상왕 이이모였다. 이런 사실들은 고구려 왕계 가운데 고국천왕(남무) 이외에 拔奇(發岐)왕이 따로 더 있었을 수 있다는 가설은 도저히 성립될 수 없다는 것을 증명해 준다.

상술한 일련의 사실들은 拔奇와 發岐는 같은 사람을 가리킬 뿐만 아니라 拔奇(發岐)와 남무도 역시 같은 사람으로 고구려 제9대 고국천왕일 수 있다는 것을 증명해 준다. 『삼국사기』에 따르면 한 왕의 이름이 2개 이상이 되는 경우가 많음으로 拔奇(發岐)와 남무같이 서로 다른 이름이 존재하는 것은 결코 이런 견해가 성립되는 것을 저애하지 않는다.

　본문은 이 마지막 부분의 두 마디 말로 『맺음말』을 대체하기로 한다.

제3절 伊夷模와 位宮의 신분에 관한 의견

『삼국지』고구려전과 그 이후의 일부 고서들에 따르면 고구려의 역대 국왕들 가운데는 그 이름이 '伊夷模'와 '位宮'으로 불리는 왕들이 있었다. 본문은 이 이이모와 위궁의 신분, 즉 그들은 각각 고구려의 어느 왕에 해당하는가의 문제를 놓고 의견을 제기하기로 한다.

1. 伊夷模의 신분에 대한 의견

이이모의 신분에 대하여 학계에는 대체로 두 가지 견해가 있다. 첫째 이이모를 고구려 제9대 고국천왕으로 인정하는 견해이며, 둘째 고구려 제10대 산상왕으로 인정하는 견해이다.

첫 번째 견해는 모순이 많아 설립되기 어려우나 두 번째 견해는 사실에 부합될 가능성이 많다. 필자는 이이모는 고구려 제9대 고국천왕이 아니라 제10대 산상왕이라고 인정한다. 크게 4개 방면으로 나누어 그 이유를 설명하면 다음과 같다.

1) 伊夷模와 故國川王 男武를 같은 한 사람으로 보는 견해의 모순

먼저 이이모와 고국천왕 남무의 관계를 해명하는데 필요한 두 가지 고서 기록을 소개하고 그에 대한 필자의 분석을 진행하기로 한다.

(1)『三國志』高句麗傳: "伯固死有二子 長子拔奇 小子伊夷模 拔奇不肖 國人便
共立伊夷模爲王 … 建安中 公孫康出軍擊之 破其國 … 拔奇怨爲兄而不得
立 與涓奴加各將下戶三萬餘口 詣康降 還住沸流水 … 伊夷模更作新國 …
拔奇逐往遼東 … 伊夷模無子 淫灌奴部 生子名位宮 伊夷模死 立以爲王"[1]

(2)『三國史記』高句麗本紀 故國川王 1년조: "故國川王 … 諱男武(或云伊夷謨)
新大王伯固之第二子 伯固薨 國人以長子拔奇不肖 共立伊夷模爲王 漢獻帝
建安初 拔奇爲兄而不得立 與涓奴加各將下戶三萬餘口 詣公孫康降 還住沸
流水上 王身長九尺 姿表雄偉 …"[2]

이이모의 신분을 해명하기 위해서는 우선 '백고'의 신분을 아는 것이
필요하다. 다행히 위의 기록 (1)과 (2)에는 다 같이 '백고'라는 인물이 등
장한다. 특히 위의 기록 (2)에서는 고국천왕(남무)의 신분을 말하면서
"新大王伯固"라는 술어를 사용하고 있는 것이 주목된다. 그 밖에『삼국
사기』신대왕 1년조에는 "新大王 諱伯固(固一作句)"라고 썼으며『삼국유
사』왕력에는 "第八新大王 名伯固 一作句"라고 쓰고 있다.[3] 이로부터
'백고'는 고구려 제8대 신대왕의 이름이라는 것을 알 수 있다.

이 기초상에서 필자는 이이모의 신분을 알아보기로 한다. 위의 기록
(1)에 따르면 이이모는 다음과 같은 몇 가지 조건(혹은 특점)에 부합된다
는 것을 알 수 있다. 첫째 이이모는 고구려 제8대 신대왕 백고의 둘째
아들이며, 둘째 신대왕 백고가 사망한 후에 둘째 아들의 신분으로 '국인'
들의 추대를 받아 왕위를 계승했으며, 셋째 '建安中'(197~220년 사이)
에 백고의 장자이자 이이모의 형인 拔奇는 왕위를 계승하지 못한데 원한
을 품고 公孫氏(公孫康)에게 투항한 일이 있으며, 넷째 공손씨(공손강)의

---

1)『三國志』권30, 魏書30 東夷 高句麗傳.
2)『三國史記』권16, 高句麗本紀4 故國川王 1년조.
3)『三國史記』권16, 高句麗本紀4 新大王 1년조 ;『三國遺事』권1, 王曆1 高句麗.

지지를 얻은 발기는 다시 고구려의 비류수(지금의 혼강) 유역에 돌아와
서 거주(실제상 할거정권을 수립하였음을 의미한다)하면서 이이모와 더
불어 패권쟁탈전을 진행하다가 실패했으며, 다섯째 이이모는 발기 등과
의 패권쟁탈전에서 승리하기 위하여 수도를 새로 옮겼으며(更作新國),
여섯째 이이모에게는 본래 아들이 없었는데 후에 灌奴部 여자와 사통하
여 아들을 낳으니 그의 이름을 '位宮'이라고 불렀으며, 일곱째 이이모가
사망하니 '위궁'을 다음 왕으로 삼은 것 등이다.

　『삼국지』고구려전에 처음으로 등장하는 이이모는 상술한 바와 같은
조건에 부합되는 사람이어야 하는 것이다. 이미 지적한 바와 같이 이이
모의 신분에 대하여 학계에서는 고국천왕이라는 견해와 산상왕이라는
견해가 있다. 이런 상황에서 필자는 이이모에 관한 상술한 바와 같은 여
러 가지 조건에 비추어 우선『삼국사기』고구려본기 고국천왕조와 비교
고찰할 필요가 있다고 인정한다.

　『삼국사기』고국천왕조에서 이이모와 관련되는 기사는 오직 위의 기
록 (2), 즉 고국천왕 1년조에 집중적으로 씌어있다. 이런 상황에서 필자는
상술한 바와 같은 이이모에 관한『삼국지』고구려전의 몇 가지 조건을
기준으로『삼국사기』고국천왕 1년조의 관련 기사를 고찰하기로 한다.

　위의 기록 (2), 즉『삼국사기』고국천왕 1년조에서 우선 주목을 끄는
것은 "故國川王 … 諱男武(或云伊夷謨) 新大王伯固之第二子"라고 쓴 첫
부분이다. 이와 같이『삼국사기』의 편자는 고국천왕 남무와 이이모를
같은 사람으로 보았을 뿐만 아니라 더 나아가 그는 신대왕 백고의 둘째
아들이었다고 인정했던 것이다.

　이런 견해는『삼국사기』고구려본기 내부에서 엄중한 자체모순에 빠
질 가능성이 많다.

　『삼국사기』고구려본기에는 다음과 같이 썼다.

新大王 "十二年春正月 群臣請立太子 三月 立王子男武 爲王太子"[4]

이 기록과 상술한 고국천왕 1년조의 첫 부분을 연계시켜 고려하면 남무(고국천왕)는 신대왕 백고의 '왕자'라는 것이 증명된다. 그러나 그가 과연 신대왕 백고의 '第二子'인가에 대해서는 엄중한 의문이 생기지 않을 수 없다. 왜냐하면 신대왕 백고는 자신의 재위기간 내에 왕자인 남무를 '태자'로 봉한 일이 있기 때문이다.

고구려에서 왕위를 계승하는 데는 세 가지 방법, 즉 부자세습과 형제상속, 그리고 왕족들 가운데서 적임자를 선택하여 왕위에 오르게 하는 방법이 있었다. 그 가운데서 가장 중요한 방법은 부자세습이었다. 부자세습에 의하여 왕위가 계승될 경우에 왕자는 반드시 '태자'로 봉해져야 했다. 따라서 고구려에서 왕자─태자─왕위를 계승하는 것은 일종의 엄격한 제도로 되어 있었다고 말할 수 있으며 그것은 반드시 長子, 次子, 三子의 순서에 따라 진행되는 것이었다. 유리왕이 먼저 '장자'인 都切을 태자로 봉했고 다음으로 '차자'인 解明을 태자로 봉했으나 모두 왕위를 계승하지 못하고 사망하였다. 이런 정황에서 유리왕은 '第三子'인 無恤을 태자로 봉해 왕위를 계승하게 하니 이가 고구려 제3대 대무신왕(무휼)이었다는 사실은 이런 견해가 옳다는 것을 증명해 준다.[5]

상술한 상황에서 신대왕 백고가 즉위 12년에 처음으로 '王子男武'를 세워 '王太子'로 삼았다는 사실을 통하여 남무는 결코 신대왕 백고의 둘째 아들(第二子)이 아니라 맏아들(長子)이었을 가능성이 많다는 것을 알 수 있다. 이럴 경우에 남무와 이이모는 결코 같은 사람을 가리키는 것이 아니라 서로 다른 사람을 가리키는 것이 된다. 따라서 고국천왕 남무는 『삼국지』 고구려전에 등장하는 이이모가 갖추어야 할 조건(특징)에 부합

---

4) 『三國史記』 권16, 高句麗本紀4 新大王 12년조.
5) 『三國史記』 권13, 高句麗本紀1 琉璃王 20·23·27·28·33년조 ; 권14, 本紀2 大武神王 元年조.

되지 않는 것이 된다.

김부식이 『삼국사기』에서 "故國川王 ··· 諱男武(或云伊夷謨)"라고 씀으로써 이이모와 남무를 같은 사람으로 인정한 것은 분명히 잘못된 견해이며, 이 잘못된 견해가 고구려 역사에 미친 영향도 매우 컸던 것이다.

예를 들면 『삼국사기』 고국천왕 1년조는 첫 부분의 몇 글자[故國川王 ··· 諱男武(或云伊夷謨)]와 마지막의 인물묘사 부분(王身長九尺 姿表雄偉)을 제외하고 나면 중 가운데의 보다 많은 부분(위의 기록(2) 참고)은 이이모에 관한 『삼국지』 고구려전의 기사를 거의 그대로 옮겨다 놓은 것(서술상에서 몇 글자의 순서를 바꾸어 놓았으나 내용상에서는 완전히 일치하다)으로 되었다. 따라서 『삼국사기』 고국천왕 1년조는 고국천왕 남무의 왕위 계승사도 아니며, 그렇다고 해서 이이모(산상왕이다, 후술)의 왕위 계승사도 아닌 것으로 실제상 양자를 한데 뒤섞어 놓은 것으로 후세 사람들에게 많은 혼란을 일으키게 했던 것이다.

다음으로 위에서 지적한 바와 같이 이이모는 백고(신대왕)가 사망한 이후에 '국인'들의 추대에 의하여 왕위를 계승하였다. 『삼국사기』 고국천왕 1년조에 따르며 남무도 역시 신대왕 백고가 사망한 이후에 왕위를 계승한 것으로 되어 있다. 이런 상황에서 신대왕 백고의 사망연대를 옳게 해명함으로써 그의 재위기간의 下限이 언제인가를 증명하는 것은 이이모와 남무가 같은 사람인가 아니면 서로 다른 사람인가를 해명하는데 대하여 중요한 의의를 갖게 된다고 말할 수 있다.

『삼국사기』 고구려본기에 따르면 新大王 "十五年 ··· 冬十二月 王薨 葬於故國谷 號爲新大王"이라고 썼다.6) 또 『조선사연표』에 의하면 신대왕 15년은 179년이다.7) 『삼국사기』의 편자인 김부식은 179년에 신대왕 백고가 사망하면서 그의 재위기간의 하한도 끝났다고 인정하고 있다. 그

---

6) 『三國史記』 권16, 高句麗本紀4 新大王 15년조.

7) 『조선사연표』, 조선과학원, 1957년판, 제38쪽.

라나 여기에는 엄중한 모순이 내포되어 있는바 그것은 신대왕 백고와 공
손도와의 관계에서 표현된다. 먼저 관련 고서 기록들을 소개하고 필자의
의견을 제기하면 다음과 같다.

> (1) 『三國志』 高句麗傳: "公孫度之雄海東也 伯固遣大加優居 主簿然人等助度擊
>   富山賊 破之 伯固死 …"8)
> (2) 『三國史記』 高句麗本紀: 新大王 "五年 王遣大加優居 主簿然人等 將兵助玄
>   菟太守公孫度 討富山賊"9)
> (3) 『梁書』 高句驪傳: "公孫度之雄海東也 伯固與之通好"10)

　　위의 기록 (1), (2)에 따르면 신대왕 즉위 5년에 군대를 파견하여 공손
도를 도와 '富山賊'을 격파했다고 쓰고 있다. 그런데 이 기사는 그대로
믿기 어렵다. 왜냐하면 신대왕 5년은 169년11)으로 이때 공손도는 아직
현토군의 '小吏'(郞中이었을 수 있다)에 불과하였다. 따라서 169년은 그
가 요동에서 집권하기 훨씬 이전 시기이기 때문이다. 비록 그렇다고 하
더라도 이 기사가 『삼국지』 고구려전과 『삼국사기』 고구려본기에 다 같
이 수록되어 있다는 것은 결코 우연의 일치는 아닐 가능성이 많다. 그것
이 발생한 연대는 틀렸을 수 있으나 그 사실, 즉 백고가 공손도를 도와
'富山賊'을 격파한 사실은 실제로 존재했을 가능성이 없지 않다. 위의 기
록 (3), 즉 『梁書』나 『北史』 등 고서에 공손도가 요동에서 집권한 이후에
신대왕 백고는 이와 '通好'했다고 쓴 것은 이런 견해가 옳다는 것을 증
명해 준다. 따라서 신대왕 백고의 재위기간의 하한은 분명히 공손도가
요동에서 집권하던 시기까지 내려올 수 있는 것이다.
　　『삼국지』 公孫度傳이나 『資治通鑑』 등에 따르면 공손도는 189년(東

---

8) 『三國志』 권30, 魏書30 東夷 高句麗傳.
9) 『三國史記』 권16, 高句麗本紀4 新大王 5년조.
10) 『梁書』 권54, 東夷 高句驪傳 ; 『北史』 권94, 列傳82 高麗傳.
11) 『조선사연표』, 36쪽.

漢 靈帝 中平 6년)이거나 혹은 190년(獻帝 初平 元年)에 처음으로 요동태
수로 임명되었다. 그는 初平 元年(190년)에 다른 사람들에게 "漢祚將絶
當與諸鄕圖王耳"이라고 말함으로써 동한말기의 혼란한 기회를 이용하여
요동에서 할거정권을 건립할 뜻을 노골적으로 표시한 바 있다. 그는 실
제로 요동군을 나누어 遼西郡과 中遼郡을 설치하고 각 군에는 '太守'를
두어 다스리게 하였고 다른 지방에는 '營州刺史'를 두기도 하였다. 그는
자신을 '遼東侯', '平州牧' 등으로 자칭하면서 요동지방과 그 주변지역에
서 패권을 누리다가 204년(東漢 獻帝 建安 9년)에 사망하자 그의 아들인
공손강이 지위를 이어 받았던 것이다.[12]

한편 『삼국사기』와 『조선사연표』에 따르면 165년에 고구려 제7대 차
대왕의 뒤를 이어 신대왕 백고가 왕위를 계승하였다.[13]

이미 위에서 지적한 바와 같이 『삼국사기』 등 여러 고서기록에 따르면
신대왕 백고는 요동의 공손도를 도와 '부산적'을 정벌하거나 혹은 그(공손
도)와 '通好'관계를 유지하였다. 여기서 신대왕 백고의 재위기간의 하한
은 최대한 204년(이 해에 공손도가 사망하다)까지 내려올 수 있다는 것
을 알 수 있다. 따라서 고구려 제9대 고국천왕 남무의 재위기간(『삼국사
기』에는 179~197년 사이에 재위)은 신대왕 백고의 재위기간(165~204년
사이에 재위했을 가능성이 많다)과 중복되기 때문에 실제상에서 존재할
수 없는 것이다.

이것은 신대왕 백고가 사망한 후에 전왕의 둘째 아들 신분으로 왕위
를 계승한 것으로 인정되는 이이모와 고국천왕 남무(신대왕 백고의 재위
기간과 중복된다)는 결코 같은 사람으로 될 수 없다는 것을 증명해 주는
또 하나의 증거로 된다. 그 밖에 이이모는 둘째 아들의 신분으로 '국인'

---

12) 『三國志』 권8, 魏書8, 公孫度傳 ; 『資治通鑑』 권59, 漢紀51 孝獻甲 初平元年조 ;
    권64, 漢紀56 獻帝 建安 9년조.
13) 『三國史記』 권16, 高句麗本紀4 新大王 1년조 ; 『조선사연표』, 36~46쪽.

들의 추천에 의하여 왕위를 계승함으로써 형(발기)과 대립했으나 남무는 왕자로부터 '태자'를 경유하여 매우 순조롭게 왕위를 계승하게 되었다는 사실도 양자는 결코 한 사람으로 될 수 없다는 것을 증명해 주는 것이다. 또 『삼국사기』에 따르면 고국천왕(남무)은 도합 19년 동안 재위한 것으로 되어 있다. 그 가운데서 즉위 1년조를 제외하면 나머지 연대(도합 18년)에서는 이이모와 관련되는 기사가 한 차례도 나오지 않는다. 이것은 역시 고국천왕 남무는 이이모가 아니라는 것을 증명해 주는 것으로 주목을 끌게 된다.

상술한 상황은 『삼국지』 고구려전에 나오는 이이모와 고국천왕 남무를 같은 사람으로 보는 견해는 모순이 많아 성립될 수 없다는 것을 증명해 준다. 그런데 이 잘못된 견해는 『삼국사기』에서부터 시작된 것이 아니라 그 보다도 더 이른 시기에 이미 형성되었을 가능성이 많다.

일부 학자들에 따르면 중국 淸朝때의 저명한 학자인 정겸 선생은 다음과 같이 썼다.

"丁謙曰: 伯固次子 伊夷模 東藩紀要云 名男武 稱故國川王 伊夷模子 位宮 紀要云 稱東川王"[14]

필자는 「東藩紀要」의 구체적인 출판연대를 알지 못한다. 그러나 이 책은 12세기 중엽 김부식이 『삼국사기』를 편찬하던 때보다 더 이른 시기에 출판된 것으로써 金氏가 『삼국사기』를 쓸 때 참고한 조선측 고서 중의 하나였을 것은 틀림없다. 물론 이 고서에서 이이모의 아들인 위궁을 동천왕이라고 한 것은 옳은 것이다. 그러나 이 책에서 신대왕 백고의 次子인 이이모를 고국천왕 남무라고 한 것은 완전히 잘못된 견해이다. 이에 대하여 필자는 위에서 비교적 상세히 설명했기 때문에 중복하지 않

---

14) 『中國正史朝鮮傳』 譯註一, 國史編纂委員會, 1987년판, 184쪽에서 재인용.

는다.

필자가 보기엔 김부식은 『삼국사기』 고국천왕 1년조를 쓸 때 이이모
의 신분에 관한 「동번기요」의 잘못된 견해를 무비판적으로 받아들이고
그것을 『삼국지』 고구려전에 나오는 이이모 관련기사와 연계시킴으로써
본래 있던 모순을 더욱 확대한 것으로 생각된다.

따라서 일부 학자들이 이이모는 고국천왕 남무라고 인정하는 견해는
그가 의거하고 있는 기초부터 틀렸으며 그의 연원도 오랜 이전까지 거슬
러 올라간다는 것을 증명해 준다.

2) 拔奇와 發岐의 관계로부터 본 伊夷模의 신분

필자는 위에서 이이모와 고국천왕 남무는 결코 같은 사람이 될 수 없
다는 것을 설명하였다. 이 기초 상에서 伊夷模와 山上王 延優와의 대립
면을 형성하고 있는 拔奇와 發岐의 관계를 고찰할 필요가 있다고 인정한
다. 왜냐하면 이것은 이이모와 산상왕 연우의 관계를 해명하는 방법이
될 수 있기 때문이다.

拔奇에 관한 『삼국지』 고구려전의 기사는 이미 위에서 소개한 바 있
다. 필자는 發岐에 관한 『삼국사기』 산상왕조와 그 가운데서도 특히 산
상왕 1년조를 고찰해 보기로 한다.

『삼국사기』 산상왕 1년조에는 다음과 같이 썼다.

> "故國川王之薨也 王后于氏秘不發喪 夜往王弟發岐宅曰 '王無後 子宜嗣之'
> 發岐對曰 '天之歷數有所歸 不可輕議 …' 後憖 便往延優(山上王－필자)之宅 …
> 立延優爲王 發岐聞之大怒 以兵圍王宮 呼曰 '兄死及弟禮也 汝越次簒奪大罪也
> 宜速出 …' 發岐知難 以妻子奔遼東 見太守公孫度 告曰 '… 某之弟延優與嫂于
> 氏謀 即位 以廢天倫之義. … 伏願假兵三萬 令擊之 公孫度從之 延優遣弟罽須
> 將兵御之 漢兵大敗 … 發岐 … 奔至裴川 自刎死 …(山上王－필자) 命有司 奉
> 迎發岐之喪 以王禮葬於裴嶺."15)

이미 위에서 지적한 바와 같이 『삼국사기』 고국천왕 1년조에서는 "故國川王, … 諱男武(或云伊夷謨)"라고 씀으로써 『삼국지』 고구려전에 나오는 이이모와 고국천왕 남무는 같은 사람이라고 잘못 인정했다. 이 잘못된 견해는 상술한 고국천왕 1년조의 서술구조에 대하여 엄중한 영향을 미쳤을 뿐만 아니라, 그 이후 계속되는 산상왕(이이모이다) 1년조에 대해서도 엄중한 영향을 미치게 됨으로써 큰 혼란을 조성하게 되었다. 예를 들면 본래 이이모로 되어야 할 산상왕의 이름은 연우로 바뀌고 신대왕 백고의 둘째아들로서의 신분은 '故國川王之弟'로 바뀌고 신대왕 백고가 사망한 후에 '국인'들의 추천으로 이루어진 왕위계승은 고국천왕 남무가 사망한 후에 '王后于氏'의 활동에 의하여 이루어진 것으로 바뀌고 있는 것 등이 그것이다. 이런 상황에서 얼핏 보기엔 『삼국사기』 산상왕 1년조의 서술내용은 이이모와 연계시킬 수 있는 공통점이 존재하지 않는 것처럼 보이는 것이 사실이다. 그러나 좀 더 깊이 고찰하면 이이모에 관한 『삼국지』 고구려전에 나오는 拔奇와 『삼국사기』 산상왕 1년조에 씌어있는 發岐는 그 이름의 발음이 같거나 비슷하며 형으로서 왕위를 계승하지 못한데 대하여 원한을 품은 것 같으며, 요동의 공손씨(공손도와 공손강은 부자 사이)에 투항한 것 같으며, 공손씨의 지지아래 다시 고구려(비류수 유역이었을 수 있다)에 돌아와서 할거정권을 세웠을 가능성이 많은 것 같으며 새로 왕위를 계승한 이이모 혹은 산상왕 연우를 대상으로 패권쟁탈전을 진행하다가 실패한 것 같다.

일부 학자들은 상술한 拔奇와 發岐는 서로 다른 사람이 아니라 같은 사람이라고 하는데 필자도 역시 같은 생각이다.

이럴 경우에 拔奇와 發岐는 한 사람, 즉 拔奇(發岐)가 된다. 따라서 『삼국지』에서 拔奇와 대립관계인 이이모, 『삼국사기』에서 發岐와 대립관계인 산상왕 연우는 서로 다른 사람이 아니라 마땅히 같은 사람, 즉 이이

---

15) 『三國史記』 권16, 高句麗本紀4 山上王 원년조.

모(산상왕 연우)로 되어야 한다.

당시 고구려에서는 왕위를 계승한 이이모(산상왕 연우)와 왕위 계승에서 밀려난 拔奇(發岐) 집단 사이에 격렬한 왕권쟁탈전이 진행되었다. 그 이유에 대하여 몇 개 방면으로 나누어 좀 더 구체적으로 서술하면 다음과 같다.

첫째, 여러 고서기록에 따르면 拔奇와 이이모의 왕권쟁탈전(拔奇사건이라고 잠칭한다)은 東漢 獻帝의 '建安中' 혹은 '建安初'에 일어났으며 發岐와 산상왕 연우의 왕권 쟁탈전(發岐사건이라고 잠칭한다)은 산상왕 1년에 일어났다. '建安中'은 196~220년이며 '建安初'는 196년 이후의 몇 해일 수 있다. 산상왕은 197년부터 227년 사이에 재위했는바 산상왕 즉위 1년은 197년이다. '拔奇사건'과 '發岐사건'은 결코 고국천왕의 재위기간(『삼국사기』에 따르면 179~197년 사이에 재위한 것으로 되어 있다)내에 발생한 것이 아니라 다 같이 산상왕의 재위기간(197년부터 227년 사이에 재위)내에 발생했을 가능성이 훨씬 더 높다는데 중요한 의의가 있다. 왜냐하면 그것은 주요하게 '拔奇사건'과 '發岐사건'의 투쟁대상은 결코 고국천왕 남무가 아니라 산상왕(이이모)이었다는 것을 증명해 주기 때문이다.

둘째, '拔奇사건'과 '發岐사건'이 발생한 장소가 일치한다. 즉 두 사건은 다 같이 고구려 수도로부터 시작하여 요동의 공손씨 영역에 갔다가 그의 힘을 빌려 고구려 영역[비류수(지금의 혼강) 유역일 가능성이 많다]에 돌아와서 왕위를 계승한 산상왕(이이모)을 반대하여 싸웠다는 공통점을 갖고 있는 것이다.

셋째, '拔奇사건'과 '發岐사건'이 발생한 실제적 동기는 같다고 할 수 있다. 즉 전왕이 사망한 후에 동생(이이모 혹은 산상왕 연우)이 왕위를 계승하게 되니 拔奇 혹은 發岐는 형으로서 왕위를 계승하지 못한데 대하여 원한을 품고 새로 등장한 왕[이이모(산상왕)]을 반대하여 패권쟁탈전을 진행하다가 결국은 다 같이 실패하고 말았던 것이다. 이에 대하여 『삼국사기』는 패권쟁탈전에서 실패한 發岐(拔奇)가 자살하니 산상왕(이이모)은 '왕의 예'를 갖추어 裴嶺에서 그의 장례를 치러 주었다고 서술(以王禮 葬於裴嶺)했는데 우리의 주목을 끈다.

여기서 마땅히 짚고 넘어가야 할 한 가지 사실이 더 있다. 그것은 '拔奇사건'과 '發岐사건' 사이에는 그것이 발생할 수 있는 사회배경 등에서 서로 다른 상황이 비교적 많이 존재한다는 사실이다. 이것은 물론 이이모와 고국천왕 남무를 같은 사람이라고 인정한『삼국사기』편자의 잘못된 견해 때문에 생긴 혼란이었다는 것을 다시 한 번 말하여 둔다.

상술한 상황은 拔奇와 發岐는 같은 사람이며 그의 왕권쟁탈 대상이었던 이이모와 산상왕 연우도 역시 같은 한 사람이었다는 것을 증명해 준다. 이것은 또 이이모는 고국천왕 남무가 아니라 산상왕 연우라는 것을 증명해 주는 유력한 증거로 된다.

3) 伊夷模의 '更作新國'을 분석

먼저 이이모의 '更作新國'과 관련되는 고서기록들을 소개하면 대체로 다음과 같다.

> (1)『三國志』高句麗傳: "建安中 公孫康出軍擊之 破其國 焚燒邑落 拔奇怨爲兄 而不得立 … 詣康降 還住沸流水 降胡亦叛伊夷模 伊夷模更作新國"[16]
> (2)『三國史記』高句麗本紀: 山上王 "二年春二月 築丸都城";"十三年 … 冬十月 王移都於丸都"[17]

위의 기록 (1), 즉『삼국지』고구려전과『梁書』및『北史』등 중국고

---

16)『三國志』권30, 魏書30 東夷 高句麗傳;『梁書』권54, 東夷 高句驪傳;『北史』권94, 列傳82 高麗傳.

17)『三國史記』권16, 高句麗本紀4 山上王 2·13년조.

서에는 다 같이 "伊夷模更作新國"이라고 쓴 기사가 수록되어 있다. 고문
헌에서 '國'은 일반적으로 해당 나라의 수도를 가리키는 경우가 적지 않
다. 따라서 "伊夷模更作新國"은 이이모가 수도를 새로 옮겼다는 뜻으로
풀이할 수 있다고 생각한다. 그런데 이이모가 수도를 새로 옮긴 연대와
그의 사회배경에 대하여 『삼국지』와 『양서』 『북사』 등에는 모두 같이
"建安中 公孫康出軍擊之(고구려 - 필자)"한 기회에 이루어진 것으로 쓰
고 있는 것이다. '建安'은 東漢 獻帝의 연호이며 '建安中'은 196~220년
이다. 또 공손강은 204~220년에 요동에서 집권하였다.[18] 여기서 이이
모는 204년부터 220년 사이에 公孫康軍의 진공이나 '降胡亦叛'의 상황
에 대처하기 위하여 수도를 새로 옮겼다(更作新國)는 것을 알 수 있다.

그러나 『삼국사기』에 따르면 이때는 이미 고국천왕의 재위기간(179~
197년)은 지난 후였다. 또 拔奇(發岐)와 고국천왕 남무가 같은 사람이었
다 해도 그는 신대왕 백고의 둘째 아들이 아니라 맏아들(長子)이었기 때
문에 이이모(백고의 次子)의 '更作新國'과 연계시킬 수 없다는 것은 의심
할 바가 없다.

산상왕의 경우는 다르다. 위에서 지적한 바와 같이 고국천왕 1년조의
기록은 잘못된 견해였다. 이이모는 고국천왕이 아니라 산상왕이었음이
분명하다. 또 『삼국사기』에 따르면 산상왕은 227년까지 재위했기 때문
에 연대상으로 보아도 이이모의 '更作新國'(204년에 공손강이 '出軍擊
之'(고구려)한 이후에 일어나다)와의 사이에 모순이 생기지 않는다.

그 밖에 필자가 조사한데 의하면 『삼국사기』 고국천왕조에는 이이모
의 '更作新國'을 증명할만한 자료가 전혀 존재하지 않으나 산상왕조에는
그것을 증명할 수 있는 기록이 2곳이나 존재한다. 즉 위의 기록 (2)에서
볼 수 있는 바와 같이 山上王 "二年 … 築丸都城"하고 "十三年 王移都於

---

18) 『資治通鑑』 권64, 漢紀56 獻帝 建安 9년조 ; 金毓黻, 『東北通史』 上編, 社會科
學戰線雜誌社飜印, 98쪽.

丸都"했다고 쓴 것이 그것이다. 『조선사연표』에 따르면 산상왕 2년은 198년이며 13년은 209년이다.[19] 이로부터 산상왕은 198년에 丸都城을 축조하고 209년에 수도를 丸都에 옮겼다는 것을 알 수 있다. 이것은 위의 기록 (1), 즉 『삼국지』 고구려전의 기록내용(建安中, 196~220년)과 매우 잘 어울린다고 말할 수 있다. 이것은 또 高句麗 "伊夷模更作新國都於丸都山下"라고 쓴 『通典』의 기록과도 부합된다.[20]

이와 같이 이이모가 수도를 새로 옮긴(更作新國)데 관한 『삼국지』 등 중국 고서의 기록과 『삼국사기』 산상왕조의 기록내용이 서로 부합된다는 것은 이이모는 고국천왕이 아니라 산상왕이라는 것을 증명해주는 또 하나의 좋은 증거가 된다.

여기서 짚고 넘어가야 할 한 가지 사실이 더 있다. 그것은 이이모가 수도를 옮기기 전의 舊都는 어디며, 또 옮겨간 新都는 어디인가를 밝히는 문제이다.

오늘 일본학계에서는 비교적 많은 학자들이 이이모의 '更作新國'은 졸본(지금의 혼강 유역의 환인지구)에서 국내성(지금의 집안)으로 천도한 것이라고 인정하고 있다. 따라서 그들은 3년의 국내성 천도설을 부정하고 있는 것이다. 이에 대하여 필자는 이미 다른 곳(환도성 유지에 대한 고증)에서 견해를 제출한바 있기 때문에 여기서는 비교적 간단하게 서술하는데 그치려 한다.[21]

우선, 『삼국사기』에 따르면 고구려 제2대 瑠璃王 "二十二年冬十月 王遷都於國內 築尉那巖城"이라고 썼으며 같은 책 「地理志」에는 "自朱蒙立都紇升骨城 歷四十年 孺留王二十二年 移都國內"라고 썼다.[22] 또 『삼국유사』에도 "第二瑠璃王 … 癸亥 移都國內城"이라고 쓰고 있다.[23]

---

19) 『조선사연표』, 43쪽.

20) 『通典』 권186, 邊防2 東夷下 高句麗傳.

21) 『中國境內高句麗遺蹟硏究』, 藝河出版社, 1995년판, 66~73쪽.

22) 『三國史記』 권13, 高句麗本紀1 瑠璃王 22년조 ; 권37, 地理4 高句麗조.

『삼국사기』와 『조선사연표』 등에 의하면 유리왕 22년과 유리왕 시기의 '癸亥年'은 다 같이 서기 3년이다. 紇升骨城은 졸본(혹은 忽本)으로 혼강유역의 환인이며 '국내'는 집안을 가리킨다. 이로부터 3년에 고구려는 분명히 구도인 졸본(지금의 환인)에서 국내(지금의 집안)로 수도를 옮겼다는 것을 알 수 있다.

또 『삼국사기』에 따르면 1~2세기 사이에 고구려 역대국왕들은 이미 '국내지방'에서 여러 가지 활동을 조직(大赦國內, 王 … 入尉那巖城, 賑恤國內饑民 …)하고 있으며, 몇 분의 국왕들은 졸본에 가서 시조묘에 제사 지내고 국내성에 돌아왔다고 기록하고 있는데 이런 기사들은 3년의 국내천도설을 뒷받침해 주는 좋은 증거가 된다.[24]

일부 학자들은 集安에는 1~2세기 이전에 속하는 고구려 유적과 유물이 존재하지 않는다고 하면서 유리왕의 국내천도를 부정하는데 역시 사실에 부합되지 않는다고 생각한다. 주지하는바 집안에는 1만여 기에 달하는 크고 작은 고구려고분이 분포되어 있는데 그 가운데서 가장 이른 시기를 반영해 주는 無基壇式石槨墓(積石墓라고 부르는 사람도 있다)는 분명히 고구려 건국 초기거나 심지어 건국 이전의 시기까지도 반영해 줄 수 있다고 한다. 또 이런 유형의 무덤에서 西漢의 五銖錢과 新 王莽시기의 貨泉이 비교적 많이 발견된다는 사실도 그 무덤들의 연대가 기원 전후시기, 즉 고구려 건국 전후까지 거슬러 올라갈 수 있다는 것을 증명해 주기에 손색이 없다.

그 밖에 만약 이이모의 '更作新國'을 졸본(지금의 환인)에서 국내(지금의 집안)로 수도를 옮긴 것이라고 인정한다면 그것은 위의 기록 (1), 즉 『삼국지』 고구려전의 관련기사(拔奇怨爲兄而不得立 … 詣康降 還住沸流水 … 伊夷模更作新國)와 모순될 가능성이 없지 않다. 그것은 위의

---

23) 『三國遺事』 권1, 王曆1 高句麗.
24) 『三國史記』 권13, 高句麗本紀1 ; 권14, 高句麗本紀2 ; 권16, 高句麗本紀4.

문장구조로 보아 공손씨에게 투항한 拔奇의 '還住沸流水'가 진행된 다음에 비로소 이이모에 의한 '更作新國'이 이루어진 것이 되기 때문이다. 다시 말하면 고구려 수도가 아직 비류수 유역의 졸본 지역에 존재해 있는 정황에서 그를 반대하는 拔奇집단이 이곳에 와서 '거주'(실제상 이이모를 반대하는 정권을 수립하는 것을 가리킨다)한다는 것은 일반적인 상황에서는 상상하기 어려운 일인 것이다.

상술한 상황에 의거하여 필자는 고구려의 '국내천도'는 이미 기원 1세기 초에 진행되었으며 따라서 이이모에 의한 '更作新國'은 혼강 유역의 '졸본'으로부터 압록강 중류 유역의 '국내성'에 천도한 것을 의미하지 않을 가능성이 많다고 인정한다. 그것은 지금의 집안 국내성으로부터 그 서북쪽 5화리 가량 떨어진 지점의 높은 산위에 있는 환도산성(지금의 山城子山城)에 수도를 옮긴 것을 가리킬 가능성이 많다. 물론 두 성은 모두 한 지방(집안)에 있으며 그 거리도 상당히 가까운 것이 사실이다. 그렇다고 해서 수도를 옮겼다(更作新國)고 말할 수 없는 것은 아니다. 한 지역에 평지성과 산성을 함께 쌓고 평상시에는 평지성에서 거주하다가 전쟁이 일어나면 산성에 들어가서 적과 싸우는 것은 고구려 축성법의 특징 중의 하나이다. 당시 이이모(산상왕)는 공손씨와의 전쟁, 拔奇의 '還住沸流水', '降胡亦叛' 등 여러 가지 어려운 정황이 연속적으로 일어나는 상황 속에서 평지성인 국내성을 버리고 보다 견고하고 방어하기 쉬운 부근의 산성에 통치중심을 옮겼을 수 있는 것이다. 이에 대하여 金毓黻 선생은 일찍 『東北通史』에서 다음과 같이 지적했는데 도리가 있다고 생각된다.

"魏志之伊夷模, 三國史記則稱之爲山上王, 則因其新都於山上故也. 山下舊都之國內城, 已爲公孫氏所破, 不可更居, 別作新都於山上, 以取設險守國之義, 於理爲須."[25]

---

25) 金毓黻, 『東北通史』 상편, 社會科學戰線雜誌社編, 99쪽.

『삼국지』고구려전에 나오는 “伊夷模更作新國” 가운데의 이이모는 고국천왕을 가리키는 것이 아니라 산상왕이라는 것을 증명해 주는 또 하나의 증거가 되기에 손색이 없는 것이다.

4) 伊夷模의 “無子 淫灌奴部 生子”를 분석

『삼국지』고구려전에 따르면 “伊夷模無子 淫灌奴部 生子名位宮 伊夷模死 立以爲王”이라고 쓴 기사가 있다.[26]

여기서 주목을 끄는 것은 “伊夷模無子 淫灌奴部 生子”라고 쓴 부분이다. 이것은 이이모에게 아들이 없었는데 후에 灌奴部의 여자와 사통하여 아들을 낳았다는 뜻으로 풀이된다.

이 사실이 『삼국사기』에 어떻게 반영되었는가를 살펴보는 것은 이이모의 신분을 해명하는데 매우 중요한 의의가 있다고 말할 수 있다.

『삼국사기』고국천왕 1년조에는 “故國川王 … 諱男武(或云伊夷謨)”라고 씀으로써 고국천왕 남무가 『삼국지』고구려전에 나오는 이이모라고 인정하였다. 이미 지적한 바와 같이 이것은 잘못된 견해이다. 그런데 『삼국사기』에는 이른바 고국천왕(이이모)에게 아들이 있었는가 없었는가, 만약 있었다면 그 이름은 무엇이었는가 등의 문제에 대해서는 전혀 앞뒤가 맞지 않게 씌어있어 큰 혼란을 일으키고 있다. 예를 들면 『삼국사기』고국천왕조에는 “六年 漢遼東太守興師伐我 王遣王子罽須 拒之不克”이라고 썼다.[27] 이 기록에 따르면 고국천왕(『삼국사기』는 이이모라고 잘못 인정)에게는 아들이 있었으며 그 이름은 罽須였다는 것이다. 또 고국천왕 6년에 계수는 이미 군관의 신분으로 군사를 거느리고 한나라 군대와 싸웠다고 했으니, 계수의 당시 연령은 적어도 20대에는 이르렀다고 보아야 할 것이다. 이것은 고국천왕에게는 일찍부터 아들(왕자)이 있었다는

---

26) 『三國志』권30, 魏書30 東夷 高句麗傳.
27) 『三國史記』권16, 高句麗本紀4 故國川王 6년조.

것을 증명해 준다.

그런데 고국천왕이 사망한 이후의 상황을 기록한 『삼국사기』 山上王
1년조에는 "故國川王無子 故延優(산상왕을 가리킨다 – 필자)嗣立"이라고
씀으로써 고국천왕에게 아들이 없다는 것을 강조하였다. 또 고국천왕이
사망했을 때 왕후 于氏는 그의 사망을 비밀에 부치고 왕의 동생들의 집
을 찾아다니면서 "王(고국천왕 – 필자)薨 無子 發歧作長 當嗣"라고 말함
으로써 역시 고국천왕에게 아들이 없다는 것을 강조하고 있다.[28]

이와 같이 『삼국사기』 고국천왕조에서는 그에게 아들이 있는 것으로
씌어있으나 산상왕조에서는 그에게 아들이 없다고 썼으니 어느 것이 옳
고 어느 것이 틀렸는지 판단하기 어려운 것이 사실이다.

그러나 왕자의 유무에 관한 『삼국사기』 산상왕조의 상황은 상술한 고
국천왕 시기의 상황과는 완전히 다르다. 먼저 관련 상황들을 요약하여
소개하면 다음과 같다.

> 『三國史記』 山上王 7년조: "春三月 王以無子 禱於山川 是月十五夜 夢天謂
> 曰 吾令汝少后生男 勿憂"; 12년조: "冬十一月 郊豕逸 掌者追之 至酒桶村 …
> 有一女子年二十許 … 笑而前執之 然後追者得之 王聞而異之 欲見其女 微行夜
> 至女家 使侍人說之 其家知王來 不敢拒 王入室 召其女 欲御之 女告曰 大王之
> 命 不敢避 …"; 13년조: "王后知王幸酒桶村女 妬之 陰遣兵士殺之 … 其女 …
> 曰 … 今妾腹有子 實王之遺體也 … 兵士不敢害 … 酒桶女生男 王喜曰 此天賚
> 予嗣胤也 … 乃名其子曰郊彘 立其母爲小后"; 17년조: "立郊彘爲王太子"; 같
> 은 책 東川王 1년조: "東川王 … 少名郊彘 山上王之子".[29]

위의 기록을 통하여 다음과 같은 상황을 알 수 있다. 산상왕에게 처음
부터 끝까지 아들이 없는 것으로 일관되어 있는바 이것은 고국천왕의 상
황과 구별되는 큰 특징이다. 여기서는 또 시간과 장소 및 조건들이 매우

---

28) 『三國史記』 권16, 高句麗本紀4 山上王 1년조.
29) 『三國史記』 권16, 高句麗本紀4 山上王 7~17년조 ; 권17, 本紀5 東川王 1년조.

잘 구비되어 있으며 그 대상이 매우 구체적이어서 사람들에 대한 설복력
이 크다. 산상왕 '無子'에 관한『삼국사기』산상왕조의 서술내용과 "伊
夷模無子 淫灌奴部 生子 名位宮 伊夷模死 立以爲王"에 관한『삼국지』고
구려전의 서술내용 사이에는 비록 詳略의 차이는 있지만 기본내용은 거
의 일치하다고 말할 수 있는 것이다(후술).

상술한 모든 사실은『삼국지』고구려전에 나오는 이이모는 고국천왕
이 아니라 산상왕이라는 것을 증명해 준다.

2. 位宮의 신분에 대한 의견

학계에서는 일반적으로 위궁은 고구려 제11대 동천왕이라고 인정하
고 있는데 필자도 역시 같은 생각이다. 아래에 크게 두 개 방면으로 나
누어 그에 대한 필자의 의견을 제기하려 한다.

1) 伊夷模와 位宮, 宮과 位宮의 혈연관계로부터 본   位宮의 신분

먼저 이와 관련되는 몇 가지 고서기록들을 소개하고 그에 대한 필자
의 의견을 제기하기로 한다.

(1)『三國志』高句麗傳: "伊夷模無子 淫灌奴部 生子名位宮 伊夷模死 立以爲王
    … 其曾祖名宮, 生能開目視 … 今王生墮地, 亦能開目視人. 句麗呼相似爲
    位, 似其祖, 故名之爲位宮"[30)]
(2)『三國史記』山上王 1년조: "山上王 諱延優(一名位宮) 故國川王之弟也 魏書
    云 朱蒙裔孫宮 生而開目能視 是爲太祖 今王是太祖曾孫 亦生而視人 似曾祖
    宮 高句麗呼相似爲位 故名位宮云"[31)]

---

30)『三國志』권30, 魏書30 東夷 高句麗傳.
31)『三國史記』권16, 高句麗本紀4 山上王 1년조.

(3) 『三國史記』東川王 1년조: "東川王 … 諱憂位居 少名郊彘 山上王之子 母
    酒桶村人 入爲山上小后 史失其族姓 … 至是嗣位"[32]

위의 기록 (1), 즉 『삼국지』 고구려전에 나오는 이이모는 『삼국사기』
에서는 결코 고구려 제9대 고국천왕 남무가 아닌 제10대 산상왕을 가리
키는 것이다. 이에 대해서는 위에서 상세하게 설명했기 때문에 다시 중
복하지 않는다.

그럼 位宮은 누구인가? 위의 기록 (1)에 따르면 위궁은 이이모가 관노
부 여자와 사통하여 낳은 아들이며 아버지인 이이모가 사망한 후에 왕위
를 계승하여 왕이 된 사람이다. 이 기사는 위의 기록 (3), 즉 『삼국사기』
동천왕 1년조의 기록내용과 거의 일치하는 데서 우리의 주목을 끈다. 여
기서 주목을 끄는 것은 다음과 같은 것들이 있다. 첫째, 동천왕은 산상왕
(이이모)의 아들이라는 점, 둘째, 동천왕의 어머니는 酒桶村의 사람으로
산상왕의 '小后'가 되었는데 그의 '族姓'이 역사책에 기록되어 있지 않
는다는 점, 셋째, 동천왕의 어릴 때의 이름(郊彘)은 산상왕과 酒桶村女
사이에 출생한 아들(郊彘)의 이름과 일치한다는 점, 넷째, 산상왕(이이모)
이 사망한 후에 아들(교체)이 왕위를 계승하여 즉위했다는 점 등이다. 이
런 사실들은 '위궁'에 관한 위의 기록 (1)의 내용(伊夷模無子 淫灌奴部
生子名位宮 伊夷模死 立以爲王)과 비록 상략의 차이는 있으나 기본내용
은 거의 일치한다고 말할 수 있다. 이것은 『삼국지』 고구려전에서 이이
모(산상왕)의 아들로 나타나는 '위궁'은 『삼국사기』 고구려본기에서는
산상왕(이이모)의 아들인 동천왕이라는 것을 훌륭히 증명해 준다.

여기서 짚고넘어 가야할 한 가지 사실이 있다. 그것은 위의 기록 (2),
즉 『삼국사기』 산상왕 1년조에서 산상왕을 "一名位宮"이라고 쓴 것은
잘못된 기사라는 점이다. 이것은 고국천왕 남무는 이이모라고 인정[故

---

32) 『三國史記』 권17, 高句麗本紀5 東川王 1년조.

國川王 … 諱男武(或云伊夷謨)]한『삼국사기』고국천왕 1년조의 잘못된 기사의 영향으로 생긴 착오 가운데 하나에 불과한 것으로 취할 바가 못되는 것이다.

둘째 위의 기록 (1)·(2)에는 다 같이 宮과 位宮의 혈연관계가 표시되어 있다. 즉 위의 기록 (1)에는 "其(位宮－필자)曾祖名宮"이라고 썼으며, (2)에는「魏書」를 인용하여 "今王是太祖曾孫"이라고 쓰고 있다. 그 밖에『魏書』高句麗傳에도 "宮曾孫位宮亦生而視 人以其似曾祖宮 故名爲位宮 高句麗呼相似爲位"[33]라고 쓴 기사가 있어 궁과 위궁은 혈연상에서 증조부와 증손자 사이라는 것을 다시 한 번 확인시켜주고 있다.

『삼국사기』고구려본기에 따르면 "太祖大王(或云國祖王) 諱宮"이라고 쓰고 있어[34] '궁'은 고구려 제6대 태조왕의 이름이라는 것을 알 수 있다. 필자는 이미 본장 제1절(高句麗초기 왕조세계－宮~伯固를 중심으로)에서 궁에서 위궁까지의 혈연관계에 대하여 의견을 제기한 바 있다. 아래에 그 상황을 <표>로 나타내면 다음과 같다.

위궁을 산상왕이라고 인정한다면 궁(태조왕)과 위궁(산상왕)의 관계는 할아버지와 손자가 된다. 그러나 위궁을 동천왕이라고 인정한다면 궁(태조왕)과 위궁(동천왕)관계는 증조할아버지와 증손자가 된다. 이것은 궁과 위궁의 혈연관계를 묘사한『삼국지』고구려전과『위서』고구려전,『삼

33)『魏書』권100, 列傳88 高句麗傳.

34)『三國史記』권15, 高句麗本紀3 太祖王 1년조.

국사기』 산상왕 1년조의 관련 기록[其(位宮 - 필자)曾祖名宮, 宮曾孫位宮, 今王(東川王 - 필자)是太祖曾孫]와 잘 부합된다는 것을 증명해 준다.

상술한 상황은 위궁은 결코 산상왕을 가리키는 것이 아니라 동천왕이라는 것을 증명해 주는 또 하나의 증거가 된다.

2) 位宮 시기의 각종 활동으로부터 본 位宮의 신분

먼저 位宮 시기의 각종 활동과 관련된 여러 고서들의 기록을 소개하면 다음과 같다.

   (1) 『三國志』高句麗傳: "位宮有力勇 … 景初二年 太尉司馬宣王率衆討公孫淵 宮遣主簿大加將數千人助軍 正始三年 宮寇西安平 其五年 爲幽州刺吏毌丘儉所破"35)
   (2) 『三國志』毌丘儉傳: "正始中 儉以高句驪數侵叛 督諸軍步騎萬人出玄菟 從諸道討之 句驪王宮(宮 應作位宮 - 原注) 將步騎二萬人 進軍沸流水上 … 儉以束馬縣車 以登丸都 屠句驪所都 … 六年 復征之 宮遂奔買溝(北沃沮一名置溝淒 - 原注)"36)
   (3) 『三國史記』高句麗本紀: 東川王 "十二年 魏太傳司馬宣王率衆 討公孫淵 王遣主簿大加 將兵千人助之"; "十六年 王遣將 襲破遼東西安平"; "二十年秋八月 魏遣幽州刺史毌丘儉 將萬人 出玄菟來侵 王將步騎二萬人 逆戰於沸流水上 … 王以一千餘騎 奔鴨淥原 冬十月 儉攻陷丸都城 屠之"37)

『中國歷史年代簡表』에 따르면 위의 기록 (1)에 나오는 '景初'는 魏明帝의 연호이며 '景初 二年'은 238년이다. 또 '正始'는 齊王 曹芳의 연호이며 '正始 三年'은 242년, '正始 五年'은 244년, '正始 六年'은 245년, '正始中'은 240~249년이다.38) 그 밖에 위의 기록 (1), (2), 『삼국지』 고

---

35) 『三國志』 권30, 魏書30 東夷 高句麗傳. 『梁書』 高句驪傳과 『北史』 高麗傳에도 대체로 같은 내용이 적혀져 있다.
36) 『三國志』 권28, 魏書28 毌丘儉傳.
37) 『三國史記』 권17, 高句麗本紀5 東川王 12·16·20년조.

구려전과 관구검전에 따르면 '位宮'이란 이름이 한번 나온 후 연속으로
세 번 나오는데 모두 '宮'으로 약칭하고 있는 것이 주목된다. 여기에 나
오는 '궁'은 모두 '위궁'을 가리킨다는 것은 추호도 의심할 바가 없는
것이다.

위의 기록 (1)에 따르면 魏나라는 238년(景初 2년)에 요동의 공손씨
(公孫淵)를 토벌했는데 이때 고구려왕 '위궁'은 군사를 파견하여 魏軍을
도와주었다. 그 후 242년(正始 3년)에 '위궁'은 위나라 西安平(지금의 丹
東부근)을 공격함으로써 두 나라 사이에 맺어진 우호관계는 깨졌다. 그
후 2년이 지난 244년(正始 5년)에 고구려는 위나라 毌丘儉軍의 공격을
받아 패하게 되었다. 이에 대하여 위의 기록 (2), 즉 『삼국지』 관구검전
에 보다 상세히 적혀져 있다. 거기에 따르면 240~249년(正始中)사이에
위나라 幽州刺史인 관구검은 1만에 이르는 군사를 거느리고 현토군을
출발하여 여러 갈래 길로 나누어 고구려를 공격하였다. 이에 대하여 고
구려왕 위궁은 무려 2만이나 되는 군사를 동원하여 비류수(지금의 혼강)
유역까지 진군하여 위군과 싸워 처음에는 승리했으나, 후에는 전략상의
착오로 크게 패하고 수도인 환도성은 위군에게 점령되었다. 245년(正始
6년)에 위군은 다시 고구려를 공격했는데 이때 고구려왕 위궁은 한 때
買溝(北沃沮)까지 도망가는 상황에 놓이게 되었다.

『조선사연표』에 따르면 산상왕은 197~227년까지 재위했으며 동천
왕은 227~248년까지 재위하였다.[39] 이로부터 위나라와 고구려 위궁 사
이에 우호 혹은 전쟁이 발생하고 있을 때(238~246년)에 산상왕은 사망
(227년에 사망)한지 10~20여 년이나 지난 후였으나 동천왕은 재위 중
(227~248년)이었다는 것을 알 수 있다. 이것은 『삼국지』 고구려전에 나
오는 위궁은 결코 산상왕을 가리키는 것이 아니라 동천왕이라는 것을 증

---

38) 『中國歷史年代簡表』, 文物出版社, 1975년판, 75~76쪽.
39) 『조선사연표』, 41~49쪽.

명해 준다.

그 밖에『삼국지』고구려전이나 관구검전 등에 씌어있는 사실, 즉 위나라와 고구려 위궁과의 사이에 일어난 사건들은『삼국사기』산상왕조에서는 전혀 그 흔적을 찾아볼 수 없었다. 그러나 위의 기록 (3)에서 볼 수 있는 바와 같이『삼국사기』동천왕조에서는 그것이 모두 적혀 있을 뿐만 아니라 발생한 연대(개별적인 연대는 약간의 차이가 있다)와 진행 과정도 거의 동일하였다. 이것은 위궁은 분명히 동천왕이라는 것을 증명해 주는 또 하나의 증거가 된다.

맺음말

『삼국지』고구려전에 나오는 이이모는 고구려 제9대 고국천왕이 아니라 제10대 산상왕을 가리킨다. 이것은 신대왕 백고와 이이모의 각종 관계, 이이모와 그의 형 拔奇(發岐)사이에 진행된 왕권쟁탈전, 이이모에 의한 '更作新國' 등 사실에 의하여 증명된다.

이이모(산상왕)가 사망한 이후에 그의 아들인 위궁이 왕위를 계승하였다. 따라서 위궁은 결코 산상왕이 아니라 고구려 제11대 동천왕을 의미한다는 것은 의심할 바가 없는 것이다.

고국천왕 남무는 이이모이며 산상왕은 위궁이라고 인정한『삼국사기』고구려본기의 기록은 역시 사실에 부합되지 않는 잘못된 기록이며 그가 학술계에 미친 영향은 크다고 말할 수 있다.

제3장

濊貊族에 관한 몇 개 문제

제1절 濊貊族에 관한 몇 개 문제
- 古朝鮮, 高句麗와의 관계를 중심으로 -

　본문은 주로 기원전 3~2세기(秦漢 이후)이래의 고문헌을 통하여 濊·濊貊과 고조선, 맥·예맥과 고구려의 관계를 고찰했으며 그 과정에서 예·맥과 예맥의 성질에 대하여서도 의견을 제출하였다. 문제 본신이 지나치게 복잡하며 필자의 수준이 제한되어 있기 때문에 서술과정에 결점과 오류들이 있으리라고 인정하면서 광범한 독자들의 가르침이 있기를 바라마지 않는다.

1. 濊·濊貊과 古朝鮮의 관계

　예·예맥과 고조선의 관계에 대하여 학계에는 통일된 견해가 존재하지 않는다. 일부 학자들은 예·예맥과 고조선의 사이에는 아무런 연계도 존재하지 않는다고 인정하며 다른 일부 학자들은 예와 예맥을 구분하면서 濊族은 古朝鮮族이며 예맥은 고구려를 가리킨다고 인정한다. 필자는 예는 예맥으로도 불리었으며 또 예(예맥)는 고조선(위만조선)의 다수 주민을 이루었을 가능성이 많다고 인정한다. 그러나 예(예맥)와 고조선(위만조선)은 결코 하나의 같은 대상을 가리키는 동의어는 아니었다. 아래에 크게 두 개 방면으로 나누어 필자의 의견을 제기하면 다음과 같다.

1) 濊와 濊貊의 관계

필자가 조사한 先秦시기의 고서들, 예를 들면 『逸周書』·『管子』·『孟子』·『墨子』·『詩經』·『山海經』·『戰國策』 등에 따르면 貉(貊)·大貉·小貉·貉道·胡貊·蠻貊·貊國·夷貉·九貉 등 貊과 관련된 기사들은 비교적 많이 나오나 濊와 관련된 기사들은 매우 적게 나온다. 예를 들면 『일주서』에는 대체로 기원전 11세기의 서주 초기에 소집된 成周會에 참가한 여러 주변민족들 가운데 '穢人'이란 명칭이 나온다.1) 그 밖에 『관자』에는 齊桓公(기원전 685~645년?)의 얘기 중에서 "北至於孤竹 山戎 穢貊 拘秦夏 西至 …."라고 한 것이 있다.2)

선진시기의 고서 가운데 예와 관련된 기록은 실제 이 두 곳이 있을 뿐이다. 여기서 주목을 끄는 것은 제환공의 말 가운데 나오는 '예맥'3)을 예와 맥으로 구분하여 읽을 것인가 아니면 예맥으로 합하여 통칭할 것인가의 문제이다. 이에 대하여 학계에서는 예와 맥으로 갈라서 읽는 학자가 많은데 필자도 같은 생각이다. 왜냐하면 위에서 지적한 바와 같이 선진시기의 고서들에는 주로 맥과 관련된 기사가 나올 뿐 예와 관련된 기사는 제환공의 말까지 합하여도 겨우 두 곳이 있을 뿐이기 때문이다. 이런 상황에서 제환공의 말 가운데 나오는 예와 맥을 합하여 '예맥'으로 통칭한다는 것은 상상하기 어려운 일이다. 그 밖에 또 제환공의 말 가운데 나오는 예와 맥은 기원전 7세기 전반기(기원전 663년이라고도 한다)의 일로서 그 출현연대가 매우 이른 것이다. 그 후 戰國시기를 포함한 수백 년의 오랜 역사과정에서 맥과 관련된 기사는 비교적 많이 나오나 예와 관련되거나 또 예와 맥을 같이 연결하여 고려할 만한 기사는 전혀

---

1) 『逸周書』 권7, 王會解.
2) 『管子』 권8, 小匡篇.
3) 穢貉, 穢貊, 濊貊은 다 같은 대상을 가리킨다. 본문에서는 원문과 연관되는 것 이외의 것은 일반적으로 '濊貊'으로 쓴다.

존재하지 않는 것이다. 바로 그렇기 때문에 필자는 제환공의 말 가운데 나오는 '예맥'은 결코 양자를 합하여 하나의 민족명칭(예맥)[4]으로 해독할 것이 아니라 예와 맥으로 구분하여 '예 맥'으로 읽는 것이 역사의 실제 사실에 더 잘 부합될 수 있다고 인정한다.

그러나 상술한 『관자』의 기록(北至於孤竹 山戎 穢貊 拘秦夏)는 기원전 7세기경의 예와 맥의 거주지역을 해명하는데 대하여 중요한 의의가 있다고 인정된다. 『簡明中國歷史地圖集』에 따르면 春秋시기에 孤竹은 오늘 河北省의 灤河의 하류유역이며 山戎은 오늘 遼西지방의 大凌河유역에 있다.[5] 이로부터 예와 맥은 기원전 7세기경의 오랜 이전부터 오늘의 大凌河이동의 지역(대체로 遼寧省과 吉林省 및 朝鮮半島 북반부 등이 포함될 수 있다)에 서로 인접해 있었다는 것을 알 수 있다.

대체로 기원전 3~2세기 진·한시기에 『사기』와 『한서』 등 고서에서 처음으로 예와 맥을 합한 '예맥'이란 명칭이 나오기 시작하였다. 특히 기원전 128년에 西漢이 '薉君南閭' 등 28만인이 투항한 기회를 이용하여 滄海郡을 설치한데 대한 관련기사들은 예와 예맥의 관계 해명과 예(예맥)와 고조선의 관계를 해명하는데 중요한 돌파구를 마련해 줄 수 있다고 인정한다. 이런 견지로부터 출발하여 필자는 우선 濊君南閭의 관련기사를 분석하는 것을 중심으로 하여 예와 예맥의 관계를 밝히고 또 예(예맥)와 고조선의 관계를 천명하기로 한다.

(1) 濊君南閭의 관련기사를 통해 본 穢와 穢貉의 관계
먼저 관련 자료들을 소개하면 다음과 같다.

(1) 『史記』 平準書: "至今上(西漢 武帝 - 필자) … 彭吳賈滅朝鮮 置滄海之郡 則

---

4) 본문에서는 종족과 민족을 엄격하게 구분하지 않고 민족으로 통칭하였다.
5) 『簡明中國歷史地圖集』, 中國地圖出版社, 1991년판, 11~12쪽, 春秋時期全圖.

　　　燕齊之間靡然發動."6)

　　(2)『漢書』武帝紀: "元朔元年 … 東夷薉君南閭等 口二十八萬人降 爲蒼海郡
　　　三年春 罷蒼海郡."7)

　　(3)『漢書』食貨志: "彭吳穿穢貊朝鮮 置滄海郡(원주: 彭吳人名也 本皆荒梗 始
　　　開通也 故言穿也) 則燕齊之間 靡然發動."8)

　　(4)『後漢書』濊傳: "濊君南閭等 畔右渠 率二十八萬口詣遼東內屬 武帝以其地
　　　爲蒼海郡 數年乃罷."9)

　　위의 기록 (1)~(4)는 西漢 武帝가 元朔 元年, 즉 기원전 128년에 蒼海
郡을 설치하게 된 배경을 기록한 것이다.

　　위의 기록 (2)와 (3), 즉『한서』武帝紀와『후한서』濊傳에 따르면 무
제는 '薉君南閭'10) 등 28만인이 투항하자 그들의 거주지역에 蒼海郡을
설치했다는 것을 알 수 있다. 물론 예군남려가 이끄는 28만인이 주로 濊
族으로 이루어졌다는 것은 추호도 의심할 나위가 없다. 그런데 위의 기
록 (3), 즉『한서』食貨志에서는 이 예군남려 등 28만인의 예족이 '穢貊'
으로 바뀌어 "彭吳穿穢貊朝鮮 置滄海郡"으로 기록되어 있는 것이다. 이
런 상황에서 오늘 일부 학자들은 상술한『한서』식화지의 기록은 예와
예맥을 혼동한데서 생긴 오류라고 인정하고 있는데 잘 동의되지 않는다.
필자는 이 기사(彭吳穿穢貊朝鮮 置滄海郡)에 대하여 대체로 다음과 같이
분석해 본다.

　　이 기사에서 우선 주목을 끄는 것은 '穢貊朝鮮'을 어떻게 해독할 것인
가의 문제이다. 이에 대하여 대체로 세 가지 해독방법을 고려해 볼 수
있다. 첫째, '예맥조선'으로 해석하는 방법이며, 둘째, '예·맥·조선'으로

---

　6)『史記』권30, 平準書第八 下.

　7)『漢書』권6, 武帝紀,元朔元年條.

　8)『漢書』권24 下, 食貨志 下.

　9)『後漢書』권85, 東夷 濊傳.

10) 薉·穢·濊는 다 같은 글자를 가리킨다. 본문은 원문과 연관되는 것 이외에는 모두
　　'濊'로 쓴다.

해석하는 방법이며, 셋째, '예맥·조선'으로 해석하는 방법이 그것이다.
아래에 순서에 따라 필자 나름대로 분석하면 다음과 같다.

첫 번째 해석방법, 즉 '예맥조선'에는 다음과 같은 모순들이 존재한
다. 『한서』 지리지에 따르면 "玄菟 樂浪武帝時置 皆朝鮮 濊貊(濊·貊) 句
驪蠻夷"라고 썼다.[11] 여기서 우선 주목을 끄는 것은 '조선'이 먼저 나오
고 그 다음에 '예맥'(예·맥)이 나온다는 점이다. 이것은 『한서』 食貨志에
씌어있는 '濊貊朝鮮'은 결코 하나의 고유명사가 아니라는 것을 증명해준
다. 다음으로 주목되는 것은 『사기』에는 「조선열전」이 수록되어 있고
『한서』에는 「조선전」이 있다. 그런데 이 「조선열전」과 「조선전」은 고조
선에 관한 전문적인 傳紀임에도 불구하고 여기서 '예맥'과 '조선'을 같
이 연계시킴으로서 '예맥조선'이라고 쓴 것은 한 곳도 존재하지 않는다.
심지어 여기서는 '예' 혹은 '맥'에 관한 글자조차 전혀 발견할 수 없는
것이다.

상술한 상황으로부터 우리는 첫 번째 해석방법, 즉 '穢貊朝鮮'은 역사
사실에 부합되지 않을 가능성이 많다는 것을 알 수 있다.

두 번째 해석방법, 즉 '예·맥·조선'으로 해석하는 것은 얼핏 보기에는
선진시기의 고서들에서 예와 맥이 서로 다르게 나타나는 상황과 같음으
로 그대로 인정하여도 크게 모순될 것이 없다. 다시 말하면 『한서』 식화
지의 첫 부분(彭吳穿穢貊朝鮮)만 떼어 놓고 해석하면 '예·맥·조선'으로
읽어도 문제 될 것이 없다. 그러나 첫 부분의 "彭吳穿穢貊朝鮮"과 그 아
래에 계속되는 "置滄海郡"을 함께 연계시켜 고려하면 여기에는 엄중한
모순이 존재하게 된다. 만약 상술한 『한서』 식화지의 기록을 "彭吳穿穢
貊 朝鮮 置滄海郡"으로 해석한다면 서한이 창해군을 설치한 대상 가운
데는 예가 있을 뿐 만 아니라 또 맥도 포함되어 있는 것이 된다. 이것은
서한이 '薉君南閭' 등 28만인이 투항한 기회를 이용하여 창해군을 설치

---

11) 『漢書』 권28 下, 地理志 下.

했다고 쓴 『한서』 무제기나 『후한서』 예전의 관련기록과 모순되기 때문에 있을 수 없는 일이다.

이제 남은 것은 "彭吳穿穢貊 朝鮮 置滄海郡."이라고 읽는 세 번째 해석방법이 있을 뿐이다. 위에서 지적한 바와 같이 첫 번째와 두 번째 해석방법이 통하지 않는 정황에서 세 번째 해석방법(예맥·조선)을 취하는 것은 옳은 것이라고 인정된다. 따라서 이것은 예를 예맥이라고도 부르며 양자는 하나의 대상을 가리키는 동의어로 사용되고 있었다는 것을 증명해 줄 수 있다. 『사기』와 『후한서』, 『삼국지』 등에 따르면 예를 예맥으로도 부르는 경우가 비교적 많았는바 이것은 상술한 필자의 분석이 옳다는 것을 증명해 주기에 손색이 없다(후술).

다음으로 위의 기록 (1), 즉 『사기』 平準書의 기록을 분석하기로 한다. 여기서 우리의 주목을 끄는 것은 "彭吳賈滅朝鮮 置滄海之郡"을 어떻게 이해할 것인가의 문제이다. 근년에 학계에서는 일반적으로 상술한 『사기』 가운데 '滅'은 '濊'의 오자라고 인정하고 있는데 필자도 역시 같은 생각이다. 그것은 우선 '滅'과 '濊'는 그 글자형태가 매우 비슷하기 때문이다. 『사기』 평준서의 '滅'자는 본래 '濊'자로 씌어져야 할 것이었으나 편자 혹은 배판공들의 부주의로 잘못 씌어졌을 가능성이 많다. 또 기원전 128년에 서한은 예군남려 등 일부 고조선의 반정부세력을 이용하여 창해군을 설치한 일이 있으나 결코 고조선을 멸망시킨 일은 없다. 따라서 『사기』 평준서의 '滅'자는 오자일 가능성이 많은 것이다. 따라서 『사기』 평준서의 "彭吳賈滅朝鮮 置滄海之郡"은 마땅히 "彭吳賈濊 朝鮮 置滄海之郡"으로 바뀌어 씌어져야 한다. 이것은 당시 서한이 예군남려 등 28만인이 투항한 기회를 이용하여 창해군을 설치했다고 쓴 『한서』 무제기나 『후한서』 예전의 기록과 부합된다는데 중요한 의의가 있다.

이 기초 상에서 필자는 위의 기록(1), 즉 『사기』 평준서의 "彭吳賈穢(滅은 穢의 오자-필자) 朝鮮 置滄海之郡"과 『사기』 貨殖列傳에 씌어있

는 "夫燕 … 東縮濊貉 朝鮮 眞番之利"를 비교 고찰할 필요가 있다고 인정한다.[12]

위의 두 기록이 반영하는 연대는 좀 다르다. 그러나 양자 사이에 존재하는 실제적 시간 차이는 그다지 크지 않은 것(100년 좌우)이 사실이다. 여기서 또 주목을 끄는 것은 두 기록의 출처가 동일(다 같이 『사기』에 씌어있다)하며 '通商'한다는 각도에서 보면 두 기록의 서술내용이 동일(일부 학자들은 「평준서」 가운데의 '賈'와 「화식열전」 가운데의 '縮 … 利'는 다 같이 '通商'한다는 뜻을 나타낸다고 인정하였다[13])하며 또 그 '通商'하는 실제 대상도 동일하다는 점이다. 그러면 그 통상하는 동일한 대상에 대하여 「평준서」에서는 '예'(滅은 穢의 오자)로 썼으나 「화식열전」에서는 '예맥'이라고 쓰고 있는 것이다. 이 '예맥'은 상술한 『한서』 식화지의 '穢貉 朝鮮' 가운데의 '예맥'과 연계시키면서 고려할 때 결코 잘못 쓰인 오자라고 인정하기 어렵다. 그것은 예는 예맥으로도 불렸다는 데 대한 또 하나의 유력한 증거가 될 수 있다는 것을 증명해 줄 가능성이 많다.

여기서 마땅히 짚고 넘어가야 할 한 가지 사실이 있다. 그것은 위에서 설명하는 가운데서 알 수 있는 바와 같이 『한서』 식화지에 씌어있는 '예맥'이나 『사기』 화식열전에 나오는 '예맥'은 다 같이 '조선'과 병칭되어 있는 특점(穢貉朝鮮)을 갖고 있다는 점이다. 『사기』와 『한서』 등 고서에는 이런 특점에 부합되는 기록이 적지 않다. 몇 가지 예를 들면 다음과 같은 것들이 있다.

　(1) 『史記』 匈奴列傳: "諸左方王將居東方 直上谷以往者 東接穢貉朝鮮."
　　　"漢使楊信於匈奴 是時 漢東拔穢貉朝鮮 以爲郡."[14]

---

12) 『史記』 권129, 貨殖列傳.
13) 三品彰英, 1985, 「濊貊族小考」(中譯文), 『朝鮮問題硏究叢書』 제3집, 延邊大學 朝鮮問題硏究所, 64쪽.

(2) 『漢書』 匈奴傳: "諸左王將居東方 直上谷以東(원주:師古曰"直 當也 ….") 接
穢貉朝鮮."15)

(3) 『漢書』 夏侯勝傳: "宣帝初卽位 … 曰 … 孝武皇帝 … 東定薉貉朝鮮 … 以
爲郡.'"16)

위의 기록 (1)~(3)은 그 출처와 출현연대, 예맥과 조선이 병칭되어 있
는 등 여러 가지 방면에서 모두 상술한 『한서』 식화지와 『사기』 화식열
전의 유관기록과 같은 특점을 갖고 있는 것이다. 이런 상황에서 필자는
위의 기록 (1)~(3)에 나오는 예맥조선도 역시 『한서』 식화지와 『사기』
화식열전에 씌어있는 예맥조선에서와 마찬가지로 예맥과 조선을 구분하
는 방법(예맥·조선)을 취할 수 있다고 인정한다. 이 예맥은 물론 예군남
려 등 28만인을 포함한 예를 가리키는바 그는 한 때 고조선(위만조선)의
다수 주민으로 되어 있었다. 그러나 이 예(예맥)와 고조선은 결코 같은
대상을 가리키는 동의어는 아니었던 것으로 보인다.

(2) 『後漢書』와 『三國志』 夫餘傳을 통해 본 濊와
  濊貊의 관계

『삼국지』 부여전에 따르면 부여왕실의 창고에는 예로부터 전해 내려
오는 보물이 있다고 기록한 후 다음과 같이 썼다.

"其印文言濊王之印 國中有故城名濊城 蓋本濊貊之地 而夫餘王其中 自謂亡
人."17)

그보다 100여 년이나 늦어서 편찬된 『후한서』 부여국전에서는 "夫餘

---

14) 『史記』 권110, 匈奴列傳.

15) 『漢書』 권94, 匈奴傳.

16) 『漢書』 권75, 夏侯勝傳.

17) 『三國志』 권30, 魏書30, 東夷 夫餘傳.

國 在玄菟北千里 … 本濊地也."18)라고 썼으며 또『册府元龜』에서도 "夫
餘國 在玄菟北千里 … 本濊地也. … 國中有古濊城 本濊貊之城也."라고
쓰고 있다.19)

이것을 통하여 다음과 같은 몇 가지 상황을 주목하게 된다.

첫째, 『삼국지』에 따르면 부여왕실의 창고에는 '濊王之印'이 있으며
나라 안에는 '예성'으로 불리 우는 옛 성터가 있다고 하였다. 그럼에도
불구하고 진수는 스스로 '亡人'이라고 말하는 부여왕은 '濊貊之地'에서
나라를 건립했다고 한 것이다.

둘째, 이미 위에서 지적한 바와 같이『삼국지』에 따르면 부여는 '濊貊
之地'에서 건립되었다. 그러나 『후한서』와 『책부원귀』에는 다 같이 부
여는 '濊地'에서 건립되었다고 쓰고 있는 것이다.

셋째, 『책부원귀』에 따르면 부여에는 '濊城'으로 불리는 고성이 있었
는데 그것은 본래 '濊貊之城'이었다는 것이다.

상술한 상황으로부터 부여에 관한 여러 고서들에는 예와 예맥이 구분
된 것이 아니라 서로 혼용되고 있다는 것을 알 수 있다. 같은 한 책 안에
서 예와 예맥이 혼용되고 있으며, 다른 저서에도 예와 예맥이 혼용되고
있는 것이다.

이것은 예와 예맥을 '혼동'한 것에서 생긴 '착오'로 보기는 어려울 것
같다. 예는 예맥으로도 불리었으며 따라서 양자는 하나의 대상을 가리키
는 동의어로 사용되고 있었다는 것을 증명해 줄 가능성이 많다. 따라서
이것은 『한서』식화지 등에 쓰여있는 '예맥조선'을 예맥과 조선으로 구
분하여 읽는 해독방법(예맥·조선)이 옳다는 것을 증명해주는데 대하여
도움을 줄 수 있는 것이다.

---

18)『後漢書』권85, 東夷 夫餘國傳.
19)『册府元龜』권957, 外臣部 國邑一.

(3) 『後漢書』와 『三國志』 濊傳을 통해 본 濊와 濊貊의 관계

『후한서』 濊傳에 따르면 "濊 北與高句驪 沃沮 南與辰韓接 東窮大海 西至樂浪."이라고 썼으며 그보다 이른 시기에 간행된 『삼국지』 濊傳에 도 대체로 같은 내용이 씌어있다.[20]

고구려는 오늘의 혼강과 압록강중류 일대에서 발전하기 시작했으며 옥저는 대체로 조선반도의 함경남북도와 중국의 연변일대에 위치해 있 었다. 진한은 주로 조선반도 동남부의 경상북도를 중심으로 한 지역에 있었고 낙랑은 조선반도 서북부의 대동강유역을 중심으로 한 지역에 있 었다고 인정하는 견해가 많다.

북쪽으로 고구려, 옥저와 접했으며 남쪽으로 진한과 접하고 동쪽은 바다에 이르고 서쪽은 낙랑군에 이른다고 씌어있는 濊는 대체로 오늘의 강원도를 중심으로 한 한반도의 동해안지대(일부 학자들은 함경남도 남 부와 강원도 북부를 중심으로 한 지대에 해당한다고 보다 구체적으로 인 정하고 있다)에 위치해 있었다는 것을 알 수 있다. 그런데 일부 학자들은 이 예의 위치를 압록강유역이라고 하는데 잘 동의되지 않는다. 이 문제 를 해결하기 위해서는 고대 강원도 지방의 주민구성 상황을 고찰할 필요 가 있다.

『후한서』 등 고서의 기록에 따르면 기원전 108~107년에 서한 무제 는 고조선을 멸망시키고 사군(한사군)을 설치하였다. 기원전 82년에 한 소제는 임둔군과 진번군을 취소하고 그것을 낙랑군과 현토군에 병합시 켰다. 이때 單單大領(오늘의 평안남북도와 함경남북도 사이에 있는 산맥 을 가리킨다) 이동의 '옥저'와 '예맥'(강원도지방의 濊)은 모두 낙랑군에 귀속되었다. 기원전 75년에는 단단대령을 중심으로 그 서쪽 지역은 계속 낙랑군으로 남겨두고 이동의 '領東七縣'[21]에는 樂浪東部都尉를 두어 都

---

20) 『後漢書』 권85, 東夷 濊傳 ; 『三國志』 권30, 魏書30 東夷 濊傳.

21) 東暆, 不而, 蠶臺, 華麗, 邪頭昧, 前莫, 夫租 등이 포함되는데 대체로 오늘의 江

尉의 영도를 받게 했는데 30년에 이르기까지 100여 년 동안 지속되었다. 그런데 『삼국지』 예전에 따르면 東部都尉의 관할지역내의 주민구성 상황에 대하여 "皆以濊爲民"이라고 명확하게 지적하였다.[22] 이것은 도합 다섯 글자 밖에 되지 않지만 그가 갖고 있는 의의는 크다고 말할 수 있다. 왜냐하면 『후한서』와 『삼국지』 등 고서에 나오는 예(예맥)의 위치를 확정하는데 대하여 중요한 자료가 될 수 있기 때문이다. 이것은 또 고고 문물의 발견에 의하여서도 증명된다.

1958년과 1961년에 平壤市 貞栢里에 있는 두 고분에서 "夫租長印"과 "夫租薉君印"이라는 글자가 새겨져 있는 銀印이 발견되었다.[23] '夫租長印'은 夫租縣의 縣長(비교적 큰 현에는 縣令을 두고 작은 현에는 縣長을 두었다)의 인장이며 '부조예군인'은 부조현에 거주하는 薉(濊)族들의 君長의 인장을 가리킨다. 부조현은 본래 낙랑군 25현 가운데 한 개의 현으로서 낙랑동부도위의 관할 하에 있었다.

이로부터 '부조장인'이나 '부조예군인'의 주인공들은 대체로 낙랑군이 설치된 이후부터 낙랑동부도위가 존재하던 기간(기원전 108~기원후 30년)내의 어느 한 시기에 영동칠현 가운데 한 개 현인 부조현에서 근무하던 사람들이라는 것을 알 수 있다. 특히 여기서 '부조예군인'이 발견되었다는 것은 부조현의 인구 중에서 예족이 차지하는 비율이 상당히 높다는 것을 증명해 줄 수 있다는데 주목을 끈다. 이것은 또 낙랑동부도위가 관할하는 지역의 주민구성에 대하여 "皆以濊爲民"이라고 쓴 『삼국지』 예전의 기록이 옳다는 것을 확인해 주는 유력한 물증으로 될 수 있다는데 중요한 의의가 있다. 그러나 압록강유역은 결코 濊人들의 거주지

原道를 중심으로 한 "濊(濊貊)"에 해당한다. 『歷代各族傳記會編』 제1편, 中華書局, 1958년판, 768쪽.

22) 『三國志』 권30, 魏書30 東夷 濊傳.

23) 『文化遺産』 1962년 2기 ; 『고고와 민속』 1964년 4기 ; 『朝鮮學報』 제46집, 岡崎敬의 논문.

역이 아니라 貊人(고구려)들의 거주지였던 것이다.

이상을 종합하면 『후한서』나 『삼국지』 濊傳에 수록되어 있는 예는 압록강유역이 아니라 강원도를 중심으로 한 동해안 일대에 거주해 있었다는 것은 추호도 의심할 바가 없다. 그런데 이 강원도 지방을 중심으로 거주해 있은 '예'에 대하여 같은 고서들인 『후한서』나 『삼국지』 등에서는 모두 '예맥'이라고 부르고 있다. 그것은 『후한서』와 『삼국지』의 「동옥저전」에 "東沃沮 … 南與濊貊接."이라고 썼으며 『후한서』 한전에 "韓有三種 … 辰韓在東 … 其北與濊貊接."이라고 쓴 것에서 증명된다.[24] 또 『册府元龜』에 따르면 "濊貊國 南與辰韓 北與高句驪 沃沮接. 東窮大海 朝鮮之東 皆其地也."라고 쓰고 있다.[25] 이것은 강원도를 중심으로 한 동해안 지방의 예를 예맥이라고도 불렀다는 것을 증명해주는 증거로 손색이 없다. 그 밖에 『후한서』나 『삼국지』의 고구려전에 따르면 옥저와 東濊가 다 고구려에 복속되어 있었다(沃沮 東濊皆屬焉)[26]고 썼는데, 여기서 옥저와 병칭되어 나오는 '동예'가 오늘의 강원도를 중심으로 한 동해안 지방의 예(예맥)를 가리킨다는 것은 추호도 의심할 바가 없다는 것을 첨부하여 둔다.

필자는 『후한서』나 『삼국지』 등 고서에서 강원도를 중심으로 한 동해안지방의 예를 예맥이라고도 부른 것은 결코 예와 예맥을 '혼동'함으로서 생긴 '착오'가 아닌 것으로 인정한다. 그것은 기원전 3~2세기(진~서한)이래 『사기』나 『한서』 등 고서에서 濊(穢)를 濊貊(穢貉)이라고도 부르던 명칭을 그대로 계승 했을 가능성이 많다고 인정한다.

물론 예를 예맥이라고도 불렀다는 것은 양자는 결코 서로 다른 두 개 대상을 가리키는 것이 아니라 하나의 같은 대상을 가리키는 동의어로 사

---

24) 『後漢書』 권85, 東夷 東沃沮傳 韓傳 ; 『三國志』 권30, 魏書30 東夷 東沃沮傳.
25) 『册府元龜』 권957, 外臣部 國邑一.
26) 『後漢書』 권85, 東夷 高句驪傳 ; 『三國志』 권30, 魏書30 東夷 高句麗傳.

용되고 있었다는 것을 증명해준다. 그러나 『사기』나 『한서』 등 고서에
나오는 예(예맥)와 『후한서』와 『삼국지』 예전에 씌어있는 예(예맥) 가운
데 포함되는 대상은 다른 것이다. 전자는 보다 넓은 지역에 분포되어 있
으면서 한 때 고조선(위만조선)의 다수주민을 이루거나 부여의 선주민으
로 되어 있었던 것으로 보인다. 그러나 고조선이 멸망하고 부여와 고구
려가 홍성함에 따라 이전의 넓은 지역에 분포되어 있던 예(예맥)는 점차
고서에서 자취를 감추게 되고 오직 강원도를 중심으로 한 동해안 지대에
있는 예(예맥)만이 원상을 보전하고 있었던 것이다. 이것이 『후한서』와
『삼국지』 예전에 수록되어 있는 예(예맥)인 것이다. 학자들에 따라서 『사
기』와 『한서』를 포함한 모든 고서에 씌어있는 '예맥'을 모두 강원도를
중심으로 한 한반도 동해안지방의 예(예맥)이라고 인정하거나, 그것을
고구려라고 인정하고 있는데 이런 견해는 역사의 실제사실과 부합되지
않을 가능성이 많다.

2) 濊(濊貊)와 古朝鮮의 관계

필자는 위에서 濊와 濊貊의 관계에 대하여 초보적인 견해를 제기하였
다. 아래에서 필자는 세 방면으로 나누어 예(예맥)와 고조선(위만조선)의
관계에 대하여 시술하려 한다.

(1) 滄海郡의 설치에 관한 『後漢書』의 기록을 분석

위에서 소개한 바와 같이 서한이 창해군을 설치한데 대한 관련기록은
비교적 많다고 말할 수 있다. 그 가운데서 우리의 보다 큰 주목을 끄는
것은 『후한서』 예전의 다음과 같은 기록이다.

　　"濊君南閭等 畔右渠 率二十八萬口詣遼東內屬 武帝以其地爲蒼海郡 數年乃
　罷."

먼저 몇 가지 단어들에 대하여 해석하면 다음과 같다.

'濊君南閭'에 대하여 일부 학자들은 '東夷君長' 혹은 '東夷濊君'이라고 인정하였다.[27] 이로부터 예군남려는 東夷에 소속되어 있는 예족의 '군장'이라는 것을 알 수 있다. 이것은 또 예군남려가 이끄는 28만인은 주로 예족으로 이루어 졌다는 것을 증명해준다.

'畔右渠' 가운데의 右渠는 위만의 손자이며 당시(기원전 128년)의 고조선의 국왕이었다. '畔'은 밭 지경이라는 뜻으로 해석되지만 고문에서는 또 '叛'과 같은 뜻을 나타낸다고 한다.[28] 이럴 경우에 '畔右渠'는 고조선의 국왕인 우거왕을 배반했다는 뜻으로 풀이된다.

'詣遼東內屬' 가운데의 '詣'는 '이르다', '오다'의 뜻을 나타내며 '遼東'은 서한의 요동군을 가리키는데 그 치소는 오늘의 요양이다. 이제 위의 기록을 해석하면 다음과 같이 된다.

기원전 128년에 東夷에 소속되어 있는 예족의 '군장'인 南閭는 예족 백성 28만인을 거느리고 서한의 요동군에 투항하고 내속되었다. 이런 정황에서 서한의 무제는 그 땅으로 창해군을 설치했으나 3년 만에 그것을 취소하였다.

여기서 주목을 끄는 것은 예군남려가 서한의 요동군에 투항하기 이전에 고조선의 우거왕을 배반(畔右渠)했다고 쓴 부분이다. 왜냐하면 이것은 그 이전에 예군남려 등 28만인은 우거왕이 통치하는 고조선의 백성(혹은 신민)이었다는 것을 증명해 줄 수 있기 때문이다. 그 밖에 이 사실은 『후한서』濊傳에서 전문적으로 고조선의 역사를 서술한 부분에서 씌어있는데 이것은 역시 예군남려 등 28만인이 고조선(위만조선)의 백성이 옳았다는 것을 증명해주기에 손색이 없다(후술).

---

27) 『史記』권55, 留侯世家25 注 ; 『東北古史資料叢編』제1권, 遼瀋書社, 1989년판 217쪽.
28) 『現代漢語詞典』, 商務印書館, 1980년판, 844쪽 ; 『漢鮮文新玉篇』下, 寶文館, 10쪽.

아래에 예군남려 등 28만인이 고조선(위만조선)의 총인구 가운데서 차지하는 비율을 요해할 필요가 있다.

필자는 당시 고조선의 총인구에 대한 직접적인 통계 숫자를 갖고 있지 못하다. 그러나 간접적인 방법을 통하여 고조선의 인구를 추정해 볼 수 있다고 인정한다.

기원전 108~기원전 107년 사이에 한무제는 고조선을 멸망하고 거기에 낙랑·진번·임둔·현토 등 4군을 설치하였다. 그 후 기원전 82년에 한 소제는 4군을 비교적 큰 규모로 조정했는데 진번과 임둔의 두 개 郡을 취소하고 그것을 낙랑군과 현토군에 병합했던 것이다. 이것은 본래의 고조선이 한사군으로 변하였다가 다시 낙랑과 현토의 두 개 군으로 바뀌었다는 것을 의미한다. 그런데 『한서』 지리지에는 이 병합된 이후의 현토군과 낙랑군의 인구수가 기록되어 있는데 도합 628,593명(108,412호, 매호 평균 5.79명에 이른다)에 이르고 있다.[29] 이 수치는 그로부터 40여년 전인 기원전 128년경의 인구수와 크게 차이가 나지 않을 수 있다. 다시 말하면 기원전 128년경의 고조선 인구는 대체로 60여만 명에 이르렀을 것이라고 추정할 수 있다. 따라서 예군남려가 이끄는 28만인이 전체 고조선인구 가운데서 차지하는 비율은 45%에 이른다고 할 수 있다. 이것은 고조선 인구의 거의 절반에 이르는 사람들이 예족으로 이루어 졌다는 것을 증명해준다.

필자는 예군남려 등 28만인의 거주지역에 대하여 고찰할 필요가 있다고 인정한다. 왜냐하면 고조선 인구 가운데서 예족이 차지하는 비율을 보다 정확하게 이해하는데 도움을 줄 수 있기 때문이다.

예군남려 등 28만인의 거주지역에 대하여 학계에는 여러 가지 견해가 제기되었다. 첫째, 예군남려 등 28만인은 오늘의 강원도를 중심으로 한 동해안 지방에 거주해 있었다고 인정하는 견해이며, 둘째 예군남려 등

---

29) 『漢書』 권28, 地理志8 下 玄菟郡 樂浪郡조.

28만인 가운데는 고구려, 옥저 및 동예 등이 포함되어 있었다고 인정하는 견해이며, 셋째 오늘의 압록강 유역에 위치해 있었다고 인정하는 견해이며, 넷째 고조선과 西漢遼東郡 사이에 위치해 있었다고 인정하는 견해 등이 그것이다.

예군남려 등 28만인이 오늘의 강원도를 중심으로 거주해 있었다고 인정하는 견해는 당시의 역사사실에 부합되지 않을 가능성이 많다. 『한서』등 고서에 따르면 예군남려가 28만인을 거느리고 서한의 요동군에 투항한 것은 서한 무제의 元朔 元年, 즉 기원전 128년이다. 그런데 무제가 고조선을 멸망하고 그곳에 사군(한사군)을 설치한 것은 기원전 108~기원전 107년에 있은 일이다. 이것은 그보다 20년가량 이른 시기인 기원전 128년에 고조선은 아직 멸망하지 않고 여전히 존재해 있었다는 것을 증명해준다. 『사기』 조선열전에 따르면 당시 고조선의 수도는 '王儉'이었다. 王儉城의 위치에 대해서는 여러 가지 견해가 있지만 대체로 오늘의 平壤이라는 견해가 많다. 이럴 경우 당시의 고조선은 오늘의 평양을 중심으로 '方數千里'에 이르는 강역을 갖고 있었다는 것을 알 수 있다.30) 당시 서한의 요동군(치소는 오늘의 요양)과 동예(오늘의 강원도를 중심으로 한 동해안) 사이에는 '方數千里'에 이르는 고조선이 존재해 있는 것으로 된다. 이런 정황에서 예군남려 등 28만인의 거주지가 강원도를 중심으로 한 동해안지방에 있었다고 인정한다는 것은 무리가 아닐 수 없다. 왜냐하면 중간에 있는 고조선을 '배반'하고 서한의 요동군에 가서 '내속'된다는 것은 결코 쉬울 일이 아닐 것이기 때문이다.

그 밖에 『삼국지』 濊傳에 따르면 당시 강원도지방의 예(예맥)는 '戶二萬'31)에 불과했는바 1호에 평균 5명씩 있었다고 가정하면 그의 인구는 도합 10만 정도에 이른다. 이것은 예군남려가 이끄는 28만인에 겨우 3분

---

30) 『史記』 권115, 列傳55 朝鮮列傳 ; 『漢書』 권95, 열전65 朝鮮傳.

31) 『三國志』 권30, 魏書30 東夷 濊傳.

의 1을 조금 넘기는 정도에 불과한 것이다.

상술한 상황은 예군남려 등 28만인의 거주지역을 오늘의 강원도를 중심으로 한 동해안일대로 인정하는 견해는 당시의 역사사실에 부합되지 않는다는 것을 증명해준다.

필자는 또 예군남려 등 28만인 가운데는 고구려·옥저·동예 등이 포함되어 있었다고 인정하는 견해에 대해서도 잘 동의하지 않는다. 왜냐하면 그것은 주요하게 예군남려 등 28만인 가운데 맥족으로 이루어진 고구려가 포함되어 있었다면 그것은 필연적으로 예군남려 등 28만인(주로 예족일 것이다)의 민족구성 상황과 모순될 수 있기 때문이다. 압록강유역은 주로 고구려(맥족)의 활동 지역이었기 때문에 역시 예군남려 등 28만인의 거주지역으로 될 수 없다고 인정된다.

일부 학자들은 예군남려 등 28만인의 거주지역은 고조선과 서한 요동군 사이에 해당될 수 있다고 하는데 필자도 대체로 같은 생각을 갖고 있다. 특히 필자의 주목을 끄는 것은 일부 학자들이 동한시기에 부여의 남쪽으로부터 고구려의 북쪽에 이르는 지역, 즉 오늘의 輝發河유역과 (北上)松花江유역에는 분명히 고구려와 구별되는 '穢貊의 部落'이 존재했다고 인정한다는 사실이다.32) 만약 이런 견해가 사실에 부합된다면 그로부터 100여 년이나 이른 연대, 즉 서한이 창해군을 설치하던 때(기원전 128년)에도 상황은 크게 다르지 않았을 수 있는 것이다. 다시 말하면 기원전 128년경에도 부여의 남부 영역인 오늘의 휘발하유역과 (북상)송화강유역 일대에는 예맥족들이 분포되어 있었으리라는 것을 알 수 있다. 이것은 부여는 본래 '濊地' 혹은 '濊貊之地'였다고 쓴 『후한서』나 『삼국지』 부여전의 기록과 부합된다고 말할 수 있다. 특히 이것은 『册府元龜』에 부여국은 본래 '濊地'였으며 또 나라 안에는 '濊城'이라고 불리는 고성이 있었는데 본래는 '濊貊之城'이었다는 사실을 쓰고 나서 계속해서

---

32) 孫進己, 1989, 『東北民族源流』, 黑龍江人民出版社, 124쪽.

"漢武帝元朔元年 武帝以其地爲滄海郡 數年乃罷."[33]라고 쓴 기록과 잘 부합된다는 사실이 큰 주목을 끈다. 왜냐하면 그것은 예군남려가 이끄는 '28만인'의 예족집단은 대체로 부여의 남부 영역이라고 말할 수 있는 지방, 즉 오늘의 휘발하유역과 (북상)송화강유역을 포함한 지역에 거주해 있던 '濊貊部落'일 가능성이 많기 때문이다. 이곳은 넓은 평원지대이기 때문에 농업이 발전할 수 있었을 것인바 예군남려 등 28만인을 수용하는데 큰 문제가 되지 않았을 것이다. 이곳은 또 서한 요동군과 연계하거나 투항함으로서 그에게 '內屬'하는데 고조선의 방해를 받지 않았으며 거기에 존재하는 넓은 면적의 松花湖는 창해군이란 명칭이 나오게 된 자연배경이 되었을 수도 있는 것이다.

상술한 상황은 예군남려 등 28만인에 이르는 예족들은 결코 오늘의 강원도를 중심으로 한 조선반도 동해안지방의 예(예맥)와는 관련되지 않을 가능성이 많다는 것을 증명해준다. 그러나 강원도를 중심으로 한 동해안지방의 예(예맥)는 고조선에 부속되어 있었던 것만은 틀림없는 것 같다. 그것은 『후한서』예전에 "濊及沃沮 句麗 本皆朝鮮之地也."라고 쓴데 의하여 증명된다.[34]

이로부터 우리는 고조선 인구 가운데는 예군남려가 이끄는 28만인 이외에 또 오늘의 강원도를 중심으로 한 동해안 지방에 위치해 있던 예(예맥, 10만 명 정도)도 포함되어 있었다는 것을 알 수 있다. 이럴 경우에 고조선 인구(60여만 명)가운데서 예족이 차지하는 숫자는 능히 38만 명 정도에 이를 수 있으며 그 비율은 고조선 인구의 절반을 훨씬 넘게 되는 것이다.

이것은 예(예맥)와 고조선 사이에는 결코 아무런 연계도 없는 것이 아니라 매우 밀접하게 연계되어 있다는 것을 증명해 주기에 손색이 없다.

---

33)『册府元龜』권957, 外臣部 國邑一.
34)『後漢書』권85, 東夷 濊傳.

(2) 『後漢書』와 『三國志』 濊傳의 서술특징에서 본 濊(濊貊)와 古朝鮮의 관계

위에서 지적한바와 같이 『후한서』와 『삼국지』에는 다 같이 濊傳이 수록되어 있다. 주목을 끄는 것은 이 濊傳들의 서술형식이 독특한 특징을 갖고 있다는 점이다. 濊傳들에서는 먼저 예의 지리적 위치를 쓰고 난 후에 예와 관련된 기사를 계속해서 쓴 것이 아니라 많은 분량을 고조선의 역사를 서술하였다. 즉 여기에는 기자조선으로부터 시작하여 위만조선을 거쳐 한무제가 고조선을 멸망하고 사군(한사군)을 설치할 때까지의 전 역사를 서술하고 있는 것이다. 『후한서』예전은 도합 477자로 씌어 있는데 그 가운데 고조선 역사를 서술한 것이 147자나 된다. 여기서는 또 고조선이 멸망하고 한사군이 설치된 이후의 역사를 기록한 것도 100여자에 이르고 있다. 이리하여 『후한서』예전에서는 직접 혹은 간접적으로 고조선의 역사를 서술한 것이 250자로 濊傳의 총 글자 수(477자)에서 그가 차지하는 비율은 실로 52% 이상에 이르고 있다.

『삼국지』예전에서 고조선의 역사를 서술한 것은 도합 91자인데 그것이 濊傳(510자)에서 차지하는 비율은 17.8% 이상에 이른다.

그 밖에 마땅히 짚고 넘어가야 할 사실이 있다. 그것은 『후한서』와 『삼국지』에는 濊傳만 수록되어 있는 것이 아니라 고구려전과 동옥저전도 함께 수록되어 있다는 점이다. 『후한서』예전에 따르면 "濊及沃沮句麗 本皆朝鮮之地也"[35]라고 씀으로서 고구려와 옥저도 역시 강원도지방의 예(예맥)와 마찬가지로 고조선에 소속되어 있었다는 것을 증명해준다. 그럼에도 불구하고 고구려전과 동옥저전에서는 결코 고조선의 역사를 서술한 일이 없으며 유독 濊傳에서만 비교적 많은 편폭을 들여 고조선의 역사를 서술하고 있는 것이다. 이것은 큰 주목을 끌지 않을 수 없다.

---

35) 『後漢書』 권85, 東夷 濊傳.

『후한서』와 『삼국지』의 예전에서 상술한 바와 같은 특수상황이 나타
난 것은 결코 우연한 일이 아닐 것이다. 그것은 주요하게 강원도를 중심
으로 한 동해안지방의 예(예맥)와 고조선의 관계는 고구려나 옥저와 고
조선의 관계보다 훨씬 더 밀접했다는 것을 증명해 줄 가능성이 많다. 이
런 상황에 비추어 일부 학자들은 濊는 古朝鮮族이라고 인정하고 있다.[36]
이런 견해는 일정하게 도리가 있으나 역시 일부 문제도 남아있는 것이
사실이다. 위에서 지적한바와 같이 예는 예맥이라고 불리고 있었다. 즉
양자는 하나의 대상을 가리키는 동의어로 사용되고 있었다. 그런데 『사
기』나 『한서』 등 고서에 따르면 예맥과 조선이 병칭되어 씌어있는 경우
(예맥·조선)가 비교적 많다. 만약 예(예맥)가 고조선족이라면 결코 이런
서술형식은 있을 수 없을 것이다. 그 밖에 또 상술한바와 같이 『사기』와
『한서』의 조선전은 전문적으로 고조선 역사를 서술한 전기임에도 불구
하고 거기에 예(예맥)와 관련되는 기사가 전혀 존재하지 않는 것도 역시
하나의 큰 모순이 아닐 수 없다. 필자는 이런 문제는 앞으로 계속 연구
될 필요가 있다고 인정한다.

오늘의 강원도를 중심으로 한 동해안 지방의 예(예맥)가 고조선의 다
수 주민 가운데의 한 개 성원을 이루고 있은 것만은 틀림없는 것 같다.
그러나 예(예맥)와 고조선은 결코 하나의 같은 대상을 가리키는 동의어
는 아니었던 것으로 보인다.

고조선이 멸망하는 전후시기에 예군남려 등 28만인을 포함한 보다 넓
은 지역에 분포되어 있던 예(예맥)는 여러 고서 가운데서 점차 자취를
감추게 되었다. 그러나 강원도를 중심으로 한 동해안 지방에는 계속하여
예(예맥)인들의 집단 거주지가 남아 있었다. 그들은 한 때 낙랑동부도위
의 관할 하에 놓여 있다가 후에는 고구려에 예속되면서 그와의 융화도
크게 촉진되었다. 『삼국지』 濊傳에 "其耆老自謂與句麗同種 … 言語法俗

---

36) 李址麟, 『古朝鮮研究』 제3장 제1절, 白山資料院, 47·51쪽.

大抵與句麗同 衣服有異."37)라고 쓴 것은 이런 상황을 반영한 것일 수 있다. 그럼에도 불구하고 강원도지방의 예(예맥)는 오래도록 본신의 특점을 잃지 않으면서 상대적인 독립성을 보전하고 있었던 것으로 보인다. 바로 이런 상황에 의거하여 『후한서』와 『삼국지』에서는 따로 예전을 설정하고 그의 '역사연혁'을 밝히는 각도로부터 출발하여 많은 편폭을 들여 고조선의 전 역사를 서술했을 가능성이 많은 것이다.

2. 貊, 濊貊과 高句麗의 관계

이미 위에서 간단히 언급한바와 같이 선진시기의 고서 가운데는 貊과 연관되는 기사가 비교적 많이 나온다. 또 진한 이후, 특히 기원 이후시기를 반영하는 고서 가운데도 맥과 연관되는 기사들은 적잖게 발견된다.

맥에 대하여 학계에는 크게 두 가지 견해가 있다. 첫째는 하나의 단일민족으로 보는 견해이고, 둘째는 고대 중국의 북방에 위치해 있는 여러 민족들에 대한 범칭으로 인정하는 견해이다. 이런 문제는 본문이 추구하는 주요목적이 아니며 또 지나치게 복잡함을 느끼기 때문에 다른 기회에 미루고 본문에서는 취급하지 않는다.

본문에서는 기원 이후 시기의 맥, 예맥과 고구려의 관계만을 서술한다. 맥과 고구려는 같은 대상을 가리키는 동의어로 사용되고 있었다. 그러나 『후한서』 등 고서에 따르면 예맥과 고구려는 같은 대상을 가리키는 경우와 두 개의 대상을 가리키는 경우가 다 같이 존재했는바 후자는 강원도를 중심으로 한 동해안지방의 예(예맥)를 가리킨다는 것을 알 수 있다. 크게 두 개 방면으로 나누어 필자의 의견을 제출하면 다음과 같다.

---

37) 『三國志』 권30, 魏書30 東夷 濊傳. 『后漢書』 濊傳에 대체로 같은 내용이 씌어있다.

1) 貊과 高句麗의 관계

(1) 『漢書』 王莽傳에 대한 분석

『한서』 王莽傳 始建國 四年(12년)조에 다음과 같이 썼다.

> "先是 莽發高句驪兵 當伐胡 不欲行 郡强迫之 皆亡出塞 因犯法爲冠 遼西大
> 尹田譚追擊之 爲所殺 州郡歸咎于高句驪侯騶 嚴尤奏言 貉人犯法 不從騶起 正
> 有它心 宜令州郡且慰安之 今猥被以大罪 恐其遂畔 夫餘之屬必有和者 匈奴未克
> 夫餘 穢貉複起 此大憂也 莽不慰安 穢貉遂反 詔尤擊之 尤誘高句驪侯騶至而斬
> 焉 傳首長安 莽大說 下書曰 酒者 命遣猛將 共行天罰 … 今年刑在東方 誅貉之
> 部先縱焉 捕斬虜騶 平定東域 … 其更名高句驪爲下句驪 佈告天下 令咸知焉.
> 於是 貉人愈犯邊"[38]

위의 기록에서 먼저 '先是'가 어느 연대에 해당하는가를 천명할 필요
가 있다. 왕망은 始建國 元年, 즉 9년에 신왕조를 건립했는데 '先是'는
始建國 四年조에 기록되어 있다. 이로부터 '先是'는 始建國 元年(9년)부
터 始建國 四年(12년) 이전까지 시기에 해당한다는 것을 알 수 있다. 바
로 이 시기(9~12년)에 왕망과 고구려 사이에 모순충돌이 일어났던 것으
로 보인다. 이제 위의 기록을 분석하면 대체로 다음과 같은 것을 알 수
있다.

첫째, 왕망의 동원령을 어긴 것은 '高句驪兵'이었으며 이 사건과 관련
하여 州와 郡(幽州와 玄菟郡)에서는 '高句驪侯騶'에게 책임이 있다고 인
정하였다. 그런데 嚴尤는 왕망에게 올리는 『奏言』에서 "맥인이 법을 어
긴 것은 騶로부터 일어난 것이 아니다"(貉人犯法 不從騶起)라고 말함으
로서 위에서 제기한 '高句驪兵'과 '高句驪侯 騶'가 '맥인'으로 바뀌고 있
는 것이다.

둘째, 왕망이 엄우의 『주언』을 받아들이지 않고 위안하지 않은 것(不

---

38) 『漢書』 권99, 王莽傳.

慰安)은 분명히 '고구려후 추'였다. 그런데 그 결과 왕망을 반대하여 궐기한 것은 결코 고구려후 추를 포함한 고구려가 아니라 '예맥'이었다(穢貉遂反).

셋째, 왕망이 詔書로 엄우에게 명령하여 격파하게 한 것은 분명히 '예맥'이었다. 그런데 엄우가 격파한 것은 '예맥'인 것이 아니라 '고구려후 추'를 유인하여 참수하고 그의 首級을 長安에 보냈다.

넷째, 왕망은 엄우가 보낸 '고구려후 추'의 수급을 받고 크게 기뻐하면서(大說 혹은 大悅) 동쪽의 '貉之部'를 처벌하여 이 지역을 편안하게 하고 '高句驪'의 명칭을 '下句驪'로 바꾸고 그것을 천하에 반포하여 모두 다 알게 하라고 명령하였다. 그 결과 타격을 받은 것은 물론 고구려(맥을 포함)였을 것이다. 그런데 『한서』 왕망전에서는 고구려에 대해서는 전혀 언급함이 없이 다만 맥인들이 변경을 침범하는 활동이 더 심해졌다(於是貉人愈犯邊)고만 쓰고 있다.

『한서』 왕망전은 왕망과 고구려의 관계를 서술하는 과정에서 '高句麗兵'·'高句驪侯 騶'·'貉人'·'穢貉'·'貉之部'·'高句驪' 등 명사에 대하여 구별해서 쓴 것이 아니라 혼용해서 서술하고 있는 것이다. 그러면서도 이런 상황에 대하여 아무런 설명도 진행하지 않고 있으며 매우 자연스러운 것으로 인정하고 있으니 주목을 끌지 않을 수 없다. 이것은 따로 논술하게 될 『후한서』나 『삼국지』 등 고서의 유관기사와 연계시키면서 고려하면 고구려와 맥 및 예맥은 결코 서로 다른 대상을 가리키는 것이 아니라 하나의 같은 대상을 가리킨다는 것을 증명해 줄 가능성이 많다. 그러나 『한서』 왕망전에서 貊(貉)과 濊(穢)는 명확하게 구별됨으로서 양자는 결코 같은 대상을 가리키는 것이 아니라 두 개의 서로 다른 대상을 가리킨다는 것을 증명해준다. 그것은 이 책 始建國 三年條(10년)에 "誅貉將軍陽俊 討穢將軍嚴尤 出漁陽."이라고 쓴데서 증명된다.[39]

---

39) 『漢書』 권99, 王莽傳 始建國 2년조.

(2) 『後漢書』를 통해 본 貊과 高句麗의 관계

『후한서』에는 고구려와 맥은 다른 두 개 대상을 가리키는 것이 아니라 같은 대상을 가리키는 동의어라는 것을 증명할 수 있는 기록이 비교적 많다. 아래에 몇 가지 예를 들어 설명하면 다음과 같다.

1) 『後漢書』 光武帝紀의 "遼東徼外貊人"

『후한서』 光武帝紀에 따르면 建武 "二十五年春正月 遼東徼外貊人寇右北平 漁陽 上谷 太原 遼東太守蔡肜招降之."라고 썼다.[40]

건무는 東漢 光武帝의 연호이며 建武二十五年은 49년이다. '徼'는 '塞'와 같은 뜻을 나타내는 바 '遼東徼外'는 동한 요동군의 변경 밖을 가리킨다.[41] 이제 위의 기록을 해석하면 49년에 요동군 변경 밖에 있는 '貊人'들이 右北平·漁陽·上谷 등을 공격했다는 뜻으로 풀이된다. 여기서 주목을 끄는 것은 '맥인'이 과연 누구를 가리키는가를 해명하는 문제이다. 필자는 이 맥인을 고구려라고 인정한다. 그의 이유는 다음과 같다.

첫째 동한시기의 요동군은 대체로 오늘의 遼河중하류 유역 이동의 요동반도와 압록강하류 유역을 포함한 지역에 위치해 있었다고 말할 수 있다.[42] 바로 이 요동군의 변경 밖에 있는 '맥인'들이 우북평·어양·상곡 등(모두 오늘의 북경부근에 있었다)을 진공하였다면 그것은 고구려일 가능성이 크다.

둘째 위의 기록에서 알 수 있는 바와 같이 『후한서』 광무제기에는 "建武二十五年 春正月 遼東徼外貊人寇右北平 漁陽 上谷"이라고 썼다. 이와 같은 연대(建武二十五年春)에 발생한 동일한 사건에 대하여 『후한서』

---

40) 『後漢書』 권1 下, 光武帝紀 建武 25년조.
41) 『中國正史朝鮮傳』 譯註一, 國史編纂委員會, 1987년판, 20쪽, 鄣塞·23쪽 遼東外徼를 참조.
42) 『簡明中國歷史地圖集』, 中國地圖出版社, 1991년판, 19~20쪽, 東漢시기전도.

고구려전에서는 "句驪寇右北平 漁陽 上谷 …"이라고 씀으로서 '遼東徼
外貊人'이 '句驪'로 바뀌어 있다. 필자는 이미 다른 곳(高句麗國號考－高
句麗와 句麗의 관계를 중심으로)에서 '句麗'는 '高句麗'에 대한 약칭이라
는 것을 논증한 바 있다. 이럴 경우에 『후한서』 광무제기에 씌어 있는
'遼東徼外貊人'은 『후한서』 고구려전의 '高句驪'라는 것을 증명해준다.

셋째 기원 40년에 '遼東徼外貊人'들이 '右北平' 등을 공격한 사실이
『삼국사기』 고구려본기 모본왕 2년조에 "遣將襲漢北平 漁陽 上谷 太原
而遼東太守蔡彤以恩信待之 乃復和親"이라고 나와 있다.[43] 모본왕은 고
구려 제5대 왕이며 모본왕 2년은 49년이다.[44] 이것은 『후한서』 광무제
기에 씌어 있는 '遼東徼外貊人'은 고구려를 가리킨다는 것을 증명해주는
또 하나의 증거로 되기에 손색이 없다.

2) 『後漢書』 和帝紀의 '高句驪'와 '貊人'

『후한서』 和帝紀에 따르면 元興 元年 春正月, "高句驪寇郡界 … 秋九
月 遼東太守耿夔擊貊人 破之."라고 썼다.[45]

한편 『삼국사기』 고구려본기에는 太祖王 "五十三年春正月 … 王遣將
入漢遼東 奪略六縣. 太守耿夔出兵 拒之 王軍大敗. 秋九月 耿夔擊破貊人."
이라고 쓰고 있다.[46]

元興은 東漢 和帝의 연호이며 원흥 원년과 고구려 태조왕 53년은 다
같이 105년이다. 이제 위의 두 기록을 같이 연계시켜 고려하면 105년에
요동군태수인 耿夔는 전후 두 차례에 걸쳐 고구려와 싸워 이겼다. 즉
'春正月'에는 고구려의 진공을 물리치는데 성공하였고 '秋九月'에는 주

---

43) 『三國史記』 권14, 高句麗本紀2 慕本王 2년조.
44) 『朝鮮史年表』, 朝鮮과학원, 1957년판, 16쪽, 부록 3쪽.
45) 『後漢書』 권4, 和帝紀, 元興원년조.
46) 『三國史記』 권15, 高句麗本紀3 太祖王 53년조.

동적으로 군사를 동원하여 '맥인'을 격파했던 것이다. 상술한 『후한서』
와 『삼국사기』의 기록은 비록 詳略의 차이가 있기는 하지만 실제상 같
은 연대에 발생한 동일한 사건을 기록한 것이다. 또 이해 봄가을에 일어
난 두 차례의 전투는 서로 아무 연계도 없이 일어난 것이 아니라 인과관
계에 의하여 밀접히 연계되어 있을 가능성이 많다. 다시 말하면 이 해
가을에 경기가 '맥인'을 격파한 것은 그 해 봄에 '고구려'가 요동군을
공격한데 대한 복수전이라고 말할 수 있다. 따라서 경기가 싸워 이긴
'고구려'와 '맥인'은 결코 서로 다른 대상을 가리키는 것이 아니라 같은
한 나라, 즉 고구려(맥인)를 가리킬 가능성이 많다.

3) 『後漢書』 東夷傳 서언 가운데 나오는 '貊人'

『후한서』 東夷傳 서언에는 "王莽簒位 貊人寇邊 建武之初 復來朝貢."
이라고 쓴 기사가 있다.[47]

이 기사에 따르면 왕망 때 신왕조의 변경을 노략질 했거나 그 후 동한
에 와서 조공을 바친 것은 모두 '맥인'인 것으로 서술되어 있다. 따라서
이 '맥인'이 누구를 가리키는가를 천명하는 것은 매우 필요한 일이다.

먼저 위의 기사 가운데의 전반부, 즉 "王莽簒位 貊人寇邊"에 대하여
알아보기로 한다. 이것은 위에서 소개한바 있는 『한서』 왕망전의 서술
내용과 밀접히 연계시켜 고려하면 여기에 나오는 '맥인'은 고구려 사람
들을 가리킨다는 것을 쉽게 알 수 있다.

다음으로 위의 기사의 후반부(建武之初 復來朝貢)에 대하여 설명하기
로 한다. '建武'는 東漢 光武帝의 연호로서 25년부터 56년 사이에 존재
했는데 '建武之初'는 25년 이후 수년 사이에 해당한다. 위의 기사를 해
석하면 '建武之初'에 이전에 동한의 변경을 노략질 한 일이 있는 '맥인'

---

47) 『後漢書』 권85, 東夷傳 序.

들이 다시 동한에 와서 '조공'을 바침으로서 화친을 회복했다는 뜻으로
풀이된다.

  이(같은 연대, 같은 사실)에 대하여 『후한서』고구려전에는 "建武八年
(32년 – 필자) 高句驪遣使朝貢 光武復其王號"라고 썼으며 『삼국지』고구
려전에는 "漢光武帝八年(32년 – 필자) 高句驪遣使朝貢 始見稱王."이라고
쓰고 있다. 또 『삼국사기』고구려본기에는 (大武神王) "十五年(32년 – 필
자) … 遣使入漢朝貢 光武帝復其王號 是立(建)武八年(32년 – 필자)也"라
고 쓰고 있다.[48]

  이제 위의 여러 고서 기록들을 서로 연계시키면서 고려하면 『후한서』
동이전 서언 가운데 나오는 '맥인'은 고구려를 가리키며 또 32년(建武之
初)에 동한에 와서 '조공'을 바친 '맥인'들은 고구려 제3대 대무신왕이
파견한 사신이었다는 것을 잘 알 수 있다. 이것은 고구려와 맥은 결코
서로 다른 대상을 가리키는 것이 아니라 같은 대상을 가리킨다는 것을
증명해주는 좋은 증거로 된다.

4) 『後漢書』高句驪傳을 통해 본 高句麗와 貊의 관계

  『후한서』고구려전은 고구려를 맥이라고도 불렀다는 것을 증명해주
는 가장 직접적인 자료이다. 먼저 유관기사를 소개하고 필자의 분석을
진행하면 다음과 같다.

  (1) 『後漢書』高句驪傳: "句驪 一名貊耳 有別種 依小水爲居 因名曰小水貊 出
      好弓 所謂貊弓是也."[49]
  (2) 『三國志』高句麗傳: "勾麗作國依大水而居 西安平縣北有小水南流入海 句麗
      別種依小水作國 因名之爲小水貊 出好弓 所謂貊弓是也."[50]

---

48) 『後漢書』권85, 東夷 高句驪傳 ; 『三國志』권30, 魏書30 東夷 高句麗傳 ; 『三國
    史記』권14, 高句麗本紀2 大武神王 15년조.
49) 『後漢書』권85, 東夷 高句驪傳.

'句驪'(句麗)는 고구려에 대한 약칭이다. '小水'는 위의 기록 (2), 즉『삼국지』고구려전에 따르면 西安平縣 북쪽에서 남쪽으로 흘러 바다로 들어가는 강을 가리킨다. '小水'가 구체적으로 오늘의 어느 강인가에 대해서는 앞으로 다른 기회를 통하여 논술하기로 한다. 서안평현은 한 요동군의 속현으로 오늘의 丹東 부근에 위치해 있었다. '大水'는 馬訾水로 오늘의 압록강을 가리킨다.

이제 위의 기록 (1)과 (2)를 연계시키면서 분석하면 다음과 같이 말할 수 있다.

高句麗(句麗)는 맥이라고도 부르는데 '대수', 오늘의 압록강유역에 거주하고 있었다. 또 고구려에 別種이 있었는데 그들은 '소수' 유역에 거주하고 있었기 때문에 이름을 '小水貊'이라고 불렀다. 따라서 '대수'유역에 거주하고 있은 고구려(구려)는 당연히 '맥'이라고 부르는 외에 또 '대수맥'이라고 불렀으리라는 것을 추정할 수 있다. 그 밖에 이곳에서 만든 활이 '貊弓'이란 이름으로 동한이나 위나라에까지 알려졌다는 사실은 역시 고구려를 맥 혹은 대수맥으로도 불렀으며 그의 별종을 소수맥으로 부른 것과 관련되었을 가능성이 많다.

『후한서』고구려전에는 또 다음과 같이 썼다.

"建光元年(121년 - 필자) … 遂成 … 攻玄菟 遼東 焚城郭 殺傷二千餘人 於是發廣楊 漁陽 右北平 涿郡屬國三千餘騎同救之 而貊人已去."[51]

위의 기사는 중간에 씌어있는 '於是'를 중심으로 그 앞부분은 121년에 遂成이 거느리는 高句麗軍이 현토군 등을 공격한 상황을 서술한 것이고 뒷부분은 동한정부에서 廣陽(오늘의 북경부근) 등지로부터 '三千餘騎'를 동원하여 원군을 보낸 상황을 쓴 것이다. '而' 이후의 부분은 동한

50)『三國志』권30, 魏書30 東夷 高句麗傳.
51)『後漢書』권85, 東夷 高句驪傳.

의 원군이 현지에 이르렀을 때 이미 그곳을 떠나간 것은 틀림없이 수성이 이끄는 고구려군인 것이다. 그럼에도 불구하고 『후한서』고구려전에는 "高句驪軍已去" 혹은 "遂成已去"라고 쓴 것이 아니라 "貊人已去"라고 쓰고 있으니 주목을 끌지 않을 수 없다. 이것은 '맥인'과 '고구려'는 서로 다른 대상을 가리키는 것이 아니라 하나의 대상을 가리킨다는 것을 증명해 주는 또 하나의 증거가 되기에 손색이 없다.

상술한 일련의 사실은 『후한서』는 비교적 풍부한 자료적 근거에 의거하여 고구려와 맥은 하나의 같은 대상을 가리킨다는 것을 훌륭히 증명해 주고 있다는 것을 알게 한다.

2) 濊貊과 高句麗의 관계

위에서 논증한 바와 같이 고구려와 맥은 같은 대상을 가리키는 동의어로 사용되고 있었다. 그러나 고구려가 건립된 이후 200~300년 사이에 『후한서』나 『삼국지』 등 고서에 나타나는 고구려와 예맥의 관계는 이중성격을 갖고 있었다. 첫째, 고구려와 예맥은 같은 대상을 가리키는 것으로 고구려는 예맥으로도 불려왔던 것이다. 둘째, 고구려와 예맥은 두 개의 서로 다른 대상을 가리켰다. 이럴 경우에 예맥은 강원도 지방의 동예를 가리켰는바 고구려와의 사이에는 상대적인 '독립'상태에 놓여 있었던 것이다. 아래에 두 개 방면으로 나누어 그 상황을 서술하면 다음과 같다.

(1) 濊貊과 高句麗가 같은 대상을 가리키는 경우

고구려와 예맥이 같은 대상을 가리킨다는 것은 우선 『한서』왕망전에서 표현되고 있다. 이에 대해서는 위에서 설명한바와 같기 때문에 여기서 다시 중복하지 않는다.

고구려와 예맥이 같은 대상을 가리킨다는 것은 『후한서』에서 보다 명확하게 표현된다. 몇 가지 예를 들어 설명하면 다음과 같다.

1)『후한서』安帝紀에 따르면 다음과 같이 썼다.

(建光元年) "夏四月 穢貊復興鮮卑寇遼東 遼東太守蔡諷追擊 戰沒"[52]

建光은 東漢 安帝의 연호이며 建光 元年은 121년이다. 위의 기록은 121년 여름(夏四月)에 '예맥'과 鮮卑가 연합하여 동한의 요동군을 공격할 때의 상황을 기록한 것이라는 것을 알 수 있다. 여기서 주목을 끄는 것은 '예맥'이 누구를 가리키는가를 해명하는 문제이다. 이 문제를 해결하기 위해서는 이 전쟁(121년 여름 동한 요동대수인 蔡諷이 '戰沒'한 전투)에 대하여 다른 고서들에서는 어떻게 기록되어 있는가를 조사할 필요가 있다.

이 전쟁에 대하여『후한서』고구려전에서는 "夏 復與遼東鮮卑八千餘人攻遼隊 … 蔡諷等追擊於新昌 戰沒"이라고 썼다.[53] 여기에서 주목을 끄는 것은 선비와 연합하여 동한을 공격한 주어가 생략되어 있다는 점이다. 그러나 여기서는 주어가 없어도 그것이 누구를 가리키는가를 쉽게 알 수 있는 것이다. 왜냐하면 즉 121년(건광 원년)의 봄(春 혹은 春正月)의 전투에서 동한군을 반대하여 싸운 것은 遂成이 이끄는 고구려군(선봉은 穢貊渠師)이었기 때문에, 그 이후에 계속되는 여름 전투에서 따로 주어가 없을 경우에 필연적으로 위의 주어인 고구려군이 그것을 대체하게 되기 때문이다. 또 이 전투에 대하여『삼국사기』고구려본기 태조왕조에는 "夏四月 王與鮮卑八千人 往攻遼隊縣 遼東太守蔡諷 … 戰沒"[54]이라고 씀으로서 東漢 遼東郡을 공격한 주어가 고구려 제6대 태조왕이라는 것이 명확하게 표시되어 있다. 그 밖에『삼국지』고구려전에 따르면 이

---

52)『後漢書』권5, 安帝紀 建光 원년조.

53)『後漢書』권85, 東夷 高句驪傳.

54)『三國史記』권15, 高句麗本紀3, 太祖王 69년조.

시기의 전투에 대하여 "至殤安之間 勾麗王宮數寇遼東"[55]이라는 몇 글자
로 개괄하여 쓰고 있다. '殤安之間'은 동한의 殤帝와 安帝의 재위기간을
가리키는 것인데 106년부터 125년 사이이다. '句麗王宮'은 고구려 제6대
태조왕을 가리킨다. 이제 위의 기사를 해석하면 106년부터 125년 사이
에 고구려 태조왕은 여러 차례에 걸쳐 동한의 요동군을 공격했다는 뜻으
로 풀이된다. 이 가운데는 물론 121년 여름에 동한의 요동군을 공격함으
로써 채풍을 전사하게 한 전투가 포함되어 있는 것은 더 말할 필요도
없다.

이 기초 상에서 상술한 여러 고서 기록들을 밀접히 연계시켜 문제를
고찰하면 다음과 같은 사실에 주목하게 된다. 그것은 121년 여름에 동한
요동군을 공격한 주어가 『후한서』안제기에서는 예맥과 선비의 연합군
으로 되어 있으나 『후한서』와 『삼국지』의 고구려전 및 『삼국사기』고구
려본기 등 여러 고서에는 다 같이 고구려(혹은 태조왕)와 선비의 연합군
으로 되어 있다는 사실이다. 이것은 상술한 「안제기」에 씌어있는 '예맥'
은 분명히 고구려를 가리킨다는 것을 증명해 준다.

이것은 또 고구려와 예맥은 결코 서로 다른 대상을 가리키는 것이 아
니라 같은 대상을 가리키는 동의어로 사용되고 있었다는 것을 증명해 주
기에 손색이 없다.

2) 『후한서』 고구려전에 따르면 다음과 같은 기록이 있다.

> "明年 遂成還漢生口 詣玄菟降. 詔曰遂成等桀逆無狀 當斬斷葅醢 以示百姓
> 幸會赦令 乞罪請降. 鮮卑 濊貊連年寇鈔 驅略小民 動以千數 而裁送數十百人 非
> 向化之心也 … 遂成死 子伯固立. 其後濊貊率服 東垂少事."[56]

위의 기사 가운데서 '明年'은 安帝의 建光 元年의 다음 해, 즉 延光

---

55) 『三國志』 권30, 魏書30 東夷 高句麗傳.
56) 『後漢書』 권85, 東夷 高句驪傳.

元年으로 122년이다.57) '遂成'은 121년에 태조왕(궁)의 뒤를 이어 왕위를 계승했는데 고구려 제7대 次代王(遂成)이다. 위의 기사는 122년에 새로 왕위를 계승한 차대왕(수성)이 이전에 진행된 여러 차례의 전투에서 붙잡아간 포로(生口)들을 동한에 돌려보낸데 대하여 안제가 '詔書'를 내린 상황을 서술한 것이다. 이 조서의 내용을 통해 우리의 주목을 끄는 것은 "鮮卑 穢貊連年寇鈔" 가운데의 예맥이 누구를 가리키는가를 해명하는 문제이다. 필자는 이 예맥은 고구려를 가리킨다고 인정한다. 그것은 조서 가운데 나오는 "鮮卑 穢貊連年寇鈔"라고 쓴 것은 안제가 고구려 제7대 수성왕의 '포악무도함'을 꾸짖으며, 붙잡아 간 포로보다 돌려보낸 포로가 지나치게 적다는 것을 이유로 삼아 그(수성)는 결코 "교화를 받으려는 마음가짐이 아니다."라고 질책하는 가운데서 나온 말이기 때문에 '예맥'이 고구려를 가리킨다는 것은 매우 당연한 일이다. 다음으로 위에서 설명한 바와 같이 建光 元年, 즉 121년의 봄, 여름, 겨울의 선후 3차례에 걸쳐 동한의 요동군을 진공한 것은 모두 高句麗와 鮮卑의 연합군이었다. 그 밖에 또 『후한서』 안제기에 따르면 일찍(元初 5년 118년) "夏六月 高句驪與穢貊寇玄菟."라고 썼고 또 延光元年(122년 - 필자) "春二月 夫餘王遣子將兵救玄菟 擊高句驪 馬韓 穢貊 破之."라고 쓴 기록이 있다.58)

상술한 상황은 태조왕(궁)이 사망하고 차대왕(수성)이 왕위를 계승한 시기를 중심으로 그 전후시기에 요동군 등 동한의 군현에 대하여 노략질한 寇鈔는 주요하게 고구려와 선비연합군이거나 혹은 고구려와 예맥연합군이었다는 것을 알게 한다. 그럼에도 불구하고 안제의 조서 가운데는 "高句麗 鮮卑連年寇鈔"라고 쓰거나 혹은 "高句驪 穢貊連年寇鈔."라고 쓴 것이 아니라 "鮮卑 穢貊 連年寇鈔."라고 씀으로써 고구려를 예맥으로 바

---

57) 『中國歷史年代簡表』, 文物出版社, 1975년판, 67쪽.
58) 『後漢書』 권5, 孝安帝紀5 元初五年 延光元年條.

꾸어 놓고 있는 것이다. 다시 말하면 안제의 조서 가운데 나오는 '예맥'은 분명히 고구려를 가리킨다고 보아야 할 것이다. 이것은 나라의 최고 통수자로서 황제의「조서」가운데 씌어 있다는데서 더욱 중요한 의의가 있다.

『후한서』고구려전은 계속해서 수성이 사망하고 伯固(고구려 제8대 新大王)가 즉위한 사실을 쓰고 나서 "其後濊貊率服 東垂少事."라고 기록했는데 여기에 나오는 '예맥'이 고구려를 가리킨다는 것은 추호도 의심할 바가 없다.

상술한 사실은『한서』왕망전과『후한서』등 고서에 나오는 고구려와 예맥은 결코 다른 두 개의 대상을 가리키는 것이 아니라 하나의 대상을 가리킨다는 것을 증명해 준다. 이것은 필연적으로 맥(고구려)과 예맥도 역시 같은 대상에 대한 동의어로 될 수 있다는 것을 증명해준다.

주목을 끄는 것은 위에서 지적한 바와 같이 예와 예맥이 같은 대상을 가리키는 동의어로 사용되는 정황이 있었는데, 여기서도 맥(고구려)과 예맥이 역시 같은 대상을 가리키는 동의어로 사용되는 경우가 있는 점이다. 그러나 濊와 貊이 같은 대상을 가리키는 동의어로 사용된 예는 그 어디에서도 찾아볼 수 없는 것이다. 이런 이유로 일부 학자들은 예와 맥은 다른 두 개의 단일민족이라는 것을 인정하지만 예맥에 대해서는 다르다. 즉 예맥은 하나의 단일민족이 아니라 예와 맥을 같이 합하거나 심지어 그보다 더 많은 민족을 합한 여러 민족들에 대한 범칭(혹은 복합명칭)이라고 인정한다.[59] 필자는 이런 견해에 대체로 동감을 표한다. 그 이유는 다음과 같다.

첫째,『管子』小匡篇에 따르면 대체로 기원전 7세기 이전부터 예와 맥은 오늘의 大凌河 이동의 지역에 분포되어 있었음을 알 수 있다. 두

---

59) 孫進己, 1989,『東北民族源流』, 黑龍江人民出版社, 114~125쪽 ;『中國正史朝鮮傳』譯注 -, 國史編纂委員會, 1987년판, 277~278쪽.

민족은 서로 인근 지역에 인접해 있거나 심지어 한 지역 안에 잡거해 있었을 가능성도 없지 않다. 이렇게 오랜 시간을 함께 지내는 동안 경제와 문화 등 각 방면에서 접촉과 교류가 활발히 진행되면서 상호간의 융화도 크게 추진되었으리라는 것은 의심할 나위가 없다. 『후한서』와 『삼국지』의 예전에 따르면 濊의 노인들은 자기들은 예로부터 고구려(맥)와 같은 종족이었다고 했으며, 또 예의 언어와 풍속이 고구려와 대동소의하다고 쓴 사실60)은 이런 견해가 옳다는 것을 증명해 준다.

이와 같이 예와 맥은 인근 지역에 인접해 있었으며 따라서 상호간의 융화도 크게 추진되었다. 이런 상황에서 기원전 3~2세기에 『사기』와 『한서』 등 고서에는 처음으로 예와 맥을 합하여 부르는 예맥이란 새로운 명칭(범칭)이 출현했으며 뒤이어 예를 예맥으로 부르는 기사들이 출현하였다. 그 후 기원 이후에 『한서』 왕망전에서 시작하여 『후한서』 등 고서에는 또 맥을 예맥으로 부르는 기사들이 나타나게 되었던 것이다.

둘째, 고대 중국의 동쪽에 위치해 있던 여러 민족들을 같이 합하여 '東夷'라고 총칭하였다. 동이 가운데 한 갈래로 濊貊系가 있었으며 예맥계는 다시 예와 맥 등의 민족으로 나뉘어 있었다. 이로부터 우리는 濊貊은 濊와 貊을 같이 합한데 대한 범칭(복합명칭)이라고 말할 수 있으며 거꾸로 예와 맥은 예맥의 분지였다는 것을 말할 수 있는 것이다. 이런 상황이 예를 예맥, 또 맥(고구려)을 예맥이라고도 부르게 되었으며 예맥은 구체적인 상황에 따라 예 혹은 맥으로 다르게 불리게 된 원인이라고 생각된다.

東夷 가운데는 한반도 남부에 위치해 있는 '韓'이 있었다. 韓은 다시 馬韓(50여 개 국), 辰韓(12개 국), 弁韓(12개 국)으로 나뉘어 있었는바 이들은 분명히 한의 분지였다. 이럴 경우에 한은 단일민족을 말하는 것이 아니라 마한, 진한과 변한 등 3개 민족을 합한 여러 민족에 대한 泛稱(統

---

60) 『後漢書』 권85, 東夷 濊傳 ; 『三國志』 권30, 魏書30 東夷 濊傳.

稱)일 수 있는 것이다.

그런데 『삼국지』와 『후한서』에 따르면 범칭에 해당하는 '한'과 분지에 해당하는 '마한'·'진한'·'변한'은 서로 엄격히 구별되면서 서술되는 것이 아니라, 같은 대상을 가리키면서 혼용되는 경우가 적지 않다. 예를 들면 『삼국지』 韓傳은 맨 첫 부분에서 韓의 위치와 그것이 '三種'으로 나뉘어져 있다는 사실을 간단히 서술(44자)하고 나서 계속해서 마한·진한·변진(韓)의 순서에 따라 그의 대부분 내용을 서술하고 있는 것이다. 그런데 필자가 조사한데 따르면 이 책에서 '마한'을 서술하는 부분에 씌어있는 민족명칭 가운데서 '마한'으로 쓰인 것은 겨우 한 곳이 있을 뿐이며 그 나머지는 모두 '한' 관련 명칭(13곳, 韓地·韓王·韓人·韓國·韓濊·諸韓國)이 나오고 있는 것이다. 또 같은 책에서 '변진'을 서술하는 부분에는 "國出鐵 韓 濊 倭皆從取之"라고 쓴 기록이 있다. 이 같은 사실에 대하여 『후한서』 한전의 '진한' 서술에서는 "國出鐵 濊 倭 馬韓並從市之"라고 씀으로서 『삼국지』에서의 '韓'이 『후한서』에서는 '馬韓'으로 바뀌고 있는 것이 주목된다.

그 밖에 『삼국지』 한전에 인용된 『위략』에는 다음과 같은 기록이 있다.

"至王莽地皇時 廉斯鑡爲辰韓右渠師 聞樂浪土地美 人民饒樂 亡欲來降. 出其邑落 見田中驅雀男子一人 其語非韓人. 問之 男子曰 我等漢人 名戶來 我等輩千五百人 伐材木 爲韓所擊得 皆斷髮爲奴 積三年矣. 鑡曰 我當降漢樂浪 汝欲去不 戶來曰 可 … 郡卽以鑡爲譯 從芩中乘大船入辰韓 逆取戶來降伴輩尙得千餘人 其五百人已死. 鑡時曉謂辰韓 汝還五百人 若不者 樂浪當遣萬兵乘船來擊汝. 辰韓曰 五百人已死 我當出贖直耳. 乃出辰韓萬五千人 牟(弁)韓布萬五千匹 鑡收取直還郡."[61]

위의 기록가운데의 '地皇'은 신왕조 왕망황제의 연호이며 '王莽地皇

---

61) 『三國志』 韓傳에서 인용한 『魏略』, 『歷代各族傳記會編』 第一·二編, 中華書局, 1958년판, 771쪽.

時’는 20년부터 23년 사이이다. 『삼국사기』에 따르면 이 연대는 이미 신라가 건국된 이후 시기이다. 그러나 다른 일부 고서들의 기록에 따르면 3세기에 이르러서도 여전히 ‘三韓’이 활동한 흔적이 존재하는 것이 사실이다. 이런 상황을 고려하면 1세기 초의 상황을 반영한 위의 기록의 자료적 가치는 여전히 크다고 말할 수 있는 것이다.

다음으로 “廉斯鑡爲辰韓右渠師”를 해석하면 다음과 같다. 여기서 ‘廉斯’는 지명을 가리키며 ‘鑡’은 인명을 의미한다. 그런데 이 ‘鑡’이 진한의 右渠師로 임명되었다(鑡爲辰韓右渠師)는 것으로 보아 염사는 진한에 소속되어있는 한 지방 명칭이며 착은 진한의 염사지방에 거주해 있는 사람, 즉 진한사람이라는 것을 증명해 준다.

위의 기사 가운데서 “鑡曰” 이후의 마지막 부분은 낙랑군(염사치와 戶來를 경유)과 진한사이에 발생한 사건을 서술한 것이다. 그 상황을 간단히 요약하면 다음과 같다.

진한은 낙랑군의 백성 1500여 명을 생포하여 노예로 삼은 일이 있다. 그런데 3년이 지난 후에 호래와 착이 낙랑으로 가는 기회에 그것이 탄로났다. 이런 상황에서 진한은 생존해있는 1000여 명을 낙랑군에 돌려보낸 외에, 사망한 500명을 대신하여 ‘辰韓萬五千人’과 ‘弁韓布萬五千匹’을 낙랑군에 보내주지 않으면 안 되었던 것이다. 아무튼 이것은 낙랑과 한나라 사이에 일어난 사건이 아니라 낙랑과 진한사이에 발생한 사건이라는데 중요한 의의가 있다. 그런데 여기서 주목을 끄는 것은 위 기록의 중간에 쓰어있는 착과 호래 사이에 진행된 대화 내용이다. 즉 진한 사람인 착은 처음에 자기 고향인 읍락(廉斯)을 떠날 때 밭에서 참새를 쫓고 있는 한 남자(戶來)를 만났는데 그가 하는 말의 발음이 자기들과 다르다는 것을 느끼게 되었다. 이런 상황이 진한땅에서 일어났고 또 착 본인도 진한 사람이라는 것을 감안하면 그는 마땅히 “其語非辰韓人”이라고 써야 옳을 것이다. 그러나 그는 결코 이렇게 말한 것이 아니라 “其語非韓

人.”이라고 씀으로써 마땅히 씌어져야 할 '辰韓人'이 '韓人'으로 바뀌어
있는 것이다. 또 '戶來'라고 자칭하는 그 남자도 鑛의 묻는 말에 대하여
자기들은 "爲辰韓所擊得."이라고 대답한 것이 아니라 "爲韓所擊得."이라
고 대답함으로써 마땅히 있어야 할 '辰韓'이 '韓'으로 바뀌어 있는 것이
다. 이것은 진한과 한은 결코 완전히 다른 두 개 대상을 가리키는 것이
아니라 같은 대상을 가리키는 동의어로 사용되고 있었다는 것을 증명해
줄 가능성이 많다.

『후한서』한전에 씌어 있는 "建武二十年 韓人廉斯人蘇馬諟等詣樂浪
貢獻"[62]은 이런 견해가 옳다는 것을 증명해 주기에 손색이 없다.

건무는 동한 광무제의 연호이며 건무 20년은 44년으로 염사착이 낙
랑으로 간 때보다 20여 년이 지난 후에 발생한 사건이라는 것을 알 수
있다.

위에서 지적한 바와 같이 '염사'는 진한의 한 지명인 것이다. 따라서
'廉斯蘇馬諟' 등이 진한인이었다는 것은 추호도 의문할 나위가 없다. 그
럼에도 불구하고 『후한서』에서는 그들(蘇馬諟 등)을 '진한인'이라고 부
른 것이 아니라 '한인'(韓人廉斯人蘇馬諟等)이라고 부르고 있는 것이다.
이것은 진한과 한은 같은 대상을 가리키는 동의어를 사용되고 있었다고
인정한 필자의 견해가 옳다는 것을 증명해주는 또 하나의 증거가 된다.
상술한 상황으로부터 『삼국지』나 『후한서』 등 고서에서 馬韓이 韓으로
불리며 또 辰韓도 韓으로 불리면서 마한과 한, 진한과 한은 실제상 하나
의 같은 대상을 가리키는 동의어로 사용될 수 있다는 것을 알 수 있었다.
그러나 한이 마한을 가리키는가 아니면 진한을 가리키는가는 구체적인
상황에 따라 다르게 되는 것이다. 이것이 범칭으로서의 한과 그의 분지
들인 마한·진한·변한들과의 관계에 대한 실제상황인 것이다.

상술한 상황은 예·맥과 예맥의 성질을 이해하며 더 나아가서 그들 상

---

62) 『後漢書』권85, 東夷 韓傳.

호간의 관계를 이해하는데 대하여 중요한 의의를 갖는다고 말할 수 있다. 그것은 위에서 논술한데서 표현되는 바와 같이 양자(한쪽은 예맥과 예·맥의 성질 및 호상관계를 가리키며 다른 한쪽은 한과 마한·진한·변한의 성질 및 호상관계를 가리킨다)는 다 같이 한 민족계열에서의 범칭과 分支의 관계에 놓여있기 때문이다. 이런 상황에서 양자는 서로 대방이 존재할 수 있는데 대하여 중요한 조건으로 될 수 있는 것이다. 즉 우리는 『삼국지』 등 고서에서 마한과 진한을 다 같이 한이라고도 부른 사실을 통하여 『사기』를 포함한 여러 고서에서 예를 예맥이라고도 부르며 또 맥(고구려)을 예맥이라고도 부른 것은 결코 틀린 것이 아니라는 것을 알 수 있다. 우리는 또 범칭으로서의 한은 당시의 구체상황에 따라 마한 혹은 진한 등을 가리키는 경우로 나누어진다는 사실을 통하여 濊貊(범칭)도 구체상황에 따라 濊(濊君南閭 혹은 강원도 지방의 濊) 혹은 貊(고구려)을 가리키는 것으로 나누어진다는 것을 알 수 있는 것이다.

학자들에 따라 일부는 『사기』·『한서』·『후한서』·『삼국지』 등 고서에 씌어있는 모든 예맥은 모두 고구려를 가리킨다고 인정하며, 일부는 그것이 오늘의 강원도 지방의 예에 해당한다고 인정하고 있다. 필자는 이런 견해는 역사의 실제 사실에 부합되지 않는다고 인정한다.

(2) 濊貊과 高句麗가 서로 다른 대상을 가리키는 경우

『후한서』와 『삼국지』 등 고서의 기록에 따르면 고구려와 예맥은 서로 다른 두 개의 대상을 가리키는 경우도 적지 않다. 먼저 유관기사들을 소개하고 필자의 분석을 진행하면 다음과 같다.

(1) 『後漢書』, 安帝元初五年(118년─필자) "夏六月 高句驪與穢貊寇玄菟."
(2) 安帝建光元年(121년─필자) "春正月 幽州刺史馮煥率二郡太守討高句驪 穢
     貊 不克. … 冬十二月 高句驪 馬韓 穢貊圍玄菟城 夫餘王遣子與州郡幷力討
     破之."

(3) 安帝延光元年(122년 – 필자) "春二月 夫餘王遣子將兵救玄菟 擊高句驪 馬韓 穢貊 破之." [63]

(4) 『三國志』, 正始七年(246년 – 필자) "春二月 幽州刺史毌丘儉討高句麗 夏五 月 討穢貊 皆破之." [64]

위의 기록 (1)~(4) 가운데는 대체로 고구려와 병칭되는 상태에서 '예 맥'이란 명사가 나온다. 그런데 만약 이 '예맥'을 '예'와 '맥'으로 구분하 여 해독(예·맥)한다면 그 가운데의 '맥'은 고구려와 중복(고구려와 맥은 하나의 같은 대상을 가리키는 동의어)됨으로 있을 수 없는 일이다. 따라 서 위의 기록 가운데 나오는 '예맥'은 결코 '예·맥'으로 나누어 읽을 것 이 아니라 '예맥'으로 붙여 읽어야 옳은 것이다.

이럴 경우에 위의 기록 (1)~(4) 가운데서 주목을 끄는 것은 고구려와 예맥이 한 곳에서 병칭되어 나오거나 혹은 서로 다른 곳에서 제각기 씌 어있다는 점이다. 여기서 (1)~(4) 가운데 나오는 고구려와 예맥은 결코 같은 대상에 대한 동의어로 사용된 것이 아니라 두 개의 다른 대상을 가리킨다는 것을 알 수 있다. 그러나 위의 기록만으로는 고구려와 예맥의 내부관계를 알 방법이 없다. 다행히 『후한서』고구려전과 『삼국사기』고 구려본기의 유관기사는 양자의 내부관계를 이해하는데 큰 도움을 준다. 예를 들면 建光 元年(고구려 태조왕 69년) 봄 전투에 대해 『후한서』고 구려전과 『삼국사기』고구려본기에서는 다 같이 馮煥이 이끄는 東漢軍 은 고구려를 공격할 때 먼저 '濊貊渠帥'를 격살하고 그 다음에 태조왕 (宮)이 친히 파견한 遂成이 이끄는 고구려군과 공방전을 벌인 상황을 기 록하고 있다.[65] 풍환이 이끄는 동한군이 고구려를 공격하는 과정에서 먼 저 '濊貊渠帥'를 격살했다는 사실, 그리고 이 사실이 『후한서』에서는 고

63) 『後漢書』권5, 安帝紀 元初 五年條, 建光 元年條, 延光 元年條.

64) 『三國志』권4, 魏書 三少帝紀 齊王 正始 7년조.

65) 『后漢書』권85, 東夷 高句驪傳 ; 『三國史記』권15, 高句麗本紀3 太祖王 69년조.

구려전에 수록되어 있으며 『삼국사기』에서는 고구려본기에 수록되어 있
다는 사실만으로도 '濊貊渠帥'가 이끄는 군대는 고구려군에 소속되어 있
는 부대(선봉대였을 것으로 추정된다)였다는 것을 알 수 있다.

고구려와 예맥의 관계는 121년의 겨울(혹은 가을)전투에서 더욱 명확
하게 나타나 있다. 여기서도 「安帝紀」에서는 "高句驪 馬韓 穢貊圍玄菟
城."이라고 씀으로써 3자가 병칭관계에 놓여 있는 외에 더 상세한 기록
이 없기 때문에 그들 사이의 실제적 내부관계는 알려지지 않는다. 그러
나 이 전투에 대하여 『후한서』 고구려전에서는 "宮(太祖王 - 필자)遂率
馬韓 濊貊數千騎圍玄菟."라고 썼으며 『삼국사기』 고구려본기에서는 "王
(太祖王 - 필자)率馬韓 穢貊一萬餘騎 進圍玄菟城."이라고 씀으로서 마한
과 예맥은 다 같이 고구려 태조왕(궁)의 영솔 하에 놓여 있었다는 것을
증명해 주고 있다.[66]

위의 기사에서 고구려와 예맥이 한 곳에 병칭되어 있는 이상 양자는
같은 대상을 가리키는 것이 아니라 상대적으로 독립된 두 개의 다른 대
상을 가리킨다는 것은 명확하다. 또 이 '예맥', 즉 『후한서』나 『삼국지』
등 고서에 고구려와 병칭되어 나오거나 혹은 고구려에 예속된 상태로 씌
어있는 '예맥'은 분명히 오늘의 강원도지방의 예(예맥)를 가리키는 것이
다. 그것은 기원 이후시기, 특히 2~3세기에 고구려와 병칭(혹은 예속)될
수 있을 정도로 상대적 독립성을 보전하고 있는 예(예맥)는 현재의 강원
도를 중심으로 한 동해안 일대에 위치해 있는 예(예맥)가 있을 뿐, 그 밖
의 어디에도 존재하지 않기 때문이다. 다음으로 그것은 또 옥저와 동예
(강원도 지방의 예(예맥)를 가리킨다)는 모두 고구려에 소속되어 있었다
고 쓴 『후한서』와 『삼국지』 고구려전의 기록(沃沮 東濊皆屬焉)과도 잘
부합되는 것이다.

상술한 상황은 기원 이후시기에 『후한서』나 『삼국지』 등 고서에 고

---

66) 『後漢書』 권85, 東夷 高句驪傳 ; 『三國史記』 권15, 高句麗本紀3 太祖王 69년조.

구려와 병칭(혹은 예속)되어 나오는 예맥은 분명히 오늘의 강원도 지방의 예(예맥)가 옳다는 것을 증명해 준다. 그러나 일부 학자들은 기원전 3~2세기에 『사기』와 『한서』 등 고서에 조선과 병칭되어 나오는 예맥까지도 모두 오늘의 강원도 지방의 예(예맥)로 보고 있는데 이런 견해는 역사의 실제사실과 부합되지 않는 것이다.

맺음말

선진 시기의 고서들에는 맥과 연관된 기사는 비교적 많이 나오나 예와 연관된 기사는 겨우 두 곳이 나오는 정도이다. 맥과 예는 결코 같은 대상을 가리키는 단일민족이라고 인정하기는 어려운 것 같다.

대체로 기원전 3~2세기에 『사기』와 『한서』 등 고서에 처음으로 예맥이라는 민족 명칭이 출현하였다. 이것은 선진시기의 오랜 이전부터 예와 맥은 서로 가까운 인근 지역에 인접해 있으면서 반복적인 접촉과 교류를 걸쳐 점차 융화가 추진된 결과 나타난 현상일 것이다. 따라서 이 시기의 고서들인 『사기』와 『한서』에는 예를 예맥이라고도 부르는 상황이 나타났던 것이다. 예군남려 등 28만인과 오늘의 강원도 지방의 예(예맥)는 그 가운데 한 부분이었다고 말할 수 있다. 이 예(예맥)는 고조선(위만조선)에 소속되어 있으면서 다수주민을 이루었을 가능성이 많다. 그러나 양자는 결코 하나의 대상을 가리키는 동의어는 아니었던 것으로 보인다.

대체로 기원 이후시기에 『한서』 왕망전과 『후한서』 및 『삼국지』 등 고서에는 고구려와 맥, 예맥이 같은 대상을 가리키는 동의어로 사용되는 경우가 나타났다. 그 밖에 고구려(맥)와 예맥이 서로 다른 대상을 가리키는 경우도 존재한다. 이 예맥은 오늘의 강원도를 중심으로 한 지방에 계속 남아 있든 예(예맥)를 가리킨다는 것은 의심할 것이 없다.

상술한데서 알 수 있는 바와 같이 예를 예맥, 또 맥(고구려)을 예맥이라고 부르는 경우는 있으나 결코 예와 맥이 서로 통용되는 경우는 존재하지 않는 것이다. 이런 상황에 비추어 오늘 일부 학자들은 예맥은 결코 하나의 단일민족을 가리키는 것이 아니라 예와 맥을 합하거나 심지어 그보다도 더 많은 민족을 합한 여러 민족들에 대한 범칭(혹은 복합명칭)이라고 인정하고 있는데 필자도 역시 대체로 같은 생각이다. 다만 여기서 지적해야 할 것은 예맥이 가리키는 대상은 구체적인 정황에 따라 변할 수 있다는 점이다. 예맥의 성격에 대하여 처음부터 끝까지 모두 고구려를 가리킨다는 견해와 시종 강원도 지방의 예(예맥)에 해당한다고 인정하는 두 가지 견해가 있다. 이런 견해는 역사의 실제 사실에 부합되지 않을 가능성이 많다.

제2절 小水貊 위치고

小水貊의 위치에 대하여 학계에는 세 가지 중요한 견해가 있다. 첫째, 소수맥은 지금의 혼강유역에 거주해 있었다고 하는 견해이며, 둘째, 소수맥과 梁貊은 하나의 대상을 가리킨다고 인정하면서 지금의 太子河유역에 거주해 있었다고 하는 견해이며, 셋째, 소수맥(양맥)은 지금의 靉河유역에 거주해 있었다고 하는 견해이다.

소수맥의 위치에 관한 혼강 유역설은 모순이 많아 성립되기 어렵다. 또 소수맥(양맥)의 위치를 태자하 유역에서만 구하거나 애하유역과만 연계시키는 것은 모두 실제사실에 부합되지 않을 가능성이 많다. 필자는 고구려의 '별종'으로 독자적인 정치세력을 이루었을 수 있는 소수맥(양맥)은 지금의 애하상류 유역과 태자하상류 유역을 포함한 주변지역에 거주해 있었다고 인정한다.

아래에 크게 네 개 방면으로 나누어 소수맥(양맥)의 위치에 관한 필자의 의견을 제기하기로 한다.

1. 小水貊의 위치에 대한 渾江유역설의 모순

필자는 본문을 서술하기 전에 먼저 小水와 小水貊의 위치에 관한 『후한서』와 『삼국지』의 원문을 소개할 필요가 있다고 인정한다.

(1) 『後漢書』 高句驪傳: "句驪一名貊耳 有別種 依小水爲居 因名曰小水貊."[1]

(2) 『三國志』 高句麗傳: "又有小水貊 句麗作國依大水而居 西安平縣北有小水南流入海 句麗別種依小水作國 因名之爲小水貊."[2]

이상은 소수와 소수맥의 위치에 관한 가장 이른 시기의 고서기록이며 또 그에 대한 내용의 전부라고 말할 수 있다. 이와 같이 소수와 소수맥의 위치에 관한 원시자료는 매우 적어 연구하는데 있어 큰 난관에 봉착하고 있는 것이 사실이다.

오늘 학계에서 비교적 많은 학자들은 『삼국지』 등 고서에 씌어 있는 '소수'는 지금의 혼강으로 따라서 '소수맥'은 혼강 유역에 위치해 있었다고 하고 있다. 이런 견해에는 모순이 많아 성립되기 어렵다.

아래에 소수와 소수맥의 위치에 관한 혼강 유역설에 존재하는 모순에 대하여 3개 방면으로 나누어 필자의 의견을 제기하기로 한다.

1) "西安平縣北有小水, 南流入海"와의 모순

이미 위에서 소개한 바와 같이 『삼국지』 고구려전에 따르면 "西安平縣北有小水南流入海 句麗別種依小水作國 因名之爲小水貊."이라고 쓴 기사가 있다. 『후한서』 고구려전에도 대체로 같은 내용이 적혀져 있으나 小水의 구체적인 위치에 대해서는 설명하지 않고 있다. 다행히 『후한서』의 이 부분에 대하여 당나라의 李賢이 주해를 달아 놓은 것이 있다.

"『魏氏春秋』曰 遼東郡西安平縣北 有小水南流入海 句驪別種因名之小水貊."[3]

---

1) 『後漢書』 권85, 東夷 高句驪傳.

2) 『三國志』 권30, 魏書30 東夷 高句麗傳.

3) 『後漢書』 권85, 東夷 高句驪傳 ; 『歷代各族傳記會編』, 中華書局, 1958년판, 506·508쪽.

주목을 끄는 것은 위의 두 기록에서 다 같이 소수가 西安平縣의 북쪽에서 '南流入海'하는 강으로 묘사되어 있다는 점이다. 이것은 소수맥이란 명칭이 생겨나는 원인이 되며 또 소수맥의 위치에 대한 혼강 유역설의 실제여부를 검증하는 가장 중요한 기준이 되는 것이다.

서안평현은 漢魏시기에 요동군의 속현이었다. 위치에 대하여 『한서』 지리지에 "馬訾水西北入鹽難水 西南至西安平入海"[4]라고 썼으며 『通典』 高句麗傳에 "馬訾水 一名鴨綠水 … 又西與一水合 卽鹽難水也 二水合流 西南至安平城入海."[5]라고 쓴 것이 주목을 끈다. 『통전』에서 명확히 지적한바와 같이 '馬訾水'는 오늘의 압록강으로 서안평현은 압록강 하류에 위치해 있었던 것이다.

1961년에 遼寧省 考古 공작대는 압록강 하류 유역인 丹東市 동북쪽에 있는 靉河 尖村에서 漢나라 때의 고성을 발견했는데 여기서 육속 '安平' 등 글자가 새겨져 있는 기와막새 등이 발견되었다고 한다. 이런 상황에 의거하여 학계에서는 이 고성을 한나라 때의 서안평현 유지에 해당한다고 인정하고 있다.[6] 필자는 이런 견해에 다른 의견이 없다.

이와 같이 서안평현이 오늘의 압록강 하류 지역인 단동시 부근에 위치해 있었다고 인정되는 이상 그 북쪽에 있었다고 인정되는 '소수'는 결코 오늘의 혼강이라 할 수 없는 것이다. 왜냐하면 혼강은 서안평현(단동시 부근)의 북쪽에 있는 강이 아니기 때문이다. 필지가 유관지도에 따라 조사한데 따르면 혼강은 지금의 길림성 강원현부근에서 발원하여 서남쪽으로 흐르다가 동남쪽으로 흐르는데 도합 400여 화리를 흐른 다음에 압록강에 입수하게 된다. 그 후에는 압록강으로 계속 서남쪽으로 근 300여 화리나 흘러서야 비로소 단동시(서안평현) 부근에 이르게 되는 것이다.

---

4) 『漢書』권28, 地理志 下 玄菟郡조.

5) 『通典』권186, 邊防2 東夷 下 高句麗傳.

6) 孫進己·王綿厚, 1988, 『東北歷史地理』제1권, 黑龍江人民出版社, 295쪽 ; 朴燦奎 편저, 2000, 『三國志』高句麗傳研究, 吉林人民出版社, 47쪽.

이런 혼강을 "西安平縣北有小水 南流入海"라고 쓴 『삼국지』 고구려전의
'소수'에 해당한다고 인정하는 것은 무리가 아닐 수 없다.

2) 渾江의 옛 명칭에 관한 여러 고서기록과의 모순

『삼국지』 등 고서에 나오는 '小水'를 지금의 혼강이라고 인정하는 일
부 학자들의 견해는 혼강의 옛 명칭에 관한 여러 고서들의 기록과 모순
된다.

여러 고서기록에 따르면 오늘 中·朝 국경을 흐르고 있는 압록강은 옛
적에 '마자수(압록수, 압록강)' 혹은 '鴨綠水' 등으로 불리고 있었다. 그
런데 이 '마자수'는 서북쪽으로부터 '鹽難水'와 합쳐진 후에 계속 서남
쪽으로 흘러 서안평(지금의 단동시)에 이르러 바다로 흘러들어 간다고
하였다. 종래 학계에서 적잖은 학자들은 이 '염난수'가 지금의 혼강이라
고 인정하고 있다. 예를 들면 陳灃은 『漢書地理志水道圖說』에서 "馬訾水
今吉林南界鴨綠江, 西南流至山陽公城與佟家江(卽渾江, 古名鹽難水)合."이
라고 썼으며 또 다른 학자들은 "鹽難水卽今渾江, 一名佟家江"이라고 명
확하게 지적하였다.[7] 필자는 이런 견해에 다른 의견이 없다.

혼강은 그 본신의 오랜 역사발전과정에서 염난수로 불려온 이외에 또
沸流水로 불려오기도 하였다.

비류수가 과연 오늘의 어느 강인가의 문제에서 학계에는 여러 가지
견해가 제기되고 있다. 예를 들면 비류수는 조선경내에 있었다는 견해,
지금의 압록강에 해당한다는 견해, 지금의 渾河에 해당한다는 견해, 지
금의 渾江에 해당한다는 견해 등이 그것이다.[8] 그러나 학계의 대다수 학
자들은 모두 비류수는 지금의 혼강으로 인정하고 있는 것이 사실이다.

---

7) 『中國歷史地圖集』, 東北地區資料滙篇, 중앙민족학원편집조, 1979년판, 28쪽, 馬
   訾水·鹽難水조.
8) 『中國歷史地圖集』, 東北地區資料滙篇, 29쪽.

이런 견해에 필자도 역시 같은 생각인바 그 이유는 대체로 다음과 같다.

첫째 주몽에 의한 고구려 건국지점은 현재의 혼강 유역에 위치해 있는 환인지구이다. 이에 대하여 학계에는 다른 의견이 없다. 그런데『삼국사기』에 따르면 당시 혼강은 '비류수'로 불려온 것이 분명하다. 즉『삼국사기』에 따르면 주몽은 일부 사람들과 함께 부여를 도망쳐 나온 후 마침내 '卒本川'(호태왕비문에는 '忽本'이라고 쓰고『위서』에는 '紇升骨城'이라고 썼다)에 이르러 그 곳에 도읍을 정하려고 했으나 미처 궁실을 지을 여유가 없었다고 한다. 당시 정황에 대하여『삼국사기』는 다음과 같이 썼다.

> "至卒本川 … 遂欲都焉 而未作宮室 但朱蒙結廬於沸流水上居之 國號高句麗."

『삼국사기』에는 또 다음과 같이 쓰고 있다.

> 朱蒙 "王見沸流水中 知有人在上流者 … 至沸流國 其國王松讓 …."[9]

상술한 상황에서 지금의 혼강은 기원전 1세기경에 주몽이 고구려를 건립할 당시에는 분명히 '비류수'로 불려오고 있었다는 것을 알 수 있다.

그 밖에『삼국사기』에 따르면 21년에 고구려 제3대 대무신왕은 북쪽으로 부여를 정벌하기 위하여 수도인 국내성(지금의 집안)을 떠났는데 맨 처음에 도달한 곳이 비류수유역(王出師 伐夫餘 次沸流水上)이었다고 썼다.[10] 이로부터 비류수는 국내성(집안)의 북쪽으로 그다지 멀지 않은 곳에 위치해 있었으며, 이 비류수가 지금의 혼강이라는 것은 거의 의문할 나위가 없다.

---

9)『三國史記』권13, 高句麗本紀1 東明王 1년조.
10)『三國史記』권14, 高句麗本紀2 大武神王 4년조.

둘째『삼국지』관구검전에 따르면 '正始中'(240~249년 사이)에 관구
검이 이끄는 魏軍은 현토군(지금의 무순)을 출발하여 고구려를 향하여
진공하니 東川王이 이끄는 고구려군은 비류수유역에서 이를 막아 싸웠
으나 실패하고 말았다. 당시 고구려군의 비류수유역 진출에 대하여『삼
국지』에는 宮(位宮, 즉 동천왕) "將步騎二萬人 進軍沸流水上 大戰梁口."
했다고 썼으며『삼국사기』고구려본기에는 東川王 "將步騎二萬人 逆戰
於沸流水上."했다고 썼다.[11]

여기서 주목을 끄는 것은 위의 두 고서기록 가운데 나오는 '비류수'가
지금의 어느 강인가를 해명하는 문제이다. 당시 현토군 치소(지금의 무
순)와 고구려 수도 국내성(지금의 집안) 사이의 최단거리 내에 있으며 또
반드시 건너지 않으면 안 될 강은 오직 혼강이 있을 뿐이다. 또「관구검
전」에 따르면 '비류수' 유역에 있은 것으로 인정되는 '梁口'는 지금의 혼
강유역에 있는 江口(富爾江과 渾江의 합류지점)일 가능성이 많다.[12]

이와 같이『삼국사기』에서 주몽과 대무신왕시기(기원전 37년~기원후
44년)에 출현하는 '비류수'는 지금의 혼강인 것이다. 그 후 200여 년이
지난 '正始中'(240~249년)에 보이는 비류수와『삼국사기』의 '비류수'는
이전과 마찬가지로 지금의 혼강이라는 것은 의심할 나위가 없는 것이다.

상술한 상황은『삼국지』나『삼국사기』등 고서에 씌어있는 '비류수'
는 틀림없이 지금의 혼강이라는 것을 알게 한다. 이것은 또『삼국지』에
나오는 '小水'는 혼강이 될 수 없다는 것을 증명해 주는데 도움이 된다.

셋째 특히『삼국지』에 따르면 한 전기(고구려전)가운데 '소수'와 '비
류수'가 함께 씌어있는 것은 주목을 끌지 않을 수 없다. 즉 앞에서 "西安
平縣北有小水 南流入海."라고 쓰고 얼마 지나지 않아서 "拔奇 … 與涓奴

---

11)『三國志』권28, 魏書28 毌丘儉傳 ;『三國史記』권17, 高句麗本紀5 東川王 20년조.
12)『中國歷史地圖集』, 東北地區資料滙篇, 제31쪽 ;『中國境內高句麗遺跡硏究』, 藝
    河出版社, 1995년판, 51~55쪽.

加各將下戶三萬餘口詣康降 還住沸流水."라고 쓴 것이 그것이다.[13]

이처럼 한 나라의 '傳記' 가운데서 '小水'와 '沸流水'가 거의 병칭된 상태로 씌어 있다는 것은 양자(소수와 비류수)는 결코 하나의 대상을 가리키는 것이 아니라 두 개의 다른 대상을 가리킬 가능성이 많다는 것을 증명해준다.

이미 위에서 지적한바와 같이 『삼국지』에서 위관구검과 고구려군의 전투상황을 서술한 가운데 나오는 '비류수'는 지금의 혼강을 가리키는 것이다. 이럴 경우에 『삼국지』에서 고구려 관련기사를 서술(句麗別種依 小水作國 因名之爲小水貊)하는 가운데 씌어 있는 '소수'가 지금의 혼강으로 될 수 없다는 것은 추호도 의문할 나위가 없는 것이다. 이것은 또 『삼국지』에서 '依小水作國'했다고 인정한 '소수맥'의 거주지역도 역시 지금의 혼강 유역이 아니라는 것을 증명해준다.

소수와 소수맥의 위치를 오늘의 혼강과 혼강 유역에서 찾으며 심지어 소수맥에 의하여 고구려가 건립되었다고 인정한 일부 학자들의 견해는 전혀 사실과 부합되지 않는다고 말할 수 있는 것이다.

(3) 朱蒙에 의한 高句麗건국설과의 모순

오늘 일부 학자들은 『삼국지』 등 고서에 씌어있는 '소수'는 지금의 혼강이며 따라서 '依小水作國'했다고 인정되는 '소수맥'도 역시 지금의 혼강 유역에 거주해 있었다고 인정하고 있다. 그들은 또 이 '소수맥'에 의하여 고구려가 건립되었다고 주장하고 있는 것이다. 이런 견해는 모순이 많아 성립되기 어려운 것이다. 그 이유는 대체로 다음과 같다.

첫째, 소수와 소수맥에 관한 『삼국지』 고구려전의 기록(西安平縣北有 小水南流入海 句麗別種依小水作國 因名之爲小水貊)와 엄중하게 모순된다. 이에 대해서는 이미 위에서 비교적 상세히 설명되었기 때문에 여기

---

13) 『三國志』 권30, 魏書30 東夷 高句麗傳.

서 다시 중복할 필요를 느끼지 않는다.

둘째, 『삼국사기』 등에 따르면 기원전 37년 주몽은 일부 사람들과 함께 부여를 탈출한 후 '졸본'지구에 도읍을 정하고 고구려를 건국하여 고구려의 시조(東明王·朱蒙王·鄒牟王 등으로 불려온다)가 되었다. 이와 같은 고구려 건국설화는 『위서』나 『삼국사기』 등에 적혀 있으며 특히 고구려 사람들에 의하여 씌어진 호태왕비문 제1면 첫 머리에 명확하게 씌어있어 그 누구도 부인할 수 없는 사실이라고 할 수 있다.14) 또 '졸본'이 지금의 혼강 유역에 있는 환인지구라는데 대해서도 학계에 다른 의견이 없다. 다시 말하면 주몽을 중심으로 한 부여계 사람들은 혼강 유역의 고구려사람(맥인)들과 합류하여 고구려국을 건국한 것으로 풀이된다. 그후 약 40년가량 지난 3년에 주몽의 맏아들이며 고구려의 제2대 국왕인 유리왕은 수도를 '졸본'에서 지금의 압록강유역의 국내성(지금의 집안시)으로 옮겼다. 그 후 국내성(지금의 집안시)은 평양천도 이전까지 400여 년 동안이나 고구려의 수도로 크게 번성하였다.15)

이것은 고구려는 大水, 즉 지금의 압록강유역에서 '作國'하고 그의 '별종'인 소수맥은 小水, 즉 지금의 혼강 유역에서 '作國'했다고 인정한 일부 학자들의 견해는 역사의 실제 사실과 전혀 부합되지 않는다는 것을 증명해준다. 이것은 또 혼강 유역의 '소수맥'에 의하여 고구려가 건국되었다고 주장하는 일부 학자들의 견해는 실제상 고구려건국에 관한 여러 고문헌의 기록을 부정하는 것이 된다. 나아가 고구려는 고구려 사람들 (맥인)에 의하여 건립된 것이 아니라 그의 '별종'에 의하여 건립되었다는 말로 풀이되기 때문에 일반적인 상황에서는 상상조차 할 수 없다는 것을 증명해준다.

---

14) 『魏書』 권100, 東夷 高句麗傳 ; 『三國史記』 권13, 高句麗本紀1 東明王 1년조 ; 好太王碑文 제1면.

15) 『三國史記』 권13, 高句麗本紀1 東明王조 ; 권18, 本紀6 長壽王조.

상술한 상황은 『삼국지』 등에 쓰여있는 '소수'는 결코 지금의 혼강이 아니며 '소수맥'도 혼강 유역에 거주해 있지 않았다는 것을 증명해줄 가능성이 많다.

2. 小水貊의 위치에 관한 太子河유역의 梁貊설

근년에 이르러 일부 학자들은 『후한서』나 『삼국지』 고구려전에 쓰여 있는 '소수맥'은 『삼국사기』 고구려본기에 나오는 '梁貊'이라고 인정하였다. 그들은 또 太子河의 옛 이름은 '梁水'(大梁水)였는바 "양맥이란 명칭은 이 부족이 양수유역에 거주해 있었기 때문에 얻어진 것이다."라고 인정하였다.[16] 이런 견해는 소수맥의 성질을 해명하며 소수맥과 양맥의 관계를 이해하는데 중요한 의의를 갖고 있다고 말할 수 있다. 필자는 물론 이런 견해에 다른 의견이 없다.

그러나 그들은 『삼국지』 등 고서의 '소수'는 오늘의 태자하이며 '소수맥'(양맥)은 오직 태자하 유역에만 거주해 있었다고 인정하였다. 필자는 이런 견해에 잘 동의되지 않는다. 두 개 방면으로 나누어 필자의 의견을 제기하면 다음과 같다.

1) '小水'를 오늘의 太子河에 해당한다고 인정하는 견해

일부 학자들은 단동시의 북쪽에서 '南流入海'하는 '小水'에 해당하는 강은 두 갈래가 있다고 인정하면서 한 갈래는 '靉河'(동남쪽으로 흘러 압록강에 주입된 후에 남쪽으로 흘러 바다에 들어간다고 지적)이고 다른 한 갈래는 '태자하'(서남쪽으로 흐른다고 지적)라고 인정하였다.

---

16) 『民族研究』, 中國社會科學出版社, 1987년 제1기, 95~96쪽, 楊保隆선생의 논문. 아래에서 楊氏의 논문을 인용할 때 다시 주해를 달지 않는다.

필자는 지금의 애하를 『삼국지』에서 말하는 '소수'라고 인정한 일부
학자들의 견해에 동의한다(후술). 그러나 그들이 태자하를 '소수'로 인정
한 견해는 충분한 과학적 근거를 갖추었다고 말하기 어렵다.

첫째 이런 견해는 "西安平縣北有小水 南流入海."라고 쓴 『삼국지』고
구려전의 기사내용과 모순된다. 필자가 관련지도에 따라 조사한데 따르
면 태자하는 대체로 단동시(고대의 서안평현)북쪽 250~300여 화리되는
지점에서 발원(상유는 南太子河와 北太子河로 갈라진다)한 것만은 사실
이다. 그러나 태자하는 발원한 후에 서안평현(단동)이 위치해 있는 남쪽
으로 향해 흐르는 것이 아니라 그와 다른 방향인 서쪽으로 향해 흐르다
가 후에 서남쪽으로 흘러 혼하와 합류하고 다시 요하에 유입되는 과정을
거쳐 마침내 오늘의 營口부근에서 바다로 흘러들어 가는 강인 것이다.[17]
이와 같이 태자하는 비록 단동시의 북쪽에서 발원했으나 그 흐르는 방향
이 다르기 때문에 양자의 거리는 흐를수록 더 멀어졌으며 마지막에 바다
에 유입된 영구부근은 실로 단동시의 서북쪽 400화리 가량이나 떨어진
먼 곳이었던 것이다. 이런 태자하를 단동시의 북쪽에서 '南流入海'하는
강(『삼국지』등 고서에서 말하는 '小水')으로 보고 단동시(서안평현)와의
밀접한 연계 속에서 고찰하는 것은 무리라고 말하지 않을 수 없다.

둘째, 이미 위에서 소개한바와 같이 『삼국지』고구려전에는 "句麗作
國依大水而居 … 句麗別種依小水作國 因名之爲小水貊."이라고 쓰고 있
다. 이로부터 『삼국지』고구려전에서 말하는 '小水'는 '大水'와의 비교
가운데서 나온 명칭이라는 것을 알 수 있다. 이것은 또 '대수'유역에는
고구려(구려는 고구려의 약칭) 사람들이 거주하면서 나라를 세웠고 '소
수'유역에는 고구려의 '별종'인 소수맥이 나라를 건국하고 있었다는 뜻
으로 풀이된다. 그런데 『삼국지』에서 말하는 '대수'는 옛날의 馬訾水로
오늘의 압록강이라는 것은 위에서 설명한바와 같다. 이럴 경우에 『삼국

17) 『遼寧省地圖(單頁本)』, 中國地圖出版社, 2006년판.

지』등 고서에서 말하는 '소수'는 서안평현, 즉 단동시부근에 있어야 할 뿐만 아니라 또 대수, 즉 압록강과도 밀접히 연계되어 있어야 한다.

그러나 태자하는 그의 발원지로부터 바다에 유입되기까지의 전 유역이 모두 압록강(『삼국지』의 대수)으로부터 수백 리(250~400여 화리)나 떨어져 있는 것이 사실이다. 이런 정황에서 압록강에 직접 유입되는 애하를 버리고 압록강과 수백 리 떨어진 곳에서 압록강과 아무런 연계도 없이 흐르고 있는 태자하를 『삼국지』에서 말하는 '소수'라고 주장한다면 결코 그 누구라도 설복하기 어려울 것이다.

셋째 일부 학자들은 또 "고구려군은 서쪽으로 양맥을 정벌한 후에 서안평현을 점령하지 않고 고구려현을 공격한 것은 역시 '소수'는 지금의 애하인 것이 아니라 마땅히 태자하로 되어야 한다는 것을 표명해준다." 고 쓰고 있다.

『삼국사기』에 따르면 14년에 고구려군은 서족으로 양맥을 정벌한 후에 계속 전진(실제상 북상)하여 오늘의 新賓縣경내에 있는 漢 高句麗縣을 습취한 일이 있다. 이것은 당시 고구려와 현토군의 수현으로서의 고구려현과의 모순은 고구려와 요동군의 속현으로 되어있는 서안평현과의 모순보다 더 컸으며 또 더욱 직접적이었다는 사실과 관련될 가능성이 없지 않다. 『후한서』고구려전에 "武帝滅朝鮮 以高句驪爲縣 使屬玄菟."[18] 라고 쓴 것은 이런 건해에 도리가 있다는 것을 증명해준다. 그런데 오늘 일부 학자들은 이 사건이 『삼국지』등 고서에 씌어있는 '소수'의 성질을 결정하는데 대하여 중요한 역할을 하는 것처럼 말하고 있는데 그 이유가 무엇인지 도저히 이해할 방법이 없다. 이미 위에서 소개한바와 같이 그들은 이 사건은 역시 "'소수'는 지금의 애하인 것이 아니라 마땅히 태자하로 되어야 한다는 것을 표명해준다."고 썼으나 그의 이유에 대해서는 전혀 설명하지 않고 있기 때문에 사람들을 설복시키기 어려운 것이다.

---

18) 『後漢書』권85, 東夷 高句驪傳.

2) 小水貊(梁貊)이 太子河유역에 위치해 있었다는 견해

일부 학자들은 『삼국지』의 소수맥은 『삼국사기』의 양맥에 해당한다고 주장한 기초상에서 다음과 같이 인정하였다.

(1) 그들은 『三國史記』瑠璃王 33년조에 의거하여 다음과 같이 썼다. "이때 (14년 – 필자)의 高句麗중심구역은 이미 集安縣일대에 있었다. 高句麗는 集安지구로부터 출병하여 서쪽으로 梁貊을 멸망한 후에 다시 진군하여 지금의 新賓縣경내에 있는 漢 高句麗縣을 습취하였다. 이것은 梁貊은 지금의 桓仁縣 서쪽의 太子河부근에 있었다는 것을 설명해준다."

(2) 그들은 또 『三國史記』東川王 22년조(20년조의 오기 – 필자)를 분석하면서 "沸流水에 대하여 다수 학자들은 지금의 渾江에 해당한다고 인정하고 있다."는 사실을 소개하고 나서 다음과 같이 썼다.
"高句麗군은 沸流水유역에서 魏군을 패한 후에 다시 梁貊之谷에서 패하였다. 이것은 역시 梁貊부족은 지금의 太子河유역에 있었다는 것을 증명해준다. 이때의 玄菟郡 치소는 이미 지금의 瀋陽과 撫順사이로 천이했기 때문에 魏군의 철퇴방향과 일치한 것이었다."

위의 기록 (1)과 (2)는 다 같이 梁貊의 위치에 대하여 설명하였다. 그런데 기록 (1)에 따르면 양맥은 '태자하부근'에 있었다고 씀으로서 그것이 가리키는 지점이 구체적이 못되는 느낌을 준다. 그러나 기록 (2)에 따르면 양맥은 '태자하유역'에 위치해 있었다고 씀으로서 그 위치가 보다 구체적으로 표시되어 있는 것이다. 위의 기록 (1), (2)를 밀접히 연계시키면서 문제를 고찰하면 일부 학자들이 인정하고 있는 양맥(소수맥)의 구체적 위치는 실제상 태자하와만 연계시키고 있는 것(태자하 부근 혹은 태자하 유역)이 사실이다.

위의 기록 (1)과 (2), 즉 『삼국사기』유리왕 33년조와 동천왕 20년조의 유관기사에 의거하여 양맥(소수맥)은 '태자하유역'(혹은 '태자하부근')만 연계되어 있는 것으로 인정하는 일부 학자들의 견해는 상론 할 여지가 없지 않다. 그 이유는 대체로 다음과 같다.

첫째, 『삼국사기』유리왕 33년조에 따르면 "王命烏伊 摩離 領兵二萬 西伐梁貊 滅其國 進兵襲取漢高句麗縣."(원주: 縣屬玄菟郡)이라고 썼다.[19]

'瑠璃王 33년'은 14년이며 당시의 고구려 수도는 국내성(집안시)이었다. 또 위의 기록 가운데의 '西伐梁貊'에 의하여 양맥은 고구려수도 국내성의 서쪽에 위치해 있었다는 것을 알 수 있다. 현토군의 首縣인 한 고구려현은 지금의 蘇子河 상류에 해당하는 遼寧省新賓縣경내에 있었던 것이다. 위의 기사를 해석하면 대체로 다음과 같이 된다.

14년에 유리왕은 烏伊 등에게 명령하여 군사 2만을 거느리고 서쪽으로 양맥을 정벌하여 멸망시키고 계속 '進兵'하여 오늘의 요녕성 신빈현 경내에 있는 한나라의 고구려현을 습격하여 탈취하였다.

그런데 일부 학자들의 견해에 따라 양맥의 분포지역을 태자하와만 연계(태자하 부근, 태자하 유역)시킨다면 역사의 실제사실과 부합되지 않을 가능성이 많다. 왜냐하면 이런 개념 가운데는 태자하의 전 유역이 포함될 수 있으며 따라서 양맥도 태자하의 전 유역에 분포되어 있었다는 것을 의미하게 되기 때문이다.

이럴 경우에 서쪽으로 양맥을 정벌하기 위한 고구려군의 진군노정도 필연적으로 태자하의 전 유역과 연관될 수 있게 된다. 만약 양맥의 거주지역이 태자하의 중유역(지금의 遼陽 부근)을 중심으로 형성되어 있었다면 그것을 정벌하기 위한 고구려군의 진군로정은 이미 漢 고구리현(지금의 신빈현경내)으로부터 서남쪽으로 300여 화리나 더 전진한 것으로 된다. 만약 양맥의 거주지역이 태자하의 하유역(오늘의 營口부근)까지 미쳤다고 가정한다면 고구려군은 한 고구려현으로부터 서남쪽으로 500여 화리나 더 먼 곳까지 전진한 것으로 된다. 이럴 경우에 양맥을 정벌한 고구려군이 또 한 고구려현을 습취하려면 다시 뒤로 수백 리(300~500여 화리)나 되돌아와야 하는 것이다. 이것은 고구려군이 "西伐梁貊 滅其國

---

19) 『三國史記』권13, 高句麗本紀1 瑠璃王 33년조.

進兵襲取漢高句麗縣."했다고 쓴 『삼국사기』의 기사와 모순될 가능성이 없지 않다.

여기서 주목을 끄는 것은 '進兵'을 어떻게 해석하는가의 문제이다. '진병'은 "진군하다", "군대를 전진시킨다."는 뜻으로 풀이할 수 있다. 이럴 경우에 고구려군은 서쪽으로 양맥을 정벌하기 위하여 이미 한 고구려현보다 300~500여 화리나 앞(서남쪽)으로 더 나갔는데 계속 '진병'하여 한 고구려현을 습취했다고 쓸 수 있었겠는가의 의문이 생긴다. '진병'을 "군대가 전투임무를 집행하는 목적지로 향해 행진한다."는 뜻으로 해석하더라도 이미 수백 화리나 앞으로 더 나간 정황이라면 '진병'보다는 迴軍의 뜻을 나타낼 수 있는 보다 적당한 어구를 사용해야 되지 않을가고 생각해 본다.[20]

상술한 상황은 『삼국사기』에 나오는 '양맥'의 거주지역은 결코 태자하와만 연계(태자하 부근 혹은 태자하 유역)시킬 것이 아니라 태자하의 상유와 靉河의 상류를 포함한 부근지역일 가능성이 많다는 것을 증명해 준다(후술).

둘째, 『삼국사기』 유리왕 33년조에서 주목을 끄는 것은 고구려군이 "西伐梁貊"했다고 쓴 다음에 계속해서 "滅其國"이라고 쓰고 있다는 점이다. 이것을 통해 당시(14년) 양맥은 단순한 원시 부족집단이 아니라 이미 계급통치의 도구로서 국가가 형성되고 있었을 가능성이 있다는 것을 알 수 있다.

그런데 태자하의 중류유역에 위치해있는 요양은 옛날에는 襄平이라고 했다. 양평은 전국시대 연나라와 진, 한(서한과 동한을 포함), 위, 진 시대에 걸쳐 줄곧 요동군의 치소였던 곳이다.[21] 이 경우 당시(14년경의

---

20) 『中朝詞典』, 朝鮮外國文出版社·中國民族出版社, 1986년판, 873쪽 ; 『現代漢語詞典』, 商務印書館, 1980년판, 582쪽.

21) 『中國歷史地圖集』, 東北地區資料滙篇, 8쪽.

동한시기) 양평을 중심으로 한 태자하의 중류유역과 그 서남쪽의 하류유역에는 비록 부족으로서 '양맥'은 있었을 수도 있다. 그러나 그들은 틀림없이 요동군의 통치하에 놓여 있는 부족집단이었을 것이다. 태자하의 중하류유역에는 결코 독자적인 정치집단(국가)으로서의 양맥은 존재할 수 없었을 것이 분명하다. 왜냐하면 한 지방에 두 개의 다른 성질을 갖고 있는 국가정권(遼東郡과 梁貊國)이 공존해 있을 수 없기 때문이다. 이것은 14년에 고구려군이 정벌하여 멸망시킨 양맥국은 결코 태자하의 전유역에 위치해 있은 것이 아니라 상류를 포함한 부근지역에 위치해 있었다는 것을 증명해주는 증거가 되기에 손색이 없다.

셋째, 일부 학자들은 『삼국사기』 동천왕 20년조를 분석하면서 "고구려군은 비류수 유역에서 위군을 패한 후에 다시 梁貊之谷에서 그를 패했는바 이것은 역시 양맥부족은 오늘의 태자하 유역에 있었다는 것을 증명해준다."고 씀으로서 보다 더 명확하게 양맥과 태자하 유역을 연계시키고 있다.

이것은 주로 '양맥지곡'이 양맥지구에 있었다는 것을 전제로 하여 내려진 판단임에 틀림없다. 이에 대하여 필자는 다른 의견이 없다. 그러나 『삼국사기』에서 말하는 양맥을 태자하의 전 유역에 분포되어 있었다고 인정하거나 또 그것을 태자하유역과만 연계시키는 견해는 사실에 부합되지 않을 가능성이 많은 것이다. 이에 대해서는 이미 위에서 비교적 상세히 논술했기 때문에 여기서 다시 중복하지 않는다.

상술한 상황은 『삼국지』에서 '依小水作國'했다고 인정한 소수맥은 『삼국사기』에 나오는 양맥과 같은 대상을 가리키기는 하지만 그러나 이 소수맥(양맥)이 지금의 '태자하유역'에만 위치해 있었다고 인정하는 일부 학자들의 견해는 사실과 부합되지 않을 가능성이 많다는 것을 증명해준다.

3. 小水貊의 위치에 관한 靉河유역설

일부 학자들은『후한서』나『삼국지』등 고서에 씌어있는 '小水'는 오늘의 靉河이며 '小水貊'은『삼국사기』에 나오는 '梁貊'에 해당한다고 하였다. 그들은 또 소수맥(양맥)은 지금의 '태자하 유역'에만 거주해 있었다고 인정하는 일부 학자들의 견해를 부정했던 것이다.[22] 필자는 이런 견해에 다른 의견이 없다. 그러나 그들은 소수맥(양맥)과 태자하의 관계를 전면 부정하고 그것[소수맥(양맥)]은 오직 애하유역에만 분포되어 있었다고 주장하였다. 이런 견해는 실제 사실에 부합되지 않을 가능성이 없지 않다. 아래에 크게 두 개 방면으로 나누어 필자의 의견을 제기하고 여러 독자들과 더불어 상론하고자 한다.

1) 小水貊의 위치에 관한 靉河유역설을 분석

필자는 위에서『후한서』나『삼국지』등 고서에 씌어있는 '소수'를 오늘의 애하에 해당한다고 인정한 일부 학자들의 견해에 동감을 표하였다. 그들은 또 문헌자료와 고고유적의 고찰을 통하여 "소수맥은 3세기 전반기에 서안평현 북쪽의 애하유역에 거주해 있은 한 갈래의 맥인집단이다" "소수맥은 지금의 애하지구에서 활동한 고구려와 구별되는 맥인집단이었다"라고 썼던 것이다. 이런 견해에는 일정하게 도리가 있는 것이다. 그것은『후한서』나『삼국지』등 고서에 따르면 고구려의 '별종'으로서 소수맥은 소수유역에 거주해 있었는바 이 '소수'가 바로 지금의 애하라는 견해는 사실에 부합된다고 생각되기 때문이다. 그러나 필자는 소수맥을 지금의 애하와만 연계시키거나 혹은 애하의 전 유역과 연계시키는

---

22) 朴燦奎 편저, 2003,『高句麗史研究』, 黑龍江朝鮮民族出版社, 204~229쪽. 아래에서 朴氏의 견해를 인용할 때 다시 주해를 달지 않는다.

것은 사실에 부합되지 않을 가능성이 없지 않다고 인정한다.

첫째『삼국사기』에 따르면 고구려 유리왕 33년(14년)에 烏伊 등이 이 끄는 고구려군은 "西伐梁貊 滅其國 進兵襲取漢高句麗縣."했다고 썼다. 당 시 고구려는 이미 국내성으로 천도한 이후로 고구려군이 출발한 지점은 수도인 국내성, 즉 지금의 집안시였으리라는 것은 거의 의문할 나위가 없다. 즉 이것은 국내성을 떠난 고구려군은 서쪽으로 전진하여 양맥을 멸망시킨 다음 계속해서 오늘의 신빈현경내에 있는 한 고구려현을 습취 했다는 뜻으로 풀이된다. 여기서 양맥은 고구려 수도 국내성의 서쪽에 위치해 있었으며 또 한 고구려현과도 비교적 가까운 지점에 있었다는 것 을 잘 알 수 있다. 유관지도를 펴놓고 보면 비교적 쉽게 알 수 있는바와 같이『삼국사기』에서 말하는 양맥(西伐梁貊 滅其國)은 결코 애하의 전 유역에 걸쳐 존재했다고 인정하기 어렵다. 왜냐하면 애하유역의 대부분 (주로 중하유역)은 국내성의 서쪽이 아니라 서남쪽이며 또 그것이 하류 유역에 이를수록 한 고구려현과의 거리도 상당히 멀어지기 때문이다. 만 약 고구려군이 애하중하류까지 이르러 양맥을 멸망시켰다면, 다시 북상 하여 고구려현을 습취한다는 것은『삼국사기』에 씌어있는 것처럼 그렇 게 쉽게 이루어지지 않았을 것이다.

둘째,『삼국지』고구려전에 따르면 "句麗別種依小水作國 因名之爲小 水貊."이라고 썼다. 여기서 주목을 끄는 것은 '作國'이라고 쓴 두 글자의 해석 문제이다. 위에서 서술한바와 같이 고구려(구려)의 별종으로서의 '소수맥'은 단순한 원시 부족집단이 아니라 이미 '국가'라고 말할 수 있 는 독자적 정치세력을 이루고 있었다는 것을 증명해 줄 가능성이 많다.

한편 애하의 하류유역의 서안평은 漢·魏시기에 遼東郡西安平縣의 치 소[23]였으며 애하의 중류유역의 大堡 지역은 遼東郡武次縣의 치소였다.[24]

---

23)『漢書』권28 下, 地理志 遼東郡조 ;『三國志』권30, 魏書30 東夷 高句麗傳 ;
   『三國史記』권15, 高句麗本紀3 太祖王 94년조 ; 권17, 高句麗本紀5 東川王 16년,

이 경우에 애하의 중하류유역에는 비록 소수맥사람들이 분포되어 있었다 하더라도 그들은 요동군의 속현들인 西安平縣이나 武次縣의 관할 하에 놓여 있는 부족집단들이었을 것이다. 따라서 『삼국지』에서 말하는 '依小水作國'한 소수맥은 결코 애하의 전 유역(중하류유역을 포함)에 분포되어 있었다고 볼 것이 아니라 상류유역을 포함한 부근지역(이미 위에서 지적한바와 같이 여기에는 태자하의 상류유역도 포함된다)에 분포되었을 것으로 생각된다. 따라서 『삼국지』에서 말하는 "소수맥은 지금의 애하지구(혹은 애하유역)에서 활동한 고구려와 구별되는 맥인집단이었다."고 인정한 일부 학자들의 견해는 사실과 부합되지 않을 가능성이 없지 않다.

2) 梁貊의 위치에 관한 靉河유역설 분석

일부 학자들은 『삼국지』 관구검전과 『삼국사기』 고구려본기의 유관 기사(유리왕 33년조와 동천왕 20년조)를 소개하고 나서 다음과 같이 인정하였다.

> "梁貊의 지리위치를 고찰하기 위해서는 우선 상술한 사료 가운데의 '西伐梁貊'·'梁口'·'梁貊之谷' 등의 어구가 갖는 적절한 함의를 분석하여야 한다."

그 기초 상에서 먼저 '西伐梁貊'을 분석하고 계속해서 '梁口'와 '梁貊之谷' 등을 분석하면서 그것들은 다 오늘의 애하유역에 위치해 있었다고 주장하였다. 필자는 위에서 '西伐梁貊'에 대하여 설명했기 때문에 여기서 다시 중복하지 않고 양구와 양맥지곡에 대하여 분석하기로 한다. 먼저 『삼국지』와 『삼국사기』의 관련기사를 소개하면 다음과 같다.

美川王 12년조.

24) 『中國歷史地圖集』, 東北地區資料滙篇, 13·14쪽.

(1) "正始中(240~249년 사이 - 필자) 儉以高句驪數侵叛 督諸軍步騎萬人出玄菟
    從諸道討之 句驪王宮將步騎二萬人 進軍沸流水上 大戰梁口(원주: 梁音渴)
    宮軍(或云連 - 필자)破走 儉遂束馬縣車 以登丸都 屠句驪所都."[25]

(2) 東川王"二十年(246년 - 필자)秋八月 魏遣幽州刺史毌丘儉 將萬人 出玄菟來
    侵 王將步騎二萬人 逆戰於沸流水上敗之 斬首三千餘級 又引兵再戰於梁貊
    之谷 又敗之 斬獲三千餘人 王 … 乃領鐵騎五千 進而擊之 儉爲方陳 決死而
    戰 我軍大潰 死者一萬八千餘人 王以一千餘騎 奔鴨淥原."[26]

위의 기록 (1), 즉『삼국지』관구검전에서 우선 주목되는 것은 관구검
이 이끄는 위군의 진공에 대하여 고구려 동천왕은 2만에 이르는 군사를
이끌고 "進軍沸流水上 大戰梁口."했다고 쓴 부분을 어떻게 처리할 것인
가의 문제이다. 일부 학자들은 위의 기록 (2), 즉『삼국사기』동천왕 20년
조의 기사에 따라 당시 위군과 고구려군 사이에는 도합 3차례의 전투가
진행되었다고 하였다. 이 기초 상에서 그들은 관구검전 가운데의 '進軍
沸流水上'까지를 제1차 전투에 포함시키고 그 아래의 '大戰梁口'를 제2차
전투, 즉 '양맥지곡'(그들은 양구와 양맥지곡은 하나의 같은 지명을 가리
킨다고 인정하였다)의 전투에 포함시켰으며, 제3차 전투에서 고구려군은
크게 패했다고 썼다. 이와 같이 그들은「관구검전」가운데의 '進軍沸流
水上'과 '大戰梁口'를 갈라놓음으로서 양구는 결코 비류수(지금의 혼강)
유역에 있는 것이 아니라 양맥·양맥지곡과 더불어 오늘의 애하 유역에
위치해 있었다고 인정했던 것이다. 이런 견해에는 모순이 많아 성립되기
어렵다.

첫째, 위의 기록 (1)에서 알 수 있는 바와 같이 고구려군의 '進軍沸流
水上'과 '大戰梁口'를 갈라놓는다면 그것은『삼국지』관구검전의 상하
문장구조와 모순된다. 왜냐하면 위의 기사에서 양자('進軍沸流水上'과
'大戰梁口')를 갈라놓는다면 그것은 2개의 다른 뜻을 나타내는 미완성

25)『三國志』권28, 魏書28 毌丘儉傳.
26)『三國史記』권17, 高句麗本紀5 東川王 20년조.

품사가 되기 때문에 그것이 갖고 있는 진정한 뜻을 알기 어렵다. 그러나 양자를 같이 밀접히 연계시키면서 함께 고려하면 그것은 하나의 완전한 뜻을 나타내는 단문, 즉 고구려군은 "비류수유역에 진군하여 양구에서 크게 싸웠다"는 뜻을 표현하게 됨으로 「관구검전」의 상하 문장구조와 아주 잘 어울린다 할 수 있는 것이다. 이것은 양자를 갈라놓아서는 안 된다는 것을 증명해준다.

둘째, 위의 기록 (1)에서 또 양자를 갈라놓는다면 그것은 東川王이 이끄는 고구려군은 비록 "비류수유역까지 진군"(進軍沸流水上)했으나 여기(제1차 전투)서는 위군과 싸우지 않았다는 뜻으로 풀이된다. 이것은『삼국지』고구려전을 제외하고도 또 관구검이 이끄는 위군과 동천왕이 이끄는 고구려군이 비류수유역에서 크게 싸웠다고 기록한 여러 고서들의 기록과 엄중하게 모순된다. 예를 들면『北史』에는 "毌丘儉將萬人出玄菟 討位宮 大戰於沸流 敗走."[27]라고 썼으며『通典』에는 "毌丘儉 將萬人出(玄)菟討之 戰於沸流 位宮敗走."[28]라고 썼으며『삼국사기』동천왕조에는 "毌丘儉 將萬人出玄菟 來侵 王將步騎二.萬人 逆戰於沸流水上 敗之 斬首三千餘級."[29] 등의 관련 기사는 이 견해가 옳다는 것을 증명해준다.

셋째, 일부 학자들의 견해에 따라서 「관구검전」의 고구려를 '進軍沸流水上'과 '大戰梁口'를 갈라놓고 또 '양구'(양맥지곡)의 위치가 양맥과 더불어 애하유역에 있었다고 한다면 그것은 양구전투 이후의 상황을 적은 「관구검전」의 내용과 모순된다고 말할 수 있다. 즉 거기에는 "大戰梁口 宮軍(連)破走."라고 쓴 다음에 계속해서 "儉遂束馬縣車 以登丸都 屠句驪所都."라고 씀으로서 양구로부터 고구려 수도 환도에 이르기까지의 거리가 상당히 가까웠다는 것을 알 게 한다.『북사』고려전에는 위군과 고

---

27)『北史』권94, 高麗傳.
28)『通典』권186, 변방2 東夷 高句麗傳.
29)『三國史記』권17, 高句麗本紀2 東川王 20년조.

구려군의 비류수유역에서 크게 싸운 사실(양구전투를 가리킬 것이다)을 쓰고 나서 계속해서 "儉追至螴峴 懸車束馬 登丸都山 屠其所都."라고 썼으며 『통전』에도 역시 같은 내용이 적혀져 있는 것이 주목된다.[30] 그런데 이 기사들은 당시 위군과 고구려군 사이에 진행된 구체적인 전투과정을 서술하는 방면에서 『삼국사기』 동천왕 20년조의 기사내용과 다른 점(양구와 양맥지곡에서의 고구려군의 승리가 누락되었다)이 존재하는 것만은 사실이다. 이것은 편자들의 서술입장과 방법이 다른데서 나타난 차이점일 가능성이 많다. 상술한 「관구검전」 등의 기사내용은 양구로부터 고구려 수도인 환도(지금의 집안 산성자산성)까지의 거리는 비교적 가까웠다는 것을 증명해주는 하나의 증거가 되기에 손색이 없다. 따라서 양구는 결코 환도(고구려 수도)로부터 서남쪽으로 수백 화리(400여 화리 좌우)나 멀리 떨어져 있는 지금의 애하 유역에 있었다고 보기 어려운 것이다. 그것(양구)은 오히려 환도로부터 비교적 가까운 곳(100여 리)에 위치해 있는 비류수 유역(富爾江과 혼강의 합류지점에 있는 江口)에 있었을 가능성이 훨씬 더 많다고 말할 수 있다. 이곳(비류수 유역)은 또 현토군 치소(무순부근)로부터 동남쪽으로 향해 고구려 수도(환도)를 공격함에 있어서 가장 가까운 거리뿐만 아니라 반드시 경유하지 않으면 안 될 위치에 있다는 것이 큰 주목을 끈다.

그 밖에 『삼국지』 관구검전의 '梁口'에 대한 일부 학자들의 주해에 따르면 '梁音渴'과 '梁音湯'이라고 쓴 것이 있는데 역시 주목을 끈다.[31] 왜냐하면 이것은 '양구'의 첫 번째 글자는 반드시 'liang'으로만 발음된다고 할 것이 아니라 오히려 'ke' 혹은 'shang'으로 발음되었을 가능성이 있다는 것을 증명해줄 수 있기 때문이다. 따라서 양구와 양맥을 연계시

---

30) 『北史』 권94, 高麗傳 ; 『通典』 권186, 변방2 東夷 高句麗傳.

31) 『高句麗史硏究』 Ⅱ(史料篇), 延世大學出版部, 1988년판, 327쪽 ; 『東北古史資料叢編』 제1권, 遼瀋書社, 1989년판, 339쪽.

키면서 그 위치를 지금의 태자하(옛날의 大梁水) 유역에서 찾거나 혹은 양구를 양맥지곡이나 양맥 등과 연계시키면서 그것을 애하 유역에 위치해 있었다고 인정한 일부 학자들의 견해는 그 기초부터 흔들리고 있다는 것을 증명해준다.

필자는 당시 위군과 고구려군의 '제3차 전투'에서 크게 패한 동천왕이 1000여 명을 거느리고 鴨淥原으로 도망(奔鴨淥原)갔다고 쓴『삼국사기』동천왕 20년조의 기사는 '양구'가 오늘의 애하유역에 위치해 있었다는 것을 증명해 주는데 대하여 아무 도움도 주지 못한다고 인정한다. 필자는 '압록원'이 후일의 압록강유역에 있었을 것이라는데 대하여 다른 의견이 없다. 그러나 압록원은 결코 서안평현의 치소가 있는 압록강하류유역에 있은 것이 아니라 그로부터 비교적 멀리 떨어져 있는 압록강중류유역에 있었으리라는 것은 의문할 나위가 없다. 왜냐하면 위군과의 전투에서 패한 고구려군이 위나라의 다른 통치구역으로 도망갔으리라고는 생각되지 않기 때문이다. 이럴 경우에 일부 학자들에 의하여 압록원으로 도망가기 이전의 출발점으로 인정되는 양구 혹은 양맥지곡 등 지역은 결코 서안평현의 북쪽에서 남쪽으로 흘러 압록강에 유입되는 애하유역에 있었다고 보기 어려운 것이다. 그것은 환도(지금의 집안 부근)의 서북쪽에서 압록강중류 유역으로 유입되는 비류수(지금의 혼강) 유역에 있었다고 보는 것이 훨씬 사실에 부합된다고 말할 수 있다.

끝으로 한 가지 사실을 더 설명할 필요가 있다.『삼국사기』에 나오는 '양맥지곡'은 양맥지방에 있는 지명 혹은 골짜기를 가리켰을 가능성이 많다. 위에서 지적한바와 같이 양맥은 고구려 수도의 서쪽에 위치해 있었다. 이럴 경우에 양맥지방내에 있는 양맥지곡은 지금의 애하 유역(중하유역을 포함)에서만 찾는 것은 무리가 아닐 수 없다.

상술한 상황은 양구 혹은 양맥지곡 등이 지금의 애하 유역에 위치해 있었다는 판단에 의거하여 양맥(소수맥)의 위치를 애하 유역에서만 찾으려고 한 일부 학자들의 견해는 역시 모순이 많아 성립되기 어렵다는 것을 증명해 준다.

4. 小水貊(梁貊)의 위치에 관한 필자의 의견

필자는 이미 위에서 小水와 小水貊의 위치에 관한 학계의 몇 가지 다른 견해에 나름대로의 분석을 진행하였다. 아래에 3개 방면으로 나누어 소수, 소수맥과 양맥의 관계 및 소수맥(양맥)의 위치에 대하여 의견을 제기하기로 한다. 그런데 이런 문제들은 위의 관련부분에서 다른 각도에서 출발하여 정도부동하게 설명되었기 때문에 여기서는 중복을 피하기 위하여 비교적 간단하게 적는데 그친다는 것을 미리 말하여 둔다.

1) 小水와 靉河의 관계

필자는 위에서 『후한서』나 『삼국지』 등 고서에 나오는 '소수'가 오늘의 혼강이나 태자하라는 일부 학자들의 견해를 부정하고 애하에 해당한다는 견해에 동감을 표하였다. 그 이유는 대체로 다음과 같다.

첫째, 『삼국지』 고구려전에는 "西安平縣北有小水 南流入海."라고 명확하게 쓰고 있다. 서안평현의 치소가 오늘의 단동시 부근에 있었다는데 대하여서는 학계에 다른 의견이 없다. 유관지도를 펴놓고 보면 비교적 쉽게 알 수 있는 바와 같이 애하는 오늘 단동시의 북쪽(실제상 동북쪽)에서 발원하여 먼저 서남쪽으로 흐르다가 후에는 주로 동남쪽으로 흘러서 나중에는 단동시의 동북쪽 20여 화리 떨어진 지점에서 압록강과 합류하여 바다로 흘러들어 가는 강이다. 따라서 애하는 일부 학자들이 '소수'로 인정하는 혼강·태자하·혼하 등과는 비교도 할 수 없을 정도로 소수의 위치에 관한 『삼국지』 고구려전의 기록(西安平縣北有小水 南流入海)

과 잘 부합되는 강이라는 것을 알 수 있다.

둘째, 『후한서』나 『삼국지』 등 고서 기록에 따르면 '소수'는 '대수'와의 비교 가운데서 나온 명칭(句麗作國依大水而居 … 句麗別種依小水作國)이라는 것을 알 수 있다.

위에서 설명한바와 같이 '대수'는 옛날의 馬訾水로 지금의 압록강이다. 이것은 『삼국지』 등 고서에 나오는 '소수'는 압록강과 밀접히 연계되어 있었다는 것을 증명해준다.

태자하와 혼하는 압록강과 비교적 멀리 떨어져 있음으로 그들 사이에 서로 밀접히 연계되어 있다고 말할 수 없다. 혼강은 비록 압록강의 지류로서 직접 압록강에 유입되는 강이긴 하지만 위에서 지적한바와 같이 서안평현(오늘의 단동시)과의 거리가 지나치게 멀기 때문에 『삼국지』 등 고서에 나오는 '소수'로 보기는 어렵다. 그러나 애하는 서안평현과의 거리가 가까울 뿐만 아니라 직접 大水에 유입됨으로 양자사이에 매우 밀접하게 연계되어 있다는 것을 의심할 여지가 없다. 이것은 『후한서』나 『삼국지』 등 고서에 씌어있는 '소수'는 애하라는 것을 증명해주는 또 하나의 증거가 되기에 손색이 없다.

셋째 『후한서』나 『삼국지』의 고구려전에 따르면 '소수'는 또 소수맥(고구려의 별종)의 거주지역과 밀접히 연계(句麗別種依小水作國 因名之爲小水貊 등)되어 있다는 것을 알 수 있다. 그런데 고고학 발굴성과에 따르면 바로 애하의 중류유역에 위치해 있는 大堡鎭이나 石城鎭 부근에서는 고구려묘제의 특징에 부합되는 積石墓들이 비교적 많이 발견되었다. 이에 대하여 일부 학자들은 고구려의 '별종'인 '소수맥'사람들이 남겨놓은 유적이라고 인정하고 있다. 이것은 『삼국지』 등 고서에 씌어있는 '소수'가 오늘의 애하라는 것을 증명해주는 유력한 자료이다.

상술한 상황은 『후한서』나 『삼국지』 등에 나오는 '소수'는 결코 지금의 혼강이나 태자하가 아니라 애하일 가능성이 많다는 것을 증명해준다.

2) 小水貊과 梁貊의 관계 및 지리위치

필자는 위에서 『후한서』나 『삼국지』의 고구려전에 씌어있는 '소수맥'과 『삼국사기』 고구려본기에 나오는 '양맥'은 같은 대상을 가리킨다고 인정한 일부 학자들의 의견에 동의한다는 것을 표명하였다.

아래에 4개 방면으로 나누어 그 이유를 설명하기로 한다. 그런데 서술상의 편리를 도모하기 위하여 비록 어떤 방면에서는 중복되는 느낌이 없지 않음에도 불구하고 먼저 소수맥과 양맥에 관한 고서기록들을 전부 소개하기로 한다.

(1) 『後漢書』 高句驪傳: "句驪一名貊耳 有別種 依小水爲居 因名曰小水貊."[32]

(2) 『三國志』 高句麗傳: "又有小水貊 句麗作國依大水而居 西安平縣北有小水南流入海 句麗別種依小水作國 因名之爲小水貊."[33]

(3) 『三國史記』 瑠璃王 "三十三年(14년－필자) … 秋八月 王命烏伊摩離領兵二萬 西伐梁貊 滅其國 進兵襲取漢高句麗縣."[34]

(4) 『三國史記』 新大王 "二年(166년) … 拜答夫爲國相 加爵爲沛者 令知內外兵馬兼領梁貊部落."[35]

(5) 『三國史記』 東川王 "二十年(246년) … 魏遣幽州刺史毌丘儉 將萬人 出玄菟來侵 王將步騎二萬人 逆戰於沸流水上 敗之 … 又引兵再戰於梁貊之谷 又敗之."[36]

(6) 『三國史記』 中川王 "十二年(259년) … 魏將尉遲 … 將兵來伐 王簡精騎五千 戰於梁貊之谷 敗之 斬首八千餘級."[37]

(7) 『三國史記』 西川王 "十一年(280년) … 肅愼來侵 … 王於是遣達賈往伐之 … 王大悅 拜達賈爲安國君 知內外兵馬事 兼統梁貊肅愼諸部落."[38]

(8) 『三國史記』 烽上王 "元年(292년)三月 殺安國君達賈 … 國人曰微安國君 民

---

32) 『後漢書』 권85, 東夷 高句驪傳.

33) 『三國志』 권30, 魏書30 東夷 高句麗傳.

34) 『三國史記』 권13, 高句麗本紀1 瑠璃王 33년조.

35) 『三國史記』 권16, 高句麗本紀4 新大王 2년조.

36) 『三國史記』 권17, 高句麗本紀5 東川王 20년조.

37) 『三國史記』 권17, 高句麗本紀5 中川王 12년조.

38) 『三國史記』 권17, 高句麗本紀5 西川王 11년조.

不能免梁貊 肅愼之難 今其死矣 其將焉託 無不揮涕相弔.”[39]

위 기록들은 『후한서』나 『삼국지』에 씌어있는 소수맥과 『삼국사기』
에 나오는 양맥은 같은 대상을 가리킨다는 것을 증명해준다.

(1) 고구려의 별종으로서의 소수맥과 양맥

위의 기록(1)과 (2)에 따르면 고구려(구려는 고구려의 약칭)는 맥족으
로 구성되었으며 그 별종으로 소수맥이 있었다는 것을 알 수 있다. 위의
기록 (3)~(8), 즉 『삼국사기』 고구려본기에 따르면 도합 6개의 양맥관련
기사가 나온다. 물론 여기에는 양맥과 소수맥이 같다거나 혹은 양맥이
고구려의 별종에 해당한다고 직접 쓴 기사는 존재하지 않는다. 그러나
그에 관한 기사 내용을 보면 양맥은 비록 일찍부터 고구려에 병합되어
있었음에도 불구하고 고구려와 구별되는 특징을 갖고 있는 맥인집단이
었다는 것을 알 수 있다. 위의 기록 (4)와 (7)에 따르면 당시 나라의 최고
관직인 ‘國相’(명림답부)이나 왕의 최고신임을 받고 있는 공신(安國君)들
은 다른 시기에 각각 서울과 지방의 군권을 장악한 인물들이었다. 그런
데 이런 인물들은 모두 전국에 대한 군권을 장악하는 한편 특별히 ‘梁貊
部落’에 대한 통치권도 직접 틀어쥐었던 것(비록 겸직이지만)이다. 특히
위의 기록 (8)에 따르면 3세기 말(292년)에 이르러서도 양맥은 肅愼과 더
불어 고구려 ‘국인’들에게 큰 위협이 되고 있었다는 것을 알 수 있다.
당시 烽上王은 나라의 일등공신인 安國君 達賈가 백성들 가운데서 높은
위상을 갖고 있는 것을 못 마땅하게 여겨 그를 살해했던 것이다. 이에
대하여 고구려 ‘국인’들은 “안국군이 아니었더라면 백성들이 양맥과 숙
신의 환난을 피하지 못했을 것인데 이제 그가 죽었으니 우리는 장차 누
구에게 위탁할 것인가”고 하면서 눈물을 흘리면서 슬퍼했다고 한다.

---

39) 『三國史記』 권17, 高句麗本紀5 烽上王 1년조.

상술한 상황은 양맥은 일찍부터 고구려에 소속되어 있었음에도 불구하고 고구려의 대다수 백성(맥인)들과는 확실히 구별되는 사람들, 즉 그의 '별종'이었을 가능성이 많다는 것을 증명해준다. 이 경우『후한서』나『삼국지』등 고서에 씌어있는 소수맥과『삼국사기』에 나오는 양맥은 다 같이 고구려의 '별종'으로서의 공통점을 갖고 있었다는 점에서 주목을 끈다.

(2) 소수맥과 양맥의 활동연대 비교

소수맥과 양맥의 활동연대를 비교고찰하기 위해서 우선 소수맥의 활동연대를 고찰할 필요가 있다.

일부 학자들은 소수맥은 고구려보다 먼저 있었다고 하면서 전자는 후자의 전신이라고 주장하고 있다. 이런 견해는 소수맥과 고구려에 관한『후한서』나『삼국지』의 기록내용과 부합되지 않는다. 예를 들면『후한서』고구려전에 따르면 "句驪一名貊耳 有別種 依小水爲居 因名曰小水貊."이라고 쓰고 있다. 위에서 지적한바와 같이 '句麗'는 고구려에 대한 약칭인 것이다. 이럴 경우에 고구려(구려)와 맥은 같은 대상을 가리키는 동의어로 사용될 수 있다는 것을 알 수 있다. 위의 기록에 따르면 고구려(맥)에는 '별종'이 있었는데 그들은 '소수'에 의지하여 건국하고 있었기 때문에 '소수맥'이라고 불러왔다는 것이다.

고구려(맥)와 소수맥 사이는 활동연대의 선후관계에 의하여 구별되는 것이 아니라 거주지역에 따라 구별되었다는 것을 알 수 있다. 이런 구별은『삼국지』고구려전에서 더욱 명확하게 표현된다. 즉『삼국지』에 따르면 우선 고구려의 위치, 관제, 풍속과 습관 등을 서술한 다음에 계속해서 "又有小水貊"이라고 씀으로서 고구려(맥)와 소수맥은 '又有'에 의하여 연계되고 있는 것이 주목을 끈다. 이것은 고구려(맥) 외에 '별종'으로 소수맥이 있었다는 뜻으로 풀이된다. 따라서 양자사이는 연대 상의 선후관계를 나타내는 것이 아니라 오히려 병칭관계를 나타내는 것으로 동일한 시대에 존재했다는 것을 설명해준다.

『후한서』나 『삼국지』의 고구려전에는 구체적으로 고구려의 건국연대를 밝히지 않고 있는 것이 사실이다. 그러나 그 서술내용으로 보면 양자는 다 같이 1세기 초의 왕망시대, 즉 고구려 제2대 유리왕 재위시기부터 시작하여 전자(『후한서』)에는 2세기 후반기, 즉 고구려 제8대 신대왕시기까지 서술하고 후자(『삼국지』)에는 3세기 중엽, 즉 고구려 제11대 동천왕시기까지 서술하고 있다는 것을 알 수 있다. 그 밖에 『삼국사기』에 따르면 기원전 37년에 시조왕인 주몽에 의하여 이미 고구려가 건립되었고 진수가 『삼국지』를 편찬한 것은 3세기 말에 있은 일이다. 상술한 상황들을 함께 연계시켜 고려하면 『후한서』나 『삼국지』 고구려전에 씌어있는 고구려의 활동연대는 실제상 기원 전후부터 시작하여 기원후 3세기 말 사이에 해당한다 할 수 있을 것이다.

위에서 설명한 바와 같이 『후한서』나 『삼국지』 고구려전에 나오는 '소수맥'의 활동연대는 대체로 고구려와 동일하였다. 따라서 소수맥의 실제 활동연대도 고구려와 마찬가지로 기원 전후부터 3세기 말까지 사이에 해당한다고 할 수 있는 것이다.

아래에 양맥의 활동연대에 대하여 고찰하면 다음과 같다. 위의 기록 (3)~(8), 즉 『삼국사기』 고구려본기에 따르면 '양맥'에 대한 관련기사가 도합 6곳이 나오는데 모두 구체적인 연대가 명확하게 씌어있다. 그 가운데서 가장 이른 시기를 반영하는 연대는 유리왕 33년으로 서기 14년이며 가장 늦은 시기를 반영하는 연대는 봉상왕 원년으로 292년이다. 다시 말하면 양맥의 활동연대는 1세기 초부터 3세기 말까지라는 것을 『삼국사기』는 보여주고 있다.

상술한 상황은 『후한서』나 『삼국지』 고구려전에 씌어있는 소수맥과 『삼국사기』 고구려본기에 나오는 양맥의 활동연대는 대체로 다 같이 기원전후~3세기 말까지라는 것을 보여주고 있다. 물론 소수맥과 양맥은 고구려에 비하여 상대적으로 약소한 것은 사실이다. 그러나 대체로 1세기 초에 양자(소수맥과 양맥)는 다 같이 독자적 정치세력을 이룸으로서 여러 고서들(『삼국지』고구려전과 『삼국사기』고구려본기 유리왕 33년조)에서 이미 '국가'라고 불릴 정도로 발전하고 있었다는 것은 주목을 끌지 않을 수 없다.

소수맥과 양맥은 다 같이 고구려의 '별종'일 뿐만 아니라 또 양자의 활동연대와 발전수준도 대체로 같으며 거주지역도 동일(후술)하다고 할 수 있다. 이런 상황들은 소수맥과 양맥은 결코 두 개의 다른 대상을 가리키는 것이 아니라 하나의 같은 대상을 가리킨다는 것을 증명해 주는데 손색이 없다.

(3) 소수맥과 양맥의 지리위치

먼저 소수맥과 양맥의 지리위치에 대하여 각기 고찰하고 그 다음에 양자를 함께 밀접히 연계시키면서 필자의 의견을 제기하기로 한다.

『후한서』고구려전에 따르면 고구려는 일명 맥이라고도 부른다고 쓰고 나서 계속해서 "有別種 依小水爲居 因名曰小水貊."이라고 썼으며 『삼국지』고구려전에는 "句麗別種依小水作國 因名之爲小水貊."이라고 썼다. 이로부터 소수맥은 小水 유역에 거주해 있으면서 이미 국가를 건립하고 있었다는 것(作國)을 알 수 있다.

소수가 지금의 어느 강에 해당하는가의 문제에 대하여 학계에는 여러 가지 견해가 있다. 예를 들면 『삼국지』등 고서에 나오는 소수는 지금의 혼강이나 태자하라는 견해가 있으며 애하라는 견해도 있다.

소수를 지금의 혼강이나 태자하라는 견해는 모순이 많아 성립되기 어렵다고 인정한다. 또 소수는 지금의 애하라는 견해는 소수에 관한 『삼국지』고구려전의 기록내용과 비교적 잘 부합(西安平縣北有小水 南流入海)

됨으로 사람들에 대한 설복력도 상당히 크다고 인정한다. 이럴 경우에 소수유역에 거주해 있으면서 나라를 건립하고 있었다는 소수맥은 당연히 지금의 애하유역에 거주해 있은 것으로 된다.

그러나 여기서 마땅히 지적해야 할 두 가지 사실이 있다.『삼국지』에서 말하는 소수맥은 결코 원시적인 부락집단을 가리키는 것이 아니라 이미 국가건립 단계에 진입한 독자적인 정치세력을 이루고 있었다는 사실(依小水作國에 의하여 증명된다)이며, 둘째 여러 고서들의 기록에 따르면 애하의 하류 유역에 위치해 있는 서안평은 한(서한과 동한을 포함)·위·진시기에 줄곧 요동군 서안평현의 치소였으며 애하의 중류유역에 위치해 있는 대보진 지역은 서한시기에 요동군 武次縣의 치소였던 것으로 인정된다는 사실이다.[40] 이럴 경우에 애하의 하류 유역은 더 말할 필요도 없거니와 심지어 그 중류 유역까지도 비록 소수맥 사람들이 거주해 있었다고 하더라도 그들은 요동군 서안평현이거나 요동군의 다른 어떤 縣에 소속되어 있었을 가능성이 많다. 이런 판단이 틀리지 않는다면『삼국지』에서 말하는 '依小水作國'한 소수맥은 실제상 애하의 상류유역을 중심으로 한 지역에 분포되어 있었다고 보아야 할 것이다.

한편 위의 기록 (3), 즉『삼국사기』고구려본기 유리왕 33년조(14년)에 따르면 당시 고구려의 수도인 국내성의 서쪽에는 독자적인 정치세력을 이룬 '국가'로서의 양맥이 있었다는 것을 알 수 있다.

일부 학자들은 이 양맥은 태자하(대량수)의 옛 이름인 대량수(혹은 양수)에 의거하여 얻어진 명칭이라고 하면서 그들은 지금의 '太子河 유역'에 거주했다고 주장하였다. 그들은 또 양맥은『후한서』나『삼국지』등 고서에 씌어있는 소수맥과 다른 대상을 가리키는 것이 아니라 같은 대상을 가리킨다고 인정하였다. 필자도『삼국사기』에 나오는 양맥과『삼국

---

40)『漢書』권28, 地理志 下 玄菟郡 西蓋馬조 ;『通典』권186, 東夷 高句麗 馬訾水조 ;『中國歷史地圖集』, 東北地區資料滙篇, 13쪽, 武次. 14쪽, 西安平조,

지』등 고서에 씌어있는 소수맥이 같은 대상을 가리킨다는 의견에 대하
여 동감을 표한다. 그러나 필자는 양맥(소수맥)이 '태자하 유역'(중하류
유역을 포함)에만 거주해 있었다는 의견에는 동의하지 않는다. 특히 태
자하의 중하류 유역은 대체로 요동군에 소속되어 있었을 것인바 하나의
'국가'로서의 양맥은 오직 태자하의 상류 유역을 포함한 주변지구에 분
포되어 있었으리라는 것은 거의 의심할 바가 없다. 이에 대해서는 이미
위에서 설명한 바와 같다.

여기서 주목을 끄는 것은 태자하 상류 유역을 포함한 주변지역에 거
주해 있는 양맥(소수맥)과 애하 상류 유역을 포함한 주변지역에 거주해
있는 소수맥(양맥)의 거리가 상당히 가까울 수 있다는 점이다. 필자가 유
관지도에 의거하여 조사한데 따르면 태자하상류(南太子河와 北太子河로
나뉜다)와 애하는 남북으로 위치해 있는데 그 사이의 거리는 가까우면
수십 리에 불과하고 멀어도 100여 리를 크게 넘지 않는 정도이다.[41] 그
밖에 위에서 설명한 바와 같이 양맥과 소수맥은 2개의 다른 대상이 아니
라 하나의 같은 대상을 가리키는 것이다. 이제 상술한 두 가지 상황을
함께 밀접히 연계시켜 고려하면 양맥(소수맥)은 반드시 '태자하 유역'에
만 거주해 있었다고 인정하는 견해는 소수맥(양맥)이 애하 유역에만 거주
해 있었다고 인정하는 견해와 더불어 실제사실에 부합되지 않을 가능성
이 많다.

필자는『삼국지』등 고서에 씌어있는 '소수맥'과『삼국사기』에 나오
는 '양맥'은 두 개의 다른 '민족'이 아니라 실제상 하나의 같은 '민족'을
가리키는 것으로, 거주지역은 소수(지금의 애하) 상류 유역과 대량수(지
금의 태자하) 상류 유역을 포함한 주변지역에 해당한다고 인정한다.

필자는 이렇게 하는 것만이 역사의 실제사실과 부합될 수 있다고 확
신하는 바이다. 다만『후한서』나『삼국지』등 고서에서는 그것을 주로

---

41)『遼寧省地圖』(單頁本), 中國地圖出版社, 2006년판.

소수(애하)와 연계시키면서 '소수맥'이라고 불렀고 『삼국사기』에서는 주로 대량수(지금의 태자하)와 연계시키면서 '양맥'이라고 불렀을 수 있었을 뿐이라고 생각된다. 이런 이유로 실제상 하나인 소수맥(양맥)은 두 개의 민족 명칭인 소수맥과 양맥으로 갈라진 채 후세에 전해내려 오면서 사람들에게 혼란을 조성해준 것이었을 수 있는 것이다.

일부 학자들은 소수맥과 양맥은 같은 '민족'을 가리킨다고 하면서도 그 거주지역을 말할 때에는 어느 한 개 강, 즉 태자하유역과만 연계시키거나 혹은 애하유역에만 거주해 있었다고 인정하는데 이런 견해들은 다 같이 실제사실에 부합되지 않을 가능성이 많다.

맺음말

학계에서 많은 학자들은 『후한서』나 『삼국지』 등 고서에 씌어있는 '소수'는 지금의 혼강이며 '소수맥'은 혼강 유역에 거주해 있었다고 인정한다. 그러나 이런 견해는 소수와 소수맥에 관한 『삼국지』 등의 고서 기록과 모순되며 또 고구려 건국에 관한 여러 고서기록과도 모순되기 때문에 성립되기 어렵다.

근년에 일부 학자들은 소수와 소수맥에 관한 혼강 유역설을 부정한데 기초하여 소수는 오늘의 태자하(옛날의 대량수)이며 소수맥은 태자하 유역의 양맥이라고 하였다. 그들이 『삼국지』 등 고서에 씌어있는 소수맥과 『삼국사기』에 나오는 양맥을 하나의 같은 대상으로 인정한 것은 옳은 것이다. 그러나 그들이 '소수'는 오늘의 태자하이며 소수맥(양맥)은 '태자하 유역'에 국한하여 거주해 있었다고 인정한 것은 실제사실과 부합되지 않을 가능성이 많다.

다른 일부 학자들은 『삼국지』 등 고서의 '소수맥'과 『삼국사기』에 나오는 '양맥'은 같은 대상을 가리킨다고 인정하는 학자들과 견해를 같이 하였다. 그들은 또 '소수'는 지금의 혼강이나 태자하가 아니라 애하에 해당한다고 주장하였다. 필자는 이런 견해에 동감을 표한다. 그러나 그들이 소수맥(양맥)의 거주지역을 지금의 애하유역에 국한시켜 찾은 것은 사실에 부합되지 않을 수 있다.

필자는 소수는 결코 지금의 혼강이나 태자하가 될 수 없으며, 지금의 애하일 수 있다고 인정한다. 또 『삼국지』 등 고서에 씌어있는 '소수맥'은 『삼국사기』에 나오는 '양맥'이라는 일부 학자들의 견해에 동감을 표한다. 그러나 소수맥(양맥)의 거주지역에 대하여 그것을 태자하유역과만 연계시키거나 혹은 애하유역과만 연계시키는 견해는 모두 편면적인 것으로서 실제정황에 부합되지 않는다고 인정한다.

필자는 '소수'유역에서 나라를 건립했다는 소수맥(양맥)은 지금의 애하상류와 태자하상류를 포함한 주변지역에 분포되어 있는 고구려의 별종으로서 맥인집단이었다고 인정한다. 다만 『후한서』나 『삼국지』 등의 고구려전에서는 그것을 주로 '소수'(지금의 애하)와 연계시키면서 '小水貊'이라고 불렀고 『삼국사기』 고구려본기에서는 그것을 대량수(지금의 태자하)와 연계시키면서 '양맥'이라고 불렀을 수 있을 뿐이라고 인정한다.

제3절 小水貊에 의한 高句麗 건국설의 모순

『삼국사기』 등에 따르면 기원전 37년에 부여(북부여 혹은 동부여라고
도 한다)에서 남하한 주몽 등은 비류수(지금의 혼강) 유역의 '맥인'지역
에서 도읍을 정하고 고구려를 건국한 것으로 되어있다.

그런데 종래로 일부 학자들은 고구려의 '별종'인 소수맥에 의하여 고
구려가 건국되었다고 인정하고 있는 것이다. 그들 사이에도 비록 총적인
관점은 같다고 하더라도 구체내용의 서술에서는 서로 다른 정황이 존재
한다. 예를 들면 어떤 사람들은 이른바 2개 고구려설로부터 출발하여 소
수맥에 의한 고구려 건국을 설명하고 있으며, 다른 사람들은 소수맥에
의한 고구려건국을 현토군과 고구려현(舊高句驪縣)의 서천과정과 밀접히
연계시키고 있는 것이다.

이런 견해들에는 모두 모순이 많아 성립되기 어렵다고 생각된다.

아래에 2개 방면으로 나누어 필자의 의견을 제기하고 녹자들의 가르
침을 받으려 한다.

1. '句驪一支'인 小水貊에 의하여
高句麗가 건립되었다고 인정하는 견해를 분석

일찍 傅斯年 선생은 『東北史綱』에서 다음과 같이 썼다.

"按後書高句驪與句驪同在一卷而分傳 魏志無句驪傳 其高句驪傳乃與後書之
句驪傳相同. 蓋句驪本不止一部 其一曰高句驪 漢武時以爲縣 卽昭帝始元五年玄
菟郡移治之所. 西漢末 句驪一支名小水貊者漸强大 逡襲用高句驪之故名 然與漢
武時名縣者幷非一部."[1]

이 문제와 관련하여 필자는 본서의 다른 곳에서 서술각도는 다르지만
여러 차례에 걸쳐 상세하게 서술했다. 그렇기 때문에 여기서는 상세한
논증은 피하고 간단하게 서술하는데 그치려 한다.

먼저 위의 기록의 후반부에 대하여 설명할 필요가 있다. 여기서 주목
을 끄는 것은 고구려와 구려 및 소수맥의 3자관계가 서로 뒤바뀌고 있다
는 점이다.

즉 '구려'가 주류를 이루고 '고구려'와 '소수맥'은 다 같이 '구려'아래
하나의 支流로 묘사되어 있는데 이것은 분명히 역사사실에 위반된다. 여
러 고서들의 관련기록에 따르면 구려아래 지류로 고구려가 있는 것이 아
니라 오히려 고구려는 全稱이며 구려는 고구려에 대한 略稱에 불과한 것
이다. 그 밖에 소수맥은 고구려(구려)에 대한 '별종'으로 실제상 그의 지
류에 해당하는 것이다.

위의 기록의 후반부에서 또 주목을 끄는 것은 '西漢末'에 '句驪(실제
상 高句麗다 - 필자)'의 한 지류인 소수맥이 강대해져 고구려의 옛 이름
을 이어 받았다고 하면서 그것은 결코 한무제시기에 고구려현으로 되었
던 고구려와는 다른 한 갈래였다고 주장한 사실이다.

필자는 소수맥이 고구려(구려)의 한 지류라는 견해에 다른 의견이 없
다. 그것은 "句驪一名貊耳. 有別種 依小水作國 因名曰小水貊."이라고 쓴
『후한서』고구려전의 기록에 의하여 잘 증명되고 있기 때문이다. 그러
나 위의 기록 가운데는 서한(기원전 206년~기원후 24년까지의 사이)말

---

1) 『東北史綱』第一卷, 商務印書館 1931年(或著者自刊)1932年, 兩漢魏晉之東北屬
   部, 高句驪·句驪條.

에 소수맥이 어떻게 점차 강대해졌으며 또 어떤 방법으로 고구려를 대체했는가에 대한 설명은 전혀 없기 때문에 사람들을 설복시킬 수 없는 것이다.

필자는 위의 기록내용은 기원전 37년에 부여에서 '남하'한 주몽 등이 오늘의 혼강 유역에서 고구려를 건립한 사실을 염두에 두고 하는 말일 가능성이 없지 않다고 추정해 본다. 만약 이런 추정이 옳다면 그것은 역사의 실제 사실과는 아무런 공동성도 없는 틀린 견해라고 말할 수 있다. 왜냐하면 그것은 부여에서 남하한 주몽 등을 '소수맥'사람들이라고 할 수 없기 때문이다. 또 '소수'는 결코 오늘의 혼강이 아니며, 따라서 혼강 유역에 거주하고 있은 맥인들을 소수맥에 해당한다고 인정할 수 없기 때문이다. 그 밖에 위에서 지적한 바와 같이 고구려(구려)의 '별종'인 소수맥에 의하여 고구려가 건국되었다고 인정하는 것은 이론상으로 혹은 실제사실로 보아 전혀 맞지 않는다. 이에 대해서는 다음 항목에서 서술하기 때문에 여기서는 문제를 제기하는데 그친다.

다음으로 위의 기록 전반부를 고찰하기로 한다. 여기서『後書』는『後漢書』를 가리키며「魏志」는『三國志』가운데의「魏志」를 가리키는데 본서에서는 일률로「魏書」라고 쓰고 있다.

위의 기록 전반부에 따르면 그들은 소수맥에 의하여 고구려가 건립되었다고 인정하고 있는데 그 근거는『후한서』고구려전에 있다는 것을 알 수 있다. 즉 그들은『후한서』에는 '고구려'와 '구려'가 한권(一卷) 안에 함께 있지만 실제상 2개의 서로 다른 나라의 '傳記'로 나뉘어져 있다고 인정한다. 다시 말하면 그들은『후한서』에는 2개의 서로 다른 나라의 전기인「고구려전」과「구려전」이 함께 수록되어 있다고 하는데 이것이 일부 학자들 가운데 존재하는 이른바 2개 고구려설이 나오게 된 가장 중요한 근원이라고 말할 수 있다. 이와 같이 산생한 2개 고구려는 그 후의 발전과정에서 여러 가지 부동한 형태로 나누어진 것이 사실이다. '句

驪'를 총칭으로 인정하고 그 지류로서 고구려와 소수맥이 있으며 '西漢末'이래 소수맥이 점차 강대해져서 고구려의 옛 이름을 이어받고 고구려국을 건국했다고 인정하는 견해는 그 가운데의 한 개 형태에 해당한다고 말할 수 있다.

이른바 2개 고구려설이나 소수맥에 의하여 고구려가 건립되었다고 인정하는 견해들은 모두 그가 의거하고 있는 『후한서』고구려전의 실제 상황과 전혀 부합되지 않는다.

『후한서』에는 오직 하나의 「고구려전」이 있을 뿐이다. 『후한서』고구려전의 후반부, 즉 '句驪'이후의 부분은 결코 그 앞의 '高句驪'와 구별되는 다른 나라의 傳記가 아니라 「고구려전」의 구성부분이다. 또 여기에 나오는 '句驪'칭호는 '高句驪'에 대한 약칭인 것이다. 그것은 '句驪'이후의 부분을 서술하는 가운데서 '高句驪'와 '句驪'가 한데 뒤섞이면서 씌어있다는 사실만으로도 잘 증명된다. 이런 문제들에 대해서는 본서의 다른 곳(高句麗國號考 - 高句麗와 句麗관계를 중심으로)에서 비교적 상세히 서술되었나.

그 밖에 위의 기록의 전반부에 따르면 『삼국지』에는 하나의 「高句麗傳」만 있다는 것을 인정하면서도 이 「고구려전」이 『후한서』의 「句驪傳」과 '相同'하다고 쓰고 있는데 역시 사실과 부합되지 않는다. 『후한서』와 『삼국지』에는 다 같이 하나의 「高句驪(麗)傳」이 있을 뿐이며 양자의 서술체계도 기본상 동일한 것이다. 이런 정황에서 『삼국지』의 「고구려전」은 『후한서』의 「구려전」과 '상동'하다고 인정하는 것은 전혀 근거 없는 견해라고 말할 수 있다.

상술한 상황은 '서한말'이래 강대해진 소수맥에 의하여 고구려가 건립되었다고 인정하는 일부 학자들의 견해는 사실상 그 기초부터 사실과 전혀 다른 잘못된 견해라는 것을 증명해 준다.

2. 高句麗縣의 서천과 小水貊에 의한 高句麗건국을 연계시키는 견해를 분석

李丙燾는 『韓國史』古代篇에서 다음과 같이 쓰고 있다.

> "漢魏시대의 人은 지금의 鴨綠江을 大水, 그것의 北支流인 지금의 渾江(佟佳江)을 小水라 別稱하여 小水方面에 據한 濊貊을 小水貊이라 했으므로(원주: 魏志 東夷傳 高句麗條) 大水方面에 있던 그들은 勿論 大水貊이었던 것이다. 貊人의 反亂은 결국 玄菟郡廳으로 하여금 그 首縣인 '高句麗縣'(지금 通溝)과 縣內戶口의 대부분을 大水方面에서 멀리 蘇子河(渾河) 상류인 지금 興京 老城 地方으로 옮겨가게 하였고 未久에 小水方面의 上殷臺·西蓋馬의 兩殘縣도 新玄菟(第二玄菟)域內로 移轉하는 運命에 빠지고 말았다. … 이 氣運(大水와 小水유역의 '土着社會'에서 일어나는 '部族統一의 氣運'을 가리킨다. ─ 필자)의 主導的 役割은 大水貊方面보다 오히려 小水貊方面의 諸社會에 있었으니 그것은 前者의 중심이었던 舊高句麗縣一帶가 앞서 移郡移縣에 隨伴되는 戶口의 抽出로 말미암아 거의 荒廢狀態를 免치 못했던 所以라고 생각된다."

『한국사』 고대편에서는 또 '소수맥'의 주도적 역할에 대하여 상세히 서술하고 나서 다음과 같이 강조하였다.

> "小水流域에 集結한 小水貊이 … 五部族을 중심으로 한 聯盟社會를 결성하고 그중 優勢한 消奴部의 族長이 (聯盟體)의 最高渠帥를 世襲 … 그 勢力이 차차 衰하여지매 桂婁部의 族長인 鄒牟가 대신 그 자리를 차지하여 一層 强力한 態勢를 이루었던 것이다. 三國史記 등 東方側 史書는 이 交替를 高句麗의 建國으로 간주하"고 있다. 이에 대하여 『韓國史』古代篇은 대체로 동감을 표하면서 "高句麗의 嚴密한 意味의 建國"은 "第六代 太祖大王(宮) 때로부터 비로소 … 시작하였다"[2]

---

2) 李丙燾·金載元, 1955, 『韓國史』古代篇, 乙酉文化社, 224~225, 234~236쪽. 아래에서는 『韓國史』古代篇로으로 약칭하며 일반적으로 주해를 달지 않는다.

이런 견해는 모순이 많아 성립되기 어려운 것 같다. 아래에 3개 방면으로 나누어 필자의 의견을 제기하면 다음과 같다.

1) 小水·小水貊과 지금의 渾江과의 관계

위의 기록에 따르면 '지금의 압록강'은 『삼국지』 등 고서에 나오는 '大水'이며 따라서 대수(압록강) 방면에 있던 '濊貊'사람들을 '大水貊'이었다고 인정하였다. 필자는 이런 견해에 다른 의견이 없다. 그러나 지금의 '혼강(佟佳江)을 소수'라고 하면서 '소수(혼강 – 필자)방면에 據한 예맥을 소수맥'이라고 불렀다는 견해에 대해서는 동의되지 않는다. 그 이유에 대해서 본서의 다른 곳(小水貊 위치고)에서 상세히 서술했기 때문에 여기서는 몇 가지 요점을 간단히 설명하는데 그치려 한다.

그것은 우선 "西安平縣北有小水南流入海"라고 쓴 『삼국지』 고구려전의 기록과 엄중하게 모순된다. 서안평현은 한, 위시기의 요동군의 관할하에 있은 속현으로서 지금의 압록강하류의 단동시 부근에 위치해 있었다. 그러나 유관지도에 따르면 혼강은 지금의 길림성 강원현부근에서 발원하여 먼저 서남쪽으로 흐르다가 후에는 동남쪽으로 흐르는데 도합 400여 화리를 흐른 다음에 압록강과 합류하고 다시 서남쪽으로 300여 화리 가량 흘러서야 비로소 지금의 단동시(서안평현) 부근에 이르게 된다. 이런 혼강을 "西安平縣北有小水南流入海"라고 쓴 『삼국지』 고구려전의 '소수'라고 하는 것은 무리가 아닐 수 없다. 또 여러 고서들의 기록에 따르면 지금의 혼강은 고대에 '鹽難水' 혹은 '沸流水'로 불렸으나[3] 결코 '小水'로 불렸다는 기록은 발견되지 않는다. 또한 주목을 끄는 것은 『삼국지』 고구려전에 따르면 '소수'와 '비류수'로 불리는 두 강의 명칭이 거의 병칭된 상태로 쓰어있다는 사실이다.[4] 이것은 소수와 비류수는

---

3) 『漢書』 권28, 地理志 下 玄菟郡조 ; 『通典』 권186, 邊方2 東夷 高句麗傳 ; 『三國史記』 권13, 高句麗本紀1 東明王 1년조.

하나의 같은 강이 아니라 두 개의 서로 다른 강을 가리킨다는 것을 증명
해 준다. 그런데 위에서 지적한바와 같이 『삼국지』나 『삼국사기』에 나
오는 '비류수'가 지금의 '혼강'이라는 것은 추호도 의심할 바가 없다. 이
럴 경우 『삼국지』 고구려전에서 비류수와 거의 병칭된 상태로 씌어있는
'소수'가 지금의 혼강이 될 수 없다는 것은 매우 분명한 일이다. 이것은
필연적으로 '依小水作國'한 것으로 인정되는 '소수맥'도 역시 혼강 유역
과 아무런 관련도 없다는 것을 증명해 준다.

2) 이른바 '舊高句麗縣'의 서천과 大水貊지방의 '황폐상태'

위의 기록에 따르면 "맥인의 반란은 결국 玄菟郡廳으로 하여금 그 首
縣인 '고구려현(지금 通溝)'과 縣內 戶口의 대부분을 大水方面에서 멀리
興京 老城地方으로 옮겨가게 하였고", 그 결과 대수(지금의 압록강)유역
의 "舊高句麗縣一帶"는 "荒廢狀態를 免치 못하였다."고 지적하였다. 위
의 기록에 의하면 이것은 고구려 건국과정에서 소수유역의 소수맥이 대
수유역의 대수맥을 대체하여 '主導的役割'을 하게 된 원인이라고 했던
것이다.

필자는 이런 견해에 잘 동의되지 않는다. 아래에 고구려현의 설치연
대와 그 위치 등 문제를 에워싸고 필자의 의견을 제기하면 다음과 같다.

(1) 高句麗縣의 설치연대에 대하여

위의 기록에 따르면 기원전 107년에 漢武帝는 현토군을 설치하던 초
기에 이미 속현으로 高句麗縣(舊高句麗縣)을 설치했다고[그들은 이것을
고구려현(구고구려현)이라고 부르고 있다] 하였다. 이런 견해는 충분한
자료적 근거를 갖추었다고 인정하기 어려운 것이다. 이 문제에 대해서는

---

4) 『三國志』 권30, 魏書30 東夷 高句麗傳.

본서의 다른 곳(高句麗의 역사 지위에 관한 試論)에서 서술했기 때문에 여기서는 본 제목과 관련되는 부분만을 간단히 서술하기로 한다.

고구려현의 설치연대를 놓고 학계에는 크게 두 가지 다른 견해가 있다. 첫째 기원전 107년 현토군을 설치하던 초기에 이미 고구려현을 설치했다고 하는 견해이며, 둘째 기원전 82년 현토군을 서천하는 과정에서 비로소 고구려현을 설치했다고 하는 견해이다.

첫 번째 견해를 주장하고 있는 학자들이 의거하고 있는 주요한 자료는 『후한서』고구려전의 관련기록("武帝滅朝鮮 以高句驪爲縣 使屬玄菟."5))이다. 그러나 이 기록은 비록 현토군의 속현 가운데 고구려현이 포함되어 있을 수 있다는 것은 증명할 수 있으나 그것이 현토군을 설치하던 초기에 이미 설치되었다는 것은 설명해주지 못한다고 인정한다. 왜냐하면 여기에는 무제가 고구려를 현으로 삼았다(武帝 … 以高句驪爲縣)고 했으나 그 구체적인 연대가 표시되어 있지 않기 때문이다.『중국역사연대간표』에 따르면 한무제의 재위기간은 기원전 140년부터 기원전 87년까지이다.6) 이와 같이 무제는 전후 50여 년에 걸쳐 재위했으며 또 그 재위기간의 하한은 현토군을 설치하던 기원전 107년 보다도 20여 년이나 더 아래로 내려오며 특히 현토군이 서쪽으로 옮겨가던 기원전 82년과의 사이에도 겨우 5년의 시간적 차이밖에 존재하지 않는 것이다. 이런 정황에서 "武帝 … 以高句驪爲縣 使屬玄菟."에 의하여 현토군을 설치하던 초기에 이미 고구려현도 설치되었다고 인정하는 것은 무리가 아닐 수 없다. 필자의 조사에 의하면 기원전 107년 한무제가 현토군을 설치하던 초기에 郡아래 속현으로 이미 '고구려현'을 설치했다고 인정한 고서기록은 그 어디에도 존재하지 않는다. 이런 상황에서 필자는 김육불 선생께서 "현토군을 최초로 설치할 때 속현가운데 고구려현이 있었는가, 없었

---

5) 『後漢書』권85, 東夷 高句驪傳.

6) 『中國歷史年代簡表』, 文物出版, 1985년판, 52~55쪽.

는가의 문제는 이미 문헌상으로 고증할 수 없다.”고 인정한 것은 역사사
실에 부합될 가능성이 많다고 인정한다.[7]

   필자는 기원전 82년에 현토군을 ‘서천’하는 과정에서 처음으로 고구
려현을 설치했다고 하는 일부 학자들의 견해에 동감을 표한다. 이에 대
해서는 아래에서 『한서』 지리지의 관련기사를 분석할 때 서술하게 됨으
로 여기서는 문제를 제기하는데 그친다.

   기원전 107년 현토군을 설치하던 초기에 이미 고구려현을 설치했다
고 인정하는 일부 학자들의 견해는 역사 사실에 부합되지 않을 가능성이
많다. 이럴 경우 기원전 82년 ‘맥인의 반란’이 일어나기 이전에 고구려
현은 아직 설치되지도 않았을 수 있으며 따라서 그의 ‘西遷’과 그로 인
한 이른바 ‘荒廢狀態’같은 것도 있을 수 없는 일이라고 말할 수 있다.

   일부 학자들의 견해에 따라 당시(기원전 82년 이전) 현토군의 屬縣 가
운데 고구려현이 설치되어 있었다고 하더라도 그(고구려현)의 서천으로
인하여 대수유역이 ‘荒廢’해 졌다고는 생각되지 않는다. 왜냐하면 고구
려현은 현토군의 首縣이었기 때문에 양자의 통치중심은 다 같이 ‘沃沮
地’에 있었을 것이기 때문이다. 즉 양자는 다 같이 ‘沃沮地’로부터 출발
하여 서천했기 때문에 그것이 大水유역에 큰 영향을 주었다고는 단정(지
리위치로 보아 경과했을 수는 있을 것이다)하기 어려운 것이다. 이에 대
해서는 아래에서 다시 서술하게 된다.

   (2) 高句麗縣의 위치를 ‘大水’유역으로 보는 견해
   위의 기록에 따르면 “맥인의 반란은 결국 玄菟郡廳으로 하여금 그 首
縣인 ‘고구려현(지금 通溝)’과 縣內 戶口의 대부분을 大水方面에서 멀리
蘇子河(渾河)상류인 지금 興京 老城地方으로 옮겨가게 하였다.”고 인정
하였다.

---

   7) 『東北通史』 上篇, 吉林省社會科學戰線雜誌社翻印, 79쪽.

그들의 견해에 따르면 현토군과 그 수현으로서의 고구려현의 초기위
치는 다 같이 대수중류유역의 통구(지금의 집안시) 부근에 있은 것으로
된다. 필자는 이런 견해는 모순이 많아 성립되기 어렵다고 인정한다.

첫째, 현토군의 설치에 관한 『삼국지』나 『후한서』 등 고서의 관련기
록과 모순된다. 아래에 먼저 그의 원문을 소개하면 다음과 같다.

> (1) 『三國志』 東沃沮傳: "漢武元封二年(三年의 오기 - 필자) 伐朝鮮 … 以沃沮
> 城爲玄菟郡."[8]
> (2) 『後漢書』 東沃沮傳: "武帝滅朝鮮, 以沃沮地爲玄菟郡."[9]

위의 기록 (1)과 (2)에 나오는 '沃沮城'과 '沃沮地'는 모두 동옥저지역
을 가리킨다. 동옥저는 고구려 蓋馬大山(지금의 蓋馬高原)의 동쪽에 위
치해 있었다.

여기서 주목을 끄는 것은 '옥저성' 혹은 '옥저지'로써 '현토군'을 삼
았다고 썼다는 사실이다. 이것은 초기 현토군의 설치지점은 결코 대수
(지금의 압록강) 중류 유역의 통구부근에 있은 것이 아니라 그보다 동쪽
으로 수백 리나 떨어진 지금의 함경남도·함경북도 지방에 있었다는 것
을 증명해준다. 이 기간에 대하여 학계에서는 일반적으로 제1현토군 시
기라고 부르며 그의 치소는 함경남도의 함흥부근에 있었다고 보는 견해
가 많다. 만약 당시 현토군의 수현으로 고구려현도 설치되었다고 가정한
다면 그 치소도 역시 함흥부근에 있었으리라는 것은 의문할 나위가 없다.

둘째, 기원전 82년에 西漢 昭帝는 한사군에 대하여 비교적 큰 규모로
조정하였다. 그 가운데는 현토군의 치소를 원래의 옥저성으로부터 멀리
서쪽으로 옮겨가는 사업도 포함되어 있었던 것이다. 이에 대하여 『후한
서』 등 고서에는 다음과 같이 쓰고 있다.

---

8) 『三國志』 권30, 魏書30 東夷 東沃沮傳.
9) 『後漢書』 권85, 東夷 東沃沮傳.

(1) 『後漢書』濊傳: "至昭帝始元五年(기원전 82년 – 필자), 罷臨屯眞番, 以幷樂浪玄菟, 玄菟復徙居句驪."[10]

(2) 『後漢書』東沃沮傳: "… 後爲夷貊所侵 徙郡於高句驪西北 … 沃沮還屬樂浪."[11]

(3) 『三國志』東沃沮傳: "… 後爲夷貊所侵 徙郡句麗西北"[12]

위의 기록 (1) 즉 『후한서』예전에서 주목을 끄는 것은 "玄菟復徙居句驪"라고 쓴 부분이다. 이것은 기원전 82년에 현토군의 치소를 고구려('句驪'는 고구려에 대한 약칭이다)로 옮겨갔다는 뜻으로 풀이된다. 따라서 이것은 현토군의 초기치소는 고구려 사람들의 집단 거주지가 아니라 다른 곳(옥저성)에 있었다는 것을 증명해준다. 이것은 또 "以沃沮城爲玄菟郡" "以沃沮地爲玄菟郡."이라고 쓴 『삼국지』동옥저전이나 『후한서』동옥저전의 기록은 옳다는 것을 증명해주는 유력한 증거가 된다. 따라서 현토군과 그의 수현인 고구려현의 치소는 시종 대수중류유역의 통구부근에 위치해 있었다고 한 일부 학자들의 견해는 사실에 부합되지 않는다는 것을 알게 한다.

위의 기록 (2)와 (3) 즉 『후한서』와 『삼국지』의 동옥저전에 나오는 '後'는 서한 소제 시원 5년, 즉 기원전 82년을 가리킨다. 그 내용을 설명하면 기원전 82년에 현토군의 치소는 원래의 '옥저성'(혹은 '옥저지')으로부터 '高句驪'(句麗)서북쪽으로 옮겨갔다는 뜻으로 풀이된다.

위의 기록 (1)에서는 현토군의 치소는 고구려지역으로 옮겨갔다고 서술(玄菟復徙居句驪)한데 비하여 (2)와 (3)에서는 고구려의 '서북'쪽으로 옮겨갔다고 씀으로서 구체지점 상에서 약간의 차이가 존재한다. 필자의 견해로는 전자는 현토군이나 고구려현에 관계없이 그의 관할구역 전반을 염두에 두고 말한 것이나 후자에서는 현토군의 '치소'가 옮겨간 구체

---

10) 『後漢書』 권85, 東夷 濊傳.

11) 『後漢書』 권85, 東夷 東沃沮傳.

12) 「三國志」 권30, 魏書30 東夷 東沃沮傳.

적인 지점을 말하는데서 생긴 차이일 가능성이 많은 것 같다.

위의 (1), (2), (3)을 연계시키면서 문제를 고찰하면 다음과 같은 상황을 비교적 쉽게 발견할 수 있다. 그것은 서한 소제 시원 5년, 즉 기원전 82년에 현토군 치소를 원래의 옥저성(혹은 옥저지)으로부터 멀리 서쪽으로 옮겨갈 때 비로소 처음으로 고구려와 관련되는 기사가 비교적 많이 나온다는 사실(玄菟復徙居句驪 徙郡於高句驪西北 徙郡句麗西北)이 주목을 끈다. 이것은 『한서』 지리지의 관련 기사와 더불어 고구려현은 결코 현토군을 설치하던 초기(기원전 107년)에 설치된 것이 아니라 기원전 82년에 현토군을 '서천'하는 과정에서 처음으로 설치했을 가능성이 많다는 것을 보여준다. 이럴 경우에 '舊高句麗縣'의 서천으로 대수(지금의 압록강)유역이 '황폐'해졌다는 견해는 제기될 수도 없는 것이다.

셋째, 일부 학자들은 기원전 128년에 한무제가 창해군을 설치했던 압록강유역의 '통구평원일대'에 현토군을 설치했다고 인정하였다. 이것은 그들이 옥저싱이 현토군의 치소로 되어 있었다고 쓴 『삼국지』 고구려전의 기사(以沃沮城爲玄菟郡)를 부정하고 있는 이유가 되고 있다.

이런 정황에서 먼저 창해군의 위치를 밝히는 것이 필요하다. 그러나 필자는 이미 본서의 다른 곳(濊貊族에 대한 몇 개 문제 - 古朝鮮, 高句麗와의 관계를 중심으로)에서 이 문제에 대하여 비교적 상세히 설명했기 때문에 본문에서는 창해군이 과연 압록강 유역의 '통구평원일대'에 설치되어 있었는가의 문제를 간단히 설명하는데 그치려 한다. 먼저 몇 가지 관련기사를 소개하면 다음과 같다.

(1) 『漢書』 武帝紀: "元朔元年 東夷薉君南閭等 口二十八萬人降 爲蒼海郡."[13]
(2) 『後漢書』 濊傳: "濊君南閭等 畔右渠 率二十八萬口詣遼東內屬 武帝以其地爲蒼海郡 數年乃罷."[14]

---

13) 『漢書』 권6, 武帝紀 元朔元年조.
14) 『後漢書』 권85, 東夷 濊傳.

위의 기록 (1)의 '元朔'은 한 무제의 연호이며 '元朔 元年'은 기원전 128년이다. (1)의 '薉君南閭'의 '薉'와 (2)의 '濊君南閭' 가운데의 '濊'는 같은 글자를 가리킨다. '濊君南閭'는 濊族의 '君長'인 南閭(인명)를 가리킨다. '畔右渠'는 고조선의 우거왕을 배반했다는 뜻으로 풀이되는바 '예군남려' 등 28만인은 본래 고조선의 일부였다는 것을 증명해준다. 이제 (1), (2)를 합하여 해석하면 대체로 다음과 같이 된다.

기원전 128년 예족의 '군장'인 남려는 주민 28만 명을 거느리고 고조선의 우거왕을 '배반'한 후 서한의 요동군에 투항하고 '내속'하게 되었다. 무제는 그 땅(거주지역)을 창해군으로 삼았으나 수년이 지나자 폐지하였다.

여기서 특히 주목을 끄는 것은 예군남려가 이끄는 28만 명의 거주지역의 주민은 주요하게 예족을 위주로 구성되었다는 사실이다. 이것은 또 창해군의 주민구성도 필연적으로 예족을 중심으로 이루어졌다는 것을 증명해준다. 그런데 '통구'를 포함한 대수중류유역의 주민은 예족을 중심으로 이루어진 것이 아니라 맥족을 중심으로 하여 이루어 졌다고 말할 수 있다. 이에 대하여 학계에는 다른 의견이 없을 것으로 생각된다.

이로부터 창해군의 주민구성과 대수중류유역의 주민구성사이에는 분명히 서로 다른 점(전자는 주로 예족, 후자는 주로 맥족)을 갖고 있다는 것을 알 수 있다. 이것은 예군남려 등 28만인이 투항한 기회를 이용하여 그들의 거주지역에 실지한 창해군은 결코 大水중류유역에 있지 않았다는 것을 증명해줄 수 있다.

상술한 상황은 한무제가 창해군을 설치했던 자리에 현토군(고구려현을 포함)을 설치했다는 이유에 의거하여 현토군과 고구려현의 위치를 대수중류유역의 '통구평원일대'에 있었다고 인정한 일부 학자들의 견해는 실제상 그것이 존재할 수 있는 근거를 상실하게 될 수 있는 것이다.

넷째, 고구려현에 관한 『한서』 지리지의 관련기사를 분석할 필요가 있다.

(1) 『漢書』 地理志 玄菟郡조: "玄菟郡 … 縣三 高句驪 遼山 遼水所出西南至遼
    隊入大遼水 又有南蘇水."[15]
(2) 『漢書』 地理志 燕地조: "玄菟 樂浪 武帝時置 皆朝鮮 濊貊 句驪蠻夷."[16]

먼저 위의 기록 (2)를 고찰하기로 한다. 여기서 주목을 끄는 것은 "玄
菟 樂浪 武帝時置"라고 쓴 부분이다. 이것은 물론 기원전 108~기원전
107년 사이에 한무제가 고조선을 멸망하고 그 자리에 '낙랑·임둔·현토·
진번군' 등 4군을 설치했다고 쓴 『사기』 조선열전이나 『한서』 조선전의
기록과 부합되지 않는다.[17] 그러나 이것은 결코 『한서』 지리지의 기록
이 틀렸다는 것을 의미하지 않는다. 이것은 오히려 한4군의 발전과정에
서의 변화상황을 반영한 것일 가능성이 많다. 그것은 『후한서』 예전에
따르면 서한 무제가 기원전 108년에 고조선을 멸망하고 그 자리에 '낙
랑·임둔·현토·진번군' 등 4군으로 나누어 통치했다는 사실을 쓰고 나서
계속하여 "至昭帝始元五年(기원전 82년 – 필자) 罷臨屯眞番 以幷樂浪玄
菟 玄菟復徙居句驪."라고 쓴데 의하여 증명된다. 이와 같이 한4군은 처
음 한동안은 4군으로서 완전성을 보전할 수 있었으나 20여 넌이 지난
기원전 82년에는 임둔과 진번 2개 군을 취소하고 낙랑과 현토의 2개 군
만을 남겨두는 漢二郡시대를 맞이하게 되었다. 그 후에는 또 대방군이
더 설치됨으로서 한2군시대는 다시 漢三郡시대로 변하기도 했던 것이다.
이것은 사물의 발전법칙에 부합되는 것으로서 매우 자연스러운 일이라
고 말할 수 있다.

『한서』 지리지에 "玄菟 樂浪 武帝時置"라고 썼으며, 실제상 현토, 악
랑의 두개 郡만 수록되어 있는 사실은 바로 상술한 바와 같은 한2군 시
기(기원전 82년에 출현)를 옳게 반영했을 가능성이 많다.

---

15) 『漢書』 권28, 地理志 下 玄菟郡조.
16) 『漢書』 권28, 地理志 下 燕地조.
17) 『史記』 권115, 朝鮮列傳 ; 『漢書』 권95, 朝鮮傳.

여기서 주목을 끄는 것은『한서』지리지에는 기원전 82년 이후의 한2군 시기를 옳게 반영해주는 기사(玄菟 樂浪 武帝時置)와 함께 현토군의 수 현으로 '고구려현'이라는 명칭이 처음으로 역사무대에 등장하고 있다는 사실(玄菟郡 … 縣三 高句驪 …)이다.[18] 이런 판단이 틀리지 않는다면 '고구려현'의 설치연대는 현토군을 설치하던 초기가 아니라 그보다 20여 년이 늦은 기원전 82년 이후로 내려올 수 있다는 것을 알 수 있다.

다음으로 위의 기록 (1)을 분석하기로 한다. 여기서 주목을 끄는 것은 현토군의 수현인 '고구려현'의 위치를 해명하는 문제이다.

(1)에 따르면 '고구려현' 중에는 遼山이 있었으며 요산은 遼水의 발원 지라고 쓰고 있다. 이런 정황에서 고구려현의 위치를 해명하기 위해서는 먼저 요수와 요산의 위치를 해명하는 것이 필요하다.

'요수'는 대요수와 구별하기 위하여 '소요수'라고도 불렀는데 지금의 혼하이다.『한서』지리지에 따르면 '요수'에 대하여 "西南至遼隊入大遼 水"라고 쓴 것이 주목된다. '遼隊'는 지금의 요녕성 요양시 서남쪽 80여 리 되는 지점으로서 태자하의 서안인 고타자 부근에 있었으며 '대요수' 는 지금의 요하이다.[19] 따라서『한서』지리지에 씌어있는 '요수'의 흐름 새와 지금의 혼하의 流程은 완전히 일치하는 것으로 양자는 같은 대상을 가리킨다는 것을 알 수 있다.

'요산'은 요수(지금의 혼하)의 발원지이다. 그런데 '요수'의 상류가 여 러 갈래로 나뉘어져 있으며 또 그 가운데의 어느 지류를 '요수'의 정원 으로 삼는가에 대해서도 학자들마다 서로 다른 견해를 갖고 있는 것이 사실이다. 그렇긴 하지만 그 지류들 사이의 거리는 그다지 멀리 떨어져 있지 않는바 대체로 지금의 新賓縣 경내와 그 이북의 淸原縣 경내에서 흐르고 있다고 할 수 있다. 이런 정황에서 어떤 학자들은 '요산'은 지금

---

18)「漢書」권28, 地理志 下 玄菟郡조.

19)『中國歷史地圖集』, 東北地區資料滙篇, 중앙민족학원편집조, 1979년판, 11·17쪽,

의 청원현 경내에 있는 英額門外東山(三通背嶺이라고도 한다)에 해당한
다고 하였다.[20]

그 밖에『한서』지리지에서는 고구려현에 대하여 말할 때 "又有南蘇
水"라고 썼다. '南蘇水'는 지금의 蘇子河로 신빈현 경내에서 발원하여
서북쪽으로 흘러 혼하에 유입되고 있다.[21]

이제 관련지도를 펴놓고 보면 비교적 쉽게 알 수 있는 바와 같이『한
서』지리지 현토군조에 씌어있는 고구려현(현토군의 수현)은 지금의 요
녕성 신빈현을 중심으로 이북의 청원현의 일부까지도 포함한 지역에 위
치해 있었을 것으로 보인다.

이럴 경우 학계에서 일반적으로 제2현토군 치소로 인정하고 있는 신
빈현을 중심으로 한 지역에서 처음으로 고구려현이 설치되었을 가능성
이 없지 않다.

여기서 반드시 짚고 넘어가야할 한 가지 사실이 더 있다. 일부 학자들
은 '대수'유역의 '舊高句麗縣'을 서쪽으로 옮겨간 상황을 쓰고 난 뒤를
이어 "未久에 小水方面의 上殷臺, 西蓋馬의 兩殘縣도 新玄菟(第二玄菟)域
內로 移轉하는 運命에 빠지고 말았다."고 지적하였다.

그런데 무엇 때문에 전자에서는 "縣內戶口의 대부분"까지 함께 옮겨
감으로서 "荒廢狀態를 면치못하였"는데 후자에서는 전혀 그런 일이 없
었을 뿐만 아니라 오히려 홍성함으로써 고구려를 건립하는 사업에서 주
도적 역할을 다 할 수 있었는지 이해하기 어려운 느낌이 없지 않다. 소
수맥에 의하여 고구려가 건립되었다고 인정하는 학자들은 이런 문제에
대해서도 충분히 설명해야 설득력을 가질 수 있을 것이다.

상술한 상황은 고구려현은 현토군을 설치하던 초기(기원전 107년)에
설치된 것이 아니라 기원전 82년 현토군을 원래의 옥저성(혹은 옥저지)

---

20)『中國歷史地圖集』, 東北地區資料滙篇, 25~26쪽.
21)『中國歷史地圖集』, 東北地區資料滙篇, 26~28쪽.

에서 멀리 서쪽으로 옮겨 갈 때, 오늘의 혼하 상류지역인 신빈현 경내에
처음 설치했을 가능성이 많다는 것을 증명해 준다. 이런 판단이 틀리지
않는다면 기원전 82년에 일어난 '맥인의 반란'은 결국 대수중류유역에
있는 "고구려현 … 과 현내호구의 대부분"을 멀리 서쪽 혼하 상류인 지
금의 신빈현경내로 옮겨갔기 때문에 대수중류유역의 '舊高句麗縣一帶'
는 '荒廢狀態'를 면하지 못했다고 인정한 일부 학자들의 견해는 사실에
부합되지 않을 가능성이 많은 것이다.

3) 이른바 小水貊의 주도적 역할과 그에 의한 高句麗건국

위에서 설명한바와 같이 『한국사』의 필자는 현토군과 그 아래의 3개
속현이 지금의 興京老城방면으로 옮겨 간 후에, 소수유역에 거주해 있는
소수맥은 '五部'를 중심으로 한 연맹체를 결성하고 대수유역의 대수맥을
대체하여 '土着社會'의 각종 활동에서 주도적 역할을 하게 되고 마침내
고구려국까지 건립하게 되었다고 하였다. 필자는 이런 견해에 동의하지
않는다. 아래에 두 개 방면으로 나누어 필자의 의견을 제기하면 다음과
같다.

(1) 이른바 小水貊의 五部說에 대하여
먼저 '五部'에 관한 고서기록을 다음과 같이 소개한다.

> (1) 『三國志』高句麗傳: "本有五族, 有涓奴部 絶奴部 順奴部 灌奴部 桂婁部.
> 本涓奴部爲王, 稍微弱, 今桂婁部代之."[22]
> (2) 『後漢書』高句驪傳: "凡有五族, 有消奴部 絶奴部 順奴部 灌奴部 桂婁部.
> 本消奴部爲王, 稍微弱, 後桂婁部代之."[23]

---

22) 『三國志』권30, 魏書30 東夷 高句麗傳.
23) 『後漢書』권85, 東夷 高句驪傳.

위의 기록 (1), (2), 즉 『삼국지』 고구려전과 『후한서』 고구려전의 '오 부'는 결코 소수맥의 '오부'가 아니라 고구려의 오부가 옳다는 것을 증 명해주는 유력한 증거가 된다. 그럼에도 불구하고 위의 기록에서는 이 고구려의 오부를 실제상 소수맥의 오부로 바꾸어 놓고 있는 것이다. 예 를 들면 『韓國史』에서는 '오부'에 관한 『삼국지』 고구려전을 분석하고 나서 다음과 같이 썼다.

"다시 묶어 말하면 夫餘系列의 貊人으로서 小水流域에 集結한 小水貊이 漢郡縣 支配로부터 解放되자 五部族을 중심으로 한 聯盟社會를 결성하고 그 중 優勢한 消奴部의 族長이 (聯盟體)의 最高渠帥를 世襲하는 同時에 漢으로부 터 封爵, 印綬를 받아 오다가 그 勢力이 차차 衰하여 지매 桂婁部의 族長인 鄒牟가 대신 그 자리를 차지하여 … 三國史記 등 東方 史書는 이 交替를 高句 麗의 건국으로 看做"하고 있다고 쓰고 나서 자신도 이에 동감을 표하였다. 그 는 또 "高句麗의 嚴密한 意味에서의 建國"은 "第六代 太祖大王(宮) 때로부터 … 시작된다."24)

이 기사를 중심으로 필자의 의견을 제기하면 다음과 같다.

첫째, 위의 기사에서 우선 주목을 끄는 것은 "夫餘系列의 貊人으로서 小水流域에 集結한 小水貊이"라고 쓴 부분이다. 『한국사』 고대편의 견 해에 따르면 '小水'는 지금의 혼강을 가리키며 이것을 해석하면 "지금의 혼강 유역에 집결한 소수맥"이란 뜻으로 풀이되는데 이것은 역사사실에 부합되지 않는다. 왜냐하면 '소수'는 결코 지금의 혼강을 가리키지 않으 며 따라서 혼강 유역에 거주해 있는 주민들은 '소수맥'이라고 할 수 없 기 때문이다. 필자는 이미 본서의 다른 곳(소수맥위치고)에서 소수맥은 지금의 혼강 유역에 위치해 있은 것이 아니라 애하 상류 유역과 태자하 상류 유역을 포함한 지역에 위치해 있었다고 한 바 있다. 만약 이런 판 단이 맞는다면 혼강 유역에 소수맥이 있었다고 주장하는 일부 학자들의

24) 『韓國史』 古代篇, 234~236쪽.

견해는 그 출발점부터 틀렸다는 것을 증명해준다.

위의 기사를 볼 때 '맥인'과 '소수맥'을 구별하지 않고 하나의 같은 대상으로 취급(夫餘系列의 맥인으로서 小水流域에 집결한 소수맥)한 것과 같은 느낌이 없지 않다는 점이다. 만약 이런 느낌이 틀리지 않는다면 그것은 '맥인'과 '소수맥'에 관한 여러 고서기록과 부합되지 않는다. 왜냐하면 『후한서』나 『삼국지』 고구려전에 따르면 고구려와 맥은 같은 대상을 가리킨다(句驪, 一名貊耳)고 썼으나 소수맥에 대해서는 그의 '별종'이라고 씀으로서 고구려(맥)와 구별되게 쓰고 있기 때문이다(후술).

둘째, 다음으로 주목을 끄는 것은 小水, 즉 지금의 혼강유역에 집결해 있는 "小水貊이 漢郡縣 支配로부터 解放되자 五部族을 중심으로 한 聯盟社會를 결성"했다고 쓰고 있는 부분이다.

위에서 지적한바와 같이 『삼국지』 고구려전과 『후한서』 고구려전에 씌어있는 '오부'는 틀림없이 고구려의 오부를 가리키는 것이다. 그런데 위의 기록에 따르면 소수, 즉 지금의 혼강 유역에 '集結'해 있는 "소수맥이 … 오부족을 중심으로 한 聯盟社會를 결성"했다고 쓰고 있는 것이다. 그들은 또 이 '오부족'에 대하여 다음과 같이 썼다.

> "이때 小水(渾江)方面을 中心으로 하여 (장차) 新高句麗를 構成한 重要한 部族은 다섯이었다. 즉 消奴部, 絶奴部, 順奴部, 灌奴部 및 桂婁部가 그것이다."

여기서 『한국사』 고대편의 저자는 『삼국지』 등 고서에 씌어있는 고구려의 '오부'를 소수, 즉 지금의 혼강 유역에 '집결'해 있는 소수맥의 '오부'(소수맥에는 오부가 존재하지 않는다)로 바꾸어 놓고 있다는 것을 알 수 있다. 그들은 이런 관점으로부터 출발하여 고구려의 '오부'안에서 진행되고 있는 변화, 발전상황을 모두 소수맥의 '오부'안에서 진행되고 있는 것으로 서술했다고 할 수 있다. 예를 들면 『삼국지』 고구려전에서

"本涓(『후한서』에는 消)奴部爲王, 稍微弱, 今(『후한서』에는 後)桂婁部代
之."라고 쓴데 대하여 『한국사』 고대편에서는 "小水流城에 집결한 小水
貊이 … 五部族을 중심으로 한 聯盟社會를 결성하고 그 중 優勢한 消奴
部의 族長이 (聯盟體)의 最高渠帥를 世襲 … 그 勢力이 차차 衰하여 지
매 桂婁部의 族長인 鄒牟가 대신 그 자리를 차지"하게 되었다고 인정하
였다.

또한 『삼국사기』 등에서는 "이 交替를 고구려의 建國으로 간주하고
있다"고 하면서 자신 역시 대체로 이런 견해에 동감한다고 표시하였다.

상술한 상황은 『삼국지』 등 고서에 씌어있는 '오부'는 결코 소수맥의
'五部'가 아니라 고구려의 오부를 가리킨다. 『한국사』 고대편에서 이 고
구려의 오부를 실제상 지금의 혼강 유역에 '집결'해 있는 소수맥의 "오
부"로 바꾸어 서술한 것은 역사의 실제사실에 부합되지 않는다.

(2) 이른바 小水貊에 의한 高句麗건국설의 모순

일부 학자들은 기원전 82년에 대수유역의 고구려현을 서쪽으로 옮겨
갈 때 현내의 대부분 '호구'까지 함께 옮겨갔기 때문에 이 곳(대수맥)은
'황폐상태'로 변하고 그 대신 소수유역에 '집결'해 있는 소수맥이 '토착
사회'에서의 주도권을 쥐게 되고 마침내 고구려국을 건국하게 되었다고
하였다. 이런 견해에는 모순이 많아 성립되기 어렵다.

첫째, 소수와 소수맥의 위치에 관한 『삼국지』 고구려전의 "西安平縣
北有小水南流入海 句麗別種以小水作國 因名之爲小水貊"와 모순된다. 이
에 대해서는 위에서 설명했기 때문에 다시 중복하지 않는다.

둘째, 고구려의 건국에 관한 여러 고문헌의 기록과 모순된다. 『삼국사
기』 등에 따르면 기원전 37년에 주몽 등 일부 사람들은 부여(북부여 혹
은 동부여라고도 한다)를 탈출한 후에 중도에서 다른 사람들을 더 받아
들이면서 남하하여 마침내 비류수유역의 '졸본'지구에 도읍을 정하고 고

구려를 건국 시조왕(東明王, 朱蒙王, 鄒牟王, 中牟王 등 여러 가지 명칭으로 불린다)이 되었다. 이와 같은 고구려 건국설화는 『위서』나 『삼국사기』 등 고서에 쓰여있을 뿐만 아니라 특히 고구려 사람들이 직접 쓴 호태왕 비문 제1면 첫 머리에도 명확하게 쓰여있어 그 누구도 부인할 수 없는 사실이다.25) 또 '비류수'는 지금의 혼강을 '졸본'은 혼강 유역에 있는 환인지구라는데 대해서도 학계에 다른 의견이 없다. 다시 말하면 주몽을 비롯한 부여계 사람들은 혼강 유역의 고구려 사람들(맥인)과 합류하여 새로 고구려국을 건국했던 것이다. 대체로 40년가량 지난 서기 3년에 주몽의 長子이며 고구려 제2대 국왕인 유리왕은 수도를 원래의 '졸본'에서 지금의 압록강 중류유역의 국내성(지금의 집안시)으로 옮겼다. 그 후 국내성은 평양천도 이전까지 400여 년 동안이나 고구려의 수도로서 크게 번성하였다.

상술한 상황은 고구려 사람들(맥인)은 처음부터 지금의 혼강 유역과 압록강유역을 중심으로 발전하고 있었다는 것을 증명해준다. 필자가 유관지도에 따라 조사한데 따르면 혼강 유역으로부터 압록강유역까지의 최단거리는 118화리(59km)를 좀 더 넘기며 혼강 유역의 환인으로부터 압록강유역의 집안시에 이르는 거리도 152화리(76km)를 좀 더 넘기는 정도에 불과하다.26) 그 밖에 혼강은 압록강의 지류로 두 강은 실제 하나의 水系를 이룰 정도로 밀접히 연계되어 있다고 말할 수 있다.27)

고구려의 건국과 발전, 그리고 혼강과 압록강의 자연지리상황 등을 밀접히 연계시키면서 고려하면 두 강 유역은 서로 다른 두 개의 '민족'이 분포되어 있은 것이 아니라 하나의 고구려 사람들(맥인)만이 거주해 있었을 가능성이 많다. 이런 판단이 틀리지 않는다면 고구려는 대수, 즉

---

25) 『魏書』 권100, 東夷 高句麗傳 ; 『三國史記』 권13, 高句麗本紀1 東明王 1년조 ; 好太王碑文, 제1면.
26) 『遼寧省地圖』(單頁本), 中國地圖出版社, 1996년판.
27) 『現代漢語詞典』, 商務印書館, 1978년판, 1069쪽.

지금의 압록강유역에서 '作國'한 대수맥이고 그 '별종'인 소수맥은 소수, 즉 지금의 혼강 유역에서 '作國'했다고 하거나 심지어 소수맥에 의하여 고구려가 건립되었다고 하는 일부 학자들의 견해는 역사의 실제사실과 부합되지 않을 가능성이 많다.

셋째, 고구려(맥인)와 소수맥의 '민족'성질에 관한 고서기록과 부합되지 않는다.

『후한서』고구려전에 따르면 "句驪 一名貊耳 有別種 依小水爲居 因名 曰小水貊"[28]이라고 썼으며 『삼국지』고구려전에는 먼저 고구려의 일반 상황, 예를 들면 위치, 자연조건, 관제, 풍속, 습관 등을 쓰고 나서 다음과 같이 썼다.

> "又有小水貊 句麗作國依大水而居 … 句麗別種依小水作國 因名之爲小水貊"[29]

그 밖에 『후한서』등에 따르면 고구려와 '맥인'이 같은 대상을 가리킨다고 인정한 기사는 적잖게 보인다.[30] 그러나 고구려(맥인)와 소수맥이 같은 대상을 가리킨다고 인정한 기사는 그 어디에도 존재하지 않는 것이다. 이런 차이점이 생긴 이유는 소수맥은 고구려(맥인)의 '별종'이기 때문이라는 것은 추호도 의심할 바가 없다. '별종'이란 한 민족(種族)계열에서 그의 '支流' 혹은 '支派'라고 할 수 있다. 예를 들면 東夷가운데의 예맥족은 예와 맥으로 나뉘고 貊은 거주지역에 따라 다시 맥(대수맥이라고 부를 수 있다)과 소수맥으로 나뉜다. 여기서 맥은 고구려를 건립한 '주체민족'(『후한서』고구려전에 "句驪(고구려의 약칭) 一名貊耳"라고 쓴데 의거하여 증명된다)으로 인정되지만 소수맥은 그의 지류 혹은 지파

---

28) 『後漢書』 권85, 東夷 高句驪傳.

29) 『三國志』 권30, 魏書30 東夷 高句麗傳.

30) 『后漢書』 권1, 光武帝紀 建武 25년조 ; 권4, 和帝紀 元興 1년조.

로서 '별종'인 것이다.

아래에 '별종'과 관련되는 다른 고서기록들을 좀 더 소개하고 필자의
의견을 제기하기로 한다.

(1) 『三國志』 高句麗傳: 高句麗 "東夷舊語以爲夫餘別種, 言語諸事多與夫餘同 ;
　　其性氣 衣服有異."[31]
(2) 『舊唐書』 高麗傳: "高麗者, 出自夫餘之別種也."[32]
(3) 『周書』 百濟傳: "百濟者, … 夫餘之別種."[33]
(4) 『舊唐書』 百濟傳: "百濟國, 本亦夫餘之別種."[34]

위의 기록 (1)~(4)에 따르면 고구려와 백제는 다 같이 부여의 '별종'
이라는 것을 알 수 있다. '별종'의 각도에서 문제를 고찰하면 소수맥(고
구려의 별종)에 의하여 고구려가 건국되었다고 하는 것은 부여의 '별종'
인 고구려 사람들에 의하여 부여가 건국되었다고 하는 것과 같으며 심지
어 백제 사람들에 의하여 부여가 건국되었다고 하는 것과도 크게 다를
바가 없는 것이다. 따라서 고구려의 '別種'인 소수맥에 의하여 고구려가
건립되었다고 하는 일부 학자들의 견해는 일반적인 상황에서는 상상조
차 할 수 없는 일이라고 할 수 있다.

총적으로 보아 『후한서』나 『삼국지』 등에 나오는 '소수'를 지금의 혼
강으로 인정하면서 이 혼강 유역에 '集結'해 있는 '소수맥'(고구려의 별
종)에 의하여 고구려가 건국되었다고 하는 일부 학자들의 견해는 역사사
실에 부합되지 않는다는 것을 증명해준다.

---

31) 『三國志』 권30, 魏書30 東夷 高句麗傳.
32) 『舊唐書』 권199 上, 東夷 高麗傳.
33) 『周書』 권149, 異域上 百濟傳.
34) 『舊唐書』 권199 上, 東夷 百濟國傳.

맺음말

일부 학자들은 『후한서』나 『삼국지』 등 고서에 나오는 '소수'를 지금의 혼강이라고 하면서 혼강 유역에 거주해 있는 '소수맥'에 의하여 고구려가 건국되었다고 주장하고 있다. 이런 견해는 모순이 많아 성립되기 어렵다.

첫째 『후한서』나 『삼국지』 등에 나오는 '소수'는 결코 지금의 혼강이 아니며 따라서 혼강 유역에 거주해 있는 주민도 '소수맥'이 될 수 없으며, 둘째 고구려의 '오부'를 '소수맥'의 '오부'로 바꾸어 놓을 수 없으며, 셋째 부여를 탈출한 주몽(鄒牟) 등이 비류수유역의 '졸본'에 도읍을 정하고 고구려를 건국한 것을 이른바 '소수맥' 내부에서 진행된 세력 '교체'로 인정하는 것은 사실에 부합되지 않기 때문이다.

총적으로 고구려는 결코 '소수맥'(고구려의 '별종')에 의하여 건립된 것이 아니라 부여를 탈출한 주몽 등이 비류수유역의 고구려 사람들(맥인)과 합하여 이루어진 나라였던 것이다.

제**4**장

高句麗의 역사지위에 관한 試論

제1절 高句麗 역사지위에 관한 중외고서기록을 試論함

이 문장은 비교적 광범위하게 중외고서의 고구려 역사지위에 관한 기록을 열독하고 역사유물주의관점으로 분석하려고 노력했으며 네 개 방면으로 자기의 성숙되지 못한 학술관점을 제기하였다. 이 문장의 집필과정에서 사상을 해방하고 百家가 쟁명하며 실사구시 하는 정신을 주의하여 견지하였고 엄격하게 정치와 학술, 역사와 현실 등 사학연구의 기본원칙을 구별하였다. 그러나 수준의 제한으로 부족한 점과 착오도 있으리라 믿으며 독자들의 비평과 가르침을 바라는 바이다.

1. 역대중국고서의 高句麗 역사지위에 관한 기록 및 분석

필자는 우선 역대 중국고서의 고구려 역사지위에 관한 기록의 원문을 소개한 다음 개인의 성숙되지 못한 의견을 제기하려고 한다.

    (1) 『史記』 朝鮮列傳: "遂定朝鮮爲四郡."[1]
    (2) 『漢書』 朝鮮傳: "遂定朝鮮爲眞番 臨屯 樂浪 玄菟四郡."[2]

---

1) 『史記』 권115, 列傳55 朝鮮列傳.
2) 『漢書』 권75, 列傳65 朝鮮傳.

(3) 『漢書』地理志: "玄菟郡 武帝元封四年開"; "玄菟 樂浪 武帝時置 皆朝鮮
濊貊 句驪蛮夷."[3]

(4) 『後漢書』高句驪傳: "東夷相傳以爲夫餘別種 故言語 法則多同"; "武帝滅
朝鮮 以高句驪爲縣 使屬玄菟 ."[4]

(5) 『後漢書』東沃沮傳: "東沃沮 … 言語 食飮 居處 衣服 有似句驪."[5]

(6) 『後漢書』濊傳: "濊及沃沮 句驪 本皆朝鮮之地也"; "耆舊自謂與句驪同種
言語 法俗大抵相類."[6]

(7) 『三國志』東沃沮傳: "其言語與句麗大同 時時小異"; "食飮居處 衣服禮節
類似句麗."[7]

(8) 『三國志』濊傳: "其耆舊自謂與句麗同種 … 言語 法俗 大抵與句麗同."[8]

(9) 『魏書』百濟國傳: "百濟國 … 其衣服 飮食與句麗同."[9]

(10) 『隋書』百濟傳: "百濟之先 出自高麗國 … 初以百家濟海 因號百濟."[10]

(11) 『舊唐書』百濟傳: "高宗嗣位 永徽二年(651년-필자)始又遣使朝貢 使還
降璽書與義慈曰: '至如海東三國 開基自久 幷列疆界 地實犬牙 近代已來
遂構嫌隙 戰爭交起 略無寧歲 遂令三韓之氓 命懸刀俎.'"[11]

(12) 『舊唐書』新羅傳: "其風俗 刑法 衣服 與高麗 百濟略同 而朝服尙白."[12]

(13) 『唐書』高麗傳: "武德初(高句麗-필자) 再遣使入朝 高祖下書修好 約高麗
人在中國者護送 中國人在高麗者敕遣還 于是建武悉搜亡命歸有司 且萬
人." 賈言忠引用『高麗秘記』曰 '不及九百年 當有八十大將滅之' 高氏自
漢有國 今九百年 勣(李勣-필자)年八十矣."[13]

(14) 『五代史』高麗傳: "高麗 本夫餘之別種也 … 當唐之末 其王姓高氏 … 至
長興三年(932년-필자주) 權智國事王建遣使者來 明宗乃拜建玄菟州都督
充大儀軍使 封高麗國王. 建 高麗大族也."[14]

---

3) 『漢書』 권28 下, 地理志.

4) 『後漢書』 권85, 東夷 高句驪傳.

5) 『後漢書』 권85, 東夷 東沃沮傳.

6) 『後漢書』 권85, 東夷 濊傳.

7) 『三國志』 권30, 魏書30 東夷 濊傳.

8) 『三國志』 권30, 魏書30 東夷 濊傳.

9) 『魏書』 권100, 列傳88 百濟國傳.

10) 『隋書』 권81, 東夷 百濟傳.

11) 『舊唐書』 권199, 東夷 百濟傳.

12) 『舊唐書』 권199, 東夷 新羅傳.

13) 『唐書』 권220, 東夷 高麗傳.

(15) 『宋史』高麗傳: "高麗 本曰高句驪 … 隋煬帝 唐太宗親駕伐之 皆不克 高宗
命李勣征之 遂拔其城 … 後唐同光天成中 其主高氏 累奉職貢 長興中 權智
國事王建承高氏之位 遣使朝貢 以建爲玄菟州郡都督充大義軍使 封高麗國王."[15]

(16) 『通典』序略: "高麗本朝鮮地 漢武置縣 屬樂浪郡 時甚微弱. 後漢以後 累代
皆受中國封爵 所都平壤 則故朝鮮國王險城也."[16]

(17) 『高麗圖經』: "王氏之先 蓋高麗大族也 當高氏政衰 國人以建賢 遂共立爲郡
長. 後唐長興二年 遂自稱權智國事 請命于明宗 … 封高麗王."[17]

(18) 『元史』高麗傳: "高麗本箕子所封之地也 又夫餘別種嘗居之 … 後闢地益廣
幷古新羅 百濟 高句麗三國爲一 其主姓高氏 … 至五代時 代主其國還都松
岳者 姓王氏 名建 自建至燾凡二十七王 歷四百年 未始易姓."[18]

(19) 『新元史』高麗傳: "高麗自後唐明宗長興元年(930년 – 필자)王建始代高氏
明宗封建爲高麗國王." "是年(1290년 – 필자) 哈丹以餘衆奔高麗 … 明年
哈丹踰鐵嶺入交州道 攻陷揚根城. 帝(元世祖 – 필자) 命諸王乃蠻臺 將兵一
萬討之. 諭使者吳仁永曰 '爾國唐太宗親征尙不克 今此小寇何畏之甚耶?'
仁永奏曰 '古今强弱不同耳.'"[19]

(20) 『明史』朝鮮傳: "朝鮮 箕子所封國也 漢以前曰朝鮮 … 漢武帝平之 置 …
四郡. 漢末 有夫餘人高氏据其地 改國號曰高麗 又曰高句麗 居平壤 卽樂浪
郡也 … 後唐時 王建代高氏 兼併新羅 百濟地 徒居松岳 曰東京 而以平壤
爲西京."[20]

앞에서 열거한 역대 중국고서의 고구려 역사지위에 관한 기록들은 아
래와 같은 몇 가지 방면의 상황을 증명한다.

1) 高句麗와 古朝鮮관계

앞에서 열거한 자료 (1), (2), (3), (4), (6), (16), (18), (20) 등은 고구려

---

14) 『五代史』권74, 四夷附錄3 高麗傳.
15) 『宋史』권187, 列傳246 外國3 高麗傳.
16) 『通典』권185, 邊防1 東夷 上 序略.
17) 『高麗圖經』권2, 王氏조.
18) 『元史』권208, 列傳95 外國1 高麗傳.
19) 『新元史』권249, 列傳146 外國1 高麗傳.
20) 『明史』권320, 列傳208 外國1 朝鮮傳.

와 고조선은 밀접한 관계가 있음을 증명한다.

(1) 古朝鮮이 朝鮮역사상의 지위

고조선은 조선역사에서 제일 먼저 출현한 고대국가로서 그 역사는 상당히 유구하다. 『管子』에 의하면 "桓公問管子曰: '吾聞海內玉幣有七筴可得而聞呼!' 管子曰: '陰山之石瓈石民一筴也 燕之紫山白金一筴也 發 朝鮮(發朝鮮이라고도 함 - 필자)之文皮一筴也 …'"21)

환공은 춘추시대 제나라의 '侯王'을 가리키는데 기원전 685년부터 기원전 682년까지 재위하였다. 여기서 기원전 7세기 초 중국고서 중에 처음으로 '조선'이라는 이름이 나타나고 있다는 것을 알 수 있다. 당시 조선의 '文皮'는 이미 제나라에까지 수입되었으며 '海內玉幣七筴'중의 '一筴'으로 인정받았던 것이다. 고조선은 기원전 7세기 이전에 이미 발달한 나라였음을 알 수 있다. 평양을 중심으로 하는 고조선영역 내에서 발견된 청동기시대와 철기시대의 유적과 유물은 이것을 증명하는 유력한 물질적 근거이다.22)

고조선과 전국시기의 燕나라는 국경을 접하였고 두 나라 인민들의 우호적인 내왕과 경제문화교류는 특히 밀접한데 이는 역사의 주류이다. 그러나 두 나라 통치자들 사이의 전쟁도 비교적 많았고 규모도 아주 컸다. 예를 들면 『삼국지』에서 인용한 「위략」의 기록에 의하면 "朝鮮候見周衰 燕自尊爲王 欲東略地 朝鮮候亦自稱王 欲興兵逆擊燕 以尊周室 其大夫禮諫之 乃止."23)라고 하였다. 연나라는 전국시대의 七雄의 하나로서 "地方二千余里 帶甲數十萬 車七百乘 騎六千匹 粟支十年"24)의 강대국가였다.

---

21) 『管子』 권23, 輕重11.
22) 『朝鮮考古學槪要』 제2편 奴隸社會, 朝鮮社會科學院考古硏究所編 ; 『三國遺事』 권1, 王歷1 紀異2 衛滿朝鮮조.
23) 『三國志』 권30, 魏書30 東夷 韓引'魏略'.
24) 『戰國策』 권29, 燕1.

고조선이 이런 연나라와 대치할 수 있고 심지어는 군대를 움직여 '逆擊'을 준비(후에 사절이 파견되어 평화적으로 분쟁을 해결)하려고한 것은 기원전 4세기에 고조선의 국가기구(군대를 포함)는 비교적 높은 발전단계에 이르렀음을 충분히 설명한다. 이로 보아 고서에 기록된 "東夷之國 朝鮮爲大"25)내용은 당시의 역사사실에 부합된다.

그 후 연나라와 고조선사이의 모순은 오히려 더욱 격화되어 대체로 기원전 3세기 초에 "燕乃遣將秦開攻其(古朝鮮 - 필자)西方 取地二千余里 至滿潘汗爲界 朝鮮遂弱"26)하였다.

기원전 108년부터 기원전 107년까지 서한의 한무제가 고조선을 멸망하고 낙랑·진번·임둔·현토 등 4군을 설치하면서 고조선의 역사가 한사군시기로 대체되었다.

(2) 高句麗와 古朝鮮의 관계

고구려의 발전은 고조선에 비하면 많이 늦다. '고구려'란 명칭은 기원전 2세기 말 한4군을 설치했을 때 혹은 조금 뒤에 처음으로 나타났을 것이며 그 세력은 아주 약하여 한나라 현토군 아래에 설치한 縣名으로 출현하였다. 1세기 초 왕망의 신왕조는 "고구려의 병을 일으켜 胡를 토벌(發高句驪兵 當伐胡)"하려고 계획하였다. 東漢역사(22~220년)를 기록한 『후한서』중에 처음으로 「고구려선」이 출현하였다. 기원진 漢나라가 4군을 설치한 전후시기에 고구려의 세력이 "아주 약하다(甚微)"는 표현은 고조선의 일부분일 것으로 생각되는데 아래의 기록이 이를 증명한다.

　　　『史記』朝鮮列傳: "元封三年夏 … 遂定朝鮮爲四郡";『漢書』朝鮮傳: "遂定朝鮮爲眞番 臨屯 樂浪 玄菟四郡";『漢書』地理志: "玄菟郡 武帝元封四年開";『後漢書』高句驪傳: "武帝滅朝鮮 以高句驪爲縣 使屬玄菟".

---

25) 『梁書』권54, 諸夷 東夷 ; 『南史』권78, 夷貊 下 東夷.

26) 『三國志』권30, 魏書30 東夷 韓引『魏略』.

元封은 한무제 연호 중의 하나로 원봉 4년은 기원전 107년이다. 여기서 朝鮮과 高句驪는 본문의 고조선과 고구려를 가리킨다. 이 기초 상에서 상술한 고서기록을 연결시켜 고려한다면 기원전 108년부터 기원전 107년 사이에 서한의 한무제는 고조선을 멸망시키고 조선에 진번·임둔·낙랑·현토 4군을 설치한 것이 된다. 이는 또 당시 고구려는 한4군의 하나인 현토군 아래에 설치한 한 개 현임을 알 수 있다. 상술한 정황은 고구려는 한4군과 관련이 있을 뿐만 아니라 고조선과도 밀접한 관련이 있고 가능하게는 그의 일부분이었음을 알려준다.

이외에도『후한서』濊傳의 "濊及沃沮 句麗 本皆朝鮮之地也";『통전』序略의 "高麗本朝鮮地 漢武置縣 屬樂浪郡 時甚微" 등 기록을 특히 주목할 필요가 있다.

예는 동예를 가리키는 것으로 한반도 강원도 지역에 거주했으며 옥저는 동옥저를 가리키는 것으로 함경남북도 지역에 거주하였다. 구려, 고려는 모두 고구려를 가리키는 것으로 압록강과 혼강 유역에 거주했으며 고조선의 통치중심은 평양지역이다. 따라서 당시 고조선의 영역은 상당히 큰 것으로『사기』에 기록된 위만조선의 영역이 '方數千里'에 달한다는 것과 부합된다. 그러나 기원전 한나라에서 4군을 설치할 때 고구려의 세력이 아주 약했다고 하는데 만약 이를 고서의 "濊及沃沮 句麗 本皆朝鮮之地也"; "高麗本朝鮮地" 등과 연결시켜 고려한다면 고구려는 한때 고조선의 일부분이었을 가능성이 크다.

2) 高句麗와 漢4군의 관계

앞에서 열거한 자료 (1), (2), (3), (4), (16), (20) 등은 고구려와 한4군이 밀접한 연계가 있다는 것을 증명한다. 고구려는 현토군 아래에 설치한 하나의 속현으로서 그 통치를 받았다. 아래의 세 가지 방면으로 서술하려고 한다.

(1) 高句麗縣의 설치연대

고구려현의 설치연대에 대해서는 학계에서 주요하게 두 가지 견해가 있다. 다수의 사람들은 기원전 108년부터 기원전 107년경에 한4군 설치 초기에 이미 고구려현을 설치했다고 보고 있지만 소수의 학자들은 기원전 82년에 한나라가 4군에 대하여 비교적 큰 규모의 조절을 할 때 비로소 고구려현을 설치했다고 보고 있다. 필자는 후자에 동의하는데 고구려현은 기원전 107년 한무제가 현토군을 설치할 때 설치한 것이 아니라 기원전 82년 한소제가 4군을 조절할 때 현토군의 치소를 서쪽으로 옮기는 과정에서 설치했다고 생각한다. 그 이유를 설명하면 아래와 같다.

첫째, 고구려현이 기원전 107년에 설치되었다고 보는 주요근거의 하나가 『후한서』 고구려전이다. 『후한서』 고구려전의 관련기록이 고구려현의 설치연대를 규명하는데 있어 매우 중요한 의의가 있으나 그 기록도 완전한 편은 아니다. 예를 들면 『후한서』의 "武帝滅朝鮮 以高句麗爲縣 使屬玄菟"27) 기록이 표면상으로 볼 때 근거로 삼을 수 있으나, 세심하게 살펴보면 구체적인 연대를 제기하지 않는 등 구체적이 되지 못함을 발견할 수 있다. 어떤 사람들은 이런 문제를 제기할 수 있다. 즉 상술한 기록 중의 하나의 사건(高句麗縣의 설치를 포함)은 모두 무제와 관련이 있기에 믿을 수 있다고 할 수 있을 것이다. 그러나 이 역시 문제를 해결하지 못한다. 왜냐하면 서한 무제의 재위기간은 기원전 140년부터 기원전 87년까지인데 시간차가 50여년이나 된다. 만약 기원전 107년(한 현토군 설치)부터 기원전 87년까지로 계산한다면 전후의 시간차가 21년이 되므로 여전히 추상적인 감을 준다.

상술한 『후한서』의 기록을 제외하고 더 이상 적합한 근거를 찾아 볼 수 없는 것이 현재 학계의 상황이다.

둘째, 고서의 기록에 의하면 현토군은 본래 옥저지방(무제가 조선을

---

27) 『後漢書』 권85, 東夷 高句驪傳.

멸망시키고 옥저 지방을 현토군으로 하였다)[28])에 설치했는데 학계에서
는 제1현토군 치소라고 부른다. 이는 함경남도 함흥지방이며 고구려인
의 중심지와 거리가 비교적 멀다. 이런 상황에서 현토군과 고구려인 사
이에 정치·경제와 문화 등에서 연계가 발생하지 않았거나 혹은 매우 적
게 발생했을 것이다. 또 현토군은 다른 세 개 郡(낙랑·진번·임둔)보다 한
해 늦게 설치된 상황으로 볼 때 당시 '夷貊'(고구려인이 다수를 점했을
가능성이 비교적 크다)인들이 漢郡을 반대했음을 알 수 있다. 특히 현토
군의 설치를 반대하는 투쟁은 상당히 치열했을 것이다. 이 같은 판단이
사실이라면 기원전 107년 현토군을 설치한 초기에 고구려를 현으로 하
여 현토군에 귀속시키는데 필요한 사회 환경이 구비되지 못했을 것이다.

　셋째, 『한서』 지리지에는 "玄菟郡 武帝元封四年(기원전 107년 – 필자)
開 … 縣三 ; 高句驪 … 上殷臺 … 西盖馬 …."[29]라고 기록했는데 이
사료는 기원전 107년에 한무제가 현토군을 설치했으며, 현토군은 세 개
의 속현을 관할하고 그중에는 고구려현도 있음을 증명한다. 고구려현은
수현으로 현토군에 귀속되었으나 고구려현의 설치연대는 천명되지 않았
다. 주목할 것은 『한시』 지리지의 다른 부분이다. 그곳에는 "玄菟 樂浪
武帝時置"[30]라고 기록되었는데 두 개의 郡만을 제기하여 『사기』의 "遂
定朝鮮爲四郡"이라는 기록과 부합되지 않는다. 그러나 필자는 이는 착오
가 아니라 기원전 82년에 서한의 소제가 4군을 조절한 후 오직 현토와
낙랑 2개 군만 남은 실제상황을 편찬과정에 반영한 표현이라고 생각하
며 이점이 「지리지」의 특징에 부합된다고 본다.

　『한서』 지리지의 두 개 기록을 연결시켜 고찰하면 『한서』 지리지에
기록된 고구려현이 비록 현토군의 속현으로 귀속되었지만, 그것은 기원

---

28) 『後漢書』 권85, 東夷 高句驪傳 ; 『三國志』 권30, 魏書30 東夷 高句麗傳.
29) 『漢書』 권28, 地理志 下.
30) 『漢書』 권28, 地理志 下.

제1절 高句麗 역사지위에 관한 중외고서기록을 試論함 295

전 107년에 설치된 것이 아니라 기원전 82년에 서한의 소제가 4군을 조정한 후 설치했음을 알 수 있다.

이상의 판단이 틀리지 않는다면 기원전 108년부터 기원전 107년 사이에 한무제가 4군을 설치하는 동시에 고구려현을 설치했다는 설은 『한서』 지리지의 고구려현의 설치연대에 관한 기록과 모순이 생긴다.

넷째, 기원전 82년에 서한의 소제가 4군에 대하여 비교적 큰 규모의 조정을 했는데, 즉 "罷臨屯 眞番 以幷樂浪 玄菟 玄菟復徒居句驪" 혹은 "徒郡(현토군 – 필자)于高句驪西北"[31]하였다. 이 기록에서 특히 주목할 점은 "玄菟復徒居句驪"라는 것이다. 이는 현토군의 치소가 옥저지방에서 지금의 혼강 유역을 중심으로 하는 고구려인의 집단 거주지역으로 이동하였음을 의미하는 것이다. 이것을 학계에서는 제2현토군의 치소라고 부르는데 지금의 요녕성 신빈현 흥경지역이다. 그 이후 현토군과 고구려인 사이에는 더욱 직접적이고 갈라놓을 수 없는 관계를 맺었으며 고구려현의 설치에 좋은 객관조건을 마련하였다. 필자는 西漢정권이 이런 좋은 시기를 이용하여 "고구려를 현으로 삼아 현토군에 예속시켰으며(以高句驪爲縣 使屬玄菟)" 또한 고구려에 대하여 "의복과 모자를 주는(賜衣幘)" 등 조치를 취하여 한군이 고구려현에 대한 통치지위를 공고히 하려고 했다고 본다.

김육불 선생이 말했듯이 "현토군을 최초로 설치할 때 속현가운데 고구려현이 있었는가, 없었는가의 문제는 문헌상으로 고증할 수 없다. 『한서』 지리지에 현토군은 고구려현을 수현으로 하였다(玄菟郡以高句驪爲首縣)는 한소제 이후 내지로 옮긴 군의 소재지 즉 고구려로 치소를 정한 것을 말한다"[32] 이런 견해는 당시의 역사사실에 부합된다.

---

31) 『後漢書』 권85, 東夷 濊傳 東沃沮傳.
32) 『東北通史』 上篇, 吉林省社會科學戰線雜志社翻印, 79쪽.

(2) 漢나라의 高句麗縣에 대한 통치방법 및 그 演變

앞에서 지적했듯이 기원전 82년에 서한 소제가 4군을 조정하여 "현토군을 고구려로 옮겼고(玄菟 復徒居句驪)" 또한 "고구려를 현으로 하여 현토에 귀속시켰다(以高句驪爲縣 使屬玄菟)." 이렇게 고구려는 현토군의 속현이 되어 그의 통치를 받았다. 이에 대하여 『삼국지』 고구려전에서는 아래와 같이 기록하였다.

> "漢時 賜鼓吹伎人 常從玄菟郡受朝服 衣幘 高句麗令主其名籍 後稍驕恣 不復詣郡 于東界築小城 置朝服 衣幘其中 歲時來取之."[33]

이 기록은 당시 한나라가 고구려에 대하여 '賜鼓吹伎人' 등 일련의 조치를 취하였음을 증명한다. 문장 구조로부터 볼 때 이런 조치는 고구려의 '後稍驕恣'를 전후하여 두 가지 단계로 나눌 수 있다. 전단계의 특징은 고구려인들이 반드시 현토군에 가서 鼓吹, 朝服과 衣幘 등 물품을 탔고 또 高句麗令(요동에서 나온 漢나라의 관리)이 이런 사무를 장악하였다. 후 단계에는 다른 특징이 나타나는데 고구려인들이 현토군에 직접 가서 타는 것이 아니라 한나라 정부에서 현토군 "동쪽에 작은 성을 축조하여 朝服과 衣幘을 두어" 고구려인들이 "歲時來取之"하였다. 이런 일은 高句麗縣令의 주도하에 행해지는 것이 아니라 고구려인들 자체로 이루어지는 것으로 아주 큰 변화이다.

한나라 정부가 주는 '鼓吹伎人'과 고구려인들이 늘 현토군에 가서 타오는 '조복·의책' 등은 단순히 악기, 악공과 의복 등을 주는 것이 아니라 한나라 정부와 고구려 사이에 존재하는 통치와 피 통치관계의 상징적 표현인 것이다.[34] 이런 견해에 필자도 동감을 표시한다. 또한 고서에 기록

---

33) 『三國志』 권30, 魏書30 東夷 高句麗傳.
34) 顧銘學, 『魏志高句麗傳解說』; 『中國正史朝鮮傳譯注一』, 國史編纂委員會, 1987년판, 247쪽.

된 '後稍驕恣'이후 한나라 정부의 고구려에 대한 통치방법은 확실히 완화되었고 직접적인 통치로부터 간접적인(內政을 엄중하게 간섭하는) 통치로 변화하는 새로운 단계라고 말할 수 있다.

주는 것과 받는 조치의 실시연대에 대하여 『삼국지』고구려전에서는 '漢時'라고만 되어 있으며, 시간적으로 폭이 넓어 아주 추상적이다. 그러나 『北史』高句麗傳에는 구체적으로 서술이 되어 있다. 여기에서는 내용을 서술하기 전에 '漢昭'라는 두 글자가 있어 쉽게 이해할 수 있게 하였다.[35)]

漢昭는 西漢의 昭帝를 가리키는데 기원전 86년부터 기원전 74년까지 재위하였다. 시원 5년(기원전 82년)에 한4군에 대하여 큰 규모의 조정을 했는데 이 시기에 현토군 밑의 고구려인들의 집단거주지역을 중심으로 고구려현을 설치하고 "賜鼓吹 … 受朝服 衣幘"의 조치를 실행했다고 보아진다. 이상에서 서술하였듯이 이러한 조치는 다른 두 단계를 거쳐 대략 100년이란 시간이 지속되었을 것으로 추측되지만 자료의 제한으로 지금은 그 발전과 변화의 구체정황을 천명할 수 없다. 이러한 문제는 아직도 진일보의 연구를 거쳐야 한다고 보아진다.

(3) 新王朝와 高句麗의 관계

기원 전후 한나라와 고구려 모두 매우 큰 변화가 일어났다. 기원전 37년 주몽이 부여로부터 남하하여 졸본지역(오늘의 환인)에서 고구려를 건국하였다. 『삼국사기』에 따르면 주몽이 건국한 후 "사방에서 듣고 와서 복속하는 자가 많았고(四方聞之 來附者衆)" 그 후 계속하여 주변의 '小國'들을 병합하여 영역을 확대 하였다.[36)] 이 시기 중원지역에서도 매

---

35) 『北史』권94, 列傳82 高麗(高句麗傳). "漢昭賜衣幘 朝服 鼓吹 常從玄菟郡取之 後稍驕 不復詣郡 但于東界築城受之"

36) 『三國史記』권13, 高句麗本紀1 ; 권14, 本紀2의 유관년조.

우 큰 변화가 발생했는데 1세기 초에 서한이 멸망하고 9년에는 왕망이
신왕조를 세웠다. 신왕조와 고구려의 관계에 관하여『후한서』고구려전
에는 아래와 같이 기록하였다.

> "王莽初 發句驪兵 以伐匈奴 其人不欲行 强迫遣之 皆亡出塞爲寇盜 遼西大
> 尹田譚追擊 戰死 莽令其將嚴尤擊之 誘句驪侯入塞斬之 傳首長安 莽大說 更名
> 高句驪王爲下句驪侯 于是貊人寇邊愈甚."[37]

『한서』왕망전과『삼국사기』고구려본기에도 이와 비슷한 내용이 기
록되어 있다.[38]

상술한 기록은 1세기 초 신왕조와 고구려의 관계를 반영한다. 신왕조
와 고구려사이의 모순은 아주 컸으며 통치와 반통치, 간섭과 반간섭의
투쟁이 극히 심하여 대규모의 충돌이 발생하였다. 전쟁 중에 신왕조가
우세를 점하였다. 엄우가 "句驪侯를 성새에 유인하여 목을 자르고" 왕망
이 "고구려왕을 하구려후로 이름을 고치는" 등 고구려에 큰 타격을 주었
다. 그러나 신왕조와 고구려사이의 모순은 여전히 해결되지 못하였고 반
대로 "맥인들이 변방을 노략질하는 일이 더욱 심한(貊人寇邊愈甚)" 결과
를 초래하였다.

이밖에『삼국사기』에 따르면 14년에 "高句麗王命烏伊 摩離 領兵二万
西征梁貊 滅其國 進兵襲取高句麗縣"[39]하는 사건이 일어났는데 이 기록
이 사실이라면 한군의 고구려현에 대한 통치는 끝난 것이다.

32년에 새로 흥기한 동한과 고구려는 관계를 개선하였다. 고서의 "建
武八年 高句麗遣使朝貢 光武復其王號"[40]하는 기록은 이 점을 증명하는

---

37)『後漢書』권85, 東夷 高句驪傳.
38)『漢書』권99, 王莽傳 ;『三國史記』권13, 高句麗本紀1 琉璃王 31년조.
39)『三國史記』권13, 高句麗本紀1 琉璃王 33년조.
40)『後漢書』권85, 東夷 高句驪傳.

것이다 얼마 지나지 않아 동한과 고구려 사이에는 다시 공방선이 벌어졌으며 2세기 초에 이르러서는 더욱 격화되었다. 그 후 고구려는 계속 발전하여 4세기 초에는 낙랑군과 대방군을 병탄하여 한군의 400여 년간의 한반도 북반부에 대한 통치를 끝내고 고구려, 백제와 신라를 중심으로 하는 삼국대치의 새로운 국면을 맞이하였다.

3) 高句麗와 夫餘 및 朝鮮半島 여러 나라들 사이의 관계

상술한 자료 (4), (5), (6), (7), (8), (9), (10), (11), (12), (14), (18) 등은 고구려와 중국 동북지역의 부여와 관련이 있으며 한반도 내의 여러 나라와 민족과도 관련이 있음을 증명한다.

『후한서』에 따르면 고구려는 "부여의 별종으로서 언어와 법칙이 대부분 같다(夫餘別種 故言語 法則多同)."라고 하였다. 『삼국지』고구려전에도 대체적으로 같은 내용이 기록되어 있다. 이런 기록은 호태왕비문과 『삼국사기』의 유관기록과도 같다. 기원전 37년에 주몽이 부여(북부여 혹은 동부여)로부터 남하하여 졸본(홀본 혹은 흘승골성이라고도 하며 지금의 혼강 유역에 있는 환인현이다)지역에 수도를 정하고 나라를 세웠는데 이를 고구려라고 부른다. 고구려의 시조 주몽왕의 둘째아들 온조는 조선반도 서남부에서 백제국을 건립하고 시조왕이 되었다. 상술한 정황은 고구려와 부여가 밀접한 관련이 있을 뿐만 아니라 백제와도 밀접한 관련이 있음을 증명한다. 이는 중국 동북지방과 조선반도(서남부)가 예로부터 밀접한 관계가 있었다는 유력한 증거이다.

고구려 건국초기 조선반도 동북부 즉 지금의 함경남북도와 강원도지역에 동옥저와 동예가 활동했는데 『후한서』 동옥저전에는 "東沃沮 言語 食飮 居處 衣服 有似句驪(고구려 – 필자)"라고 하였고 『삼국지』 동옥저전에도 이와 같은 기록이 있다. 또한 『후한서』와 『삼국지』의 「예전」에는 "東濊 耆舊自謂與句驪(고구려 – 필자)同種 言語 法俗大抵相類."라고 기록했는데 이 두 책의 기록은 개별적인 글자를 제외하고는 내용이 완전히 일치한다.

4세기 초 고구려가 선후로 낙랑군과 대방군을 병탄한 후에 조선반도에는 고구려, 백제와 신라를 중심으로 하는 삼국의 대치국면이 나타났다. 중국 고서는 이 삼국 사이에도 극히 밀접한 관련이 있다고 하였다. 『隋書』百濟傳에는 "百濟之先 出自高麗國(高句麗 - 필자)"이라고 했는데 이는 『삼국사기』 백제본기의 기록과 완전히 일치한다. 『위서』 백제전에도 "百濟國 … 其衣服 飮食與高句麗同"라고 하여 고구려와 백제 왕실은 하나의 조상으로부터 나왔으며 두 나라의 풍속습관도 유사하다는 것을 증명하고 있다.

이밖에 『舊唐書』의 기록에 의하면 "신라의 풍속, 형법, 의복이 고려(고구려 - 필자), 백제와 거의 비슷하다(其風俗 刑法 衣服與高麗 百濟略同)"라고 하였다. 또한 651년에 唐 高宗이 백제 사신을 통하여 義慈王에게 준 『璽書』에는 백제, 고구려와 신라를 '海東三國'으로 통칭하였고 이 세 나라의 관계를 말할 때에는 "開基自久 幷列疆界 地實犬牙"라고 하였다. 삼국이 패권을 다툴 때에는 그 후과에 대하여 말하기를 "三韓之氓 命懸刀俎"라고 하였다. 당 고종의 말은 『삼국사기』 등 조선고서에서 신라, 고구려와 백제를 합쳐 삼국으로 삼아 책을 편찬한 상황과 같으므로 우리들이 고구려의 역사지위를 밝히는데 중요한 증거를 제공하였다.

4) 高句麗와 王氏高麗의 관계

위에서 언급한 자료 (14), (15), (17), (18), (19), (20) 등은 고구려와 王氏高麗사이에는 계승관계가 있음을 증명한다.

필자의 조사에 의하면 『舊五代史』, 『五代史』, 『宋史』, 『元史』, 『新元史』 등의 「高麗傳」(王氏高麗傳을 말함)과 『明史』 「朝鮮傳」에는 모두 고구려와 왕씨고려를 연결시키고 있으며 왕씨고려를 고구려의 계승국가로 인정하였다. 예를 들면『송사』고려전에서는 "高麗 木曰高句驪 … 隋煬帝再擧兵 唐太宗親駕伐之 皆不克 高宗命李勣征之 遂拔其城 … 後唐 … 長興(930~933년 - 필자)中 權智國事王建承高氏之位 遣使朝貢 以建 … 封高麗國王."이라고 하였다.『원사』고려전에도 1269년 원나라 조정에서 고려징벌에 대한 문제를 논의할 때에 전 樞密院직을 맡았던 馬希驥가 이르기를 "今之高麗(왕씨고려 - 필자) 仍古新羅 百濟 高句麗三國幷而爲一."라고 했는데 이런 대목들은 모두 주목되는 바이다.

1290년 元 世祖 忽必烈과 고려 사신 吳仁永 사이의 대화 일부를 소개한다. "帝 … 諭使者吳仁永曰: '爾國 唐太宗親征尙不克 今此小寇 何畏之甚耶'; 仁永奏曰: '古今强弱不同耳'".

元 世祖가 말한 '爾國'은 왕씨고려이고 '唐太宗親征尙不克'은 고구려를 가리키는 것이며 오인영이 지적한 '古'는 고구려를 말하고 '今'은 왕씨고려를 가리키는 것이다. 이러한 판단이 틀리지 않는다면 원세조와 오인영은 모두 고구려와 왕씨고려 사이에는 계승관계가 있다는 것을 인정하는 것이 된다. 즉 왕씨고려는 고구려의 계승국이라는 것이다.

이밖에『오대사』고려전에서는 고구려와 왕씨고려 사이에 계승관계가 있는 사실을 논술한 후에 바로 "建 高麗大族也"라고 기록하였다.

建은 고려의 시조인 왕건을 가리키는 것이고 高麗大族은 고구려대족을 가리키는 것이다(고구려 후기 국호를 고려로 개정). 이러한 판단이 틀리지 않는다면 고려왕조를 긴립한 왕건은 신라 귀족 출신이 아니라 '고구려대족'의 출신임을 증명한다.

송나라 사람 徐兢이 지은『高麗圖經』에는 "王氏之先 盖高麗大族也"라고 기록 되어 있다. 이 문장의 앞부분에는 왕건을 포함한 고려의 역대 국왕 및 왕실의 조상들을 기록한 다음에 뒷부분에서 '고구려대족'이라고 밝혔는데 전후를 연결하여 고려하면 왕건 등 고려의 역대국왕과 왕실의 조상들은 '고구려대족'임이 입증되는데 이것은 앞에서 언급한『오대사』

고려전의 기록과 같다. 이와 같은 기록들을 『고려사』 지리지의 "高麗太祖興于高句麗之地 降羅(신라 - 필자) 滅濟(백제 - 필자) 定都開京 三韓之地 歸于一統"[41]라는 기록과 연결시키면 더욱 주목을 끌 것이다.

앞에서 서술한 여러 사실들은 고구려와 왕씨고려 사이에는 아주 밀접한 관련이 있다는 것을 입증한다. 따라서 양자사이에는 계승관계가 있다고 할 수 있다.

5) 高句麗의 역사지위

위에서 언급한 자료 (11), (13), (15), (18), (19), (20) 등은 모두 왕씨고려의 전신인 고구려는 독립국가라는 증명들이다.

필자의 조사에 의하면 『후한서』, 『삼국지』로부터 『구당서』, 『신당서』에 이르기까지 고구려를 「동이전」[42]에 귀속시켜 서술하여 중원의 역대왕조와 구별하였고 「동이전」 중에는 고구려뿐만 아니라 肅愼·鮮卑·挹婁·東沃沮·濊·韓·靺鞨·百濟·新羅·倭 등 여러 명칭들이 있다. 그 중에서 숙신·읍루·말갈은 같은 민족으로 시기별로 다르게 부른 명칭들이다. 지금 상황으로 보면 이러한 고대국가 혹은 민족 중의 일부는 중국의 소수민족으로 변화되었고 일부는 다른 민족에 융합되었으며, 또 일부는 조선, 한국, 일본 등 외국으로 되었다. 이것은 위의 고대국가 혹은 민족들이 모두 동이전에 같이 기록되어 있지만 그들을 동일한 기준으로 대해서는 안 되며 구체문제는 구체적으로 분석하는 방법을 취해야만이 역사에 부합되게 된다는 사실을 알려주는 것이다.

『隋書』와 『구당서』, 『신당서』에는 고구려가 독립국가라는 것이 아주

---

41) 『高麗史』 권56, 地理1 序言.

42) 『後漢書』 東夷傳에는 "東夷 … 東方曰夷 … 夷有九種 …"이라 하였다. 先秦시기의 東夷개념은 더욱 넓었으며 여기에는 지금의 山東, 江蘇 등 中原일대의 일부 민족들도 포함시켰으나 東漢이후의 東夷에는 주요하게 지금의 中國東北지역, 朝鮮半島와 日本列島의 나라와 민족을 포함시켰다.

녕백하다. 『수서』 고려전에는 "朱蒙建國 自號高句麗 以高爲氏" ; "其國
東西二千里 南北千余里 都于平壤城"43)라고 하였고 『구당서』 백제전에는
"海東三國開基自久"라고 했으며 『당서』 고려전에는 "武德(618~626년
－필자)初(고구려－필자) 再遣使入朝 高祖下書修好 約高麗人在中國者護
送 中國人在高麗者敕遣還"라고 하였다. 賈言忠이 『高麗秘記』를 인용하
여 말하기를 "不及九百年 當有八十大將滅之 高氏 自漢有國 今九百年 勣
(李勣－필자)年八十矣."라고 하였다.

　　위와 같은 사료 중에서 해동삼국은 백제, 고구려와 신라를 가리키는
것이고 高氏는 고구려의 왕족성씨를 말하는 것이며 고려인은 고구려인,
중국인은 당나라 사람을 각각 가리키는 것이다. '自漢有國'은 한나라
(동·서한을 포함) 시기에 국가를 건립하기 시작하였음을 말한다. 여기서
알 수 있듯이 『수서』와 『신당서』, 『구당서』는 고구려를 해동삼국의 하
나로 보았으며 고구려인을 고려인이라 불렀고 唐朝人은 중국인이라 불
러 양국과 양국인의 다른 성격을 구별하였다. 또 고구려는 한나라(서한
과 동한을 포함)때부터 나라를 세우기 시작했는데 '開基自久'한 국가라
고 인정하였다.

　　『구오대사』 이후의 편찬구조는 더욱 명확하게 고구려와 중국을 구별
하여 표시하였다. 『舊五代史』, 『宋史』, 『遼史』, 『金史』, 『元史』, 『新元史』
등은 모두 「外國傳」 혹은 「外夷傳」을 두고 그중에 왕씨고려를 수록하여
그의 역사연혁을 서술할 때 고구려를 포함시켜 그를 왕씨고려의 전신으
로 보아왔다. 『明史』도 마찬가지로 「외국전」에 조선을 수록하고 비교적
체계적으로 고조선부터 조선의 역사를 서술했는데, 여기에 고구려를 포
함시켜 고구려를 조선의 역사에서 고대국가의 하나로 표명하였다.

---

43) 『隋書』 권81, 東夷 高麗傳.

2. 朝鮮고서의 高句麗 역사지위에 관한 기록
—『三國史記』를 중심으로

1)『三國史記』분석

『삼국사기』는 12세기 중엽 고려의 김부식이 편찬하였다. 이 책은 지금까지 전해져 오는 역사서 중에서 제일 오래된 것으로 조선고대사 연구에 중요한 자료이다. 총 50권으로 제1~12권은 신라본기, 13~22권까지는 고구려본기, 23~28권까지는 백제본기를 기록하였다. 29권부터 31권까지는 연표로 중국·신라·고구려·백제를 포함하여 연대 순서에 따라 이들 국가의 간역을 기록했으며, 32권부터 40권까지는 雜誌로 祭祀·樂·色服·車騎·器用·屋舍·地理와 官職 등의 내용이 포함되었고, 41권부터 50권까지는 列傳으로 金庾信·乙支文德 등 51명의 人物傳이 수록되었으며 '잡지'와 '열전'이 비록 신라를 중심으로 편찬되었지만 고구려와 백제의 관련내용도 수록되었다.

아래에 『삼국사기』 연표의 서언을 소개하려고 한다.

> "海東有國家久矣 自箕子受封于周室 衛滿僭號于漢初 年代綿邈 文字疏略 固莫得而詳言. 至于三國鼎峙 則傳世尤多. 新羅五十六王 九百九十二年. 高句麗二十八王 七百五年. 百濟三十一王 六百七十八年. 其始終可得而考焉 作三國年表."[44]

삼국의 연표를 작성하는 이유를 명확하게 천명하기를 "至于三國鼎峙 則傳世尤多";"其始終可得而考焉"이라고 하였다. 여기에 '고구려 28왕'을 포함시켜 고구려의 역사지위를 밝히는데 중요한 의의가 있다.

『삼국사기』에는 신라와 백제, 그리고 고구려를 포함시켜, 김부식은 고구려를 삼국시기의 하나로 보았음을 충분히 증명하고 있다.

---

44)『三國史記』권29, 연표 上.

『삼국사기』는 당시(12세기)까지 전해오던 여러 고서들에 의거하여 편찬되었다. 『삼국사기』에 따르면 375년, 백제에서는 "박사 高興에 의하여 (得博士高興)" 처음으로 역사책을 편찬했는데 『書記』라고 하였고[45] 545년에는 신라 眞興王이 "대아찬 거칠부 등에게 명하여 문사를 광범위하게 모집하여(命大阿湌居柒夫等 廣集文士)" 신라 『國史』를 편찬했으며,[46] 600년에는 고구려 嬰陽王이 太學博士 李文眞을 불러 고사('國初'에 편찬된 『留記』一百卷 - 필자)를 간략하여 『新集』 5권으로 하였다.[47] 상술한 고서들이 『舊三國史』(이미 실전됨)의 기본 자료가 되었을 것이며 김부식이 『구삼국사』에 의거하여 『삼국사기』를 편찬하였음은 의심치 않는다. 李奎報가 『東國李相國集』을 편찬하면서 "越癸丑四月 得舊三國史 見東明王本紀 … 金公富軾重撰國史 頗略其事"[48]라고 말한 것을 볼때 이 점은 충분히 증명한다. 따라서 『구삼국사』도 신라·고구려·백제 삼국의 역사로 구성되었으며, 편찬시기는 통일신라 때로 거슬러 올라 갈수 있을 것이다.

13세기 중엽 고려 僧 一然이 『삼국유사』를 편찬하여 『삼국사기』에 빠진 일부 내용들을 보충하였고 15세기 이후 조선시대에는 『東國通鑑』, 『東國輿地勝覽』 등 많은 역사지리서를 편찬했는데 모두 고구려를 포함하였다. 특히 주목되는 것은 조선의 고서들은 줄곧 고구려를 조선고대국가의 하나로 보았는데 이것은 고구려의 역사지위를 천명하는데 있어서 아주 중요한 의의가 있다.

2) 泰封國과 高麗왕조의 高句麗 계승의식

9세기 말 통일신라내부 모순의 격화로 국력이 쇠퇴되어 점차적으로

---

45) 『三國史記』 권24, 百濟本紀2 近肖古王 30년조.
46) 『三國史記』 권4, 新羅本紀4 眞興王 6년조.
47) 『三國史記』 권20, 高句麗本紀8 嬰陽王 11년조.
48) 李奎報, 『東國李相國集』, 東明王篇 序言.

신라(조선반도 동남부), 甄萱의 後百濟(조선반도 서남부)와 弓裔가 인솔하는 泰封國(조선반도 중북부)등 세 개 정치집단으로 분열되어 치열한 쟁탈전을 벌이는 後三國시대가 시작되었다. 아래에 태봉국의 건국과정에서 나타난 일부 상황을 고찰하려는데 이는 고구려의 역사지위를 이해하는데 있어서 도움이 있을 것이다.

『삼국사기』에는 "天福元年辛酉(901년 – 필자) 善宗(궁예의 호 – 필자) 自稱王 謂人曰 '往者新羅請兵于唐 以破高句麗 故平壤舊都鞠爲茂草 吾必報其仇'. … 天祐元年甲子(904년 – 필자) 立國號爲摩震 年號爲武泰 … 朱梁乾化元年辛未(911년 – 필자) … 改國號爲泰封."49)라고 기록하였다. 주의할 점은 궁예가 즉위한 후 선포한 것이 무엇보다 고구려를 위하여 복수하겠다고 했는데, 이는 그가 비록 신라인이지만 신라에 원한을 품고 고구려에는 호감을 가졌다는 것을 말해 준다.

이밖에 『삼국유사』 왕력 중에는 궁예의 태봉국을 '後高句麗'로 칭하였고 弓裔의 이력을 소개할 때 "大順庚戌(890년 – 필자) 始投北原賊良吉屯 … 丁巳(897년 – 필자)移都松岳郡 辛酉(901년 – 필자)稱高麗 甲子(904년 – 필자)改國號摩震 置元虎(武)泰."50)라고 하였다. 『고려사』 지리지에도 "孝恭王九年(905년 – 필자) 弓裔据鐵圓自稱後高麗王 分定浿西十三鎭."51)라고 하였다. 궁예가 태봉국을 건립하는 과정에서 여러번 국호를 개정했는데 그중에는 '後高句麗', '高麗', '後高麗' 등이 포함되어 있었다는 것을 알 수 있다. 이것을 고구려 후기에 국호를 고려로 개정한 사실과 연결시켜 고찰하면 주목을 끌게 된다.

『고려사』 열전에도 기록하기를 993년 契丹과 고려 사이에 대규모 전쟁이 벌어졌는데 당시 거란군대의 총지휘 肖遜寧과 고려의 수석대표 徐

---

49) 『三國史記』 권50, 列傳10 弓裔傳.
50) 『三國遺事』 권1, 王歷1.
51) 『高麗史』 권58, 地理3 北界條.

熙가 담판을 했는데 肖遜寧이 영토를 떼 줄 것을 요구하면서 말하기를 "汝國興新羅地 高句麗之地 我所有也 而汝浸蝕之 … 若割地以獻 而修朝 聘 可無事矣."라고 하니 서희가 말하기를 "非也 我國卽高句麗之舊地 故 號高麗 都平壤."[52)이라 하였다.

상술한 상황은 태봉국과 고려시기 조선반도 사람들에게는 비교적 강 열한 고구려 계승의식이 있었으며 이는 중국의 역대사서에서 고구려 역 사지위에 대한 기록과 일맥상통된다는 것을 표명해 주는바 주목을 끌지 않을 수 없다.

3. 『日本書紀』의 高句麗 역사지위에 대한 기록

일본의 학자 井上 선생의 조사에 의하면 『일본서기』에 기록된 '外國 國名'중에는 신라가 제일 많은데 무려 433회에 달하고 다음으로는 백제 로서 모두 407회에 달한다. 그 다음으로 고구려인데 모두 188회에 달한 다.[53) 이는 고대 고구려와 왜의 관계가 비교적 밀접했다는 점을 알려주 지만 고구려의 역사지위를 증명하는 기록은 아주 적다. 필자의 조사에 의하면 겨우 세 곳이 있을 뿐이다. 먼저 본문을 소개하려고 한다.

    (1) 『日本書紀』에는 神功皇后가 군대를 이끌고 新羅를 징벌한 사실을 서술한 후 말하기를 "高麗(고구려 – 필자) 百濟二國王 聞新羅收圖籍降于日本國 密 令伺其軍勢 則知不可勝 自來于營外 叩頭而款曰: '從今以後 永稱西蕃 不絶 朝貢.' 故因以定內官家 是所謂之三韓也."[54)라고 하였다.
    (2) 『日本書紀』應神天皇條에는 "七年 秋 九月 高麗人 百濟人 任那人 新羅人 幷來朝. 時命武內宿禰 領諸韓人等 作池 因以名池號韓人池."[55)라고 하였다.

---

52) 『高麗史』 권94, 列傳7 徐熙傳.

53) 井上秀雄, 1991, 『古代日本人的外國觀』, 學生社, 65~67쪽.

54) 『日本書紀』 권9, 神功皇后攝政前紀.

(3) 『日本書紀』 顯宗天皇조에는 "是歲(顯宗 天皇3년 - 필자) 紀生磐宿禰跨據任
那 交通高麗(고구려 - 필자) 將西王三韓 整修官府 自稱神聖. 用任那左魯 那
寄他甲肖等 計殺百濟適莫爾解於爾林(爾林은 高句麗지역 - 原注)."56)라고 하
였다.

『일본서기』는 8세기 초에 편찬되었는데 편자는 당시 유행되던 皇國
사상과 "신유년에 큰 변혁이 있다(辛酉年將有大變革)"는 미신사상의 영
향을 받아 神武天皇의 즉위연대(지금으로부터 2600년 이전에 당시 일본
은 원시사회단계에 처했다)와 萬世一係의 天皇制度를 僞造하고 또 고대
朝日관계를 서술할 때 任那日本府가 한 시기 조선반도 남부를 통치했다
는 황당한 설을 날조하였다. 상술한 자료 (1)에서 말한 神功皇后가 신라,
고구려와 백제를 징벌했다는 설도 모순이 가득하여 역사사실과 부합되
지 않는다. 그러므로 학계에서는 모두 부정하고 있다. 특히 2차 세계대
전이 끝난 후 일본학계에서도 다시는 신공황후가 삼국을 징벌했다는 설
을 제기하지 않고 있다. 그렇지만 특히 주목할 것은 신라, 고구려와 백제
를 연관시키고 또 그들을 통 털어 '三韓'이라고 한다는 점이다. 이외 『일
본서기』 應神天皇조에도 고구려인과 조선반도 남부에 거주한 百濟人, 任
那人, 新羅人을 연관시켜 그들을 '諸韓人'이라고 통칭했으며 그들이 공
동으로 축조한 못을 '韓人池'라고 불렀다. 상술한 자료 (3)에 기록된 紀
生磐宿禰의 '將西王三韓'의 망상 중에서도 임나와 백제 등 조선반도 남
부의 일부 국가 이름이 포함되고 또 고려(고구려를 가리킴)국의 이름도
있다.

『일본서기』의 고구려 역사지위에 관한 기록은 비록 얼마 되지 않지만
중국 고서와 조선 고서의 관련기록과 일맥상통하는 점이 있다. 그러므로
고구려 역사지위에 대한 천명에서 일정한 참고가치가 있다.

---

55) 『日本書紀』 권10, 應神天皇 7년조.
56) 『日本書紀』 권15, 顯宗3년 庚辰조.

맺음말

중국과 외국의 고서의 고구려 역사지위에 관한 기록을 찾아보고 필자는 중국학계의 전통관점, 즉 고구려는 조선역사상 고대국가의 하나이고 동시에 중국 동북 지방사의 중요한 구성부분이라고 보는 것이 역사사실에 부합된다고 인정한다.

첫째, 중국 고서에서는 고구려와 조선역사상 제일 오랜 고대국가, 즉 고조선과 연결시켜 고구려를 고조선의 일부분으로 인정하였고, 또 고구려와 백제·신라를 밀접하게 연결시켜 그들을 통 털어 '海東三國 開基自久'라고 했으며, 적지 않은 고서에 「외국전」을 설치했는데 그중에는 王氏高麗와 李氏朝鮮을 포함시키고 그들의 연혁을 서술할 때 모두 고구려를 포함시켜 고구려와 왕씨고려, 이씨조선이 계승관계가 있다고 인정하였다. 이와 같이 중국 역대 고서는 시종일관 고구려를 조선역사상 고대국가의 하나로 인정하였다. 이것은 조선고서의 관련기록과도 일치한다. 예를 들면『삼국사기』,『삼국유사』등 조선고서는 모두 고구려와 백제·신라를 밀접하게 연관시키고 그들을 조선역사상의 고대 삼국으로 처리하였다. 또 9세기에 건립한 궁예의 태봉국과 왕씨고려가 모두 고구려의 계승의식을 가졌다고 인정하였고 그 후의 이씨조선도 고구려를 조선고대국가의 하나로 보았다.『일본서기』도 고구려와 백제·신라를 연결시켜 그들을 통 털어 '삼한'이라 부르고 그들이 공동으로 축조한 못을 '韓人池'라고 불렀다.

상술한 중국과 외국 고서의 기록은 고구려의 역사지위를 천명하는데 있어서 중요한 의의가 있으며 그의 기초자료이다.

둘째, 기원전 108년부터 기원전 107년까지 한나라의 "무제가 조선을 멸망하고 고구려를 현으로 하여 현토군에 귀속(武帝滅朝鮮 以高句驪爲

縣 使屬玄菟)"시켰고 기원전 82년에 한 소제가 "임둔·진번을 폐하고 현
토를 구려로 이주(罷臨屯 眞番 … 玄菟復徙居句驪)"하였다. 그 후로부터
고구려는 현토군 아래의 속현이 되어 그의 통치를 받았는데 약 100년 가
까이 지속되었다.

이외에 지금의 中·朝국경으로부터 보면 고구려는 중국의 동북지역에
서 기원했으며 그의 영역은 지금 나라사이의 경계를 넘어 펼쳐져 있다.
즉 중국의 동북지역도 포함하고 조선반도의 북반부도 포함하고 있으며
그의 통치중심(수도)은 전기에는 중국의 동북에 있었고 후기에는 조선반
도의 북반부로 이전하였다.

상술한 사실은 고구려는 조선 고대국가의 하나이면서 동시에 또 중국
동북지방사의 중요한 구성부분이라는 것을 설명한다.

후기: 본문은 勵聲·朴文一, 『高句麗歷史問題研究論文集』, 延邊大學出
版社, 2005년판에 수록된 것이다. 본서에 수록할 때 맺음말 가운데의 마
지막 구절(高句麗 역사를 응당 '一史兩用'으로 보는 것은 역사실제에 부
합될 가능성이 있는 것)을 삭제하였다. 본문은 원래 중국어로 씌어진 것
이었으나 尹鉉哲 교수가 한국어로 번역하였다.

제2절 4~5세기 동북아 朝貢册封 체계에 관한 試論
- 高句麗를 중심으로 -

본문은 고구려를 중심으로 郡縣制와 朝貢册封체계를 비교하면서 4~5세기 동북아 각 나라 간에 존재했던 조공책봉체계의 실질에 대하여 논술하려 한다. 부당한 점이 있다면 지적을 바란다.

1. 郡縣制와 朝貢册封체계의 형성

중국역사에서 보면 춘추시기에 郡縣制가 나타나기 시작하여 秦王朝시기에 이르러서는 한층 정비되었다. 기원전 3세기 중국에는 중앙집권봉건대국 - 진왕조가 등장하였다. 중국 역사상 처음으로 국왕을 황제로 개칭하여 秦王 嬴政은 '始皇帝'를 자칭하고, 또 왕위를 잇는 후계자들을 2世 皇帝, 3世 皇帝라 칭하여 萬世까지 이르기를 희망하였다.[1]

진시황은 당시 사회발전의 수요에 적응하고 중앙집권을 강화하기 위하여 李斯의 건의를 받아들여 전국에 군현제를 시행하였다. 그는 나라를 36개 郡으로 나누고 군 아래에 몇 개 縣을 두고 중앙에서 지방 관리를 파견하여 각 군현을 직접 통치하였다. 이후에 중국의 역대 왕조에서는 거의 모두 군현제를 시행하여 국가 통일과 사회발전에 일정한 공헌을 하

1)『史記』권6, 秦始皇本紀 ;『中國古代史』上, 人民出版社, 1979년판, 262~263쪽.

였다. 이와 같은 배경에서는 진왕조(중국의 역대 각 왕조도 포함)와 각 군현사이에는 명실상부한 중앙과 지방의 관계를 형성하였다.

한대(西漢·東漢·魏·西晉·劉宋등 포함)가 되면서 국내의 행정체제는 약간의 변화를 가져왔다. 일부 지역에서는 여전히 군현제를 시행했으나, 일부 지역에서는 군현제를 郡國制로 고쳤다. 군국제는 군현제와 차이가 있다. 즉 중앙에서 직접 관리를 파견하여 그 지역에 관한 통치권을 행사하는 것이 아니고 일부 귀족과 공신들을 王에 封하거나 혹은 侯 등 爵位를 주어 그들의 封地를 '國'이라 칭하고 자치권을 주었다(물론 예외인 경우도 있다). 漢王朝는 국내에서 군현제를 시행하는 과정에서 계시를 얻어 주변 국가들에 대하여 冊封制를 시행하였다. 즉 중국의 황제는 주변 국가들이 朝貢을 바치는 기회를 이용하여 황제의 명의로 그들을 왕이나 侯에 봉하고 君臣관계를 맺었다. 그러나 황제가 주변 나라들의 내정에 직접 간섭하는 것은 아니다. 보통 주변나라 왕들을 外臣 혹은 外蕃이라 칭하고 이들이 통치하는 나라를 外蕃國으로 칭하였다.

3~6세기는 중국의 대분열시기인 魏晉南北朝시대이지만 조공과 책봉제도는 여전히 성행되었다. 그것은 華夷觀念 즉 세계는 중국을 중심으로 한다는 中華思想과 중국의 황제는 德(德化)으로 주변 국가들을 발전시킨다는 王化思想이 중요한 작용을 했기 때문이다. 이러한 배경 하에서 한대 중국왕조와 주변나라 혹은 민족 간에 맺어진 조공책봉관계는 그 후에도 지속되어 왔을 뿐만 아니라 한층 더 성숙되어, 조공책봉체계라는 고대 동북아 각 나라들 간에 보편적으로 존재했던 일종의 정치외교질서를 형성하였다. 어떤 이는 이를 '華夷秩序'로 표현하면서 상고시대에 발상한 '화이'관념은 한제국시대부터 중화제국의 대외관계 속에 인입되어 … 중화와 '蠻夷'사이에는 점차적으로 고대 국제관계체계의 일종 유형으로 발전하였다. 즉 소위 '화이'질서이다.2)

---

2) 何芳川, 1998,「華夷秩序論」,『北京大學學報』제6기, 哲學社會科學版.

학계에서는 조공·책봉관계의 형성은 다음과 같은 세 가지 조건이 구비되어야 한다는 견해가 있다. 첫째, 중국에서 강력한 국가권력이 형성되어야 하며 그 위력은 국외에까지 확대되어야 한다. 둘째, 주변나라들은 '野蠻'상황에서 벗어나 상대적으로 성숙된 정치사회를 건립해야 한다. 셋째, 책봉제는 중국 국내 정치체제의 외적표현이다. 따라서 책봉제를 형성하려면 우선 먼저 중국에서 그 기반이 다져져야 한다. 예를 들면 책봉제 원형인 군국제와 같은 제도가 형성되어야 한다.[3]

이와 같은 견해에 따르면 진왕조 시기에는 앞의 두 가지 조건을 구비하였고 세 번째 조건을 구비하지 못한 것이 된다. 따라서 이 시기는 아직 책봉제가 나타나지 않았다고 말할 수 있다. 何芳川이 지적한 바와 같이 "다만 후세에 '화이'질서가 형성되는 전제적인 틀을 마련했을 뿐이다."[4] 그러나 漢代에 이르면 상술한 세 가지 여건들이 모두 성숙되었기 때문에 서한초기에 이미 책봉제가 나타났다고 말할 수 있다. 西漢 惠帝(기원전 194~기원전 188년까지 재위)는 위만을 조선왕에 봉하였고, 西漢 文帝(기원전 179~기원전 157년까지 재위)는 趙佗를 南越王에 봉하였다. 이로써 조공책봉체제는 이시기에 공식적으로 시행되었음을 알 수 있다.[5] 그러나 이와 같은 책봉관계는 존속한 시간이 짧다. 기원전 2세기 말 힌무제가 고조선과 南越을 멸망시키고 군현제를 실시하였다.

『사기』등 문헌기록에 근거하면 기원전 108~기원전 107년 사이에 한무제는 고조선을 멸망시키고 낙랑·진번·임둔·현토 등 4군(한4군)을 설치하여 직접 통치하였다. 이 시기에 역사상 처음으로 고구려라는 명칭이 등장하게 된다. 그러나 그 세력은 미미하여 현토군 치하의 한 縣으로 되어 있었다. 『후한서』의 "武帝滅朝鮮 以高句驪爲縣 使屬玄菟"라는 기

---

3) 西嶋定生, 1983, 『中國古代國家와 東亞世界』, 東京大學出版會, 594~602쪽.

4) 何芳川, 위의 논문.

5) 西嶋定生, 위의 책, 596쪽.

록에서도 이를 증명할 수 있다.6) 기원전 37년 주몽은 부여에서 남하하여 지금의 혼강 유역인 환인지역에 도읍을 정하고 고구려를 건국하여 시조왕이 되었다. 32년 고구려는 東漢에 "遣使朝貢 光武復其王號"7)라 하여 양국 관계는 개선되고(1세기 초 왕망의 신왕조와 고구려는 전쟁을 치른 적이 있다) 고구려 국왕의 합법적 지위는 회복되었다. 이는 양국 간에 조공책봉 관계가 공식적으로 시작되었음을 의미한다.

4~5세기에 이르면 고구려와 중국 역대왕조의 조공책봉관계는 한층 더 발전했을 뿐만 아니라 더욱 활발히 전개되었다. 5세기 고구려는 東晋·北魏, 南朝의 宋·齊 등과 빈번하게 조공을 하게 되며 여러 번 책봉을 받게 된다. 필자의 조사에 의하면 413년부터 495년까지 걸치는 83년 동안 고구려가 중국 남북조의 왕조로부터 받은 책봉은 무려 9차례에 달한다. 그중에서 將軍號는 征東將軍·征東大將軍·車騎大將軍·驃騎大將軍 등이 있어 관품이 상대적으로 높다. 즉 당시 동북아 여러 나라들(고구려·백제·왜 등) 중에서 제일 앞자리를 차지한다.

백제는 일찍이 기원전인 始祖 溫祚王때부터 한 낙랑군과 연계가 있었다. 『삼국사기』에 의하면 백제는 온조왕 4년에 '遣使樂浪修好'로 기록되어 있다.8) 4~5세기에 이르면 백제는 東晋, 중국 南朝의 宋·齊 등과도 몇 차례 조공을 하고 책봉을 받았다. 수여받은 장군호로는 鎭東將軍·鎭東大將軍 등이 있다.

『후한서』에 의하면 왜는 1세기 중엽에 처음으로 동한에 조공을 하고 책봉을 받았다. 문헌에 수록된 "建武中元二年(57년 - 필자) 倭奴國奉貢朝賀 … 光武賜以印綬"9)라는 기록이 이를 증명해 준다. 일본 北九州지역에서 '漢委(倭)奴國王印'이 발견되어 이러한 사실을 증명해 준다.

---

6) 『後漢書』 권85, 東夷 高句驪傳.
7) 『後漢書』 권85, 東夷 高句驪傳.
8) 『三國史記』 권23, 百濟本紀1 溫祚王 4년조.
9) 『後漢書』 권85, 列傳75 倭傳.

 5세기는 일본에서 贊·珍·濟·興·武 능 倭五王시기가 출현하였다. 五
王은 여러 차례나 중국 남조의 宋·齊 등에 조공하고 책봉을 받았다. 그
들이 받은 장군호로는 安東將軍·安東大將軍·鎭東大將軍 등이 있다.[10]

 상술한 상황으로 볼 때 기원전 2세기 전반기에 중국과 주변 여러 나
라들 사이에 형성된 조공책봉관계는 4~5세기에 들어서면서 한층 더 발
전하였고 또한 활발히 전개되어 국가 간 일종의 정치외교질서를 형성하
기에 이르렀다.

2. 郡縣制와는 다른 朝貢册封체계의 특징

 조공책봉체계와 군현제(군국제를 포함한다)는 다르다. 양자 간에는 확
연히 다른 점이 있다. 이에 대하여 아래에 4개 부분으로 나누어 논술하
려 한다.

1) 受封國(책봉을 받은 나라) 국왕의 자국 내에서의
최고 통치지위

 군현제 하에서 "중앙과 지방의 주요 관리들의 任免은 모두 황제의 비
준을 거쳐야 하며 지방관리에 대해서는 年末 심사(考核)를 진행하는데
이를 '上計'라 칭한다." "중국 2천여 년의 봉건사회에서 역대 왕조에서
는 모두 이와 같은 중앙집권제를 답습하였다."[11] 그러나 조공과 책봉체
제하에서의 책봉을 받은 나라의 국왕은 이와 다르다. 그 실례로 고구려
를 보기로 한다. 『삼국사기』에 의하면 기원전 37년에 주몽이 부여에서
남하하여 지금의 혼강유역인 환인지역에 도읍을 정하고 建國稱王하여

---

10)『宋書』권97, 東夷 倭國 ;『南齊書』권58, 東夷 倭國傳.
11)『中國古代史』上, 人民出版社, 1979년판, 264~267쪽.

고구려의 시조왕이 되었다. 이후의 고구려 역대국왕들은 모두 주몽의 후
예로서 왕위를 계승하였다. 더 자세히 말하면 고구려의 제2대왕 유리왕
부터 제28대왕 寶藏王까지의 27왕 중, 태자로 봉해진 후 왕위에 즉위한
예는 모두 16명으로써 상술한 국왕 총수(27명)의 59.2%를 차지한다. 이
외의 11명은 형제상속으로 왕위에 오른 것이다. 아주 개별적인 상황에서
는 국왕의 친속이 '國人推戴'의 형식으로 왕위에 오른 경우도 있다. 그러
나 이들 왕들 중에는 중국, 즉 册封授與國(授封國) 황제가 임명한 국왕은
없다. 이것은 郡縣制하에서의 지방 관리와는 확연히 다른 특징이다.

　고구려는 건국 이래 빠른 발전을 하였다. 5세기 전반기를 고구려의
전성기로 볼 수 있다. 『魏書』에 의하면 435년 北魏의 사신 李敖가 "至其
(고구려 - 필자)所居平壤城,訪其方事云 遼東南一千餘里 東至柵城 南至小
海 北至舊夫餘 民戶參倍於前魏時 其地東西二千里 南北一千餘里."12)라고
썼으며, 『舊唐書』에 의하면 667년 고구려 멸망시기의 戶數는 '69萬 7千'
이라 하였다.13) 호 당 평균 5명으로 계산한다면 당시의 고구려의 인구는
350만 명에 가깝게 된다. 고구려는 700여 년 동안 존속했으며 고대 동북
아지역에서 큰 나라 중의 하나였다.

　고구려의 역대 왕들은 고구려의 국토에서 至高無上한 최고 통치지위
를 차지하였다. 국왕이 중앙과 지방의 주요관리들의 임면 권한을 장악하
고 그들을 통하여 국민들을 통치했으며 국민들의 부모로 군림하였다. 국
왕의 말은 곧 법률이었다. 373년 小獸林王은 律令을 반포했으며 5세기
초에는 守墓人과 관련된 법률을 제정하여 주권을 더욱더 굳혔다. 高句麗
국왕은 군사에 대한 통솔권과 전쟁을 일으킬 수 있는 권한도 갖고 있었
다. 호태왕비문에 의하면 호태왕은 재위 22년 동안 모두 7차나 대외전쟁
을 일으켰다(한 차례의 전쟁준비는 이에 포함되지 않음). 그 중 국왕이

---

12) 『魏書』 권100, 列傳88 高句麗傳.
13) 『舊唐書』 권199 上, 東夷 高麗傳.

직접 군사를 이끌고 전쟁에 나갔던 것은 4차나 된다(王躬率型). 이외의 3차는 국왕이 관리를 파견하여 전쟁을 하였다(敎遣型). 이렇게 볼 때 7차 전쟁은 모두 호태왕이 결정한 것이며 모두 승전을 거두었다. 호태왕이 죽은 후 "立碑銘記勳績 以示後世"한 원인도 바로 여기에 있다.

5세기에 고구려의 왕권은 전례 없는 고도의 발전과 안정을 이루었다. 고구려인들이 남긴 여러 문자자료(好太王碑·中原高句麗碑·牟頭婁墓誌·德興里墓誌 등 포함)에 의하면 그 당시 고구려인들은 자신들의 시조왕을 天帝之子·皇天之子·日月之子·東明聖帝·東明帝·聖王이라 칭하였고 역대 왕들을 好太王·聖太王·太王·大王·王으로 칭하였고, 또한 王母는 太后, 王妃에 대해서는 王后·后, 王子는 太子, 王孫은 太孫이라 칭하였다. 고구려인들은 또 자신들의 국토를 '天下四方知此國郡最聖信'이라 하였다.[14]

고구려국왕은 연호를 사용하였다. 호태왕비문에 새겨진 '永樂'이라는 연호는 가장 좋은 예가 된다. 비문에 의하면 '永樂五年歲在乙未(395년)', '六年丙申(396년)', '八年戊戌(398년)', '九年己亥(399년)', '十年庚子(400년)', '廿年庚戌(410)' 등 기록이 보인다. 비문은 영락연대와 干支연대를 서로 연관시켜 기록하였음을 알 수 있고 양자의 연대순서도 완전일치 할 뿐만 아니라 기원 연대 순서와도 맞먹는다. 따라서 '영락'은 호태왕의 생전의 왕호였을 뿐만 아니라 그의 연호이기도 하다.[15] 지금까지의 고고발굴자료에 의하면 고구려에 영락 연호만 있었던 것은 아니고 延嘉·永康·延壽 등의 연호도 사용하였음을 알 수 있다. 『삼국사기』에 의하면 신라 국왕들(法興王·眞興王·眞平王·善德王·眞德王 등)도 연호를 사용하였음을 알 수 있다. 이 외에 태봉국의 궁예도 '武泰' 등 3개 연호를 사용하였다. 일부학자들은 중국의 황제만 연호를 사용했다고 인정했는데 이

---

14) 『好太王碑拓本研究』, 黑龍江朝鮮民族出版社, 2001년판, 탁본편과 자료편 ;『集安縣文物志』, 吉林省文物志編委會, 1983년판, 122~127쪽 ;『史學志』13, 檀國大學校史學會, 1999 ; 中原高句麗碑文 ;『三國史記』, 高句麗本紀, 관련부분.

15) 『발해사연구』1, 延邊大學出版社, 1980년판, 219~243쪽.

런 견해는 역사적 사실에 부합되지 않는다.

백제와 신라, 왜 등 나라들의 왕권도 강화되었다. 이에 대해서 본문은 생략하기로 하고 더 서술하지 않는다.

상술한 여러 상황은 조공책봉체계 하에서 주변국의 국왕은 자국 내에서 至高無上한 최고 통치자의 지위에 있었으며 군현제 하에서의 지방 관리와는 확연히 구분되는 특징을 갖고 있었다는 것을 증명해준다.

2) 朝貢의 성격에 관하여

주변 국가들이 中原왕조에 바치는 조공은 지방관이 중앙정부에 납부하는 의무와는 다르다. 즉 조공은 어느 한 쪽의 獻品이 아니며 또한 조공을 바치는 쪽의 책임과 의무만이 아니다. 조공은 일반적으로 回賜와 밀접히 관련되어 있다. 조공이 있으면 회사가 있기 마련이고 조공 차수 물품양의 증가에 따라 회사의 차수와 양도 따라서 많아지게 된다. 『삼국사기』에 의하면 472년 백제 蓋鹵王이 北魏에 사신을 파견하여 조공 하였다. 이에 대해 북위 황제는 "所獻錦布 海物 雖不悉達 明卿至心 今賜雜物如別"이라고 회신하였다. 개로왕은 또 북위에 사신을 파견하여 "王以麗人屢犯邊鄙 上表乞師于魏 不從 王怒之 遂絶朝貢"하였다.[16] 같은 해에 고구려 장수왕이 "遣使入魏朝貢 自此已後貢獻倍前 其報賜亦稍加焉"하였다.[17] 이와 같은 상황은 후세의 왕씨 고려와 北宋 간의 朝貢回賜무역 중에서 더욱 뚜렷이 나타난다. 『송사』 元豊 2년(1079) 기사에 의하면 "前此(고려 – 필자)貢物至輒下有司估直 償以萬縑 至是命勿復佑 以萬縑爲定數."라고 썼으며, 元祐 7년(1072)조 기사에는 고려에서 "遣黃宗慤來 獻皇帝針經 請市書甚衆 禮部尙書蘇軾言 高麗入貢 無絲髮利而有五害 今請諸書與收買金箔 皆宜勿許 詔許金箔 然卒市册府元龜 以歸."했다고 기록하였다.[18] 고려의 조공은 오히

---

16) 『三國史記』 권25, 百濟本紀3 蓋鹵王 18년조.
17) 『三國史記』 권18, 高句麗本紀6 長壽王 60년조.

려 북송의 일부관리들의 불만을 초래하였다. 이렇게 본다면 조공과 자국의 이익은 서로 관련되어 있음을 알 수 있고 조공과 회사간에는 등가교환 원칙이 중요한 작용을 하고 있음을 알 수 있다. 이와 같은 의미에서 본다면 조공과 회사는 사신들의 왕래를 통하여 이루어지는 국가무역이다.

조공은 또 책봉과도 밀접한 관련이 있다. 일반적으로 중국의 황제는 주변나라들의 조공을 빌미로 하여 책봉, 즉 王·侯 등 官爵에 봉하면서 군신관계를 맺으려 한다. 여기에는 일정한 예속성이 있을뿐더러 또한 불평등한 요소들도 있다. 그러나 한편으로는 책봉을 받은 국왕(受封國王)은 중국 황제의 위망을 빌어 자국 내에서 자신의 통치지위를 안정시키고 국제적으로도 자신의 위망을 높이여 주변나라들과의 경쟁에서 유리한 지위를 차지하려 하기도 한다. 『삼국사기』에 의하면 642년에 新羅 善德王이 "遣使大唐獻方物", 643년 "正月 遣使大唐獻方物 … 秋九月 遣使大唐上言 高句麗 百濟侵凌臣國 … 願乞偏師 以存救援", 644년 "遣使大唐獻方物"하였다. 이에 당 태종은 "遣 … 玄奘賚璽書賜高句麗曰 新羅委命國家 朝貢不闕 爾與百濟 宜卽戢兵 若更攻之 明年當出師擊爾國矣."라고 회답하였다.[19] 이 기사에서 보면 조공과 책봉은 주변의 조공국에게 경제적 이익을 가져다 줄 뿐만 아니라 정치적 이익도 도모할 수 있음을 충분히 설명하여 준다. 따라서 주변국들의 조공열정은 때로는 조공을 받는 중국 역대왕조들을 초과하게 된다. 주지하다시피 고구려역사에서 5세기인 장수왕대는 가장 흥성하던 시기이다. 또한 이 시기에 중국의 남북 각 왕조에 조공한 차수도 가장 많았다. 필자가 『삼국사기』의 기록에 근거하여 조사한 바로는 조공차수가 모두 49차나 된다(晉 1차, 魏 43차, 宋 3차, 齊 2차). 많은 경우에 1년에 2차, 심지어 3차에 이르는 때도 있었다. 따라서 고구려는 조공과 회사, 및 조공과 책봉 등 과정에서 경제, 정치적

---

18) 『宋書』 권487, 高麗傳.

19) 『三國史記』 권5, 新羅本紀5 善德王 11·12·13년조.

으로 상대적으로 많은 이익을 얻었음을 말하여 준다.[20]

여기서 마땅히 조공의 이중성과 가혹성을 지적해야 한다. 호태왕비문에 의하면 "東扶餘 舊是鄒牟王屬民 中叛不貢 王躬率往討"했다고 쓰고 있다. 또한 13세기에 원나라 통치자들은 고려에서 '童女'를 강제적으로 징발하였다. 고려왕실은 이에 대처해 특별히 '結婚都監'을 설립하여 '童女'들이 마음대로 결혼하는 것을 금지시켰을 뿐만 아니라 심지어 집까지 수색하는 야만적인 방식으로 고려의 '童女'들을 징발하여 蒙古통치자들에게 바치었다. 이렇게 되어 고려사회는 큰 소란을 겪었으며 울음소리가 길가에 넘쳤었다.[21]

상술한 일련의 상황으로 보면 조공의 성격에 관하여 어느 한 쪽만 강조할 것이 아니라 마땅히 전면으로 분석해야 하며 특히 구체상황은 구체적인 분석을 요한다. 이렇게 해야만 역사의 실제사실에 부합될 수 있다.

3) 册封(授封과 受封) 쌍방의 국가관계

상술한 바와 같이 군현제 하에서 지방관리는 절대적으로 황제와 중앙정부의 명령에 복종해야 한다. 그렇지 않을 경우엔 곧 징벌을 받게 된다. 조공과 책봉체계 하에서 쌍방의 관계는 이와 다르다. 서로 비록 '군신관계'를 맺었고 또한 일정한 예속성이 있다. 그러나 절대적인 명령과 절대적인 복종을 내용으로 하는 한 나라 안에서의 상하급 관계는 존재하지 않는다.

5~6세기는 중국의 대분열시기인 南北朝시대이다. 남북조 여러 나라들 간의 쟁탈전은 아주 격렬하였다. 그러나 고구려는 같은 시기에 북위에 조공했을 뿐만 아니라 남조의 송·제 등 왕조에도 조공을 하고 책봉을 받았다. 이에 대해 중국 남북조의 여러 왕조들은 유효한 조치를 취할 수 없었고

---

20) 『三國史記』 권18, 高句麗本紀6 長壽王 1~79년조.

21) 『朝鮮簡史』, 延邊敎育出版社, 1986년판, 197쪽.

오히려 수용하는 태도를 취하였다. 『南齊書』에 의하면 481년에 고구려는 "遣使貢獻(齊王朝 – 필자) 乘船泛海 使譯常通 亦使魏虜(北魏를 지칭 – 필자) 然强盛不受制 虜(北魏 – 필자)置諸國使邸 齊使第一 高麗次之."라고 썼다.[22]

이외에 『위서』 등 문헌기록에 의하면 435년 북위에서 세조가 즉위하고 있던 시기에 고구려의 장수왕은 사신을 파견하여 조공을 하고 세조는 李敖를 파견하여 "拜璉(장수왕 – 필자)爲都督遼海諸軍事 征東將軍 領護東夷中郞將 遼東郡開國公 高句麗王"으로 책봉하였다. 마침 이시기에 北燕은 北魏에 의해 멸망하게 된다. 北燕王 馮文通(『宋書』에는 馮弘으로 기록되어 있다)은 고구려에 망명을 요구하였다. 이에 장수왕은 군사를 파견하여 그의 고구려 망명을 호위하였다. 북위의 세조는 사신을 파견하여 북연왕을 되돌려 줄 것을 요구하여 왔다. 그러나 고구려 장수왕은 '與文通俱奉王化'를 빌미로 돌려보내지 않았다. 이에 세조는 노하여 '欲往討之'했으나 樂平王조 등이 '議待後擧'하자 하여 세조는 고구려를 토벌할 것을 중지하였다. 후에 풍문통은 고구려와 모순이 생겨 남조의 송왕조로 갈 것을 희망하였고 송태조도 이를 승낙하였다. 그러나 장수왕은 풍문통의 요구를 거절하고 마침내 죽이기에 이른다.[23]

439년 남조의 宋太祖는 북위를 정벌하기 위해 고구려에 馬匹을 요구하였다. 장수왕은 몇 년 전에 북위로부터 받은 "都督遼海諸軍事 征東將軍 領護東夷中郞將 遼東郡開國公 高句麗王"이라는 책봉에도 불구하고 송의 요구를 받아들여 말 800필을 송에 보내어 송왕조의 북위정벌을 직접 도와주었다. 이 뿐만 아니라 장수왕은 지속적으로 송에 조공('貢獻')을 하였다. 예를 들면 455년에 "遣長史董騰奉表慰國哀 … 幷獻方物"했으며, 459년에 "又獻肅愼氏(楛)矢 石砮"하였다. 그 결과 송 孝武帝의 찬사를 받

---

22) 『南齊書』 권58, 東夷 高麗國傳.

23) 『魏書』 권100, 高句麗傳 ; 『宋書』 권97, 東夷 高句驪傳 ; 『三國史記』 권18, 高句麗本紀6 長壽王 24·26년조.

앉으며 '車騎大將軍 開府儀同三司' 등 한 단계 높은 작위를 받았다.[24]

『宋書』에 의하면 5세기 일본은 賛·珍·濟·興·武 등 倭五王시기이다. 오왕은 여러 차례나 중국의 宋朝에 조공을 하고 책봉을 받았다. 주요상황을 소개하면 다음과 같다.

宋太祖 元嘉 2년(425년), "賛又遣使 … 奉表獻方物 賛死 弟珍立 遣使貢獻 自稱使持節 都督倭 百濟 新羅 任那 秦韓 慕韓六國諸軍事 安東大將軍 倭國王. … 興死 弟武立 自稱使持節 都督倭 百濟 新羅 任那 加羅 秦韓 慕韓七國諸軍事 安東大將軍 倭國王. 順帝昇明二年(478년) … 詔除武使持節 都督倭 新羅 任那 加羅 秦韓 慕韓六國諸軍事 安東大將軍 倭王."[25]

여기서 주목할 것은 왜인들이 '자칭'한 倭王號 중에는 일본열도 내의 왜뿐만 아니라 특히 조선반도 남부에 위치했던 여러 나라들이 더욱 많이 포함되어 있다는 점이다. 즉 여기에는 백제·신라·임나·가라·진한·모한 등 나라 이름들이 포함되어 있는 것이다. 이것은 그 당시(5세기) 조선반도 남부의 실제상황과 근본적으로 부합되지 않는다. 따라서 이에 대해 굳이 설명을 가할 필요도 없다. 왜인들이 '자칭'한 왜왕호들은 왜왕이 통치권을 행사한 실제 사실에 근거하여 칭한 것은 아니고 그들이 허구적으로 꾸며 낸 것이라는 것은 의심할 나위도 없다. 이렇게 볼 때 송 順帝가 봉한 왜왕호(왜인들이 '자칭'한 왕호 중 백제를 제외한 외의 것은 모두 승인)들도 일종 허명일 가능성을 피면할 수 없다. 청나라 학자인 정겸 선생이 『송서』의 주해에서 서술한 바와 같이 송왕조는 백제를 제외한 그 외의 조선 반도 남부상황에 대하여서는 그다지 알고 있지 못했으며 또한 가라가 임 나라는 것도 몰랐었다. 이와 같은 상황에서 왜는 송왕조에 재삼 그들이 자칭한 왕호들을 승인할 것을 요구하였고 송왕조 역시 대충 승인하여 마무리 지었을 뿐이다. 한편으로는 송 순제는 역사사실과 아무런 관련 없

---

24) 『宋書』 권97, 東夷 高句驪傳.

25) 『宋書』 권97 夷蠻 東夷 倭國傳.

이 다만 모종 의미의 외교 책략이라는 허명 하에 왜왕호를 내렸을 가능성도 고려해 볼 수 있다. 그러나 『송서』에 기록된 왜인들의 '자칭'행동으로 본다면 왜는 국내에서 자신들의 통치 지위를 강화하기를 시도했을 뿐만 아니라 외부로 확장하려는 야심을 품고 있었음을 증명하게 된다. 그들은 조공과 책봉이라는 명의를 빌어 실제상 송조에 압력을 가했던 것이다. 이러한 상황은 모두 郡縣制度 하에서의 지방관과는 뚜렷한 구별이 있다.[26)

4) 소위 小册封體制에 관하여

진한이래 황제만이 王 혹은 侯를 봉할 수 있으며 연호도 황제만이 사용할 수 있었다는 것이 일반적인 견해이다. 그러나 조공과 책봉체계에서 주변 나라들의 상황은 오히려 이와 다르다. 그들도 왕이나 후를 봉할 수 있었으며 연호도 사용할 수 있었다.

예를 들면 고구려는 여러 차나 중원의 역대왕조에 조공하고 책봉을 받았다. 그러나 고구려 국왕은 자국 내에서 왕을 봉하였다. 『삼국사기』에 의하면 동명왕 2년(기원전 36년) "松讓以國來降 … 封松讓爲主", 大武神王 5년(22년) "夫餘王從弟 … 乃與萬餘人投 王封爲王 安置椽那部", 太祖王 16년(68년) "葛思王孫都頭 以國來降 以都頭爲于台"라고 쓴 것 등이 곧 그것이다.[27) 이렇게 보면 高句麗 국왕은 자국 내에서는 '王中王'이 되는 격이다. 호태왕비·중원고구려비 등 고구려인들이 남긴 기록 중에는 자신들의 시조왕과 역대 왕들에 대해 '天帝之子'·'好太王'·'太王' 등 호칭을 사용하였다. 이러한 미칭은 고구려 국내에서 존재하던 '왕중왕'이라는 사실과도 일정한 관련이 있을 것이다. 고구려는 국내에서 왕을

---

26) 『好太王碑와 古代 朝日關係 研究』, 延邊大學出版社, 1996년판, 166~169·228~233쪽.

27) 『三國史記』 권13, 高句麗本紀1 ; 同書 권15, 本紀3 관련부분.

봉했을 뿐만 아니라 주변국들에 대해서도 조공을 요구하였다. 호태왕비문에 의하면 "百殘(백제를 지칭 – 필자) 新羅舊是屬民 由來朝貢"(제1면), "殘主(백제왕을 지칭 – 필자)困逼 … 歸王(호태왕을 지칭 – 필자)自誓 從今以後 永爲奴客"(제2면), "東夫餘舊是鄒牟王屬民 中叛不貢 王躬率往討"(제3면), 中原高句麗碑文에는 '高麗太王'과 '新羅寐錦'은 "世世爲願如兄如弟", 高麗太子 "賜寐錦(新羅王을 지칭 – 필자)之衣服", 高句麗軍(幢主)駐在 "新羅土內" 등의 기록이 보인다. 이와 같은 내용들은 모두 高句麗에 朝貢制度가 존재하였음을 증명해 준다.[28]

4~5세기 백제에도 封王·封候制度가 존재하였다. 『송서』에 의하면 458년 백제의 개로왕이 중국의 남조인 송나라에 사신을 파견하고 표문을 올렸다. 표문의 내용은 "臣國累葉 偏受殊恩 文武良輔 世蒙朝爵 行冠軍將軍右賢王余紀等十一人 忠勤宣在顯進 伏愿垂愍 幷聽賜除"했다는 것이다. 이에 대해 宋 孝武帝는 쾌히 승낙하고(詔可) "仍以行冠軍將軍右賢王余紀爲冠軍將軍 以行征虜將軍左賢王余昆 行征虜將軍余暈幷爲征虜將軍 …"이라 하였다.[29] 『南齊書』에 의하면 495년 백제 東城王은 제나라에 사신을 파견하여 표문을 올렸다. 표문에는 "… 今邦宇謐靜 實名(沙法名을 지칭 – 필자)等之略 尋其功勳 宜在褒顯 今假沙法名行征虜將軍 邁羅王 贊首流爲行安國將軍 辟中王 解禮昆爲行武威將軍 弗中候 本干那 … 爲行廣威將軍 面中候 伏願天恩特愍聽除."라 하였다. 齊 明帝는 조서를 내려 백제의 요구를 수락하여 '軍號'를 내렸다.[30]

신라는 상대적으로 발전이 좀 느렸고 지리적인 위치도 편벽하였다. 따라서 중국 왕조와의 교류도 상대적으로 늦었다. 『양서』에 의하면 "普通 2년(521년 – 필자) 王名慕泰始使 使隨百濟奉獻方物", "語言待百濟而

28) 『好太王碑拓本研究』拓本篇 ; 『史學雜誌』 13, 中原高句麗碑文.
29) 『宋書』 권97, 蠻夷 東夷 百濟國傳.
30) 『南齊書』 권58, 東夷, 百濟國傳.

後通焉"이라고 썼다.[31] 그러나 신라도 일찍부터 왕이 왕을 봉하는 제도를 시행하였다.『삼국사기』에 의하면 148년 신라 逸聖王은 "封朴阿道爲葛文王(新羅追封王 皆稱葛文王 其意不詳−原註)", 247년 沾解王은 "封父骨正爲世神葛文王", 670년 文武王은 安勝을 高句麗왕에 봉했는데 그 내용은 "… 新羅王致命高句麗嗣子安勝 公太祖中牟王 積德比(北)山 立功南海 … 子孫相繼 本支不絶 開地千里 年將八百 … 謹遣使一吉湌金須彌山等 就披策命公 爲高句麗王 公宜撫集遺民 紹興舊緖 永爲鄰國"이다.[32] 이와 같은 기록들은 신라에서도 왕이 왕을 책봉하는(王封王) 제도가 존재했었음을 증명하여 준다.

倭國에도 왕이 왕을 책봉하는 제도(王封王制度)가 있었다.『송서』에는 425년 왜왕 "珍又求除正倭隋等十三人平西 征盧 冠軍 輔國將軍號 詔幷聽", 451년 宋文帝는 倭濟王을 작호를 加授하고 "幷除所上二十三人軍郡"(『남사』에는 '軍郡'을 고쳐 '職'으로 되어있다) 등 기록들이 이를 증명한다.[33]

일부에서는 상술한 상황들을 '小册封體制'라고 말하는데 도리가 있다. 이와 같은 '小册封體制'는 고구려에 존재했을 뿐만 아니라 백제·신라·왜 등 동북아 각 나라들 사이에 존재했던 일종의 사회질서이다. 또한 군현제하에서의 지방관과 뚜렷이 구별되는 점이라고 말할 수 있다.

맺음말

중국의 역대왕조, 특히 진한이래 각 왕조들은 국내에서 시행한 지방

---

31)『梁書』권54, 諸夷 東夷 新羅傳 ;『南史』권79, 東夷 新羅傳.
32)『三國史記』권1, 新羅本紀1 逸聖王 15년조 ; 同書 권2, 沾解王 원년조 ; 同書 권6, 文武王 10년조.
33)『宋書』권97, 東夷 倭國傳 ;『古代 東亞細亞의 日本과 朝鮮』, 吉川弘文館, 昭和 61년판, 471~472·553~556쪽.

행정제도(分封制·郡縣制·郡國制 등을 포함)의 경험을 기반으로 주변나라와 민족들에 대하여 조공과 책봉제도를 시행하였다. 고대 동북아지역의 각 나라, 예를 들면 고구려·백제·신라·왜는 중국의 역대왕조들에 대하여 여러 차례나 조공을 하였고 중국 왕조의 책봉을 받았다. 이에 대해서는 中·朝·韓·日 등 각 나라들의 고서에 많이 기록되어 있다. 조공과 책봉관계 속의 쌍방은 일반적인 상황 하에서는 군신관계를 맺고 정치상에서 일정한 예속성이 있으며 또한 불평등요소도 있다. 그러나 이와 같은 관계는 일국 내에서의 중앙정부와 지방정부 간의 관계는 아니다. 이 점은 군현제와(분봉제와 군국제를 포함) 서로 다른 뚜렷한 특징이다.

필자의 견해로는 2천여 년이래 동북아지역(기타 지역도 포함)에서 존재했던 조공과 책봉체계는 고대 중국 역대왕조와 주변나라·민족, 大國과 小國, 强國과 弱國 간에 맺어진 국제사회의 정치·외교질서이다.

어떤 학자들은 이를 '華夷秩序'라고 칭하는데 도리가 있을 가능성이 있다. 이러한 질서는 그 당시 사회에서 각 나라들의 발전을 촉진시켰고, 평화적인 분위기를 유지했으며 경제문화교류를 촉진했는바 대체로 당시의 역사적 실제에 부합되었다고 말할 수 있는 것이다.

후기: 본문은 馬大正·金熙政:『高句麗渤海歷史問題研究論文集』, 延邊大學出版社, 2004년판에 수록된 것이다. 본서에 수록하면서『머리말』을 줄이고 또 본서와의 서술체계를 통일하기 위하여 마지막 부분을 약간 수정하였다. 본문은 원래 중국어로 씌어진 것이었으나 李東輝 교수가 한국어로 번역하였다.

제5장
高句麗柵城遺址三考

1985년에 필자는 『高句麗柵城遺址考』를 발표하여 중국의 琿春 八連城이 渤海 東京 龍原府(柵城府)의 유지인 동시에 高句麗 柵城유지라는 학계의 견해를 부정하고 새로 延吉 부근의 城子山山城과 土城村土城을 합하여 고구려 책성유지를 이룬다는 견해를 제기한 바 있다.[1] 그때로부터 오늘에 이르기까지 이미 20여 년이란 시간이 흘러갔다. 그 동안 延邊 역사학계에서는 이 문제를 놓고 활발한 학술토론이 지속되어 서로 다른 견해를 교류할 수 있었으며 문제해결에도 도움을 줄 수 있게 된 것을 기쁘게 생각한다.

고구려 책성유지를 두고 확실히 견해 차이가 존재한다. 그것은 고구려 책성유지는 반드시 발해 동경 용원부(책성부)의 관할범위 내에서만 찾아야 한다고 주장하는 견해와 발해 동경 용원부(책성부)의 관할범위뿐만 아니라 북옥저 故地를 포함한 보다 넓은 지역에서 찾아야 한다고 주장하는 견해의 차이이며, 구체적으로는 琿春 溫特赫部城說과 延吉 부근의 城子山山城, 土城村土城과 興安古城이 합하여 이루어졌다고 인정하는 견해의 차이인 것이다. 이런 견해차이가 생기게 된 데에는 여러 가지 원인이 있을 수 있다. 그러나 그 가운데서도 가장 중요한 원인은 『新唐書』 渤海傳의 관련기사(濊貊故地爲東京 曰龍原府 亦曰柵城府)를 이해하는 것이 서로 다르며 북옥저 영역의 소속범위를 이해하는 것이 서로 다른 데에 있는 것 같다.

이런 관점에서 출발하여 본문은 이 두 문제에 관한 方學鳳 교수와 李宗勳 교수의 견해를 중심으로 필자의 의견을 제기하고 두 분 교수 및 여러 독자들과 더불어 토론하려 한다.

---

1) 「高句麗柵城遺址考」, 『朝鮮問題硏究叢書』 3, 延邊大學朝鮮問題硏究所, 1985년판, 37~43·57쪽.

제1절 方學鳳著「高句麗 柵城의 위치에 대한 고찰」을 분석
- 濊貊故地爲東京을 중심으로 -

　필자는 졸작『高句麗柵城遺址再考』에서『新唐書』渤海傳에 기록되어
있는 "濊貊故地爲東京 曰龍原府 亦曰柵城府."에 대하여 설명하면서 다음
과 같이 썼다.

　　"사실상 渤海의 東京 龍原府와 南京 南海府는 다 같이 沃沮 故地에 설치되
었다고 보아야 옳을 것이다. 다만 전자는 北沃沮 故地에 설치되었고 후자는
東沃沮(南沃沮라고도 한다) 故地에 설치되었을 따름이다. 만약 이런 판단이
틀리지 않는다면 상술한 '濊貊故地爲東京'은 마땅히 '北沃沮故地爲東京'으로
시정되어야 한다.
　　이 기초 상에서 상술한『新唐書』渤海傳의 전후반부를 한데 합하면 "北沃
沮故地爲東京 曰龍原府 亦曰柵城府"로 된다. 이로부터 우리는 渤海 東京 龍原
府(柵城府)는 北沃沮 故地에 설치되어 있었다는 것을 알 수 있다. 이것은 또
高句麗 柵城유지는 渤海 東京 龍原府(柵城府)와 연계될 뿐만 아니라 그의 기
초로 되는 北沃沮 故地와도 연계된다는 것을 증명하여 준다. 따라서 高句麗
柵城유지는 渤海 東京 龍原府 관할 범위 내에서만 찾을 것이 아니라 반드시
양자(渤海 東京 龍原府(柵城府)와 北沃沮 故地)를 포함한 보다 넓은 지역에서
찾아야 한다는 것을 알 수 있다. … 北沃沮 영역에는 오늘의 琿春과 延吉을
포함한 延邊과 黑龍江省의 東寧縣, 朝鮮의 咸鏡北道, 러시아 遠東지구의 일부
지역이 포함된다. 이것은 高句麗의 柵城유지를 고증함에 있어서 오늘의 琿春
지역에서만 찾을 것이 아니라 상술한 모든 지역 … 에서 찾아야 한다는 것을
증명해준다. 필자는 오직 이렇게 하는 것만이 상술한『新唐書』渤海傳의 기
록내용을 전면적이며 정확하게 반영한 것으로 된다고 인정한다.[2]"

方學鳳 교수는 1998년에 발표한 대작『高句麗 柵城의 위치에 대한 고찰』에서 상술한 바와 같은 필자의 견해는 '오류'라고 명확히 지적하였다.[3] 필자는 方교수의 이런 지적으로부터 계발을 받았다. 구체적으로 말하면『신당서』발해전의 '濊貊故地'를 '北沃沮故地'로 바꾸어 놓아야 옳다고 인정한 필자의 견해가 '오류'인가, 아니면 方氏의 비평이 역사사실에 부합되지 않는 잘못된 지적인가를 다시 고려해 볼 수 있는 기회를 갖게 되었음을 기쁘게 생각한다.

아래에『신당서』발해전의 '濊貊故地爲東京'을 크게 2개 방면으로 나누어 주로 方교수와 더불어 견해를 교류하려 한다.

1. 延邊을 '濊貊故地'라고 인정한 方교수의 견해

위에서 지적한 바와 같이 방학봉교수는『신당서』발해전 중의 '濊貊故地'는 역사사실에 부합되지 않기 때문에 반드시 '北沃沮故地'로 바꾸어 놓아야 옳다고 인정한 필자의 견해는 '오류'라고 하면서 "이에 대하여 두 가지를 지적하고 싶다"고 쓰고 있다. 그의 내용을 요약하면 대체로 다음과 같다.

方氏는『신당서』발해전에 기록된 "以濊貊故地爲東京 曰龍原府 亦曰柵城府."는 완전히 역사적 사실에 부합되기 때문에 "타당한 내용이다."라고 인정하였다. 그 이유는 "오늘의 … 연변지역은 예맥의 故地"이며 "전체 예맥 영역 중에서 … 한 부분"이였기 때문이라는 것이다. 그는 끝으로 다음과 같이 쓰고 있다.

---

2) 「高句麗柵城遺址再考」, 高麗학술문화재단 "제7회 韓國민족사 국제학술심포지움", 1994년 11월 11일, 8~10쪽.

3) 方學鳳, 1998, 「高句麗 柵城의 위치에 대한 고찰」,『京畿史學』3, 19쪽.

"이와 같은 역사적 사실에 근거하여『新唐書』의 저자 歐陽修는 沃沮 故地
에 南京 南海府를 설치한데 비추어 高句麗가 점령하기 이전, 北沃沮가 차지하
기 이전시기 옛 濊貊의 지명을 따낸 것이다. 이렇게 함으로써 … 지역 명칭
상 중복을 피하고 … 따라서 이는 아주 자연스럽고 합리적으로 된 것이다."[4]

方교수의 이런 견해는 역사사실에 부합되지 않는다. 먼저 관련 문헌
들의 기록을 소개하고 필자의 분석을 진행하면 다음과 같다.

(1)『後漢書』東沃沮傳: "東沃沮 在高句麗蓋馬大山之東 東濱大海 北與挹婁 夫
餘 南與濊貊接 … 武帝滅朝鮮 以沃沮地爲玄菟郡 … 其土迫小 介於大國之
間 遂臣屬句驪 … 又有北沃沮 一名置溝婁 去南沃沮八百餘里 … 界南(北－
필자)接挹婁."[5]

(2)『三國志』東沃沮傳: "東沃沮在高句麗蓋馬大山之東 濱大海而居 … 北與挹
婁 夫餘 南與濊貊接 … 其言語與句麗大同 時時小異 漢初 燕亡人衛滿王朝
鮮 時沃沮皆屬焉 漢武元封二年 伐朝鮮 殺滿孫右渠 分其地爲四郡 以沃沮地
爲玄菟郡 … 毌丘儉討句麗 句麗王宮(位宮, 즉 東川王－필자)奔沃沮 遂進師
擊之 沃沮邑落皆破之 … 宮(位宮－필자)奔北沃沮."[6]

(3)『三國志』北沃沮傳: "北沃沮一名置溝婁 去南沃沮八百餘里 其俗南北皆同
與挹婁接."[7]

위의 (1)~(3)을 통하여 다음과 같은 몇 가지 상황을 알 수 있다.

1) 沃沮·東沃沮·南沃沮·北沃沮 등 명칭의 관계

위의 (1)~(3)은 琿春과 延吉을 포함한 중국의 연변지역에서 활동한
'민족'에 관한 최초의 문헌기록(傳記)이라고 말할 수 있다. 여기에서 필
자는 우선 沃沮·東沃沮·南沃沮·北沃沮 등 명사들의 상호관계를 밝힐 필

---

4) 方學鳳, 1998,「高句麗 柵城의 위치에 대한 고찰」『京畿史學』3, 14·19~20쪽.
5)『後漢書』권85, 東夷 東沃沮傳.
6)『三國志』권30, 魏書30 東夷 東沃沮傳.
7)『三國志』권30, 魏書30 東夷 北沃沮傳.

요가 있다고 생각한다.

위의 (1) 즉 『후한서』동옥저전에서는 먼저 동옥저의 상황을 설명한 후에 "又有北沃沮"라고 쓰고 계속하여 간단하게나마 북옥저 상황을 서술하였다. 그런데 먼저 동옥저 상황을 설명할 때 앞에 아무런 규정어도 없이 나오는 '옥저'(沃沮城)라는 명사가 우리의 주목을 끈다. 위의 (2) 즉 『삼국지』동옥저전에는 역사를 서술할 때 '沃沮'라는 명사가 도합 네 차례나 나온다. 그 중에는 "漢初 燕亡人衛滿王朝鮮 時沃沮皆屬焉."이란 내용도 포함되어 있는 것이다. 이런 정황에서 일부 학자들은 역사발전 단계를 먼저 옥저로 호칭되던 시기가 있었고 그 후에 동옥저(남옥저)와 북옥저로 나누어지는 시기가 있었다고 인정하는데 역사사실과 부합되지 않는 것 같다. 왜냐하면 『삼국지』동옥저전과 『후한서』동옥저전에 따르면 '옥저'라는 명칭이 초기에만 사용된 것이 아니라 후기, 더 구체적으로 말하면 3세기 중엽에 위나라 관구검이 고구려를 공격했을 때 宮(位宮, 즉 동천왕)이 도망간 지점을 서술하는 중에서도 두 차례에 걸쳐 '옥저'라는 명칭이 나오기 때문이다.

필자는 옥저·동옥저·남옥저·북옥저 등 여러 가지 다른 명칭이 나타난 것은 결코 그들의 다른 역사발전 단계를 지칭하는 것이 아니라, 오히려 그들의 거주지역에 따라 부가된 다른 명칭이었을 가능성이 많다고 인정한다. 예를 들면 일부 학자들은 '동옥저'는 고구려의 동쪽에 위치하여 있기 때문에 부가된 명칭이라고 말하였다. 또 일부 학자들의 소개에 따르면 "옥저란 말의 語源에 대하여서 『滿洲源流考』에서는 '森林'이라는 뜻의 滿洲語 '窩集'(Weji)에서 유래하였다"고 썼다.[8]

따라서 '옥저'는 주로 그들의 거주지역이 삼림지대(동옥저의 거주지역인 조선 함경남북도와 북옥저의 거주지역인 중국의 연변지역은 대체

---

8) 『滿洲源流考』권9, 강역2 沃沮·濊傳 ; 『中國正史朝鮮傳』譯註一, 國史編纂委員會, 1987년판, 261쪽.

로 삼림이 많은 산악지대다)라는 데에서 유래된 '語源'이며 그 가운데는
동옥저·남옥저·북옥저 등이 모두 포함되어 있었다고 말할 수 있는 것이
다. 즉 그것이 보다 북쪽에 위치해 있는 것을 북옥저라 부르고, 보다 남
쪽에 위치해 있는 것을 남옥저라고 불렀을 수 있다. 또 고구려의 동쪽에
위치하여 있다는 데에서 동옥저라고 불렀을 가능성도 있는 것이다. 이것
은 마치 고구려를 '貊'이라고도 불렀는데 그것을 다시 거주지역, 즉 '대
수'(압록강)유역에 거주하는 집단을 '대수맥'이라고 불렀을 수 있고, '소
수'(오늘의 渾江설과 璦河설이 있다)유역에 거주한 집단을 '소수맥'이라
고 부른 것과 같은 상황이라고 인정된다.[9]

상술한 상황은 옥저·동옥저·남옥저·북옥저 등의 명칭은 결코 다른
역사시기를 반영하는 것이 아니라 그 거주지역의 특징과 다른 위치를 반
영하여 준다고 말할 수 있다.

2) 北沃沮의 위치

북옥저의 위치를 해명하기 위해서는 우선 동옥저(남옥저)의 위치를
알아야 한다. 위의 (1), 『후한서』동옥저전에 따르면 "東沃沮 在高句麗蓋
馬大山之東 東濱大海 北與挹婁 夫餘 南與濊貊接."이라고 기록되어 있으
며 위의 (2)『삼국지』고구려전에서도 같은 내용이 있다.

蓋馬大山에 대하여 학자들마다 서로 다르게 말하고 있으나 淸末의 학
자 정겸 선생은 조선 평안도와 함경도의 분계선에 있는 산맥으로써 남북
의 길이는 천여 리에 이른다고 쓰고 있는데, 일리가 있는 것 같다.[10] '예
맥'은 함경남도 남부와 강원도를 중심으로 이 일대에 있은 동예를 가리
킨다. 따라서 동옥저는 대체로 함경남도와 함경북도의 동해안 일대에 자

---

9) 『後漢書』권85, 東夷 高句驪傳 ; 『三國志』권30, 魏書30 東夷 高句麗傳.
10) 『歷代各族傳記論編』제1편(『三國志』東沃沮傳 注1), 中華書局, 1958년판, 765
    쪽 ; 『中國正史朝鮮傳』譯註一, 國史編纂委員會, 1987년판, 261~262쪽.

리 잡고 있었다는 것을 알 수 있다. 이와 같이 동옥저의 위치를 알 수 있게 된 것은 북옥저의 위치를 해명하는 데 중요한 기초사업이 이루어졌다는 것을 의미한다.

북옥저의 위치에 대하여『후한서』에서는 "北沃沮 一名置溝婁 去南沃沮八百餘裏 … 界南(北－필자)接挹婁."라고 기록했으며『삼국지』에서도 대체로 같은 내용을 기록하고 있다. 먼저 "北沃沮 一名置溝婁"에 대하여 설명할 필요가 있다.『삼국지』고구려전에 따르면 '幘溝婁'에 대하여 설명하면서 "溝婁者 句麗(고구려－필자)名城也"라고 기록했는데, 이것은 "溝婁란 고구려 사람들이 城을 부르는 말"이란 뜻으로 풀이된다.[11] 그 밖에『후한서』나『삼국지』등의 문헌기록에 따르면 東沃沮의 '言語 飲食 居處 衣服' 등은 고구려와 비슷하며 또 동옥저와 북옥저의 풍속이 같다고 기록하였다. 이것을 통해 북옥저의 사람들도 '溝婁'를 城을 지칭하는 말로 사용했을 수 있다는 것을 알 수 있다. 일부 학자들은 "北沃沮 一名置溝婁"라는 기록의 '置溝婁'는 '置城'의 뜻을 나타낸다고 하면서 '置城'(중국어 발음은 ZhiCheng)은 '柵城'(중국어 발음은 ZhaCheng)의 음이 변하여 이루어진 것이라고 하였다. 그들은 또 북옥저에는 확실히 책성이 있었다는 것을 증명해준다고 했는데 도리가 있는 것 같다.[12]

다음으로 북옥저는 '去南沃沮八百餘里'되는 곳에 있었다고 쓴 부분을 설명하기로 한다. 위에서 지적한 바와 같이 동옥저는 남옥저라고도 호칭되었다. 그런데 여기서 동옥저라고 부르지 않고 남옥저(北沃沮 … 去南沃沮八百餘里)라고 쓴 것은 가능하게 북옥저와의 대칭관계를 고려한 외에 남옥저가 동옥저의 통치중심이었을 수 있으며 그 위치가 동옥저 중에서 남쪽에 치우쳐 있는 것과 관련될 것으로 추정된다. 이제 "北沃沮 …

---

11)『三國志』권30, 魏書30 東夷 高句麗傳 ;『中國正史朝鮮傳』譯註一, 235쪽.

12)『東北歷史地理』제1권, 黑龍江人民出版社, 1988년판, 414쪽 ; "제7회 韓國민족사 국제학술 심포지움", 1994년 11월 11일, 28쪽.

去南沃沮八百餘里"를 분석하면 동옥저의 통치중심으로부터 북쪽으로 800여 리 떨어진 곳에 북옥저의 통치중심(책성이었을 수 있다)이 있었다는 뜻으로 풀이된다.

『삼국지』 동옥저전에 따르면 기원전 108~기원전 107년 사이에 漢무제가 고조선을 멸망하고 4군을 설치할 때 "以沃沮城爲玄菟郡"(『후한서』에는 '沃沮地')이라 기록하였다. 이것은 실제상 동옥저의 통치중심인 沃沮城(상술한 남옥저일 수 있다)과 현토군의 치소(제1현토군 치소)는 같은 지점이었다는 것을 증명하여 준다. 학계에서는 일반적으로 그 당시의 제1현토군 치소는 지금의 함경남도의 함흥 부근에 있었다고 인정하고 있다. 이런 판단이 틀리지 않는다면 오늘의 함흥 부근은 현토군의 제1치소에 해당할 뿐만 아니라 동옥저의 통치중심인 '남옥저'(?)에 해당될 수 있는 것이다. 지도를 보면 동옥저의 통치중심인 '남옥저', 즉 함경남도의 함흥 부근으로부터 북쪽으로 800여 리 가게 되면 대체로 豆滿江 중하류 유역에 도달하게 되는데 바로 이 北岸에 琿春과 延吉을 포함한 연변지역이 존재한다는 것은 다 아는 사실이다. 이로부터 북옥저의 통치중심(책성일 가능성이 많다)은 琿春과 延吉을 포함한 연변지역에 있었다는 것을 알 수 있다. 그러나 이것은 결코 북옥저의 북부변경에 이르렀다는 것을 의미하지 않는다. 위의 (1)~(3)에 따르면 북옥저는 북으로 읍루·부여와 더불어 경계를 접하고 있었다는 것을 알 수 있다.[13]

한편 『삼국지』 관구검전에 따르면 다음과 같이 기록되어 있다.

> 正始 "六年(245년 ‒ 필자) 復征之 宮(位宮, 즉 고구려 동천왕 ‒ 필자) 遂奔買溝(『후한서』와 『삼국지』 동이전에서는 모두 '置溝婁'라고 썼는데 북옥저를 지칭한다) 儉遣玄菟太守王頎追之 … 過沃沮千有餘里 至肅愼氏南界."[14]

---

13) 위의 기록 (1)·(2), 즉 『後漢書』 東沃沮傳의 東沃沮 서술부분과 『三國志』 東沃沮傳에 "北與挹婁 夫餘 … 接"은 실제상 北沃沮가 북쪽으로 挹婁 및 夫餘와 더불어 경계를 접했다는 것을 의미한다.

여기서 주목을 끄는 것은 "過沃沮千有餘里 至肅愼氏南界"라고 쓴 부분으로 '沃沮'에는 동옥저(남옥저)와 북옥저가 다 포함되며 '肅愼氏'는 挹婁를 지칭한다. 위의 기록을 해석하면 고구려 동천왕을 추격하는 王頎軍은 동옥저(남옥저)와 북옥저를 지나 1000여 리를 가서야 비로소 북옥저가 북쪽으로 읍루와 경계를 접하고 있는 곳에 이르렀다는 뜻으로 풀이된다. 이것은 북옥저의 통치중심(책성일 수 있다)의 위치(去南沃沮八百餘里)보다 200여 리 더 먼 곳에 북옥저와 읍루사이의 변계가 있었다는 것을 증명하여 준다. 이것은 또 오늘의 綏芬河 유역을 중심으로 북옥저와 읍루가 경계를 접하고 있었다고 하는 일부 학자들의 견해와 부합된다.

북옥저는 또 읍루보다 서쪽에 있는 부여와도 경계를 접하고 있었는데 북옥저의 통치중심으로부터 그곳까지의 거리는 자료가 없기 때문에 알 방법이 없다.

상술한 사실은 훈춘(혹은 琿春)과 연길을 포함한 연변지역과 이보다도 더 넓은 지역이 고대 북옥저인들의 활동영역에 소속되어 있었다는 것을 증명해 준다. 특히 지적해야 할 것은 북옥저인들은 연변지역에서 활동한 가장 이른 시기의 민족이었다는 점이다. 필자가 조사한 바에 따르면 연변지역에서 북옥저보다 이른 시기에 다른 민족(예맥족을 포함)이 활동하고 있었다는 기록은 국내외의 어느 문헌에서도 찾아볼 수 없다.[15]

---

14) 『三國志』권28, 魏書28 毌丘儉傳.

15) 北沃沮의 족속에 대하여 학계에는 대체로 두 가지 부동한 견해가 있다. 첫째는 肅愼~挹婁계에 속한다고 인정하는 견해이며, 둘째는 濊貊계에 속한다고 인정하는 견해이다. 필자는 후자의 견해에 동의한다. 왜냐하면 高句麗는 濊貊계 중의 貊 分支에 속한다고 판단되기 때문에 그와 비슷한 언어와 풍속을 갖고 있는 北沃沮도 역시 같은 상황이었을 것이라고 인정되기 때문이다. 그러나 이것은 결코 오늘 우리나라의 延邊지역에 "北沃沮가 차지하기 이전 시기"에 이미 濊貊族의 거주지역으로 되어 있었다는 것을 의미하지 않는다. 또 濊貊族은 결코 단일민족에 대한 명칭인 것이 아니라 濊와 貊, 심지어 그 보다도 더 많은 민족을 한데 합한데 대한 '통칭'이라는 사실도 우리의 주목을 끌만한 것이다.

이런 판단이 틀리지 않는다면 "훈춘(혹은 琿春)과 연길을 중심으로 한 그 부근 지역은 고구려의 故地인 동시에 북옥저의 故地이며 예맥의 故地이다"라고 인정했으며 또 "『신당서』의 저자 歐陽修가 '濊貊故地爲東京'이라고 쓴 것은 고구려가 점령하기 이전, 북옥저가 차지하기 이전 시기의 옛 예맥의 지명을 따온 것"이기 때문에 "이는 아주 자연스럽고 합리적으로 된 것"이라고 주장한 方교수의 견해는 역사의 실제 사실에 부합되지 않는 다는 것을 증명하여 준다.

3) 北沃沮와 濊貊의 등장 연대 비교

北沃沮와 濊貊의 등장 연대를 비교해 보는 것은 延邊에서 가장 이른 시기에 활동한 민족이 北沃沮인가 아니면 그보다 더 이전에 濊貊이 활동하고 있었는가를 해명하는 중요한 방법의 하나라고 말할 수 있다. 먼저 북옥저의 등장 연대를 알아보고 계속해서 예맥의 등장 연대를 고찰함으로써 양자를 비교하기로 한다.

(1) 北沃沮의 등장 연대

북옥저는 고문헌에 나타난 연변지역에서 가장 이른 시기 민족으로 등장 연대는 대체로 기원전 3~기원전 2세기 이전일 수 있다.

첫째 위의 기록 (2), 즉 『삼국지』 동옥저전에 따르면 "漢初 燕亡人衛滿王朝鮮時 沃沮皆屬焉."이라고 썼다. 여기서 '漢初'는 서한(기원전 206~기원전 25년)의 건국초기를 가리키며 '燕亡人'인 위만이 고조선왕이 된 것은 기원전 194년의 일이다. 이로부터 기원전 3세기 말~기원전 2세기 초 이전에 이미 '沃沮'로 호칭되는 여러 '읍락'들이 고조선에 소속되어 있었다는 것을 알 수 있다. 위에서 지적한 바와 같이 옥저·동옥저·남옥저·북옥저 등 명칭은 결코 다른 역사시기의 산물이 아니라 같은 역사시기의 다른 명칭일 수 있다. 이런 경우에 기원전 3세기 말~기원전 2세기 초에 이미 등장한 '옥저' 중에는 동옥저와 북옥저가 다 같이 포함되어 있었을 가능성이 많다.

다음으로『후한서』동옥저전에 따르면 먼저 동옥저 상황을 서술하면서 "武帝滅朝鮮 以沃沮地爲玄菟郡."이라고 쓴 내용이 주목된다. 서한 무제가 고조선을 멸망하고 4군(현토군을 포함)을 설치한 것은 기원전 108~기원전 107년 사이로서 기원전 2세기 말에 있은 일이다. 이것은 물론 '漢初'(기원전 3세기 말~기원전 2세기 초)에 '沃沮'가 등장했다고 인정한『삼국지』동이전의 기사에 비하면 그 출현시간이 좀 늦은 것은 사실이다. 그러나 이것은『삼국지』동이전의 기사가 옳다는 것을 증명하는데에 도움을 줄 수 있다는 점에서 중요한 의의가 있다. 또『후한서』는 먼저 동옥저 상황을 쓰고 나서 계속하여 "又有北沃沮"라고 기록함으로써 상술한 '옥저' 중에는 동옥저뿐만 아니라 북옥저도 함께 포함되어 있다는 것을 보여 줄 수 있어 주목을 끌게 된다.

이 외에『삼국사기』고구려본기에 따르면 東明王 "十年(기원전 28년) … 王 … 伐北沃沮 滅之 以其地爲城邑." 太祖王 "四年(56년) … 伐東沃沮爲 城邑"이라고 기록하고 있는데 역시 상술한 견해가 옳다는 것을 증명하는데 도움을 줄 수 있다.16)

둘째, 위에서 지적한 바와 같이 북옥저는 북쪽으로 夫餘와 挹婁 등과 경계를 접하고 있었다.

이 외에『후한서』挹婁傳에 따르면 "挹婁 古肅愼之國也 … 南與北沃 沮接 … 自漢興已後 臣屬夫餘."라고 썼으며『삼국지』挹婁傳에서도 같은 내용이 기록되어 있는데 그 중에서 '自漢興以後' 혹은 '自漢以來'라는 기록이 주목된다.17)

위의 기록에서 '自漢興以後'와 '自漢以來'의 '漢'은 틀림없이 서한을

---

16)『三國史記』권13, 高句麗本紀1 東明王 10년조 ; 권15, 本紀3 太祖王 4년조.

17)『後漢書』권85, 東夷 挹婁傳 ;『三國志』권30, 魏書30 東夷 挹婁傳.

지칭한다. 그것은 『후한서』나 『삼국지』 등에서 서한과 동한을 구별하여 기록한 것이 아니라 하나의 '漢'으로 통칭한 사실에 의해 증명된다. 예를 들면 『후한서』 예전에 "漢初大亂 燕 齊 趙人往避地者數萬口 而燕人 衛滿自王朝鮮."[18]에서 '漢初'는 분명히 '西漢初'를 가리킨다. 또 『三國志』 부여전의 "漢末 公孫度雄張海東"[19]에서 '漢末'은 東漢말기를 지칭하고 있음이 분명하다. 그럼에도 불구하고 전자에서는 '西漢初'라고 쓰지 않고 '漢初'라고 기록했으며 후자에서는 '東漢末'이 아니라 '漢末'이라고 쓰고 있는 것이다. 따라서 『후한서』 읍루전의 '自漢興以後'는 '自西漢興 以後'를 가리키며 『삼국지』 읍루전의 '自漢以來'도 역시 '自西漢以來'를 가리킨다는 것을 알 수 있다. 이것은 서한(기원전 206~기원후 25년)의 건국초기, 즉 기원전 3세기 말~기원전 2세기 초에 중국의 동북지방에서 가장 먼저 나타난 민족으로 알려진 肅愼族 중에는 이미 읍루로 개칭되는 상황이 존재했다는 것을 증명해 준다.

북옥저는 바로 이러한 읍루와 경계를 접하고 있었으며 또 그들과 내왕한 일도 있었던 것이다(挹婁人喜乘船寇鈔 北沃沮畏之). 이것은 西漢初, 즉 기원전 3세기 말~기원전 2세기 초에 연변지역에는 이미 북옥저 사람들이 등장해 있었다는 것을 증명하는 또 하나의 증거이다.

셋째, 다년간 연변지역에서 이룩한 고고학 발굴성과는 이 지역에서 가장 이른 시기에 활동한 민족은 북옥저였다는 것을 증명해 준다. 『연변문화유물약편』(『延邊文物簡編』)에 따르면 다음과 같이 쓰고 있다.

"고고학계에서는 기원전후의 延邊지구의 고고학문화를 '早期鐵器時代'라고 부른다. … 이 고고문화는 시간적이거나 분포된 지역적으로 보아서 모두 고대의 史冊에 기록된 北沃沮人들의 활동구역과 맞아 떨어진다. 그러므로 延邊지구에 분포된 戰國~西漢시기의 고고문화는 北沃沮人들의 문화유물과 유

18) 『後漢書』 권85, 東夷 濊傳.
19) 『三國志』 권30, 魏書30 東夷 夫餘傳.

적으로 인정된다.”

이 책의 다른 부분에서 “연변지역의 청동기시대 문화유적은 고대 동
북의 북옥저 사람들의 유적이라고 해야 할 것이다.”라고 썼다.[20]

상술한 사실은 연변지역에서 가장 빠른 시기에 활동한 고대 민족은 북
옥저라는 것, 그들의 출현연대는 늦어도 서한초, 즉 기원전 3세기 말~
기원전 2세기 초 이전이라는 것을 증명해 준다.

(2) 濊貊의 등장연대

先秦시기의 고서인『逸周書』·『管子』·『孟子』·『墨子』·『詩經』 등에 따
르면 ‘貊’과 관련된 기사는 비교적 많이 나오나, ‘濊’관련기사는 매우 적
게 나온다. 따라서 선진시기의 문헌들에서 등장하는 맥과 예는 결코 같
은 민족을 지칭한다고 인정하기 어렵다.[21]

진한시기 이래, 구체적으로『사기』와『한서』에 비로소 ‘예맥’으로 읽
을 수도 있는 부분이 나온다. 예를 들면 다음과 같은 것을 들 수 있다.

> 『史記』匈奴列傳: (冒頓時)“諸左方王將居東方 直上谷以往者 東接濊貉朝鮮”[22]
> 같은 사실에 대하여『漢書』匈奴傳에는 “諸左王將居東方 直上谷以東 接濊貊
> 朝鮮.”(師古曰 “直 當也 其下亦同也.”)라고 썼다.[23]

위의 기록 중에서 우선 주목을 끄는 것은 ‘예맥조선’을 어떻게 해석할
것인가의 문제이다. 이에 대하여 학계에는 대체로 세 가지 다른 解讀방

---

20)『연변문화유물략편』, 延邊人民出版社, 1989년판, 33~34·56~57쪽.
21)『管子』小匡編에 따르면 齊桓公(기원전 685~기원전 642년)이 말한 중에 “北至
孤竹 山戎 穢 貉 拘秦夏.”라는 구절이 나오나 당시 상황으로 보아 ‘穢貉’으로 보
기 어렵다.
22)『史記』권110, 匈奴列傳.
23)『漢書』권94, 匈奴傳.

법이 있다. 첫째 '穢貉朝鮮'으로 읽는 방법이며, 둘째 '穢·貉·朝鮮'으로 읽는 방법이며, 셋째 '穢貉·朝鮮'으로 읽는 방법이다. 필자는 상술한 세 가지 중에서 셋째가 보다 사실에 부합될 가능성이 많다고 인정한다. 이런 경우에 역사상 처음으로 '예맥'이란 명칭(단일민족을 지칭하는 것이 아니라 예와 맥, 혹은 그보다도 더 많은 민족을 함께 합한 데에 대한 통칭이다)이 출현했다는 데 중요한 의의가 있다.

　다음으로 주목을 끄는 것은 상술한 『사기』 흉노열전의 기록은 '冒頓時'의 사실을 기록했다는 점이다. 따라서 이 '冒頓時'가 구체적으로 어느 시기에 해당하는가를 해명해야 한다. 『사기』 흉노열전에 따르면 '冒頓旣立'이라고 기록한 후 주해를 달아 "徐廣曰 秦二世元年壬辰歲立"이라고 썼다.24) 『中國歷史年代簡表』에 따르면 秦 2세 원년은 胡亥 즉위 원년(壬辰年)을 가리키는데 기원전 209년이다.25) 이 기초 상에서 상술한 『사기』나 『한서』의 관련기사를 함께 고려하면 기원전 209년에 즉위한 흉노의 冒頓王(單于)때 처음으로 '예맥'이란 명칭이 등장했다는 것을 알 수 있다. 이러한 판단이 틀리지 않는다면 고서들에 기록된 '예맥'의 출현연대(秦二世元年壬辰歲, 기원전 209년 이후)와 북옥저의 등장연대(漢初, 기원전 206~기원전 194년 이후) 사이는 짧게는 수년, 길어도 수십 년밖에 차이나지 않는다고 말할 수 있다. 고문헌에 나타나는 兩者의 등장연대는 실제상 같은 시기(秦末漢初)로 봐도 무방한 것으로 생각된다.

　이것은 『신당서』 발해전에 "濊貊故地爲東京"이라고 쓴 것은 "고구려가 점령하기 이전, 북옥저가 차지하기 이전의 옛 예맥의 지명을 따낸 것"이기 때문에 "아주 자연스럽고 합리적으로 된 것"이라고 인정한 方學鳳교수의 견해는 역사사실에 부합되지 않는다는 것을 증명해 주는 또 하나의 증거로 되기에 손색이 없다.

---

24) 『史記』 권110, 匈奴列傳.

25) 『中國歷史年代簡表』, 文物出版社, 1975년판, 47쪽.

4) '濊貊故地'에 대한 일부 원로 학자들의 견해를 잘못 소개한 것에 대하여

방학봉 교수는 자신의 논문에서 『신당서』 발해전 중의 '濊貊故地'는 마땅히 '北沃沮故地'로 바뀌어야 맞다고 한 필자의 견해를 '오류'라고 지적하기 전에 '濊貊故地'에 대한 일부 원로 학자들의 견해를 소개하였다. 먼저 김육불 선생의 견해를 소개했는데 그 전문은 다음과 같다.

> "金毓黻 선생은 『唐書』에 濊貊故地라고 한 것은 그 처음이며 … 沃沮故地라고 한 것도 또한 그 처음이다."[26]

방학봉 교수의 인용문은 지나치게 간단하기 때문에 독자들이 그의 뜻을 이해하기 어려울 것 같다. 이런 정황에서 필자가 金氏의 원문에 따라 내용을 보충설명하면 다음과 같다.

渤海國이 건립되기 이전에 琿春지역은 고구려의 慶州에 속해 있어 賈耽도 그것을 고구려의 '舊地'라고 말하였다. 그런데 '예인'들도 여기에 있었는데 실제상 고구려보다 먼저 있었던 것이다. 『唐書』에 '濊貊故地'라고 기록한 것은 바로 그런 상황을 소급하여 말한 것이다. 『당서』에 '沃沮故地'라고 말한 것도 역시 그런 상황(옥저가 고구려보다 먼저 있었음을 가리킨다)을 소급하여 말한 것이다.[27] 따라서 김육불 선생은 연변지역은 고구려 이전에 옥저가 있었고 옥저 이전에 '예인'들이 거주한 것으로 이해하고 있다는 것을 알 수 있다. 그는 『신당서』 발해전에 "濊貊故地爲東京"이라고 쓴 것은 바로 이런 상황을 반영한 것이라고 하면서 그것을 정당화했던 것이다.

그러나 이것은 『신당서』 발해전에 기록되어 있는 '濊貊故地'에 대한

---

26) 方學鳳, 1998,「高句麗 柵城의 위치에 대한 고찰」『京畿史學』 3, 19쪽.

27) 金毓黻,『渤海國志長編』下編, 吉林省社會科學戰線雜誌社翻印, 292쪽.

김육불 선생의 견해의 전부가 아니다. 필자가 延邊大學 渤海史硏究所에
서 전문 발해사 연구에 종사하고 있는 李東輝 교수로부터 요해한데 따르
면 金氏는 1934년에 『渤海國志長編』을 편찬하였다. 그런데 金氏가 『신
당서』 발해전 중의 '濊貊故地爲東京'을 정당화한 것은 바로 이 『渤海國
志長編』에서 한 말이었다.

그 후 7년이 지난 '民國 30년', 즉 1941년에 출판한 『東北通史』 上編
에서 金氏는 상술한 '濊貊故地'에 대하여 이전과는 완전히 다른 새로운
견해를 제기하였다.

『신당서』에서 "濊貊故地爲東京龍原府, 沃沮故地爲南京南海府."라고 쓴
것은 아마도 필자의 잘못일 것이다. 南京의 영역은 남쪽, 즉 咸鏡道에
있었는바, … 그것은 바로 옛날 예맥의 영역에 해당한다. 東京의 영역은
북쪽, 즉 琿春경내에 있었는바 … 바로 옛날 옥저의 영역에 해당한다.
이런 기준에 따라 말한다면 『신당서』의 기록은 남쪽과 북쪽의 위치가
顚倒되었다는 것이 명확해졌다고 인정하였다.[28]

『신당서』 발해전의 '濊貊故地'에 관한 김육불 선생의 견해는 선후
(1934년과 1941년)가 완전히 다르다. 즉 이전에는 그것을 정당화했으나,
지금에 와서는 그것을 부정하면서 『신당서』 발해전의 필자가 잘못 쓴
것일 수 있다고 한 것이다. 이런 상황에서 우리는 마땅히 착중하여 후자
를 소개하거나 혹은 선후의 두 가지 견해와 그 변화과정을 다 같이 소개
해야 옳을 것이다. 이렇게 해야만 '濊貊故地'에 관한 金氏의 견해를 정확
하게 소개하는 것이 될 것이다.

그런데 方교수는 오히려 金氏가 이미 '포기'한 바 있는 예전의 잘못된
견해를 소개하는 데에 그쳤으니, 金氏 본인에 대해서나 독자들에 대하여
모두 아쉬움을 남겼다고 말하지 않을 수 없다.

---

28) 金毓黻, 『東北通史』 上編, 吉林省社會科學戰線雜誌社翻印, 281쪽. 출판연대에
대하여서는 同上書 卷首(編印東北通史緣起)를 참조.

다음으로 方교수는 자신의 논문에서 두 차례에 걸쳐 朴時亨 선생의 문장을 인용하였다.

(1), "… 八連城은(발해 – 필자) 龍原府와 東京의 遺址인 동시에 또한 北沃沮의 지역이며 濊貊의 故地였다는 것을 알 수 있다."(원 주 10, 朴時亨, 『발해사』, 157~158쪽)[29]

(2), "朴時亨 선생은 '濊貊의 故地라고 한 것은 高句麗가 이 지방 정복 이전, 즉 옛날 肅慎族의 영역이었다는 것을 의미하는 것으로 볼 수 있다.'(원 주 12, 朴時亨, 『발해사』, 158쪽)라고 하였고 '오늘의 八連城을 東京의 유적으로 생각하게 된다.'(원 주 13, 朴時亨, 『발해사』, 158쪽)라고 하였다."[30]

위의 인용문 (1)에 따르면 朴時亨 선생은 琿春 八連城은 발해의 "龍原府와 東京의 遺址인 동시에 北沃沮의 지역이며 濊貊의 故地였다."고 인정한 것이 된다. 이럴 경우에 濊貊故地에 관한 박시형 선생의 견해는 방학봉 교수가 지적한 바와 같이 "『신당서』 발해전에 기록된 '以濊貊故地爲東京 曰龍原府 亦曰柵城府'와 부합"되며 역시 濊貊故地에 관한 方교수의 견해와도 일치한 것이 된다.

그러나 필자는 박시형 선생이 쓴 『발해사』 원문 중에서 이와 같은 기록을 찾아내지 못하였다. 方氏가 주해를 달아 밝힌 데에 따르면 그가 인용한 박시형 선생의 인용문 (1)과 (2)는 분명히 朴선생이 쓴 『발해사』의 같은 章節 중에서 매우 가까운 위치에 있다는 것을 알 수 있다. 그럼에도 불구하고 필자는 이 부분(기타 부분을 포함)에서 종래 琿春 八連城은 渤海 東京 龍原府의 遺址인 동시에 "북옥저의 지역이며 예맥의 故地였다."고 쓴 기록을 발견하지 못하는 아쉬움을 남긴 채 朴선생에 대한 方氏의 인용문 (2)를 고찰하였다. 이 인용문 (2)도 역시 지나치게 간단하다는 느낌이 들기 때문에 그것을 朴선생이 쓴 『발해사』 원문에 따라 좀

---

29) 方學鳳, 1998, 「高句麗 柵城의 위치에 대한 고찰」, 『京畿史學』 3, 18쪽.
30) 方學鳳, 1998, 「高句麗 柵城의 위치에 대한 고찰」, 『京畿史學』 3, 19쪽.

더 구체적으로 적으면 다음과 같다.

"『新唐書』渤海傳의 이른바 濊貊의 故地라는 것은 古今郡國志에서 말하는 高句麗의 故地(舊地 – 필자)라고 명기한 渤海의 몇 개 府들과는 달리 이른바 濊貊의 故地, 그리고 沃沮의 故地라고 적은 府들이 있는데 그것들은 실제로는 후에 高句麗의 영토로 편입된 것들이다. 여기 濊貊의 故地라고 한 것은 高句麗가 이 지방을 정복하기 이전, 즉 옛날 肅愼族의 원 고향이었다는 것을 의미한 것으로 볼 수 있다."[31]

위의 기록에 따르면 박시형 선생은 결코 『신당서』 발해전에 기록되어 있는 '濊貊故地爲東京'중에 '濊貊故地'를 정당화하거나 그것이 琿春 지역이라고 인정한 일이 없다는 것을 알 수 있다.

첫째 박시형 선생은 『신당서』 발해전에 기록되어 있는 '예맥의 고지'를 분석하면서 다음과 같이 인정하였다.

『신당서』 발해전에는 "예맥의 고지 그리고 옥저의 고지라고 찍은 府들이 있는데" 이것은 "『古今郡國志』에서 말하는 고구려의 고지(舊地 – 필자)라고 명기한 발해의 몇 개 府(渤海國南海 鴨綠 夫餘 柵城四府 幷是 高句麗舊地也)들과는 다르다"는 것을 지적하였다. 이것은 결코 『신당서』 발해전의 '濊貊故地爲東京'을 정당화 한 것이 아니다.

둘째, 『신당서』 발해전에 기록되어 있는 "예맥의 故地와 옥저의 故地"라고 쓴 몇 개의 府들은 "실제로는 후에 高句麗의 영토에 편입된 것들"이라는 것을 강조하였다. 朴선생은 琿春을 포함한 연변지역은 "북옥저가 차지하기 이전시기"에 이미 '濊貊故地'가 되었다고 인정한 일이 결코 없다.

셋째, 박시형 선생은 『신당서』 발해전에서 "예맥의 故地라고 한 것은 고구려의 이 지역 정복 이전, 즉 옛날 숙신족의 원 고향이었다는 것을

---

31) 朴時亨 지음, 宋基豪 해제, 1989, 『발해사』, 이론과 실천, 181쪽.

의미한 것"이라고 하였다. 이것은 그가 "大荒之中 有山 名曰不咸 有肅愼
之國."이라고 기록한 『山海經』 중의 不咸山이 長白山(白頭山)[32]이라는
견지에서 제출한 견해일 것으로 추정된다. 혹 이것은 박시형 선생이 북
옥저의 민족성격을 숙신계와 연계시키고 있는 것과 관련될지도 모른다.

方氏의 인용문 (2)에 관한 필자의 분석이 맞는다면 박시형 선생께서
琿春 八連城은 발해의 동경 용원부의 유지인 동시에 "또한 북옥저의 지
역이며 예맥의 고지였다는 것을 알 수 있다."고 인정하는 方氏의 인용문
(1)은 사실과 맞지 않을 가능성이 많다. 이것은 方氏가 박시형 선생의 견
해를 인용하는 과정에서 생긴 '착각'이었을지도 모른다.

상술한 사실은 方氏가 소개한 박시형 선생의 두 가지 인용문은 결코
『신당서』 발해전의 '濊貊故地爲東京'을 정당화하거나 또 그것(濊貊故地)
이 오늘의 琿春 일대라고 한 적이 없다는 것을 말하여 주며 이 문제에
대한 方氏의 견해와 완전히 상치된다는 것을 증명하여 준다.

2. 高句麗 柵城 유지를 渤海 東京 龍原府(柵城府)의 관할지역 안에서만 찾으려고 한 견해

방학봉 교수는 「高句麗 柵城의 위치에 대한 고찰」에서 대체로 4가지
이유에 의거하여 고구려 책성 유지는 연길 부근의 城子山山城·土城村土
城·興安古城이 합하여 이루어졌다는 필자의 견해를 부정하였다.

方氏의 이 네 가지 '이유'의 중심사상은 고구려 "책성의 유지는 반드
시(발해 – 필자) 동경 용원부자리, 즉 팔련성을 중심으로 한 그 주변에서
찾아야 하지 동경 용원부의 관할 지역 밖에서 찾아서는 안 된다"는 데에
있는 것 같다.[33]

---

32) 『山海經』 제17, 大荒北經.
33) 方學鳳, 1998, 「高句麗 柵城의 위치에 대한 고찰」, 『京畿史學』 3, 7~9쪽.

고구려 책성 유지를 발해 동경 용원부의 관할범위 내에서 찾으려는 것은 方교수 뿐만 아니라 학계에 보편적으로 존재하는 견해인 바, 그 중에는 필자도 포함되어 있다. 그 이유는 『신당서』 발해전에 따르면 발해의 동경 용원부는 책성부라고도 호칭되었기 때문이다(濊貊故地爲東京日龍原府 亦曰柵城府). 이에 대하여 필자는 이미 다른 곳에서 다음과 같이 쓴 바 있다.

> "高句麗 柵城의 위치와 관련되는 사료가 극히 제한되어 있는 상황 하에서 우선 渤海의 柵城府 유지를 고증하고 그 다음에 高句麗 柵城 유지를 고증하는 것은 매우 필요한 일이다."[34]

필자는 고구려 책성 유지는 발해의 동경 용원부(책성부)의 관할범위 내에서만 찾아야지 그의 "관할 지역 밖에서 찾아서는 안 된다."는 方氏의 견해에는 동의하지 않는다. 아래에 크게 2개 방면에서 필자의 견해를 제기하고 方氏와 더불어 토론하려 한다.

1) 『遼史』 地理志의 관련기사에 대한 方氏의 견해를 분석

方氏는 『遼史』 地理志에 기록되어 있는 "開遠縣 本柵城地 高麗爲龍原縣 渤海因之."란 기사를 분석하면서 다음과 같이 썼다.

> "이 기록에 의하면 高句麗시기의 龍原縣과 渤海시기의 龍原縣은 같은 지역이었고 柵城이 龍原縣에 있었다는 것을 알 수 있다."[35]

필자는 方氏의 이와 같은 견해에 동의하지 않는다. 상술한 『요사』 지리지 기록은 요나라 開州의 속현으로 되어 있는 開元縣의 내원지를 설명

---

34) 졸작, 1985, 「高句麗柵城遺址考」, 『朝鮮問題研究叢書』 3, 37쪽.
35) 方學鳳, 1998, 「高句麗 柵城의 위치에 대한 고찰」, 『京畿史學』 3, 8쪽.

한 것이다. 주지하는 바와 같이 926년에 요나라는 발해를 멸망시킨 후에
그 故地에 東丹國을 건립하였다. 얼마 후 동단국은 요녕성의 태자하유역
으로 천도하게 되었는데 이때 이곳에 거주하던 발해 유민들도 강제로 이
주시켰던 것이다. 일부 학자들의 견해에 따르면 당시 上京 龍泉府와 中
京 顯德府의 발해 유민들은 주로 요양지방에 옮겨졌고 동경 용원부의 유
민들은 開州(遼寧省 鳳城)에 옮겨졌다. 이런 상황에서 『요사』 지리지의
편자들은 개주를 서술하면서 먼저 내원지였던 발해 동경 용원부에 대하
여 기록했으며 개원현(개주 관할 하의 속현)에 대하여서도 역시 내원지
인 용원현(용원부 산하의 首州로써 경주가 있었고 또 그 산하에 수현으
로써 용원현이 있었다)과 연계시켰던 것이다. 그런데 그 上限을 고구려
까지 소급함으로써 마치 고구려 때 琿春지역에 용원현이 설치되어 있었
다고 쓴 것은 역사사실에 부합되지 않을 가능성이 많다. 왜냐하면 고구
려는 처음부터 끝까지 지방에서 주로 오부와 城邑制度를 실시했는데 고
구려에 소속된 바 있는 북옥저도 역시 예외가 될 수 없기 때문이다.

『삼국사기』에 따르면 東明王 "10년(기원전 28년) … 王 … 伐北沃沮
滅之 以其地爲城邑."[36]이라고 쓴 것은 이런 견해가 옳다는 것을 증명해
준다. 물론 고구려에서도 차요적으로 군현을 설치한 일이 있는 것만은
사실이다. 그러나 그것이 어떻게 설치되었는지에 대해서는 구체적으로
아는 바가 매우 적으며 특히 초기에 이를수록 이에 대한 상황을 거의
모른다고 말하는 것이 옳을 것이다. 이런 판단이 틀리지 않는다면 발해
동경 용원부의 관할지역인 훈춘(혹은 琿春)지역에 고구려에서 '용원현'
을 설치했다고 인정하는 것은 상상조차 할 수 없는 일이다.

『요사』 지리지에서 '開遠縣'의 내원지에 대하여 "本柵城地 高麗爲龍
原縣"이라고 쓴 것은 실제상 발해의 '柵城地'와 '龍原縣'을 가리킬 수 있
을 뿐 그것을 고구려 때까지 소급하여 올라간 것은 잘못된 것으로 믿을

---

36) 『三國史記』 권13, 高句麗本紀1 東明王 10년조.

바가 못 된다.37)

그럼에도 불구하고 方氏는『요사』지리지의 기록을 그대로 받아드리고 그것을『신당서』발해전의 관련기사와 연계시킴으로써 있지도 않는 고구려 용원현에 고구려 책성 유지가 있었다는 결론을 내리게 된 것이다. 이것은 고구려 책성 유지는 반드시 발해 동경 용원부(책성부)의 관할지역 안에서만 찾아야 한다고 주장하는 方氏의 견해 중에는 그 기초부터 '史實無根'의 요소가 포함되어 있다는 것을 증명해 준다.

2)『新唐書』渤海傳의 관련기사에 대한 方氏의 견해를 분석

方氏는『신당서』발해전의 "濊貊故地爲東京 曰龍原府 亦曰柵城府 領慶 塩 穆 賀四州"를 분석한 후 발해의 東京은 오늘의 琿春市 八連城에 해당한다는 것을 긍정하고 나서 다음과 같이 썼다.

"柵城府, 龍原府는 서로 연계되고 같은 지역 내에 있었으므로 책성(고구려 책성 – 필자)의 유지는 반드시 동경 용원부자리, 즉 팔련성을 중심으로 한 그 주변에서 찾아야 되지 동경 용원부의 관할지역 밖에서 찾아서는 안 된다."38)고 주장했으며 그렇지 않은 필자의 견해는 '오류'라고 지적하였다.

方氏의 이런 견해(책성부와 용원부는 서로 연계되고 같은 지역 내에 있었다는 점)는 상술한『신당서』발해전의 후반부, 즉 "東京 曰龍原府 亦曰柵城府."만 중시하고 그의 기초가 되는 앞부분, 즉 "濊貊故地(실제상 北沃沮故地 – 필자)爲東京"에 대해서는 전혀 고려하지 않은 상황에서 내려진 견해라고 할 수 있다. 이런 판단이 틀리지 않는다면 方氏의 견해는 『신당서』발해전의 "濊貊故地爲東京 曰龍原府 亦曰柵城府"를 단편적으

---

37) 졸작,「高句麗 柵城遺址 再考」, "제7회 韓國민족사 국제학술 심포지움", 1994년 11월 11일, 11~19쪽.

38) 方學鳳, 1998,「高句麗 柵城의 위치에 대한 고찰」,『京畿史學』3, 8·19쪽.

로 분석한 데에 기초하여 얻어진 잘못된 견해라고 말할 수 있다.

필자는 고구려 책성 유지는 마땅히 발해 동경 용원부(책성부)의 관할지역이었던 훈춘(혹은 琿春)지역에서 찾아야 하며, 나아가 그 기초가 되는 북옥저 고지(『신당서』발해전에서는 예맥고지라고 썼다)에 해당하는 훈춘(혹은 琿春)과 연길을 포함한 연변과 함경도 등지를 포함한 보다 넓은 지역에서 찾아야 옳다고 인정한다. 이렇게 하는 것만이 상술한 『신당서』발해전의 관련기사(濊貊故地爲東京 曰龍原府 亦曰柵城府)를 전면적이며 정확하게 반영하는 것이 된다고 인정한다.

다음으로 方氏 등이 고구려 책성 유지는 발해 동경 용원부(책성부)의 "관할지역 밖에서 찾아서는 안 된다."고 하는 또 다른 이유는 고구려 책성과 발해 책성부(동경 용원부)의 명칭이 동일하다는 데에 있다. 물론 이것은 일정한 이유가 있다. 왜냐하면 한 지방의 명칭이 고구려부터 발해 때까지 변하지 않고 원명 그대로 내려올 수도 있기 때문이다. 바로 이것이 학계에서 일반적으로 고구려 책성 유지를 고증하기 전에 먼저 발해 책성부(동경 용원부)의 유지를 해명하는 이유인 것이다. 그러나 필자는 고구려 책성과 발해 책성부 간의 일치성을 지나치게 강조할 것이 아니라 양자 사이에 변화가 있을 수 있다는 것을 인정하는 것이 옳다고 생각한다. 그 이유는 대체로 다음과 같다.

고구려 책성이 역사무대에 처음 등장한 것은 태조왕 46년이다. 『삼국사기』태조왕조에는 "四十六年(98년 – 필자)春三月 王東巡柵城 …"[39]이라는 기록이 나온다. 그로부터 발해 동경 용원부, 즉 책성부가 등장하기까지는 적어도 600년 이상이 지났으며 나라도 교체되는 큰 변혁이 일어났다. 우리가 말하는 고구려 책성 유지는 고구려 동(북)부 변계에 해당하는 책성의 행정관리구역 전체를 가리키는 것이 아니라 통치중심을 말하며, 발해의 책성부(동경 용원부) 유지도 역시 책성부의 전체 행정관리구

---

39) 『三國史記』권15, 高句麗本紀3 太祖王 46·50년조.

역을 가리키는 것이 아니라 통치중심을 말하는 것이다. 그런데 그토록 오랜 시간과 나라도 교체되는 대변혁 속에서 책성의 통치중심만은 변하지 않고 줄곧 한 곳에 있었다고 하기에는 어려울 것 같다. 일부 고서들에 따르면 양자 사이에는 이미 변화가 일어나고 있음을 보여준다.

『위서』 고구려전에는 고구려는 "東至柵城 南至小海 北至舊夫餘"[40]라고 기록했다. 여기서 주목할 것은 고구려의 남쪽은 바다(小海)에 이르렀다고 하면서도 동쪽은 바다와 연계시키지 않고 오히려 柵城에 이르렀다고 기록했다는 점이다. 이것은 책성은 비록 고구려의 동(북)부 변계이긴 하지만 적어도 그 통치중심은 바다와 비교적 멀리 떨어진 곳에 자리 잡고 있었다는 것을 보여 준다.

그러나 『신당서』 발해전에 의하면 "龍原東南瀬海 日本道也"[41]라고 씀으로써 발해 책성부(동경 용원부)의 동남쪽 멀지 않은 곳에 바다가 있으며 바로 그 곳에 일본으로 통하는 항구가 있었다는 것을 알게 한다.

상술한 사실은 고구려 책성 유지(통치중심)와 발해 책성부 유지(통치중심) 사이에는 그 위치가 이미 변했다는 것을 증명해 주는 증거가 될 가능성이 많다. 그 밖에 일부 고서 중에는 '南柵城'이란 명칭이 나오는데 이것도 역시 책성 유지의 변화과정을 반영하는 것일지도 모른다.

끝으로 한 가지만 더 짚고 넘어가야 할 사실이 있다. 위에서 지적한 바와 같이 方氏는 발해의 동경 용원부(책성부)의 유지는 오늘의 훈춘(혹은 琿春) 팔련성이라는 종래의 견해에 동의하면서 고구려 책성 유지는 반드시 훈춘(혹은 琿春) "팔련성을 중심으로 한 그 주변에서 찾아야 되지" 그 밖에서 찾아서는 "안 된다"고 주장하고 있다. 方氏의 견해대로라면 이런 것들은 움직일 수 없는 旣成定論인 것처럼 되어 있다.

그러나 객관현실은 결코 그런 것만은 아니다. 오늘 일부 학자들은 발

---

40) 『魏書』 권100, 列傳88 高句麗傳.
41) 『新唐書』 卷219, 北狄 渤海傳.

해 동경 용원부(책성부) 유지에 대한 훈춘(혹은 琿春) 팔련성설을 부정하고 새로 함경북도 청진 부근에 있는 富居里城설을 제기하고 있다.[42]

그들의 견해 중에서 특별히 주목을 끄는 것은 다음과 같은 내용이다.

발해는 총 30여 회에 걸쳐 동경 용원부를 떠나 바다 건너 일본과 내왕하였다. 그 가운데서 10여 회는 11월부터 다음해 1월 사이에 일본에 도착(발해에서 일본에 가는 항행기간은 당시의 여건에서 보통 1~2주일 정도였다)했는바, 그 출항시기는 모두 겨울이었다는 것을 알 수 있다.

또 "해양기상자료에 의하면 오늘의 함경북도 先鋒郡(雄基 – 필자)과 그 이북 연해는 겨울철에 바닷물이 얼기 때문에 배가 다닐 수 없고 바닷물이 얼지 않는 羅津港과 그 이남지역에서만 겨울철에 배가 떠날 수 있다."[43]고 인정하였다. 이런 사정이 1200여 년 전의 발해 때에도 부합된다면 보다 큰 관심을 끌지 않을 수 없게 한다.

왜냐하면 발해 동경 용원부(책성부)가 오늘의 훈춘(혹은 琿春) 팔련성이라고 인정하는 학자들은 모두 발해 사람들은 그로부터 가장 가까운 거리(동남쪽 70화리 지점)에 놓여 있는 러시아의 波謝特灣에서 배를 타고 일본에 내왕 한 것으로 보고 있기 때문이다. 지도를 펼쳐놓고 보면 비교적 쉽게 알 수 있는 바와 같이 러시아의 波謝特灣은 조선의 先鋒郡(雄基)보다 훨씬 북쪽에 위치해 있기 때문에 겨울철에 바닷물이 얼게 됨으로 배가 떠날 수 없다는 것은 분명한 일이다. 그러나 淸津 부근의 富居里는 不凍港인 羅津보다 70화리가량 더 남쪽에 위치해 있기 때문에 겨울에 바닷물이 얼 이유가 없으며 배도 마음대로 출항할 수 있는 것이다. 그 밖에 부거리는 발해 상경 용천부(오늘의 寧安)의 동남쪽에 위치해 있으며 그 동남쪽은 바닷가이기 때문에 일본과 내왕하는데도 매우 편리하다.

---

42) 『역사과학』, 사회과학출판사, 1990년 제3호, 49~50·54쪽 ; 김종혁, 2002, 『동해안의 渤海유적에 대한 연구』, 도서출판 중심, 211~215쪽.

43) 『역사과학』 1990년 제3호, 사회과학출판사, 50쪽.

이것은 발해 동경 용원부에 관한 『신당서』 발해전의 관련기사(天寶末 欽茂徙上京 … 貞元時 東南徙東京 … 龍原東南瀕海 日本道也)[44]와도 매 우 잘 부합된다는 것을 알 수 있다.

상술한 상황에서 일부 학자들이 주장하는 『발해 동경 용원부－훈춘 (혹은 琿春) 팔련성설에 대한 재검토』 사업은 앞으로도 깊이 있는 조사 와 연구가 필요할 것으로 생각된다. 그러나 이런 '재검토' 사업은 고구 려 책성 유지는 반드시 渤海 東京 龍原府(柵城府) 유지, 즉 琿春 "八連城 을 중심으로 한 그 주변에서 찾아야 한다."고 인정하는 方氏의 견해에 엄 중한 도전이 된다. 만약 이런 '재검토'가 옳다고 인정된다면 상술한 方 氏의 견해는 그 근거를 완전히 상실하게 되는 것이다. 그런데 方氏는 자 신의 논문(「高句麗 柵城의 위치에 대한 고찰」)에서 이런 상황에 대하여 단 한마디도 언급하지 않고 있어 사람들에게 아쉬움을 남겨주고 있다.

후기: 『高句麗柵城遺址三考』는 본래 한 편의 논문으로서 『동북아연구 논총』 20호(2008.6)에 발표한 바 있다.

이번 본서에 수록하면서 원문 내용을 그대로 유지하면서 서술 형식을 약간 수정(본래 한편의 논문이었던 것을 2개 절로 나누어씀)하였다.

본문(제1절)에서 따로 『맺음말』을 쓰지 않고 다음 절(제2절)에서 그것 (『맺음말』)을 합하여 쓴 이유가 바로 여기에 있다는 것을 미리 말하여 둔다.

---

44) 『新唐書』 권219, 北狄 渤海傳.

제2절 李宗勳著「高句麗 柵城 유적에 관한 辨釋」을 분석
- 北沃沮 영역을 중심으로 -

　1999년에 李宗勳 교수는 고구려 책성에 관한 논문을 발표하여 高句麗 책성 유지는 연길부근의 성자산산성·토성촌토성·흥안고성이 합쳐서 이루어졌다는 필자의 견해를 부정하고 훈춘(혹은 琿春) 溫特赫部城이 그에 해당한다는 견해를 제기한 바 있다. 최근(2005년 10월)에 李교수는 그 전의 논문을 수정하여 발표하면서 필자와 의견을 교류할 것을 제기하였다.[45]

　고구려 책성 유지에 관한 李교수의 견해는 큰 범위에서 볼 때 方교수의 견해와 비슷한 점이 많다. 이런 정황에서 서술상의 중복을 피하고 지면이 지나치게 많아지는 점을 줄이기 위해 본문에서는 두 분 교수의 견해가 서로 다르다고 인정되는 몇 개 문제만을 서술하는데 그치려고 한다.

1. 北沃沮의 영역에 대한 李교수의 견해를 분석

　두 차례에 걸친 李氏의 논문에서 우선 필자의 주목을 끄는 것은 다음과 같은 내용이다.

---

45)　『延邊大學歷史系建立50周年記念史學論叢』,　延邊大學出版社,　1999년판, 81~90쪽 ;『高句麗 文化의 역사적 의의』, 高句麗硏究財團, 2005년 10월 11일판, 377~ 398쪽.

"필자는 '濊貊故地爲東京' 기사를 '北沃沮故地爲東京'으로 해석하는 견해
에 대해서는 동감이다. 그러나 이와 같은 해석을 柵城 유적이 延吉일대에 위
치했다는 주장의 논거로 간주하는 점에 대해서는 수긍하기 어렵다."[46]

李교수가 이 같이 인정하는 데에는 두 가지 이유가 있는 것 같다. 첫
째는 고구려 책성 유지는 반드시 발해 동경 용원부(책성부)의 관할범위
내에서 찾아야 하는데 연길지역은 渤海 中京 顯德府의 관할지역에 속하
기 때문에 여기서 고구려 책성 유지를 찾아서는 안 된다는 것이고, 둘째
는 연길지역은 북옥저의 영역에 포함되지 않는다는 것이다.

이 두 가지 이유 중에서 첫 번째 이유는 실제상 方氏의 견해와 동일하
다고 할 수 있다. 이에 대해서는 앞에서 상세하게 논술했기 때문에 여기
서는 생략한다. 두 번째 이유는 李氏의 단독견해로서 方氏의 그것과 다
르다. 그러나 필자는 이미 북옥저의 위치에 대해 논술한 바 있기 때문에
여기서는 양자가 서로 중복되지 않는 범위에서 서술하기로 한다.

연길지역은 북옥저의 영역에 포함되지 않는다는 문제와 관련하여 李
氏는 다음과 같이 썼다.

"琿春은 豆滿江 하류일대에 위치하고 있기 때문에 北沃沮의 영역범위에
속하겠으나, 延吉지역은 포함되지 않는다고 볼 수 있다. 적어도 延吉일대는
北沃沮의 주요 활동지역은 아니었다고 말할 수 있다."[47]

李교수의 이런 견해는 역사의 실제사실과 부합되지 않는다.

첫째, 『후한서』 등에는 "東沃沮, … 北與挹婁 夫餘 … 接."[48]이라고
쓴 기록이 있다. 위에서 지적한 바와 같이 '동옥저' 중에는 '북옥저'까지
포함되어 있으므로 위의 문장은 실제상 北沃沮 "北與挹婁 夫餘 … 接."

---

46) 『高句麗 文化의 역사적 의의』, 高句麗研究財團, 2005년 10월 11일판, 392쪽.
47) 『高句麗 文化의 역사적 의의』, 392쪽.
48) 『後漢書』 권85, 東夷 東沃沮傳 ; 『三國志』 권30, 魏書30, 東夷, 東沃沮傳.

했다는 뜻으로 풀이된다.

학계에서는 부여는 현재 길림과 장춘을 포함한 송화강 중류 일대와 그 이북의 넓은 지대에서 발전한 것으로 인정하며 읍루는 그 동쪽인 黑龍江省 寧安일대를 포함하여 동쪽으로 바다에 이르기까지의 넓은 지역에 존재해 있은 것으로 보고 있다.

지도를 보면 다음과 같은 상황을 알 수 있다. 북옥저가 북쪽으로 읍루 및 부여와 경계를 접했다는 것은 그 영역이 두만강 하류지역인 훈춘(혹은 琿春)일대에 국한되어 있은 것이 아니라 두만강 중류지역인 연길일대는 물론이고 그보다도 훨씬 서쪽에 이르는 넓은 지역에까지 모두 북옥저 영역에 포함되었을 수 있다는 것을 알게 한다.

위에서 지적한 바와 같이 북옥저 영역은 실제로 연변지역 전체이거나 심지어 그보다도 더 넓은 지역이 포함되었던 것이다. 李교수가 말한 바와 같이 북옥저가 두만강(圖們江) 하류지역인 훈춘(혹은 琿春)일대에만 국한되어 있었다면 단지 읍루와 접경할 수 있을 뿐 결코 부여와는 경계를 접할 수 없었을 것이다.

한 가지만 더 짚고 넘어가야 할 사실이 있다. 『吉林通志』에는 "北沃沮則爲今琿春全境"이라는 기록이 나온다.[49] 이 기록 중의 '今琿春全境'은 결코 오늘(2006년 1월)의 琿春市 '全境'을 가리키는 것이 아니라, 『吉林通志』를 편찬할 당시(光緖 21년, 즉 1886년)의 상황을 가리킨다는 것을 주의할 필요가 있다. 일부 학자들의 견해에 따르면 당시 연변은 琿春協領의 관할 하에 놓여 있었는데 "북쪽은 老爺嶺, 남쪽은 두만강(도문강), 동쪽은 일본해, 서쪽은 哈爾巴嶺에 이르는" 범위 내에 있음으로써 오늘 "연변지역의 安圖와 圖們, 그리고 琿春과 러시아의 沿海州일대가 포함되어 있었다."고 한다.[50] 이런 판단이 틀리지 않는다면 『길림통지』

---

49) 『吉林通志』 권10, 沿革志1 沃沮조.

50) 『延邊古代簡史』, 延邊大學出版社, 2000년판, 43쪽.

의 편자가 쓴 북옥저 영역은 오늘의 도문강 하류지역인 훈춘(혹은 琿春)
시 境內에 국한되어 있은 것이 아니라 훈춘(혹은 琿春)과 연길을 포함한
연변의 대부분 지역이 모두 포함되었다는 것을 알게 한다.

  둘째, 북옥저의 영역이 도문강 하류의 훈춘(혹은 琿春)지역에만 국한
되어 있지 않고 보다 넓은 지역이 포함된다는 것은 고고학적으로도 훌륭
히 증명된다. 『연변문화유물약편』(『延邊文物簡編』)에 따르면 다음과 같
이 썼다.

> "北沃沮人들의 활동구역은 延邊지역에만 국한되지 않고 비교적 넓었다.
> 대량적인 고고학적 자료가 입증하는 바 北沃沮人들은 북쪽의 興凱湖로부터
> 남쪽의 豆滿江 유역, 동쪽의 日本海 서쪽 기슭으로부터 서쪽의 張廣才嶺에 이
> 르는 광활한 지역에 발자취를 남겼다. 그 중에서도 豆滿江 유역과 綏芬河 유
> 역에 남긴 문화유적이 상대적으로 집중되고 풍부한바 이곳이 北沃沮人들의
> 활동중심지였음이 분명하다."51)

  또 "北沃沮人들의 문화유적" 분포상황에 대하여 지역별로 나누어 구
체적으로 설명했는데 거기에는 다음과 같은 지역들이 포함되어 있다.

> "1, 琿春江 유역 ; 2, 伽倻河 유역 ; 3, 豆滿江 유역 ; 4, 布爾哈通河 유역 ;
> 5, 海蘭江 유역 ; 6, 綏芬河 유역 ; 7, 二道松花江 유역."52)

  이 기록은 연변에서 수십 년 동안 주로 고고문물사업에 종사하여 온
延邊博物館의 전문가들에 의하여 편찬된 저서 중에 씌어있는 내용이라는
데에 중요한 의의가 있다. 이 저서에 따르면 北沃沮人이 남겨 놓은 문화
유적은 훈춘(혹은 琿春)지역을 흐르는 훈춘(혹은 琿春)강 유역에만 분포
된 것이 아니라 연길시 가운데를 흐르는 布爾哈通河 유역과 그보다 더

---

51) 『연변문화유물약편』, 延邊人民出版社, 1989년판, 57쪽.

52) 『연변문화유물약편』, 60~66쪽.

서쪽에 위치해 있는 海蘭江 상류 및 圖們江 중류유역에 속하는 和龍市 南坪지역에도 분포되어 있다는 것을 알 수 있다. 또한 책에는 북옥저인 들의 문화유적은 老爺嶺과 哈爾巴嶺, 심지어 黑龍江省의 張廣才嶺에 이르는 넓은 지역에 분포되어 있는데 이것은 큰 주목을 끌지 않을 수 없다.

상술한 상황은 "훈춘(혹은 琿春)은 두만강 하류일대에 위치하고 있기 때문에 북옥저의 영역범위에 속하고 연길지역은 포함되지 않는다."고한 李교수의 견해는 역사의 실제사실과 전혀 부합되지 않는다는 것을 증명해 준다.

위에서 소개한 바와 같이 李교수는『신당서』발해전의 '濊貊故地爲東京'을 '北沃沮故地爲東京'으로 고쳐야 된다고 한 필자의 견해에 '동감'을 표하면서도 그것은 결코 고구려 "책성 유적이 연길일대에 위치했다는 주장의 논거"로는 되지 않는다고 주장했는바, 그 중요한 원인 중의 하나가 연길지역은 북옥저영역에 "포함되지 않는다"는 것이었다.

그런데 상술한 바와 같은 필자의 판단이 틀리지 않는다면 북옥저영역에는 확실히 연길지역도 포함되어 있다고 보아야 할 것이다. 필자는 이런 정황에 대하여 李교수도 한번쯤은 더 고려해 볼 것을 희망한다.

2. 『魏書』高句麗傳의 '東至柵城'에 관한 李교수의 견해를 분석

필자는『高句麗柵城遺址再考』에서『위서』고구려전의 '東至柵城'을 분석하면서 다음과 같이 썼다.

"이것은 우선 柵城이 高句麗 동(북)부 지역에서 정치·군사적으로 중심을 이루고 있으며 하나의 名城으로 될 수 있다는 것을 보여준다. 이것은 또 ⋯ 高句麗 柵城은 비록 변경지역이긴 하지만 바닷가에 있는 것은 아니며 오히려 바다와 적지 않게 떨어져 있었다는 것을 알게 한다.”[53]

이에 대하여 李교수는 “朴眞奭의 이해와 서로 다르다”고 하면서 李敖의 말 중에 나오는 ‘東至柵城’을 이해함에 있어서의 자신의 견해를 몇 개 방면으로 나누어 제기하였다. 그 중에서 우선 주목을 끄는 것은 다음과 같은 내용이다.

> “만약 柵城이 延吉일대에 있었다고 인정한다면 그 당시 柵城은 高句麗의 동쪽 변계가 될 수 없음을 의미한다. 그것은 延吉 동남쪽에 아직 상당히 넓은 高句麗의 영역이 많이 남아 있었기 때문이다. … 따라서 柵城으로 高句麗의 東界를 표시한다면 延吉 동남쪽의 상당히 넓은 면적의 영역은 그냥 지나치게 되는데 이는 불가능한 것이다.”[54]

李씨의 이런 견해는 여러 고서들의 기록 중 한 나라와 그의 수도, 혹은 한 민족이나 지방과 그의 통치중심이 가끔 같은 명칭으로 나타난다는 사실을 중시하지 못한 결과 인 것 같다.

예를 들면 『후한서』에는 “夫餘國 在玄菟北千里.”라고 기록했으며 『삼국지』에는 “夫餘 … 去玄菟千里”라고 기록하고 있다.[55]

위의 기록의 ‘부여국’ 혹은 ‘부여’는 같은 나라의 국가명칭이지만 여기서는 오히려 국가명칭 보다는 수도를 가리키며 ‘玄菟’도 역시 그의 치소를 가리키는 것이다. 따라서 위의 기록은 당시 현토군의 제3치소로 인정되는 오늘의 瀋陽이나 撫順부근으로부터 북쪽으로 1천리 가량 떨어진 곳에 부여국의 수도가 있었다는 뜻으로 풀이된다. 만약 당시 夫餘의 수도를 오늘의 길림시 부근에 있었다고 가정한다면 수도로부터 다시 북쪽으로 수백 리, 심지어 수천 리나 더 가서야 비로소 부여의 북쪽 변계인

---

53) “제7회 韓國 민족사 학술 심포지엄”, 1994년 11월 11일, 40~41쪽.
54) 李宗勳, 「高句麗 柵城 유적에 대한 辨釋」, 『高句麗 문화의 역사적 의의』, 393쪽.
55) 『後漢書』 권85, 東夷 夫餘國傳 ; 『三國志』 권30, 魏書30 東夷 夫餘傳.

弱水(嫩江설, 松花江설, 黑龍江설 등이 있다)에 이르게 되는 것이다,

따라서 고서에 기록된 '부여국', 혹은 '부여'는 정황에 따라서는 그의 수도를 지칭하는 경우가 있다는 것을 알 수 있다.

이런 상황은 고구려 책성에 관한 고서들의 기록에서도 표현된다. 먼저 몇 가지 관련 기록들을 적으면 다음과 같다.

> A. 『魏書』 高句麗傳: 高句麗"東至柵城 南至小海 北至舊夫餘."[56]
> B. 『三國史記』 高句麗本紀: 東明王 "十年(기원전 28년 – 필자) … 王命扶尉猒 伐北沃沮 滅之 以其地爲城邑."[57]
> C. 『三國史記』 高句麗本紀: 太祖王"四十六年(98년 – 필자)春三月 王東巡柵城 … 至柵城 與群臣宴飮 賜柵城守吏物段有差 遂記功於岩 乃還."[58]

위의 기록 B에 따르면 기원전 28년에 고구려는 북옥저를 멸망시키고 그 영역을 '城邑'으로 삼았다는 것을 알 수 있다. 물론 이 기사에 대하여 학계에는 다른 견해가 있는 것이 사실이다. 그러나 여기서 주목을 끄는 것은 전체 북옥저의 영역으로 고구려의 성읍을 삼았는데 바로 이 성읍이 고구려의 책성이 될 가능성이 많다는 점이다. 『삼국지』에는 "北沃沮 一名置溝婁"라고 썼으며 같은 책 고구려전에는 "溝婁者 句麗(고구려 – 필자)名城也"라고 쓰고 있다. 바로 이런 상황에 기초하여 일부 학자들은 '置溝婁'를 '置城'으로 해석하고 '置城'과 '柵城'의 발음과 내용이 거의 같다는 데서 양자를 밀접히 연관시키고 있다. 이런 사실은 상술한 견해 (북옥저 영역=고구려 성읍=책성)가 옳다는 것을 증명해줄 가능성이 많다. 이런 판단이 틀리지 않는다면 위의 기록 A와 B에 나오는 '책성'은 문장구조와 내용상으로 보아 고구려의 동(북)부 변경지대의 행정구역을 가리키는 것이 틀림없다. 그러나 위의 기록 C에 나오는 '책성'은 비록

---

56) 『魏書』 권100, 列傳58 高句麗傳.

57) 『三國史記』 권13, 高句麗本紀1 東明王 10년조.

58) 『三國史記』 권15, 高句麗本紀3 太祖王 46년조.

명칭은 같지만 구체적인 서술내용으로 보아 결코 북옥저 전체의 행정구역을 가리키는 것이 아니라 그 중의 한 지점, 즉 통치중심을 가리킨다는 것을 알 수 있다. 이것은 행정구역의 '책성'과 그의 통치중심의 '책성'이 같은 명칭으로 혼용되고 있는 실례가 되기에 손색이 없다.

고구려 책성 유지는 연길부근의 성자산산성·토성촌토성·홍안고성이 합쳐서 이루어졌다는 필자의 주장은 그 내용에서 밝혀지는 바와 같이 책성의 통치중심이 연길부근에 있는 3개 古城으로 이루어졌다는 것을 의미한다. 이것은 훈춘(혹은 琿春)을 포함한 북옥저의 전체 영역이 고구려 책성의 행정구역에 포함된다는 것을 의미하는 것이다. 따라서 양자 사이에는 아무런 실제적인 모순도 존재하지 않는 것이다.

이런 판단이 틀리지 않는다면 李敖가 말한 고구려 '東至柵城'에 대한 李宗勳 교수의 견해(만약 책성이 연길일대에 있었다고 인정한다면 그 당시 책성은 고구려의 동쪽 변계가 될 수 없다. 그것은 연길 동남쪽에 아직 상당히 넓은 고구려의 영역이 많이 남아 있었기 때문이다)는 과학적 근거가 없으며 역사의 실제사실과도 전혀 맞지 않는다는 것을 증명해 준다.

李교수는 같은 곳에서 "책성이 동해와 가까운 훈춘(혹은 琿春)일대에 위치하고 있었기 때문에 '東至柵城'의 의미는 동쪽으로 동해에 이른다는 뜻과 같으며 '龍原瀕海'와도 같다."라고 썼는데 역시 사람들을 설득시키지 못한다. 이런 견해는 사람들에게 객관적 사실과 결론의 관계를 전도했다고 느끼게 할 가능성도 없지 않다.

3. 이른바 柵城명칭의 유래에 관한 李교수의 견해를 분석

李宗勳교수는 자신의 논문 세 번째 부분에서 다음과 같이 썼다.

"이 '柵城'의 명칭에서 알 수 있듯이 柵城은 돌과 흙으로 쌓은 성은 아니
고 대량의 木柵을 세워 방어와 건설을 주요목적으로 한 성이다. … 高句麗 역
사에서 보면 목책을 세운 성은 아주 적다. 유독 책성만 이와 같은 독특성이
있다. … 목책을 세워 방어기능에 사용했다는 자체는 柵城과 같은 城邑이 산
성이 아니고 평지성이었음을 말하여 준다. … 溫特赫部城에서 목책을 세웠던
것과 같은 흔적을 발견할 수 있다. 이 성의 남쪽 성벽 중앙부분에 우묵하게
들어간 부분이 있는데 목책을 세운 부분으로 보인다."[59]

李교수의 이런 견해는 모순이 많아 사람들을 설득시키기 어렵다.

李氏는 고구려 책성은 "목책을 세워" 만든 성인데 고구려에서는 "유
독 책성만 이와 같은 독특성"을 갖고 있는 "平地城이었음을 말하여 준
다."고 하였다. 그런데 李氏는 이와 같은 책성의 '독특성'이 형성된 원인
을 고구려 자체 내에서 찾지 못했는바 이것은 확실히 모순이다.

그는 『삼국사기』에 실려 있는 신라 逸聖王 7년조에 "立柵長嶺 以防靺
鞨"이라는 기록과 백제 仇首王 4년조에 실려 있는 "設二柵於沙道城側
… 分赤峴城卒 成之"[60]라는 기록에 의거하여 고구려 책성의 '독특성'이
형성된 원인을 설명하려고 시도하였다. 그러나 두 기록은 사실상 '立柵',
혹은 '設二柵'으로 거기에는 성으로 삼았다(爲城)는 내용이 없다. 또 위
의 기록 중 '設二柵'과 沙道城 및 赤峴城 등 '二城'이 구별되게 서술된
것도 주목할 만한 일이다.

그 밖에 『후한서』 段熲傳에는 "乃遣千人於西縣結木爲柵 廣二十步 長
四十里 遮之."[61]라는 기록이 있는데 이와 같은 큰 규모의 木柵시설에서
도 그것을 성으로 삼았다(爲城)는 내용이 없다는 사실이 주목을 끈다. 또
'遮之'는 가리다·막다·차단하다 등의 뜻으로 풀이되지만 그것이 꼭 '城'
과 관련된다고 인정하기에는 어려운 것 같다.[62]

59) 『高句麗 文化의 역사적 의의』, 高句麗硏究財團, 2005년 10월 12일, 394~395쪽.
60) 『三國史記』 권1, 新羅本紀1 逸聖王 7년조 ; 권24, 百濟本紀2 仇首王 4년조.
61) 『後漢書』 권65(中華書局, 1965년판, 2152~2153쪽), 段熲傳.

물론 『후한서』 부여국전에는 "以員柵爲城 有宮室 倉庫 牢獄"[63]이란 구절이 있는데 이것은 목책을 세워 성을 삼았다는 뜻으로 풀이된다. 그러나 『후한서』보다 먼저 나온 『삼국지』 부여전에서는 같은 사실에 대하여 "作城柵皆員 有似牢獄"[64]이라고 쓰고 있다.

이에 대하여 일부 학자들은 "『삼국지』에서는 '作城柵皆員'이라 하여 城과 柵을 구별하여 단지 그 모양이 둥글다고 하였다. 따라서 『후한서』의 柵을 둥글게 쌓아 성을 만들었다는 것(以員柵爲城 - 필자)은 『삼국지』의 축약과정에서 잘못 표기된 것으로 보인다."고 했는데 일리가 있는 것 같다.[65]

고대 사회에서 목책을 세워 적의 침입을 방어한 것은 틀림없는 사실이다. 그러나 이런 시설이 꼭 城(평지성 혹은 산성)의 개념으로 쓰였는지에 대하여서는 앞으로 계속 연구할 필요가 있다. 특히 고구려 책성이 이런 목책을 세워서 만든 城이었다는 데에 대해서는 그 명칭(책성)의 뜻을 고려했을 수 있다는 점을 제외하면 아무런 근거도 찾을 수 없다. 李교수가 溫特赫部城의 "남쪽 성벽 중앙부분에 우묵하게 들어간 부분"을 근 2000년 이전의 고구려 사람들이 "목책을 세웠던 것과 같은 흔적"이라고 한 것은 사람들을 설복시키지 못할 것이다.

맺음말

우리들 사이의 견해 차이는 고구려 책성 유지는 훈춘(琿春) 온특혁부

---

62) 『現代漢語詞典』, 商務印書館, 1980년판, 1448쪽 ; 『漢鮮文新玉篇』 下卷, 漢城, 寶文館編輯部, 167쪽 ; 『新解明國語辭典』(第二版), 三省堂, 昭和 54년판, 416쪽.

63) 『後漢書』 권85, 東夷 夫餘國傳.

64) 『三國志』 권30, 魏書30 東夷 夫餘傳.

65) 『中國正史朝鮮傳』 譯註一, 國史編纂委員會, 1987년판, 132쪽.

성인가 아니면 연길 부근의 성자산산성·토성촌토성·홍안고성이 합하여 이루어졌는가 하는 문제이다. 이런 정황에서 필자는 고구려 책성 유지에 있을 수 있는 특이점에 비추어 두 성을 비교 고찰하는 방법으로 맺음말을 대체하려 한다.

첫째, 한 지방에 평지성과 산성을 함께 구축하는 것은 고구려 축성법의 특징이다. 그런데 온특혁부성은 훈춘(혹은 琿春) 평원에 있는 평지성(土城)으로서 부근에 산성이 존재하지 않는다. 그러나 성자산산성·토성촌토성·홍안고성은 한 지방에 평지성과 산성이 함께 구축되어 있음으로써 高句麗 축성법의 특징에 매우 잘 부합된다.

둘째, 책성은 고구려의 동(북)부 변경지대에서 정치적·군사적 중심을 이루는 '大城'임에 틀림없다. 98년에 고구려 태조왕이 친히 이곳을 방문했다는 사실은 이런 견해가 옳다는 것을 증명해 준다. 그런데 온특혁부성은 성벽의 둘레가 2,200여 미터 밖에 되지 않는 작은 토성이다. 따라서 이 성은 고구려 동(북)부 변경지대에서의 정치적·군사적 중심으로 되기에는 미흡한 점이 없지 않다. 그러나 성자산산성·토성촌토성·홍안고성을 합한 성벽의 총 길이는 7,200여 미터에 이른다. 그 중에서도 산성은 수백 미터나 되는 높은 산 위에 쌓은 '石城'이며 둘레는 4,400여 미터에 이르는 큰 성인 것이다.

이와 같이 이 성(성자산산성·토성촌토성·홍안고성)은 규모가 크고 또한 지방에서 평지성과 산성이 함께 구축되어 있는 고구려 축성법의 특징에도 잘 부합되는 것으로 훈춘(혹은 琿春)과 연길을 포함한 연변지구와 심지어 조선의 함경도 등지까지 포함한 보다 넓은 지역에서도 그 유례를 찾아 볼 수 없다는 데에 중요한 의의가 있다.

셋째, 『신당서』 발해전의 "濊貊故地(북옥저고지 – 필자)爲東京 曰龍原府 亦曰柵城府"에 따르면 고구려 책성 유지는 마땅히 발해 동경 용원부(책성부)의 관할지역 내에서 찾을 뿐만 아니라 더 나아가서 북옥저 故地

를 포함한 보다 넓은 지역에서 찾아야 한다는 것을 알게 한다.

그런데 고구려 책성 유지는 훈춘(혹은 琿春) 온특혁부성이라고 인정하는 학자들은 실제상『신당서』발해전의 후반부(… 東京 日龍原府 亦日柵城府)에만 의거하고 그의 전반부[濊貊故地(북옥저고지 - 필자)爲東京]에 대해서는 무시하는 것이 사실이다. 따라서 그들은 高句麗 柵城 유지는 반드시 발해 동경 용원부(책성부)의 관할구역 안에서 찾아야지 그것을 벗어나서는 안 된다고 주장한다. 이런 견해는 역사의 실제 사실과 부합되지 않을 가능성이 많다.

고구려 책성 유지는 연길부근의 성자산산성·토성촌토성·흥안고성이 합하여 이루어졌다고 인정하는 견해는『신당서』발해전의 후반부에만 의거한 것이 아니라 전반부에 대해서도 충분히 고려하고 있는 것이다.

넷째, 일부 문헌기록에 따르면 고구려 책성 부근에는 산과 바위들이 있으며 바다와는 비교적 멀리 떨어져 있었다는 것을 짐작할 수 있게 한다. 고구려 태조왕이 책성에 이르러 '遂記功於岩'하고 돌아왔다는 사실이나 李敖가 고구려의 변계에 대하여 말할 때 "東至柵城 南至小海 …"라고 한 구절이 있는 것 등은 이런 견해가 옳다는 것을 증명해 준다.

온특혁부성은 훈춘(혹은 琿春) 평원에 위치해 있어 주변 가까운 곳에 산이나 암석 같은 것이 없으며, 그로부터 가장 가까운 바다(러시아의 波謝特灣)까지의 거리는 70화리정도 밖에 되지 않는다. 그러나 성자산산성·토성촌토성·흥안고성은 대체로 연길평원의 동쪽 끝에 위치해 있음으로써 그 본신이 산위에 있거나 혹은 가까운 부근에 산이 있으며 바다와의 거리는 거의 200화리에 이를 정도로 멀리 떨어져 있다.

상술한 상황은 성자산산성 등 후자는 전자(온특혁부성)와는 비교도 할 수 없을 정도로 고구려 책성에 관한 관련문헌들의 기록과 잘 부합된다는 것을 증명해 준다.

다섯째, 책성 유지에서 마땅히 고구려 유물이나 발해 유물들이 발견

되어야 한다. 이 점에서 훈춘(혹은 琿春)의 온특혁부성이나 연길부근의
성자산산성·토성촌토성·홍안고성 등이 다 같이 조건에 부합된다고 말할
수 있다. 그러나 그 종류와 수량 등에서는 후자가 전자에 비하여 훨씬
더 많다는 데에 대하여 누구도 부정하지 못할 것이다. 해방 후 수년 동
안 성자산산성 내에서 수집한 수백 개의 古錢 중에는 진한시기의 半兩錢
(1개)도 있다. 또 여기서 보존상태가 완전한 '漢式陶罐'이 1개가 출토(고
고학자인 李文信선생의 감정)되었는데 이 같은 점은 책성에 '漢人一千餘
家'를 안치했다고 쓴 『삼국사기』고구려본기의 기록과 부합된다는 점에
서 주목을 끈다.

   상술한 일련의 사실은 고구려 책성 유지는 결코 훈춘(혹은 琿春)의 온
특혁부성이 아니라 연길부근의 성자산산성·토성촌토성·홍안고성이 합
하여 이루어졌을 가능성이 훨씬 더 많다는 것을 증명해 준다.

고구려 책성의 위치에 대한 고찰

방학봉

1. 서론

······

2. 온특혁부성의 위치

······

3. 책성의 위치에 대한 몇 가지 견해

······

4) 성자산산성설

성자산산성은 연길시에서 동쪽으로 10㎞ 떨어진 지금의 도문시 장안향 마반촌 산성리툰 서쪽 성자산에 있다. 성자산은 주위에 산봉우리들이 높이 솟아 있고 가운데는 움푹 들어갔다. 동쪽과 북쪽에는 골짜기가 있고 골짜기에는 개울이 있다. 두 줄기의 개울은 산성을 3개의 덕땅으로 갈라놓았다. 주봉을 제외하고 또 2개의 산봉우리가 있는데 이 산봉우리들은 산성 안쪽을 4개의 느슨한 비탈로 갈라놓았다. 성벽은 돌로 쌓았고 성벽 위에는 흙을 덮었다. 산성은 불규칙한 타원형을 이루고 성벽의 둘레의 길이는 4,454m, 성벽기초의 너비는 5~7m, 높이는 1~3m이다. 산성의 동쪽·북쪽·서쪽·동남쪽에는 각기 성문자리가 하나씩 있고 동쪽·북쪽·서쪽의 성문자리에는 옹성이 수축되었으며 동쪽과 북쪽의 성문은 골짜기 어구에 나있어 주요한 통로인 동시에 중요한 방어선이었다.1) 성내에서 고구려 시기의 유물이 많이 출토될 뿐만 아니라 발해·요·금 시기의 유물도 출토된다.

성자산산성에서 동남쪽으로 약 1.5㎞ 떨어진 곳에 河龍古城이 있다. 하룡고성은 평원성으로서 둘레의 길이는 984m이고 남쪽 성벽 가운데에 옹성이 하나 있다. 산세에 따라 돌로 성벽을 쌓은 것이라든가 고구려시기의 무늬있는 암기와가 발굴되고 부근에 평원성이 있는 것과 같은 것은 훈춘의 살기성과 똑 같으므로 성자산산성은 고구려시기에 수축된 것으로 생각된다. 성내에서 발해·요·금 시기의 유물이 많이 발굴되는 것은 이 성이 발해·요·금 시기에도 계속 사용되었다는 것을 말해 준다.

박진석 선생은 고구려의 책성에 대한 기존의 모든 관점을 부정하고 독창적인 새로운 관점 '城子山山城說'을 내놓았다. 그는 네 가지 논거를 들어 설명한 외에 또 문헌기록과 기본적으로 부합된다는 여섯 가지 조건을 제기하여 '성자산산성설'의 타당성을 설명하였다. 그 여섯 가지는 다음과 같다. ① 기본적으로 고구려왕이 동으로 책성을 순회했다는 方位와 부합된다. ② 기본적으로 신라 정천군으로부터 책성까지 39개 역(1,170리)이라는 거리에 부합된다. ③ 기본적으로 "고구려는 동쪽은 책성에 이르고 남쪽은 小海에 이르고 북쪽은 옛 부여에 이르렀다는 위치(바다와 비교적 먼 곳에 있는 동쪽 변계의 이름난 성)"에 부합된다. ④ 기본적으로 고구려왕이 동으로 책성을 순회하였고 사신을 파견하여 무마했다는 정도의 규모(하룡고성 둘레의 길이는 1,000m, 성자산산성 둘레의 길이는 약 4,400m이다. 양자는 서로 배합되는 것으로서 그 규모가 매우 크다)에 부합된다. ⑤ 기본적으로 "고구려가 '漢平州人夏瑤' 등과 '百姓一千余家 … 安置柵城'"했다는 기록과 부합된다. ⑥ 기본적으로 일부 사람들이 말한 고구려 책성은 "북옥저경내에 위치해 있었다"는 說法에 부합된다. 이

1) 연변박물관 집필소조, 『연변문화유물략편』, 81쪽.

여섯 가지 기본적으로 부합된다는 조건에 의하면 성자산산성은 확실히 고구려 시기의 책성인 듯하다. 그러나 좀 더 깊이 살펴본다면 그렇지 않다는 점도 발견하게 된다.

첫째, 『요사』 지리지에 "개원현은 원래 책성지역이다. 고구려 때는 용원현이었는데 발해 때에는 그대로였다(開遠地, 本柵城地, 高麗爲龍原縣, 渤海因之)"라고 기록하였다. 이 기록에 의하면 고구려시기의 용원현과 발해시기의 용원현은 같은 지역이었고 책성이 용원현에 있었다는 점을 알 수 있다. 그러면 용원현은 어느 州와 府에 속했는가? 이에 대한 기록은 『신당서』에 명확히 기록되어 있다.

둘째, 『신당서』 발해전에 "예맥의 옛 지역을 동경으로 하고 용원부 또는 책성부라고도 하였다. 그는 경·염·목·하 등 4개 주를 관할하였다 (濊貊故地爲東京, 曰龍原府, 亦曰柵城府, 領慶塩穆賀四州)."라고 하였다. 이로부터 용원부와 책성부는 같은 지역이고 용원부와 관할하에 경·염·목·하 등 4개 주가 있었으며 경주는 용원부 산하의 첫 번째 주였음을 알 수 있다. 경주가 용원부의 첫 번째 주였으니 경주의 소재지와 그 지역은 용원부의 소재지를 중심으로 하는 주변의 가까운 지역내에 있었을 것이다. 경주의 관할하에 龍原, 永安, 烏山, 壁谷, 熊山, 白楊 등 6개 縣이 있었는데 용원현이 경주의 首縣이다. 용원현은 첫 번째 현인만큼 그것은 경주의 소재지를 둘러싼 현이였을 것이며 용원현의 소재지도 바로 그 지역 내에 있었을 것이다. 동경은 오늘의 훈춘현 팔련성이다. 이는 사학계에서 공인하는 바이다. 책성부·용원부는 서로 연계되고 같은 지역 내에 있는 것이었으므로 책성의 유지는 반드시 동경용원부자리 즉 팔련성을 중심으로 한 그 주변에서 찾아야 되지 동경용원부의 관할 지역 밖에서 찾아서는 안된다.

셋째, 『신당서』 발해전에 "숙신고지를 상경으로 하고 용천부라고 하였다. 그는 용·호·발 등 3개 주를 관할하였다. 그 남쪽을 중경으로 하고 현덕부라고 하였다. 그는 노·현·철·탕·영·홍 등 6개 주를 관할하였다. (以肅愼故地爲上京曰龍泉府, 領龍湖渤三州, 其南爲中京, 曰顯德府, 領盧顯鐵湯榮興六州)"라고 하였다. 이로부터 중경은 상경의 남쪽에 위치해 있고 그 산하에 6개 주가 있었다는 것을 알 수 있다. 동경은 상경으로부터 동남방향이고 중경은 이남방향이다.

성자산산성은 중경현덕부의 관할범위내에 있는 산성으로서 상경이남, 동경이서, 서경과 남경의 이북지대 즉 5경 가운데서 중간지대에 위치해 있다. 그 관할범위는 오늘의 길림성 동부, 그리고 함경북도의 일부와 양강도의 일부분이다. 중경의 소재지는 오늘의 西古城이다. 盧州의 위치는 수도에서 동쪽으로 130리 되는 곳에 위치해 있다고 『요서』 지리지에 기록되었다. 서고성에서 동쪽과 동북쪽 방향에 船口古城과 北大古城이 있다. 선구고성은 지리위치와 형태, 짜임새로 보아 한 개 주의 소재지로 되기에는 적합하지 않다. 연길 북대촌에 있는 북대고성은 그 형태·짜임새·규모·출토되는 유물로 보아 한 개 주의 소재지로 되기에 손색이 없다. 그러므로 학계에서 북대고성을 노주의 소재지로 본다. 북대고성 근처에 興安古城이 있다. 북대고성은 발해 시기의 고성이고 홍안고성은 고구려 시기의 고성이다. 필자의 저서 『발해유적과 그에 관한 연구』에서 북대고성을 홍안고성이라고 한 구절이 있는데 이는 인쇄가 잘못된 것이다.[2]

성자산산성은 북대고성에서 동쪽으로 10리 되는 곳에 있다. 발해시기에 성자산산성은 노주의 관할하에 있었음이 틀림없다. 이와 같이 중경현덕부의 관할 밑에 있는 노주, 그의 관할지역내에 있는 성자산산성을 책성이라고 보는 것은 문헌기록이나 고고학자료, 실제조건과 부합되지 않는다.

넷째, 『신당서』 발해전에 "천보말에 흠모가 서울을 상경으로 옮기였다. … 정원시에 동남으로 동경에 옮기였다(天寶末 欽茂徒上京 … 貞元

---

2) 방학봉, 『발해유적과 그에 관한 연구』, 99쪽.

時 東南徒東京)."라고 하였다. 이로부터 발해왕은 상경으로부터 동남쪽 방위에 위치한 동경으로 천도했다는 것을 알 수 있다. 훈춘현 팔련성이 바로 이 위치에 해당된다. 성자산산성은 상경으로부터 동남방향이 아니라 남쪽방향이다.

4. 책성유지와 온특혁부성

책성유지에 대한 7종설 가운데서 온특혁부성설이 비교적 유력하기 때문에 필자는 온특혁부성설을 주장한다.

柵城說이 처음 제기된 것은 1989년 8월이다. 연변박물관『연변문화유물략편』집필소조는 1989년 8월에 출판한『연변문화유물략편』에서 溫特赫部城은 고구려의 책성자리에 새로 쌓은 발해 때의 옛 성이다[3]라고 하였다. 동년 8월 연변박물관의 고고학자 엄장록 선생과 박용연 선생은 연변대학 조선학국제학술토론회에서 「연변의 주요한 고성에 대한 고찰 -고구려의 책성을 겸하여 논함-」이라는 논문에서 네 가지 근거로 온특혁부성이 책성유지라는 것을 밝혔다.[4] 그 후 필자는 1992년에 출판한 『발해의 강역과 행정제도에 관한 연구』에서 온특혁부성이 책성의 유지가 옳다고 지적하였다. 1989년부터 지금에 이르기까지 책성유지에 관한 학술계의 의견은 분분하다. 이에 책성 유지에 관한 필자의 견해를 피력하려고 한다.

1) 동경용원부와 그 관할주

『신당서』발해전에 "예맥고지를 동경으로 하고 용원부 또는 책성부라고도 하였다. 그는 경, 염, 목, 하 등 4개 주를 관할하였다(濊貊故地爲

---

3) 연변박물관집필소조,『연변문화유물략편』, 79쪽.
4) 엄장록·박용연,「연변의 주요한 고성에 대한 고찰-고구려의 책성을 겸하여 논함
  -」『연변대학 조선학국제학술토론회 논문집』, 253~260쪽.

東京, 曰龍原府, 亦曰柵城府, 領慶塩穆賀四州).”라고 하였다. 이로부터 예맥고지를 동경으로 했다는 것, 동경을 용원부 또는 책성부라고도 했다는 것, 동경 산하에 경·염·목·하 등 4개 주가 있었다는 것을 알 수 있다. 이 내용으로 보아 동경을 설치한 지역은 예맥고지이고 용원부와 책성부를 설치한 것도 예맥고지이며 그 산하에 경, 염, 목, 하 등 4개 주가 있었다. 때문에 이상 4개 주의 범위 내에서 책성부의 소재지를 찾아야 한다. 특히 동경용원부의 首州 범위내에서 찾아야 한다. 이 문제의 해결을 위해 먼저 '예맥고지'부터 살펴보기로 하겠다.

예맥고지와 동경의 위치를 밝히기 위해 숙신, 읍루의 지역과 그의 남쪽 변계, 북옥저의 지역과 북쪽변계까지 겸하여 살펴보기로 하겠다.

(1) 예맥고지

濊貊(濊駱)은 濊人과 貊人을 통칭하여 예맥족이라고 부른다. 그들은 동북지구의 중부, 남부, 동부와 조선반도의 북부, 강원도지역에서 거주한 고대의 한 종족이었다. 양한시기에 점차 비교적 큰 공동체를 형성하면서 고구려·부여·북옥저 … 등등이 분리되어 나왔다.

『山海經』海外西經에 "숙신국은 백민북쪽에 있었다(肅愼之國在白民北)"고 했는데 '白民'은 毫人 혹은 發人을 가리키는데 이는 모두 貊人과 예맥의 별칭이다. 이로부터 숙신 남쪽에 예맥이 있었고 예맥 북쪽에 숙신이 있었으며 숙신의 남쪽 경계와 예맥의 북쪽 경계는 서로 인접하여 있었다는 것을 알 수 있다.

『산해경』해외서경에는 또 "이인들은 동호의 동쪽에 있었다(夷人在東胡東)"라고 하였다. '夷人'은 '白民' 혹은 '예맥'을 가리킨다. 이로부터 예맥은 동호의 동쪽에 있었다는 것을 알 수 있다. 위의 두 개 문헌자료에 의해 예맥은 동호의 동쪽과 숙신 이남지역에서 활동했다는 것을 알 수 있다.

『後漢書』東夷傳에 "부여국은 현토 북쪽 천리에 있다. 남쪽은 고구려, 동쪽은 읍루, 서쪽은 선비와 접하였고 북에는 약수가 있었다. 지역은 사방 2천리인데 본래는 예맥의 지역이었다(夫餘國, 在玄菟北千里, 南與高句麗, 東與挹婁, 西與鮮卑接, 北有弱水, 地方二千里, 本濊地也)."라고 하였다. '弱水'는 오늘의 눈강5)이고 부여족의 중심지역은 오늘의 길림성 농안일대이다. 이 자료를 통해 부여족은 예맥족에서 분리되어 나왔고 그들의 활동은 원래 전체 예맥 가운데의 한 부분이었다는 것을 알 수 있다.

(2) 읍루의 분포지역 및 그의 남쪽 경계

......

(3) 북옥저 지역과 그 북쪽 경계

沃沮를 夫租라고도 한다. 옥저는 東沃沮와 北沃沮 등 두 부분으로 나뉘었다. 동옥저를 남옥저라고도 한다.

옥저의 지리 위치에 대해 『후한서』 동이전에 "동옥저는 고구려 개마대산의 동쪽에 있다. 동쪽은 대해에 면하였고 북쪽은 읍루, 부여, 남쪽으로는 예맥과 접하였다. 땅은 동서가 좁고 남북이 길며 사방 천리가 거의 된다(東沃沮在高句麗盖馬大山之東　東濱大海　北與挹婁夫餘　南與濊貊接 其地東西狹　南北長　可折方千里)."고 하였다. 『후한서』 동이전에는 "또 북옥저가 있는데 치구루라고도 한다. 남옥저에서 800여 리 떨어진 곳에 있는데 그 풍속습관은 남옥저와 같다. 남쪽(북쪽 - 저자)은 읍루와 접하였다(… 又有北沃沮 一名置句婁 去南沃沮八百餘里 其俗皆與南同 界南(應爲北)接挹婁)"라고 하였다.

---

5) '弱水'를 '흑룡강', '눈강', '오유이하'라고 하는 세 가지 견해가 있다. 그중에서 '눈강'이라고 보는 견해가 비교적 사실에 적합하다.

　이것으로 동옥저라는 말은 좁은 의미와 넓은 의미를 갖고 있다. 넓은 의미에서 말할 때는 남옥저와 북옥저를 포함한 옥저 전 지역을 다 가리키는 것이며, 좁은 의미로는 남옥저만을 가리킨다. "동옥저는 고구려 개마대산 동쪽에 있다"고 하는 구절에서 '개마대산 동쪽'은 지금의 조선 개마고원 낭림산맥 이동지구를 가리킨다. 그리고 "동쪽은 대해에 면하였다"는 구절에서 '대해'는 동해를 가리킨다. "동서가 좁고 남북이 길다"고 한 좁고 긴 지대는 오늘의 조선 함경남북도 지역을 가리킨다. 그러므로 동옥저가 차지했던 지역의 위치는 대체로 지금의 조선 함경도로 고증되는바 그것은 바로 남옥저를 가리킨다. 그러나 "동옥저는 … 북쪽은 읍루와 접하였다"는 구절에서 말한 동옥저는 넓은 의미에서 쓰인 것인바 그것은 北沃沮의 북부변경을 가리킨 것이다. 이것은 "북옥저가 읍루와 인접하였다"는 말과 일치한다.

　『삼국지』 동이전에 의하면 "북옥저에서 800리를 가면 남옥저에 이른다"고 하였고 『三國志』 毌丘儉傳에는 또 "옥저를 지나 천여 리 가면 숙신의 남쪽 경계에 이른다(過沃沮千有餘里, 至肅愼南界)"고 했는데 '옥저'는 남옥저를 가리키며 '숙신의 남쪽 경계'는 숙신의 남쪽 경계, 북옥저의 북쪽 경계를 가리킨다.

　『길림통지』에는 "북옥저는 오늘의 훈춘현이다"라고 했으며 김육불 선생은 『東北通史』에서 옥저 가운데서 오늘의 조선 함경도에 있었던 것을 남옥저라 하며 오늘의 길림성 연길·훈춘·화룡·왕청 등 현은 함경북도의 북쪽에 속하는 것으로 옛 북옥저 지역이고 다시 북으로 영안·東寧 등 현의 지역은 읍루의 남쪽경계 즉 숙신의 남쪽경계에 속한다고 하였다. "북옥저에서 남옥저까지 가는데 800여 리이다. 그 풍속은 남북이 같다"는 것은 북옥저에서 남옥저까지의 거리가 800여 리라는 것과 북옥저는 예맥에서 분리되어 나온 동족이라는 것을 의미한다. 읍루의 남쪽변계와 북옥저의 북쪽변계 지대에 있는 동녕에서 도문강까지 거리가 바로

800여 리이다. 이는 문헌기록과 일치한다.

이상의 사실과 사료에 의하면 북옥저인들의 활동 구역은 훈춘, 연길, 용정, 왕청 … 등 연변지구에만 국한되지 않고 그 보다 지역이 더 넓었다는 것을 알 수 있다. 대략적인 고고학적 자료가 입증하는바 북옥저인들은 북쪽의 흥개호와 수분하유역으로부터 남쪽의 도문강유역, 동쪽으로 훈춘과 러시아 연해주 남부를 포함하여 동해에 이르며 서쪽은 장광재령 이동의 광대한 지역내에서 활동하였다.

예맥고지·숙신과 읍루의 고지, 북옥저 지역에 대한 내용을 종합하여 보면 다음과 같은 세 가지 결론을 얻게 된다.

첫째, 오늘의 훈춘·연길·용정·화룡·왕청·도문 … 등 지역과 연해주의 남부지역은 전체 예맥고지 가운데의 한 부분으로서 북으로 수분하류역과 흥개호 일대에서 숙신과 서로 접하였다.

둘째, 북옥저인들은 예맥족에서 분리되어 나온 예맥족의 후예이다.

셋째, 오늘의 연해주 남부지역과 훈춘·연길·화룡·용정·왕청·안도·도문 등을 포함한 연변지역은 예맥의 고지로서 북으로 수분하류역과 흥개호일대를 경계선으로 읍루와 서로 접하였다.

여기서 예맥고지를 밝힌 기초에서 알아야 할 것은 東京의 위치 문제이다.

2) 동경의 위치

……

위에서 서술한 바와 같이 역사문헌과 고고학 자료에 의하면 길림성 훈춘시 팔련성이 발해시대의 동경용원부였다는 것을 알 수 있다. 이 결론은 이미 국내의 학자들이 확인한 바이다.

오늘의 훈춘현 팔련성이 발해 시기 東京의 유지이기 때문에 이는 또한 龍原府의 소재지이기도 하다. 그러므로 팔련성은 용원부와 동경의 유지인 동시에 또한 북옥저의 지역이며 예맥의 故地였다는 것을 알 수 있다.6) 이는『신당서』발해전에 기록된 "以濊貊故地爲東京曰龍原府亦曰柵城府"와 부합된다.

그러면 '… 亦曰柵城'를 어떻게 해석할 것인가?

"… 또는 책성부라고도 한다(亦曰柵城府)."라고 한 기록 가운데서 '亦'은 '또', '또는', '또한' 등의 부사로 많이 쓰인다. 어떤 경우에는 어조사로도 쓰이지만 일반적으로는 아래위의 문장을 연결시켜주는 접속사의 역할을 한다. 그러므로 "以濊貊故地爲東京 曰龍原府 亦曰柵城府"에서의 '亦'은 '또한'으로 해석하여야 한다.

이 문장에서 주체 대상은 '예맥고지'이다. 발해시기에 '예맥고지'를 동경이라 하고 '용원부'라고도 하며 또한 '책성부'라고도 한다고 하였다. 때문에 '동경', '용원부', '책성부'는 서로 아무런 관련도 없이 동경용원부의 관할 범위를 벗어나 별다른 행정구역에 설치된 것이 아니라 아주 밀접한 관련을 갖고 있는 동경용원부의 관할범위내에 있는 행정구역의 명칭이다. 그러므로 '책성'의 위치는 반드시 동경용원부의 관할범위에서 찾아야 한다.

김육불 선생은『唐書』에 예맥고지라고 한 것은 그 처음이며 … 옥저고지라고 한 것도 또한 그 처음이다7)라고 하였고 박시형 선생은 "예맥의 고지라고 한 것은 고구려가 이 지방 정복 이전 즉 옛날 숙신족의 영역이었다는 것을 의미한 것으로 볼 수 있다."8)라고 하였고 "오늘의 팔련성을 동경의 유적으로 생각하게 된다."9)고 하였다.

일부 학자들은『신당서』발해전에 기록된 "以濊貊故地爲東京 曰龍原府 亦曰柵城" 가운데의 '以濊貊故地爲東京'은 역사적 사실에 부합되지

---

6) 박시형,『발해사』, 157~158쪽.
7) 김육불,『발해국지장편』권14(지리고, 경, 부, 주, 현 하편), 292쪽.
8) 박시형,『발해사』, 158쪽.
9) 박시형,『발해사』, 158쪽.

않는다. 따라서 상술한 '以濊貊故地爲東京'은 마땅히 '北沃沮故地爲東京'으로 시정되어야 한다10)라고 했는데 이는 오류이다. 이에 대해 두 가지를 지적하고 싶다.

첫째, 『신당서』발해전에 기록된 "以濊貊故地爲東京 曰龍原府 亦曰柵城"은 타당한 내용이다.

둘째, '以濊貊故地爲東京'은 완전히 역사적 사실에 부합된다. 그것은 ① 오늘의 훈춘현 일대는 전체 예맥 영역 가운데서 동북단에 위치한 부분이다. ② 옥저(남북옥저 포함)와 고구려는 예맥족에서 분리되어 나왔고 대체로 옛 예맥 영역내에 존속하였다. ③ 훈춘과 연길을 중심으로 한 북옥저지역은 전체 옛 예맥 영역 가운데서 동북쪽에 위치한 주요한 지역이었다. ④ 고구려는 북옥저를 정복하고 그 지역에 책성 등 성읍을 설치하고 통치하였다하여 북옥저 지역은 고구려의 영역내에 들어갔다. ⑤ 때문에 훈춘, 연길을 중심한 그 부근지역은 고구려의 고지인 동시에 북옥저의 고지이며 예맥의 고지이다. 이는 누구도 부인 못할 객관적 사실이다.

이와 같은 역사적 사실에 근거하여 『신당서』의 저자 歐陽修는 옥저고지에 남경남해부를 설치한데 비추어 고구려가 점령하기 이전, 북옥저가 차지하기 이전시기 옛 예맥의 지명을 따낸 것이다. 이렇게 하므로서 남옥저 고지에 설치한 남경남해부와 북옥저 지역에 설치한 동경용원부를 지역 명칭상 중복을 피하고 분명히 할 수 있었다. 만약 '高句麗故地爲東京…'라고 하였다면 '高句麗故地爲西京…'과 중복된다. 오직 '濊貊故地爲東京'만이 중복되지 않는다. 따라서 이는 아주 자연스럽고 합리적으로 된 것이다.

---

10) 박진석, 『고구려책성유지재고』(고려학술문화재단, 「제7회 한국민족사 국제학술 심포지엄」, 1994년 11월 11일판) ; 고경수 주편, 『조선학 한국학론총』(5), 3쪽, 연변대학출판사, 1997, 10월 출판.

5. 결론

......

후기:

본문은 韓國, 『京畿鄕土史學』 제3집, 1998년판에 발표한 것이다.

본서에는 그의 원문을 요약하여 수록했는데 주해 번호는 원문과 다르다 (이 자료 논문은 원저자의 허락을 받고 본서에 수록하였음).

高句麗 柵城유적에 관한 辨析

이종훈

(중국 옌변대학)

柵城은 고구려의 名城으로서『三國史記』등 문헌에서도 자주 등장한
다. 그러나 그 구체적인 지리위치에 대하여서는 현재까지 분명히 밝혀진
것이 없어 학계에서 논란이 되고 있다. 연구자들은 각자 나름대로 여러
견해들을 밝히고 있다. 예하면 八連城說, 薩其城說, 城墻砬子說, 慶興說,
鍾城說, 淸津說, 城子山山城說, 溫特赫部城說 등등이다. 柵城의 위치에
관한 考證에서 3편의 논문이 상대적으로 중요한 가치가 있다. 즉 朴眞奭
의「高句麗柵城遺址考」,[1] 嚴長泉·鄭永振의「延邊지역의 주요 高句麗古
城에 관한 考察」,[2] 方學鳳의「東京龍原府는 곧 柵城유적일까?」[3]이다.
박진석은 고구려의 柵城유적을 延吉지역으로(책성유적은 지금의 延吉市
부근에 위치한 城子山山城·興安古城·河龍古城 등 3개 古城의 合稱이다)
비정하였다. 엄장록, 정영진, 방학봉은 이와 달리 琿春에 위치하고 있는
溫特赫部城을 책성유적으로 비정하였다. 필자는 상술한 여러 견해들을
서로 비교하고 연구한 결과, 기본견해에서는 溫特赫部城說에 수긍이 가

---

1) 朴眞奭, 1988,「高句麗柵城遺址考」,『朝鮮中世紀史硏究』, 延邊大學出版社.

2) 嚴長泉·鄭永振, 1989,「延邊지역의 주요 高句麗古城에 관한 考察」,『延邊大學
朝鮮學國際學術討論文集』.

3) 方學鳳, 1992,「東京龍原府는 곧 柵城유적일까?」,『渤海 유적과 그에 관한 硏究』,
延邊大學出版社.

지만 논거에서는 위 두 편의 논문과 약간의 차이가 있다. 본문에서 필자의 견해를 제출하면서 겸하여 박진석 선생과도 의견을 교류하려 한다.

1. 종래 책성유적에 관한 연구상황

비록 柵城유적에 관한 견해들은 많으나, 延吉一帶說과 溫特赫部城說을 제외한 기타 견해들은 모두 다른 문제들을 언급하면서 간단히 柵城문제를 다루었을 뿐 전문적인 논증을 하지 않았기에 설득력이 강하지 않다. 따라서 여러 견해들을 일일이 소개하지 않고 다만 延吉一帶說과 溫特赫部城說을 언급하려 한다.

柵城유적에 관해 전문적으로 고증한 논문은 박진석 선생이 1985년에 발표한「高句麗柵城遺址考」가 가장 이르다. 이 논문의 발표는 고구려 柵城유적에 관한 한층 심화된 연구의 서막을 열어놓았다고 말할 수 있다. 논문은 시작에서부터 "琿春八連城은 渤海의 東京 龍原府 즉 柵城府의 옛 터이다"라고 지적하고 있으나, 八連城이 고구려의 柵城유적이라는 것은 부정하였다. 또한 발해 龍原府의 행정구역은 琿春지역 뿐만 아니라 延吉지역도 포함시켜야 한다고 지적하고 있다. 그리고 나서 延吉부근의 興安古城과 城子山山城을 책성유적으로 비정하였다.[4] 논문에서 延吉一帶說을 논증하기 위하여 그는 6가지 이유를 열거하였다. 첫째, 고구려의 "王東巡柵城"이라는 方位기록과 기본적으로 부합된다. 둘째, 상대적으로 "自新羅井泉郡至柵城府 凡三十九驛(1170리)"이라는 거리와 부합된다. 셋째, 기본적으로 "高句麗東至柵城 南至小海 北至舊夫餘"라는 위치(바다와 상대적으로 멀리 떨어져 있는 동쪽 邊界의 名城)에 부합된다. 넷째, 기본적으로 고구려 "王東巡柵城 幷遣使安撫"할 수 있는 정도의 규모에 부합된다(土城村土城 성벽의 길이는 1000m, 城子山山城의 길이는 4440m,

---

4) 興安古城은 延吉市 興安鎭 興安村에, 城子山山城은 延吉市 동북쪽에서 龍井市와 인접하는 長安鎭 磨盤村에 위치하고 있다.

양자를 서로 연계시켜 고려할 시 그 규모의 크기는 상당하다). 다섯째, 고구려에서 '漢平州人夏瑤' 등 백성 千餘家를 柵城에 安置한 기록과 부합된다(李文信 선생의 鑒定에 의하면 城子山山城에서 상당히 완전한 漢式陶罐을 발견한 적이 있다. 유물은 현재 연변박물관에 소장되어 있다). 여섯째, 고구려의 柵城은 '北沃沮境內'에 위치한다는 견해와 부합된다(연길부근은 일찍 북옥저에 속하였다).

박진석 선생의 논문이 발표된 후, 1989년에 엄장록과 정영진 선생이 공동으로 「延邊지역의 주요 高句麗古城에 관한 考察」을 발표하였다. 논문에서 溫特赫部城說을 주장하여 박진석 선생의 延吉一帶說을 부정하였다. 그 뒤 1992년에 방학봉 선생이 「東京龍原府는 곧 柵城유적일까?」라는 제목으로 논문을 발표하여 柵城유적은 지금의 八連城이라는 견해를 부정하고 溫特赫部城說을 지지하였다. 그는 논문에서 대량의 고고자료를 인용하여 延邊지역에서 溫特赫部城을 제외한 기타 고구려 古城들은 모두 柵城유적으로 볼 수 없다는 견해를 제기하였다. 溫特赫部城說을 주장하는 위 2편의 논문은 아래와 같은 몇 가지 논거를 제시하고 있다. 첫째, 『新唐書』渤海傳의 "地有五京十五府六十二州 … 穢貊故地爲東京 曰龍原府 亦曰柵城府 領慶 鹽 穆 賀四州 沃沮故地爲南京"라는 기록에 근거하여 柵城의 유적은 渤海 東京府의 관할구역 내에 위치하였음은 의심할 나위 없다. 둘째, 溫特赫部城의 지리적 위치와 『古今郡國志』의 "自新羅井泉郡至柵城府 凡三十九驛"이라는 기록과 부합된다. 셋째, 溫特赫部城 내에서 많은 고구려유물들을 발견하였다. 넷째, 『遼史』의 "開州 … 本穢貊故地 高句麗爲慶州 渤海爲東京龍原府 有宮殿 都督慶 鹽 穆 賀四州事 故縣六 曰龍原 永安 烏山 壁谷 熊山 白楊 皆廢 壘石爲城 周圍二十里 … "5), "開遠縣 本柵城地 高麗爲龍原縣 渤海因之 遼初廢"6)라는 기록에 근

---

5) 『遼史』 卷38, 東京道 開州.

6) 『遼史』 卷38, 東京道 開州.

거하여 柵城유적은 渤海龍原府 경내의 八連城부근에서 찾는 것이 가장
적합한 방법이다. 다섯째, 城子山山城을 포함한 延吉지역은 발해 東京府
의 관할구역에 속하지 않고 中京顯德府의 행정구역에 속하기 때문에 延
吉지역에서 고구려의 柵城유적을 찾을 수 없다.

　　박진석은 「延邊지역의 주요 高句麗 古城에 관한 考察」과 「東京龍原府는
곧 柵城유적일까?」라는 두 편의 논문에 대하여 「高句麗柵城遺址再考」
논문을 발표하였다.[7] 이 논문에서 그는 종래 자신의 견해를 견지했을 뿐
만 아니라 한층 더 보완하였다. 이 논문에서 그는 우선 고대문헌의 기록
을 무비판적으로 그대로 인용할 수 없음을 지적하였다. 그는 『新唐書』
渤海傳의 "穢貊故地爲東京"이라는 기록은 역사적 사실에 부합되지 않으
며 고대 史家들의 誤記로 보고 마땅히 "北沃沮故地爲東京"으로 이해하
는 것이 정확하다고 보았다. 이에 따라 발해 東京府의 관할지역은 琿春
지역 뿐만 아니라 범위를 넓혀서 延吉一帶를 포함한 전체 北沃沮지역을
포괄시켜야 한다고 주장하였다. 다음으로 논문에서 많은 지면을 할애하
여 『遼史』에 실려 있는 고구려 관련기사의 잘못된 점을 논증하였다. 그
는 고구려의 柵城문제에 관한 『遼史』의 사료적 가치가 적을 따름이라고
지적하였다. 또한 고구려古城의 築城法, 柵城의 규모와 그 중요성에 관
한 분석을 통하여 琿春일대의 八連城, 溫特赫部城, 薩其城, 城墻砬子城
등 古城들은 모두 柵城유적으로 비정될 만한 기본적인 조건을 갖추지 못
한 것으로 보고, 柵城의 유적으로는 延吉일대의 城子山山城, 興安古城과
河龍古城으로 이루어진 3자의 연합체로만 볼 수밖에 없다고 지적하였다.

　　비록 「延邊지역의 주요 高句麗古城에 관한 考察」과 「東京龍原府는 곧
柵城유적일까?」라는 두 편의 문장에서 柵城의 지리적 위치를 고구려의
溫特赫部城으로 명확히 비정했으나, 논문에서 제시한 논거가 불충분한
것은 사실이다. 또한 일부 논거들은 설득력이 부족하다.

---

7) 朴眞奭, 1997, 「高句麗柵城遺址再考」, 『朝鮮學·韓國學論叢』 5, 延邊大學出版社.

이상 고구려의 柵城유적에 관한 종래 학계의 연구상황을 간단히 적어
보았다. 상기한 학자들은 모두 柵城유적에 관한 유리한 연구여건들을 충
분히 이용했기에 그들의 견해 또한 상당한 참고가치가 있다. 또한 상술
한바와 같이 학자간의 토론을 거쳐 柵城유적에 관한 연구는 한층 더 심
화되었고 금후 深度있는 연구에도 방향을 제시하였다. 문제점의 범위는
점차 좁혀지게 되었고 전통적인 八連城說은 점점 많은 학자들에 의해 부
정되고 있다. 이러한 연구는 모두 좋은 성과라고 말할 수 있다.

2. 일부 문헌기록에 대한 새로운 인식

柵城의 위치에 관한 문헌기록은 상당히 제한되어 있다. 얼마 남아 있
지 않은 일부 기록들이 연구의 가장 중요한 史料로 된다. 또한 관련된
문헌기록들을 어떻게 정확히 이해할 것인가하는 것도 상당히 중요하다.
필자는 본문에서 柵城문제에 관한 문헌기록들을 한층 더 검토, 해석하면
서 기타 학자들과 이 방면에 대한 이해차이를 달리하려 한다. 이 기초
상에서 溫特赫部城說의 정확성을 논증하고자 한다.『遼史』에 실린 고구
려 관련기사의 사료적 가치에 대하여서는 필자도 박진석의 견해에 동감
한다. 그러나 柵城유적연구에서 이를 주요한 논증근거로 제시하는 것에
대하여서는 반대한다. 때문에 여기에서는『遼史』에 실린 관련기사를 검
토하지 않으려 한다.

책성의 지리적 위치에 관한 가장 중요한 문헌기록은 여전히『新唐書』
渤海傳에 실린 "穢貊故地爲東京 曰龍原府 亦曰柵城府 領慶 鹽 穆 賀四州
沃沮故地爲南京 曰南海府" 기사이다. 이 기록에서 중요한 것은 "曰龍原
府 亦曰柵城府"이다. 문자 그대로 발해의 柵城府 명칭은 고구려의 柵城
이름으로 명명한 것이다. 또한 고구려의 柵城터와 발해柵城府의 治所 는
동일한 지역인 琿春일대임을 말하여 준다.

역사에서 보면 새로 건국한 國號, 혹은 행정구역의 명칭은 그 治所가

위치하고 있는 원래 地名으로 명명하는 것이 보편적이다. 그것은 治所자체가 원래부터 名城, 혹은 重鎭이기 때문이다. 이와 같은 名城, 혹은 重鎭은 종전부터 일정한 사회적 기초와 통치기반을 갖고 있어 지배자들은 편리를 위하여 원래의 名城, 혹은 重鎭의 이름으로 새로운 행정구역을 명명하는 것이 보통이다. 역사상에서 이와 같은 사례는 상당히 많다. 예하면 隋代에 설치한 營州上都督府는 府의 治所가 위치한 原 地名인 營州로 명명하였다. 또 遼代의 東京道 遼陽府도 그 治所가 있는 원래 지명인 遼陽으로 명명하였고 金代의 上京路 會寧府도 治所의 이름인 會寧으로, 元代의 廣府路도 治所가 위치하고 있는 廣府 이름으로 명명한 것이다. 세계사에서도 이와 같은 사례는 적지 않다. 로마제국의 國號는 원 도읍지명인 로마로 명명하였고 中世서유럽의 비자린제국의 국명도 원 도읍지명인 비자린으로 명명한 것이다. 따라서 발해 柵城府名도 府 治所가 위치한 그곳에 종전에 柵城이라는 重鎭이 있었기 때문에 유래된 것으로 볼 수 있다. 柵城府 관할구역 내에 柵城이라는 城이 있었기 때문에 유래된 것으로 볼 수 없다(거리상 治所와 아무리 멀리 떨어져 있어도). 발해국이 東京府의 治所를 琿春에 설치한 것은 이 지역이 바다와 가까워 일본과의 往來 편리를 도모한 외에, 또 이 지역에 柵城이라는 重鎭이 있었기 때문에 향후 저들의 지배에 편리를 도모하기 위함이었을 것이다. 만약 책성이 延吉일대에 설치하여 있었다고 가정한다면 발해국은 中京顯德府의 治所를 柵城이 위치한 연길일대에 설치했을 것이며 아무런 사회적 기반과 지배기초가 없는 편벽한 西古城에 설치하지 않았을 것이다.

　발해는 상경용천부에서 동경용원부로 遷都한 이후 초기에는 고구려시기 柵城에 있었던 시설과 사회기반을 이용하여 통치했을 것이다. 이에 따라 그 당시의 사람들은 종전의 습관대로 동경 용원부를 '亦曰柵城府'라 했을 것이다. 그러나 책성은 필경 중요한 군사적 古城이기 때문에 京城의 건설과 조건에 부합되지 않았을 것이다. 그 후에 발해의 지배자들은 지금의 琿春 八連城일대에 웅장한 궁전을 새로 지었을 것이다. 팔련 성유적지에서 발해 궁전자리만 있고 고구려시기의 아무런 유물도 보이 지 않는 원인과 발해 팔련성과 溫特赫部城 두 성이 상당히 가까운 거리 에 위치하고 있는 원인도 바로 여기에 있다.

『新唐書』渤海傳의 '穢貊故地爲東京'기사를 검토하여 보면 박진석은 그의 논문에서 많은 양의 폭을 할양하여 이 기록은 『新唐書』의 誤記라 고 지적하고 마땅히 '北沃沮故地爲東京'으로 해석하는 것이 역사사실에 부합된다고 하였다. 또 이를 바탕으로 柵城유적이 연길일대에 있음을 설 명하였다.

필자도 '穢貊故地爲東京'기사를 '北沃沮故地爲東京'으로 해석하는 견 해에 대해서는 동감이다. 그러나 이와 같은 해석을 책성유적이 연길일대 에 위치했다는 주장의 논거로 간주하는 점에 대해서는 수긍하기 어렵다. 사실 '北沃沮故地爲東京'기록의 의미는 아주 간단하다. 즉 발해 동경용 원부의 중심지는 북옥저 故地에 있었다는 의미일 뿐 여타 다른 의미는 없다. 그러나 박진석은 이에 대하여 한층 더 전개했으며 이를 바탕으로 북옥저와 책성의 관계를 설명하였다. 그의 주요한 논점은 ; 첫째, 연길일 대도 북옥저지역에 속한다. 둘째, 『三國志』魏書의 "北沃沮 一名置溝婁" 와 "溝婁者 句麗名城也"8) 기록에 근거하여 置溝婁는 즉 置城이다. 置城 의 중국어 語音은 柵城이다. 셋째, 『三國史記』(東明王) "十年 … 王命扶 尉猒 伐北沃沮 滅之 以其地爲城邑" 기록에 근거하여 고구려는 일찍이 동 명왕시기에 이미 북옥저를 점령하여 그 곳에 城(柵城)을 쌓았다. 상기한 위 논점에서 저자는 책성이 북옥저 지역에 위치했다는 시각에서 출발하 여 책성유적은 연길일대에 있음을 설명하려 하였다. 그러나 위에서 제시 한 3가지 논점은 다만 북옥저와 책성의 관계를 설명하였음에 불과할 뿐 이고 책성이 연길일대에 위치하였음을 논증하는 유력한 근거로는 될 수

---

8) 『三國志』 卷30, 東夷傳 東沃沮 高句麗.

없다. 책성의 지리적 위치를 확정하는 데에 있어서 '北沃沮故地爲東京'
이라는 문헌기록은 아무런 문제점도 해명할 수 없다. 더욱이 책성이 연
길일대에 위치하였었다고 논증하는 주요근거로도 될 수 없다.

　박진석은 "북옥저의 영역은 지금의 琿春, 延吉, 黑龍江의 東寧縣, 함
경북도와 러시아 연해주의 일부분 지역을 차지했다고 보는 것이 학계의
일반적 견해이다."라고 지적한바 있다. 필자는 이와 같은 견해에 토론의
여지가 있다고 본다. 북옥저의 영역에 대하여 학계에서는 보통 함경북도
와 두만강 유역, 특히 두만강하류지역에 분포되어 있는 것으로 보는 것
이 일반적 견해이다.9) 琿春은 두만강하류일대에 위치하고 있기 때문에
북옥저의 영역범위에 속하겠으나 연길지역은 포함되지 않는다고 볼 수
있다. 적어도 연길일대는 북옥저의 주요 활동지역은 아니었다고 말할 수
있다.

　필자는 『魏書』高句麗傳에 실린 "敎至其所居平壤城 訪其方事 云 遼東
南一千餘里 東至柵城 南至小海 北至舊夫餘" 기사에 대하여서도 박진석
의 이해와 서로 다르다. 이 기사는 北魏의 員外散騎侍郞인 李敖가 고구
려에 온 후 그 당시 고구려의 강역에 대하여 간단히 기록을 남긴 것인데
중요한 것은 '東至柵城'이다. 박진석은 이에 대해 李敖자신이 고구려의
東端을 柵城이라는 城名으로 기록한 것은 柵城이 고구려의 동쪽 邊疆의
重鎭이기 때문이었다고 이해하였다. 즉 柵城은 고구려의 동쪽 邊界를 대
표할 수 있는 것으로 보았다. 그러나 여기서 주목할 것은 첫째, 李敖가
고구려의 疆域 범위를 언급한 것으로 본다면 城名을 이용하여 대략적으
로 동쪽 邊界를 표시할 수 없다. 만약 책성이 연길일대에 있었다고 설정
한다면 그 당시 책성은 고구려의 동쪽 邊界가 될 수 없음을 의미한다.

---

9) 李丙燾, 1976, 『韓國古代史硏究』, 博英社 ; 金哲俊, 1975, 『韓國古代社會硏究』,
　知識産業社 ; 丁若鏞·韓鎭書·盧泰敦도 이와 같은 견해에 동조한다. 그러나 朴眞
　奭은 다만 林雲의 「論團結文化」(1985-1, 『北方文物』)만 제시하였다.

그것은 연길 동남쪽에 아직 상당히 넓은 고구려의 영역이 많이 남아 있었기 때문이다. 현재까지 琿春지역에 남아 있는 琿春市 薩其城, 凉水 亭 巖山城, 春華 通肯山城, 城墻砬子山城, 馬滴達南山城 등등10) 고구려시기의 유적들이 이를 말하여 준다. 따라서 柵城으로 고구려의 東界를 표시한다면 연길 동남쪽의 상당히 넓은 면적의 영역은 그냥 지나치게 되는데 이는 불가능한 것이다. 둘째, 李敖는 고구려의 北, 南, 西쪽 邊界에 대하여서는 모두 구체적으로 지적했으나 유독 東界에 대하여 城名으로 표시하였다. 그렇다면 東界를 제외한 기타 邊界에는 重鎭이 없었기 때문이었을까? 그렇지 않다. 궁극적인 원인은 책성이 東海와 가까운 琿春일대에 위치하고 있었기 때문에 '東至柵城'의 의미는 동쪽으로 동해에 이른다는 뜻과 같으며 '龍原東南瀕海'와도 같다. 셋째, 李敖가 고구려의 東端을 직접 '東瀕海'라고 기록하지 않은 원인은 南端을 언급하면서 이미 '海'자를 사용했기 때문에 또 다시 한번 '海'자를 사용하여 東端을 표시한다면 사람들로 하여금 重複과 혼돈을 불러일으키기 쉽다. 상술한 바와 같이 '東至柵城'의 의미를 "책성은 고구려의 동쪽 邊疆의 名城이다"라고 해석하는 것보다 오히려 책성유적이 지금의 琿春일대에 위치한다는 사실을 말하여 준다.

마지막으로 『三國史記』에 인용된 『古今郡國志』 "渤海國南海 鴨綠 夫餘 柵城四府 幷是高句麗舊地也 自新羅井泉郡至柵城府 凡三十九驛"11) 기사의 내용을 검토하려 한다. 史料 중의 남해, 압록, 부여, 책성은 발해 15府 중의 4府에 속하는데 각자 당시 발해국 東西南北 강역의 四界를 지칭하고 있다. 학계에서는 지금의 城子山山城을 포함한 延吉일대는 발해시기에 中京顯德府의 관할구역에 속했던 것으로 본다.12) 만약 책성이

---

10) 王禹浪·王宏北 編, 1994, 『高句麗渤海古城址硏究匯編』, 哈爾濱出版社.

11) 『三國史記』 卷37, 雜志6 地理4.

12) 李健才·陳相偉, 1982-1, 「발해의 中京과 朝貢道」, 『北方論叢』 ; 方學鳳, 1999, 『中國境內渤海遺迹』, 白山資料院, 47~54쪽.

연길일대에 위치하고 있었다고 한다면 책성은 柵城府와 中京顯德府 2府에 동시에 속하게 되는데 이는 불가능하다.『古今郡國志』에서는 발해의 책성부(東京 龍原府)는 '高麗舊地'라고 명확히 기록하였다. 따라서 고구려시기의 책성은 발해시기 동경용원부가 위치하고 있던 琿春지역에 있었음을 말하여준다.

상술한 바와 같이 필자는 위 4개 文獻의 기록에 대하여 달리 해석하면서 柵城이 지금의 琿春지역에 위치하고 있었음을 한층 강조하였다. 지금의 溫特赫部城을 책성유적으로 보는 합리성에 대해서는 溫特赫部城說을 주장하는 많은 학자들이 이미 구체적으로 언급했기 때문에 본문에서는 줄인다.

3. 柵城의 名稱과 特産物로 보는 柵城유적

종래 책성유적에 관한 연구에서는 책성의 城名과 책성에서 나오는 特産物에 대하여 그렇다 할 만한 주의를 불러일으키지 못하였다. 그러나 이에 대한 구체적인 검토과정을 거친다면 그 속에서도 책성유적연구에 필요한 일부 傍證 자료들을 얻을 수 있다.

'柵城'의 명칭에서 알 수 있듯이 책성은 돌과 흙으로 쌓은 성은 아니고 대량의 木柵을 세워 防禦와 건설을 주요 목적으로 한 성이다. 고구려의 築城방법은 山勢를 따라 돌로 성벽을 쌓은 후 그 표면 위에 흙을 덮는 것이 전형적이다. 비록 平地城이라 할지라도 산성과 상대적으로 거리가 가까운 위치에 쌓는다. 하지만 소수 예외는 있다. 고구려의 책성이 바로 여기에 속한다. 고구려 역사에서 보면 목책을 세운 城은 아주 적다. 유독 책성만 이와 같은 독특성이 있다. 이 같은 책성의 특성 때문에 점차 '柵城'으로 호칭하게 되었고 원래의 城名은 차츰 잊혀 지게 되었을 것이다. 목책을 세워 방어 기능에 사용되었다는 자체는 책성과 같은 城邑이 산성이 아니고 平地城이었음을 말하여준다. 산성은 대량의 목책을 세울 필요가 없기 때문이다.

역사에서 목책을 세워 방어에 사용했던 사례들은 고구려에만 있었던 것은 아니다.『三國史記』기록에 의하면 신라와 백제에서도 목책을 세워 적군을 방어한 기록이 보인다. 예하면 신라 逸聖王 7년 2월에 "立柵長嶺 以防靺鞨"13)이라는 기사와 백제 仇首王 4년 2월 "設二柵於沙道城側"14) 했다는 기록이다. 이와 같은 역사적 사실로부터 볼 때 목책을 세우는 것은 주요한 방어수단의 하나이며 그 효과도 산성보다 차하지 않다. 산성이 많은 고구려로 보면 책성은 상대적으로 독특하고 또한 고구려역사에서도 특별한 의미를 갖는 성이기 때문에 원래의 성 이름 대신에 차라리 '柵城'으로 명명했을 것이다. 溫特赫部城터에서 목책을 세웠던 것과 같은 흔적을 발견할 수 있다. 이 성의 남쪽 성벽 중앙부분에 우묵하게 들어간 부분이 있는데 목책을 세운 흔적으로 보인다. 특히 주목되는 것은 『琿春史志』에서 溫特赫部城 터에 관해 "四面門各一 東城已圮 城洞遺迹 尤可辯認 西墻轉角處土壘器"로 기록하였다.15) 여기에서 말하는 '城洞'이 아마 그 당시 목책을 세웠던 유적일 것이다.

박진석은『三國史記』에 실린 "四十六年 春三月 王東巡柵城 至柵城西 罽山 獲白鹿 及至柵城 與群臣宴飮 賜柵城守吏物段 有差 遂記功于巖 乃還 冬十月 王至自柵城"16)기사의 '遂記功于巖'에 근거하여 책성을 산성으로 보았다. 즉 다시 말하면 바위에 功을 새겼다는 의미로 파악하여 책성이 평지성이었다면 '記功于巖'이라는 기록이 있을 수 없다는 것이다. 그의 의도는 현재의 城子山山城의 절벽에 功을 새겼다는 것이다. 그러나 위 기록에서 두 가지 설명이 필요 된다. 첫째, 문헌에서 책성의 절벽에 새겼다는 명확한 기록이 없다. 둘째, '記功于巖'이라는 기록은 책성의 관할구

---

13)『三國史記』卷1 新羅本紀 逸聖王 7年條.

14)『三國史記』卷24 百濟本紀 仇首王 4年條.

15)『琿春史志』, 吉林文史出版社, 1986, 712쪽.

16)『三國史記』卷15, 高句麗本紀 太祖大王 46年條.

역 내에서 어느 한 山의 巖에 새기었을 가능성을 전부 제외할 수 없다. 책성은 고구려의 名城으로써 그 관할지역은 상당히 넓은 범위였을 것이다. 두만강 西岸에 위치한 함경북도의 일부지역도 책성의 관할범위에 속했을 것이다. 위의 기록에서 보면 고구려 태조왕은 책성에 이르기 전에 먼저 책성의 동쪽에 위치한 山을 경유하였고 그곳에서 휴식과 사냥을 하였다. 이렇게 볼 때 闕山은 柵城과 일정한 거리가 있었음을 알 수 있다. 따라서 溫特赫部城 부근에 비록 가파른 산은 없지만 태조왕이 책성을 巡視한 후 귀로 중 闕山에 머물러 휴식을 취하면서 바위에 功을 새기었을 것이다.

『新唐書』渤海傳의 마지막 부분에서는 발해 각 지역의 특산물을 기록하고 있다. 즉 "太白山之菟 南海之昆布 柵城之豉 夫餘之鹿 … 盧城之稻 …"이다. 이 기록에서 주목되는 것이 책성의 豉와 노성의 稻이다. 이 두 구절은 우리들이 책성의 지리적 위치를 확정하는 데에 상당한 도움을 준다. 만약 발해시기 豉는 琿春일대의 특산물인지 아니면 延吉일대의 특산물인지를 명확히 한다면 책성의 위치는 자연히 확정되게 된다.

우선 豉란 무엇인가에 대해 살펴보려 한다. 가장 일찍이 豉에 관해 기록한 것은 後漢시기 『釋名』의 "豉嗜著也 五味調合須之而成 乃可甘嗜也"라는 기사이다. 『辭源』에서는 더 구체적으로 "豆豉는 豆類를 이용하여 발효하여 만든 調味料이다. 고대에서 조미료는 醬만 이용하였다. 秦漢 이래 豉가 있게 되었다."고 하였다. 문헌의 기록에 근거하여 현재 학계에서는 豉를 된장으로 보는 것이 일반적인 견해이다.[17] 豉가 된장이라면 그 제작 재료는 주로 콩과 소금 두 가지이다. 그렇다면 이 두 가지 재료가 많이 나는 지역은 바로 豉의 産地가 될 것이다. 바다에 임하여 있는 고대 琿春지역에서 소금이 대량으로 생산되었던 것은 말할 나위 없다.

---

17) 『謎의 王國―渤海』, 角川選書, 平成 4年, 254쪽 ; 駒井和愛, 1984-4, 「발해의 五京 및 特産」, 『民族譯叢』.

발해 동경용원부 소속인 鹽州는 아마도 바다와 가까운 곳에 위치하고 있으면서 많은 소금이 나기 때문에 붙여진 이름일 것이다. 또한 琿春일대의 토질과 기후 특성은 콩 재배에 적합할 뿐만 아니라 수확량도 높다. 『琿春史志』에 의하면 중화민국시기에 琿春의 콩은 주요 수출품이기도 하였다.[18] 그러나 近海계절풍의 영향으로 稻의 수확량은 延吉일대보다 많이 떨어진다. 이와 같은 점으로 미루어 볼 때 琿春지역이야말로 豉의 特産地이며 나아가 책성의 유적이 이 일대에 있음을 말하여 준다.

또 주목해야 할 것은 '盧城之稻'이다. 盧城은 발해의 盧州이며 중경현 덕부에 속한다. 『遼史』에 의하면 盧州의 구체적인 위치는 京城(中京)의 동쪽에서 130리 떨어져 있는 것으로 기록되어 있다. 이 거리에 해당하는 지역은 연길일대가 된다. 이와 같은 견해는 이미 학계의 공인을 얻고 있을 뿐만 아니라 연길지역은 예부터 쌀 수확이 높은 곳이다.[19] 따라서 연길일대에 盧州가 위치했다는 것은 '盧州之稻'라는 문헌기록에 부합된다. 이렇게 본다면 박진석이 주장하는 책성이 연길일대에 있었다는 견해는 성립되기 어렵다. 만약 책성이 연길일대에 있었다면 『新唐書』渤海傳의 기록은 지금의 연길지역에 두 종류의 특산물, 즉 稻와 豉가 있다는 것과 같게 되며 또한 연길일대에 一地二名, 즉 盧州를 또 柵城으로도 지칭하게 되는 상황이 된다. 그러나 『新唐書』渤海傳기록의 문구로 볼 때 배열하는 형식을 취하였다. 즉 各地의 특산물을 열거할 시 그 지역의 가장 이름 있는 특산물을 제시하였다. 어느 한 지역에서 두개 이상의 특산물을 기록한 예는 없다. 따라서 盧州특산물에 관한 기록도 예외가 아님을 알 수 있다. 만약 그 당시 연길일대에 진정으로 두 종류의 특산물이 있었다면 『新唐書』渤海傳은 "盧州之稻及豉" 혹은 "柵城之稻及豉"라고 기록할 수밖에 없다. 결코 어느 한 지역(연길)을 두 개의 地名(盧州와 柵城)

---

18) 『琿春史志』, 吉林文史出版社, 349쪽.
19) 『延邊朝鮮族自治州槪況』, 延邊人民出版社, 1984.

으로 기록할 수 없다. 따라서 盧州와 柵城은 두개의 서로 다른 지명임이 명백하다. 발해시기 연길일대에 쌀 생산이 유명한 盧州가 위치하고 있었다면 책성은 연길 외의 기타 지역에 위치했다는 것은 당연한 이치이다.

『新唐書』渤海傳에서 말하는 '柵城之豉'와 '盧州之稻' 기록은 책성의 위치가 연길일대가 아니고 琿春지역에 있었다는 좋은 傍證 자료가 된다.

결론

상술한 검토를 종합하여 보면 아래와 같은 결론을 내릴 수 있다.

현재까지 학계에서는 고구려 책성유적의 지리적 위치에 관해 많은 견해들을 제기하였다. 그러나 琿春一帶說을 주장하는 견해가 보편적으로 받아들여지고 있다. 琿春일대에서도 많은 고구려古城 중에서도 溫特赫部城이 책성유적으로 비정될 수 있는 여러 가지 조건들에 부합된다. 다방면의 분석을 거쳐 延吉일대의 城子山山城 等等 유적들이 고구려의 책성으로 비정될 수 있는 가능성은 상대적으로 적다. 특히 발해국시기의 특산물인 '柵城之豉'와 '盧州之稻'라는 문헌기록으로부터 볼 때 책성이 연길일대에 있었다는 것은 불가능하며 琿春지역에 있었다는 것을 확실히 말하여 준다. 발해국시기 琿春에 있는 東京龍原府를 일명 柵城府로 호칭하는 것도 우연이 아니고 고구려시기의 책성이름을 그대로 답습하였음을 말하여 준다.

고구려시기 책성은 왕이 巡狩하는 중요한 성읍의 하나이다. 고구려에서 왕의 巡狩는 하나의 정착된 제도로써 상당히 오랜 시간동안 행해지어 왔다. 고구려 巡狩制度의 주요한 기능은 첫째, 왕이 직접 白鹿, 白獐 등 성스러운 짐승들을 사냥하여 하늘에 제사를 지내며(祭天) 또한 고구려에서 군사훈련을 진행하는 주요한 형식의 하나이다. 둘째, 왕이 나라의 邊疆을 穩定 및 통치기반을 확고히 하기 위하여 수시로 변방의 重鎭들을 巡査하는 역할을 한다.[20] 순수제가 변방의 重鎭들을 巡査하는 기능이 있기 때문에 왕이 巡視한 책성은 변방의 重鎭임을 의미한다. 즉 책성은 고구려의 동쪽 邊界의 중요한 城이었음을 말하여 준다. 이와 같은 점은 앞에서 이미 언급한 "遼東南一千餘里 東至柵城 南至小海 北至舊夫餘"라는 고구려 강역에 관한 문헌기록과도 부합된다. 고구려가 평양에 천도한 후의 강역에서도 연길일대는 동쪽 변방의 중요한 城으로도 될 수 없다. 그러나 琿春지역은 당시 고구려의 동쪽 邊界로 볼 수 있다.

상술한 내용들을 종합하여 보면 琿春일대의 溫特赫部城을 고구려의 柵城유적으로 비정하는 것이 가장 적합하다.

후기:

본문은『고구려문화의 역사적 의의』, 고구려연구재단, 2005년 10월 11~12일에 발표한 것이다. (한·중 학술회의 논문집)

본서에는 그의 전문을 수록했는데 주해 번호는 원문과 다르다(이 자료 논문은 원저자의 허락을 받고 본서에 수록하였음).

---

20) 金瑛河, 1985,「고구려의 巡狩制」,『歷史學報』160.

제6장

好太王과 연계되는 몇 가지 유적과 유물

제1절 太王陵墓主新考

集安市는 400여 년(3년~427년)간 평양으로 천도하기 전 고구려 수도였다. 여기에는 1만여 기의 크고 작은 고구려 古墳들이 있다. 그중에는 일부 王陵들도 포함되어 있는데 太王陵이 바로 그중의 하나이다.

태왕릉의 묘주에 대하여 중외학계의 대부분 학자들은 고구려 제19대 好太王(廣開土王이라고도 부른다)의 능묘라고 보고 있으나 여기에는 적지 않은 모순들이 존재하고 있다. 필자는 태왕릉의 묘주는 호태왕이 아니라 고구려 제15대왕 美川王이라고 본다. 두 가지 방면으로부터 필자의 견해를 피력하려고 한다. 많은 부당한 점들이 있으리라고 생각되면서 여러분들의 기탄없는 가르침을 구하는 바이다.

1. 太王陵을 好太王능묘로 보는데서 존재하는 모순

다년간 중외학계의 대다수 학자들은 태왕릉을 호태왕 능묘로 보고 있는데 그 주요한 이유는 대체로 아래와 같다. 첫째 태왕릉에서 "願太王陵安如山固如岳"이라 새겨진 銘文塼이 발견되었다는 것이다. 둘째 태왕릉과 호태왕비의 거리가 가깝다는 것이다. 셋째 2003년에 태왕릉에서 "辛卯年 好大(太)王 □造鈴 九十六"이란 글자가 새겨진 구리방울(銅鈴)이 발견되었다는 것 등이다. 그러나 이상의 이유들이 표면상 일정한 도리가 있는 것 같지만 조금만 더 세심하게 살펴보면 적지 않은 모순점들이 존재하며, 충분한 설복력도 결핍되었다는 것을 발견할 수 있다. 필자는 태왕릉이 호태왕능묘가 아니라고 인정한다. 그 이유는 아래와 같다.

1) '太王'과 太王陵묘주의 관계

태왕릉에서 일찍이 "願太王陵安如山固如岳"이라고 새겨진 명문전이 발견되었으며, 중외학계의 대부분의 학자들이 이를 태왕릉이 바로 호태왕능묘라는 주요한 근거로 보았다. 이에 대하여 필자는 다른 견해를 갖고 있다. 왜냐하면 '太王'은 호태왕의 고유 명칭이 아니라 당시 국왕에 대한 일종의 존칭이었기 때문이다. 고구려 역사에서 '태왕'으로 칭한 왕은 3명 있었다.

예를 들면 호태왕비문의 제1면 제4행과 제7행 사이에 각각 한 번씩 '태왕'이 나타나는데 이것이 호태왕을 '태왕'으로 칭한 유력한 증거이다.[1]

이밖에 牟頭婁墓誌(冉牟墓誌라고도 부른다)의 제11행에도 "聖太王之世"라는 문자가 있다.[2]

필자는 '聖太王'은 호태왕을 가리키는 것이 아니라고 본다. 왜냐하면 모두루묘지의 제44~45행에 비로소 "遝(及 – 필자)至國岡上廣開土地好太聖王"이란 문자가 처음으로 나타나기 때문이다. '遝至'를 '及至'로 해석하는 것으로부터 볼 때 이는 모두루묘지에서 처음으로 나타나는 호태왕의 명칭이다. 물론 그전에(묘지의 제11행) 나타난 '성태왕'은 호태왕을 가리키는 것이 아니다. 이밖에 반드시 지적할 점은 묘지에서 호태왕을 '國岡上廣開土地好太聖王'이라고 칭했다는 것이다. 여기서 알 수 있듯이

---

1) 『好太王碑拓本研究』, 黑龍江朝鮮民族出版社, 2001年版, 2 資料篇 (2) 歷代好太王碑照片·(3) 歷代各家釋文. 아래에 好太王碑文을 인용시 다시 주석을 달지 않는다.

2) 『中國境內高句麗遺跡研究』, 藝河出版社, 1995年版, 238쪽, 圖版. 아래에 牟頭婁墓誌를 인용할 때 다시 주석을 달지 않는다.

모두루묘지에서 호태왕(전칭)의 마지막 세 글자를 '太聖王'이라고 하였다. 이는 묘지의 제11행에 기록된 '聖太王'과 다르다. 즉 '太'와 '聖'자의 위치가 서로 바뀌었는데 이것을 통해 '성태왕'이 호태왕을 가리키는 것이 아님을 알 수 있다.

그렇다면 모두루묘지에서 나타나는 '성태왕'은 고구려의 어느 왕인가를 고찰할 필요가 있다. 이점에 대하여 대부분 학자들은 모두 '聖太王之世'이후 제23행에서 나타나는 慕容鮮卑의 고구려 침입과 서로 연결시키고 있다. 그들은 모용선비(前燕)가 340년대에 고구려를 침공한 사실에 근거하여 '성태왕'은 이보다 조금 이른 시기의 美川王 혹은 故國原王으로 보고고 있다. 이밖에 묘지의 '聖太王之世'의 바로 위, 즉 제10행 제8자부터 10자의 위치에서 '國岡上'이라고 읽을 수 있는 글자 흔적들이 있다고 하면서 이 부분을 '國岡上聖太王之世'로 하였다. 그들은 또 '국강상성태왕'과 『三國史記』중의 "故國原王一云國岡上王"을 연관시키면서 묘지의 '성태왕'이 고국원왕이라고 인정하고 있다.[3]

필자도 이전에는 이 견해에 동의하여 모두루묘지의 '성태왕'은 호태왕이 아니라 그보다 이른 시기의 고국원왕이라고 인정하였다.[4] 그러나 현재는 이전의 관점을 버리고 묘지의 '성태왕'은 고국원왕이 아니라 그의 부친인 미천왕이라고 인정한다. 그 이유는 다음과 같다.

앞에서 서술하였듯이 모두루묘지의 제11행에서 '聖太王之世'라고 기록한 후 12행을 지나 23행에 비로소 '慕容鮮卑'라는 글자가 나타나는데 이것은 모용선비(전연)의 고구려 침공은 '聖太王之世'에 발생한 것이 아니라 이보다 조금 늦은 시기에 발생했다는 것을 증명한다.

다음으로 일부 고서와 『조선사연표』에 의하면 모용선비가 건립한 전연은 339·342·345년 세 차례에 거쳐 고구려를 침공하였다. 그런데 미천

---

3) 『朝鮮學報』 119·120합집, 日本朝鮮學會, 昭和 61年 7月판, 102~103쪽.

4) 『코리아학연구』, 民族出版社, 1994년 2기, 65~84쪽.

왕의 재위기간은 300~331년까지이고 고국원왕의 재위기간은 331~371년
까지이다.5) 이러한 정황에서 묘지의 '성태왕'을 고국원왕으로 본다면 그
것은 필연적으로 '성태왕'과 '모용선비'의 관계를 서술한 모두루묘지의
기록('聖太王之世'와 모용선비가 고구려를 진공한 사건사이에는 마땅히
일정한 시간적 간격이 있어야 한다)와 모순이 생긴다. 그러나 묘지의 '성
태왕'을 미천왕으로 보면 미천왕이 죽은 후에 발생한 모용선비가 고구려
를 침공한 사건은 '聖太王之世'와 모용선비사이의 관계를 서술한 모두루
묘지의 기록(양자사이에 일정한 시간적 간격이 있다)와 서로 맞아 떨어
진다.

이외에도 최근에 태왕릉에서 "辛卯年好太王 …"이라고 새겨진 銘文
銅鈴이 발견되었는데 이는 필자가 이전의 관점을 바꾸는데 극히 중요한
역할을 하였다. 이점에 대해서는 본문의 다른 부분에서 상세하게 논하기
로 하고 여기에서는 생략하겠다.

상술한 여러 정황을 통해 모두루묘지에 기록한 성태왕은 호태왕도 아
니고 고국원왕도 아니며 미천왕을 가리킨다는 것을 증명하였다.

또 中原高句麗碑文에 의하면 좌측면 제3행에 '辛酉年'이란 간지가 있
고 그 아래에 '太王(혹은 大王이라고도 한다)'이라는 글자가 나타나고 제
5행 중에 다시 '辛酉' 두 글자가 있다. 비록 碑面이 똑똑하지 않지만 양
자(신유년과 태왕)는 밀접하게 연결되어 있음을 확인할 수 있다.6)

필자의 검토에 의하면 호태왕 재위기간(391~412년)에는 신유년이 없
었으나 장수왕의 재위기간에는 421·481년 두 차례나 존재하였다.7) 이
로부터 중원고구려비문 중의 신유년과 밀접히 연결되어 씌어진 '태왕'은
호태왕을 가리키는 것이 아님을 증명할 수 있다. 이밖에 중원고구려비문

---

5) 『조선사연표』, 朝鮮과학원, 1957년판, 58~70쪽.

6) 『史學志』 제13집(중원고구려비특집), 檀國大學校史學會, 1979년판 비문석문.

7) 『三國遺事』 권1, 王曆 高句麗 廣開土王조, 長壽王조 ; 『조선사연표』, 73~90쪽.

의 전체내용으로 볼 때 당시 고구려와 신라는 우호관계를 맺었으며 양자의 관계에서 고구려가 명확하게 우세를 차지하였다. 이와 동시에 양자사이에는 모순도 싹트고 있었다. 이러한 정황에 비추어 일부 학자들은 중원고구려비의 '태왕'은 고구려의 제20대 장수왕이라고 인정하고 있다. 이에 대하여 필자도 동감을 표시한다.

이상에서 '태왕'은 호태왕의 고유 명칭이 아니라 역대 국왕들에 대한 존칭이라는 것을 알 수 있다. 太王陵에서 "願太王陵安如山固如岳"이라는 명문전이 발견되었는데 이를 이유로 태왕릉을 호태왕의 능묘로 보고 있는데 이것은 과학적 근거가 결핍하고 설복력도 부족하다.

2) 太王陵과 好太王碑의 관계

태왕릉과 호태왕비의 거리는 200~300m로 가까우며 규모에서도 집안의 고구려 고분들 중에서 가장 큰 것 가운데 하나이다. 이는 적지 않은 학자들이 태왕릉을 호태왕능묘로 보는 중요한 원인의 하나지만 여기에도 적지 않는 모순이 존재하고 있다.

첫째 비록 태왕릉과 호태왕비사이의 거리는 가깝지만 그가 앉은 방위가 서로 어울리지 않는다. 현지조사에 의해 알 수 있듯이 태왕릉의 동북 200~300m되는 곳에 호태왕비가 있다. 만약 태왕릉을 호태왕의 능묘로 볼 때 "훈적을 명기하고 후세에 명시하라(銘記勳績以示后世焉)"는 목적으로 세운 호태왕비를 호태왕능묘의 북면(동북방)에 두는 것은 일반적으로 불가사의한 일이라고 보아진다. 이는 고구려시기에 유행되던 五行사상과도 맞지 않는다고 할 수 있다.

『삼국사기』의 기록에 의하면 "유리왕 29년(10년 - 필자)에 모천이란 내 위에서 검은 개구리와 붉은 개구리가 떼를 지어 싸우다가 검은 개구리가 이기지 못하고 죽었다. 해석자가 있어 말하기를 검은 것은 북방의 색이니 북부여가 파멸할 징조라고 하였다(矛川有黑蛙與赤蛙群鬪 黑蛙不

勝死 議者曰 黑者北方之色 北扶餘破滅之徵也)." 대무신왕 "3년(20년) …
夫餘王 帶素가 사신을 보내어 붉은 까마귀를 보내왔는데 머리는 하나이
고 몸은 둘이였다. … 왕이 군신들과 의논하고 대답하기를 검은 것은 북
방의 색인데 지금 이것이 변하여 남방의 색이 되고 또 붉은 까마귀는
상서로운 물건이였거늘 그대가 얻어서 가지지 않고 나에게 보내니 양국
의 존망을 모르겠다고 하였다(大武神王 "三年 … 扶餘王帶素遣使 送赤烏
一頭二身 … 王與群臣議答曰 '黑者北方之色 今變而爲南方之色 又赤烏瑞
物也 君得而不有之 以送于我 兩國存亡 未可知也.'").[8]

이로부터 고구려는 1세기 초부터 唯心主義化한 오행사상이 유행되기
시작했다는 것을 알 수 있다. 이런 사상은 黑色과 北方, 赤色과 南方을
서로 연관시키며 南方은 희망과 승리를 상징하고 北方은 흉조와 실패를
상징한다. 이런 유심주의화한 五行사상은 4~5세기까지 소실되지 않았
을 뿐만 아니라 반대로 더욱 발전되었을 가능성이 크다. 이런 판단이 틀
리지 않는다면 고구려 사람들은 절대로 호태왕 능묘의 북면(동북방)에
비석을 세워 "銘記勳績以示后世焉"하지 않았을 것이다.

둘째 태왕릉은 서남쪽을 향하여 수축되었는데 태왕릉의 동북방에 세
운 호태왕비가 동남을 향한 비면이 제1면인 것과 비교하여 보면 양자의
방향이 서로 어울리지 않는다. 이점은 양자사이에는 필연적으로 연계가
없다는 것을 증명할 뿐 양자가 한개 정체중의 두개의 다른 구성부분이라
는 것을 증명할 수는 없다.

일부 전문가들에 따르면 "비교적 이른 시기의 '測圖', 2003년의 사업
성과에 의하면 태왕릉에는 일찍 완전한 陵域이 있었는데 호태왕비는 그
범위에 들지 않았다. 또 EG26~EG28探溝로서 확인한데 의하면 비석과
능묘사이에는 '神道', '參道' 등 일정한 규모의 교통도경도 없었다."[9] 이

8) 『三國史記』 권13, 高句麗本紀1 琉璃王 29年조 ; 앞의 책 권14, 本紀2 大武神王
  3年조.

러한 기록들은 주목을 끌지 않을 수 없다.

셋째 어떤 사람들은 호태왕비는 사실상 일종의 守墓人碑이기 때문에 그와 호태왕릉 사이에는 위치 혹은 방향 등의 문제가 제기되지 않는다고 인정하고 있다.[10)]

그러나 이러한 견해는 호태왕비의 성격에 대하여 전면적인 요해가 없는데서 기인한 착각일 수 있다. 앞에서 언급하였듯이 호태왕비는 우선 호태왕의 勳績碑이다. 비문의 제1면에 명확하게 기록하였듯이 "이로 하여 비석을 세워 훈적을 명기하고 후세에 명시한다"라고 했으니 이 점을 충분히 증명한다. 일반적인 정황에서 고구려 사람들은 훈적비를 이와 연관되는 능묘의 북면 혹은 뒤에 세우지 않을 것이다.

만약 호태왕비가 확실히 수묘인비라면 간단하게 守墓人의 내원지와 호수 등을 기록한 보통의 수묘인비가 아니라 장수왕이 직접 호태왕의 생전의 '言敎'를 '敎令'으로 삼아 호태왕의 능묘주위에 수묘인연호를 안배하고 해당되는 관리제도를 제정하여 그를 비면에 기록(又制守墓人自今以後不得更相轉賣 雖有富足之者亦不得擅買 其有違令賣者刑之 買人制令守墓之)하여 세상에 공시한 아주 귀중한 석비이다. 이것은 일종의 귀족세력을 공제하고 수묘인의 지위를 안정시키며 나아가 왕권을 한층 강화하고 공고하게 하는 유력한 조치이다. 학계에서는 일반적으로 성문화한 법률을 석비에 새긴 '律令碑'라고 인정하고 있다. 이런 판단이 사실이라면 이 비석이 실제로 수묘인비라 할지라도 능과 비사이의 위치와 방향등의 문제를 고려하지 않을 수 없으며, 특히 당시 고구려에서 유행한 유심주의화한 오행사상과 연관하여 함께 고려한다면 호태왕릉의 북부(동북방)에 호태왕비를 세우는 정황이 나타날 수가 없다. 이것도 역시 태왕릉을 호태왕능묘로 볼 수 없는 원인중의 하나이다.

---

9) 『集安高句麗王陵』, 文物出版社, 2004년 6월판 335쪽.
10) 池內宏, 『通溝』 卷上, 日滿協和協會, 昭和 13년판, 67~73쪽.

3) 太王陵에서 발견된 銘文銅鈴에 대한 분석

2003년에 태왕릉에서 "辛卯年 好大(太)王 □造鈴 九十六"이라고 씌어진 동령이 발견되었다. 이에 대하여 중외학계에서 모두 깊은 관심을 가지고 있다. 적지 않은 사람들은 이 구리방울의 발견으로 이미 태왕릉의 묘주가 호태왕임이 확정되었다고 하는바 태왕릉이 호태왕의 능묘라는 것이다.[11] 이러한 인식은 표면상으로 볼 때 도리가 있는 것 같지만 조금만 세밀하게 고려하면 적지 않은 모순들을 발견할 수가 있다. 필자는 태왕릉에서 발견된 구리방울은 태왕릉이 호태왕의 능묘라고 증명할 수 없다고 본다.

첫째 그들은 모두 구리방울 중의 辛卯年은 고구려의 제19대 호태왕의 즉위년 즉 391년이라고 하였다. 그러나 필자는 이런 인식이 꼭 역사사실과 부합된다고 단정할 수 없으며 토의할 여지가 많다고 생각한다. 필자의 조사에 따르면 4~5세기에서 辛卯年과 부합되는 년대는 331·391·451년인데 그중에서 고구려의 제19대 호태왕과 연관되는 신묘년은 391년이다. 이 해에 고국양왕이 죽고 호태왕이 왕위에 오르는데 이것이 호태왕의 즉위년이다. 그러나 호태왕비문 중의 "國岡上廣開土境平安好太王 二九登祚 號爲永樂太王"이라는 기록에 의하면 호태왕이 왕위를 계승한 후에 '호태왕'으로 칭한 것이 아니라 '永樂太王'으로 칭했으며 호태왕은 그가 죽은 후의 諡號임을 알 수 있다. 이 판단이 사실이라면 구리방울에 씌어진 신묘년은 호태왕의 즉위년이 아니라 다른 왕의 재위시의 신묘년일 수 있다.

둘째 관련사진으로 볼 때 구리방울에 씌어진 왕호는 '好太王'인 것이 아니라 '好大王'이다(본문의 사진 참조). 왕에 대한 존칭면에서 고려할 때 '호태왕'과 '호대왕'은 별다른 구별이 없다. 그러나 한 왕의 고유 명칭으로 고려하면 양자사이에는 명확한 구별이 있는 것이다. 이 판단이

---

11) 『集安高句麗王陵』, 272·334쪽 ; 趙法鍾, 2004.1.14, 又石大學校박물관장 "廣開土王陵은 將軍塚이 아니라 太王陵이다." 『東亞日報』 제19면.

사실이라면 적지 않은 사람들이 구리방울에 새겨진 '호대왕'을 '호태왕' 으로 고쳐 그를 고구려의 제19대 호태왕의 고유 명칭으로 보는 견해는 사실과 부합되지 않는다고 본다.

셋째 만약 구리방울에 새겨진 '호대왕'을 '호태왕'으로 고친 것이 정확하다고 하더라도 역시 호태왕과 신묘년을 서로 연관시킬 수 없다. 왜냐하면 호태왕은 그가 죽은 다음에 부쳐진 시호이고 신묘년은 그가 즉위하던 해이기 때문에 양자사이에는 그 성질이 다를 뿐 만 아니라 시간적 차이도 22년 이상이나 되기 때문이다.

일부 학자들은 호태왕은 그의 시호이고 신묘년은 그의 즉위년이라는 점을 인정하지만 구체 이유를 설명하지 않고 양자를 연관시키고 있다. 또 일부 학자들은 호태왕의 즉위년이 바로 신묘년이기에 즉위하자 즉시 령을 내려 구리방울을 만들게 했다고 보고 있다. 이런 이유로 태왕릉에서 발견된 구리방울에 '辛卯年好太王'이란 여섯 글자가 씌어진 것이고 이는 우연한 일이 아니라고 하고 있다.

그러나 이러한 견해는 신묘년과 호태왕의 시호 사이에 모순이 생기게 한다.

『現代漢語辭典』에서 '諡'자에 대한 해석은 "군주시대 제왕·귀족·대신들이 죽은 후 생전의 사적에 따라 부쳐주는 칭호이다"라고 하였다. 이에 대한 『辭源』의 해석도 기본상 같다.[12]

이외 『삼국사기』의 기록에 따르면 고구려에는 국왕이 죽은 후 그의 매장지 및 생전의 사적에 따라 王號(시호)를 제정하는 관례가 존재했는데 예를 들면 다음과 같은 것들이 있다.

(1) 山上王 "三十一年 … 王薨 葬於山上陵 號爲山上王."

---

12) 『現代漢語辭典』, 商務印書館, 1980년판, 1038쪽 ; 『辭源』, 商務印書館, 1989년판, 2911쪽.

(2) 中川王 "二十三年 … 王薨 葬於中川之原 號爲中川王."
(3) 西川王 "二十三年 王薨 葬於西川之原 號爲西川王."
(4) 烽上王 "九年 … 葬於烽上之原 號曰烽上王."
(5) 美川王 "三十三年 … 王薨 葬於美川之原 號爲美川王."
(6) 故國原王 "四十一年 … 王 … 薨 葬於故國之原."
(7) 小獸林王 "十四年 … 王薨 葬於小獸林 號爲小獸林王."
(8) 故國壤王 "九年 … 王薨 葬於故國壤 號爲故國壤王."
(9) 廣開土王 "二十二年 … 王薨 號爲廣開土王."13)

상술한 (1)부터 (8)은 고구려에는 왕이 죽은 후 매장지명칭에 따라 왕호(시호)를 결정하는 관례가 있었음을 증명하고 (9)는 왕이 죽은 후 그의 생전의 사적에 따라 왕호(시호)를 결정하는 사례가 있었음을 증명한다. 이점은 위에서 이미 제시한 시호에 관한 사전의 해석과 부합된다.

계속하여 호태왕의 왕호성격문제를 설명하려 한다. 이에 대해서는 호태왕비문에 제일 상세하게 씌어있다. 여기에는 '國岡上廣開土境平安好太王'·'國岡上廣開土境好太王'·'好太王'·'太王' 등 다양한 칭호들이 기록되어 있다. 그중 '국강상광개토경평안호태왕'이 제일 완벽한데 이는 그의 전칭이다.

國岡上의 '國'은 고구려의 수도(국내성, 집안)를 가리키고 '岡上'은 수도에서 지세가 비교적 높은 곳을 가리키며 양자를 합치면 그의 매장지명칭이다.

廣開土境은 호태왕이 재위시의 공적(영토 확장 등)을 가리킨다.

平安은 호태왕 재위시의 태평성세를 칭찬하는 것인데 비문중의 '庶寧其業'·'國富民殷'·'五谷豊熟' 등 기록은 모두 이런 용어다.

호태왕은 비문에 기록되어 있는 '國岡上廣開土境平安好太王'의 마지막 세 글자인데 그의 약칭과 시호이며 또한 그의 고유 명칭이라고 볼

---

13) 『三國史記』 권16, 高句麗本紀4 ; 권17, 本紀5 ; 권18, 本紀6 중의 상관되는 왕의 연대.

수 있다.[14]

이상에서 열거한 사실에서 알 수 있듯이 신묘년(호태왕의 즉위년)에는 시호로서의 호태왕이 아직 나타나지 않았다. 왜냐하면 이때는 아직 호태왕 사후의 매장지(國岡上)가 결정되지 않았으며 더욱이는 호태왕 재위시에 쌓은 업적(영토 확장 등)에 대해서도 묘사할 수가 없었기 때문이다. 따라서 호태왕의 즉위년인 신묘년에 令을 내려 구리방울을 만들게 하고 태왕릉에서 발견된 구리방울에 '辛卯年 好太王'이라는 여섯 글자가 새겨지게 되었다는 견해는 성립될 수 없게 된다.

이렇게 볼 때 호태왕 談德의 생전 왕호는 '호태왕'이나 '광개토왕'이 아니라 '永樂太王'이다. 비문에 기록된 "國岡上廣開土境平安好太王 二九 登祚 號爲永樂太王"은 바로 이 점을 증명한다.

총적으로 태왕릉에서 발견된 구리방울은 태왕릉의 주인이 바로 호태왕이며 태왕릉이 호태왕의 능묘라는 것을 증명할 수 없다. 오히려 이 구리방울의 발견은 태왕릉이 호태왕의 능묘가 아님을 증명하는 중요한 실물증거로 된다.

2. 太王陵의 묘주는 응당 美川王이다

필자는 태왕릉의 묘주는 호태왕이 아니라 미천왕일 가능성이 크다고 본다. 아래에 세 개 방면으로 이 문제를 논하려 한다.

1) 太王陵의 축조연대와 美川王의 재위시기가 기본적으로 어울린다.

태왕릉은 將軍塚·千秋墓 등과 함께 모두 方壇階梯石室墓에 속하는데

---

14) 朴時亨, 1966, 『광개토왕릉비』, 朝鮮과학원출판사, 136~137쪽.

학계에서는 일반적으로 고구려 적석묘의 최고발전단계로 보고 있으며, 이 고분의 축조시기를 "대체로 5세기 전후"로 보고 있다.[15] 그러나 학자들에 따라 "방단계제석실묘의 상한은 3세기 말부터 4세기 초이고 하한은 5세기라고 하였다."[16] 일부 학자들은 태왕릉을 서술할 때 "이 고분은 방단계제석실묘형식으로서 그 연대는 4세기 말부터 5세기 초까지"라고 했으며 장군총을 서술할 때에 "이 고분은 방단계제석실묘의 전형"으로서 "고구려 적석묘 중에서 연대가 가장 늦은 형식이며 유행한 시기는 4세기 말에서 5세기 초라고 하였다."[17]

또한 積石墓의 被葬者신분을 확정할 때 積石墓에서 출토된 막새기와들을 연구하여 太王陵型 → 千秋墓型 → 將軍塚型의 순서로 발전했다고 하면서, 태왕릉의 축조는 4세기 중엽이고 천추묘는 4세기 말 전후이며 장군총은 5세기 초에 축조되었다는 주장도 있다.[18]

이상의 고고학 연구 성과로 볼 때 태왕릉의 축조연대는 장군총보다 빠른 대체로 4세기로 올라간다. 앞에서 서술하였듯이 고구려 제15대 미천왕의 재위기간은 300~331년이다. 따라서 태왕릉의 축조연대와 미천왕의 재위기간은 기본상 맞는다.

2) 구리방울중의 '辛卯年好太王'과 美川王의 관계

『삼국사기』에 의하면 "미천왕이 죽자 미천지원에 매장하였고 왕호를 미천왕으로 하였다(… 王薨 葬於美川之原 號爲美川王)."[19] 미천왕은 그의 매장지 명칭에 의해 제정된 왕호(시호)라는 것을 알 수 있다. 고서와

---

15) 李殿福, 「集安高句麗墓硏究」, 『考古學報』, 1980년 제2기.

16) 魏存成, 1994, 『高句麗考古』, 吉林大學出版社, 53쪽.

17) 『集安縣文物志』, 吉林省文物志編委會, 1985년판, 165~169쪽.

18) 田村晃一, 1985, 「高句麗積石墓의 연대와 피장자문제」(中譯文), 『東北亞歷史與考古信息』 2, 吉林省文物考古硏究所, 62~64쪽.

19) 『三國史記』 권17, 高句麗本紀5 美川王 32년조.

『조선사연표』 등의 기록에 의하면 미천왕은 왕위에 있은 지 32년 만에 사망하였다. 이것은 간지로 신묘년(331년)이 된다. 즉 美川王이 바로 신묘년에 죽은 것이다.

이상의 서술에서 태왕릉에서 발견된 '신묘년'이라고 새긴 구리방울과 미천왕(시호)을 서로 연관시켜도 전혀 모순이 발생하지 않는다. 이점은 위에서 언급한 호태왕의 정황과 현저한 대비를 이룬다.

이외 『삼국사기』에 의하면 "미천왕은 일명 好壤王이라고도 부른다(美川王 一云好壤王)."라고 하였다. 『삼국유사』에도 이와 동일한 내용의 기록이 있다.[20] 고서에 기록된 '호양왕(미천왕)'과 구리방울에 새겨진 '호대왕'은 글자 하나의 차이밖에 보이지 않는다. 이 한 글자['壤'과 '大(太)']의 차이도 일반칭호와 그에 대한 존칭사이의 차별일 뿐이다. 이 점에서 고려할 때 양자사이에는 밀접한 연계가 있었을 것이며 후자(호대왕)는 전자(호양왕)의 존칭일 가능성이 크다. 고구려 역사상 역대 국왕을 '호태왕'·'태왕'·'대왕' 등으로 칭한 사례가 많은데 이것들은 그의 방증이다.

종합하면 태왕릉에서 발견된 구리방울에 새겨진 '신묘년'과 '호대왕(호태왕이라고도 함)'은 모두 미천왕과 연관이 있다. 따라서 이것은 태왕릉을 미천왕릉으로 볼 수 있는 결정적 근거가 되는 유물인 것이다.

3) 太王陵의 현황과 고서중의 美川王기록에 관한 관계

태왕릉의 현황과 고서중의 미천왕에 관한 기록은 기본상 부합된다.

첫째 集安은 고구려의 수도였으며 여기에는 1만여 기의 크고 작은 고구려의 고분이 분포되어 있는데 태왕릉과 장군총과 같은 대형적석묘도 포함되어 있다.

---

20) 『三國史記』 권17, 高句麗本紀5 美川王 1년조 ; 『三國遺事』 권1, 王曆1 高句麗 美川王조.

태왕릉은 방단계제석실묘인데 평면형태는 정방형이고 한 변의 길이
가 62.5~68m이며 남아 있는 높이는 14.8m이다. 매 변의 길이로 보면
규모가 장군총(매 변의 길이는 30.15~31.25m, 높이는 13.07m)보다 배
가 더 된다.[21] 태왕릉의 규모가 이토록 크다는 것은 이 고분은 틀림없이
왕릉이며 고구려의 역대국왕 가운데서도 큰 공훈을 쌓은 사람이라는 것
을 증명한다.

『삼국사기』에 의하면 미천왕은 고구려의 역대국왕 가운데서도 비교
적 높은 명성을 지녔던 국왕이다. 그는 즉위하기 전에 "수실촌 사람인
음모의 집에서 삭일도 하였고(水室村人陰牟家傭作)" 또 "동촌사람인 재
모와 더불어 소금장사도 하였다(東村人再牟販鹽)." 후에 國相 倉助利 등
군신들의 추천으로 왕위를 계승하였다. 그가 재위한 32년간 고구려는 남
방으로 영토를 널리 확장하였다. 313년에는 낙랑군(평양일대)을 차지하
였고 이듬해에는 대방군(황해도지역)을 합병하여 400여 년에 달하는 한
사군의 통치를 끝냈으며 강역을 지금의 황해도지역까지 확장하였다. 대
륙방면으로는 현토군과 요동군의 쟁탈을 둘러싸고 前燕과 공방전을 벌
이고, 또한 西晉 平州刺史 崔氏의 '來奔'을 수용하여 그와 연합하여 前燕
의 '棘城'을 공격하고, "后趙의 石勒에게 사신을 보내어 화살을 바치게
하는" 등 복잡한 형세에서 활발한 외교활동을 전개했다.[22]

이와 같이 태왕릉의 규모는 미천왕이 재위기간에 이룩한 위망과 업적
에 부합된다는 것을 알 수 있다.

둘째 태왕릉은 심한 파괴를 당하였다. 70년 전에 출판된 『通溝』라는
책에는 태왕릉의 "파괴정도가 심하여 원형이 얼마 남지 않았으며", "심
하게 황폐화"했기에 "기단의 일부와 가공을 거치지 않은 석재, 고분위에
설치한 묘실" 등으로 겨우 이 고분은 장군총과 같은 형식의 석실분임을

21) 『集安高句麗王陵』, 216~235쪽 ; 『集安縣文物志』, 165~167쪽.
22) 『三國史記』 권17, 高句麗本紀5 美川王조.

알 수 있다고 지적하였다.[23]

현지답사를 통해서도 알 수 있듯이 이 고분은 매우 심하게 파괴되었기 때문에 원래 높이를 알 수 없으며 陵의 주변에 크고 작은 돌들이 사방에 널려 있어 方壇階梯의 원래 모습도 거의 알아 볼 수 없을 정도이다.

묘실도 심하게 파괴당하였고 도굴당한 흔적도 있다. '태왕릉묘실발굴작업'에 참가한 학자들에 따르면 "기록에 의하면 도굴구멍은 약 5m 두께의 묘실 바깥벽을 훼손한 후 남벽의 위로부터 묘실에 들어갔다고 한다. 남벽이 파괴된 면적은 3분의 2가 되고 동벽의 안쪽도 파괴된 흔적이 있다고 한다. 안벽을 철거하면 우선 石槨을 만나게 되는데 도굴자들은 석곽을 부수고 묘실에 들어갔다고 한다."[24]

또한 『삼국사기』에 따르면 342년에 前燕의 慕容皝이 대군을 이끌고 고구려의 수도를 침공했는데 "미천왕릉을 발굴하여 시체를 싣고 부고에 있는 보물을 약탈하였다. 또 남녀 5만여 명을 사로잡았으며 궁실은 불사르고 환도성을 헐어 버리고 돌아갔다(發美川王廟 載其屍 收其府庫累世之寶 虜男女五萬餘口 燒其宮室 毁丸都城而還)."[25]

이로 보아 태왕릉(묘실을 포함)의 파괴는 전연군대의 "發美川王廟 載其屍" 사실과 연관이 있을 것이다. 이 판단이 사실이라면 태왕릉의 묘주는 호태왕이 아니라 미천왕일 가능성이 더 크다.

셋째 『集安高句麗王陵』에 의하면 지금도 태왕릉에서 여전히 "願太王陵安如山固如岳"이라는 명문전이 발견된다고 한다.[26] 그러나 이것도 태왕릉을 미천왕릉으로 보는데 영향을 끼치지 않는다. 왜냐하면 고구려 역사에서 '태왕'으로 칭한 3명의 국왕 중에 미천왕도 포함되기 때문이다. 이점에 대하여서는 앞에서 이미 논했기에 여기에서는 더 깊이 논하지 않

---

23) 池內宏, 昭和 13년(1938), 『通溝』 상권, 日滿文化協會, 56~59쪽.

24) 『集安高句麗王陵』, 234쪽.

25) 『三國史記』 권18, 高句麗本紀6 故國原王 12년조.

26) 『集安高句麗王陵』, 317~320쪽.

겠다. 또한 태왕릉을 미천왕릉으로 본다면 릉(태왕릉)과 비(호태왕비) 사이에는 서로 직접적인 연계가 없게 되며 또한 양자 사이에는 위치와 방향 등에서도 문제가 존재하지 않게 된다.

맺음말

중외학계의 대다수 사람들은 태왕릉을 호태왕의 능묘로 보는데 여기에는 적지 않은 모순들이 존재한다. 필자는 태왕릉의 묘주는 호태왕이 아니라 응당 미천왕이어야 한다고 본다. 그 이유는 아래와 같다.

첫째 태왕릉을 호태왕릉으로 보는 학자들은 합리적인 과학적 근거를 제시하지 못하였다. 그들이 의거한 "願太王陵安如山固如岳"이라는 명문전은 태왕릉이 호태왕의 능묘임을 증명하지 못하고 있다. 왜냐하면 '태왕'은 호태왕의 고유 명칭이 아니라 국왕에 대한 존칭이기 때문이다. 또 최근에 적지 않은 사람들이 호태왕릉에서 발견된 '辛卯年 好太王(실제는 好大王)'이라고 씌어 진 구리방울을 근거로 이것을 태왕릉을 호태왕의 능묘로 보는 결정적인 증거로 하고 있다. 그러나 필자는 이에 대해서도 동의하지 않는다. 왜냐하면 구리방울 중의 호태왕(시호)과 신묘년(391년으로 호태왕 즉위년이다)을 서로 연계시킬 수 없기 때문이다. 오히려 구리방울의 발견은 태왕릉이 호태왕의 능묘가 아님을 증명하는 아주 중요한 증거로 된다.

둘째 태왕릉의 축조연대는 4세기로 올라 갈수 있는데 이는 미천왕의 재위시기(300~331년)와 기본상 어울린다.

셋째 미천왕은 그의 매장지(美川之原) 명칭에 따라 제정된 시호이고 또한 미천왕은 신묘년(331년)에 죽었다. 여기서 구리방울 중의 신묘년과 미천왕을 서로 연관시켜도 아무런 모순이 발생하지 않는다는 것을 알 수 있다.

넷째 고서의 기록에 의하면 '미천왕'을 '好壞王'이라고도 부른다. 그리고 구리방울에 씌어진 '好大(太)王'은 '호양왕'과 아주 비슷한데 전자(호대(태)왕)는 후자(호양왕)의 존칭으로 보인다.

다섯째 태왕릉은 심하게 파괴되었는데 이는 고서에 기록되어 있는 전연의 군대가 "發美川王廟 載其屍"했다는 내용과 부합된다.

이밖에 태왕릉에서의 "願太王陵安如山固如岳"이라고 씌어진 명문전의 발견도 이 고분을 미천왕의 능묘로 확정하는데 영향을 끼치지 않는다. 왜냐하면 미천왕도 '태왕'으로 불려온 적이 있었기 때문이다.

이상에서 서술한 바와 같이 태왕릉은 호태왕의 능묘가 아니라 미천왕의 능묘일 가능성이 아주 크다.

후기: 본문은 『고구려 문화의 역사적 가치』(한·중공동학술회의), 中國, 北京, 中國社會科學院, 中國邊疆史地研究中心 2004년판에 수록된 것이다. 본문은 원래 중국어로 씌어진 것이었으나 尹鉉哲 교수가 한국어로 번역하였다

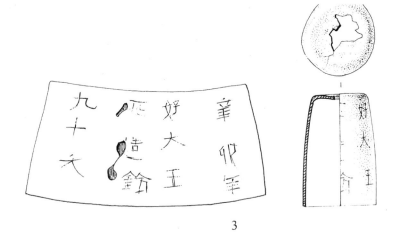

3

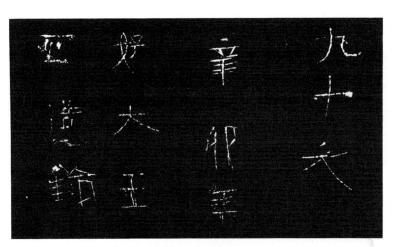

太王陵에서 발견된 銘文銅鈴
(「集安高句麗王陵」, 北京, 文物出版社 2004년판, 제272쪽)

제2절 將軍塚墓主考

1994년에 발표한 「호태왕릉고」라는 논문에서 호태왕릉은 태왕릉이 아니라 장군총이라는 견해를 제기하였다. 그 후 2004년에 「太王陵墓主新考」라는 논문을 발표하여 이전의 필자의 견해에 보충하거나 수정하는 작업을 진행하였다.[1] 그러나 「太王陵墓主新考」에서는 논문 제목에서 표현되는 바와 같이 태왕릉의 묘주를 밝혔을 뿐 호태왕의 능묘가 어느 것인가에 대해서는 전혀 논술하지 않았다.

「將軍塚墓主考」는 「好太王陵考」 가운데의 두 번째 내용인 "好太王陵과 將軍墓의 관계"를 약간 개작하여 썼음을 말하여 둔다.

1. 將軍塚을 東明王陵, 山上王陵 및 長壽王陵이라고 인정하는 견해의 부당성

장군총이 왕릉이라는데 대해서는 학계에 이견이 없다. 그러나 묘주가 어느 왕인가에 대하여서는 대체로 네 가지 견해가 있다. 첫째는 장군총이 시조왕인 동명왕의 능묘라고 보는 견해이며, 둘째는 산상왕의 능묘라고 보는 견해이며, 셋째는 장수왕의 능묘라고 보는 견해이며, 넷째는 호

---

1) 『코리아학연구(高麗學研究)』, 민족출판사, 1994년 2기(총 제3기), 65~84쪽 ; 「高句麗文化的歷史價值」, 中韓學術討論會 『會議手冊』, 中國社會科學院 中國邊疆史地研究中心, 2004년판, 81~108쪽.

태왕의 능묘라고 보는 견해이다. 필자는 네 번째 견해가 비교적 타당하다고 인정한다.

먼저 장군총이 東明王陵이나 山上王陵으로 보는 견해의 부당성을 지적할 필요가 있다.

『輯安縣志』 山川條에 의하면 '龍山'을 소개하면서 "前有東明聖王墓俗呼將軍墳"이라고 하여 장군총을 고구려 시조 동명왕의 능묘로 인정하였다. 또 같은 책 고적조의 「將軍墳論」에서는 『東國通鑑』의 말을 인용하여 "高句麗王朱蒙薨 太子類利立 葬始祖于龍山 號東明聖王"이라고 하였다.[2] 이상에서 장군총을 동명왕의 능묘로 인정한 것은 장군총이 자리하고 있는 산 이름(龍山)이 동명왕을 '龍山'에 모셨다고 쓴 『東國通鑑』의 기록과 일치한다는데 원인이 있다는 것을 알 수 있다. 또 어떤 학자들은 장군총이 있는 곳의 지세(立地條件)와 산상왕의 능묘를 '산상릉'이라고 했다고 쓴 『삼국사기』 고구려본기의 기록을 결부시켜 장군총을 산상왕의 능묘라 하였다.[3]

이와 같이 장군총을 동명왕릉이나 혹은 산상왕릉으로 인정하는 학자들은 사실상 충분한 과학적 근거를 제출하지 못하였다. 더 중요한 것은 장군총의 축조연대에 대하여 학계에서는 일반적으로 4세기 후반부터 5세기 초로 보고 있다는 사실이다. 이것은 고구려 고분의 발전과정과도 맞는 것으로 옳은 견해라고 할 수 있다. 그런데 고구려 시조인 동명왕은 기원전 19년에, 산상왕은 227년에 사망하였다.[4] 장군총은 산상왕의 사망한연대보다 근 200년가량 늦으며 동명왕이 사망된 연대보다는 400년이나 늦은 시기에 축조되었다. 이것은 장군총은 결코 동명왕릉이나 산상왕릉이 될 수 없다는 것을 증명해 준다.

---

2) 『輯安縣志』 권1, 疆域, 山川 및 古蹟조(中華民國 20년 출판).

3) 『朝鮮學報』 119·120합집, 朝鮮學會, 昭和 61년 7월판, 76쪽.

4) 『조선사연표』, 朝鮮과학원, 1957년판, 5·46쪽.

장군총을 장수왕의 능묘로 보는 견해도 역시 역사사실에 부합되지 않는다.

4세기 이후부터 고구려의 남진정책과 백제의 북진정책은 갈수록 경쟁이 격화되었다. 4세기 말~5세기 초에 고구려와 백제는 조선반도의 주도권을 놓고 치열한 전쟁을 전개하였다. 고구려 호태왕은 친히 대군을 거느리고 백제와 왜를 크게 타격하여 큰 성과를 거두었으며, 그의 남진정책은 보다 활기를 띠게 되었다. 바로 이와 같은 사회배경을 토대로 장수왕은 427년에 수도를 국내성에서 평양으로 옮기었다. 이것은 고구려 남진정책의 산물이었을 뿐만 아니라 앞으로 계속해서 남진정책을 실시하겠다는 의지의 표현이기도 하다.

이런 정황에서 장수왕이 서거한 후 그의 시체를 옛 수도인 국내성에 안장했으리라고는 상상하기 어렵다. 그것은 장수왕의 남진의도에 어긋나며 당시 고구려의 발전추세와도 모순되기 때문이다.

그 밖에 장수왕은 491년에 서거하였다. 고구려 고분의 발전단계로 볼 때 이때는 石室墳이 발전하던 시기를 훨씬 지난 뒤였다. 일부 학자들의 연구에 따르면 이때는 土墳이 흥성하는 시기에 진입한지도 상당히 오래 되었는바 이미 후기 봉토석실벽화묘(晚期封土石室壁畵墓)시대에 진입한 때였다.[5] 그런데 장수왕이 서거한 후에 이미 때가 지난 석분의 일종인 方壇階梯石室墓를, 그것도 천도한지 65년이나 지나 옛 수도인 국내성에 축조했다고 한다면 그것은 상상을 초월하는 일이 아닐 수 없다. 혹시 장수왕의 생전부터 능묘를 축조하기 시작했기 때문에 이런 비정상적인 현상이 나타났다고 할 수 있을지도 모른다. 그러나 장수왕이 재위한 기간은 총 79년으로 그중에서 15년도 못되는 시간만을 옛 수도에서 지내고 64년 남짓한 시간은 천도 후의 새로운 수도에서 지냈다는 것을 고려하면 이런 생각도 현실적이지 못하다고 본다.

---

5) 李殿福, 1980 제2기, 「集安高句麗墓硏究」, 『考古學報』.

상술한바와 같은 원인으로 장군총을 장수왕의 묘로 인정하는 견해도
역시 타당하지 않은 것이다.

2. 將軍塚은 好太王의 능묘

장군총이 호태왕의 능묘라는 이유는 대체로 다음과 같다.

1. 장군총은 집안평원의 동북쪽 끝에 있는 용산기슭에 자리하고 있다.
이묘는 잘 다듬은 화강석재로 방단계제식으로 쌓았는데 아래에서 위로
올라갈수록 안으로 좁혀지는 金子塔형을 이루고 있다. 묘의 底邊의 길이
는 31.58m에 달하고 매 변에는 각각 3개의 護墓石이 서 있다. 높이는
12.40m로서 모두 7개 계단으로 되어 있으며 묘실은 다섯 번째 계단의
중간에 있다. 묘 꼭대기의 주위에는 일정한 간격을 두고 원형의 기둥구
멍자리가 줄지어 있으며 회색기와막새와 평와들이 발견됨으로써 묘위에
어떤 건축물이 있었다는 것을 보여준다. 장군총의 동북쪽 50m가량 되는
지점에 陪塚이 있다. 장군총은 오늘까지 가장 완벽하게 남아있는 고구려
石墳으로 고구려 석조건축예술의 대표작이며 사람들로부터 東方金子塔
이라고 불리고 있다.

장군총은 서남쪽을 향하여 축조되었다. 장군총의 서남쪽 1000여 미터
가량 되는 지점에는 호태왕비가 서있다. 능묘와 비석의 관계를 놓고 말
하면 태왕릉의 경우와 완전히 다르다. 묘의 뒤에 비석이 서있는 것이 아
니라 그의 앞(서남쪽)에 서있는 것이다. 따라서 묘와 비석의 위치문제에
서 아무런 문제도 존재하지 않으며 매우 자연스러운 느낌을 갖게 한다.
또 능묘는 비석보다 높은 지대에 위치해있기 때문에 그곳에서 비석이 있
는 곳을 바라보면 확 트여 잘 보인다. 이와 같은 것들은 장군총을 호태
왕의 능묘로 인정하는데 있어서 매우 중요한 의의를 부여한다. 그런데

몇 가지 문제를 설명할 필요가 있다.

우선 능묘로부터 비석까지의 거리가 좀 멀다. 장군총이 아니라 태왕릉을 호태왕의 능묘로 인정하는 중요한 원인이 바로 여기에 있다. 따라서 이것은 장군총을 호태왕의 陵으로 인정하는데서 제기되는 하나의 약점이라고 할 수 있다. 비록 그렇긴 하지만 여기에는 모종의 당연한 이유가 있었을 것이다.

『삼국지』고구려전에 고구려의 장례에 대하여 "厚葬 金銀財幣盡於送死 積石爲封 列種松柏."이라고 특별히 지적하였다.[6] 또 호태왕비문에 따르면 호태왕릉에 각지로부터 뽑아온 守墓人烟戶 330호를 배치하였다. 상술한 정황들은 호태왕릉의 규모가 우리의 상상을 초월할 정도로 컸으리라는 것을 알 수 있다. 이렇게 볼 때 능묘와 비석 사이의 거리가 당시로서는 그다지 먼 것이 아닐 수도 있다.

그 밖에 집안평원의 동북쪽에 있는 太王村에서 장군총까지 가려면 계속 오르막길을 걸어야 한다. 경사도는 곳에 따라 다르지만 대체로 20~30°가량 된다. 먼저 300m가량 올라가면 호태왕비에 이르고 그로부터 다시 동북쪽으로 1,000m가량 올라가면 장군총에 이른다. 주목을 끄는 것은 호태왕비가 서 있는 위치이다. 호태왕비가 장군총으로부터 비교적 멀리 떨어져 있음에도 불구하고 무엇 때문에 평원지대에 세우지 않고 경사지 중간에 세웠을까? 필자는 호태왕비의 동남쪽 길 건너편에 있는 언덕 위에 올라가서 이곳의 지세를 살펴보는 과정에 이에 대한 해답을 얻게 되었다. 이 언덕 위에 있는 臨江墓 꼭대기에서 서쪽을 바라보면 禹山에서 가장 높은 봉우리와 호태왕비가 일직선에 놓여 있다는 것을 쉽게 알 수 있다. 다시 동북쪽을 바라보면 거기에는 용산에서 가장 높은 봉우리와 장군총이 일직선에 놓여 있으며 또 장군총 - 호태왕비 - 태왕릉은 서남쪽을 향해 일직선을 이루고 있다. 호태왕비의 위치를 평지에 이르기 전

---

6) 『三國志』 권30, 魏書30 東夷 高句麗傳.

의 경사지에 선정한 것은 바로 이러한 지세(碑의 위치를 禹山에서 가장 높은 봉우리와 일직선으로 되게 한 것 등)를 고려한 것이 틀림없을 것 같다. 이런 판단이 틀리지 않는다면 장군총과 호태왕비 사이의 위치와 거리 등은 결코 우연한 것이 아닐 것으로 생각된다. 이것은 당시 고구려 사람들에게 존재한 5행사상과 풍수설 등의 영향을 받아 계획적으로 배치한 것일 수 있다. 이것은 장군총을 호태왕의 능묘로 볼 수 있는 중요한 근거의 하나로 될 수 있는 것이다.

2. 장군총이 자리하고 있는 곳의 지세는 호태왕비문의 내용과 잘 부합된다.

호태왕비문에 의하면 호태왕의 시호의 전칭은 '國岡上廣開土境平安好太王'이다. 여기서 주목을 끄는 것은 '國岡上'이라는 세 글자이다. '국강상'에 대하여 학계에서는 일반적으로 호태왕의 능묘가 모셔져 있는 지방의 명칭을 가리킨다고 인정하고 있다.

그렇다면 '국강상'이란 대체 어느 곳을 가리키는가? 그것은 우선 호태왕비가 세워져 있는 집안시 태왕촌에 있었다고 보아야 한다. 왜냐하면 호태왕비는 호태왕릉의 한 부분인 것이 분명하기 때문이다.

'국강상'은 또 글자의 뜻에서 알 수 있는 바와 같이 대체로 "나라의 언덕 위"라는 말이다. 여기서 '나라'는 물론 고구려 수도(집안시)를 가리킨다. 즉 이것은 고구려 수도에서 언덕 위라고 불릴 수 있는 곳이 '국강상'이었을 것이며 바로 그 곳에 호태왕릉이 모셔져 있었을 것이다.

호태왕비가 서있는 태왕촌의 지세는 집안평원에 비하여 현저하게 높다. 따라서 이곳을 '국강상'이라고 불러도 무방할 것이다. 장군총이 자리하고 있는 용산기슭은 태왕촌에서도 제일 높은 곳이며, 전체 집안평원에서도 제일 높은 곳에 있는 비교적 넓은 언덕이라고 말할 수 있다. 따라서 이곳이야말로 '국강상'이라고 불리기에 손색이 없는 것으로 생각된다. 그러므로 이곳에 있는 장군총을 호태왕의 능묘로 보게 되면 비문에 기록되어 있는 호태왕 시호의 첫 부분인 '국강상'과 매우 잘 부합된다.

호태왕비문에는 왕이 39세에 서거한 사실을 기록한 후에 이어서 "以甲寅年九月廿九日乙酉遷就山陵 于是立碑 銘記勳績"이라고 썼다. 여기서 주목을 끄는 것은 호태왕의 시체를 안장한 곳이 '山陵'이었다는 점이다. 그런데 용산기슭에 자리 잡고 있는 장군총은 집안평원의 동북쪽 끝에 있는 높은 언덕위에 있을 뿐만 아니라 묘의 전면(서남쪽)을 제외한 기타의 3면은 모두 매우 가까운 거리에 있는 산으로 둘러싸여 있다. 일부 학자들이 장군총을 산상왕의 능묘로 보는 원인이 바로 227년에 산상왕이 죽으니 "葬於山上陵 號爲山上王"했다고 쓴 『삼국사기』의 기록에 의거했다는 사실을 생각해 보더라도 이곳의 지세가 과연 어떻겠는가를 짐작할 수 있을 것이다. 필자는 장군총을 호태왕의 능묘로 보게 되면 '遷就山陵'했다고 쓴 호태왕비문의 기록과 매우 잘 부합된다고 인정한다.

모아 말하면 장군총이 자리 잡고 있는 용산기슭은 '국강상'이나 '遷就山陵'이라고 쓴 호태왕비문의 기록내용과 매우 잘 부합된다. 이것은 장군총을 호태왕의 능묘로 보는 중요한 근거의 하나가 된다.

3. 장군총의 축조연대를 해명하는 것은 그의 묘주를 이해하는데 있어서 중요한 의의가 있다. 집안시 부근에 널려 있는 10,000여 개에 달하는 고구려 고분을 크게 石墳과 土墳의 두 개 유형으로 나누고, 석분이 먼저 발전하고 토분이 후에 발전했다는데 대하여서는 학계에 다른 의견이 없다.

그러나 석분을 어떻게 구분하는가에 대해서는 학자에 따라 서로 다르다. 학자들에 따라 고구려 석분을 積石墓라고 통칭하여 말하기도 하고 無基壇積石墓와 有基壇積石墓로 나누기도 한다. 또 축조기술의 발전정도에 따라 다시 5개의 형식으로 나누고 있다. 즉 1식에 積石墓, 2식에 方壇積石墓, 3식에 方壇階梯積石墓, 4식에 方壇階梯石室墓, 5식에 封石洞室墓로 나누는 것이 그것이다. 그들은 太王陵, 千秋塚과 將軍塚 등을 모두 4식인 방단계제석실묘로 보고 있으며 이것을 고구려 석분 발전의 최고

단계로 인정하면서 존재연대를 대체로 5세기 전후로 단정할 수 있다고 인정하였다.[7]

또 태왕릉에 대하여 "이 묘는 방단계제석실묘의 형식을 취했는데 일반적으로 그 연대를 4세기 말부터 5세기 초에 이르는 것으로 인정하고 있다."고 썼으며 장군총에 대하여서는 "이 묘는 방단계제석실묘의 형식을 취했는데 고구려 적석묘 가운데서 가장 늦은 것 중의 하나이다. 일반적으로 그것을 4세기 말부터 5세기 초에 유행한 것으로 인정하고 있다." "장군총은 태왕릉에 비하여 더욱 정밀하게 축조되었으며, 5세기 초의 무덤에 해당된다"고 하였다.[8]

그 밖에 태왕릉, 천추총과 장군총에서 나온 기와막새의 문양 연구에 기초하여 그 연대를 "태왕릉A형 – 천추총형 – 장군분형의 순서로 변천되어 왔다"고 지적하였다. 그들은 또 구체적으로 태왕릉A형의 기와막새는 4세기 중엽 전후거나 혹은 그보다 좀 더 위로 올라갈 수 있으며 천추총형의 기와막새는 4세기 후반기로부터 4세기 말로 보는 것이 적합하며 장군분형의 기와막새의 연대는 마땅히 5세기 초 내지 전기로 보는 것이 가장 적합하다고 하였다.[9]

상술한 정황에서 알 수 있는바 방단계제석실묘에 속하는 장군총의 축조연대는 4세기 말부터 5세기 전기에 해당하며 또 그것은 태왕릉에 비하여 좀 늦은 시기에 축조되었다고 인정하는 것이 학계의 보편적 견해이다. 이것은 414년에 호태왕의 시체를 '山陵'에 옮겨 모셨다고 쓴 호태왕 비문의 내용과 기본상 부합된다. 따라서 이것은 장군총을 호태왕의 능묘로 보는 견해에서 중요한 근거가 될 수 있다고 말할 수 있다.

4. 민간에 전해져 내려오는 전설도 중요한 자료가 된다. 필자는 현지

---

7) 李殿福, 1980 제2기, 「集安高句麗墓研究」, 『考古學報』.

8) 『集安縣文物志』 1983년판, 167~169쪽.

9) 다무라(田村晃一), 「高句麗積石墓의 연대와 피장자문제」. 그의 중역문은 1985, 『동북아역사와 고고소식』 2, 길림성문물고고연구소, 62~64쪽에 실렸음.

에서 한 朝鮮族 노인과 태왕릉·장군총을 주제로 담화한 일이 있다. 그는 장군총에 대하여 이야기 할 때 이곳의 漢族들은 이것을 '將軍墓' 혹은 '將軍墳'이라고 부르고 있으나 朝鮮族들은 '皇帝墓'라고 부른다고 하였다. 태왕릉에 대해서는 조선족들은 '큰 무덤'이라고 부른다고 대답했다. 이것이 어느 때부터 어떻게 전해 내려 왔는지는 알 수 없다. 그러나 태왕릉과 장군총에 대해 이곳의 조선족들 사이에서 무엇 때문에 이런 구별이 생겼는가는 깊이 사고해 볼 필요가 있다. 여기서 다음의 사실을 연상하게 된다. 과거에 프랑스인 동방학자 샤반느(沙畹)가 세상에 공개했다고 전하는 것 중에 장군총의 묘실에 놓여있는 木牌에는 "供奉前朝好太王之神位"라는 글자가 씌어있었으며 태왕릉 부근의 小石祠에 놓여 있는 木牌에는 "太王之神位"라고 쓴 글자가 씌어있었다고 한다. 물론 이것은 후세 사람들의 조작임에는 틀림없을 것이다. 그러나 필자는 이런 목패의 내용은 당지 조선족들 속에 전해져 내려오는 전설과 더불어 너무 도외시 하지는 말아야 한다고 생각한다. 주목을 끄는 것은 장군총에 대하여 당지 조선족들 속에 전해져 내려오는 전설(황제무덤)과 거기서 나온 목패에 씌어진 글자(好太王之神位)가 대체로 같은 범주의 내용에 속한다는 사실이다. 이것은 장군총을 호태왕의 능묘로 인정하는데 있어서 역시 도움을 줄 수 있는 방면이라고 생각된다.

상술한 모든 정황에 의거하여 필자는 장군총이 호태왕의 능묘라고 인정한다.

맺음말

장군총을 왕릉으로 인정하는 견해에 대해서는 학계에 다른 의견이 없다. 그러나 그 묘주가 어느 왕인가에 대해서는 여러 가지 견해가 있다.

장군총을 시조인 동명왕 또는 산상왕의 능묘라고 인정하는 견해는 실제로 아무런 과학적 근거도 제출하지 못했으므로 사람들을 설복시키기 어렵다.

장군총을 장수왕의 능묘로 보는 견해 역시 당시 역사사실에 부합되지 않을 가능성이 많다. 그것은 우선 당시 고구려의 남진정책과 모순되며, 평양으로 천도한 후 60여 년이 지난 후에 장수왕이 사망했다는 사실과 모순되며, 또 고구려 고분의 발전추세와도 맞지 않기 때문이다. 그 밖에 장군총이 만약 장수왕의 능묘가 옳다면 그의 서남쪽에 자리 잡고 있는 호태왕비와의 사이에도 모순이 생긴다.

필자는 장군총은 호태왕의 능묘라고 인정한다. 첫째 장군총의 서남쪽 1000여 미터 가량 되는 지점에 호태왕비가 서있는데 비록 양자 사이의 거리가 좀 멀지만 그 위치가 매우 잘 어울린다. 둘째 장군총이 자리 잡고 있는 곳의 지세는 호태왕비문의 관련내용(國岡上 遷就山陵)과 매우 잘 부합된다. 셋째 고구려 석분 가운데서 높은 발전단계에 속해 있는 방단계제석실묘는 대체로 5세기 전후에 존재했다고 한다. 그런데 장군총은 그 축조형식과 연대 및 출토유물(기와막새) 등에서 모두 이와 잘 부합된다. 그 밖에 민간에 전해져 내려오는 전설도 우리의 주목을 끌지 않을 수 없다.

상술한 상황은 장군총은 호태왕의 능묘라는 것을 증명해준다.

제3절 好太王碑文의 '永樂'年號에 대하여

호태왕비문의 제1면 제7행에 "永樂五年歲在乙未"라는 기록이 있다.[1]

이에 대하여 학계에서는 대체로 두 가지 상이한 관점이 나오고 있다. 대부분 학자들은 '永樂'은 호태왕의 연호로서『삼국사기』등 여러 고서의 기록을 보충해 주는 매우 중요한 물질적 근거라고 보고 있다. 이것은 종래 역사학계에서 공인되어온 하나의 전통적 관점이다.

근년에 일부 학자들은 비문의 제1면 4~5행 가운데서 호태왕을 "號爲永樂太王"이라고 기록한 데 주목하고 있다. 그러면서 이 '永樂 五年'은 영락태왕의 제5년으로서『삼국사기』의 '광개토왕 5년'과 같은 뜻으로 결코 정식연호가 아니라고 주장하였다. 그들은 이 관점이 옳다는 것을 증명하기 위하여 몇 가지 근거를 제기하고 나서 고구려는 자신의 연호가 있을 수 없다고 인정하였다. 그리고 호태왕비문에 기록되어 있는 '영락'은 호태왕의 왕호일 뿐 그의 연호는 아니었다고 주장하였다. 필자는 이런 관점에 동의하지 않으며 여전히 종래의 전통적 관점이 옳다고 인정한다. 아래에 크게 두 개 부문으로 나누어 필자의 견해를 제기한다.

---

1)『호태왕비와 고대조일관계연구』, 연변대학출판사, 1993년판, 13~30쪽.

1. 호태왕비문의 '永樂'이 연호가 아니라는 일부 학자들의 견해

1) 일부 학자들은 고구려의 옛 수도였던 길림성 집안시에서 東晉 明帝의 '太寧四年' 연호가 새겨져 있는 고구려 기와막새가 발견된 데 근거하여 "이것은 고구려가 中原연호를 사용했다는 것을 증명해 준다"고 하였다.

'太寧四年'은 중국 동진 명제 시기의 연호로서 326년이다. 고구려의 옛 수도였던 집안에서 동진 명제 시기의 연호가 새겨져 있는 기와막새가 발견되었다는 것은 주목을 끌지 않을 수 없다. 그러나 이것으로 고구려에서 중원, 즉 중국의 연호를 사용했다는 것을 증명하기에는 너무나 근거가 부족하다.

당시 중국은 황하 유역에서 발전하고 있던 西晉이 멸망하고 그 잔여세력이 장강 이남의 지역으로 옮겨가서 동진을 세운지 10년밖에 되지 않은 때였다. 북중국 일대는 五胡十六國 시대에 진입하여 군웅할거의 국면이 이미 나타나고 있었다.

한편 고구려는 당시의 유리한 형세를 이용하여 자국의 세력권을 확대하기에 여념이 없었다. 이에 대하여 『삼국사기』 고구려본기에는 다음과 같이 씌어 있다.

> 美川王 "三年(302년 - 필자)秋九月, 王率兵三萬, 侵玄菟郡, 虜獲八千人, 移之平壤."
> "十二年(311년)秋八月, 遣將襲取遼東西安平."
> "十四年(313년)冬十月, 侵樂浪郡, 虜獲男女二千餘口."
> "十五年(314년) ⋯ 秋九月, 南侵帶方郡."
> "十六年(315년)春二月, 攻破玄菟城, 殺獲甚衆."[2]

위의 기록들이 반영해 주는 바와 같이 4세기 초에 고구려는 요동군과 서한 이래 장기간 존재한 낙랑 등 4군을 끊임없이 공격하여 막다른 골목에 몰아넣고 있었다. 당시 동진이 처한 사회 환경이나 고구려가 대외로 확장하는 정황으로 보아 고구려가 건국된 지 10년밖에 안 되는 동진 명제의 연호를 사용했을 가능성은 아주 적다. 더욱이 『삼국사기』 고구려본기에 의하면 동진이 건국된 317년부터 420년 멸망 할 때까지 고구려와 동진은 겨우 세 번밖에 관계를 맺지 않았다. 이것은 고구려와 동진의 연계는 극히 적었다는 것을 증명해 주는 증거가 될 수 있다.

그밖에 당시 고구려는 요동 지방에서 선비족이 세운 慕容燕과 끊임없이 패권쟁탈전을 진행하고 있었다. 연나라의 세력은 또 동진의 독립과 안전에 대해서도 위협이 되고 있었다. 이런 정황에서 때로는 동진의 일부 지방 세력과 고구려가 결탁하여 연나라에 대항하기도 하였다. 여기서 『삼국사기』 고구려본기의 다음과 같은 기록은 자못 주목을 끈다.

> 美川王 "二十年(319년 – 필자)冬十二月, 晉平州刺史崔毖來奔(고구려 – 필자). 初崔毖陰說我(고구려 – 필자)及段氏 宇文氏, 使共攻慕容廆, 三國進攻刺城, 廆閉門自守, … 悉獨官(字文氏大人 – 필자)大敗, 僅以身免, 崔毖聞之, … 毖與數十騎, 棄家來奔(고구려 – 필자), 其衆悉降於廆."[3]

여기서 알 수 있는바 4세기 초에 고구려와 동진은 연합하여 선비족이 세운 연나라와 싸운 적이 있었다. 319년에는 전쟁에서 패배한 평주자사 최비가 연나라의 추격에 못 이겨 부하들 일부를 거느리고 고구려에 왔다. 최비가 고구려에 온 이후의 활동에 대해서는 구체적으로 알기 어렵다. 그러나 『삼국사기』 등 고서기록에 의하면 그 후에도 고구려와 연나라 사이에는 여러 차례나 요동쟁탈전이 전개되었다. 또 326년에 고구려

---

2) 『삼국사기』 권17, 고구려본기5 미천왕조.

3) 『삼국사기』 권17, 고구려본기5 미천왕조.

가 동진에 사신을 파견하여 "토산물을 바쳤다"고 한 것을 보면 동진과 고구려의 양국관계는 비교적 좋았을 것으로 짐작된다. 이런 정황에 비추어볼 때 고구려에 피난해 온 최비는 고구려의 보호를 받았을 것이며 그도 고구려를 도와 연나라와 싸웠을 가능성이 있다.

따라서 고구려의 수도였던 집안에서 동진 명제의 '太寧四年'(326년) 연호가 새겨져 있는 고구려 기와막새가 발견된 것은 최비 등의 고구려에서의 활동과 연관될 가능성이 없지 않다.

가령 이것이 4세기 초 고구려가 한때 중국의 연호를 사용했다는 것을 증명해 줄 수 있다고 하더라도 이것으로 700여 년의 오랜 역사를 가진 고구려가 계속 중국의 연호를 사용했다고 인정하기는 어렵다. 또 이것으로 고구려에 자국의 연호가 없었다는 것을 증명하려 한다면 그것은 사람들을 설득하기 어려울 것이다.

2) 일부 학자들은 고구려에서 나라의 최고통치자를 '황제'라고 부르지 않고 '왕'이라고 부른 사실을 들어 고구려가 자국의 연호를 사용하지 않고 중국의 연호를 사용한 근거의 하나로 삼고 있다. 그들이 이렇게 인정하는 것은 아마 '왕'은 '황제'보다 한층 낮으며 또 오직 '황제'만이 연호를 사용할 수 있다고 보았기 때문일 것이다. 이 판단이 틀리지 않는다면 그들의 인식은 전면적이 못되며 또 역사사실에도 부합되지 않는다. 역사적으로 고찰할 때 '황제'와 '왕'은 본래 하나의 동일한 개념이었다. 즉 그것은 모두 하느님의 아들(天子)로서 하느님을 대표하여 지상의 나라를 통치하는 최고 권력자였다. 예를 들면 중국에서 夏·商·周의 3왕조는 모두 나라의 최고통치자를 '황제'라고 부른 것이 아니라 오히려 '왕'이라고 불렀다. 이것은 역사에 대한 기초적인 지식만 있다면 누구나 다 아는 사실이다. 바로 그렇기 때문에 중국의 제일 첫 번째 詞典이라고 불리는 『尒雅』釋詁에는 "天·帝·皇·王·君也"라 하였고 그 疏에는 또 "天·帝·皇·王·謂天子"라고 썼다. 그밖에 남송 시기에 편찬된 『六書故』에도

"有天下曰王 帝與王 - 也"라고 하였다.[4]

秦漢시대 이후부터 비로소 '황제'와 '왕'사이에 구별이 생기게 되었다. 즉 '황제'만이 '천자'로서 나라의 최고주권자이며 '왕'은 그보다 한층 낮은 신분의 통치자로 인정되었다. 상술한 바와 같은 사실은 어느 때 어느 곳을 막론하고 '황제'와 '왕'을 절대적으로 갈라놓고 볼 것이 아니라 구체적인 역사 시기와 나라에 대하여 구체적으로 정황을 분석하여야 한다는 것을 알게 한다.

그러면 고구려에서의 정황은 어떠했는가? 한 마디로 말하면 고구려에서 '왕'은 '천자'로서 '황제'와 같은 신분에 놓여 있었다.

호태왕비문 제1면에 고구려 시조인 鄒牟王(즉 주몽왕, 필자는 이후 주몽왕이라고 부른다)을 가리켜 '天帝之子'라 했고 또 비문에서 주몽 본인도 자기를 '皇天之子'라고 말하였다.[5] 여기서 말하는 '天帝之子'나 '皇天之子'는 더 말할 나위도 없이 하느님의 아들로서 '天子'를 의미한다.

牟頭婁墓誌에는 또 "河伯之孫 日月之子 鄒牟聖王元出北夫餘 天下四方知此國郡最聖信□□ …"[6]라는 기록이 있다. 여기서 우선 주목을 끄는 것은 주몽왕을 '日月之子'라고 묘사한 사실이다. 그밖에도 묘지는 여러 곳에서 주몽왕을 '日月之子'라고 썼는데 이것은 주몽왕이 해와 달의 아들이라는 말로서 비문의 '天帝之子' 혹은 '皇天之子'와 같은 뜻이다. 이들은 모두 하느님의 아들 즉 '天子'라는 말이다. 다만 묘지의 기록이 비문의 기록보다 더욱 구체화되었을 뿐이다. 이와 같이 고구려에서는 자기의 시조왕을 '천자'라고 보았으니 그것은 '황제'와 조금도 다를 것이 없다. 다음으로 주목을 끄는 것은 "天下四方知此國郡最聖信□□"이라고 기록한 부분이다. 이것은 후세의 일부 '왕'들이 자기 나라를 동해 한 구

---

4) 박시형, 1966, 『광개토왕릉비』, 조선사회과학출판사, 141쪽에서 재인용.
5) 각주 1)참조.
6) 『집안현문물지』, 길림성문물지편찬위원회, 1984년, 123~127쪽.

석의 궁벽한 곳에 자리 잡고 있다고 낮추어 말한 것과는 아주 대조적이다. 고구려 사람들은 자기 나라를 천하사방에서 우러러보는 가장 성스러운 나라로 자랑스럽게 여겼던 것이다. 그들은 바로 이와 같이 자랑스러운 자기 나라의 최고통치자를 '왕'이라고 불렀는데 그것은 후세의 '왕'의 개념과는 달리 '천자' 즉 '황제'와 꼭 같은 신분을 가진 사람으로 생각했던 것이다. 『삼국유사』에서 고구려 시조왕을 '東明帝' 혹은 '東明聖帝'[7]라고 기록함으로써 '왕'을 대신하여 '帝' 혹은 '聖帝'라고 쓴 것은 이런 견해가 옳다는 것을 증명해 주는 하나의 문헌자료가 될 수 있을 것이다.

고구려에서 '왕'을 '황제'와 같은 신분으로 보고 있었다는 것은 또 왕의 어머니를 '太后'로, 배우자를 '后' 혹은 '王后'로 불렀다는 데서도 잘 증명된다. 그것은 '태후', '후', '왕후' 등의 용어들은 한자의 의미에서는 원래 황제(天子)의 대응자들에게만 사용했던 것[8]이기 때문이다. 아래에 『삼국사기』 고구려본기를 통하여 그 정황을 살펴보기로 한다.

> "東明王 … 十四年秋八月 王母柳花死於東夫餘 其王金蛙以太后禮葬之 遂立神廟"
> "太祖大王 … 母太后扶餘人也"
> "故國川王 … 二年春二月 立妃于氏 爲王后"
> "東川王 … 二年三月 封于氏爲王太后 … 八年 … 秋九月 太后于氏死 太后臨
> 終遺言曰 …"
> "中川王 … 立楊氏爲后"
> "西川王 … 二年春正月 立西部大使者于漱之女 爲王后"[9]

상술한 사실에서 알 수 있는 바와 같이 고구려에서 왕의 어머니를 '王母'라고만 부른 것이 아니라 또 '太后'라고 존칭했으며 왕의 처를 妃라

---

7) 『삼국유사』 권1, 기이2 북부여전 고구려전.
8) 박시형, 『광개토왕릉비』, 144~145쪽에서 재인용.
9) 『삼국사기』 권13, 고구려본기1 ; 권17, 고구려본기5 해당왕의 해당연조.

고 부르는 것보다 '后' 혹은 '王后'라고 부르는 경우가 더 많았다. 이것은 고구려에서 최고통치자를 비록 왕이라고 부르기는 했으나 그것은 결코 '황제'보다 한층 낮은 신분이 아니라 그와 똑 같은 위치에 놓여 있었다는 것을 증명해 주는 유력한 증거가 된다.

따라서 고구려에서 나라의 최고통치자를 '황제'라고 부르지 않고 '왕'이라고 부른 것은 결코 자국의 연호를 사용하지 않았다는 이유가 될 수 없다.

3) 일부 학자들은 고구려에서 왕의 아들을 '太子'라고 부르지 않고 '世子'라고 불렀다는 사실을 들어 자국의 연호를 사용하지 않은 이유의 하나로 삼고 있다. 그러나 이것은 역사사실에 맞지 않는다. 그것은 『삼국사기』 고구려본기에 왕의 아들을 '세자'라고 부른 것은 극히 개별적인 현상이고 오히려 '태자'라고 부른 것이 많으며 특히 왕자로서 왕위에 오를 때는 반드시 '태자'를 경과했다는 사실에서 증명된다. 아래에 『삼국사기』 고구려본기를 통하여 그 정황을 고찰하면 다음과 같다.

① 瑠璃王: "朱蒙元子 母禮氏 初 朱蒙在扶餘娶禮氏女有娠 朱蒙歸後乃生 是爲類利 … 類利聞之 … 行至卒本 見父王 以斷劍奉之 王出己所有斷劍 合之連爲一劍 王悅之 立爲太子 至是繼位"

② 大武神王: "瑠璃王第三子 … 瑠璃王在位三十三年甲戌 立爲太子 時年十一歲 至是卽位"

③ 慕本王: "諱解憂 … 大武神王元子 閔中王薨 繼而卽位" "大武神王 … 十五年 … 十二月 立王子解憂 爲太子"

④ 東川王: "山上王之子 … 前王十七年 立位太子 至是嗣位"

⑤ 中川王: "東川王十七年 立位太子 二十二年秋九月 王薨 太子卽位"

⑥ 西川王: "中川王第二子 … 中川王八年 立爲太子 二十三年冬十月 王薨 太子卽位"

⑦ 烽上王: "西川王之太子也 … 西川王二十三年薨 太子卽位"

⑧ 故國原王: "美川王十五年 立爲太子 二十三年春 王薨 卽位"

⑨ 小獸林王: "故國原王之子也 … 故國原王二十五年 立爲太子 四十一年 王薨

太子卽位"

⑩ 廣開土王: "故國壤王之子 … 故國壤王三年立爲太子 九年 王薨 太子卽位"

⑪ 長壽王: "開土王(廣開土王－필자)之元子也 … 開土王十八年 立爲太子 二十二年 王薨 卽位"

⑫ 文咨王: "長壽王之孫 … 長壽王養於宮中 以爲太孫 長壽在位七十九年薨 繼位"

⑬ 安藏王: "文咨明王之長子 文咨在位七年 立爲太子 二十八年 王薨 太子卽位"

⑭ 陽原王: "安原王長子 … 以安原在位三年立爲太子 至十五年 王薨 太子卽位"

⑮ 平原王: "陽原王長子 … 陽原王在位十三年 立爲太子 十五年 王薨 太子卽位"

⑯ 嬰陽王: "平原王長子也 … 平原王在位七年 立爲太子 三十二年 王薨 太子卽位"10)

상술한 바와 같이 『삼국사기』의 기록에 의하면 고구려 제2대 유리왕으로부터 28대 보장왕에 이르기까지 모두 27명의 왕 가운데서 '태자'로 책봉되어 왕위에 오른 사람은 모두 16명(그중 1명은 '태손'으로 책봉)으로 그 비율은 59.2%에 달한다. 무릇 왕자로서 왕위를 계승한 경우 '태자'를 경과하지 않은 사람은 한 사람도 없었다. 이것은 고구려왕위 계승에서 먼저 '태자'로 봉하는 것이 하나의 엄격한 제도로 규정되어 있었다는 것을 증명해 준다. 나머지 11명의 왕들은 형제상속에 의하여 왕위를 계승했거나, '國人'이나 '權臣'들이 왕의 가까운 친척 중에서 추대하여 왕위에 오른 사람들이었다. 그밖에 왕자로서 '태자'로 책봉되었으나 왕위에 오르지 못하고 사망한 사람들도 있다. 예를 들면 제2대 유리왕의 아들 都切·解明과 無恤은 모두 '태자'로 봉을 받았었다. 그러나 도절과 해명은 왕위에 오르기 전에 사망하고 무휼이 즉위하여 제3대 대무신왕이 되었다.11) 이로부터 알 수 있는바 고구려에서 왕자로서 '태자'('태손'

---

10) 『삼국사기』 권13, 고구려본기1 ; 권14, 고구려본기2 ; 권17, 고구려본기5 ; 권18, 고구려본기6 ; 권19, 고구려본기7 ; 권20, 고구려본기8 각 해당 왕의 원년조.

11) 『삼국사기』 권13, 고구려본기1 유리왕 14·20·23·27·28년조.

1명 포함)로 책봉 받은 것은 16명에 그치는 것이 아니라 거의 20명에 달하였다.

상술한 모든 사실은 고구려에서 왕의 아들을 '태자'라고 부르지 않고 '세자'라고만 불렀다고 한 일부 학자들의 견해는 역사사실에 부합되지 않는다는 것을 잘 증명해 준다. 이것은 또 고구려에서 자신의 연호를 사용하지 않았다고 한 근거의 하나가 부정되었음을 의미한다.

4) 일부 학자들은 고구려가 중국에 '朝貢'을 바친 사실을 들어 자국의 연호를 사용하지 않은 이유의 하나로 삼고 있다. 필자는 이런 견해에 동의하지 않는다.

고대사회에서 일반적인 경우에 큰 나라와 작은 나라, 강한 나라와 약한 나라 사이에 사절 내왕이 있을 때 왕왕 '조공'이라는 말이 사용되었다. 즉 후자가 전자에 대하여 '조공'을 바치면 전자는 또 후자에 대하여 '回賜'하는 것이 보통이었다. 당시 중국의 여러 왕조들과 주위의 여러 나라들 사이에 이런 사실이 존재했다는 것은 잘 알려진 사실이다.

오늘날 역사학계에서는 일반적으로 이러한 '조공'과 '회사'는 실질적으로 두 나라 정부 사이에 진행되는 관방무역으로서 결코 완전히 일방적인 헌납이거나 정치적 예속을 의미하는 것은 아니라고 인정하고 있다. 11~12세기에 중국의 宋 왕조와 高麗 사이에 진행된 '朝貢'과 '賜物'형식의 관계는 이런 견해가 옳다는 것을 잘 증명해 준다. 그 특징은 대체로 다음과 같다.

① '조공'하는 측의 '貢品'과 '회사'하는 측의 '사물'사이에는 상품등가교환원칙이 주요하게 작용하였다.

② 고려는 송왕조에 '조공'을 바치는데 대하여 특별히 적극적이었다. 그것은 이런 '조공'의 기회를 이용하여 경제적으로 많은 이득을 얻을 뿐만 아니라 자기들이 필요한 송의 선진문화를 보다 많이 흡수하기 위해서였다.

③ 송은 고려와 연합하여 遼나라와 金나라의 압력에 저항하려는 필요에서 고려의 사절단과 '조공'에 대하여 날이 갈수록 후대하였다. 그러나 송은 이러한 조공관계에서 얻는 경제적 이득이 고려에 비하여 적었으며 또 고려사절단의 빈번한 내왕으로 사절단이 지나는 지역 주민의 경제적 부담이 대단히 컸다. 그렇기 때문에 송나라의 일부 관리들은 고려의 '조공'에 대하여 강력히 반대하고 나섰다. 그들은 고려의 '조공'에 대하여 '다섯 가지 해'(五害)가 있다고 공개적으로 말했으며 황제에게 상소하여 그것을 제한하거나 금지시킬 것을 요구하였다. 그들은 이런 요구가 실현되지 않을 경우에는 끝없는 우환을 남겨줄 것이라고 역설하는 데까지 이르렀다.[12)

이상은 '조공'의 무역 성격을 잘 반영해 주고 있다. 고구려와 중국의 여러 왕조 사이에 진행된 '조공'도 역시 예외가 아니었다. 그것은 『삼국사기』 고구려본기의 다음과 같은 기록에서 잘 증명된다.

> 長壽王 "六十年(472년 – 필자)春二月 遣使入魏朝貢 秋七月 遣使入魏朝貢
> 自此以後 貢獻倍前 其報賜亦稍加焉 六十一年(473년)春二月 遣使入魏朝貢 秋
> 八月 遣使入魏朝貢 六十二年(474년)春三月 遣使入魏朝貢 秋七月 遣使入魏朝
> 貢 遣使入宋朝貢 六十三年(475년)春二月 遣使入魏朝貢 秋八月 遣使入魏朝貢
> … 六十四年(476년)春二月 遣使入魏朝貢 秋七月 遣使入魏朝貢 九月 遣使入魏
> 朝貢"[13)

상술한 『삼국사기』의 기록으로부터 다음과 같은 몇 가지 사실을 알 수 있다.

① 고구려에서 '조공'의 명의로 위나라에 '공물'을 바치면 위나라에서는 또 그에 대하여 보답하는 물건(報賜)을 주어야 했다. 여기서 주목을 끄는 것은 "自此以後 貢獻倍前 其報賜亦稍加焉"이라고 함으로써 472년

---

12) 『중조경제문화교류사연구』, 요녕인민출판사, 1984년, 47~50쪽.
13) 『삼국사기』 권18, 고구려본기6, 장수왕 60~64년조.

이후부터 '조공'으로 바치는 물건과 '보사'로 주는 물건의 양이 다 같이 증가되었다는 사실이다. 이것은 '조공'과 '보사'의 명칭으로 두 나라 사이에 물물교환, 즉 무역이 진행되었으며 이런 무역 가운데는 상품의 등가교환원칙이 작용하고 있었다는 것을 보여준다.

② 472년부터 476년까지의 5년 사이에 고구려는 '조공'으로 바치는 공물의 양이 종전에 비하여 배나 늘어났다. 이러한 상태에서 중국의 각 왕조에 매년 두세 차례씩 '조공'했는데 모두 합하여 열두 차례에 달한다. 당시 고구려는 번영 창성하는 시기였고 중국은 남북조로 나뉘어 서로 패권투쟁에 몰두하고 있는 때였다. 바로 이러한 시기에 고구려가 중국의 각 왕조에 적극적으로 '조공'한 것은 '조공'이 단순히 정치적 예속이거나 경제적 부담이 아니라, 그 가운데서 얻는 이득이 대단히 컸다는 것을 보여준다. 장수왕 시기는 고구려 역사 가운데서 제일 번영한 시기였다고 말할 수 있다. 그런데 이 시기에 '조공'의 횟수도 제일 많이 집중되어 있다. 이것이야말로 '조공'의 무역실질을 증명해 주는 매우 좋은 자료라고 할 수 있을 것이다.

③ 474년에 고구려는 위나라에 두 차례 '조공'을 하고 송나라에 한차례 '조공'을 했다. 특히 이해 7월에 고구려는 위나라와 송나라에 함께 사절단을 보내고 '조공'을 했던 것이다. 주지하는바 당시 위나라는 중국 北朝의 北魏를 가리키며 송나라는 南朝의 宋을 가리킨다. 당시 중국의 남북조는 서로 적대관계에 놓여 있었으며 패권쟁탈을 위한 그들 사이의 대립은 날이 갈수록 격화되었다. 바로 이런 정황에서 북조의 위나라와 남조의 송나라에 동시에 사신을 파견하고 '조공'했다는 것은 '조공'의 무역실질을 한층 더 밝혀준다. 만약 '조공'이 주로 정치적 예속에서 오는 것이라면 적대관계에 놓여 있는 두 나라에 동시에 '조공'했다는 것은 상상조차 할 수 없는 일이다.

따라서 고구려가 중국의 각 왕조에 '조공'했다는 것은 결코 중국의 연호를 사용해야 한다거나 자국의 연호를 사용하지 않았다는 이유가 될 수 없다.

5) 일부 학자들은 고구려가 중국의 각 왕조로부터 관직을 수여받은 사실을 가지고 두 나라 사이의 종속관계를 설명하며 고구려가 자신의 연호를 사용하지 않은 이유로 삼고 있다. 이런 관점은 역시 역사적 사실에 부합되지 않는다. 『後漢書』에는 다음과 같이 씌어 있다.

建武八年(32년－필자) 高句麗派遣使者朝貢 光武復其王號[14]

이것은 고구려왕이 동한 황제로부터 관직(왕호)을 수여받은 것이라고 말할 수도 있다. 그러나 여기에는 그 어떤 종속관계도 존재하지 않았다. 그것은 이전부터 존재하여 오던 두 나라 사이의 비정상 상태 즉 王莽이 "更名高句麗王爲下句麗侯 於是貊人(고구려 사람－필자)寇邊愈甚"[15]하던 국면이 끝나고 새로운 국가관계가 수립되었음을 의미한다. 이때에 동한 황제는 왕망이 조작하여 놓은 '下句麗侯'의 명칭을 취소하고 다시 '왕호'를 회복하여줌으로써 국제상에서 고구려왕의 합법적 지위를 승인하여 주었던 것이다. 두 나라 사이의 평화는 다시 회복되었으며 경제문화교류도 활기를 띠게 되었다. 그러나 이런 상황은 그리 오래 가지 못하였다.

『삼국사기』등에 의하여 이 일이 있은 직후의 두 나라 관계를 살펴보면 대체로 다음과 같다.

高句麗 大武神王 "二十年(37년－필자) 王襲樂浪 滅之"; "二十七年(44년) 秋九月 漢光武帝遣兵渡海 伐樂浪 取其地 爲郡縣 薩水已南屬漢"; 閔中王 "四年(47년) … 蠶友落部大家載升等一萬餘家(『後漢書』에는 '萬餘口'－필자)詣樂浪 投漢"; 慕本王 "二年(49년)春 遣將襲漢北平(『後漢書』에는 '右北平'－필자)

---

14) 『후한서』 권85, 동이 고구려전 ; 『삼국사기』 권13, 고구려본기1 유리왕 31년조.
15) 위와 같음.

漁陽 上谷 太原 而遼東太守蔡彤(『後漢書』에는 祭恩彤)以信招之 乃復和親"16)

이로부터 알 수 있는 바와 같이 고구려가 동한으로부터 '왕호'를 회복 받은 지 5년 후부터 두 나라 사이에는 낙랑을 둘러싸고 치열한 쟁탈전이 벌어졌으며 그 대립은 날이 갈수록 확대되었다. 따라서 서기 32년에 있은 일(高句麗派遣使者朝貢 光武復其王號)로 말미암아 고구려의 자주성이 제한을 받았거나 정치적으로 동한에 종속되어 있은 일은 전혀 없었음이 확실하다.

또 『삼국사기』 고구려본기의 기록에 의하면 413년에 동진의 安帝는 고구려 장수왕을 "都督遼海諸軍事征東將軍領護東夷中郎將遼東郡開國公 高句麗王"으로 봉했으며, 480년에는 南齊의 蕭道成도 장수왕을 '驃騎大 將軍'으로 봉하였다.17) 이와 같이 고구려 장수왕은 동진·북위·남제 세 나라로부터 관직을 수여받았던 것이다. 주지하는바 동진과 북위·북위와 남제는 모두 적대관계에 있는 나라들이었다. 만약 고구려 장수왕이 수여 받은 관직이 순전히 정치적으로 예속된 것이었다면 이처럼 적대관계에 있는 세 나라의 관직을 한 몸에 다 받아들일 수는 없었을 것이다.

여기서 특히 주목을 끄는 것은 435년 장수왕이 북위의 관직을 수여받 은 것과 때를 같이하여 북위의 공격을 받아 멸망 위기에 빠진 연나라 왕 馮弘이 고구려에 구원을 요청한 사실이다. 이에 대하여 『삼국사기』에 는 다음과 같이 씌어 있다.

魏人數伐燕 燕日危蹙 燕王馮弘曰 若事急 且東依高句麗 以圖後擧 密遣尙書 陽伊 請迎於我18)

---

16) 『삼국사기』 권14, 고구려본기2 ; 『후한서』 권85, 동이 고구려전.
17) 『삼국사기』 권18, 고구려본기6 장수왕1·23·68년조.
18) 『삼국사기』 권18, 고구려본기6 장수왕1·23·68년조.

장수왕은 풍홍의 요청을 받아들였다. 436년에 고구려 장수 葛盧孟光
은 수만 명의 군사를 거느리고 연나라 和龍에 가서 풍홍을 데려왔는데
그 대오는 전후 80여 리에 이르는 장관을 이루었다. 이 소문을 들은 위
나라에서는 풍홍을 위나라로 돌려보낼 것을 요구하는 한편 심지어 고구
려를 징벌하자는 논의도 있었다. 그러나 위나라의 간섭은 아무런 효과도
거두지 못했다. 풍홍은 고구려에 가게 되고 두 나라 사이의 전쟁도 일어
나지 않았다. 그 후 고구려 지배계층과 풍홍 사이의 알력으로 장수왕은
풍홍과 그의 자손 10여 명을 죽이기까지 하였다. 480년에 장수왕이 南
齊太祖 蕭道成의 책봉을 받을 때에도 북위의 고조는 간섭하려 했으나 결
국 성공하지 못하였다. 장수왕은 자기 뜻대로 남제로부터 관직을 수여받
았으며 그 이듬해에는 남제에 사신을 파견하여 '조공'까지 하였다.

상술한 모든 사실은 고구려가 중국의 각 왕조로부터 관직을 수여받은
것은 형식상 모종의 종속관계에 있었다고 하더라도 실제적으로는 그 자
주성이 제한되거나 정치적으로 中原의 해당 왕조에 예속되어 있은 것은
아니었다는 것을 증명해 준다. 따라서 이것은 고구려가 자신의 연호를
사용하지 않고 오직 중원의 연호만을 사용했다고 볼 수 있는 과학적 근
거를 제공해 주지 못한다.

2. 비문의 "永樂"에 대한 필자의 견해

이미 위에서 호태왕비문의 永樂이 호태왕의 연호가 아니라는 주장을
비판하고 그것의 부당함을 지적하였다.

이것을 기초로 하여 필자는 비문의 永樂이 호태왕의 연호라는 것을
증명하는 몇 가지 사실을 더 보충하려 한다.

1) 호태왕비문 제1면에 다음과 같이 씌어 있다.

國岡上廣開土境平安好太王二九登祚號爲永樂太王[19]

여기서 '國岡上廣開土境平安好太王'은 호태왕이 사망한 후 후세 사람들이 그의 공적을 추모하여 올린 諡號이다. 이에 대하여 『삼국사기』 고구려본기에는 '廣開土王'이라고 함으로써 비문보다 간단하게 기록되어 있다.

주목을 끄는 것은 "二九登祚號爲永樂太王"이라고 한 부분이다. '二九登祚'를 호태왕이 29세 때에 왕위에 오른 것으로 해석한다면 역사사실과 맞지 않는다. 비문에는 호태왕은 39세에 사망(卅有九, 宴駕棄國)했다고 기록되었으며, 『삼국사기』 고구려본기에는 22년 동안 왕위에 있은 것(廣開土王 … 二十二年冬十月王薨)으로 되어 있기 때문이다. 학계에서는 일반적으로 비문의 '二九登祚'에 대하여 29세에 즉위한 것으로 해석하는 것이 아니라 18세(2×9)에 즉위한 것으로 해석한다. 이렇게 하면 그의 재위기간(22년)과 사망시의 연령(39세) 사이에 모순이 생기지 않을 뿐만 아니라 완전히 사실과 부합된다. 필자는 이런 해석 방법은 타당성이 있다고 인정한다. 이와 같이 비문에는 호태왕이 18세에 즉위(二九登祚)했다고 쓴 다음에 계속해서 '號爲永樂太王'이라고 썼다. 이것은 '永樂太王'이 호태왕의 사후에 비로소 불린 것이 아니라 그의 생전, 즉 재위기간의 '왕호'였다는 것을 보여준다. 또 '왕호'가운데서 앞부분인 '永樂'은 호태왕의 연호로 사용되었다. 그것은 비문에 '永樂五年歲在乙未'라고 분명히 기록됨으로써 '永樂'이라는 두 글자가 '五年'이라는 연대와 결부되어 있으며, 또 영락연대(永樂五年)와 간지기년(乙未年)이 같이 결부되어 있는데서 잘 증명된다. 『조선사연표』에 의하면 호태왕 시기의 을미년은 395년이다.[20] 이것을 공식으로 표시하면 영락5년=을미년=395년이 된

---

19) 각주 1) 참조.
20) 『조선사연표』, 朝鮮과학원, 1957년, 74쪽.

다. 干支紀年法에 따라 영락 1년은 辛卯年으로 391년이 된다. 이로부터 호태왕은 391년 신묘년에 즉위(『三國史記』年表에 호태왕을 壬辰年 즉 392년에 즉위했다고 쓴 것은 잘못된 것이다)했으며 즉위한 해부터 곧 영락연호를 사용했다는 것을 알 수 있다.

　비문에는 또 '永樂五年 歲在乙未'의 뒤를 이어 '六年丙申'(본래 '永樂六年丙申'이라고 써야 할 것인데 앞에서 이미 '永樂五年'이라고 썼기 때문에 글의 구조상 중복을 피하기 위하여 앞의 '永樂' 두 자를 간략하였다. 영락 '六年丙申'은 396년이다. 아래에서는 설명을 생략하고 연대만 밝힌다), '八年戊戌'(398년), '九年己亥'(399년), '十年庚子'(400년), '十四年甲申'(404년), '十七年丁未'(407년), '廿年庚戌'(410년) 등으로 영락연대와 간지기년을 결부하여 기록한 것이 모두 합하여 여덟 곳이나 된다.[21] 이와 같이 비문은 여러 곳에서 영락연대와 간지기년을 같이 결부하여 기록하였다. 더욱이 비문의 영락연대와 간지기년 및 그에 상응하는 기원연대는 순서상에서 완전히 일치하며 약간의 차이도 나타나지 않는다. 이것들은 비문의 연대계산이 매우 정확하며 믿을 수 있다는 것을 증명해 줄 뿐만 아니라 '영락'이 호태왕의 연호가 옳다는 것을 잘 증명해 준다. 또 호태왕의 재위기간이 모두 합하여 22년이었고 비문에 영락 '廿年庚戌'이라고 적은 것이 있는 것으로 보아 호태왕은 자신의 재위기간에 '영락'연호 하나만을 사용했다는 것도 알게 한다. 그밖에 德興里古墳 墓誌銘 가운데에 "永樂十八年太歲在戊申 …"이라는 기록이 있다. 어떤 사람들은 여기에 나오는 "永樂은 광개토왕의 연호이며 그의 18년 戊申은 408년이다"고 썼다.[22] 만약 이 판단이 정확하다면 그것은 비문의 '永樂'이 호태왕의 연호가 옳다는 것을 증명하는 또 하나의 자료를 제공해 준

---

21) 주 1) 참조.

22) 田中俊明, 1981, 「고구려의 금석문 – 연구의 현상과 과제」, 『조선사연구회논문집』 3호.

것으로 된다.

  2) 고구려에는 호태왕비문의 ‘영락’연호 외에도 다른 연호들이 적지
않게 있었다는 것이 고고유물의 발견을 통하여 증명되고 있다.

  이에 대하여 필자는 조선사회과학원 고고연구소의 박진욱 선생으로
부터 귀중한 ‘친필자료’를 받은 바 있는데 그 전문을 소개하면 다음과
같다.[23)]

金石文에 보이는 高句麗年號

① 중원고구려비 비문 첫머리의 ‘建興四年’(475년)
② 충청북도 중원군 노은면에서 나온 소형금동불상의 光背 뒷면에 새겨져 있는 銘文
   가운데의 ‘建興五年歲在丙辰 …’(476년)
③ 경상남도 의령군에서 나온 소형금동불상의 광배 뒷면에 새겨져 있는 명문 가운데
   의 ‘延嘉七年 …’
④ 평양 평천리에서 나온 불상광배 뒷면에 새겨진 명문 가운데의 ‘永康七年 …’
⑤ 경상북도 경주의 신라 봉황무덤(瑞鳳塚)에서 나온 銀盒의 뚜껑 안면에 있는 명문
   가운데의 ‘延壽元年辛卯 …’(451년)
⑥ 황해북도 곡산에서 나온 불상광배 뒷면의 명문 가운데의 ‘白□ …’
⑦ 함경남도 신포시 오매리 건축지에서 들어난 글자 새긴 금동판의 명문 가운데의
   ‘太和四年甲戌’

1. 고고학의 발전에 따라 외국 역사학계(韓國·朝鮮과 日本을 포함)에서
   는 고구려에 ‘永樂’연호 외에 또 ‘延壽’·‘建興’·‘延嘉’·‘永康’ 등 연호
   가 더 있었다는 것을 증명한 사람들이 적지 않다.[24)] 그들은 이미 고
   구려 연호의 유무에 대하여 논쟁하는 것이 아니라 해당 연호의 귀속
   과 구체적인 연대를 고증하는 문제를 가지고 논쟁하고 있다.

---

23) 이것은 1989년 8월, 연변대학에서 열린 조선학국제학술토론회의에 참가하기 위하
   여 연길에 오신 박진욱 선생께서 필자에게 넘겨준 친필자료『金石文에 보이는 고
   구려 年號』이다. 원문은 한자와 한글이 혼용되어 있는데 이 글에서 유물의 銘文
   을 제외하고는 모두 한글로 바꾸어 놓았다.
24)『역사과학』1985년 2호, 27~34쪽 ;『신동아』, 1979년 9월호, 212~219쪽 ; 1981,
   『조선사연구회논문집』18, 용계서사, 111~147쪽.

예를 들면 '건흥' 연호에 대하여 이전에는 백제연호설이 우세를 차지하고 있으나, 1970년대 이후 특히 1979년에 중원고구려비가 발견된 이후에는 백제연호설이 부정되고 고구려연호설이 절대적으로 우세를 차지하고 있다. '건흥 4년'과 '건흥 5년'의 연대고증에 있어서도 역시 여러 가지 상이한 관점이 나왔다. 첫째는 '건흥 5년'을 536년으로 보는 견해이고, 둘째는 476년으로 보는 견해이다. 셋째는 '건흥 4년'을 421년으로 보는 견해이고 넷째는 앞으로 계속 연구되어야 할 課題로 남아있다고 보는 견해이다. 이것들은 이글이 추구하는 주요 목적이 아니기에 여기서는 정황을 소개하는데 그친다.

상술한바와 같은 사실은 일부 학자들이 고구려에 자국의 연호가 없었다는 선입견을 앞세우면서 호태왕비문의 '영락'도 왕호일 뿐 연호는 아니라고 주장한 것은 형세발전에 뒤진 낡은 관점이라는 것을 보여주고 있다. 즉 그것은 수십 년 동안 한반도에서 이루어지고 있는 고고학 발전의 새로운 성과를 제때에 흡수하지 못하고 여전히 고구려 연호에 관한 기록이 누락되어 있는 『삼국사기』 등의 기록에만 의거한 데서 생겨난 착오인 것이다.

그밖에 신라에 '建元'(법흥왕의 연호), '開國'(진흥왕의 연호), '大昌'(진흥왕의 연호), '鴻濟'(진흥왕의 연호), '建福'(진평왕의 연호), '仁平'(선덕왕의 연호) 등 연호들이 있었다.[25] 이것은 고구려에 자국의 연호가 있었으며 비문 중의 '영락'이 호태왕의 연호가 옳다는 것을 증명해 주는 좋은 방증자료로 된다.

맺음말

근년에 이르러 일부 학자들은 호태왕비문에 씌어져 있는 '永樂'은 왕

---

25) 『조선사연표』 부록2, 18쪽.

호일 뿐, 연호는 아니라고 하면서 고구려에는 자국의 연호가 존재하지
않는다고 인정하였다. 이런 견해는 역사의 실제 사실에 부합되지 않는다.

필자는 비문의 '永樂'은 호태왕 재위기간의 왕호일 뿐만 아니라 연호
였다고 인정한다. 그것은 비문 가운데 씌어져 있는 '영락' 연대와 간지
기년 및 그에 상응하는 기원 연대가 순서에서 완전히 일치한 사실에 의
하여 훌륭히 증명된다. 그 밖에 고고 발굴의 결과에 의하면 고구려에는
'영락'연호 외에도 다른 연호들이 더 있었다는 것을 알 수 있다. 이것은
비문 가운데 '영락'이 연호가 옳다는 것을 증명해 주는 방증 자료가 되
기에 손색이 없다.

후기:

본문은 「渤海史硏究」(延邊大學出版社 1990년판)에 발표했으며 「中國
境內高句麗遺跡硏究」(韓國, 芸河出版社 1995년판)에 수록한바 있다.

이번에 본서에 수록하면서 원문 내용을 그대로 유지하면서 서술형식
방면에서 약간 수정하였다.

제7장

德興里 묘지명의 주인공
−鎭에 관한 몇 개 문제

제1절 鎭의 생존 연대

1. 묘지명에 기록된 永樂 十八年

　1976년 12월 朝鮮 平安南道 大安市 德興理에서 벽화고분이 발견되었다. 이 고분에는 여러 가지 벽화가 그려져 있을 뿐만 아니라 주인공인 鎭의 출생지와 간력 등을 기록한 묘지명을 포함하여 도합 600여 자의 글자가 씌어있어 학계의 큰 관심을 불러일으키고 있다.

　묘지명에 따르면 鎭은 77세에 사망하였는데 그 사망한 해가 "永樂 十八年"일 가능성이 높다.

　이런 관점에서 출발하여 필자는 본문에서 묘지명 가운데 "永樂 十八年"을 집중적으로 분석하는 방법을 통하여 진의 생존연대를 해명하였다. 아래에 그 상황을 적으면 대체로 다음과 같다.

　이 고분의 전실 북벽 중앙에는 세로 14행에 걸쳐 도합 154자로 된 묘지명이 씌어있다. 묘지명에는 먼저 진의 출생지와 간력을 기록하고 나서 다음과 같이 썼다.

　　鎭年七十七薨焉 永樂十八年 太歲在戊申 十二月辛酉朔 廿五日乙酉 成 遷移玉柩[1]

---

1) 『덕흥리고구려벽화무덤』, 과학백과서전출판사, 1981년판, 81쪽.

위의 기사를 대체로 다음과 같이 해석할 수 있다.

덕흥리 묘지명의 주인공인 진은 77세를 일기로 사망하였다. 영락 18년 (干支로 戊申년이다) 12월(초하루의 日干支는 辛酉日이다) 25일(干支는 乙酉日이다)에 묘를 다 축조했는바 진의 영구(玉柩)를 이곳으로 옮겨 왔다.

여기서 주목을 끄는 것은 '永樂 十八年'이 어느 해인가를 해명하는 문제이다. 왜냐하면 이 문제는 진의 생존연대를 해명하는데 결정적 기준이 되기 때문이다. 대부분의 학자들은 비록 '永樂 十八年' 가운데의 '樂'자가 잘 보이지 않는다는 것을 인정하면서도 이것은 고구려 제19대 호태왕(광개토왕)의 영락 18년으로 인정하고 있다. 그러나 개별적인 학자들은 이 "묘지 가운데 '永囮'을 '永樂'으로 인정할 수 있는가에 대하여 아직 묘지에 대한 실제적인 조사를 더 진행한 다음에 비로소 확정할 수 있다"고 주장하고 있음으로서 보류하는 태도를 취하고 있다.[2] 필자는 묘지명 가운데 '영락'은 호태왕(광개토왕)의 연호가 옳으며 "永樂 十八年 太歲在戊申"은 408년으로 주장하는 대부분 학자들의 견해에 동감을 표한다. 그 이유는 대체로 다음과 같다.

첫째, 호태왕비문 제1면 제4~5행에 따르면 호태왕은 18세에 즉위(二九登祚)했다고 기록한 다음에 계속하여 "號爲永樂大王"이라고 썼다. 따라서 호태왕의 생전, 즉 재위기간의 왕호는 '永樂太王'이였다는 것을 잘 알 수 있다. 또 비문에 따르면 '영락'은 결코 왕호에만 그치는 것이 아니라 호태왕의 연호로도 사용되었다는 것을 알 수 있다. 그것은 비문에 "永樂 五年 歲在 乙未"라고 명확하게 기록함으로써 '영락'이라는 두 글자가 '五年'이라는 연대와 결부되어 있으며 또 영락연대(永樂 五年)와 간지기년(乙未年)이 같이 결부되어 있는데 의하여 증명된다. 『조선사연표』에 따르면 호태왕 시기의 '을미년'은 395년이다.[3] 비문에는 '永樂 五年

2) 劉永智, 1983년 2기, 「幽州刺史墓考略」, 『歷史研究』, 中國社會科學出版社, 97쪽.

歲在 乙未'의 뒤를 이어 '六年 丙申'(永樂 6년 丙申을 가리키며 396년이다. 아래에서는 설명을 생략하고 연대만 밝힌다), '八年 戊戌'(398년), '九年 己亥'(399년), '十年 庚子'(400년), '十四年 甲辰'(404년), '十七年 丁未'(407년), '廿年 庚戌'(410년) 등으로 영락 연대와 간지 기년을 결부하여 기록한 것이 모두 합하여 여덟 곳이나 된다. 여기서 주목을 끄는 것은 비문의 영락 연대와 간지 기년 및 그에 상응하는 기원 연대는 순서상에서 완전히 일치한다는 사실이다. 이것은 호태왕비문의 영락은 결코 그의 왕호에 그치는 것이 아니라 왕의 연호라는 것을 증명해 주는 유력한 증거가 된다.4) 한편『삼국사기』에 따르면 호태왕(광개토왕)은 왕위를 계승한 후에 22년 동안 재위하였다.5) 호태왕비문에 의하면 '永樂 五年歲在 乙未'부터 시작하여 永樂'廿年庚戌'까지의 사실을 연속적으로 기록하고 있다. 이로부터 호태왕은 재위기간에 오직 하나의 '영락' 연호만을 사용했다는 것을 알 수 있다.

영락 연호에 관한 상술한 바와 같은 호태왕비문의 기록은 덕흥리 묘지명에 씌어있는 '永樂 十八年'이 호태왕(광개토왕)의 연호가 옳다는 것을 증명해 주는 가장 유력한 물증으로 된다.

둘째, 덕흥리 묘지명에 따르면 이 묘의 축성연대에 대하여 "永樂十八年 太歲在戊申 十二月辛酉朔 廿五日乙酉 成"이라고 쓰고 있다. 주목을 끄는 것은 덕흥리 묘지명에서도 호태왕비문과 마찬가지로 호태왕의 '영락' 연대와 그에 해당하는 간지 기년을 밀접히 연계하면서 쓰고 있을 뿐만 아니라 그 아래에 계속되는 월일의 간지까지도 표시함으로써 호태왕비보다도 더 상세하게 씌어있다는 사실이다.

묘지명에 따르면 '永樂 十八年'은 간지로 '戊申'년이라고 쓰고 있다.

---

3)『조선사연표』, 朝鮮과학원, 1957년판, 74쪽.

4)『渤海史硏究』제1집, 延邊大學出版社, 1990년판, 219~243쪽.

5)『三國史記』권18, 高句麗本紀6 廣開土王 1년~22년조.

그런데 호태왕비문에는 영락 18년의 간지기년에 대해서는 기록하지 않
고 있는 것이다. 그러나 영락 17년의 간지를 '丁未'년(十七年丁未)로 쓰
고 있으니 그 다음 해인 영락 18년의 간지가 '戊申年'에 해당한다는 것
은 추호도 의심할 바가 없다. 그것은 영락 연대의 순서(17~18년)와 간지
기년의 순서(정미~무신)가 완전히 일치하기 때문이다.

덕흥리 묘지명은 계속해서 "十二月辛酉朔 廿五日乙酉"라고 쓰고 있
다. 이 기록 가운데의 '朔'은 '초하루'를 가리킨다. 이럴 경우에 위의 기
록의 전반부인 영락 18년(무신)의 '12月 초하루'는 간지로 '辛酉日'이며,
후반부의 같은 해 같은 달(영락 18년 12월) '25일'은 간지로 '乙酉日'이
된다.

그런데『덕흥리고구려벽화무덤』의 작자는『兩千年間中西曆書對照表』
에 의거하여 이 묘지명에 씌어있는 연원일의 간지(永樂十八年 太歲在戊
申 十二月辛酉朔 廿五日乙酉)는 호태왕비문 영락 18년의 해와 달과 날짜
의 간지와 서로 맞아 떨어진다고 인정하면서 다음과 같이 썼다.

> "음력으로 이 해의 12월은 초하루가 辛酉日이고 25일은 乙酉날이다. 그리
> 고 廣開土王의 永樂 18년은 戊申년이다."6)

따라서 묘지명 가운데의 '永□'(개별 학자들의 견해이다)은 호태왕의
'영락' 연호가 옳으며 '영락 18년'은 간지로 무신년으로, 408년이라는
것은 의심할 바가 없는 것이다.

셋째,『덕흥리고구려벽화무덤』에 따르면 이 묘의 '안길'(羨道) 서쪽
벽에는 "太歲在己酉二月二日辛酉 …"라고 쓴 어구가 있다.

위의 어구 가운데 있는 '己酉'와 '辛酉'는 본래 원문에는 별체자(別
體字)로 씌어있는 것을 벽화무덤의 작자들에 의하여 '기유'와 '신유'로

---

6)『덕흥리고구려벽화무덤』, 81쪽.

해독된 것들이다. 그들은 또 '辛酉'의 '酉'자를 해독하면서 "己酉年 2월 2일이 辛酉日이다"라고 썼으며 그에 대한 주해에서는 "『兩千年間中西曆書對照表』에 의하면 영락 19(기유년－필자)인 409년 음력 2월 2일은 신유일이다."라고 썼다. 벽화무덤의 작자들은 위의 어구 아래에 계속되는 몇 개의 글자들에 대해서 해석한 기초상에서 다음과 같이 인정하였다.

"己酉년(永樂 19년－필자) 2월 2일 辛酉日에 무덤을 막았다."[7]

필자는 이런 견해에 다른 의견이 없다. 이미 위에서 지적한 바와 같이 '영락 18년'(무신년)이 408년인 상황에서 기유년이 영락 19년으로 409년이라는 것은 추호도 의심할 바가 없는 것이다. 왜냐하면 그것은 永樂 연대와 간지 기년 및 그에 상응하는 기원 연대의 순서가 완전히 일치하기 때문이다.

상술한 사실로부터 우리는 다음과 같은 것을 알 수 있다.

덕흥리 묘지명의 주인공인 鎭은 77세를 일기로 하여 사망하였다. 영락 18년(간지로 무신년, 기원으로 408년이다) 12월(초하루가 신유) 25일(을유날)에 진의 시신을 안장할 묘의 축조 사업을 완성하고 그의 관(玉柩)을 옮겨 왔다. 그로부터 38일 가량 지난 기유년(영락 19년이며, 409년이다) 2월 2일(辛酉日)에 진의 관을 묻을 묘실을 덮음으로써 무덤을 완성하였다. 다시 말하면 진은 408년에 77세를 일기로 사망한 것이 된다. 이럴 경우에 408년부터 위로 77년을 거슬러 올라가면 332년이 되는 바 이것이 鎭의 출생 연대인 것이다. 즉 진은 332년부터 408년까지 생존했던 것이다.

───────────────

7) 『덕흥리고구려벽화무덤』, 94~95쪽.

맺음말

 덕흥리 묘지명의 주인공인 鎭은 332년부터 408년까지 생존했다고 말할 수 있다. 묘지명에 따르면 진은 77세에 사망했다고 썼으며 계속해서 그의 시신을 안장하기 위한 묘실은 "永樂十八年 太歲在戊申 …"에 완성했다고 쓴 사실에 의하여 증명된다. 학계에서는 이 '영락'을 연호로 볼 수 있는가에 대하여 의문을 제기하는 견해도 없지 않다. 그러나 호태왕 비문에 따르면 '영락'은 분명히 고구려 제19대 호태왕(광개토왕이라고 한다)의 연호가 옳으며 '永樂 十八年'은 간지로 무신년이며 408년이라는 것을 증명해 준다. 그밖에 일부 학자들이 『兩千年間中西曆書對照表』에 의하여 조사한데 따르면 묘지명에 씌어있는 연월일의 간지는 호태왕비문 영락 18년의 해와 달과 날짜의 간지와 서로 맞아 떨어진다고 한다.

 상술한 사실은 묘지명 가운데 '永樂'은 호태왕의 영락 연호가 옳으며 永樂 十八年(무신)은 408년에 해당하는데 바로 이 해에 진은 77세를 일기로 사망했다는 것을 증명해 준다.

 이럴 경우에 408년부터 77년을 거슬러 올라가면 진의 출생연대가 되는데 이 해가 332년이 되는 것이다. 이것은 진은 332년부터 408년까지 생존했다는 것을 증명해준다.

제2절 鎭의 高句麗 출생설을 분석

덕흥리 묘지명의 첫 부분에는 다음과 같이 씌어있다.

"□□郡信都縣都鄕□甘里 … 鎭"[1]

이로부터 덕흥리 묘지명의 주인공인 진은 군현제가 발달한 나라의 信都縣에서 출생했다는 것을 잘 알 수 있다. 이에 대하여 학계에는 다른 의견이 없는 것으로 생각된다. 그러나 구체적으로 그것이 어느 나라의 신도현인가의 문제에서는 대체로 두 가지 견해가 있다. 첫째는 진은 고구려의 신도현에서 출생했다고 하는 것이며, 두 번째는 진은 중국의 五胡十六國 시기의 어느 한 나라에서 출생했다고 인정하고 있는 것이다. 필자는 두 번째 견해에 동감을 표한다. 아래에 진의 고구려 출생설을 가지고 필자의 의견을 제기하면 다음과 같다.

1. 高句麗 지방행정조직의 주요 형태

덕흥리 묘지명에 따르면 鎭은 분명히 군현제(州~郡~縣~鄕~里)가 발달한 나라에서 출생했다고 말할 수 있다. 이런 상황에서 필자는 우선

---

1) 『덕흥리고구려벽화무덤』, 84쪽.

고구려 지방행정조직의 주요형태를 고찰할 필요가 있다고 생각한다. 왜 냐하면 그것은 진에 대한 고구려 출생설이 사실에 부합되는가를 판단하는 전제조건이 될 수 있기 때문이다. 그런데 고구려 지방행정조직의 주요형태는 결코 군현제가 아니라 五部와 城邑제 위주로 되어 있는 것이 사실이다. 아래에 그 상황을 서술하면 다음과 같다.

1) 五部와 城邑制

여러 고서 기록에 따르면 고구려의 지방행정조직은 주로 오부와 성읍제에 의하여 이루어 졌다고 말할 수 있다.

(1) 五部에 대하여

『삼국지』에 따르면 고구려 오부에 대하여 다음과 같이 썼다.

> 本有五族 有涓奴部 絶奴部 順奴部 灌奴部 桂婁部 本涓奴部爲王 稍微弱 今 桂婁部代之[2]

이에 대하여 『후한서』 고구려전에서는 다음과 같이 썼다.

> 凡有五族 有消奴部 絶奴部 順奴部 灌奴部 桂婁部 本消奴部爲王 稍微弱 後 桂婁部代之[3]

위의 두 기록을 통하여 다음과 같은 몇 가지 상황을 말할 수 있다.
첫째, 고구려 오부에 관한 『삼국지』 고구려전과 『후한서』 고구려전의 기본내용은 완전히 일치한다. 그러나 양자사이에는 몇 개의 글자가 서로 다르게 씌어있다. 즉 '오부'에 관한 『삼국지』 고구려전의 첫 번째 글자

---

2) 『三國志』 권30, 魏書30 東夷 高句麗傳.

3) 『後漢書』 권85, 東夷 高句驪傳.

'本'은 『후한서』 고구려전에서는 '凡'자로 바뀌고 여섯 번째 글자인 '涓'(涓奴部)은 '消'(消奴部)로 바뀌고 서른 번째 글자인 '今'은 '後'로 바뀐 것 등이다. 이렇게 바뀐 이유는 대체로 다음과 같다고 생각된다.

『후한서』는 『삼국지』보다 늦게 출판되었지만 그 서술 대상인 東漢(25~220년 사이)은 『삼국지』의 서술대상인 三國魏(220~265년 사이)보다 훨씬 이르다는데 있을 가능성이 많다. 이런 판단이 틀리지 않는다면 『후한서』의 작자가 상술한 『삼국지』 고구려전 가운데의 몇 글자를 바꾸어 놓은 것은 옳은 것이다.

둘째, 위의 두 고서에 따르면 고구려에는 일찍부터 5개의 부족[소(연)노부·절노부·순노부·관노부·계루부]으로 이루어 진 부족연맹이 있었다. 고구려의 부족연맹은 발전 과정에서 크게 두 개 단계로 구분할 수 있다. 첫번째는 오부의 연맹체 내부에서 소(연)노부가 '爲王'하는 시기였고 두번째는 계루부가 이것을 대체하는 단계, 즉 계루부가 '爲王'하는 단계이다. 이것은 오부의 연맹체 내부에서 정권 교체가 진행된 일이 있다는 것을 증명해 준다. 정권 교체 시기에 대하여 두 가지 견해가 있는데, 주몽 건국시기라는 견해(이럴 경우에 주몽 건국이전에 소(연)노부 '爲王'하는 시기가 있은 것으로 된다)와 고구려 제6대 태조왕시기(『삼국사기』에 따르면 53~146년 재위)라는 견해이다. 이 두 견해는 다 같이 주몽에 의한 고구려 건국초기의 범위를 벗어나지 않는데서 주목을 끈다. 이럴 경우 고구려는 건국초기부터 지방행정조직 가운데 五部가 있었다는 것을 증명해 줄 수 있는 것이다.

셋째, '오부'에 관한 『삼국지』와 『후한서』의 기록에서 또 주목을 끄는 것은 앞에서 고구려에 오족이 있다(三國志: 本有五族 ; 後漢書: 凡有五族 ; 魏略: 大有五族 등)고 쓰고 나서 구체적인 내용을 쓸 때에는 다 같이 오족에 대하여 쓴 것이 아니라 五部(소노부·절노부·순노부·관노부·계루부)라고 바꾸어 쓰고 있다는 사실이다. 이것은 고구려가 건국되고 왕권이 강화됨에 따라 본래의 부족연맹 성질이 점차 약화되거나 소실되고 고구려의 지방행정단위로 변화되는 과정을 반영한 것일 수 있다. 이런 변화과정은 그 후에도 계속되어 오부는 다시 內部와 東·西·南·北·上·下 등 방위를 가리키는 명칭으로 불리기도 하였다.4) 이런 상황은 『삼국사기』에 잘 반영되어 있다. 몇 가지 예를 들면 다음과 같다.

> (1) 『三國史記』故國川王 13년조: 왕 "令汝四部 各擧賢良在下者 於是四部共擧 東部晏留"5)
> (2) 『三國史記』烽上王 3년조: "國相尙婁卒 以南部大使者倉助利 爲國相 進爵 爲大主簿"6)
> (3) 『三國史記』寶藏王 4년조: "帝至安市城 進兵攻之 北部耨薩高延壽南部耨薩 高惠眞 帥我軍及靺鞨兵十五萬 救安市"7)

위의 기록 (1)의 고국천왕 13년은 191년이며 '四部'는 '四椽那'를 가리키는데 고구려 오부 중 계루부를 제외한 기타 4부를 가리킬 것으로 생각된다. 그 밖에 고구려 5부에 관한 李賢의 주해에 따르면 '東部'는 순노부를 가리킨다.

위의 기록 (2)의 烽上王 3년은 294년이며 '南部'는 관노부를 가리킨다. '國相'은 나라의 최고 행정장관으로 서울과 지방의 군사에 관한 일을 맡아 보는 사람이었다.

위의 기록 (3)의 보장왕 4년은 645년이며 '北部'는 절노부를 가리킨다. 또 『翰苑』에 인용된 『高麗記』에 따르면 '耨薩'은 지방일급행정 단위인 '諸大城'에 배치되는 군사 책임자라는 것을 알 수 있다.

이제 위의 기록 (1) (2) (3)을 연계시켜 고려하면 2세기 말부터 7세기

---

4) 『後漢書』 권85, 東夷 高句驪傳, 五部에 관한 唐 李賢의 주.
5) 『三國史記』 권16, 高句麗本紀4 故國川王 13년조.
6) 『三國史記』 권17, 高句麗本紀5 烽上王 3년조.
7) 『三國史記』 권21, 高句麗本紀9 寶藏王 4년조.

중엽까지도 고구려의 지방일급행정조직 가운데는 여전히 '오부'가 존재하고 있었다는 것을 알 수 있다. 여기서 다시 오부 내부에서 진행된 소노부와 계루부의 정권 교체 시기와 668년 羅唐 연합군이 고구려를 멸망시킨 다음에 '오부'와 176성을 개편하여 주·군·현으로 삼은 사실 등을 감안하면 700여 년에 달하는 고구려의 전 과정에서 오부는 시종일관 존재했다는 것을 알 수 있다. 여기서 마땅히 지적해야 할 사실이 하나 더 있다. 오부 중 내부, 즉 계루부에는 왕족이 많이 있었으며 주로 수도에 거주했을 것이다. 그 밖의 '四部'는 모두 고구려의 지방일급행정단위에 소속되어 주로 수도의 부근(近畿)이나 기타 각 지방에 거주했을 것이며 반드시 왕의 명령에 복종해야 했을 것이다. 그러나 그들 중 일부 귀족들은 일찍부터 중앙정계에 진출했으며 그 거주지역도 점차 수도에 집중되었을 것으로 보인다. 차대왕 20년에 '椽那皂衣'로 있던 명림답부가 백성들이 곤란하여 견딜 수 없다는 것을 이유로 차대왕을 살해하고, 신대왕 때 최고행정 장관인 '國相'에 임명되었으며, 3세기 말에는 남부(관노부) 大使者로 있던 倉助利가 '國相'으로 임명된 사실 등은 이런 견해를 뒷받침해 준다.[8]

(2) 城邑制에 대하여

먼저 고구려의 초기 성읍에 관한 『삼국사기』의 기록을 소개하고 필자의 의견을 제기하면 다음과 같다.

(1) 『三國史記』 東明王조: "六年(기원전 32년 - 필자) … 王命 … 伐太白山東南荇人國 取其地爲城邑"[9]

(2) 『三國史記』 東明王조: "十年(기원전 28년 - 필자) … 王命 … 伐北沃沮 滅之 以其地爲城邑"[10]

---

8) 『三國史記』 권15, 高句麗本紀3 次大王 20년조 ; 권16, 本紀4 新大王 2년조.

9) 『三國史記』 권13, 高句麗本紀1 東明王 6년조.

(3) 『三國史記』 太祖王조: "四年(56년 - 필자) … 伐東沃沮 取其地爲城邑 拓境
東至滄海 南至薩水"[11]

위의 기록 (1) (2) (3)에 따르면 고구려는 건국 초기에 이미 여러 지방
세력들을 정벌하고 그곳에 '성읍'을 설치했다는 것을 알 수 있다. 그러
나 그 내용이 지나치게 간단하여 구체적인 상황에 대해서는 알 수 없다.
그러나 고구려의 성읍과 관련하여 다음과 같은 사실에 대하여 간단하게
서술할 필요가 있을 것 같다.

고구려는 주몽에 의한 건국초기부터 축성 문제에 대하여 매우 큰 비
중을 두었다고 생각된다. 『삼국사기』에 따르면 '동부여'를 탈출한 주몽
등은 '졸본천'에 이른 후에 그 곳의 토지가 비옥하고 산천이 준엄한 것
을 보고 도읍을 정하려고 했으나 미처 궁실을 지을 겨를이 없어, 비류수
유역에 초막을 짓고 있으면서 국호를 고구려로 정했다고 한다.[12] 이 '비
류수'(지금의 혼강) 유역의 '초막'이 오늘의 桓仁縣 六道河子鄕 古城子村
에 위치해 있는 '下古城子城'(평지성)의 전신이었을 가능성이 없지 않다.

한편 호태왕비분 제1면에 따르면 '북부여'를 출발한 鄒牟王은 '남하'
하여 부여 奄利大水를 건넌 후에 沸流谷忽本 서쪽의 산 위에 성을 쌓고
도읍을 정하였다(沸流谷忽本西城山上而建都焉)고 한다. 여기서 '비류곡'
은 비류수 유역, 즉 지금의 혼강 유역을 가리키며 '홀본'은 『삼국사기』
에서 말하는 '졸본'으로 『위서』의 '흘승골성'이다. 학계에서는 호태왕비
문에서 지적한 산 위에 쌓은 성은 지금의 혼강 유역에 있는 오녀산성에
해당한다고 인정하고 있다.

下古城과 五女山城은 다 같이 비류수(지금의 혼강) 유역에 위치해 있
으며 양자의 거리는 10km에 불과하다.[13] 또 위에서 지적한 바와 같이

---

10) 『三國史記』 권13, 高句麗本紀1 東明王 10년조.

11) 『三國史記』 권15, 高句麗本紀3 太祖王 4년조.

12) 『三國史記』 권13, 高句麗本紀1 東明王 1년조.

양자는 주몽에 의한 고구려 건국 초기의 수도와 연계되어 있을 가능성이 많다. 이런 판단이 틀리지 않는다면 이것은 한 지방에 평지성과 산성을 함께 구축함으로써, 전자는 주로 평시에 사용하고 후자는 주로 전시에 사용하는 고구려 축성법의 특징은 이미 건국초기에 비류수(지금의 혼강) 유역에서 형성되었을 가능성이 많다는 것을 증명해 준다. 이와 같은 고구려 축성법의 특징은 그 후 국내성과 평양천도 때 계속 발전했으며 전국 각지에 널리 분포되어 있는 많은 성들에도 대체로 적용되었을 것으로 보인다. 그 밖에 수도에서 지방에 이르기까지 모든 성들에는 전부 '官司'를 설치했으며 또 성의 규모가 크고 작은데 따라 다른 등급의 책임관리를 배치하여 관할 구역에 대한 통치를 진행하였다. 이리하여 고구려에서는 건국초기부터 성을 중심으로 한 지방통치제도가 출현했던 것이다.

위의 기록 (2)에 따르면 고구려는 동명왕 10년, 즉 기원전 28년에 북옥저를 멸망시키고 그 영역으로 성읍을 삼았다고 했는데 적잖게 의문이 남는다. 그러나 이것이 고구려의 동부 혹은 동북부 변경인 '柵城'이었을 가능성이 많은 것만은 사실이다. 이런 판단이 틀리지 않는다면 그의 출현 연대는 늦어도 98년(태조왕 46년) 이전으로 거슬러 올라가리라는 것은 의심할 나위가 없다. 그것은 『삼국사기』 태조왕 46년조에 "王東巡柵城 … 賜柵城守吏物段有差 遂紀功於岩 乃還"이라는 기록에 의하여 증명된다.[14]

위의 기록 (3)에 따르면 고구려는 56년(태조왕 4년)에 동옥저를 멸망하고 그 땅을 취하여 성읍으로 삼았으며, 고구려의 영역은 동쪽은 동해(滄海)에 이르고 남쪽은 淸川江(薩水)에 이를 정도로 넓어 졌다고 썼다.[15]

고구려는 '옥저성'(지금의 함흥 부근)을 중심으로 동옥저의 전 영역을

---

13) 『五女山城』, 文物出版社, 2004년판, 4·304쪽.

14) 『三國史記』 권15, 高句麗本紀3 太祖王 46년조.

15) 『三國史記』 권15, 高句麗本紀3 太祖王 4년조.

통치했을 것으로 보인다. 그러나 그에 대한 통치 방식은 국내의 기타 지방(직할지)과 완전히 같은 것은 아니었을 가능성이 많다. 그것은 『후한서』나 『삼국지』에 「고구려전」이외에 「동옥저전」과 「북옥저전」도 함께 수록되어 있다는 사실에 의해 증명된다. 그 밖에 『삼국지』에 東沃沮 "國小 迫于大國之間 遂臣屬句麗 句麗復置其中大人爲使者 使相主領 又使大加統責其租賦"16)라고 쓴 것으로 보아 고구려는 동옥저를 정복한 후에 그 곳을 직할지로 삼은 것이 아니라 원래의 사회조직을 그대로 남겨 두면서 '租稅'를 받아들이는데 만족한 것으로 생각된다. 그러나 그 수탈정도는 국내의 다른 지역에 비해 결코 낮은 것이 아니라 더 가혹했을 수 있다. 그것은 동옥저 사람들로 하여금 貊布·魚鹽·海中食物 등 특산물을 천리나 되는 거리에서 져 나르게 하고 또 동옥저의 美人들을 보내게 하여 종이나 첩으로 삼고 그들을 '奴僕'처럼 대우했다고 쓴 『삼국지』동옥저전의 기록을 통해 알 수 있다.17)

여기서 또 지적해야 할 사실이 있다. 그것은 상술한 북옥저나 동옥저를 멸망시키고 그 곳에 설치했다는 고구려의 '성읍'들은 그 후 얼마동안 존속할 수 있었는가의 문제이다. 먼저 연대 순서에 따라 고서 기록을 소개하면 다음과 같다.

    (1) 『三國史記』 高句麗本紀 山上王 21년(217년)조: "漢平州人夏瑤 以百姓一千餘家來投 王納之 安置柵城"18)

    (2) 『三國志』 東沃沮傳: 246년에 魏 "毌丘儉討句麗 句麗王宮奔沃沮 遂進師擊之 沃沮邑落皆破之 … 宮奔北沃沮"19)

    (3) 『新唐書』 渤海傳: "濊貊故地爲東京 曰龍原府 亦曰柵城府"20)

---

16) 『三國志』 권30, 魏書30 東夷 東沃沮傳.
17) 『三國志』 권30, 魏書30 東夷 東沃沮, 北沃沮傳 ; 『後漢書』 권85, 東夷 東沃沮傳.
18) 『三國史記』 권16, 高句麗本紀4 山上王 21년조.
19) 『三國志』 권30, 魏書30 東夷 東沃沮傳.
20) 『新唐書』 권219, 渤海傳.

(4) 『高慈墓誌』: "祖量本蕃任三品柵城都督位頭大兄 …"[21]

위의 기록 (1)~(4)를 통하여 대체로 1세기에 설치된 것으로 인정되는 북옥저 지구의 책성은 그 후 고구려가 멸망할 때까지 수백 년 동안이나 계속 존속되었을 가능성이 많다는 것을 알 수 있다. 심지어 이 책성의 명칭은 고구려가 망한 후인 발해 때도 일정한 영향력을 갖고 있었다는 것은 주목을 끈다. 고구려의 동북부 변강 지대에 위치해 있은 책성은 고구려 멸망 후에도 다른 행정단위명칭(예를 들면 주군현)으로 바뀐 일이 없는 것 같다.

위의 기록 (2)에 나오는 '句麗王宮'은 고구려 제11대 동천왕(宮은 位宮으로 되어야 옳은 것이다)을 가리킨다. 위의 기록 (2)는 246년 위나라 관구검군과의 전쟁에서 크게 패한 동천왕이 먼저 동옥저지방으로 도망갔다가 다시 북옥저지방으로 도망갔다는 내용이다. 이로부터 고구려는 일찍 북옥저와 동옥저를 멸망시키고 그 곳을 '城邑'으로 삼았다고 쓴 『삼국사기』의 기록은 3세기 중엽에도 여전히 효과를 발생하고 있었다는 것을 알 수 있다.

고구려의 지방행정 조직이 주로 성을 중심으로 한 성읍제로 되어 있었다는 것은 官制를 통해서도 잘 찾아볼 수 있다. 『通典』高句麗傳에 "自東晋(317~420년 사이 – 필자)以後 其王所居平壤城 … 亦曰長安城 … 其外有國內城及漢城 亦別都也 復有元菟(『周書』에는 玄菟 – 필자)等數十城 皆置官司 以相統攝焉"[22]이라고 썼으며 『翰苑』에서 인용한 『高麗記』에 "其諸大城置辱薩 比都督 諸城置處閭區刺史 亦謂之道使 … 諸小城置可邏達 比長史 又城置婁肖 比縣"[23]이라고 쓴 것은 이런 견해를 뒷받침해 준다. 그밖에 4세기 말~5세기 초의 상황을 반영한 호태왕비문에도

---

21) 『高句麗史研究』 Ⅱ(史料篇), 延世大學校出版部, 1988년판, 1087쪽.

22) 『通典』 권186, 東夷下 高句麗傳.

23) 『翰苑』 권30, 蕃夷部 高麗.

백제 등 주변 나라들을 징벌하는 가운데서 城·谷·村 등을 획득했다고 썼으며『守墓人煙戶』의 내원지를 밝힐 때에도 절대 대부분이 '城'을 단위로 하여 기록했던 것이다.

여기서 지적해야 할 것은 수도로부터 각 지방에 이르기까지 여러 곳에 '官司'를 설치하거나 각 지방에 책임 관리를 배치하거나 또 守墓人煙戶의 내원지를 밝히는 등 문제들에서 결코 주·군·현을 단위로 서술한 것이 아니라 전부 성을 단위로 해서 서술했다는 사실이다. 이것은 상술한 북옥저 지방에 설치한 책성이나 동옥저지방의 성읍과 더불어 고구려 지방행정조직의 주요형태는 성읍제였다는 것을 증명해 주는 증거가 되기에 손색이 없다.

7세기 중후반기에 고구려의 지방행정 조직이 주로 성읍제로 이루어졌다는 것을 증명할 수 있는 기록은 비교적 많다. 연대순서에 따라 몇 가지 예를 들면 다음과 같다.

> (1)『通典』高句麗傳: "貞觀十九年(645년－필자) 太宗親征渡遼 四月 李勣攻拔蓋牟城 … 以其地爲蓋州 勣又攻遼東城拔之 以其地爲遼州 六月 攻拔白巖城 以其地爲巖州" 24)
>
> (2)『三國史記』新羅本紀: 文武王 "六年(666년－필자) … 高句麗貴臣淵淨土 以城十二 戶七百六十三 口三千五百四十三來投"25)
>
> (3)『舊唐書』高麗傳: "總章元年(668년－필자) … 高麗國舊分爲五部 有城百七十六 戶六十九萬七千 乃分其地置都督府九 州四十二 縣一百 又置安東都護府以統之"26)

위의 기록 (1), (3)을 통하여 특히 주목을 끄는 것은 唐이 645년에 요하 유역에서 고구려의 일부 성(蓋牟城 등)을 州로 바꾸고 668년에는 전

---

24)『通典』권186, 東夷下 高句麗傳.

25)『三國史記』권6, 新羅本紀6 文武王 6년조.

26)『舊唐書』권199, 東夷 高麗傳.

국적 범위에서 '五部'와 '百七十六城'을 都督府와 주현으로 바꾸어 놓았다고 지적한 사실이다. 이것은 위의 기록 (2)와 더불어 고구려의 지방 행정조직은 성을 중심으로 한 성읍제로 이루어 졌다는 것을 증명해 주는 또 하나의 유력한 증거가 되기에 손색이 없다.

오부와 성읍 아래의 지방 기층조직으로는 谷과 村이 있었다. 『삼국사기』에 의거하여 그 상황을 살펴보면 대체로 다음과 같다.

> (1) 故國川王十三年(191년)조: "晏留言於王曰 微臣庸愚 固不足以黍大政 西鴨淥谷左勿村乙巴素者 …"
>
> (2) 山上王十三年(209년)조: "王后知王幸酒桶村女 妬之 陰遣兵士殺之"
>
> (3) 東川王元年(227년)조: "東川王 … 母酒桶村人"
>
> (4) 東川王二十年(246년)조: "王復國 論功 以密友 紐由爲第一 賜密友巨谷 靑木谷"
>
> (5) 美川王元年(300년)조: "乙弗(후일의 美川王 – 필자)畏害出遁 始就水室村人 陰牟家傭作"27)

상술한 사실은 고구려의 지방행적 조직의 주요형태는 건국 초기부터 멸망 직전까지 전 기간에 걸쳐 五部와 성읍제였으며 그 아래 지방기층조직으로 谷과 村이 있었다는 것을 알 수 있다. 이것은 묘지명에 씌어있는 鎭의 출생지(□□郡信都縣□甘里)와 전혀 맞지 않는다는 것을 증명해 준다. 이런 판단이 틀리지 않는다면 鎭의 고구려 출생설은 처음부터 엄중한 모순에 빠지게 되는 것이다.

2) 高句麗의 郡縣관련자료에 대한 의견

(1) 『三國史記』 高句麗本紀의 郡縣 자료에 대하여

『삼국사기』 고구려본기(신라본기를 포함)에 따르면 고구려에는 주·

---

27) 『三國史記』 권16, 高句麗本紀4~권17, 本紀5 故國川王, 東川王, 美川王조.

군·현과 관련되는 자료도 일부 있다. 먼저 연대순서에 따라 그 상황을 소개하고 필자의 의견을 제기하기로 한다.

(1) 『三國記』 高句麗本紀: 大武神王 "九年(26년 — 필자)十月 王親征蓋馬國 … 以其地爲郡縣"[28]

(2) 安藏王 "三年(521년 — 필자)四月 王幸卒本 祀始祖廟 五月 王至自卒本 所經 州邑貧乏者賜穀人一斛"[29]

(3) 平原王 "二年(560년 — 필자) … 王幸卒本 祀始祖廟 三月 王至自卒本 所經 州郡獄囚除二死 皆原之"[30]

(4) 平原王 "二十五年(583년 — 필자)… 二月 下令減不急之事 發使郡邑勸農桑"[31]

(5) 『三國史記』 新羅本紀: 眞興王 "十二年(551년 — 필자) … 王命居柒夫等侵高 句麗 乘勝取十郡"[32]

(6) 『三國史記』 新羅本紀: 文武王 "八年(668년 — 필자) 六月 … 二十二日 府城 劉仁願遣貴干未肦 告高句麗大谷城 漢城等二郡十二城歸服"[33]

위의 기록 (1)에 따르면 고구려는 건국 초기에 이미 '郡'을 설치하였다. 그러나 군을 설치한 기록은 주몽건국으로부터 6세기 초(521년)에 이르기까지의 수백 년 동안에 단 한번 나오고 내용도 지나치게 간단하기 때문에 그대로 믿을 수는 없다. 학계에서 일반적으로 이 자료에 대하여 큰 관심을 두지 않고 있는 것은 결코 우연한 일이 아닐 것이다.

위의 기록 (2)~(6)에 따르면 6~7세기에 고구려는 '州邑'·'州郡'·'郡邑'·'十郡'·'二郡' 등 州·郡과 관련된 명칭이 비교적 많이 나온다.

이런 상황에서 일부 학자들은 상술한 『삼국사기』의 내용과 덕흥리 묘지명의 관련 내용(고구려 유주 아래에 郡과 縣 이름이 많이 나온다고 인

---

28) 『三國史記』 권14, 高句麗本紀2 大武神王 9년조.

29) 『三國史記』 권19, 高句麗本紀7 安藏王 3년조.

30) 『三國史記』 권19, 高句麗本紀7 平原王 2년조.

31) 『三國史記』 권19, 高句麗本紀7 平原王 25년조.

32) 『三國史記』 권4, 新羅本紀4 眞興王 12년조.

33) 『三國史記』 권6, 新羅本紀6 文武王 8년 6월 22일.

정하는 것 등)을 연계하면서 고구려에 정리된 주·군·현제도가 5세기 초 이전에 확립되어 있었다고 인정하였다.

필자는 이런 견해에 잘 동의되지 않는다. 그것은 호태왕비문을 포함한 여러 고문헌기록에 따르면 고구려에서는 지방행정 단위에 대하여 서술할 때 결코 주·군·현을 단위로 하여 서술한 것이 아니라 모두 성을 중심으로 한 성읍을 단위로 하여 서술했기 때문이다. 그 밖에 덕흥리 묘지명 가운데 나오는 지방행정 단위의 명칭(州·郡·縣·鄕·里)은 성을 중심으로 한 고구려의 지방행정 단위와 모순되기 때문에 양자를 연계시킬 수 없는 것도 사실이다. 가령 위의 (2)~(4)에 나오는 '州邑'·'州郡'·'郡邑' 등이 고구려의 지방행정 단위를 반영한 것이 옳다고 하더라도 그것은 지금의 혼강 유역의 졸본으로부터 압록강 중류의 국내성까지의 좁은 지역에 국한되기 때문에 당시 고구려가 전국적으로 군현제를 실시하고 있었다는 것을 증명해 주지는 못한다.

위의 기록 (5) 즉 『삼국사기』 신라본기 진흥왕 12년조(551년)에 따르면 신라는 고구려를 공격하여 '十郡'을 탈취한 것으로 되어 있다. 이것이 사실이라면 6세기 중엽에 고구려는 분명히 군현제를 실시한 것으로 인정할 수 있다. 『삼국사기』 居柒夫傳과 『일본서기』의 관련 기록은 이런 견해에 뒷받침해 줄 수 있다. 「거칠부전」과 『일본서기』의 관련 기록을 소개하면 다음과 같다.

「居柒夫傳」: 眞興 "王命居柒夫 … 等八將軍與百濟侵高句麗 百濟人先攻破平壤 居柒夫等乘勝取竹嶺以外 高峴以內十郡 …."[34]

『日本書紀』 欽明天皇 "十二年(辛未년으로 551년에 해당한다 - 필자) 是歲 百濟聖明王親率衆及二國兵(원주: 二國謂新羅·任那也)王伐高麗 獲漢城之地 又進軍討平壤 凡六郡之地 遂復故地"[35]

---

34) 『三國史記』 권44, 列傳4 居柒夫傳.

35) 『日本書紀』 권19, 欽明天皇 12년 是歲조.

위의 기록 (5) 즉『삼국사기』진흥왕 12년조와 「거칠부전」은 비록 詳略의 차이는 있지만 기본내용은 완전히 일치하는 것이 주목된다. 다만 후자에는 신라군의 연합대상이 백제였다는 사실과 高句麗'十郡'의 위치가 더 적혀져 있다.

다음으로 주목을 끄는 것은 고구려의 '十郡'을 탈취한데 관한『삼국사기』의 기록(진흥왕 12년조와 거칠부전을 포함)과『일본서기』의 기록은 실제로 같은 사건에 대한 기록이라는 점이다. 그 이유는 다음과 같다. 첫째, 신라 진흥왕 12년과『일본서기』欽明天皇 12년(是歲)은 다 같이 '辛未年'으로 551년이며, 둘째,『삼국사기』와『일본서기』의 기본내용은 신라와 백제가 연합하여 고구려를 공격, 그 영토 일부를 탈취한 것이다.

이런 판단이 틀리지 않는다면 당시(551년) 고구려에는 비교적 가까운 거리 내에 10개 郡 혹은 6개 郡이 인접해 있었을 가능성이 많다는 것을 알게 한다. 이럴 경우에 상술한『삼국사기』나『일본서기』의 기록은 6세기 중엽의 고구려에는 성읍제 외에 군현제도 함께 실시되고 있었다는 것을 증명해 주는 중요한 자료가 된다. 그러나 여기에는 소홀히 할 수 없는 모순이 잠재해 있는 것이 사실이다. 그것은 같은 사실을 기록한『삼국사기』고구려본기에는 陽原王 "七年(辛未年이며 551년이다 - 필자) … 新羅來攻 取十城"[36]이라고 썼기 때문이다. 즉 같은 연대에 발생한 같은 사실에 대하여 신라 측의 자료에는 '十郡'으로 고구려 측의 자료에는 '十城'으로 씀으로써 '郡'(十郡)이 '城'(十城)으로 바뀌고 있는 것이다. 양자 사이에는 겨우 한 글자의 차이가 있을 뿐이다. 그러나 당시 고구려의 지방행정 단위의 성격을 규명하는 문제를 놓고 보면 이것은 분명히 큰 문제이다.

그 밖에『朝鮮史年表』와『日本史年表』에 따르면 551년(신미년)은 백제 제26대 聖王 29년으로 日本欽明天王 12년이다.[37]『일본서기』欽明天

---

36)『三國史記』권19, 高句麗本紀7, 陽原王 7년조.

皇 12년조는 내용으로 보아 분명히 백제 측의 자료에 의거하여 씌어진 것이 틀림없다. 그런데 백제 측의 가장 직접적인 자료라고 말할 수 있는 『삼국사기』 백제본기 성왕 29년조는 공백으로 아무런 내용도 기록되어 있지 않다.[38]

이런 상황에 비추어 일부 학자들은 『삼국사기』 진흥왕 12년조와 거칠부전, 『일본서기』 흠명천황 12년조의 기사에 대하여 다음과 같이 해석할 수 있다고 하였다.

"당시 고구려에서는 한강 유역 일대를 城을 단위로 편제했는데, 이 지역은 신라가 차지한 뒤 城을 郡이라고 명명했다고 보는 것이다." 이런 견해는 백제에도 적용된다고 인정하면서 "한강 하류 지역을 차지한 뒤, 고구려 지배하에서 행해진 편제 단위인 城을 백제측이 자신들의 기준에 맞추어 郡이라고 기술했을 수 있다."[39]

이런 견해는 상술한 『삼국사기』와 『일본서기』의 내용과 부합된다고 할 수 있으며 당시 신라와 백제의 군현 관련 상황과도 부합될 가능성이 많다. 필자가 『삼국사기』 신라본기를 자세히 분석한 결과 신라는 일찍부터 州와 郡縣에 관련되는 기사가 많이 나오며 특히 6세기에 더욱 많이 등장한다. 예를 들면 502년부터 568년까지의 60여 년 사이에 州, 郡과 관련되는 기사가 도합 15건에 이른다. 특히 그 가운데는 '州郡'이라는 일반적인 명칭만 나오는 것이 아니라 구체적으로 州와 郡에 대한 전용명칭도 悉直州·沙伐州·新州·三年山郡 등 11개가 나오며, 각 州와 郡의 책임 관리인 軍主의 이름도 6명(異斯夫·伊登·金武力·成宗·起宗·高干都刀)이나 나온다.[40] 이것은 6세기에 신라의 군현제도는 이미 제도화했으며 비

---

37) 『조선사연표』, 조선과학원, 1957년판, 100쪽 ; 『日本史年表』, 東京堂, 1999년판, 20~22쪽.
38) 『三國史記』 권26, 百濟本紀4 聖王조.
39) 盧泰敦, 1999, 『高句麗史硏究』, 사계절, 270쪽.
40) 『三國史記』 권4, 新羅本紀4 智證王, 法興王, 眞興王조.

교적 높은 발전단계에 이르렀다는 것을 증명해 준다. 백제의 군현 관련
자료는 신라에는 미치지 못하지만 고구려보다는 훨씬 더 많았다. 『삼국
사기』 백제본기 義慈王 二十年(660년 - 필자)조에 "… 國本有五部 三十七
郡 二百城 七十六萬戶"[41]라고 씀으로써 '三十七郡'이 포함되어 있는 사
실(『舊唐書』에는 "高麗國(고구려 - 필자) 舊分爲五部 有城百七十六 戶六
十九萬七千"으로 '郡'이 없다)은 이런 견해가 옳다는 것을 증명해 준다.

이상은 신라와 백제가 한강 유역에 위치해 있는 고구려의 성읍을 점
령한 뒤 그것을 자기 나라 기준에 맞추어 '郡'으로 바꿔 서술했다는 일
부 학자들의 견해에 동감을 표한 이유이다. 이런 판단이 틀리지 않는다
면 상술한 『삼국사기』(진흥왕 12년조와 거칠부전)와 『일본서기』(흠명천
황 12년조)의 기록은 비록 고구려 군현제의 존재를 증명하는 중요한 자
료이긴 하지만 결코 그것을 완전히 확정할 수 있는 자료는 못 된다는
것을 증명해준다.

위의 기록 (6)에 따르면 668년 6월 당나라 장군 유인원이 신라에 사람
을 보내어 고구려의 '大谷城·漢城等二郡十二城'이 '歸服'하여 온 사실을
통고한 내용이 적혀있다. 여기서 주목을 끄는 것은 통고한 연대가 고구
려가 멸망(668년 9월)한 시기보다 3개월가량 빠르며 당나라에서 고구려
의 '五部'와 '百七十六城'을 철폐하고 都督府와 州縣을 설치한 시기(668년
12월이거나 그보다 좀 더 늦을 수 있다)보다 반년 이상 빠르다는 사실이
다. 이럴 경우에 상술한 '二郡十二城' 가운데의 '二郡'은 고구려 멸망 이
전에 그 자신이 설치한 郡이 있었다는 것을 증명해 줄 가능성이 없지
않다.

(2) 『三國史記』 地理志 高句麗조에 대한 의견

『삼국사기』 권37, 지리4 고구려조에는 모두 164개의 지명이 수록되

---

41) 『三國史記』 권28, 百濟本紀6, 義慈王 20년조.

어 있는데 그 중에서 지명 끝에 행정단위 명칭이 같이 있는 것(예를 들면 漢山州·仍斤內郡·南川縣 등)이 도합 128개(州 3, 郡 36, 縣 89)로 수록된 지명 총수(164개)의 78% 이상이다. 이것은 표면상으로부터 볼 때 고구려의 지방행정 조직은 주로 군현제에 의하여 이루어진 것처럼 보인다. 그러나 좀 더 깊이 고찰하면 이런 현상은 결코 고구려의 지방행정 조직의 주요형태가 군현제로 되어 있었다는 것을 증명해 주지 못 한다. 그 이유는 대체로 다음과 같다.

『삼국사기』 권37, 지리4 고구려조에 따르면 먼저 일반 상황을 서술('전언'이라고 말할 수 있다)한 다음에 구체적인 지명(164개)들을 소개하고 나서 다음과 같이 서술('맺는 말'에 해당할 수 있다)하였다.

"右高句麗州郡縣 共一百六十四 其新羅改名及今名 見新羅志"

위의 기록('맺는 말')은 '其'자를 중심으로 그 앞부분과 뒷부분으로 나누어 고찰할 수 있다. 앞부분은 『삼국사기』 권37, 지리4 고구려조의 내용 부분을 가리킨 것이다. 여기서 주목을 끄는 것은 상술한 '고구려조'에 수록되어 있는 '共一百六十四'의 지명에 대하여 아무런 규정도 없이 전부 '高句麗州郡縣'이라고 서술하고 있기 때문에 사람들로 하여금 그 실태를 이해하기 어렵게 한다는 사실이다.

뒷부분의 '新羅志'는 실제상 『삼국사기』 권35, 지리2 신라의 고구려 점령구 부분을 가리킨다. 위의 기록의 앞뒤 부분을 같이 연계시켜 고려하면 '高句麗州郡縣 共一百六十四' 가운데는 고구려가 멸망한 이후 통일신라시기에 개칭한 지명과, 그 후 『삼국사기』를 편찬한 시기(12세기 중엽)의 지명들이 포함되어 있다는 것을 알 수 있다. 또 이런 지명들은 모두 '新羅志'(신라의 고구려 점령구 부분을 가리킨다)에 수록되어 있다는 것을 알 수 있다. 이런 판단이 틀리지 않는다면 『삼국사기』 권35, 지리2

신라의 고구려 점령구 부분과 같은 책 권37, 지리4 고구려조 부분을 비교 고찰하는 것은 상술한 '高句麗州郡縣 共一百六十四'의 진면모를 해명하는데 많은 도움을 줄 수 있을 것이다.

필자가 『삼국사기』 권35, 지리2 신라의 고구려 점령구에 대하여 조사한 결과 여기에는 도합 154개의 지명들이 수록되어 있다. 그런데 이 지명들에는 예외 없이 모두 沿革이 씌어있는 것이다. 특히 이런 연혁 가운데서 2개 지명을 제외하고 나머지 152개 지명의 연혁에서는 전부 고구려 지명이 제일 먼저 씌어있는 것(예를 들면 漢州 本高句麗漢山郡 新羅取之 景德王改爲漢州 今廣州)이다. 여기서 주목을 끄는 것은 신라 지명의 연혁에 나오는 고구려 지명은 상술한 '高句麗州郡縣 共一百六十四' 중의 해당 지명과 완전히 일치한바 그것이 '고구려 주군현'의 총수(164개)에서 차지하는 비율은 90.2% 이상에 이른다는 사실이다. 이것은 『삼국사기』 권37, 지리4 고구려조에 수록되어 있는 '高句麗州郡縣 共一百六十四'는 실제상 고구려의 전 영역에 분포되어 있는 것이 아니라 대부분(90.2%이상)이 대동강 이남의 신라 점령구로 인정되는 비교적 좁은 지역에 분포되어 있었다는 것을 증명해 준다. 따라서 『삼국사기』 지리4 고구려조에 모두 164개에 이르는 '고구려주군현'의 명칭이 수록되어 있었다고 하더라도 그것은 결코 고구려 지방행정 조직의 전 면모를 해명하는데 크게 도움을 주지 못한다. 왜냐하면 대동강 이남의 신라 점령구는 고구려 영역 가운데서 극히 적은 일부분에 불과하기 때문이다.

다음으로 마땅히 짚고 넘어가야 할 한 가지 사실이 더 있다. 그것은 '高句麗州郡縣 共一百六十四'의 설치 연대가 언제인가의 문제이다.

이 '高句麗州郡縣 共一百六十四'의 구성 상황은 매우 복잡하다고 말할 수 있다. 예를 들면 대부분 지명 끝에는 모두 주·군·현 등 행정단위 명칭이 첨부(128개, 총수에서 차지하는 비율은 78% 이상)되어 있으나, 다른 일부 지명들(36개, 22%가 좀 못 된다)에는 행정단위와는 연계되어 있지 않는 것으로 보이는 근 20종의 각종 글자(忽·達·岬 등)들로 끝 부분을 이루고 있다. 그 밖에 152개 지명(총수에서 차지하는 비율은 무려 90.2% 이상)은 대동강 이남 신라의 고구려 점령구에 분포되어 있는 것들이다. 이와 같이 여러 가지 복잡한 현상들이 서로 엇갈려 있는 상황에서 상술한 '高句麗州郡縣 共一百六十四'의 설치 연대를 획일적으로 단정한다는 것은 어려운 일이다. 어떤 것은 고구려에 본래부터 있던 이름일 수 있겠지만 다른 것은 고구려 멸망 전후에 당나라에 의하여 개칭된 명칭(주·군·현)들일 가능성이 없지 않다.

그런데 오늘까지 알려진 여러 고서 기록들을 밀접히 연계시켜 고려하면 전자보다 후자일 가능성이 더 많다는 것을 알 수 있다. 이에 대해서는 이미 고구려의 "성읍제에 대하여"를 서술할 때 상세히 설명했기 때문에 다시 중복하지 않는다. 다만 한 가지 사실을 더 보충하면 『삼국사기』권37, 지리4 고구려조에서 먼저 일반 상황을 서술('전언'에 해당할 수 있다)할 때 "總章二年(669년 – 필자) 英國公李勣奉勅 以高句麗諸城 置都督府及州縣"이라고 썼으며 계속해서 '高句麗州郡縣 共一百六十四'를 소개한 사실은 이런 견해가 옳다는 것을 증명해 줄 수 있을 것이다.

상술한 사실은 고구려에 비록 군현제와 관련되는 자료가 있었지만 그것은 결코 지방행정 조직의 주요형태는 아니었다는 것을 보여준다. 고구려 지방행정 조직의 주요형태는 성읍제였으며 군현제는 차요적인 존재에 불과하였다. 이런 상황은 덕흥리 묘지명의 주인공인 鎭의 출생지 상황(郡·縣·鄕·里)과 부합되지 않는 것이다.

2. 信都縣의 귀속성질

덕흥리 묘지명의 첫 부분에는 "□□郡 信都縣 都鄕 □甘里 釋加文佛

弟子□□氏鎭"이라고 씌어있어 덕흥리 묘지명의 주인공인 鎭은 불교신
도라는 것을 알 수 있을 뿐만 아니라 그의 출생지는 '□□郡 信都縣 都
鄕 □甘里'였다는 것을 알 수 있다. 鎭의 출생지를 해명하기 위해서는
우선 '□□郡'의 명칭을 아는 것이 필요하다. 그러나 묘지가 씌어있는
벽면의 파손으로 郡의 명칭을 알아낼 방법은 없다. 이런 정황에서 郡 아
래의 행정단위에 해당하는 '信都縣'의 명칭이 보존되어 있는 것은 매우
다행스러운 일이다. 이 '信都縣'의 귀속성질에 대하여 학계에는 대체로
두 가지 견해가 있다.

첫 번째는『고려사』지리지의 관련기사(嘉州 本高麗信都郡)와 묘지명
의 '信都縣'을 연계시켜 진의 출생지는 고구려 信都縣이라는 견해이다.
두 번째는 鎭은 중국의 신도현에서 출생했으며 후에 고구려로 도망해 간
망명객이라는 것이다. 필자는 두 번째 견해가 보다 더 사실에 부합될 가
능성이 많다고 인정한다. 크게 두 개 방면으로 나누어 필자의 의견을 제
기하면 다음과 같다.

(1)『高麗史』地理志의 "嘉州 本高麗信都郡"에 대한 분석

『고려사』지리지 嘉州조에 "嘉州 本高麗信都郡"이라고 쓴 기사가 있
다.[42] 어떤 학자들은 여기에 나오는 '高麗'를 '高句麗'로 해석하여 고구
려에 信都郡이 있었다고 하는데 동의하지 않는다. 그 이유는 대체로 다
음과 같다.

첫째 필자가『고려사』지리지를 조사한데 따르면 여기에는 도합 163개
의 지명이 수록되어 있다. 이런 지명들은 비록 詳略의 차이는 있지만 모
두 연혁이 기록되어 있다. 그런데 같은 지명의 연혁을 서술할 때 고구려
와 고려가 함께 씌어있는 것이 모두 78개에 이른다. 몇 가지 예를 들면
다음과 같은 것들이 있다.

---

42)『高麗史』권58, 地理3 嘉州조.

(1) 交州 本高句麗各連城郡 ⋯ 新羅景德王改爲連城郡 高麗初稱伊勿城 成宗十
　　四年更今名[43]
(2) 金城郡 本高句麗母城郡 ⋯ 新羅景德王改爲益城郡 後更今名 顯宗九年陞爲
　　郡 ⋯ 高宗四十一年復降爲監務 ⋯[44]

위의 기록 (1)에서는 交州의 연혁에 대하여 "本高句麗 ⋯"라 쓴 후
'新羅景德王'시기를 경유하여 '高麗初'에 이른 상황을 기록하고 있는 것
이다.

위의 기록 (2)에서는 高麗金城郡의 연혁에 대하여 "本高句麗⋯"라고
썼으나 그 후의 변화과정을 기록할 때에는 '高麗'라는 칭호는 나오지 않
는다. 그러나 거기에 적혀져 있는 내용으로 보아 그것이 고려시기를 가
리킨다는 것을 알 수 있다. 신라 景德王(742~765년 재위) 다음에 나오
는 顯宗 9년은 고려 제8대 왕으로 1018년이고, 高宗은 제23대 왕으로
고종 41년은 1254년이라는 것은 의심할 바가 없기 때문이다.[45]

이와 같이『고려사』지리지에서 한 지명의 연혁을 서술할 때 서술 형
식은 다르지만 '高句麗'와 '高麗'가 함께 씌어있는 경우가 도합 78개에
이른다.『고려사』지리지에 수록되어 있는 지명 총수(163개)에서 차지하
는 비율이 41.1% 이상에 달한다. 이것은『고려사』지리지의 편자는 지
명의 연혁을 서술할 때 고구려와 고려를 뒤섞어 놓은 것이 아니라 그것
을 엄격하게 구분하고 있었다는 것을 증명해 준다. 이것은『고려사』지
리지를 읽을 때 거기에 나오는 '고려'를 '고구려'로 해석하지 말아야 하
며 또 그렇게 할 수도 없다는 것을 증명해 준다.

둘째『고려사』지리지에서는 한 지명의 연혁을 서술할 때 그 연원을
고구려가 아닌 고려부터 시작한 것도 적지 않다. 몇 가지 예를 들면 다

---

43)『高麗史』권58, 地理3 交州조.
44)『高麗史』권58, 地理3 金城郡조.
45)『조선사연표』, 131~134·170·209쪽.

음과 같은 것들이 있다.

(1) 龍州 本高麗安興郡 顯宗五年稱龍州防禦使 … 忠宣王二年稱龍州[46]
(2) 靜州 本高麗松山縣 德宗二年 築城徙民一千戶實之[47]
(3) 靈州 顯宗二十一年陞興化鎭爲州 置防禦使[48]

　위의 기록 (1)과 (2)에는 지명다음에 "本高麗 …"라고 씌어있어 그 연원이 '고려'때부터 시작되었다는 것을 쉽게 알 수 있다. 위의 기록 (3)에는 지명 다음에 "本高麗…"란 어구는 없지만 거기에 '顯宗(고려 제8대왕, 1010~1031년 재위)二十一年'이 란 단어가 나오기 때문에 그 연원이 고려때부터 시작되었다는 것은 의심할 바가 없는 것이다.

　이런 판단이 틀리지 않는다면『고려사』지리지에서 한 지명의 연혁을 서술할 때 그 연원을 고려에서 찾은 것이 모두 62개(지명 아래에 '本高麗'라고 쓴 것이 24개이고 그것을 쓰지 않았으나 내용을 통하여 고려를 가리킨다고 인정되는 것이 38개이다)에 이른다. 이것은『고려사』지리지에 수록되어 있는 지명 총수인 163개소에서 차시하는 비율은 38% 이상에 이르는 것이다. 그럼 무엇 때문에 한 지명의 연원을 서술할 때 당시로서는 當代라고 말 할 수 있는 고려에서 찾은 것이 이렇게 많은가의 문제가 제기될 수 있다. 그것은 고려 건국 초기에 적극적으로 서북 지구를 개척하는 사업을 추진하는 과정에서 새로운 지명들이 많이 생겨난 것과 관련될 가능성이 많다. 예를 들면『고려사』지리지에는 한 지명 아래에 "本高麗 …"라고 쓴 것이 도합 24개 인데 모두 대동강 이북의 '北界'에 소속되어 있었다는 사실이 이런 견해를 뒷받침해 준다.

　셋째 고려에 信都縣이 실제로 존재했는가를 증명하는 것은 "嘉州 本

───────────────

46)『高麗史』권58, 地理3 北界 龍州조.
47)『高麗史』권58, 地理3 北界 靜州조.
48)『高麗史』권58, 地理3 北界 靈州조.

高麗信都郡"의 '高麗'를 옳게 이해하는 것이 중요한 조건으로 된다. 먼저 '信都郡'(혹은 信都)과 관련되는 『고려사』의 기록을 소개하고 필자의 의견을 제기하기로 한다.

> (1) 嘉州 本高麗信都郡(一云古德縣) 光宗十一年(960년 - 필자) 城濕忽 陞爲嘉州[49]
>
> (2) 光宗 "十一年 城濕忽及松城 … 二十四年(973년 - 필자) … 城長平·博平二鎭及高州 又修信都 城嘉州一千五百十九間 …"[50]

『朝鮮全史』권6의 기록에 따르면 위의 기록 가운데 나오는 '嘉州'·'濕忽'·'信都郡'·'信都' 등은 모두 지금의 평안북도 大寧江 하류 지역에 있었다. 그 가운데서 嘉州와 濕忽은 지금의 雲田郡이고 信都는 博川郡에 있었다.[51]

위의 기록 (1)에 따르면 고려 제4대 국왕인 光宗 11년, 즉 960년에 雲田郡 지방에 濕忽城을 쌓고 그것을 승급시켜 가주라고 불렀다. 여기서 가주의 전신은 습홀이라는 것을 알 수 있다. 또 습홀은 비록 가주의 전신이긴 하지만 양자는 다 같이 광종 11년, 즉 960년에 처음으로 역사무대에 등장했다는 것도 알 수 있다. 기록 (2)에 따르면 가주는 광종 24년(973)에 이미 축조한 습홀성(가주)의 기초위에 '一千五百十九間'을 더 확대하여 축조한 것으로 보인다.

또한 (1)에 "嘉州(습홀 - 필자) 本高麗信都郡"이라 하여 가주(습홀)의 연원은 고려 信都郡이었다는 것을 설명해 준다. 위에서 설명한 바와 같이 『고려사』 지리지에는 도합 163개의 지명이 수록되어 있으며 이들 지명에는 모두 연혁이 서술되어 있다. 그런데 지명의 연혁을 서술할 때 한

---

49) 『高麗史』권58, 地理3 北界 嘉州조.

50) 『高麗史』권82, 兵2 城堡 光宗 11·24년조.

51) 『조선전사』6(『고려사』1), 과학백과사전출판사, 1979년판, 32·34~37쪽.

지명에 고구려와 고려가 같이 씌어있는 것이 도합 78개소에 이른다. 또한 지명의 아래에 계속해서 "本高麗 …"라고 쓰거나 혹은 구체내용을 통하여 그 연원이 고려 때부터 시작되었다는 것을 알 수 있는 것이 도합 62개소나 된다.

상술한 상황은 『고려사』(지리지를 포함)의 편자들은 서술과정에서 고구려와 고려를 매우 엄격하게 구별했다는 것을 증명해 준다. 이것은 "嘉州 本高麗信都郡"의 '고려'는 결코 '고구려'를 가리키는 것이 아니라 고려를 가리키며, 信都郡도 고려의 신도군이지 고구려의 신도군이 아니라는 것을 증명해 준다. 그러나 위의 기록 (1)만으로는 '신도군'이 처음 생긴 연대를 알기 어렵다. 다행히 위의 기록 (2)에 고려 제4대 광종 24년조(973년)의 "又修信都"라는 구절이 주목된다. 이것은 '신도'에 관한 구체연대를 알 수 있는 유일한 자료다. 여기서 주목을 끄는 것은 "又修信都"에서 '修'자를 어떻게 해석할 것인가의 문제이다. 일부 사전들의 해석에 따르면 '修'자는 이미 있던 물건이 파손되거나 부족할 경우에 그것을 보수했다는 의미로 쓰이는 경우가 훨씬 더 많다.[52] 따라서 상술한 "又修信都"는 광종 24년(973년)에 고려는 長平·博平 및 高州 등에 성을 쌓았고 기존의 신도군을 보수했다는 말로 풀이된다. 주지하는 바와 같이 고려는 918년에 왕건에 의하여 건국되었다. 고려의 건국연대와 信都城의 보수 연대를 연계시켜 고려하면 신도성은 대체로 918년 고려건국에서 973년 신도성 보수이전의 어느 시기에 축조되었을 것으로 보인다.

넷째, 아래에 『고려사』 지리지의 義州조에 대하여 분석해 볼 필요가 있다. 먼저 원문을 요약하여 소개하면 다음과 같다.

> 義州 本高麗龍灣縣 又名和義 初契丹置城于鴨綠江東岸 稱保州 文宗朝契丹 … 稱抱州(원주: 一云把州) 睿宗十二年 遼 … 以來遠城及抱州歸我 我兵入其城

---

52) 『現代漢語詞典』, 商務印書館, 1980년판, 1283~1284쪽.

收拾兵仗 錢穀 王悅 改爲義州防禦使 … 恭愍王十五年 陞爲牧 十八年置萬戶府
別號龍灣. 53)

위의 기록은 3개 단락으로 나누어 고찰할 필요가 있다. 첫째 단락은
'의주'부터 '又名和義'까지이다. 여기서 주목을 끄는 것은 '고려'의 성격
을 어떻게 규명하는가의 문제이다. 일부 학자들은 이 '고려'는 왕건에
의하여 건립된 고려(918~1392년)가 아니라 그 이전의 고구려를 가리킨
다고 하는데 동의되지 않는다. 왜냐하면 위에서 지적한 바와 같이『고려
사』지리지에서 한 지명의 연혁을 서술할 때 고구려와 고려는 매우 명확
하게 구별되었기 때문이다. 또 같은 책「北界」조에서 한 지명아래 "本高
麗…"라고 쓴 것은 도합 24개소에 이르는데 거기서 나오는 '高麗'는 결
코 고구려가 아니라 모두 고려를 가리킨다는 것은 위에서 지적한 바와
같다. 상술한 상황은 의주 지명에 씌어있는 '高麗龍灣縣'도 역시 고구려
가 아닌 고려를 가리킨다는 것을 증명한다.

다음 단락은 '初契丹'으로부터 시작하여 '稱抱州'까지이다. 여기서 중
점적으로 해명할 문제는 契丹이 '鴨綠江東岸'에 '保州'를 설치한 전후과
정을 파악하는 것이다. 이에 대하여『遼史』地理志에 다음과 같이 썼다.

保州宣義軍節度使司 高麗置州 故縣一 曰來遠 聖宗以高麗王詢擅立 問罪不
服 … 開泰三年取其保 定二州 54)

여기서 먼저 "聖宗以高麗王詢擅立 問罪不服"을 간단히 설명할 필요가
있다. 聖宗은 契丹(遼) 제6대 황제이며 開泰는 성종의 연호로 開泰 3년은
1014년으로 고려 顯宗 5년이다. 高麗王詢은 고려 제8대왕인 현종의 이
름이다.55)

---

53)『高麗史』권58, 地理3 北界 義州조.
54)『遼史』권38, 地理2 東京道 保州조.

이제 그 과정을 설명하면 다음과 같다. 1009년에 고려에서는 왕위계승권 문제를 두고 왕실 내부의 모순이 격화되었다. 당시 西北面兵馬使로 있던 康兆는 정변을 일으켜 수도 개성을 공격했으며 穆宗을 죽이고 새로 詢을 왕으로 추대하니 이가 고려 제8대 현종이다. 그 이듬해인 1010년에 거란 성종은 '問前王之故'를 구실로 삼아 40만 대군을 거느리고 고려에 대한 제2차 대규모 침입을 감행하였다. 한때 수도 개경까지 진출했으나 고려의 강력한 저항으로 말미암아 성과를 거두지 못하고 고려왕이 '親朝'한다는 정도의 약속을 받아내고 철군하였다. 그 후 거란은 고려왕의 '친조'를 독촉하며 淸川江 이북의 고려 '六鎭'을 거란에 割讓할 것을 요구하는 등 고려에 대한 압박을 멈추지 않았다. 이런 과정에서 開泰 3년, 즉 1014년에 거란은 고려의 保州와 定州를 탈취한 것으로 보인다. 이것이 거란이 '保州'를 설치하게 된 대체적인 배경이다. 또 상술한『遼史』地理志 保州조의 첫 부분에 따르면 거란이 보주를 설치하기 이전에 이미 고려에서 그 곳에 '州'를 설치하고 그 아래에 來遠縣까지 두었다는 것도 알 수 있는 것이다. 다만 그 州의 명칭을 알 수 없는 것이 아쉬울 뿐이다.

다시 상술한『고려사』지리지 의주조를 살펴보자. 거기에는 "義州 本高麗 …"라고 쓴 다음에 역대 고려 國王과 관련된 기사가 씌어있는 것이 아니라 거란이 보주를 설치한 사실이 기록된 것이 주목된다. 그러나 이것은 결코 '고려'가 왕건에 의하여 건국된 고려가 맞다는 것을 증명해 주는데 대하여 장애가 되지 않는다. 왜냐하면 거란이 '開泰 3년'(1014년)에 처음으로 '保州宣義軍節度'를 설치한 것은 고려가 설치한 '州'를 탈취함으로써 이루어진 것이기 때문이다. 이와 같이 거란이 보주를 설치하는 과정은 고려 및 고려 현종과 밀접히 연계되어 있는바 '고려'는 결코 고구려를 가리키는 것이 아니라 '고려'(918~1392년)가 옳다는 것은 추호도 의심할 바가 없다.

---

55)『高麗史』권4, 世家4 顯宗— 첫부분.

다음 세 번째 단락은 '睿宗十二年'부터 마지막의 '別號龍灣'까지이다.

睿宗은 고려 제16대왕으로 예종 12년은 1117년이다. 또 遼나라 天祚帝 天慶 7년으로 요의 멸망직전(요는 1125년에 멸망하였다)에 해당한다. 이때 요는 고려로부터 탈취했던 抱州(원래 보주였는데 후에 포주로 개칭)를 고려에 돌려주게 되자 고려는 이것을 의주로 개칭하였다. 그 후 의주는 줄곧 고려에 귀속되어 있었다. 14세기 후반의 공민왕 때에 이곳의 행적직위를 승진시켜 '牧'으로 삼고 뒤이어 '萬戶府'를 설치하였다. 여기서 주목을 끄는 것은 이때 義州牧의 별호는 '龍灣'이었다고 명확히 씌어있다는 점이다. 이 '용만'이란 명칭은 그 이전부터 있었는데 이때에 처음으로 고서에 기록된 것이 아닌가 하는 생각이 든다. 이 '용만'은『고려사』지리지에 "義州, 本高麗龍灣縣"이라고 쓰게 된 배경을 해명하는데 큰 도움을 주는 것만은 틀림없는 것이다.

상술한 바와 같이『고려사』지리지 北界조에는 "嘉州 本高麗信都郡", "義州 本高麗龍灣縣" 등을 포함하여 한 지명 아래에 "本高麗…"라고 쓴 것이 모두 합하여 24개에 이른다. 그런데 여기에 나오는 '고려'는 결코 '고구려'가 아니라 모두 고려를 가리키는 것이다. 이 경우『고려사』지리지는 결코 고구려에 信都郡 혹은 信都縣이 있었다는 것을 증명하는데 대하여 아무런 과학적 근거도 제공해주지 못 하는 것이다. 따라서『고려사』지리지에 의거하여 鎭의 고구려 출생설을 제기한 일부 학자들의 견해는 사실과 부합되지 않는다.

(2) 역대 中國 왕조의 信都에 대한 분석

위에서 설명한 바와 같이 덕흥리 묘지명의 주인공인 鎭의 출생지는 결코 고구려 '信都縣'이 아니며, 오히려 중국 오호십육국 시기의 어느 왕조의 '信都'일 가능성이 많다. 그의 이유는 대체로 다음과 같다.

첫째, 묘지명에 따르면 진은 분명히 군현제가 발달한 나라에서 출생했다고 말할 수 있다.

중국은 춘추전국 시기부터 군현제가 싹 트기 시작했으며 秦이 六國을 통일한 후에는 전국적 범위에서 정식으로 군현제도를 실시했는바 이것은 국가의 지방행정 제도상에서의 큰 변혁이었다.

진나라는 전국을 36개 郡(실제상 46개 군이라고 인정하는 견해도 있다)으로 나누고 군 아래에 현을 두었으며 중앙정부에서 직접 郡太守·縣令·縣長 등 지방 관리를 파견하여 전국의 군현을 직접 통치하였다.

또 현 아래에는 鄕(亭), 鄕 아래에는 里, 里 아래에는 什·伍를 두어 호적을 편제하였다.

이와 같이 秦은 건국 후에 중앙에는 황제를 핵심으로 하는 三公九卿 제도를 수립하고 지방에는 鄕里조직을 기초로 한 군현제도를 실시했는데, 중앙에서 지방에 이르기까지 세밀한 행정제도는 후세에 매우 큰 영향을 미쳤다. 즉 이때부터 중국의 역대왕조들은 모두 이런 군현제도를 기초로 해서 그를 보다 더 발전시켰다. 예를 들면 西漢은 秦의 군현제도를 계승하는 동시에 또 諸侯王을 분봉(이것을 '國'이라고 불렀다)하는 郡國병행 제도를 실시하였다. 그 밖에 종래의 郡縣二級 행정체제를 州—郡—縣의 3급 행정체제로 바꾸었는데 그 후 역대 왕조들은 대체로 모두 이 제도를 실시했던 것이다.

이로부터 秦漢이래 중국 역대왕조에서 실시한 지방행정 체제(군현제)는 덕흥리 묘지명에 씌어있는 鎭의 출생지(□□郡信都縣都鄕□甘里)와 매우 잘 부합된다는 것을 알 수 있다.

둘째 묘지명에서 우선 '□□郡'이라고 씌어있는 것이 주목을 끈다. 물론 글자가 손상되었기 때문에 그것이 구체적으로 어떤 郡인지 알 수 없는 것은 매우 유감이다. 그러나 '郡'자를 식별할 수 있다는 것만으로도 鎭의 출생지와 군현제를 실시한 지방을 연계시키는데 도움을 줄 수 있음으로 주목을 끌게 된다. 묘지명에 씌어있는 '신도현'은 鎭의 출생지를 해명하는 사업에서 마땅히 해결해야 할 중심과제라고 말할 수 있다.

필자의 조사에 의하면 중국 역사에서 '信都國'·'信都郡'·'信都縣' 등 명칭이 비교적 많이 나온다.

서한은 鉅鹿郡을 분할해서 '信都國'을 설치(郡과 國은 행정상 같은 등급에 속한다)하고 그의 치소는 '信都'縣에 두었는데 지금의 河北省 冀縣이다.[56]

東漢 시기에 신도국을 취소하고 安平國을 설치(冀州에 소속)했는데 그의 치소는 여전히 '신도'현에 두었다. 안평국은 三國 魏를 거쳐 西晉초기까지 지속되었으며 치소는 여전히 '신도'현에 둔 것으로 보인다. 『簡明中國歷史地圖集』「西晉時期圖說」(西晉 武帝의 太康 2년, 즉 281년을 표준으로 하여 설명한 것임)에 "冀州의 치소는 안평군 신도현에 있었다"(冀州: 治安平信都)고 쓴 것은 이런 견해를 뒷받침해준다.

서진 무제의 태강 3년부터 10년, 즉 282년에서 289년 사이에 서진은 원래의 '안평국'을 '長樂國'(혹은 長樂郡)으로 바꾸어 불렀는데 그 후 後趙·前燕·後燕 등 오호십육국 시기의 여러 나라들은 모두 이 칭호를 사용하였다. 그러나 그 치소는 여전히 '신도'현에 있었을 가능성이 많다. 그것은 『資治通鑑』에 따르면 永和 10년(354)에 前燕王 慕容儁은 "命冀州刺史吳王覇徙治信都(원주: 去年覇治常山)"[57]라고 썼으며 그 후 남북조 시기의 北魏·北齊·北周 등은 모두 장락국(장락군)이라고 부르면서도 그의 치소는 여전히 신도현에 있었다고 한 사실은 이런 견해가 옳다는 것을 증명해 준다. 隋·唐 시기에 장락국(장락군)은 다시 신도군으로 불렀다는 사실은 역시 주목을 끈다.

덕흥리 묘지명에서 '信都縣'다음에 나오는 '都鄉'은 安岳 3호분의 冬

---

56) 『中國歷史地名大辭典』 제1권, 三通圖書股份有限公司, 中華民國 73년판, 143쪽, 信都조 ; 『簡明中國歷史地圖集』, 中國地圖出版社, 1991년판, 17~18쪽, 「西漢時期圖說」.

57) 『資治通鑑』 권99, 晉紀21 孝宗中之上 永和 10년조.

壽의 경력 가운데도 씌어있는 것(都鄕侯)이다. 일부 학자들의 견해에 따르면 都鄕은 縣에 소속된 여러 鄕 중에서 중심향을 가리키며 따라서 縣치소가 있는 鄕의 행정명칭으로 고대 중국의 특유한 존재였다고 한다.[58]

도향 다음에 이어지는 '□廿里'는 신도현에 소속되어 있는 지방 말단 행정조직의 명칭이었다. 따라서 그(도향을 포함) 위치는 신도현의 위치와 갈라놓을 수 없는 것이다.

상술한 모든 사실은 덕흥리 묘지명의 주인공인 鎭의 출생지는 결코 고구려가 될 수 없는 것이다. 그는 중국 역사상 오호십육국시기의 어느 왕조, 예를 들면 前燕의 신도현(지금의 河北省 冀縣)에서 출생했을 가능성이 많다.

맺음말

鎭의 출생지에 대하여 학계에는 대체로 두 가지 견해가 있다. 고구려의 신도현에서 출생했다는 설과 중국 역사상 오호십육국 시기의 어느 나라(예를 들면 前燕)의 신도현에서 출생했다는 설이다. 필자는 두 번째 견해에 동의하는 바 그 이유는 다음과 같은 세 가지가 있다.

첫째 묘지명에 따르면 진은 군현제가 매우 잘 발달한 지방에서 출생하였다. 그런데 고구려 지방행정 조직의 주요 형태는 군현제가 아니라 城을 중심으로 하는 성읍제였다. 여기서 군현제는 차요적인 존재에 불과했다고 말할 수 있다. 이럴 경우에 고구려 지방행정 조직의 주요 형태는 진의 출생지에 관한 묘지명의 기록과 맞지 않는 것이다.

둘째 『고려사』 지리지의 "嘉州 本高麗信都郡" 가운데의 '고려'는 고구려를 가리키는 것이 아니라 고려를 가리킨다. 이럴 경우에 『고려사』

---

58) 『덕흥리고구려벽화무덤』, 56쪽 ; 武田幸男, 1989, 『高句麗史와 東아세아』, 岩波書店, 89·105쪽.

지리지는 고구려에 신도현이 있었으며 따라서 진은 고구려 신도현에서 출생했다고 인정하는 견해에 도움이 되지 않는다.

셋째 중국은 일찍부터 군현제도가 발달하였다. 秦나라 때 전국적 범위에서 군현제를 실시했으며 서한은 秦의 군현제를 계승·발전시켜 전국 범위에서 주·군·현제를 실시했는바 이 제도는 그 후 오래도록 지속되었다. 현 아래에는 향·리 등 지방기층 조직이 있었다. 또 여러 고서 기록에 따르면 서한 이래 역대 왕조들에는 신도국·신도군·신도현 등 명칭이 비교적 많이 나오는데 그 위치는 지금의 하북성 기현이다.

동한 이후부터 前燕과 後燕을 포함한 오호십육국시기까지 신도국의 명칭은 안평국 혹은 장락국(군)으로 바뀌기도 했으나 그 치소는 줄곧 '신도'현에 있었다는 사실은 주목을 끌지 않을 수 없다.

상술한 상황은 鎭의 출생지에 대한 묘지명의 기록(□□郡信都縣都鄕□甘里)와 매우 잘 맞는 다는 것을 증명해 준다.

종합적으로 보아 鎭의 출생지는 결코 고구려가 아니라 오호십육국시기의 (전연)신도현이었을 가능성이 많다.

제3절 鎭의 간력에 대하여
- 幽州刺史를 중심으로 -

덕흥리 묘지명의 제1행부터 5행까지의 사이에는 다음과 같이 썼다.

1행 □□郡信都[縣]都鄕□甘里
2행 釋加文佛弟子□□氏鎭仕
3행 位建威將軍[國]小大兄左將軍
4행 龍驤將軍遼東太守使持
5행 節東[夷]校尉幽州刺史鎭[1]

위의 기록에서 우선 주목을 끄는 것은 '□□氏鎭'이라고 쓴 부분이다. 이것은 佛敎信徒로서의 '鎭'은 본래 성씨가 있었는데 묘지명의 관련 부분이 파손되었기 때문에 식별할 수 없어 큰 아쉬움으로 남는다.

다음으로 주목을 끄는 것은 묘지명에는 먼저 鎭의 출생지를 쓰고 나서 계속하여 그의 간력(실제상 그가 역임한 관직만 소개)에 대하여 서술하고 있는 점이다.

필자는 이미 본장 제2절에서 진의 출생지에 대하여 의견을 제기하였다. 이 기초상에서 본문을 통하여 진의 간력 마지막 부분에 씌어있는 '幽州刺史'를 중심으로 견해를 천명하려 한다.

진이 幽州刺史를 역임한 묘지명의 기록을 놓고 학계에는 크게 두 가

---

1) 『덕흥리고구려벽화무덤』, 과학백과사전출판사, 1981년판, 26쪽.

지 견해가 있다. 첫째 고구려에서 한 때 幽州를 설치하고 鎭을 幽州刺史로 임명했다고 인정하는 견해이며, 둘째 진은 중국 '오호십육국'시기의 어느 한 나라에서 幽州刺史를 역임하였거나 혹은 고구려로 망명한 이후에 '자칭'한 것이었을 수 있다는 견해이다.

필자는 두 번째 견해에 동감을 표한다. 두 방면으로 나누어 필자의 의견을 제기하고 독자 여러분의 가르침을 받으려 한다.

1. 高句麗 幽州와 幽州刺史說의 모순

위에서 지적한 바와 같이 덕흥리 묘지명의 주인공 鎭의 간력에는 그가 幽州刺史를 역임했다는 것을 알게 한다. 이에 대해 일부 학자들은 고구려에서 한 때 幽州를 설치하고 진을 유주자사로 임명했다는 것이다. 다시 말하면 묘지명에 씌어있는 유주는 고구려의 유주이며 진은 고구려 왕이 임명한 유주자사라는 것이다. 이런 견해는 모순이 많아 성립되기 어렵다. 그 이유는 대체로 다음과 같은 몇 가지가 있다.

1) 高句麗 지방행정조직의 주요형태와의 모순

덕흥리 묘지명에 따르면 鎭은 분명히 군현제(州─郡─縣─鄕─里)가 발달한 나라에서 출행했으며 그곳에서 유주자사까지 역임했다는 것을 보여주고 있다.

그러나 고구려 지방 행정조직의 주요형태는 결코 주현제가 아니라 五部와 城邑制였다. 이에 대하여 필자는 본장 제2절에서 비교적 상세하게 설명했기 때문에 여기서는 그의 대체적인 상황을 간단히 서술하는데 그치려 한다.

『삼국지』고구려전에 따르면 "本有五族 有涓奴部 絶奴部 順奴部 灌奴

部 桂婁部 本涓奴部爲王 稍微弱 今桂婁部代之"라고 썼으며 『후한서』 고
구려전에도 대체로 같은 내용이 씌어있다.[2]

위의 기록에 따르면 고구려에는 일찍부터 5개 부족으로 이루어진 부
족연맹이 있었다는 것을 알 수 있다. 이런 부족연맹은 크게 2단계로 발
전했는데 대체로 주몽에 의한 고구려 건국을 중심으로 그 이전은 涓(消)
奴部가 '爲王'하는 시기였고 그 이후는 桂婁部에 의한 涓(消)奴部의 정권
교체시기, 즉 桂婁部 '爲王'하는 시기였다고 말할 수 있다. 이와 같이 고
구려에는 건국 전후부터 이미 오부가 존재했던 것이다. 여기서 주목을
끄는 것은 『삼국지』나 『후한서』는 다 같이 앞에서는 고구려에 五族이
있다(本有五族 凡有五族)고 쓰고 그 구체내용을 쓸 때에는 五族에 대하
여 쓴 것이 아니라 五部(涓(消)奴部, 絶奴部, 順奴部, 灌奴部, 桂婁部)로
쓰고 있다는 점이다. 이것은 고구려가 건국된 후 왕권이 강화됨에 따라
본래의 부족연맹은 점차 약화되거나 소실되어 고구려의 지방행정단위로
변화되는 과정을 반영한 것일 가능성이 많다. 이런 변화는 계속 진행되
어 오부는 다시 內部와 東·西·南·北·上·下 등 방위를 가리키는 명칭으
로 불리면서 고구려 멸망 직전까지 계속 유지되었다.[3]

고구려는 건국 초기부터 지방통치제도로 성읍제가 발달하였다. 『삼국
사기』 동명왕 "六年(기원전 32년 - 필자) … 王命烏伊扶芬奴 伐太白山東
南荇人國 取其地爲城邑"과 같은 책 太祖王 "四年(56년 - 필자) … 伐東沃
沮 取其地爲城邑 拓境東至滄海 南至薩水"라는 기록을 보면 이런 견해가
옳다는 것을 증명해 준다.[4]

위의 기록에 따르면 고구려는 건국 초기에 이미 여러 지방 세력들을

---

2) 『三國志』 권30, 魏書30 東夷 高句麗傳 ; 『後漢書』 권85, 東夷 高句驪傳.

3) 『後漢書』 권85, 東夷 高句驪傳, 五部에 관한 唐 李賢의 주 ; 『三國史記』 권16,
高句麗本紀4 故國川王 13년조 ; 권17, 高句麗本紀5 烽上王 3년조 ; 권21, 高句
麗本紀9 寶藏王 4년조.

4) 『三國史記』 권13, 高句麗本紀1 東明王 6년조 ; 권15, 本紀3 太祖王 4년조.

정벌하고 그 곳에 '성읍'을 설치했다는 것을 알 수 있다. 물론 그 내용이 지나치게 간단하기 때문에 구체적인 상황은 알 방법이 없다. 그러나 고구려의 지방행정조직은 주로 성을 중심으로 한 성읍제였으며 또 이러한 성읍제는 고구려 건국 초기부터 멸망할 때까지 전 기간에 걸쳐 존재했다. 『삼국사기』 신라본기 문무왕 "六年(666년 — 필자) ⋯ 高句麗貴臣淵淨土 以城十二. 戶七百六十三 口三千五百四十三來投"와 『舊唐書』 高麗傳에 "總章元年(668년 — 필자) ⋯ 高麗國舊分爲五部 有城百七十六 戶六十九萬七千 乃分其地 置都督府九 州四十二 縣一百 又置安東都護府以統之"라고 쓴 것은 이런 견해를 뒷받침해 주기에 손색이 없다.[5]

오부와 성읍 아래의 지방 기층조직으로는 谷과 村이 있었다.[6]

여기서 짚고 넘어가야 할 사실이 있다. 그것은 고구려에도 물론 군현제와 관련되는 자료들이 존재했지만 그것은 결코 고구려 지방행정조직의 주요형태는 아니라는 사실이다. 이에 대하여 필자는 이미 본장 제2절에서 비교적 상세히 서술했기 때문에 여기서는 문제를 제기하는데 그친다.

상술한 상황은 고구려 지방 행정조직의 주요형태는 군현제가 아니라 五部와 城邑制였다는 것을 증명해 준다. 이것은 덕흥리 묘지명의 주인공인 鎭의 간력 가운데 나오는 '유주자사'를 고구려에서 한 때 설치한 유주로 보거나 鎭을 고구려왕이 임명한 유주자사라고 인정하는 학자들의 견해는 고구려 지방 행정조직의 실제정황과 크게 모순된다는 것을 증명해 준다.

2) 高句麗 王이 수여 받은 封號와의 모순

덕흥리 묘지명에 따르면 鎭의 간력의 마지막 부분에 '使持節 東夷校尉'와 '幽州刺史'가 나란히 기록되어 있어 양자 사이에 밀접한 연계가

---

5) 『三國史記』 권6, 新羅本紀6 文武王 6년조 ; 『舊唐書』 권199, 東夷 高麗傳.
6) 『三國史記』 권16, 高句麗本紀4~권17, 本紀5 故國原王, 東川王, 美川王조.

있다는 것을 보여주고 있다. 이런 정황에서 일부 학자들은 '사지절 동이 교위'와 '유주자사'는 鎭이 서로 다른 시기에 역임한 관직이 아니라 같은 시기에 겸직한 것으로 보고 있다.

다른 학자들은 魏晉(삼국시기 위로부터 양진시기인 220~420년까지 이다)이래의 지방행정 장관에게 존재하는 '중요한 특징'은 한 몸에 '軍政'을 집중시키는 것이라고 지적하면서 다음과 같이 썼다.

> "중요한 州(牧)의 刺史로부터 郡守에 이르기까지 대다수가 都督·將軍·使 持節 등 軍階를 함께 가짐으로써 한 몸에 行政과 軍政을 집중시키었다."[7]

당시 東夷의 여러 나라와 가까운 거리에 위치해 있은 서진의 平州刺 史인 鮮于嬰이 동이교위를 겸임하고 있었다는 사실은 이 견해가 일리 있다는 것을 뒷받침해 준다.[8] 平州의 바로 서쪽에 위치해 있는 幽州(어떤 때는 유주를 나누어 유주와 평주의 두 개 주로 삼기도 하고 유·평의 2개 주를 합하여 하나의 유주로 삼을 정도로 양자의 거리는 가까웠다)는 역시 東夷 諸國과 근접해 있었다. 이런 정황에서 鎭이 유주의 행정 장관인 자사로 임명되었다면 필연적으로 사지절 동이교위라는 '軍階'도 겸임했을 가능성이 많다.

그런데 고구려 국왕이 자기의 신하를 유주자사로 임명하고 또 그를 '사지절 동이교위'를 겸직하게 했다고 한다면 여기에는 큰 모순이 생기게 된다. 먼저 몇 가지 술어에 대하여 간단히 해석할 필요가 있다.

사지절 동이교위란 대체로 황제의 신임을 받고 동이에 소속된 여러 민족과 국가들에 대한 사무를 맡아 보는 '군계'를 가리킨다고 할 수 있다.

동이는 고대 중국을 중심으로 그의 동쪽 주변에 위치해 있는 여러 민족과 나라들에 대한 총칭이다. 이것은 中華 중심 사상의 민족과 국가 관

---

7) 李孔懷, 2006,『中國古代行政制度史』, 復旦大學出版社, 198쪽.
8) 金毓黻,『東北通史』上編, 吉林省社會科學戰線雜誌社翻印, 125쪽.

계에서의 표현으로 여기에는 필연적으로 중국의 중심적 지위와 동이의 상대적 낙후성이 포함되어 있었다. 따라서 전자는 능히 후자를 교화할 수 있으며 후자는 전자의 교화에 의해서 발전할 수 있다고 인정되었던 것이다. 또 역대 중국왕조와 동이 각국 사이에는 일반적으로 조공과 책봉에 의한 군신관계를 형성하는 형식을 통하여 질서를 유지하며 상호간의 이익을 추구하기도 하였다.

『후한서』동이전을 비롯한 여러 고서 기록에 따르면 고구려는 분명히 동이 가운데 한 개 구성원으로 되어 있었다. 이에 대하여 학계에는 다른 의견이 없다.

그런데 東夷에 소속되어 있는 고구려 국왕이 자기 신하인 鎭을 유주자사로 임명하고 사지절 동이교위를 겸임하게 하여 그로 하여금 東夷에 속한 여러 민족과 나라들(그 가운데는 고구려도 포함된다)에 대한 사무를 맡아보게 한다는 것은 일반적인 상황에서는 상상하기 어려운 일이다.

또 만약 고구려왕이 자기의 신하인 鎭을 '유주자사'로 임명하고 그로 하여금 '사지절 동이교위'를 겸직하게 한 것이 사실이라면 이깃은 그보다 좀 늦은 시기에 중국 황제가 고구려왕에게 수여한 封號와 모순될 가능성도 없지 않다. 먼저 몇 가지 예를 들면 다음과 같다.

『魏書』高句麗傳에 따르면 '神龜中'(518~520년 사이)에 北魏는 高句麗 文咨明王이 사망하자 그에게 '車騎大將軍・領護東夷校尉・遼東郡開國公・高句麗王'을 추증하고 새로 즉위한 安藏王에게는 '安東將軍・領護東夷校尉・遼東郡開國公・高句麗王'을 봉해 주었다. 그 후 安藏王이 사망하고 그의 아들 延이 왕위를 계승하여 安原王이 되니 북위는 그에게 '使持節・散騎常侍・車騎大將軍・領護東夷校尉・遼東郡開國公・高句麗王'을 봉해 주었다.[9]

여기서 필자는 고구려의 역대 왕들이 북위로부터 수여 받은 '봉호'와

---

9)『魏書』권100, 列傳88 高句麗傳.

이전에 고구려왕이 鎭에게 수여했다는 관직(물론 이것은 일부 학자들의 견해이다)을 비교할 필요가 있다고 인정한다. 우선 그의 관직 성격을 볼 때 문자명왕 등 고구려왕들이 북위로부터 받은 봉호(領護東夷校尉와 使持節領護東夷校尉를 가리킨다)는 이전에 고구려왕이 자기의 신하인 鎭에게 수여했다는 관직(使持節東夷校尉)과 크게 차이가 나지 않는다는 사실이 주목을 끈다. 다음으로 주목되는 것은 고구려 국왕들이 받은 '봉호'의 등급 가운데서 '遼東郡開國公'은 고구려왕이 자기 신하인 鎭에게 주었다는 관직 등급(幽州刺史)보다 한 등급 낮다는 점이다. 따라서 6세기 전반기에 재위한 고구려 국왕들은 실제상 그 이전에 고구려왕의 신하인 鎭이 하던 것과 같은 일을 한 것이 되며 심지어 그의 관등은 鎭보다도 한 등급 낮은 처지에 놓여 있는 것이 된다. 한 나라의 군신 관계를 고려할 때 이것은 분명히 큰 모순이며 일반적인 상황에서는 상상조차 할 수 없는 일이라고 말할 수 있다.

3) 德興里고분의 일부 묵서명과의 모순

덕흥리 고구려 벽화고분의 전실 서쪽 벽에는 幽州에 소속되어 있는 十三郡太守 혹은 內史가 유주자사를 '朝拜'하는 장면을 묘사한 그림이 있고 이 太守 그림의 웃단 북쪽에는 유주 치소 위치에 대하여 "去洛陽二千三百里"라고 쓴 설명문이 있다. 그 내용은 다음과 같다.

  1행 此十三郡屬幽州部縣七十五州
  2행 治廣薊今治燕國去洛陽二千三百
  3행 里都尉一 部幷十三郡 10)

위의 기록 가운데 나오는 '十三郡'은 유주에 소속되어 있다고 쓰고 나

10)『덕흥리고구려벽화무덤』, 27쪽, 사진10, 1, 13군에 대한 설명문.

서 몇 글자 지난 다음에 유주의 치소 위치에 대하여 "去洛陽二千三百里"라고 쓴 것이 주목된다. 여기서 특히 큰 주목을 끄는 것은 유주의 치소 위치가 고구려의 수도(국내성)를 기점으로 하여 씌어진 것이 아니라 중국 역대왕조의 수도였던 낙양을 기점으로 했다는 사실이다. 이것은 유주는 고구려의 유주가 아니라 중국 역대 왕조 중 어느 한 왕조의 유주라는 것을 증명해 주는 유력한 물증이 된다. 따라서 이것은 덕흥리 벽화고분의 묵서명에 나오는 '유주'를 한 때 고구려에서 설치한 유주로 보고 묘지명의 '유주자사'를 고구려왕이 임명한 관명으로 인정한 학자들의 견해는 덕흥리 벽화고분의 실제정황(특히 '十三郡太守'에 대한 설명문)과 전혀 부합되지 않는다는 것을 증명해 준다.

4) 4세기 중후반기 高句麗의 대외관계로부터 본 高句麗幽州설의 모순

덕흥리 묘지명에 따르면 鎭은 332년부터 408년 사이에 생존했다고 말할 수 있다. 그런데 이 시기 고구려의 대외관계는 결코 순조롭게 발전한 것만은 아니었다.

『삼국사기』에 따르면 330년대 말부터 이미 고구려와 前燕과의 사이에 충돌이 일어나기 시작하였다. 342년에 고구려는 전연과의 전쟁에서 크게 패하여 고국원왕은 수도를 버리고 도망가는 형편에 처하게 되었다. 전연군은 고구려의 수도인 환도성에 난입하여 왕의 어머니와 왕비를 사로잡았다. 전연 군은 또 왕의 아버지인 미천왕의 무덤을 파서 그 시체를 노획하고 남녀 5만여 명을 사로잡았으며, 궁실을 불태우고 환도성을 허물어 버리고 돌아갔던 것이다.[11]

그 이듬해인 343년 고구려왕은 전연에 사신을 파견하여 자기를 신하로 칭하면서 조공을 바쳤다. 이때 전연은 미천왕의 시체는 돌려보냈으나

---

11) 『三國史記』 권18, 高句麗本紀6 故國原王 12년조.

왕의 어머니는 여전히 남겨 두어 볼모로 삼았다. 그 후 10여 년이 지난 355년에 고구려는 또 전연에 조공을 바치고 책봉을 받아 들였다. 이때 전연은 왕의 어머니인 周氏를 고구려에 돌려보냈다. 이와 같이 340~350년대에 전연과 고구려의 관계는 전자의 절대적 우세에 기초하여 이루어졌던 것이 사실이다.

370년에 前燕은 前秦에 의해 멸망되었다. 먼저 『晉書』와 『資治通鑑』 등의 일부 관련 기록들을 소개하면 다음과 같다.

(1) 『晉書』 符堅傳: "慕容暐出奔高陽 堅將郭慶執而送之 堅入鄴宮 閱其名籍 凡郡百五十七 縣一千五百七十九 戶二百四十五萬八千九百六十九 口九百九十八萬七千九百三十五 諸州郡牧守及六夷渠帥盡降於堅 郭慶窮追餘燼 慕容評奔於高句麗 慶追至遼海 句麗縛評送之"[12]

(2) 『資治通鑑』 晉紀: "太和五年十月 秦兵長驅而東 … 圍鄴 … 十一月 … 燕王暐 … 奔龍城 … 秦王堅入鄴宮 … 秦王堅使遊擊將軍郭慶追之 … 郭慶進至龍城 太傅評奔高句麗 高句麗執評送於秦 宜都王桓 … 奔遼東 … 郭慶遣將軍朱嶷擊之 桓棄衆單走 嶷獲而殺之"[13]

(1), (2)를 통하여 대체로 다음과 같은 상황을 알 수 있다.

첫째 위의 기록 (2)에 나오는 '太和'는 東晉 廢帝의 연호이며 太和五年은 370년이다. 370년 10월에 前秦군은 동쪽으로 진군하여 前燕의 수도인 鄴(지금의 河北省 臨陽)을 포위 공격했다는 것을 알 수 있다. 이해 11월 前燕 왕인 모용위는 수도인 鄴을 버리고 高陽 혹은 龍城(지금의 朝陽) 방면으로 도망하였다. 이런 정황에서 前秦 왕 符堅은 군사를 거느리고 前燕의 수도였던 鄴에 진입할 수 있었다. 부건은 궁실에 보관되어 있는 호구와 관련되는 문서를 사열(閱其名籍)함으로써 前燕에 속한 군현 전부와 그의 戶口를 장악할 수 있었던 것이다. 이것은 문서상으로 호구

12) 『晉書』 권113, 載記13 符堅上.
13) 『資治通鑑』 권102, 晉紀24 海西公下.

를 장악한 것이지 실제로 장악한 것은 아니라고 보는 견해도 있다. 그러나 그 아래에 계속해서 여러 주군의 태수와 '六夷渠帥'들은 전부 前秦의 부견에게 투항했다고 썼으며, 『資治通鑑』에는 상술한 "閱其名籍 凡郡 …"에 해당하는 부분을 "凡得郡百五十七 戶二百四十六萬 口九百十九 萬"[14]이라고 씀으로써 '閱'이 '得'으로 바뀐 것 등은 符堅의 '閱其名籍' 은 결코 문서상에 그친 것이 아니라는 것을 증명해 준다.

둘째 370년 11월 이후에 前秦의 '遊擊將軍' 郭慶은 符堅의 명령을 받고 도망간 前燕王을 추격하여 龍城(지금의 朝陽)에까지 진군하였다. 郭慶은 그의 부하인 朱疑를 시켜 遼東방면으로 도망간 慕容桓을 추격하여 그를 살해했던 것이다. 그런데 위의 기록 (1), (2)에는 곽경이 요동에서 모용환을 살해한 구체적인 연대가 없다. 그러나 『晉書』에 따르면 곽경이 朱疑를 시켜 모용환을 살해한 것은 東晉 簡文帝의 咸安 2년(372) 2월로 기록(符堅伐慕容桓於遼東 滅之)되어 있는 것이 주목된다. 왜냐하면 이것은 곽경은 370년 11월부터 372년 2월까지의 사이에 용성과 요동 등지에서 활동하고 있었다는 것을 증명해 줄 수 있기 때문이다. 또 일부 학자들의 견해에 따르면 곽경은 이 시기에 幽州刺史를 역임했다고 하는데 역시 주목을 끈다.[15]

상술한 상황은 당시 유주를 포함한 前燕의 전 영역은 前秦의 통치하에 들어갔으며 곽경 등 일부 전진의 군대는 고구려의 서부변경 지대와 접근해 있는 용성·요동지방에서 활동하고 있었다는 것을 증명해 준다.

이런 상황에서 고구려가 서쪽으로 진출하여 본래 前燕의 영역이었던 유주를 점령하고 거기에 유주를 새로 설치했으며 또 '鎭'을 幽州刺史로 임명하여 그 곳을 통치했다는 것은 일반적인 상황에서 상상하기 어려운 일이다. 왜냐하면 위에서 지적한 바와 같이 전연의 멸망과 함께 유주를

---

14) 『資治通鑑』 권102, 晉紀24 海西公下 太和 5년조.

15) 『東北歷史地理』 제2권, 黑龍江人民出版社, 1989년판, 118~119쪽.

포함한 그의 영역은 전진의 영토로 변했기 때문이다. 이럴 경우 고구려군의 유주지역 진출은 필연적으로 전진과 고구려 사이에 새로운 갈등과 충돌이 일어날 것이며 따라서 양자 사이에 전쟁이 일어나리라는 것은 의심할 바가 없다. 그러나 당시 전진과 고구려 사이에 전쟁이 일어났다는 기록은 어디에서도 찾아볼 수 없다.

당시 고구려는 전쟁을 피하여 고구려로 도망간 전연의 慕容評을 붙잡아 전진에 보내주었다.[16] 前秦王 符堅은 고구려에 佛僧·佛經과 佛像 등을 보내 줌으로써 佛敎전래와 발전에 크게 기여하였다.[17]

384년에 전진은 後燕에 의하여 멸망되었다. 그 후 후연은 409년에 북연에 의해 멸망되었다. 고구려와 후연은 대체로 요하유역을 중심으로 공방전을 벌렸으며 상호간 접경지대의 영역은 실제상 '朝失暮得'의 처지에 놓여 있었다고 말할 수 있다. 이 시기에 고구려가 유주의 전 영역을 차지했다는 기록은 역시 어디에서도 찾아 볼 수 없다.

한편 4~5세기 초에 한반도에서는 고구려와 신라, 백제와 왜가 각각 동맹을 맺고 한반도의 주도권 쟁탈을 위한 치열한 패권쟁탈전이 전개되고 있었다. 고구려의 남진정책은 필연적으로 백제의 북진정책과 충돌하게 되었다. 『삼국사기』에 따르면 371년에 백제는 3만 대군으로 고구려의 平壤城을 공격했으며, 이 전투에서 故國原王이 전사하였다. 377년에 또 3만 명의 군사를 동원하여 평양성을 공격하였다.[18] 호태왕비문에 따르면 396년에 고구려 好太王은 친히 군사를 이끌고 백제를 정벌하여 '五十八城'을 탈취했으며 400년에는 '步騎五萬'을 파견하여 신라를 도와 그곳에 침입한 왜를 격퇴하고 도망가는 왜군을 추격하여 한반도 남단까지 진군하는 큰 성과를 거두었다.[19] 당시 고구려의 주 공격 방향은 서쪽이

---

16) 『晉書』권113, 載記13 符堅上 ; 『三國史記』권18, 高句麗本紀6 故國原王 40년조.
17) 『三國史記』권18, 高句麗本紀6 小獸林王 2·4·5년조.
18) 『三國史記』권18, 高句麗本紀6 故國原王 41년, 小獸林王 7년조.
19) 『호태왕비와 고대조일관계연구』, 연변대학출판사, 1993년판, 13~20쪽.

아니라 남쪽이었다는 것은 의문할 나위가 없다.

　상술한 상황은 고구려 幽州와 幽州刺史설을 주장하는 일부 학자들의
견해는 모순이 많아 성립되기 어렵다는 것을 증명해 준다.

2. 中國 역대 왕조의 幽州와 幽州刺史설에 대하여

1) 中國 幽州說이 성립될 수 있는 몇 가지 이유

　필자는 위에서 고구려 幽州說의 모순에 대하여 설명하였다. 이 기초
상에서 덕흥리 묘지명에 나오는 유주와 유주자사는 중국 역대 왕조의 유
주일 가능성이 많다고 인정한다. 그 이유는 다음과 같다.

　첫째 여러 고서 기록에 따르면 중국 역사상 秦은 6국을 통일한 후 전
국적 범위에서 군현제도를 실시하였다. 서한은 진의 군현제도를 계승하
고 발전시켜 전국 범위에서 州—郡(國)—縣제도를 실시했으며 縣 아래
에는 鄕·里 등 지방기층 조직을 두었다. 이와 같이 秦漢시기부터 체계화
된 중국의 군현제도는 그 후 오래도록 지속되었는데 그 가운데는 鎭의
생존연대와 밀접히 연계되어 있는 오호십육국 시기도 포함되는 것이다.

　중국 역사에서 유주의 명칭은 이미 先秦시기에 나타났으며 西漢시기
에 비로소 지방 일급행정 단위 가운데 포함되게 되었다. 그 후 유주는
東漢·三國 魏·西晉·五胡十六國과 南北朝 시기에 이르기까지 계속 지방
일급행정 단위에 포함되어 있었으며 그 후에도 幽州의 명칭은 계속 남아
있었다(예를 들면 唐과 五代十國 중의 일부 나라).

　군현제도와 유주에 관한 상술한 상황은 고구려 지방행정 조직의 주요
형태가 五部와 城邑制로 되어 있었으며, 따라서 지방 일급행정 단위 가
운데 유주란 전혀 존재하지 않았다는 상황과 매우 선명한 대조를 이룬다
고 할 수 있다. 이것은 묘지명에 씌어있는 鎭의 간력 가운데 나오는 유

주와 유주자사가 분명히 중국 역사상의 유주와 유주자사일 수 있다는 것을 증명해 준다.

둘째 필자는 『고려사』 지리지의 "嘉州 本高麗信都郡"은 결코 고구려에 信都郡이 있었다는 것을 증명해 주지 못 한다고 본다. 왜냐하면 상술한 "嘉州 本高麗信都郡"에서 '고려'는 고구려를 가리키는 것이 아니라 왕건에 의하여 건국된 '고려'를 가리키는 것이 분명하기 때문이다. 이에 대하여 본장 제2절에서 상세히 설명했기 때문에 여기서 중복하지 않는다. 鎭은 고구려에서 출생하여 자랐으며 고구려왕으로부터 유주자사로 임명되었다고 인정하는 일부 학자들의 견해는 그것이 존재할 수 있는 중요한 자료적 근거의 하나가 없어지는 것이다.

그 밖에 묘지명에 있는 鎭의 간력에 나오는 관직명들 중에서 개별적인 상황을 제외하고 나머지 관직명(建威將軍 左將軍 龍驤將軍 遼東太守 使持節 東夷校尉 幽州刺史)들은 모두 중국의 역대 왕조에서 찾아볼 수 있는 관직 명칭들인 것이다.

상술한 상황에서 진은 고구려에서 출생한 것이 아니라 중국의 信都縣에서 나서 자랐으며, 중국에서 여러 가지 관직을 역임했다는 것을 알 수 있다. 물론 그의 간력 가운데의 일부 관직(예를 들면 幽州刺史)들은 그가 고구려로 망명한 이후에 '自稱'한 것일 수 있다(후술).

묘지명에 씌어있는 진의 간력 중에는 비록 개별적이긴 하지만 고구려의 관직 명칭(國小大兄)도 있으며 또 고구려 호태왕의 '영락'연호를 사용했다는 것도 알 수 있다. 이것은 덕흥리 고분의 위치(평양부근)와 더불어 진은 오호십육국 시기의 혼란국면을 피하여 고구려에 '歸化'한 중국의 망명객이었다는 것을 증명해주는 증거가 된다.

셋째 덕흥리 벽화고분의 전실 서쪽 벽에는 '十三郡'의 太守와 內史가 幽州刺史 鎭을 '來朝'하는 그림이 상·하 두 단락으로 나뉘어 그려져 있으며 그림의 윗단 북쪽에는 '十三郡'에 대한 설명문이 있는데 그 가운데

"州治廣薊 今治燕國 去洛陽二千三百里"라고 쓴 부분이 주목을 끈다.

위의 기록에서 '州治'는 幽州의 치소를 가리키며 '廣薊'는 西漢 혹은 東漢의 廣陽郡(國) 薊縣을 가리킬 수 있다. 따라서 '州治廣薊'는 西漢시기 유주의 치소가 廣陽郡(國) 薊縣(지금의 북경 서남쪽)에 있었다는 뜻으로 풀이할 수 있다. 그러나 이것 때문에 묘지명의 '유주'를 '漢代' 혹은 '後漢'과만 연계시키는 것은 사실과 맞지 않을 가능성이 많다. 왜냐하면 그(州治廣薊) 아래 계속되는 '今治燕國'은 '한대'나 '후한'시기 유주의 치소가 아니라, 西晉시기 유주의 치소가 燕國(燕郡이라고도 한다. 北京 서남쪽에 있었다)에 해당한다는 뜻을 나타내기 때문이다. 그 밖에 '한대'의 유주에는 결코 '十三郡'이 소속된 일이 없다는 것도 역시 묘지명의 유주를 漢代로만 연계시킬 수 없다는 것을 증명해 준다(후술).

위의 기록에서 특히 주목을 끄는 것은 유주의 치소 위치를 서술할 때 고구려 수도인 국내성 혹은 환도성을 기점으로 한 것이 아니라 낙양을 기점으로 하여 서술하고 있다는 사실이다. 중국 역사상에서 낙양(지금의 하남성 낙양시의 동쪽에 있었다)은 東漢·三國 魏 및 西晉 등의 수도였다. 상술한 설명문 가운데서 유주의 치소가 낙양으로부터 2300리 떨어져 있다고 특별히 지적한 것은 유주가 이런 나라들 가운데서 어느 한 나라의 수도(낙양)와 지방의 관계에 놓여 있었다는 것을 증명해 줄 가능성이 많다. 이미 위에서 설명한 바와 같이 鎭의 생존 연대는 오호십육국 시기에 해당한다. 그런데 묵서명에서 오호십육국 중 어느 한 나라의 수도를 기점으로 한 것이 아니라 동한·삼국 위 및 서진의 수도인 낙양을 기점으로 한 것은 극도로 혼란한 상태에 놓여 있는 자기의 출생국보다 통일되고 안정되어 있는 이런 나라들의 正統을 중시한 것과 관련될 가능성이 많다.

상술한 모든 사실은 덕흥리 묘지명 가운데 나오는 유주는 고구려의 유주를 가리키는 것이 아니라 중국 역대 왕조 중에서 어느 한 왕조의 유주에 해당한다는 것을 증명해 줄 가능성이 많다.

2) 幽州의 十三郡太守(內史를 포함)에 대한 분석

덕흥리 고분 전실의 서쪽 벽에 유주에 소속된 '十三郡'의 太守와 內史들이 유주자사인 진을 '來朝'하는 그림이 상·하 두 단락으로 나뉘어 그려져 있으며 매 그림의 옆에 설명문이 씌어있다. 설명문을 소개하면 다음과 같다.

> 윗단의 설명문
> 먼저 6郡 太守의 '來朝'를 알리는 관리를 소개하는 글(六郡太守來朝時通事吏)이 있고 그 다음에 6郡 太守 혹은 內史에 대한 설명문이 있다.
> (1) 奮威將軍燕郡太守來朝時
> (2) 范陽內史來朝論州時
> (3) 魚陽太守來論州時
> (4) 上谷太守來朝賀時
> (5) 廣寧太守來朝賀時
> (6) 代郡內史來朝□□□
>
> 아랫단의 설명문
> 먼저 諸郡 太守의 '來朝'를 알리는 관리를 소개하는 글(諸郡太守通事吏)이 있고 그 다음에 7郡 太守에 대한 설명문이 있다.
> (1) [北][平]太守來朝賀時
> (2) 遼西太□□朝賀時
> (3) 昌黎太守來論州時
> (4) 遼東太守來朝賀時
> (5) 玄兎太守來朝□□
> (6) 樂浪太守來□□□
> (7) □□□□□□□

그 밖에 '十三郡' 太守 혹은 內史 그림의 윗단 북쪽에 다음과 같은 설명문이 씌어있다.

此十三郡屬幽州 部縣七十五 州治廣薊 今治燕國 去洛陽二千三百里 都尉一, 部并十三郡[20]

상술한 기록을 통하여 鎭이 刺史를 역임한 유주에는 도합 13개의 郡이 소속되었다는 것을 알 수 있다. 그런데 필자가 조사한데 따르면 중국 역사상 어느 왕조의 유주에도 13개의 屬郡이 있었다는 기록은 없다.

중국 역사에서 군현제도는 이미 先秦시기에 싹트기 시작했으며 이때에 유주의 명칭도 있었다. 위에서 설명한 바와 같이 秦漢이래 군현제도는 정식으로 발전했던 것이다.

『晋書』地理志에 따르면 西漢 武帝때 郡 위에 州를 두고 전국을 13州로 나누었는데 그 가운데 幽州도 포함되었다. 그 후 昭帝 元鳳 元年(기원전 80년)경에 유주에는 도합 9개의 郡(漁陽·上谷·右北平·遼西·遼東·涿郡·玄菟·樂浪·廣陽郡 등)이 소속되었다.[21] 또 『簡明中國歷史地圖集』에는 西漢 시기의 幽州刺史部(실제상 幽州를 가리킨다)에는 '涿·渤海·上谷·漁陽·右北平·遼西·遼東·玄菟·樂浪九郡·廣陽一國'이 있었다고 씀으로써 실제상 10개의 郡(國)이 소속된 것으로 보았다.[22] 그 밖에 일부 학자들의 견해에 따르면 東漢 시기의 유주에는 13개 郡이 소속되어 있은 것이 아니라 11개 郡(涿郡·代郡·漁陽郡·廣陽郡·上谷郡·右北平郡·遼西郡·遼東屬國·遼東郡·玄菟郡·樂浪郡)이 소속되어 있었다.[23]

이런 판단이 틀리지 않는다면 덕흥리고분의 묵서명에는 兩漢시기에 실제로 존재한 유주의 속군 수(10~11개)보다 2~3개 郡(國)이 더 많이 씌어있는 것이 된다. 이 2~3개 郡에는 昌黎郡이나 帶方郡 등이 포함되

---

20) 『덕흥리고구려벽화무덤』, 85~87쪽.

21) 『晋書』권14, 地理志上 幽州조.

22) 譚其驤, 1991, 『簡明中國歷史地圖集』, 中國地圖出版社, 17~18쪽, 西漢十四部分察郡國表, 幽州刺史部.

23) 譚其驤, 『簡明中國歷史地圖集』19~20, 「東漢時期圖說」, 幽州刺史部 ; 郭沫若 主編, 『中國史稿地圖集』, 上海地圖出版社, 제40, 「東漢時期形勢」.

어 있었을 것으로 생각된다. 왜냐하면 창여군은 동한 시기에는 遼東屬國의 속현으로 그의 치소였으며 三國 魏에 이르러 비로소 창여군으로 승급되었기 때문이다. 또 대방군은 공손씨의 활거정권이 수립된 이후 공손도에 의하여 처음 설치되었기 때문에 이런 郡들이 양한 시기의 유주에 소속된 '十三郡'가운데 포함될 수 없는 것은 당연한 일이라 할 수 있다.[24]

이럴 경우에 덕흥리 묘지명과 묵서명에 씌어있는 유주와 유주자사는 鎭의 생존시기(332~408년 사이)보다 훨씬 전인 '漢代'의 유주와 유주자사를 가리킨다고 인정한 일부 학자들의 견해는 역사사실과 부합되지 않을 가능성이 많다.

東漢말, 즉 東漢 靈帝 中平 6년(18년)에 공손도가 요동에서 할거정권을 수립한 후 처음으로 平州를 설치하게 되었다. 처음 평주에 소속된 郡은 遼東·遼西·中遼·玄菟·樂浪 등 5郡이었으나 후에 帶方郡을 설치하여 속군의 수는 6군이 되었다. 공손씨보다 늦은 시기인 삼국 위(220~265년 사이)에서도 평주를 설치했는데 속군으로는 역시 '遼東·昌黎·玄菟·樂浪·帶方' 등 5군이 있었다. 238년에 위는 공손씨를 정복한 후에 얼마 지나지 않아 평주를 폐지하고 다시 유주에 합쳤는데 서진(265~316년 사이) 초까지 지속된 것으로 보인다.

그러다가 서진 武帝 泰始 10년(274), 혹은 咸安 2년(276)에 서진은 다시 유주를 나누어 幽·平 二州를 설치했던 것이다.[25]

이와 같이 동한말에 공손씨가 요동에서 할거정권을 수립한 이후 서진에 이르기까지 100여 년 사이 유주는 幽·平의 二州 또는 幽·平 二州가 합하여 유주로 되기도 하였다. 여기서 주목을 끄는 것은 한 왕조(三國 魏와 西晉)가 처음부터 끝까지 하나의 유주만을 설치한 일은 없다는 사실이다. 그 밖에 유주가 유·평 二州로 나뉘어 졌을 경우에 그(幽州)에 소

---

24) 『晋書』 권14, 地理志上 昌黎郡·帶方郡조.
25) 『晋書』 권14, 地理上 平州조 ; 金毓黻, 『東北通史』 上編, 121~123쪽.

속된 郡의 수는 그 이전 漢代에 비하여 절반 정도 줄어들었으리라는 것은 의문할 나위가 없는 것이다.

오호십육국 시기(317~420년 사이)의 유·평 二州의 설치 상황을 좀 더 구체적으로 살펴보기로 한다.

필자가 조사한데 따르면 前燕(337~370년 사이) 시기에는 처음부터 끝까지 계속 幽·平 二州로 나뉘어져 있었을 가능성이 많다.

그것은『晋書』慕容皝傳(337~349년 사이에 재위)에 "慕容皝 … 廆卒 嗣位 以平北將軍行平州刺史 督攝部內"라고 썼으며 慕容皝과 경쟁한 慕容仁이 승리하여 '遼左之地'를 모두 차지했을 때 '自稱車騎將軍平州刺史 遼東公'이라고 말한데 의하여 前燕초기에는 분명히 幽·平 二州로 나뉘어져 있었다는 것을 알 수 있다.26) 그 밖에 일부 학자들은 370년에 前秦은 前燕을 멸망시킨 후에 '平州地'를 유주에 합함으로써 한동안 유주만 설치한 일이 있었다고 쓰고 있는 것이다.27)

이로부터 전연은 건립초부터 멸망직전까지 계속 幽·平 二州를 설치했을 가능성이 많다는 것을 알 수 있다. 이럴 경우에 전연의 유주에 소속된 郡은 실제 10개에도 미치지 못했으리라는 것은 의심할 바가 없다.

위에서 지적한 바와 같이 적잖은 학자들은 370년에 전진은 전연을 멸망하고 그 영토 전부를 차지한 후 380년까지 10년 동안 幽·平 二州를 합하여 유주를 설치했다고 인정하고 있다. 필자는 이 견해에 동감을 표한다. 그것은『資治通鑑』에 따르면 東晋 廢帝 太和 五年(370)에 前秦은 "(以)郭慶爲持節 都督幽州諸軍事 幽州刺史 鎭薊"라고 썼으나 전진에서 달리 平州刺史를 설치했다는 기사는 보이지 않는다는 사실에서 증명된다. 그밖에 주목을 끄는 것은『資治通鑑』에 東晋 孝武帝 太元 五年(380)

---

26)『晋書』권109, 載記9 慕容皝傳.

27) 金毓黻,『東北通史』上編, 120쪽 ;『東北歷史地理』제2권, 黑龍江人民出版社, 1989년판, 118쪽.

‘八月’에 前秦은 “分幽州置平州 以石越爲平州刺史鎭龍城 中書令梁讜爲 幽州刺史 鎭薊城.”이라고 쓰고 있다는 사실이다.[28]

이로부터 370년부터 380년 8월 이전까지의 사이에 전진은 하나의 유주 만을 설치하고 있었다는 것을 잘 알 수 있다. 비록 그렇다고 하더라도 전 진 초기(370~380년)의 유주에 소속된 郡의 수는 묵서명에 씌어있는 것처 럼 13개는 되지 못했다는 것은 분명하다. 왜냐하면 이 시기부터 60~70년 가량 이른 시기인 4세기 초에 낙랑군과 대방군은 이미 고구려에 의하여 멸망되었기 때문이다.

일부 학자들은 後燕(384~409년 사이에 존재) 시기에 유주에는 13郡 이 소속되어 있었다고 하는데 이해하기 어렵다. 먼저 고서 기록을 소개 하고 필자의 의견을 제기하면 다음과 같다.

(1) 『資治通鑑』 晉紀 太原十年조: 燕王垂以農爲使持節都督幽平二州北狹諸軍事 幽州牧 鎭龍城 徒平州刺史帶方王佐 鎭平郭[29]
(2) 『資治通鑑』 晉紀 元興元年조: “五月 高句麗攻宿郡(宿軍城在龍城東北 …) 燕平州刺史慕容歸棄城走”[30]
(3) 『三國史記』 高句麗本紀 廣開土王조: “十一年 王遣兵攻宿軍 燕平州刺史慕 容歸棄城走”[31]

위의 개재 (1)의 ‘太元’은 東晉 孝武帝의 연호이며 ‘太元 十年’은 385년 으로 後燕이 건국한지 2년째 되는 해이다. 여기서 주목을 끄는 것은 후 연 초기에 이미 幽州(慕容農이 幽州牧으로 임명되다)와 平州(平州刺史에 帶方王 佐가 있었다)의 두 개 州가 공존하고 있었다는 사실이다.

위의 기록 (2)의 ‘元興’은 東晉 安帝의 연호이며 ‘원흥 원년’은 402년

---

28) 『東北歷史地理』 제2권, 제118~119쪽.
29) 『資治通鑑』 권106, 晉紀28 列宗中之上.
30) 『資治通鑑』 권112, 晉紀34 東晉 安帝 元興 元年조.
31) 『三國史記』 권18, 高句麗本紀6 廣開土王 11년조.

이다. 위의 기록 (3)의 광개토왕 11년은 402년이다. 위에서 지적한 바와 같이 후연은 384년에서 409년까지 20여 년 동안 존재하다가 北燕에 의하여 멸망한 나라이다.

위의 (2), (3)에 따르면 402년에 후연의 평주자사인 모용귀는 고구려의 공격을 막아내지 못하고 수도인 용성에서 그리 멀지 않은 곳에 있는 宿軍城을 버리고 도주했다는 것을 알 수 있다. 이것은 후연 후기에 이르기까지 후연에는 幽·平 二州가 공존해 있었다고 할 수 있다. 따라서 후연 시기 유주에 소속되어 있는 군의 수는 幽·平 二州를 합하여 유주를 설치했던 시기보다 거의 절반가량 줄어들었다는 것은 의심할 나위가 없다.

상술한 상황은 '十三郡'太守 혹은 內史가 유주자사 鎭을 '來朝'한 것을 기록한 묵서명의 기록(그림과 그에 대한 설명문)은 유주에 소속된 郡의 수를 볼 때 중국 역사상 어느 왕조의 유주 상황과도 맞지 않을 가능성이 많다는 것을 증명해 준다. 이것은 묘지명에 씌어있는 유주와 유주자사의 귀속성질을 해명하는데 혼란을 주는 것만은 사실이다. 그러나 이것은 유주와 유주자사가 중국 역사상의 유주와 유주자사를 가리킨나는 사실을 부정하지는 않는다고 인정한다. 유주가 정식으로 지방일급행정 단위로 등장한지 수백 년이 지나갔으며, 특히 분열과 할거의 오호십육국 시기와 직접 관련되어 있는 상황에서 유주에 소속된 郡을 '十三郡'으로 고정하고 그에 소속된 郡의 명칭에 대해서 전부 고유명사를 사용한 것 등은 실제 사실에 엄격히 의거한 서술 방법이라고 인정하기 어렵다. '十三郡'太守 혹은 內史가 유주자사 진을 '來朝'한 것을 기록한 묵서명 가운데는 鎭과 그의 추종자들의 주관의도도 포함되었을 가능성이 없지 않다고 생각된다.

3) 鎭이 幽州刺史를 '자칭'했을 가능성

위에서 지적한 바와 같이 '十三郡'太守 혹은 內史가 유주자사 진을

'來朝'한 것을 기록하 묵서명의 내용은 역사의 실제 사실과 맞지 않을
가능성이 많다. 이것은 진의 간력 가운데 일부 내용, 즉 그가 유주자사를
역임했다고 한 묘지명의 기사도 역시 사실에 의거하여 엄격히 씌어진 것
이 아닐 가능성이 있다는 것을 증명해 준다.

필자는 진이 오호십육국 시기의 어느 나라(전연·전진·후연)에서 유주
자사를 역임했을 가능성이 있다는 것을 부정하지 않는다. 이에 대해서는
위에서 설명했기 때문에 다시 중복하지 않는다. 필자는 또 다른 학자들
이 지적한 바와 같이 진은 고구려로 망명한 이후에 유주자사를 '自稱'했
을 가능성도 존재한다고 생각한다.[32] 그 이유는 다음과 같다.

첫째 오호십육국 시기의 북중국일대는 여러 정권의 할거와 패권쟁탈
전으로 큰 혼란에 빠졌다. 이런 상황은 필연적으로 각국의 지방행정 조
직의 편성에도 큰 영향을 미치게 되는데, 각국은 모두 새로운 지방 행정
조직을 설치하거나 그것을 철폐하는 일들을 수없이 반복하였다. 학자들
의 연구결과에 따르면 이 시기 각국의 지방 행정조직의 규모는 전례 없
이 작아지고, 州와 郡의 숫자는 크게 늘어나고, 州와 郡의 명칭은 해당
지방의 원래 명칭과 부합되지 않는 것이 최대 특징이었다. 예를 들면 幽
州는 본래 하나이며 그 치소는 지금의 북경 부근이었다. 그런데 오호십
육국 시기에 각국은 서로 다투어 유주를 설치했는데 그 숫자는 크게 늘
어나고 위치도 여러 곳에 분산되었다. 구체적으로 말하면 後趙·前燕·前
秦·後燕 등은 유주의 치소를 이전과 마찬가지로 지금의 북경 부근에 두
었으나 다른 나라들의 유주 치소는 전혀 다른 곳에 있었다. 즉 前趙의
유주는 지금의 陝西省에 있었으며, 北燕의 유주는 遼西지방에 있었으며,
南燕의 유주는 山東省 서남쪽의 琅耶에 있었으며, 夏의 유주는 郭爾羅斯
(內蒙古 自治區의 서남쪽이며 陝西省의 북쪽이다)에 있었던 것이다.[33]

32) 武田幸男, 1989, 『高句麗史와 東아세아』, 東京, 岩波書店, 91쪽.

33) 李公懷, 2006, 『中國古代行政制度史』, 復旦大學出版社, 202~203쪽 ; 『簡明中

오호십육국 시기에 보편적으로 존재했던 혼란상황은 필연적으로 鎭과 그의 추종자들에게 직접적인 영향을 미쳤다는 것을 거의 의심할 나위가 없다.

둘째 묘지명에 따르면 鎭은 고구려에 망명한 이후 고구려왕실로부터 '國大小兄'이란 관직을 수여받았으며 또 호태왕의 '영락'연호도 사용했다는 것을 알 수 있다. 이것은 진과 고구려의 관계가 상당한 정도로 밀접했다는 것을 증명해 준다. 그러나 진이 활동한 지역인 덕흥리를 포함한 평양 부근은 고구려의 수도인 국내성(집안)에서 서남쪽으로 500여 리(30리×17驛) 떨어져 있는 곳으로 당시는 변방지방에 불과했다고 말할 수 있다. 그 밖에 『삼국사기』에 따르면 4세기 이후에 활기를 띠기 시작한 고구려의 남진정책은 백제의 북진정책과 충돌하게 되었으며, 덕흥리를 포함한 평양부근은 두 나라 패권 쟁탈권의 중심에 놓여 있었다고 말할 수 있다. 예를 들면 371년에 백제왕은 친히 3만 대군을 거느리고 평양을 공격했는데 이 전투에서 고구려는 고국원왕이 전사하는 큰 타격을 받았다. 390년대 이후 호태왕 재위 기간에 비로소 고구려는 백제를 공격하여 크게 이기고 신라를 도와 왜의 침입을 격퇴하면서 한반도 남단까지 진출하는 큰 성과를 거두었다. 이때 덕흥리를 포함한 평양 부근은 고구려의 후방 근거지로써 중요한 역할을 다 했을 것으로 보인다. 비록 그렇다고 하더라도 고대 사회에서 수도로부터 멀리 떨어져 있는 이곳에 대한 왕실의 통제력은 여전히 미약했을 수 있다.

따라서 덕흥리를 포함한 평양 부근에서의 진의 활동은 비교적 자유로웠을 가능성이 없지 않다. 이에 대하여 어떤 학자들은 진은 '반독립'상태를 유지했을 것이라고 했는데 전혀 근거없는 말은 아닌 것 같다. 이것은 진과 그의 추종자들이 능히 유주와 유주자사를 자칭할 수 있는 환경이 마련되어 있었다고 할 수 있다.

國歷史地圖集』 27~28, 「附十六國」, 「十六國圖說」.

셋째『資治通鑑』등의 기록에 의거하여 오호십육국 시기에 前燕 등에
서 幽州刺史를 역임한 사람들이 상황을 표로 작성하면 다음과 같다.

4세기 후반~5세기 초 幽州刺史 역임자 상황표

연 대	국가 명칭	역임자 명칭	관직명칭	출 처	비 고
357년 (東晉 穆帝 升平 元年)	前燕	乙逸	幽州刺史	『資治通鑑』 권100	
370년 (東晉 廢帝 太和 5년)	前秦	郭慶	幽州刺史	『資治通鑑』 권102	『東北歷史地理』 2권 118쪽 참조
380년 3월 (東晉 孝武 帝太 元5년)	前秦	行唐公洛	幽州刺史	『資治通鑑』 권105	叛亂을 일으키다.
380년 3월 (太元 5년 3월)	前秦의 반란군	平規 (平顏)	幽州刺史	『資治通鑑』 권105	반란군 내부에서 임명하다.
380년 8월 (太元 5년 8월)	前秦	梁讜	幽州刺史	『資治通鑑』 권105	
384년 (太元 9년)	前秦	王永	幽州刺史	『資治通鑑』 권105	
385년 (太元 10년)	後燕	慕容農	幽 州 牧	『資治通鑑』 권106	
389년 (太元 14년)	後燕	高陽王隆	幽 州 牧	『資治通鑑』 권107	
399년 (後燕長樂元年)	後燕	慕容豪	幽州刺史	『晋書』 권124	모반으로 말미암아 피살
401년 (後燕光始元年)	後燕	上庸公懿	幽州刺史	『晋書』 권124	
402년 (東晉元興元年)	後燕	慕容拔	幽州刺史	『資治通鑑』 권111	

위의 표를 통해 알 수 있듯이 4세기 후반~5세기 초까지(357~402년)
도합 11명에 이르는 사람들이 前燕·前秦·後燕 등에서 幽州刺史 혹은 幽
州牧의 관직을 역임했다. 이것은 선후 40여 년밖에 되지 않는 짧은 기간
내에 그것도 鎭의 생존 연대(332~408년 사이)와 직접 연관이 있는 기간
에 무려 11명이나 되는 사람들이 유주자사 혹은 유주목을 역임했다는
것을 의미한다. 만약 진이 오국십육국 시기 어느 나라에서 유주자사를

역임한 사실이 있다면 위의 표의 명단에 그의 이름도 포함되었을 것이다. 그런데 11명이나 되는 유주자사(幽州牧을 포함) 명단에는 진이 포함되어 있지 않다. 이것은 진은 오호십육국 시기 어느 한 나라에 거주해 있을 때에는 아직 유주자사를 역임한 일이 없다는 것을 증명해준다. 또 진은 고구려로 망명한 이후에 비로소 유주자사를 자칭했다고 주장하는 학자들의 견해가 도리가 있다는 것을 증명해 줄 가능성도 있다.

맺음말

덕흥리 묘지명의 주인공 진의 간력 가운데 나오는 유주와 유주자사를 고구려의 유주와 유주자사로 인정하는 일부 학자들의 견해는 모순이 많아 성립되기 어렵다. 이 유주와 유주자사는 중국 역사상 오호십육국 시기의 前燕·前秦·後燕 등의 유주와 유주자사를 가리킬 가능성이 많다.

오호십육국 시기에는 여러 민족과 나라의 흥망성쇠가 빈번히 일어났을 뿐만 아니라 유주를 포함한 각국의 지방 행정조직도 빈번히 변화됨으로써 큰 혼란상태에 놓여있었다. 이런 혼란상황은 필연적으로 이 시기에 생존한 鎭에게 많은 영향을 주었다는 것은 거의 의심할 나위가 없다. 십삼군태수 혹은 내사가 유주자사인 진을 '조배'한 사실을 기록한 묵서의 그림과 설명문(중국 역사상에는 유주 아래에 13개 郡이 소속되어 있은 일이 없다)은 이런 영향으로 鎭이 '자칭'한 것일 수도 있는 것이다.

德興里墓誌銘

(「덕흥리고구려벽화무덤」, 朝鮮, 과학백과사전출판사 1981, 사진 6)

幽州十三郡太守에 대한 설명문
(「덕흥리고구려벽화무덤」, 사진 10)

제8장

中原高句麗碑 試論

제1절 中原高句麗碑의 '高麗太王祖王'에 대한 의견

中原高句麗碑의 전면 제1행에 "高麗太王祖王"이란 어구가 있다. 이 어구는 6자밖에 되지 않지만 그것을 옳게 해명하는 것은 중원고구려비를 연구하는 사업뿐만 아니라 더 나아가 高句麗史 전반에 대한 연구를 진행하는데 있어서도 일정한 의의를 갖고 있다고 말할 수 있다.

비문의 "高麗太王祖王"에 대하여 2개 방면으로 나누어 필자의 의견을 제기하면 다음과 같다.

1. 비문에 나오는 '高麗'칭호의 성격과 출현연대

1) 비문의 '高麗'칭호의 성격

중원고구려비문에 나오는 '고려'칭호의 성격에 대하여 학계에는 두 가지 견해가 있다. 첫째 '고려'는 '고구려'에 대한 약칭이라고 인정하는 견해이며, 둘째 '고려'는 고구려에 대한 약칭이 아닌 改稱으로 보는 견해이다. 필자는 두 번째 견해에 동감을 표하는 바 그 이유는 다음과 같다.

첫째 역대 중국 고서들은 중원고구려비문에 씌어있는 '고려'칭호의 성격을 해명하는 사업에서 없어서는 안 될 중요한 역사자료들이다.

중국의 역대 고서기록에 따르면 700여 년의 고구려 역사에서 국호는 여러 가지 명칭으로 불렸으며 시기에 따라 다른 특징이 나타났다. 그 상

황을 兩漢과 魏晉시기·南北朝시기·隋唐시기로 나누어 고찰해 보기로 한
다. 필자가 兩漢과 魏晉시기(기원전 3세기 말~기원후 5세기 초)의 고서
들인 『한서』(왕망전과 지리지)·『후한서』·『삼국지』 위서·『진서』 등에
의거하여 조사한데 따르면 고구려 명칭은 高句麗(驪)가 68회, 句麗(驪)가
37회, 下句麗(驪)가 4회로 모두 합하여 109회가 나온다. 그런데 여기에
는 高麗(驪) 칭호는 단 1회도 나오지 않는 것이 주목된다.[1]

상술한 여러 칭호 중에서 高句麗(驪)는 물론 그의 국호의 전칭이며 下
句麗(驪)는 고구려 사람들이 '자칭'한 것이 아니라 신왕조의 왕망에 의하
여 강제적으로 부쳐진 잠시적인 '칭호'였다.

句麗(驪)의 성질에 대해서는 학계에 두 가지 견해가 있다. 일부 학자
들은 고구려와 구려는 두 개의 나라라고 인정하고 있으나 설득력이 약하
다. 필자는 고구려와 구려는 결코 두 개 나라가 아니라 하나의 같은 나
라를 가리키며 구려는 고구려에 대한 略稱이라고 인정한다. 이에 대해서
는 본서의 다른 곳(高句麗國號考 …)에서 상세하게 설명했기 때문에 여
기서 중복하지 않는다.

일부 학자들은 고려도 句麗(驪)와 마찬가지로 高句麗(驪)에 대한 약칭
이라고 한다. 필자는 이런 견해에 잘 동의되지 않는다. 왜냐하면 고구려
와 고려의 관계는 고구려와 구려의 관계에 비하여 명확하게 구별되는 몇
가지 특징이 존재하기 때문이다.

위에서 지적한바와 같이 『한서』·『후한서』·『삼국지』 위서·『진서』 등
양한과 위진 시기 고서에는 高句麗(驪) 칭호 68회와 句麗(驪) 칭호 37회
가 있다. 이것은 이 책들을 편찬할 당시 중국에서 주로 전칭인 高句麗(驪)
칭호를 사용했지만 그에 대한 약칭인 句麗(驪) 칭호도 비교적 많이 사용

---

1) 이 통계수자는 『高句麗史研究』(史料篇), 延世大學校出版部, 1988년, 287~383쪽
   에 의하여 작성한 것이다. 아래에서 "高句麗"칭호에 관한 통계상황을 말할 때 다
   시 주해를 달지 않는다.

(1/2이 좀 못되는 47% 정도)하고 있었다는 것을 증명해 준다. 만약 고려가 구려와 마찬가지로 고구려에 대한 약칭으로 사용되었다면 兩漢과 魏晉시기의 고서들에서 그 칭호도 얼마쯤 섞여 있었다는 것은 거의 의문할 나위가 없다. 그런데 양한과 위진 시기에 간행된 고서들에는 高麗(驪) 칭호는 한 차례도 없다. 이것은 고려는 분명히 句麗(驪)와 다르다는 것을 증명해 준다. 또한 고려는 高句麗(驪)에 대한 약칭이 아니라 改稱일 수 있다는 것을 증명해 준다.

여기서 마땅히 짚고 넘어가야 할 한 가지 사실이 있다. 그것은 『北史』 高麗傳에 의하면 3세기 중엽의 고구려 동천왕 때에(三國 魏시기) '고려' 칭호가 나온다는 사실이다.[2] 그러나 이것은 양한과 위진 시기의 중국 고서에 '고려' 칭호가 존재하지 않는다는 사실을 부정하지 못 한다. 왜냐하면 그것은 『北史』는 고구려가 '고려'로 개칭된 지 한참 이후인 7세기 중엽의 唐왕조때 간행되었기 때문이다(후술).

둘째 南北朝 시기(5세기 초~6세기 말)에 처음으로 '고려' 칭호가 비교적 많이 나타나기 시작한다. 이 시기의 高句麗(驪)와 고려의 관계는 그 이전의 양한·위진 시기와 비교해 볼 때 몇 개 방면에서 비교적 큰 변화가 일어나고 있다.

양한·위진 시기에는 高句麗(驪) 칭호와 句麗(驪) 칭호가 혼용되어 사용된 경우가 많았다. 예를 들면 『후한서』 고구려전에 따르면 처음에 '高句驪'칭호가 두 번 나오고 그 다음에 '句驪'칭호가 다섯 번 나온다. 그러나 句驪 칭호만 나오는 것이 아니라 高句驪 칭호도 두 번이나 더 있어 실제로 양자가 한데 섞여 있는 것이 된다.[3] 이것은 高句麗(驪)와 句麗(驪)는 두 개의 서로 다른 대상을 가리키는 것이 아니라 하나의 같은 대상을 가리키며 양자가 전칭과 약칭의 관계라는 것을 증명해 주는 중요한

---

2) 『北史』 권94, 列傳82 高麗傳.

3) 『後漢書』 권85, 列傳75 東夷 高句驪傳.

자료의 하나가 된다. 남북조시기에 高句麗(驪)(40회)와 句麗(驪)(7회)의 관계는 뒤로 밀려나고 高句麗(驪)(40회)와 고려(316회)의 관계가 주도적 위치를 차지하게 된다. 그런데 여기서는 高句麗(驪)와 句麗(驪)의 관계에서 보는 바와 같이 高句麗(驪)와 고려가 한데 섞여 있는 현상은 존재하지 않는 것이 특징이다. 예를 들면『南齊書』에는「本紀」(帝紀)와「高麗傳」을 다 합해도 高句麗(驪)나 句麗(驪) 칭호는 한 곳도 없으며 전부 '고려' 칭호만 있다.『魏書』「帝紀」에서는 전부 '고려' 칭호(106회)만 씌어있어 高句麗(驪)와 고려의 두 칭호가 서로 섞여 씌어졌는가의 문제는 근본상 제기되지도 않는다.

『魏書』「高句麗傳」과「百濟國傳」에는 앞부분과 뒷부분에 각기 고구려 칭호가 씌어있고 중간부분에 몇 개의 고려 칭호가 씌어있어 마치 고구려와 고려가 서로 섞여 씌어있는 것처럼 보인다. 그러나 좀 더 깊이 상황을 고찰하면 알 수 있는바 중간 부분에 있는 '고려' 칭호는 모두 北魏 황제와 고구려 및 백제 사신의 말을 인용하는데서 나온 '원어'이기 때문에 크게 문제 될 것이 없다.[4] 이것은『삼국사기』에서 고구려의 건국에서 멸망까지 전 기간에 걸쳐서 줄곧 '고구려' 칭호만을 사용하고 있으면서도 다른 사람의 말을 인용할 때에는 규례를 타파하고 원어대로 '고려'칭호를 사용하고 있는 것과 같은 이유일 것이다.[5]

이와 같이 남북조시기에 많이 나타나기 시작한 高句麗(驪)와 고려 칭호의 관계는 그 이전의 양한·위진 시기(남북조 시기도 포함)에 존재하던 高句麗(驪)와 句麗(驪) 칭호의 관계에 비하여 현저하게 다른 특징, 즉 한 곳에서 高句麗(驪)와 고려 칭호가 서로 섞여서 씌어지지 않는 특징을 갖고 있었던 것이다.

그 밖에 위에서 지적한 바와 같이 남북조 시기의 여러 고서들에 씌어

---

4)『魏書』권100, 列傳88 高句麗傳 百濟傳.
5)『三國史記』권34, 地理1 ; 권37, 地理4 ; 권46, 崔致遠傳.

있는 '高麗(驪)' 칭호의 횟수(도합 322회, 그 중에 고려 칭호가 316회이다)는 같은 시기의 여러 고서들에 나오는 高句麗(驪) 칭호의 횟수(40회)보다 8배 이상 많다. 이것은 그 이전의 양한·위진 시기의 여러 고서들에서 전칭인 高句麗(驪) 칭호(68회)가 약칭인 句麗(驪) 칭호(37회)보다 1.8배 이상 많던 상황과 선명한 대조를 이룬다. 남북조 시기부터 비교적 많이 나타나기 시작한 '高麗(驪)'칭호가 '高句麗(驪)' 칭호에 대한 약칭이었다면 그것은 전칭인 '高句麗(驪)'보다 적게 쓰였다는 것은 거의 의문할 나위가 없다.

그런데 위에서 지적한 바와 같이 실제는 이와 완전히 상반되는 바 '高麗(驪)' 칭호가 '高句麗(驪)' 칭호보다 8배 이상 더 많은 것이다.

상술한 상황은 남북조 시기의 고서들에서 많이 나타나기 시작한 '고려'는 고구려와의 관계를 서술할 때 분명히 句麗(驪)와 다른 특징을 갖고 있었다. 이것은 고려는 句麗(驪)처럼 高句麗(驪)에 대한 약칭이 아니라 그에 대한 '改稱'이었을 가능성이 많다는 것을 증명해 준다.

隋唐시기 고서들에서 나타난 高句麗(驪) 칭호의 변화상황은 이런 견해가 옳다는 것을 증명해 준다.

셋째 필자의 조사에 의하면 『隋書』·『舊唐書』·『新唐書』 등 수당시기의 고서들에는 그것이 「本紀」(帝紀) 혹은 「高麗傳」(百濟傳과 新羅傳을 포함)에 관계없이 高句麗(驪)·句麗(驪)와 같은 옛 명칭은 완전히 자취를 감추고 전부 '고려'(도합 182회)로 기록된 것이 가장 큰 특징으로 나타난다. 이것은 위에서 지적한 바와 같이 兩漢과 위진 시기의 고서들 대부분이 高句麗(驪)와 句麗(驪) 칭호로 쓰여있으며 고려 칭호는 단 한 번도 쓰여있지 않는 상황과 비교하거나, 남북조 시기의 고서들에서 高句麗(驪)·句麗(驪)·고려 등 칭호가 함께 나타나는 상황(물론 高句麗(驪)와 고려 칭호가 한 곳에서 섞여 쓰여진 현상은 존재하지 않는다)과 비교해 보면 분명한 대조를 이룬다 할 수 있는 것이다. 만약 '고려'가 '句麗(驪)'와 같이

高句麗(驪)에 대한 약칭이었다면 전칭으로서의 高句麗(驪)는 한 차례도 나타나지 않고 전부 약칭인 고려만 씌어지는 현상은 결코 출현하지 않았을 것이다. 그것은 300여 년에 걸친 역사시기(수당시기)에 출판된 여러 고서들에서 고구려에 대하여 서술할 때 '전칭'은 한 차례도 쓰지 않고 처음부터 끝까지 '약칭'으로만 서술한다는 것은 상상조차 할 수 없는 일이라고 생각되기 때문이다. 이것은 '고려'는 결코 고구려에 대한 약칭이 아니라 개칭이라는 것을 증명해 주는 증거가 되기에 손색이 없다.

넷째 『삼국사기』나 『삼국유사』 등 한국 측 고서에서는 고구려 건국에서 멸망까지 전 기간에 걸쳐 기본상 '고구려' 칭호만을 사용하였다. 이것은 두 史書가 고려 때 출판된 것과 관련될 가능성이 많다. 즉 두 사서의 편자들은 고구려와 고려의 국호 중복을 피하기 위하여 고구려 중후기에 나타나기 시작한 '고려' 칭호를 회피하고 계속 '고구려' 칭호만을 사용한 것이 분명하다. 그렇기 때문에 『삼국사기』 등 한국 측 고서를 통해서는 고구려와 고려 칭호의 관계를 구체적으로 해명할 방법이 없다. 그러나 이 고서들을 통해서도 고구려 후기에 '고려'로 불린 일이 있다는 것을 알 수 있다. 『삼국사기』에서 '고려' 칭호에 대한 다른 사람의 말을 인용할 때 '고구려'로 쓴 경우가 있었지만 바꾸지 않고 그대로 원어에 따라 '고려'로 쓴 경우도 있었다.[6]

고구려와 고려 칭호를 서술하는 면에서 『삼국유사』는 『삼국사기』 보다 더 영활성을 보이고 있다. 즉 다른 사람의 말을 인용할 때뿐만 아니라 편자 자신의 말에서도 왕왕 '고려' 칭호를 사용하고 있는 것이 주목된다.[7]

---

6) 『魏書』 권100, 東夷 高句麗傳 ; 『梁書』 권54, 東夷 高句驪傳 ; 『三國史記』 권19, 高句麗本紀7 文咨 13·17년조 ; 『三國史記』 권34, 地理1 ; 권37, 地理4 ; 권46, 列傳6 崔致遠傳.

7) 『三國遺事』 권1, 紀異2 高句麗, 新羅, 南海王 ; 권3, 塔像4, 佛像4 ; 권4, 圓光西學조.

상술한 상황은 『삼국사기』나 『삼국유사』 등 한국 측 고서에서는 고
구려 역사를 서술할 때 처음부터 끝까지 고구려 칭호만을 사용하고 있었
음을 보여 준다. 그러나 여기서도 고구려가 '고려'로도 불린 일이 있다
는 것을 완전히 피하지는 못하고 있다는 것이 주목을 끈다. 여기에는 세
가지 가능성이 있을 수 있다. 첫째 『삼국사기』 등 편자들의 당시 관점이
高句麗史 편찬과정에 반영되었을 수 있으며, 둘째 고구려 칭호에 대한
약칭일 수 있으며, 셋째 고구려가 중후기에 국호를 '고려'로 개칭한 상
황을 반영한 것일 수도 있는 것이다.

끝으로 한두 가지 사실에 대하여 간단히 설명하려 한다.

8세기 초에 편찬된 『日本書紀』에 고구려와 관련된 기사가 모두 합하
여 176곳이 나온다. 그런데 여기에는 '高句麗(驪)'나 '句麗(驪)' 칭호는 한
곳도 없으며 전부 '고려'로 씌어있는 것이 특징이다.[8]

이것은 기원 8세기 초에 中日文化교류가 활발히 진행된 사실이 출판
사업에 반영(『隋書』·新舊唐書·『日本書紀』에는 다 같이 '고려' 칭호만으
로 씌어있다)된 것일 수 있다. 이것은 고려는 고구려에 대한 '약칭'이 아
니라 '개칭'이 옳다는 것을 증명해 줄 가능성이 많다. 왜냐하면 고려가
고구려에 대한 '약칭'이었다면 『일본서기』에 176곳이나 되는 고구려 관
련기사에서 '전칭'의 고구려는 한 차례도 없고 전부 '약칭'인 고려로만
씌어질 수 없기 때문이다.

그 밖에 中原高句麗碑를 비롯하여 불상이나 墓誌 등 고구려 사람들이
남겨놓은 유물에서도 '고려' 칭호가 일부 나온다. 이런 문화유산들은 고
구려가 후기에 국호를 '고려'로 개칭했다는 것을 증명해 주는 가장 유력
한 물증이 된다.

상술한 상황은 고구려와 구려, 고구려와 고려를 중심으로 한 양자 사
이에는 분명히 서로 다른 특징이 존재한다는 것을 알게 한다. 이 경우

---

8) 『日本書紀』 前篇·後篇, 吉川弘文館, 平成 6년판, 9~30권.

구려와 고려를 다 같이 고구려에 대한 '약칭'으로 인정하는 견해는 사실과 맞지 않을 가능성이 많다. 전자(구려)는 분명히 고구려에 대한 '약칭'이 옳다. 그러나 후자(고려)는 해당시기의 실제상황에 따라 구체적으로 분석해야만 올바른 판단을 내릴 수 있을 것이다. 대체로 5세기 초(장수왕시기) 이후에 나오는 '고려' 칭호는 고구려에 대한 약칭이 아니라 그에 대한 개칭으로 인정하는 것이 사실에 부합될 가능성이 더 많다.

2) 비문중의 '高麗' 칭호의 출현연대

필자는 위에서 中原高句麗碑 제1면에 나오는 '고려'는 고구려(전칭)에 대한 약칭이 아니라 개칭이라는 것을 설명하였다. 크게 2개 방면으로 나누어 '고려' 칭호의 출현연대와 해당시기 고려 칭호의 성격을 밝힘으로써 고구려가 국호를 고려로 개칭한 대체적인 연대에 대한 의견을 제기하고자 한다.

(1) 중국 고서를 통해 본 '高麗' 칭호의 출현 연대와 성격

역대 중국 고서들에 따르면 고구려 역사에서 이른 시기부터 '고려'란 칭호가 보이고 있다. 이런 칭호들이 사용된 상황을 구체적인 분석을 통하여 '고려' 칭호의 성격을 규명하는 것이 고구려가 국호를 '고려'로 개칭한 연대를 해명하는데 도움을 줄 수 있을 것이다. 먼저 『北史』와 『魏書』에 나오는 '고려' 관련기사를 소개하고 그에 대한 분석을 진행하기로 한다.

　(1)『北史』高麗傳: "位宮亦生而視人 高麗呼相似爲位 以爲似其曾祖宮 故名位宮"[9]
　(2)『魏書』慕容廆傳: "徒何慕容廆 … 祖木延 從毌丘儉征高麗有功 … 建國 …

---

　9)『北史』권94, 열전82 高麗傳.

四年 … 元眞征高麗大破之 遂入丸都 掘高麗王釗父利墓 載其屍 幷其母妻
珍寶 掠男女五萬餘口 焚其宮室 毀丸都而歸" 10)
　　(3)『魏書』太祖紀: "天興元年春正月 … 徙山東六州民吏及徒何 高麗雜夷三十
六萬 百工伎巧十萬餘口 以充京師" 11)

　　위의 기록 (1)에 나오는 '位宮'은 고구려 제11대 동천왕으로 227~248년
사이에 재위하였다. 기록 (2)에 나오는 '毌丘儉征高麗'는 동천왕의 재위
기간인 246년에 일어난 사건이다. '元眞'은 前燕 慕容皝의 字이며 '建國
四年'은 343년으로 고구려 제16대 고국원왕 12년이다. 기록 (3)의 北魏
太祖 '天興 元年'은 398년으로 고구려 제19대 호태왕(광개토왕) 8년이다.

　　위의 기록 (1), (2), (3)을 밀접히 연계시켜 고찰하면 고구려 제11대 동
천왕 때인 3세기 전반에 이미 '고려' 칭호가 출현했으며, 약 100년 후인
342년에는 고구려를 '고려'라고 부르는 외에 고국천왕을 '고려왕'이라고
부르고 있었으며, 398년에도 '고려' 칭호가 나오고 있다는 것을 알 수
있다. 이와 같이 700여 년에 달하는 고구려 역사에서 전기에 이미 '고려'
칭호가 출현하고 있다는 것은 주목을 끌지 않을 수 없다.

　　그러나 이 시기에 출현한 '고려' 칭호가 과연 고구려 국호에 대한 '개
칭'인가 아닌가를 해명하는 것은 더 큰 주목을 끌기 마련이다. 필자는
위의 기록 (1), (2), (3)에 나오는 '고려' 칭호는 고구려 국호에 대한 '개
칭'으로 인정하기는 어렵다고 본다. 그 이유는 다음과 같다.

　　첫째 위의 기록 (1), 즉『北史』高麗傳에 따르면 고구려와 구려가 서
로 뒤섞여 있을 뿐만 아니라 고구려와 고려도 역시 마찬가지라는 것을
알 수 있다. 더 구체적으로 말하면 동천왕 때 나오는 '고려' 칭호를 중심
으로 그 앞에 5개의 '고구려' 칭호가 있으며, 그 뒤에도 4개의 '고구려'
칭호와 3개의 '구려' 칭호, 12개의 '고려' 칭호가 서로 섞여있는 것이

---

10)『魏書』권95, 열전83 徒何慕容廆傳 ;『北史』권93, 燕慕容氏.
11)『魏書』권2, 帝紀2 太祖紀 天興 元年조.

다.12) 위에서 설명한 바와 같이 兩漢과 魏晋시기의 중국 역대 고서의 어느 한 곳에서 高句麗(驪) 칭호와 句麗(驪) 칭호가 서로 섞여 씌어있는 것은 후자가 전자에 대한 '약칭'이 될 수 있는 중요한 조건의 하나다. 또이 시기 고구려와 구려 관계에서 표현되는 중요한 특징이다. 위의 기사(1)에 씌어있는 고구려와 고려 관계는 바로 이러한 특징과 매우 잘 맞는다고 할 수 있다. 따라서 『北史』高麗傳의 位宮(동천왕) 재위기간에 나오는 '고려' 칭호는 '고구려'에 대한 개칭으로 보기 어려우며 또 그에 대한 '약칭'도 아닐 가능성이 많다. 이에 대해서는 아래에서 다시 서술하기로한다.

둘째 위의 기록 (2)에는 '고려' 칭호가 여러 번 나오며 (3)에도 '고려' 칭호가 한번 나온다. 이 '고려' 칭호의 성격을 해명하기 위하여 「慕容廆傳」을 포함한 『魏書』列傳과 「太祖紀」를 포함한 『魏書』帝紀를 고찰해보았다. 그 결과 처음부터 끝까지 모두 '고려' 칭호만 씌어있고 '고구려' 칭호는 한 곳도 씌어있지 않았다는 것을 알 수 있었다. 이럴 경우에 『위서』 열전이나 『위서』 제기에서는 어느 한 곳에서 고구려 칭호와 고려 칭호가 서로 뒤섞이면서 씌어있는가에 대한 문제는 고려할 필요가 없게된다. 따라서 위의 기록 (2), (3)에 나오는 '고려' 칭호는 고구려 칭호에 대한 약칭이 아니라 그에 대한 개칭일 가능성이 많다고 할 수 있다. 그러나 이것은 주로 국내 상황을 서술한 「제기」나 「열전」에서의 정황에 불과하기 때문에 아직 완전히 긍정하기는 어렵다.

이런 상황에서 필자는 北魏와 고구려 관계가 서술되어 있는 『魏書』高句麗傳을 살펴보았다. 『위서』 고구려전에서는 처음부터 끝까지 '고구려' 칭호가 사용되고 있는 것이 주목된다. 심지어 위의 기록 (1)에 나오는 位宮(동천왕) 시기의 '고려' 칭호가 여기서는 '고구려'로 바뀌어 있다. 또 3세기 중엽의 위궁(동천왕)이나 4세기 중엽의 원진(모용황)의 환도성

---

12) 『北史』 권94, 列傳82 高麗傳.

침공 이후에도 '고구려' 칭호(도합 6회)와 '고려'(도합 2회)가 서로 뒤섞여 있는 것이다. 특히 여기에 나오는 '고구려' 칭호(6회)들은 모두 중국 왕조에서 고구려의 역대 왕들에게 주어진 봉호에 포함되어 있는 것들로 예외 없이 '고구려왕'으로 씌어있는 것은 큰 주목을 끈다.[13] 『위서』 고구려전에 있는 '고구려'와 '고려'의 명칭 관계는 兩漢과 魏晉 시기의 고서들에 있는 '高句麗(驪)'와 '句麗(驪)'의 명칭 관계의 특징과 잘 부합된다고 말할 수 있다. 이 경우 위의 (2), (3)에 나오는 '고려'는 '고구려'에 대한 '개칭'이라고 인정하기 어렵다. (2), (3)에 나오는 '고려'는 그 자체 내(『위서』 慕容廆傳을 포함한 列傳과 太祖紀를 포함한 帝紀를 가리킨다)에서는 고구려에 대한 '개칭'이 될 수 있다. 그러나 그것을 『위서』 고구려전과 연계시켜 고려하면 상황은 완전히 달라진다. 즉 (2), (3)에 나오는 '고려'는 고구려에 대한 '개칭'이 되기 어려우며 오히려 그에 대한 '약칭'일 가능성이 많다.

이제 위의 (1), (2), (3)을 같이 연계시켜 고려하면 『북사』나 『위서』 등 중국 남북조 시기 고서에 나오는 고구려와 고려의 명칭 관계는 주로 국내상황을 서술한 「제기」나 「열전」과 고구려 상황을 서술한 「高句麗傳」에서 서로 다르게 표현된다는 것을 알 수 있다. 즉 「고구려전」에서 고려는 고구려에 대한 '개칭'으로 보기 어려우며 오히려 '약칭'으로서의 특징을 많이 나타내고 있다. 그러나 「제기」나 「열전」에서 고려는 고구려에 대한 '개칭'으로 표현된다. 그러나 그것을 「고구려전」과 연계시키면 '개칭'이 아니라 오히려 '약칭'일 수 있는 가능성이 더 많게 된다.

이런 현상이 나타나게 된 원인은 『북사』나 『위서』 등의 출판연대가 비교적 늦은 것과 연관된다고 할 수 있을 것이다.

『簡明中國古籍辭典』에 따르면 『북사』는 唐 高宗 顯慶 四年, 즉 7세기 중엽에 출판되었으며 『위서』는 6세기 중엽의 南北朝시기 말에 출판되었

---

13) 『魏書』 권100, 列傳88 高句麗傳.

다.[14] 이 시기는 고구려가 국호를 '고려'로 개칭한지 비교적 오랜 기간이 지난 이후일 가능성이 많다. 6세기 초에 출판된『南齊書』를 비롯하여隋唐시기의 고서들인『隋書』와 新舊唐書에서 고구려 칭호는 한 곳도 보이지 않고 전부 '고려'만 나오는 것은 이런 견해가 옳다는 것을 증명해 준다. 상술한『북사』나『위서』의 편자들은 바로 이와 같은 사회배경(고구려가 고려로 개칭된 이후시기) 속에서 생활했기 때문에 그들에게는 고구려보다 '고려'가 훨씬 더 익숙했을 가능성이 많다. 위의 기록 (1)·(2)·(3)에 따르면 3세기 중엽이나 4세기 중후기의 고구려 관련 기사에서 고려 칭호를 사용한 것이 아니라 '고려'를 사용한 것은 이와 같은 편자들의 당시 관점이 편사과정에 반영된 것일 수 있다. 이것은 高句麗 멸망 전후의 것으로 보이는 高慈墓誌에 "公諱慈 … 先祖隨朱蒙王平海東諸夷建高麗(國)"이라고 쓴 것과 같은 이유 일 것이다.[15]

상술한 상황은 3세기 중엽의 고구려 동천왕 시기거나 4세기 중엽의 故國原王의 재위기간 내에 나오는 '고려' 칭호(심지어 398년의 好太王시기에 나오는 '고려' 칭호도 포함될 수 있다)들은 고구려에 대한 '改稱'이나 '略稱'의 어느 한 쪽에 해당한다고 단언하기 어렵다. 그것은 고구려가 국호를 '고려'로 개칭한 이후에 생존한 학자들의 당시 관점이 고구려 칭호와 관련되는 기사를 서술하는 과정에서 반영된 것이라고 보는 것이 더 낳을 것이다.

다음으로『南史』에 나오는 '高麗王' 관련기사를 단독으로 분석할 필요가 있다.

『南史』高句麗傳에는 다음과 같이 썼다.

"晉安帝義熙九年 高麗王高璉遣長史高翼奉表 獻赭白馬 晉以璉爲使持節 都

---

14)『簡明中國古籍辭典』, 吉林文史出版社, 1987년판, 226·947~948쪽.

15)『高句麗史研究』(史料篇), 1086~1088쪽, 高慈墓誌.

督營州諸軍事 征東將軍 高麗王 樂浪公 宋武帝踐阼 加璉鎭東大將軍 餘官並如
故"[16]

'義熙 九年'은 413년으로 고구려 제20대 장수왕 2년이다.[17] '高璉' 혹
은 '璉'은 장수왕의 이름을 가리킨다.[18]

『남사』고구려전에서는 장수왕(高璉, 璉)을 고구려왕이라고 부른 것
이 아니라 '고려왕'이라고 부르고 있으며, 東晋 安帝가 장수왕을 책봉한
봉호에서도 역시 '고려왕'이라고 부르고 있다. 『남사』에는 또 420년에
宋 武帝가 즉위한 후에 장수왕에게 '鎭東大將軍'(『宋書』高句麗傳에는
'征東大將軍'이라고 썼는데 이것이 옳을 것이다)호를 더 봉해 줄 때에도
나머지 관직은 옛날 그대로 인정(餘官並如故)한다고 씀으로써 장수왕에
게 주어지는 왕호는 이전(413년)과 마찬가지로 '고려왕'호가 유지되었던
것이다. 그 밖에 지적해야 할 것은 이런 사실(고려왕)이 주로 국내 상황
을 서술한 『남사』의 「本紀」나 「列傳」에 씌어있는 것이 아니라 東晋과
宋 등 南朝의 여러 나라들과 고구려의 관계를 서술한 「고구려전」에 씌
어있다는데 더 중요한 의의가 있다.

그런데 필자는 『남사』고구려전에 나오는 '고려왕' 칭호는 많은 모순
을 갖고 있기 때문에 "믿을 바가 못 된다"고 인정한 일이 있다.[19]

이 판단은 잘못된 것 같다. 고구려가 중후기에 국호를 '고려'로 개칭
한 문제와 관련하여 볼 때 『남사』고구려전에 나오는 '고려' 칭호는 큰
의의를 갖고 있다고 말할 수 있다. 이에 대해서는 위에서 언급한 바 있
지만 좀 더 보충 설명하기로 한다.

---

16) 『南史』권97, 夷貊下 東夷 高句麗傳.
17) 『中國歷代年代簡表』, 文物出版社, 1975년판, 91쪽 ; 『조선사연표』, 朝鮮과학원,
1957년판, 77쪽 ; 好太王碑文, 제1~3면.
18) 『三國史記』권18, 高句麗本紀6 長壽王 1년조.
19) 朴眞奭, 2000, 「中原高句麗碑의 建立年代 考證」, 『中原高句麗碑新照明』, 高句
麗硏究會.

첫째 『簡明中國古籍辭典』에 따르면 『북사』와 『남사』는 당 고종 현경 4년(659년)에 李延壽가 출판한 것으로 되어 있다.[20] 『남사』와 『북사』는 같은 사람이 같은 해에 편찬했다는 공통점을 갖고 있다. 양자 사이에 다른 점은 『북사』는 北朝와 隋나라의 233년 역사를 서술했으며 『남사』는 南朝의 170년 역사를 서술한 것이다.

그런데 이연수는 『북사』 고구려전에서는 고구려와 구려 칭호를 서로 뒤섞어 쓰고 있을 뿐만 아니라 고구려와 고려 칭호도 그렇게 쓰고 있다. 그러나 『남사』 고구려전에는 처음에 '고구려' 칭호가 한번 나오고 '晉 安帝 義熙 九年'(413년) 이후부터 '고려'만 연속 4~7회(간접적인 것까지 합하면 7회가 된다)가 나오고 '고구려' 칭호는 한 번도 씌어있지 않음으로써 양자(고구려와 고려 칭호)가 서로 뒤섞이는 일은 전혀 존재하지 않는다. 한 사람(이연수)이 같은 연대(7세기 중엽의 唐 王朝 시기)에 쓴 책인데 고구려와 고려의 칭호 관계를 서술하면서 『북사』와 『남사』 사이에 무엇 때문에 이런 차이점이 생겼는지에 대해 주목하지 않을 수 없다. 만약 이것이 이연수의 의도적이라면 더 큰 주목을 끈다. 또 『남사』의 '고려왕' 칭호는 東晉 安帝 義熙九年, 즉 413년에 나온 것으로 고구려 사람들이 자기 나라 국호를 '고려'라고 자칭한 초기연대와 매우 가까이 접근(후술)해 있다는 사실도 큰 주목을 끌게 된다. 왜냐하면 상술한 義熙 9년(413년)과 연관되어 나오는 『남사』의 '고려왕' 칭호는 고구려왕 칭호에 대한 단순한 약칭이 아닐 수 있기 때문이다.

둘째 『남사』보다 150년가량 이른 시기, 즉 5세기 말에 출판된 『宋書』 고구려전에 따르면 다음과 같은 상황을 알 수 있다. 즉 413년에 東晉 安帝가 고구려 장수왕에게 수여한 봉호와 420년에 宋武帝가 장수왕에 수여한 봉호는 모두 다 같이 '高句驪王'으로 되어 있다. 그 밖에 宋이 존재하는 전 기간에 걸쳐 宋에서 고구려 장수왕을 책봉한 것이 도합 5회(그

---

20) 『簡明中國古籍辭典』, 226·602쪽.

중의 3회에 왕호가 표시되어 있다)였는데 전부 '高句驪王'으로 되어 있는 것이다.

그런데 7세기 중엽에 출판된 『남사』 고구려전에서는 상술한 『宋書』의 '高句驪 王' 칭호가 전부 '고려왕'으로 바뀐 것이다. 그럼 이연수는 『남사』 고구려전을 쓰면서 무엇 때문에 사료가치가 높은 『송서』의 '고구려왕' 칭호를 전부 '고려 왕' 칭호로 바꾸어 놓았을까 하는 의문이 든다. 여기에는 두 가지 원인이 있을 것 같다. 첫째 이연수가 『남사』를 편찬할 때(7세기 중엽)의 관점이 편사과정에 반영된 것일 수 있으며, 둘째 동진 안제 의희 9년, 즉 413년경의 동진 말에 고구려는 국호를 '고려'로 개칭했을 수 있는데 이 사실이 이연수의 『남사』 편사관정에 반영되었을 수 있다는 점 등이다.

이런 판단이 틀리지 않는다면 상술한 『남사』의 '고려왕' 칭호는 고구려가 '고려'로 개칭된 연대를 해명하는데 매우 중요한 역할을 할 수 있는 것이다. 이상은 『북사』에 씌어있는 '위궁'(동천왕)의 재위기간(3세기 중엽)에 나오는 '고려' 칭호와 『남사』에 씌어있는 '晋 安帝 義熙 九年(413년)'의 '고려' 칭호를 서로 다르게 이해하는 이유이다.

(2) 高句麗 사람들이 '高麗' 칭호를 자칭한 초기 연대

고구려 사람들이 어느 때부터 고구려라고 하지 않고 고려라고 자칭했는가를 고찰하는 것은 고구려가 국호를 고려로 '개칭'한 최초 연대를 해명하는 捷徑으로 된다고 말할 수 있다. 아래에 먼저 관련 자료를 소개하면 다음과 같다.

(1) 『日本書紀』 應神天皇 "廿八年(원주: 丁巳)秋九月 高麗王遣使朝貢 因以上表 其表曰 高麗王教日本國也 時太子菟道稚郎子讀其表文 怒之責高麗之使"21)

---

21) 『日本書紀』 권10, 應神天皇 28년조.

(2) 『魏書』高句麗傳: "正始中 世宗於東堂引見其使芮悉弗 悉弗進曰 高麗係誠天
   極 累葉純誠 …, 世宗曰 高麗世荷上將 專制海外 九夷點虜 實得征之 …"[22]
(3) 中原高句麗碑, 전면: "五月中高麗太王祖王□□新羅寐錦世世爲願如兄如弟
   上下相和守天"

위의 (1)~(3)을 통하여 다음과 같은 몇 가지 상황을 말할 수 있다.

첫째 위의 기록 (1)에 씌어있는 應神天皇 '廿八年(丁巳)'은 417년으로
고구려 장수왕 5년이다.[23]

여기서 주목을 끄는 것은 "高麗王教日本國也"라고 쓴 부분이다. 상술
한 『일본서기』의 기록에서 보면 여기에 나오는 '고려왕' 칭호는 고구려
장수왕이 자칭한 원어였을 가능성이 매우 많다. 이것은 장수왕이 즉위한
지 5년이 되던 해(417년)에 '일본'에 보낸 글에서 왕은 자신을 '고구려
왕'이 아니라 '고려 왕'이라고 부르고 있다는 것을 보여준다. 특히 이것
은 최고통치자인 국왕이 다른 나라에 보내는 공식외교문서에서 자신을
'고려 왕'이라고 불렀다는데 중요한 의의가 있다. 왜냐하면 '고려'는 결
코 '고구려'에 대한 단순한 약칭이 아니라 정식 국호이며 또 그것이 고
구려에서 고려로 개칭된 연대를 해명하는데 중요한 증거가 될 수 있기
때문이다.

둘째 위의 기록 (2)의 '正始中'은 北魏 宣武帝의 연호로 504~508년이
며, 고구려 제21대 文咨明王 13~18년 사이이다. '其使芮悉弗'은 고구려
문자명왕이 北魏에 파견한 사신의 이름을 가리킨다. 그 내용은 당시 북
위 世祖(世宗)가 '東堂'에서 고구려에서 온 사신을 접견하고 '朝貢'의 품
종 문제를 놓고 대화한 것이 적혀 있다. 여기서 주목을 끄는 것은 고구
려 사신인 芮悉弗은 자기 나라를 고구려라고 부른 것이 아니라 고려라고

---

22) 『魏書』 권100, 列傳88 東夷 高句麗傳.

23) 『日本史年表』, 東京堂出版, 1999년판, 12쪽 ; 『조선사연표』, 朝鮮科學院, 1957
   년판, 78쪽.

'자칭'하고 있다는 것이다. 이것은 장수왕이 '일본국'에 보낸 글(表文)에
이어 고구려 고위급 인사들이 공식장소에서 자기 나라 칭호를 고려라고
'자칭'한 두 번째 말이라는데 중요한 의의가 있다.

『魏書』에 따르면 北魏는 국내상황을 서술한 「帝紀」에서는 전부 '고
려' 칭호만을 사용하였다. 그러나 「고구려전」에서는 오히려 '고구려' 칭
호를 '고려'보다 더 많이 사용하였다. 그럼에도 불구하고 北魏 世宗은 고
구려 사신인 芮悉弗과 대화할 때 '고구려' 칭호가 아니라 '고려'를 사용
하고 있는데 역시 주목을 끈다.

세종과 예실불의 대화내용은 6세기 초 문자명왕 시기에 고구려는 이
미 고려로 개칭되었으며 따라서 당시의 정식 국호는 '고려'였다는 것을
증명해 주는 중요한 자료이다.

셋째 위의 기록 (3), 즉 중원고구려비 전면 제1~2행에는 '高麗太王祖
王'과 '新羅寐錦'이 두 나라는 세대를 이어 가면서 형제처럼 사이좋게
지낼 것을 기원했으며, 또 두 나라 백성은 이것을 영원히 잊지 말 것을
가르쳤던 것이다. 이 가운데 나오는 '고려' 칭호는 아래와 같은 몇 가지
면에서 중요한 의의를 갖고 있다고 말할 수 있다.

우선 그것은 고구려 사람들이 자기 나라를 '고려'로 '자칭'했다는 것
을 증명해 주는 가장 유력한 물적 증거가 된다. 특히 고구려 사람들이
친히 썼으며 또 그들에 의하여 세워진 碑文에 새겨져 있을 뿐만 아니라,
현재까지 남아 있어 많은 사람들이 현지에서 고찰할 수 있다는데 중요한
의의가 있다.

고구려 사람들이 자기 나라를 '고려'라고 자칭한 고고 자료는 더 있
다. 예를 들면 '高句麗延嘉銘金銅如來像' 가운데 "延嘉七年歲在己未(539년
으로 보는 견해가 있다)高麗國 … 卅人共造 …"라고 썼으며 700년에 만
들어 졌다는 '高慈墓誌'에는 高慈의 선조가 주몽왕을 따라 '海東諸夷'를
평정하고 '고려국'을 건립했다는 내용을 포함하여 도합 4개의 '고려' 칭

호가 씌어있는 것 등이다.24)

이런 자료들은 고구려 사람들이 자기 나라를 '고려'라고 '자칭'한 일이 있다는 것을 증명해 주며, 고구려 후기에 '고려'로 개칭했다는 것을 증명해 주는 가장 유력한 물증이 된다. 물론 이런 자료들은 고구려가 고려로 '개칭'된 구체 연대를 해명하기 어려운 약점도 갖고 있는 것이 사실이다. 이런 상황에서 고구려 사람들이 자기 나라를 '고려'라고 자칭한 고서 기록과 문물 자료를 밀접히 연계시켜 상황을 고찰할 필요가 있다고 생각한다. 이것은 고구려 후기에 국호를 '고려'로 개칭한 사실을 확인하고 그 개칭의 구체 연대를 보다 사실에 가깝게 접근할 수 있는 첩경이라고 할 수 있다.

상술한 일련의 사실들, 예를 들면 413년(고구려 장수왕 즉위 초년)에 東晉 安帝가 장수왕을 '고려왕'으로 봉했다는 사실, 417년(장수왕 즉위 초년)에 장수왕이 일본에 보낸 국서에서 자기를 '고려왕'이라고 자칭했다는 사실, 중원고구려비를 포함한 고고유물 가운데 '고려' 칭호가 새겨져 있다는 사실 등을 밀접히 연계시켜 고려하면 다음과 같이 말할 수 있을 것이다.

고구려는 중후기에 분명히 자기 나라 국호를 '고려'로 개칭했으며 개칭 연대는 대체로 장수왕 즉위 초년일 가능성이 많다.

2. 비문의 '太王祖王'에 대한 의견

중원고구려비의 전면 제1행에 '高麗太王祖王'이라고 읽을 수 있는 글자가 씌어있으며 제6행에 '(王)國土'가 있으며 좌측면 제3행에 '太王國土'라는 글자가 나온다.

---

24) 『高句麗史硏究』 II(史料篇), 1087·1101쪽.

이 '太王'에 대하여 학계에는 '大王'으로 읽는 견해와 '太王'으로 읽는 견해가 있다. 이에 대하여 필자는 과거에는 '大(太)王'으로 읽는 절충방법을 취하였다.[25] 그러나 지금은 '太王'으로 읽는 다수 학자들의 견해를 따르고 있다. 그 이유는 대체로 다음과 같다.

2000년 2월과 10월에 한국에서는 고구려연구회의 주최로 두 차례에 걸쳐 '中原高句麗碑新照明'을 위한 국제학술토론회를 개최했다. 필자는 두 차례의 학술회의에 다 참가하여 비문을 직접 답사할 수 있었으며 회의기간에 이루어진 학술교류를 통하여 많은 것을 배웠다. 회의기간에 필자는 한국 고구려연구회와 중원고구려비를 처음으로 발견, 조사하고 拓本을 만들어 세상에 내 놓은 鄭永鎬 교수로부터 탁본을 기증 받는 행운을 갖게 되었다. 그 후 비록 짧은 시간이긴 하지만 현지를 답사하고 학술교류를 진행한 일을 바탕으로 이미 기증 받은 2부의 탁본을 반복적으로 비교 고찰하면서 다음과 같이 인정하게 되었다.

비문의 전면 제1행에 있는 '太王' 가운데의 '太'자의 아래 점은 마땅히 있어야 할 위치보다 좀 오른쪽에 치우쳐 있는 느낌이 없지 않다. 그러나 일부 文字磚의 탁본 가운데 씌어있는 '太'(太王)자와 비교해 보면 양자 사이에 크게 차별이 생기지 않는다고 할 수 있다.[26] 이런 정황에서 이 글자를 '大'로 읽는 것보다 '太'로 읽는 것이 보다 더 사실에 부합될 수 있다고 인정한다.

중원고구려비의 좌측면 제3행에 씌어있는 '太王國土' 중에서 첫 번째 글자는 '大'로 읽을 이유가 전혀 없으며 마땅히 '太'로 판독해야 옳다고 생각한다. 여기서는 '大'자의 아래 내부에 대체로 3~4개가량의 점들이 찍혀 있는데 그 가운데는 글자 획의 점('大'자 좌변의 사선 가까이에도

---

25) 『中原高句麗碑新照明』, 78~81쪽.

26) 『集安高句麗王陵-1990~2003年集安高句麗王陵調査報告-』, 文物出版社, 2004년판, 318~321쪽.

점이 있다)도 같이 있다는 것은 의심할 나위가 없기 때문이다.

그 밖에 비문의 전면 제6행 하부에는 마멸된 부분에 이어 '(王)國土'라고 쓴 글자가 나온다. 비면이 파손되어 '王'자는 가운데 아래 부분만 보인다. 그러나 비면이 파손되었어도 그것이 '王'자라는 것은 분명하다. 일부 학자들은 비문의 좌측면 제3행에 '太王國土'라고 쓴 단어에 의거하여 이 '國土'(그들은 '王'자는 판독할 수 없는 글자로 인정한다) 위에 있는 결자의 일부를 '(太)(王)'으로 보충해서 이 부분을 '(太)(王)國土'라고 판독하였다. 이리하여 "이 비문은 적어도 3개의 고구려 '太王'을 기록하고 있는 것이 된다"고 인정하였다.[27] 필자는 이 견해에 동감을 표한다. 중원고구려비는 4면비로서 4면에 다 글자가 있었을 수 있다. 그러나 오랜 세월이 흐르는 과정에서 많은 글자들이 마멸되어 현재 알아볼 수 있는 것은 전면과 좌측면의 일부뿐이다. 이런 상황에서 3곳에서 '太王'이란 글자를 찾아볼 수 있다는 것은 주목을 끌지 않을 수 없다.

비문에서 '太王'을 가지고 크게 3개 방면으로 나누어 필자의 의견을 제기하면 다음과 같다.

1) '太王'의 신분을 분석

고구려 700여 년 역사에서 시조 주몽왕에서 제28대 보장왕까지 28명의 왕이 최고통치자로 군림하였다. 『삼국사기』나 고구려 사람들이 남겨놓은 유지와 유물들에 의하면 왕들 중 일부 왕에 대해서는 '왕' 외에 '聖王', '聖太王', '太王', '大王', '好王' 등 여러 명칭으로 불리고 있었다. 이런 명칭들은 그 왕에 대한 '존칭' 혹은 '美稱'이었다고 말할 수 있다. 예를 들어 호태왕비문에 따르면 호태왕(광개토왕이라고도 한다)의 전칭은 '國岡上廣開土境平安好太王'으로 매우 길다는 것이 주목된다. '國岡

---

27) 武田幸男, 1989, 『高句麗史와 동아세아』, 岩波書店, 259~260쪽.

上'은 호태왕의 시신을 안장한 지점인 集安市 太王鄉 太王村을 가리킨다. 『삼국사기』에 따르면 왕이 사망한 후 그 시신을 안장한 지명에 따라 諡號를 정하는 경우가 많았다.[28] 호태왕의 전칭 첫 머리에 '國岡上'의 3글자를 써넣은 것은 이와 같이 장례지점의 명칭에 따라 왕호를 정하는 상황과 관련될 것으로 생각된다. '廣開土境'은 호태왕의 전칭에서 가장 큰 특징을 나타내는 것으로 재위기간에 크게 영역을 확대한 사실을 의미한다. '平安'은 비문에 씌어있는 것처럼 "國富民殷 五穀豊熟"으로 안정되고 태평성세한 나라 상황을 찬양한 것이며 '好太王'은 왕 혹은 太王에 대한 보다 큰 존칭이나 미칭이라고 할 수 있다.

비문에는 상술한 바와 같은 전칭 이외에 여러 가지 약칭들도 존재하는데 '國岡上廣開土境好太王'이 도합 3회(3면 1행, 4면 5행과 8행), '太王'이 도합 3회(1면 5행, 2면 4행과 7행), '王'이 도합 11회(1면~4면) 씌어있는 것이다. 상술한 전칭과 '太王'을 포함한 여러 가지 약칭들은 모두 호태왕의 큰 '勳績'에 대한 '존칭'이며 '미칭'이었다고 말할 수 있다.

여기서 지적해야 할 몇 가지 사실이 있다. 그것은 '太王'은 호태왕에 대한 고유명사가 아니라는 점이다. 현재까지 발견된 고고유물에 따르면 고구려에는 호태왕 외에도 몇 분의 '太王'이 더 있었을 가능성이 많다. 예를 들면 '太王陵'의 묘주는 호태왕이 아니라 미천왕일 가능성이 많은 것이다. 왜냐하면 '好太王'은 '國岡上廣開土境平安好太王'의 마지막 세 글자로 왕이 사망한 후에 전해진 諡號라는 것은 추호도 의문할 나위가 없다. 그러나 최근에 태왕릉에서 발견된 구리 방울에 새겨져 있는 "辛卯年好太王□造鈴九十六"에서 '辛卯年'은 호태왕이 사망한 해의 干支가 아니라 즉위 1년에 해당하는 것이다. 따라서 태왕릉은 결코 호태왕의 능

---

28) 『三國史記』 권14, 高句麗本紀2 慕本王 6년조 ; 권16, 本紀4 故國川王 19년, 山上王 31년조 ; 권17, 本紀5 中川王 23년, 西川王 23년, 烽上王 9년, 美川王 32년조 ; 권18, 本紀6 故國原王 41년, 小獸林王 14년, 故國壤王 9년조.

묘가 될 수 없다는 것은 분명한 일이다. 이에 대하여 필자는 이미 본서의 다른 곳(太王陵墓主新考)에서 상세히 설명했기 때문에 여기서는 더 설명하지 않는다.29)

필자는 또 牟頭婁墓誌(冉牟墓誌라고도 한다) 제11행에 씌어있는 "聖太王之世"에서 '聖太王'은 고구려 제16대 고국원왕일 가능성이 많으며30) 중원고구려비 전면 제1행에 씌어있는 '高麗太王祖王'은 고구려 제20대 장수왕일 가능성이 많다고 인정한다(후술). 따라서 '太王'은 결코 호태왕에 대한 고유명사가 아니라 일부 왕들(미천왕, 고국원왕, 호태왕, 장수왕)에 대한 '존칭' 혹은 '미칭'이었을 가능성이 많다.

그러나 '太王'은 왕호에 대한 단순한 존칭이나 미칭에 그치는 것은 아니었다. 그것은 왕에 대한 보다 높은 권위를 표명하며 실제로 '王中王'을 가리키는 것이었다고 말할 수 있다.

『삼국사기』에 따르면 고구려 건국초기에 이미 왕(대무신왕)이 '왕'을 봉하는 일(扶餘王從弟 … 來投 王封爲王)이 있었다.31) 호태왕비문에 따르면 시조인 주몽왕에 대해서는 '天帝之子'라고 부르고 주몽도 자신을 '皇天之子'라고 불렀다. 또 그의 사망에 대해서는 '龍'을 타고 '昇天'하였노라고 묘사했던 것이다. 이것은 고대 동방사회에 널리 존재해 있는 '王權神授'사상의 반영이다. 즉 朱蒙王은 '天子'로서 하느님(天帝)을 대표하여 지상에서 고구려를 건국하고 통치했다고 높이 추대한 것이며, 실제 '王中王'을 가리킨 것이었다. 그밖에 위에서 지적한 바와 같이 호태왕에 대해서는 '王'이라고 부르는 외에 '太王'을 포함한 여러 가지 '미칭'들이 사용되었다. 그런데 고구려를 제외한 다른 나라 왕에 대해서는 전혀 '왕'이란 말을 사용하지 않고 있다. 예를 들면 비교적 오래전부터 패

---

29) 『高句麗문화의 역사적 가치』(韓·中공동학술회의), 中國社會科學院中國邊疆史地研究中心, 2004년 12월, 17~38쪽.

30) 『中國境內高句麗遺跡研究』, 藝河出版社, 1995년판, 237~259쪽.

31) 『三國史記』 권14, 高句麗本紀2 大武神王 5년조.

권을 다투어 오던 ‘百濟王’에 대해서는 ‘殘主’라고 불렀으며 동맹국인 ‘新羅王’에 대해서는 ‘寐錦’이라고 불렀다. ‘寐錦’은 新羅王을 가리키는 칭호로서 특별히 卑稱은 아니다. 그러나 그것이 후일 崔致遠이 『帝王年代曆』을 작성할 때 버림받은 ‘왕호’의 하나였다는 것은 주목을 끌지 않을 수 없다.[32] 호태왕비문에서 신라왕을 ‘王’이라고 하지 않고 ‘寐錦’이라고 부른 것은 중원고구려비문의 ‘東夷寐錦’과 더불어 왕격을 어느 정도 낮춘 것이라고 말할 수 있을 것이다.

그 밖에 호태왕비문에 따르면 “百殘新羅舊是屬民 由來朝貢”이라고 쓰고 전쟁에서 패배한 백제왕(잔주)은 고구려왕을 향하여 “從今以後 永爲奴客”하겠노라고 스스로 맹세했다고 썼으며, 신라왕(매금)은 고구려가 도와준데 대하여 은혜를 갚기 위해 전례를 타파하고 친히 고구려에 가서 ‘조공’을 바쳤다고 쓰고 있는 것이다. 다른 방면으로 중원고구려비문에 따르면 고구려‘태왕’은 신라‘매금’에게 의복을 ‘賜’함으로써 ‘君臣’관계를 표명하였다. 또한 고구려 영토에 대해서는 ‘太王國土’라고 썼으나 신라 영토에 대해서는 ‘新羅土內’ 혹은 ‘寐錦土內’라고 하여 ‘國’자를 삭제하여 실제상 신라는 참된 국가가 아니라는 것을 표명했던 것이다.

고구려는 北魏나 宋·齊 등 중국의 역대왕조를 중심으로 한 東亞細亞의 조공·책봉체제의 틀 속에서, 주변 국가들에 대해서는 자기 나라에 ‘조공’을 바칠 것을 요구하면서 ‘군신관계’를 유지하려 했다. 4~5세기에 집중적으로 나타난 고구려의 ‘태왕’은 이러한 사회배경 속에서 나타날 수 있었다. 따라서 ‘태왕’은 단순히 일부 왕들에 대한 존칭이나 미칭이 아니라 더 나아가 국내와 주변 지역에서 ‘王中王’의 권위를 지닌 보다 높은 지위에 있는 ‘왕’이었다고 할 수 있다. 또 ‘태왕’은 사후의 諡號에만 사용된 것이 아니라 생전의 재위기간에도 사용(호태왕비문 제1면 “… 好太王二九登祚号爲永樂太王”이라고 썼다)되었다는 것을 알 수 있다.

---

32) 『三國遺事』 권1, 紀異2 新羅 南解王조.

2) 비문의 太王은 어느 왕인가

위에서 지적한 바와 같이 중원고구려비의 전면과 좌측면에는 모두 3개의 '太王' 칭호가 있다.

이 태왕이 고구려의 어느 왕인가에 대하여 학계에는 대체로 3가지 견해가 있다. 첫째는 호태왕(광개토왕)이라는 견해이며, 둘째는 문자명왕이라는 견해이며, 셋째는 장수왕이라는 견해이다.

필자는 세 번째 견해가 사실에 맞다고 인정한다. 그 이유는 대체로 다음과 같다.

첫째 중원고구려비 전면 제1행에 '高麗太王'이라고 씀으로써 '高麗'와 '太王'이 밀접히 연계되어 있다는 것을 알게 한다. 이것은 비문에 씌어있는 '태왕'은 고구려가 국호를 '고려'로 개칭한 이후에 나타난 어느 한 '왕'이라는 것을 증명해 준다.

위의 설명에서 알 수 있듯이 고구려 국호의 변화상황을 이해하기 위해서는 중국의 고서들에 의거하는 것이 중요하다.

그런데 중국의 兩漢·魏晉 시기의 고서에 따르면 西漢 武帝 元封부터 東晉 말년(기원전 2세기 말~기원후 420년)까지는 대체로 高句麗(驪) 혹은 句麗(驪)의 칭호가 사용되었다. 반면에 '고려'는 극히 개별적인 경우에만 몇 차례 나올 뿐이다. 이런 상황을 고구려 역사와 대조해 보면 주몽 건국이전부터 제19대 호태왕(391년~412년 사이)까지는 전부 高句麗(驪) 혹은 약칭인 句麗(驪)가 사용되었을 뿐 '고려'는 거의 사용된 일이 없다. 물론 일부 예외가 존재하였다. 예를 들면 3세기 중엽의 동천왕 때 '고려' 칭호가 나타난 것 등이다. 이에 대해서는 위에서 설명했기 때문에 중복하지 않는다.

호태왕(광개토왕)과 직접적으로 관련되는 몇 가지 중국 고서기록을 소개하고 필자의 의견을 제기하면 다음과 같다.

(1) 『梁書』高句驪傳: 后燕慕容 "寶立 以句驪王安爲平州牧 封遼東 帶方二國 王"[33]

(2) 『晋書』, 慕容盛傳: 慕容 "盛 … 改年爲長樂 … 高句驪王安遣使貢方物"[34]

(3) 『資治通鑑』, 晋紀: "隆安四年 高句麗王安 事燕禮慢 … 燕王盛自將兵三萬 襲之 … 拔新城 南蘇二城 開境七百里"[35]

『中國歷史年代簡表』에 따르면 기록 (1)의 後燕 慕容寶는 永康 元年, 즉 396년에 왕위를 계승했으며, 기록 (2)의 慕容盛이 연호를 '長樂'으로 고친 것은 399년에 있은 일이다. 또 기록 (3)의 '隆安'은 東晋 安帝의 연호이며 '隆安 四年'은 400년이다.[36] 이런 연대들은 모두 고구려 제19대 호태왕(광 개토왕)의 재위기간(391~412년)내에 포함되어 있다는 것이 주목을 끈다.

기록 (1)~(3)에 나오는 '安'은 모두 호태왕(광개토왕)의 이름이다. 이 것은 물론 『삼국사기』에 씌어있는 광개토왕의 이름인 '談德'[37]과 다르 다. 그러나 '安'이 호태왕(광개토왕)을 가리킨다는 것은 기록 (1)~(3)에 나오는 연대가 모두 호태왕의 재위기간 안에 포함되어 있을 뿐만 아니 라, 기록 (3)은 『삼국사기』 광개토왕 9년조의 기사 내용과 완전히 일치 한다는 사실에서도 훌륭히 증명되고 있다.[38]

여기서 특히 주목을 끄는 것은 위의 기록 (1)~(3)에서 고구려 호태왕 (광개토왕)에 대해 말할 때 모두 '句驪王安', '高句麗王安', '高句驪王安' 이라고 쓰고 있다는 사실이다. 그밖에 『北史』에도 '句驪王安'이라고 쓴 것이 주목된다.[39] 필자의 과문인지는 모르겠지만 호태왕을 '高麗王安'이 라고 쓴 것은 그 어디에도 존재하지 않는다.

33) 『梁書』권54, 東夷 高句驪傳.

34) 『晋書』권124, 載記24 慕容盛傳.

35) 『資治通鑑』권111, 晋紀33 安帝 隆安 4년조.

36) 『中國歷史年代簡表』, 文物出版社, 1975년판, 제89쪽.

37) 『三國史記』권18, 高句麗本紀6 廣開土王 1년조.

38) 『三國史記』권18, 高句麗本紀6 廣開土王 9년조.

39) 『北史』권99, 列傳87 高麗傳.

상술한 사실은 중원고구려비문에 씌어있는 '高麗太王'은 고구려 제19대 호태왕과는 관련되지 않는다는 것을 증명해 줄 가능성이 많다. 따라서 상술한 '高麗太王'의 신분에 대한 도합 3명의 후보(호태왕, 장수왕, 문자명왕)에서 호태왕은 마땅히 제외되어야 할 것이다.

둘째 중원고구려비의 전면 제7~8행 사이에 "十二月廿三日甲寅東夷寐錦上下至于伐城敎來前部大使者多于桓奴"라고 쓴 것이 있다.

'十二月廿三日甲寅'이 되는 해는 '高麗太王'과 밀접히 연계되어 있다고 말할 수 있다. 우선 '五月中'에 고려태왕은 新羅寐錦에게 고구려와 신라 두 나라가 형제처럼 화목하게 지낼 것을 약속했는데, 같은 해 '十二月廿三日甲寅'에 신라매금(비문에는 東夷寐錦) 일행이 于伐城에 이르게 되었다고 쓴 사실에 의하여 증명된다. 위의 기록에 따르면 新羅(東夷)寐錦 일행이 于伐城에 도착한 상황을 쓰고 나서 계속해서 敎'來前部大使者'라고 쓴 사실이 주목을 끈다. 이 가운데의 '敎'는 틀림없이 '고려태왕'의 교시를 가리킨다 할 수 있다. 즉 고려태왕의 '교시'에 따라 前部大使者 등이 활동을 전개한 것이 분명한 것이다.

'十二月廿三日甲寅'이 되는 해가 고구려의 어느 왕의 재위기간에 해당되는가를 규명하는 것은 '고려태왕'이 누구인지를 증명하는 중요한 의의를 갖는다고 말할 수 있다. 이에 대해서는 많은 학자들의 연구 성과가 나오고 있다. 필자도 이미 다른 곳(中原高句麗碑의 建立年代 考證)에서 이 문제를 서술했기 때문에 여기서 중복하지 않는다. 다만 마땅히 지적할 것은 12월 23일에 '甲寅'이 되는 해는 주로 장수왕 재위기간 내에 집중(420년, 449년 혹은 451년, 480년)되어 있으며 문자명왕 재위기간 내에도 한 차례 있다(506년)는 점이다. 그러나 12월 23일이 '甲寅'이 되는 해가 호태왕의 재위기간에 존재한다고 인정한 학자는 아무도 없다. 따라서 호태왕(광개토왕)은 '高麗太王'의 후보에서 제외되어야 한다.

셋째 중원고구려비 좌측면 제3행에 '辛酉年'이란 글자가 있다. 그 존재여부에 대하여 학계에서는 아직 통일된 견해가 없는 것이 사실이다. 그러나 적잖은 학자들은 이곳에서 '辛酉年'의 간지연대를 읽을 수 있다고 한다. 필자도 대체로 같은 견해를 갖고 있다. 그 밖에 어떤 학자들은 그 아래의 제5행에도 '辛酉'로 읽을 수 있는 글자가 있다고 하는데 역시 주목을 끈다.

이 '辛酉年'이 비문의 전면과 좌측면에 도합 3곳이나 씌어있는 '太王'(고려태왕을 포함)과 밀접히 연계되어 있다는 것은 의심할 나위가 없다. 이 경우 '신유년'의 연대를 규명하는 것은 '고려태왕'의 신분을 확인하는데 중요한 의의를 갖게 되는 것이다.

필자는 이미 다른 곳(中原高句麗碑의 建立年代考證)에서 4세기 후반부터 6세기 전반까지 辛酉年은 도합 4차례 존재했다고 인정한 학자들의 견해를 다음과 같이 소개한 바 있다.

    (1) 361년 高句麗故國原王 31년
    (2) 421년 長壽王 9년
    (3) 481년 長壽王 69년
    (4) 541년 安原王 11년[40]

위에서 지적한 바와 같이 학계에서 중원고구려비문의 '고려태왕'에 해당되는 왕들은 호태왕, 장수왕 및 문자명왕 등 3명이다. 그런데 '신유년'은 상술한 3명의 왕들 중에서 장수왕의 재위기간(412~490년)에는 2차례나 나오지만 호태왕의 재위기간(391~412년)과 문자명왕의 재위기간(490~519년)에는 한 번도 나오지 않는다. 이 경우 중원고구려비문에 나오는 '고려태왕'에 해당하는 3명의 왕들 중 호태왕과 문자명왕은 마땅히 제외되어야 옳을 것이다.

넷째 중원고구려비문에 따르면 '고려태왕'은 신라매금을 상대로 고구

---

40) 『中原高句麗碑新照明』, 87~89쪽.

려와 신라 두 나라는 세대를 이어 가면서 형제처럼 화목하게 지낼 것을 호소했는바, 이 호소를 받들고 실천에 옮긴 핵심 인물은 '太子共'이었던 것이다.

그런데 일부 학자들의 견해에 따라 비문의 '고려태왕'이 문자명왕이라고 한다면, 역시 비문에 나오는 '太子共'은 필연적으로 문자명왕의 아들(太子)이 되는 것이다.

『삼국사기』에 따르면 문자명왕 "七年春正月 立王子興安爲太子"[41]라고 쓰고 있다. 문자명왕 7년은 497년으로 新羅 炤知王 19년이다. 이 시기에 고구려와 신라의 관계는 상당히 약화되어 실제상 연속적인 전쟁 상태에 놓여 있었다. 『삼국사기』에 따르면 소지왕 3년부터 19년까지 17년 사이에 麗羅 두 나라는 7차의 전쟁을 치렀다. 그 가운데는 신라와 백제가 연합하여 고구려의 남침을 방어하는 형태로 진행되는 전쟁이 많았다는 것이 주목된다.[42]

이로부터 문자명왕의 아들 興安이 '太子'로 책봉된 것은 신라와 백제가 연합하여 고구려를 반대하여 싸우던 시기 이후였다는 것을 알 수 있다. 이런 상황은 중원고구려비문에 쓰어있는 麗羅 친선관계, 즉 '高麗太王'은 麗羅가 영원히 화목하게 지낼 것을 호소하고 '太子共'은 그것을 실천에 옮기기 위하여 힘쓰던 상황과는 아무 공통성도 없다는 것을 증명해 준다. 이것은 비문의 '太子共'은 문자명왕의 아들(太子)이 될 수 없으며, 비문의 '고려태왕'도 문자명왕이 아니라는 것을 증명해 주기에 손색이 없다.

상술한 상황은 중원고구려비문에 쓰어있는 '太王'은 호태왕이나 문자명왕이 아니라는 것을 증명해 준다. 상술한 3명의 후보에서 이제 남아 있는 것은 장수왕 한 사람뿐이다. 필자는 비문의 '태왕'은 장수왕일 가능성이 많다고 인정한다. 그 이유에 대해서는 위에서 대부분 설명되었기

---

41) 『三國史記』 권19, 高句麗本紀7 文咨明王 7년조.
42) 『三國史記』 권3, 新羅本紀3 炤知王 3·6·11·16·17·18·19년조.

때문에 다시 중복하지 않는다. 다만 한 번 더 강조하고 싶은 사실이 있다. 그것은 장수왕은 '일본'에 보낸 외교문서 가운데서 자신을 '高麗王'이라고 자칭한 일이 있다는 사실이다. 비문 가운데 씌어있는 '고려태왕'과 장수왕의 자칭 '고려왕'은 그 무엇보다도 잘 어울린다 할 수 있다.

상술한 일련의 사실에 의거하여 필자는 중원고구려비문에 씌어있는 '고려태왕'은 제20대 장수왕일 가능성이 많다고 인정한다.

3) 高麗太王과 祖王의 관계

중원고구려비의 전면 제1행에 씌어있는 '高麗太王祖王'의 신분에 대하여 학계에는 크게 두 가지 견해가 있다. 첫째 비문의 '高麗太王祖王'을 '高麗太王'과 祖王으로 구분하여 '太王'과 '祖王'을 다른 두 사람으로 인정하는 견해이며, 둘째 비문의 '高麗太王祖王'을 "高麗太王이며 祖王"이라고 읽어 '太王'과 '祖王'을 같은 사람으로 인정하는 견해이다. 필자는 두 번째 견해에 동감을 표한다. 고려태왕과 조왕을 두 사람으로 인정하는 학자들 중 '태왕'은 문자명왕이고 '조왕'은 '장수왕'으로 인정하는 학자가 있다. 이와 같은 견해는 "『삼국사기』에서 손자가 왕위를 계승한 것은 문자명왕이 유일"하다는 사실에 의거하고 있다. 다른 학자들은 비문의 祖王은 실제 祖父王이 아니라 넓은 의미에서의 祖上王(先祖王)이라고 한다. 그들은 이런 관점에 의거하여 비문의 '태왕'은 장수왕이며 '조왕'은 장수왕의 祖上王인 小獸林王을 가리킨다고 인정하고 있다.

그들의 공통관점은 위에서 지적한 바와 같이 '太王'과 '祖王'을 2왕으로 보는데 있는 것이다.

필자는 이런 견해에 동의하지 않는다. 왜냐하면 비문의 '태왕'과 '조왕'을 2왕으로 갈라놓으면 그 아래에 계속되는 비문의 내용과 연계하기 어려우며 심지어 모순되는 상황도 존재하기 때문이다.

예를 들면 비문의 '太王'과 '祖王'을 2왕으로 볼 경우에 그 아래의 비문

에서 어느 것이 '태왕'의 교시에 속하며 어느 것이 '조왕'의 명령인지 가
려낼 방법이 없는 것이다. 만약 일부 학자들의 견해에 따라 비문의 '태왕'
을 문자명왕이라고 인정한다면 그것은 '태왕'에 관한 비문의 기록(麗羅 친
선을 호소)과 문자명왕의 재위기간에 관한『삼국사기』의 기록(麗羅 사이
에 전쟁이 연속되다) 사이에 모순이 존재하기 때문에 성사되기 어렵다. 또
일부 학자들이 지적한 바와 같이 "高麗太王祖王令"을 "고려태왕의 조왕께
서 명령하여"로 판독하고 이 "명령의 주체는 조왕"으로, 그 아래에 계속
되는 "비문의 내용은 이 조왕의 명령을 시행한 것"이 된다고 한다면 이것
은 비문의 실제 내용과 부합되지 않을 가능성이 많다. 왜냐하면 비문에서
'高麗太王祖王'의 호소를 받들고 그것을 실천에 옮긴 핵심인물은 '太子共'
이었다는 것은 누구나 인정하는 사실이다. 그런데 이 '太子共'은 그 글자
의 뜻에서 나타나는 바와 같이 '조왕'의 '태자'가 아니라 '태왕'의 '태자'
만 될 수 있는 것이다. 따라서 그(太子)가 시행한 것은 결코 '조왕'의 명령
이 아니라 '태왕'의 호소였던 것이다. 이것은 이 비문의 내용은 "조왕의
명령을 시행한 것"이라고 인정한 학자들의 견해와 분명히 모순되는 것이
다. 또 일부 학자들의 견해에 따라 비문의 조왕(실제상 高麗太王祖王이다)
이 소수림왕이라고 한다면 조왕(高麗太王祖王)에 관한 비문의 기록(麗羅친
선을 호소)과 소수림왕의 재위기간에 관한『삼국사기』의 기록(麗羅 관계
가 전혀 존재하지 않는다) 사이에는 역시 아무런 공통성도 없는 것이다.

상술한 상황은 비문의 '太王祖王'은 두 사람이 될 수 없다는 것을 증
명해 준다. 필자는 비문의 '高麗太王祖王'은 결코 두 사람을 가리키는 것
이 아니라 한 사람(고려태왕이며 조왕)을 가리킨다고 인정한다. 그 이유
는 위에서 설명한 것 외에 한 가지 사실을 더 첨부하면 다음과 같다.

일부『자전』들의 해석에 따르면 '祖'라는 글자의 뜻은, 첫째 할아버지
나 할머니를 가리키며, 둘째 할아버지와 할머니를 포함한 보다 넓은 의
미에서의 先祖를 가리키며, 셋째 어떤 사업이나 학설 및 '종파'같은 것을

처음으로 창시한 사람에 대한 존칭에 해당된다고 한다.[43]

따라서 '太王祖王'은 태왕의 조왕이나 先祖王을 가리킬 뿐만 아니라 또 太王 본인이 처음으로 무엇인가를 창조한데 대한 '존칭'으로도 될 수 있다는 것을 알 수 있다. 예를 들면 전국시대에 6국을 통일하고 처음으로 중앙집권적 봉건국가를 수립했으며 처음으로 황제를 칭함으로서 '始皇帝'로 불린 진시황을 달리 이르는 말 가운데 '祖龍'이라는 명칭이 존재하는 것은 이런 견해가 옳다는 것을 증명해 준다.[44]

비문의 '高麗太王'이 장수왕이라는 것에 대해서는 위에서 설명한 바와 같다. 고구려는 호태왕에 이어 장수왕 시기에 전성기를 이루었다. 오랜 이전부터 추진해 오던 고구려의 남진정책은 장수왕 시기에 획기적 발전을 이룩했다. 장수왕 15년(427년)에 平壤천도를 단행하였고 63년(475년)에 백제의 수도 漢城을 함락하고 개로왕을 살해했다. 장수왕 시기에 고구려의 남진정책은 한반도를 두고 진행된 麗·濟·羅 등 3국의 쟁탈전에서 크게 우세를 차지했으며, 또 北魏와 宋·齊 등 중국 역대왕조와의 교류도 크게 발전했던 것이다. 고구려가 忠州 부근까지 영역을 확대[한 때는 그보다 더 남진(慶北)했을 수도 있다]하고 거기에 중원고구려비를 건립함으로써 신라에 대한 우세를 과시한 것은 바로 이런 유리한 형세 속에서 이루어진 것이 분명하다.

이런 상황에서 장수왕은 고구려 사람들의 존경을 크게 받았을 것이며 '高麗太王' 외에 '祖王'이란 존칭이 하나 더 첨가되었을 수 있는 것이다.

상술한 상황은 비문의 '高麗太王祖王'은 太王과 祖王의 두 사람을 가리키는 것이 아니라 태왕이며 조왕으로 한 사람(장수왕)을 가리킨다는 것을 증명해 준다.

---

43)『古今漢語字典』, 漢語大詞典出版社, 1993년판, 1011쪽 ;『康熙字典』, 上海書店出版社, 1985년판, 933쪽 ;『現代漢語詞典』, 商務印書館, 1978년판, 1530∼1531쪽.
44)『中朝詞典』, 朝鮮외국문출판사·中國민족출판사, 1986년판, 2262쪽.

맺음말

중원고구려비 전면에 씌어있는 '高麗太王祖王'은 고구려 제20대 장수왕일 가능성이 많다. 그 이유는 대체로 다음과 같다.

첫째 고구려는 왕조 중후기에 국호를 '고려'로 개칭하였다. 이것은 여러 고서기록에 의하여 증명될 뿐만 아니라 고구려 사람들이 남겨놓은 문물자료에 의하여 훌륭히 증명되고 있다.

둘째 고구려가 '고려'로 개칭된 연대에 대하여 오늘 학계에는 대체로 세 가지 견해가 있다. 첫째 호태왕 시기로 보는 견해이며, 둘째 문자명왕 시기로 보는 견해이며, 셋째 장수왕 시기로 보는 견해이다. 필자는 세 번째 견해, 즉 장수왕 즉위 초년에 이미 개칭되었을 가능성이 많다고 인정한다. 이럴 경우 비문에 나오는 '太子共'은 장수왕의 태자(무多 이외의 다른 아들)일 가능성이 없지 않다.

셋째 '太王祖王'은 결코 두 사람(태왕과 조왕)이 아니라 한 사람(태왕이며 조왕)을 가르킬 가능성이 많다. 또 '太王祖王'은 왕에 대한 존칭으로 거기에는 '王中王'의 뜻도 포함되어 있다. 이런 정황으로부터 볼 때 고구려가 고려로 개칭된 이후에 '太王祖王'으로 불릴 수 있는 왕은 장수왕일 가능성이 많다고 말할 수 있다.

넷째 장수왕은 일본에 보내는 국서에서 자신을 고구려왕이 아니라 '고려 왕'으로 칭하였다. 그 밖에 중원고구려비문에 나오는 '十二月廿三日甲寅'이 되는 해와 '辛酉年'이 되는 해는 다 같이 장수왕의 재위기간 내에 집중되어 있다.

상술한 상황은 중원고구려비 중의 '高麗太王祖王'은 장수왕일 가능성이 많다는 것을 증명해 준다.

제2절 中原高句麗碑文을 통해 본 5세기 高句麗와 新羅의 관계

중원고구려비는 호태왕비와 마찬가지로 4면비로서 4면에 다 글자가 새겨져 있었을 가능성이 많다. 그러나 장기간에 걸친 풍화 작용으로 많은 글자들이 마멸되어 현재는 전면의 대부분 글자와 좌측면에서 일부 글자들을 알아 볼 수 있을 뿐 우측면과 후면에서는 글자를 거의 완전히 알아볼 수 없는 것이 사실이다. 이것은 중원고구려비문을 해독하고 분석하는 방법에서 여러 가지 어려움이 있는 가장 중요한 이유이다.

현재 남아 있는 비문에 따르면 주요하게 5세기의 고구려와 신라의 관계가 서술되어 있다고 말할 수 있다.

2개 방면으로 나누어 비문을 통해 본 5세기의 麗羅관계에 대한 필자의 의견을 제기하면 다음과 같다.

1. 高句麗의 우세에 기초한 麗羅 두 나라의 친선관계

중원고구려비문에는 5세기 고구려와 신라의 친선관계가 서술되어 있다. 그러나 이 관계는 고구려의 우세에 기초하여 이루어 졌다. 따라서 이 관계는 처음부터 불공정과 불평등한 요소가 포함되어 있었다.

비문에 따르면 고구려 국왕은 '高麗太王祖王'(전면 제1행) 혹은 '太

王'(좌측면 제3행)이라고 불렀으며 신라 국왕에 대해서는 '新羅寐錦'(전면 제1행) 혹은 '東夷寐錦'(전면 제5~6행, 제7~8행, 좌측면 제5행, 도합 3회)으로 불렀다. 그 밖에 '東來之寐錦'(전면 제2행)이라고 부른 것이 1회이며 '寐錦'(전면 제4행)이라고만 부른 것도 1회 존재한다.

　여기서 주목을 끄는 것은 국왕의 호칭이 고구려와 신라에서 서로 다르게 사용되었다는 점이다.

　먼저 이 문제를 중심으로 필자의 의견을 제기하고 뒤이어 다른 문제들을 분석함으로써 5세기 고구려의 우세에 기초한 麗羅친선관계의 실질을 고찰하기로 한다.

1) 高麗太王祖王에 대하여

　이 문제는 본서의 「中原高句麗碑文의 高麗太王祖王에 대한 의견」에서 상세하게 서술했기 때문에 여기서는 간단히 설명한다.

　비문의 '高麗太王祖王'은 서로 다른 두 사람을 가리키는 것이 아니라 같은 사람을 가리키며 그것은 고구려 제20대 장수왕일 가능성이 많다. 그러나 '太王'은 한 왕에 대한 고유 명칭이 아니라 왕에 대한 존칭이며 그 가운데는 '王中王'이란 뜻도 포함되어 있는 것이다. 호태왕비문에 따르면 고구려도 시조왕에 대하여 '天帝之子' 혹은 '皇天之子'라고 하여 '王權神授'의 뜻을 나타내고 있으며, 호태왕에 대해서는 '國岡上廣開土境平安好太王'이란 칭호 외에 '好太王', '太王', '大王', '王' 등 여러 가지 약칭을 사용하였다. 그러나 다른 나라 국왕에 대해서는 절대 왕의 칭호를 사용하지 않았다. 예를 들면 백제왕에 대해서는 '殘主'라고 했으며 倭에 대해서는 '倭人', '倭賊'이라고 썼다. 심지어 동맹국인 신라에 대해서도 왕 대신 '新羅寐錦' 혹은 '東夷寐錦'이란 말을 썼다. 이것은 고구려 好太王은 주변의 다른 나라들보다 높은 지위에 있다고 스스로 인정하고 있었다는 것을 표명해 준다.

위에서 저적한 바와 같이 중원고구려비문에서 장수왕을 '高麗太王祖王'이라고 부른 것은 왕에 대한 존칭을 표현함과 함께 '王中王'의 뜻을 포함하고 있었다는 것은 의문할 나위가 없다. 이것은 호태왕의 전통을 이어받은 것으로 신라왕을 포함한 주변 국왕들 가운데서 자신의 지위가 보다 높다는 것을 증명해 주는 것이다.

2) 新羅寐錦, 東來之寐錦, 東夷寐錦에 대하여

중원고구려비문에는 도합 7개의 '寐錦' 칭호가 씌어있다. 그 가운데는 '新羅寐錦', '東來之寐錦', '東夷寐錦' 등 다르게 표현된 칭호가 포함되어 있는 것이 주목된다.

(1) "新羅寐錦"을 분석
먼저 新羅寐錦과 관련되는 고문헌기사를 소개하면 다음과 같다.

(1) 『三國史記』, 新羅本紀 智證麻立干 1년조: "論曰 新羅王稱居西干者一 次次雄者一 尼師今者十六 麻立干者四 羅末名儒崔致遠作帝王年代曆 皆稱某王 不言居西干等 豈以其言鄙野不足稱也 … 今記新羅事 其存方言亦宜矣"[1]

(2) 같은 책 智證麻立干: "四年冬十月 群臣上言 始祖創業以來 國名未定 或稱斯羅 或稱斯盧 或言新羅 臣等以爲 新者德業日新 羅者網羅四方之義 則其爲國號宜矣 又觀自古有國家者皆稱帝稱王 自我始祖立國 至今二十二世 但稱方言 未正尊號 今群臣一意 謹上號新羅國王 王從之"[2]

(3) 好太王碑文, 제1면: "百殘新羅 舊是屬民 由來朝貢"; 제2면: 永樂"九年 … 新羅遣使白王云 倭人滿其國境 潰破城池 …"; "十年庚子 敎遣步騎五萬 往救新羅 … 倭賊退"; 제3면: "昔新羅寐錦未有身來論事 … 開土境好太王 … 寐[錦] … 朝貢"[3]

(4) 『日本書紀』, 神功皇后紀: "新羅王波沙寐錦 卽以微叱己知波珍干岐爲質"[4]

---

1) 『三國史記』 권4, 新羅本紀4 智證麻立干 1년조.

2) 『三國史記』 권4, 新羅本紀4 智證麻立干 4년조.

3) 『好太王碑與古代朝日關係研究』(中文版), 延邊大學出版社, 1996년판, 7~9쪽.

위의 (1)·(2), 즉『삼국사기』신라본기의 智證麻立干 1년은 500년이며 4년은 503년이다. 위의 (1)·(2)를 통해 알 수 있는 바와 같이 바로 이때(6세기 초)에 신라 '군신'들의 건의와 智證王의 피준을 거쳐 '新羅'라는 국호가 정식으로 확정되었으며, 그가 포함하는 내용(新者德業日新 羅者綱羅四方之義)도 매우 훌륭했다고 말할 수 있다. 또 위의 (3)·(4), 즉 호태왕비문이나『일본서기』에 따르면 이러한 '신라' 국호는 6세기 초보다 훨씬 이전(호태왕비문에 따르면 적어도 100년가량 더 이르다)부터 이미 고구려나 일본(왜) 등 당시의 국제사회에서 널리 사용되고 있었다는 것을 증명해 준다.

이로부터 중원고구려비 전면에 3회 씌어있는 '신라' 칭호는 본국(신라)과 고구려나 일본(왜) 등에서 사용되고 있는 신라 국호와 완전히 일치한다는 것을 잘 알 수 있다. 따라서 중원고구려비문에 씌어있는 '신라'는 국호를 통하여 신라에 대한 고구려의 우세를 표시한 것이 아니라 麗羅 두 나라 사이의 대등관계를 나타내고 있다는 것을 증명해 준다.

'新羅寐錦'은 신라왕이란 뜻으로 풀이된다. 위의 기록 (1)·(2)에 따르면 신라는 6세기 초(503년)가 되서야 처음으로 최고통치자를 '王'(新羅國王)으로 부르기 시작했다. 그 이전에는 최고 통치자를 居西干(1명, 시조왕), 次次雄(1명, 제2대 南解王), 尼師今(16명, 제3대 儒理王~제18대 實聖王, 284~417년), 麻立干(4명, 제19대 訥祇王~제22대 智證王 즉위 4년, 417~503년) 등으로 불렀다.[5]

주목을 끄는 것은『삼국사기』에 의거하는 한 6세기 초(503년)에 '국왕' 칭호를 채용하기 이전의 신라에는 오직 거서간·차차웅·이사금·마립간 등 칭호가 있었을 뿐 '寐錦'이란 칭호는 존재하지 않았다는 사실이다. 다행이 위의 기록 (3), 즉 호태왕비문에 '寐錦'이란 칭호가 2회 나오며

---

4)『日本書紀』권9, 神功皇后攝政前紀 10月조.
5)『三國史記』권4, 新羅本紀4 智證王 1~4년조.

특히 그 중에서 한번은 "昔新羅寐錦未有身來論事"라고 하여 寐錦이 신라 국왕을 가리킨다는 것을 증명해 준다. 위의 기록 (4), 즉『일본서기』에도 '波沙寐錦'이라는 단어가 나온다. 물론 이 '波沙寐錦'이 신라 제5대 국왕인 波沙尼師今인가 하는 문제에서는 적잖은 의문이 남는다. 특히 이 사실(波沙寐錦)이 神功皇后의 三韓征伐기사[6])에 섞여 씌어있다는 것은 그 신빙성을 더욱 떨어지게 한다. 비록 그렇긴 하지만 신라의 '寐錦'이 다른 나라인 '일본'에 인질을 보냈다고 하는 것은 주목을 끌지 않을 수 없다. 이럴 경우에 '매금'은 신라의 최고통치자인 국왕이라고 할 수 있기 때문이다. 호태왕비문(中原高句麗碑文을 포함)의 '新羅寐錦'은 분명히 신라 국왕을 가리킨다. 그와 마찬가지로 『일본서기』에 나오는 '波沙寐錦'도 역시 신라 국왕 가운데 어느 한 왕이었다는 것은 의문할 바가 없는 것이다.

『삼국사기』에 따르면 6세기 초에 처음으로 신라 국호가 확정되었다. 이때 신라의 국왕은 '智證麻立干'(500~514년)이었다. 한편 호태왕비문 제3면에는 옛날에는 '신라매금'이 친히 고구려에 와서 '論事'한 일이 없었다고 쓰고 나서 몇 글자를 지난 다음에 "開土境好太王 … 寐[錦] … 朝貢"이라고 쓴 구절이 나온다. '開土境好太王'의 전칭은 '國岡上廣開土境平安好太王'으로 고구려 제19대 호태왕(광개토왕)을 가리킨다. 이제 위의 구절을 해석하면 다음과 같이 될 수 있다.

호태왕(광개토왕)의 재위기간(391~412년)에 新羅'寐[錦]'은 전례를 타파하고 고구려에 와서 '朝貢'을 바쳤다.

고구려 호태왕의 재위기간에 신라에서 왕위를 계승한 사람은 제17대 奈勿尼師今(356~402년 재위)이거나 혹은 18대 實聖尼師今(402~417년 재위)이었다.

---

6) 神功皇后가 이끄는 '日本'군이 신라를 정복하니 고구려와 백제는 싸우지도 않고 자진하여 '일본'군에 투항하고 영원히 그의 '西番'이 되어 '朝貢'을 바치겠노라고 맹세했다고 주장

오늘 학계에서 학자들에 따라 '寐錦'의 주체는 신라의 '이사금'과 '麻立干'을 가리킨다는 주장이 있는데 다 같이 사실의 어느 한 면만을 강조한 느낌이 없지 않다. 이사금과 마립간은 다 같이 6세기 이전의 신라 국왕을 가리킨다. 따라서 '신라매금'은 이사금 혹은 마립간과만 연계될 수도 있으나, 역사의 흐름 속에서 이사금 및 마립간과 다 같이 연계되어 있을 수도 있는 것이다. 따라서 '신라매금'은 그것을 세분하여 이사금 혹은 마립간과만 연계시킬 것이 아니라 그것을 통 털어서 6세기 이전의 역대 신라 국왕을 가리킨다고 인정하는 것이 옳을 것이다.

상술한 상황은 중원고구려비 전면 제1행에서 '高麗太王祖王'(고구려 장수왕)과 직접적인 연계 속에 씌어있는 '신라매금'은 장수왕 재위기간의 신라 국왕(奈勿尼師今 혹은 實聖尼師今)이었을 가능성이 존재한다. 여기서 마땅히 지적해야 할 사실은 위에서 지적한 바와 같이 '신라매금'이나 '매금'만을 떼어놓고 볼 때 거기에는 신라의 상대적 낙후성이나 신라에 대한 고구려의 우세 같은 것이 표현되지 않는다는 사실이다. 다만 '高麗太王祖王'과 '東夷寐錦'(新羅寐錦도 포함될 수 있다)을 비교하거나 '太王國土'와 '新羅土內' 혹은 '寐錦土內'를 비교하게 될 때 두 나라 사이의 불평등 요소가 명확하게 나타나는 것이다. 이에 대해서는 아래에서 따로 서술하게 된다.

(2) "東來之寐錦"을 분석

비문의 전면 제2행에 "東來之寐錦"이라는 술어가 나온다. 이것은 "동쪽에서 온 寐錦"이란 뜻으로 '新羅寐錦'을 다른 방면으로 표현한 것에 불과하다. 학계에서 많은 학자들이 이것을 '東夷之寐錦'이라고 판독하는데 잘 동의되지 않는다. 왜냐하면 그것은 '東來之寐錦'의 '來'자의 형태는 비문의 다른 곳에 나오는 '東夷寐錦'(도합 3곳이 나온다)의 '夷'자 형태와 다르며 '東來之寐錦'에는 '東夷寐錦'에 없는 '之'가 더 있기 때문이다. 이것은 ‘東夷之寐錦’으로 판독할 것이 아니라 ‘東來之寐錦’으로 판독하는 것이 옳다고 생각된다.

그 밖에 학자들은 이 부분을 ‘東來之寐錦’이라고 판독하면서도 신라는 분명히 고구려의 ‘동남쪽’에 위치해 있다는 사실 때문에 의문을 제기하고 있으며, 심지어 그것을 다른 방법으로 해석(예를 들면 江原道지방에서 忠州 부근으로 오는 것으로 이해)하고 있다.

필자는 신라가 고구려의 동남쪽에 위치해 있다는 사실은 결코 비문의 ‘東來之寐錦’에 영향을 주지 않는다고 인정한다. 그 이유는 다음과 같다.
『隋書』新羅傳에 따르면 “新羅國 在高麗東南”이라고 썼다.[7]

이와 같이 『수서』에는 신라가 분명히 고구려의 동남쪽에 위치해 있었다는 것을 증명해주고 있다. 이것은 당시 고구려의 수도(지금의 평양)와 신라의 수도(경주)사이의 위치와 매우 잘 부합된다. 그럼에도 불구하고 『수서』紀傳(新羅傳은 여기에 포함되어 있다)보다 23년이나 늦게 편찬된 『北史』高麗傳에는 “其國(高句麗 – 필자) 東至新羅”[8]라고 썼으며, 그보다 후기에 편찬된 『舊唐書』高麗傳에는 “高麗者 … 東渡海至於新羅”[9]라고 썼으며, 『新唐書』高麗傳에는 “高麗 … 地東跨海距新羅”[10] 라고 쓰고 있는 것이다.

상술한데서 알 수 있듯이 『수서』에서 신라는 고구려의 동남쪽에 위치해 있다고 명확하게 서술(실제 사실에도 부합된다)했음에도 불구하고, 그 후에 출판된 여러 고서들에는 신라를 고구려의 동남쪽이 아니라 모두 그의 동쪽에 있다고 쓰고 있는 것은 주목을 끌지 않을 수 없다. 이것은 고서에서 어느 방향을 가리킬 때 그것을 세분하여 서술하는 경우도 있지만 또 그렇지 않은 경우도 왕왕 존재한다는 것을 증명해 준다. 예를 들

---

7) 『隋書』 권81, 東夷 新羅傳.
8) 『北史』 권94, 列傳82 高麗傳.
9) 『舊唐書』 권199 上, 東夷 高麗傳.
10) 『新唐書』 권220, 東夷 高麗傳.

면『삼국지』부여전에서 만리장성의 동북쪽에 위치해 있는 부여를 장성
의 동북쪽에 있다고 쓴 것이 아니라 그의 북쪽에 있다고 서술(夫餘 在長
城之北)[11] 한 것 등이다. 또 분명히 고구려의 동남쪽에 위치해 있는 신
라에 대하여『수서』와 그 후에 출판된 여러 고서들 사이에 서로 다르게
기록되어 있는 것(『수서』에는 동남, 다른 고서들에는 동쪽)도 역시 이러
한 사례에 속한다고 말할 수 있는 것이다.

상술한 사실은 中原高句麗碑의 전면 2행에 씌어있는 '東來之寐錦'을
그 글자의 뜻에 따라 동쪽에서 온 신라왕이라고 해석해도 크게 문제 될
것이 없다는 것을 증명해 준다.

(3) 東夷寐錦을 분석

중원고구려비문에 따르면 신라매금은 '東夷寐錦'이라고도 쓰고 있다.
즉 비문의 전면 5~6행과 7~8행에 각 1회, 좌측면 제5행에 1회 씌어있
어 도합 3회 나온다.

위에서 설명한 바와 같이 '東來之寐錦'은 '신라매금'에 대한 다른 방
면의 표현 형식에 불과했으며 '동이매금'도 역시 '신라매금'에 대한 또
다른 방면의 표현형식에 불과한 것이라고 말할 수 있다. 다시 말하면 비
문에 씌어있는 '신라매금', '동래지매금', '동이매금'은 다 같이 신라왕
을 가리키는 것이다.

여기서 주목을 끄는 것은 같은 비문에서 같은 대상인 신라왕에 대하
여 무엇 때문에 세 가지 다른 칭호가 사용되었는가의 사실이다. '신라매
금'을 '동래지매금'이라고 부른 이유에 대해서는 위에서 설명한 바와 같
다. '신라매금'을 무엇 때문에 '동이매금'이라고 불렀을까의 문제가 제기
된다.

필자는 '신라매금'과 '동이매금'은 다 같이 신라왕을 가리키는 것으로

---

11)『三國志』권30, 魏書30 東夷 夫餘傳.

원칙상 큰 차별이 없다고 생각한다. 그러나 여기서 마땅히 지적해야 할 것은 전자(신라매금)는 신라의 국명을 사실대로 인정해 줌으로써 麗羅 두 나라 사이의 대등관계가 표현되나 후자(동이매금)에서는 고구려의 우세가 보다 명확하게 표현된다는 점이다.

비문에 씌어있는 '동이매금' 칭호를 통하여 찾아볼 수 있는 고구려의 우세는 두 가지 방면으로 표현된다.

주지하는 바와 같이 고대 동방사회에서 중국을 중심으로 그 동쪽에 있는 민족들을 '동이'라고 불렀으며 서쪽은 '西戎', 남쪽은 '南蠻', 북쪽은 '北狄'이라고 불렀는데 이들을 '四夷'라고 하였다. 이것은 고대 동방사회에 널리 존재해 있은 중화중심사상의 이민족관계의 표현으로 東夷를 포함한 '사이'는 中原의 華夏族에 비하여 상대적으로 낙후하다는 뜻을 포함하고 있다.

중원고구려비문에서 신라왕을 '동이매금'이라고 쓴 것은 이 비문의 작자들이 中原 학자들에게 존재하는 중화중심사상을 모방한 사례였을 가능성이 많다. 즉 비문의 작자들은 자기 나라(고구려)를 이 지역의 중심 세력으로 간주하면서, 신라왕은 자기 나라의 동쪽(실제상 동남쪽)에 위치해 있는 상대적으로 낙후한 주변민족의 군주라는 뜻을 나타내는 방법으로 '동이매금'이라는 명칭을 사용한 것으로 생각된다. 따라서 '동이매금'의 칭호는 고구려의 우세에 기초한 麗羅 두 나라 관계가 왕의 칭호에 반영된 것이라고 말할 수 있는 것이다.

다음으로 주목을 끄는 것은 동이에 고구려와 신라가 같이 포함되어 있다는 점이다. 즉 『후한서』 동이전에는 동이 가운데 夫餘·挹婁·高句麗·東沃沮·北沃沮·濊·韓·倭 등 민족들이 포함되어 있으며 『삼국지』 동이전에도 순서가 다를 뿐 대체로 같은 민족들이 포함되어 있다. 韓은 다시 馬韓·辰韓·弁韓 등 三韓으로 나누어지는데 마한에서 백제가 흥기하고 진한은 후에 신라로 바뀌고 변한은 가야로 바뀌었던 것이다.

이로부터 고구려와 신라는 같이 동이에 소속되어 있었다는 것을 알수 있다. 그럼에도 불구하고 비문에서 신라왕에 대하여 특별히 '동이매금'이라고 부른 것은 역시 동이 중에서 고구려의 우세를 나타내기 위한 것이었을 수 있다.

4~5세기가 되면서 고구려는 보다 급속하게 발전했으며 외교관계도 활발하게 진행되었다. 예를 들면 435년에 고구려 장수왕은 北魏에 사신을 파견하여 특산물을 바치니(始遣使者 … 貢方物) 北魏世祖는 李敖를 고구려에 파견하여 장수왕에게 "都督遼海諸軍事 征東將軍 領護東夷中郎將 遼東郡開國公 高句麗王"을 책봉하였다. 그 후에도 북위는 고구려 文咨明王·安藏王·安原王 등에게 '領護東夷中郎將'·'領護東夷校尉' 등 관호가 포함된 작위를 봉해 주었다.12) 일부 학자들의 해석에 따르면 상술한 '領護東夷中郎將'이나 '領護東夷校尉'는 북위에서 "四方의 外族을 제어하는 將軍職"으로 설치한 것인데 처음에는 관등에 약간 차이가 있었으나 후에는 모두 '從第三品'으로 통일되었다고 한다.13)

고구려와 신라는 같이 동이에 소속되어 있었다. 그럼에도 불구하고 중원고구려비문에서 신라왕에 대하여 '동이매금'이란 칭호를 사용하여 '동이'를 강조한 것은 신라왕에 대한 고구려왕의 영도적 지위(領護東夷中郎將, 領護東夷校尉)를 명확하게 알리기 위한 방법이었을 가능성이 없지 않다. 또한 일부 학자들이 지적한 바와 같이 중원고구려비의 건립 연대가 장수왕 23년(435년) 이후로 내려올 수 있는 증거가 될 수 있다. 왜냐하면 이 해(장수왕 23년)에 북위 世祖가 고구려 장수왕을 책봉할 때 처음으로 '領護東夷中郎將'이란 봉호가 사용되었기 때문이다.

---

12) 『魏書』권100, 列傳88 高句麗傳 ; 『三國史記』권18, 高句麗本紀6 長壽王 23년 ; 권19, 文咨明王 1년, 安藏王 2년, 安原王 2년조.
13) 『中國正史朝鮮傳』(譯註一), 國史編纂委員會, 1987년판, 528~529쪽.

3) 太王國土와 寐錦土內에 대하여

중원고구려비문에는 고구려와 신라의 영토와 관련된 어구들도 있다.

고구려의 영토와 관련된 어구로는 비문 전면 제5행에 '[ ][王]國土'와 좌측면 제3행에 '太王國土'라고 명확하게 쓴 것이 있다. 양자를 연계시켜 고려하면 전면 제5행의 '[ ][王]國土'도 '太王國土'가 옳다는 것을 알 수 있는 것이다. 따라서 비문에는 고구려의 영토와 관련된 어구(太王國土)가 2곳이 있는 것이다.

신라의 영토와 관련되는 어구로는 비문 전면 제6행에 '寐錦土內諸衆人', 제9행에 '新羅土內幢主', 제10행에 '新羅土內衆人'이 있고 좌측면 제5~6행에 '東夷寐錦土[內]'가 씌어있어 모두 4곳이다.

상술한 고구려 영토와 관련된 기록과 신라 영토와 관련된 기록을 비교 고찰하면 다음과 같은 차이점을 발견하게 된다. 즉 고구려 영토에 대해서는 반드시 太王의 '國土'라고 했으나 신라 영토에 대해서는 '신라'의 '土內'라고 쓴 이외에 '寐錦'의 '土內'거나 東夷寐錦의 土'內'라고 씀으로써 두 나라 영토의 소유주, 즉 國格 혹은 王格에서 차이점을 나타내고 있다. 특히 전자(고구려)에 대해서는 모두 '國土'라고 명확히 표시했으나 후자(신라)에 대해서는 전부 '國'자가 없는 '土內'라고만 표시하고 있는 것이 주목된다.

일부 학자들은 두 나라의 영토를 서술하는데서 나타난 이런 "格差는 그대로 고구려 '太王'과 신라 '寐錦'의 격차에 직접 반영되고 있다. 이것은 '廣開土王碑文'의 '태왕'과 '매금'의 관계를 직접 계승한 것이었을 뿐만 아니라 여기서는 더 나아가서 … 매금은 '東夷'의 君長으로 인식되게 하는 바로 그러한 위치에 놓이게 했던 것이다."라고 썼다.[14]

다른 학자들은 비문 가운데 '新羅土內'와 '太王國土'가 있다는 사실을

---

14) 武田幸男, 1989, 『高句麗史와 동아세아』, 岩波書店, 258~260쪽.

지적하고 나서 "土와 國을 구별한 것은 신라를 정상적인 왕국으로 인정하지 않은 필법이다"라고 인정하였다.[15]

필자는 위의 학자들의 견해에 대체로 동감을 표한다. 당시 고구려는 한 편으로는 北魏와 宋·齊 등 중원왕조와 주변 국가사이에 진행되는 조공·책봉을 내용으로 하는 국제사회 질서에 참가했으며, 다른 한편으로는 주변민족과 국가들에 대하여 조공할 것을 요구하면서 이 지역에서 중심적 지위와 우세를 과시했던 것이다. 중원고구려비문을 통하여 알 수 있는 麗羅 두 나라의 친선관계는 이러한 고구려의 우세에 기초한 친선이었으며 그것은 두 나라 국왕의 칭호(太王과 寐錦, 高麗태왕과 東夷寐錦, 太王國土와 寐錦土內)에서도 잘 표현되고 있는 것이다. 비문 전면의 첫 부분에서 '高麗太王'이 '新羅寐錦'을 상대로 두 나라는 세대를 이어 가면서 형제처럼 화목하게 지낼 것을 호소한 것은 바로 이러한 고구려의 우세에 기초한 국제사회 질서를 영원히 보전하려고 시도한 것이었다.

4) 新羅寐錦에게 衣服을 사여한데 대하여

비문의 전면 제2행 하반부부터 제6행 상반부까지의 사이에는 '고려태왕'의 '교시'에 따라 신라매금 등에게 의복 등 물품을 사여한 내용이 적혀져 있다. 비문에 따르면 이 사업을 실천에 옮기는데 핵심적 역할을 한 사람은 '太子共'이었다.

비문에 결자가 많으며 문장의 상하 연계도 잘 되지 않는 원인(비문가운데는 吏讀式 문장이 섞이어 있다는 견해가 많다) 등으로 그의 전체적인 뜻을 정확하게 이해할 방법이 없는 것은 사실이다. 그러나 비문을 통하여 신라매금 등에게 의복을 사여한 사실이 있다는 것만은 틀림없다. 그 대체적인 상황을 적으면 다음과 같다.

---

15) 『史學志』 第13輯, 檀國大學校史學會, 1979년판, 57쪽, 任昌淳의 논문.

(1) 新羅寐錦에게 衣服을 사여하였다.
(2) 新羅寐錦의 수행인원(노비를 포함)에게 衣服을 주었다.
(3) 東夷寐錦이 (자기 나라로) 돌아갔을 때에는 寐錦土內諸衆人에게 衣服을 줄 것을 교시하였다.
(4) 太王國土大位諸位上下에게도 와서 衣服을 받아갈 것을 교시하였다.

필자는 고려태왕의 교시에 따라 신라매금 등에게 의복을 사여한 내용을 이상과 같이 4개 방면으로 나누어 해석해 보았다. 그러나 이런 해석은 매우 불완전한 바 그 가운데는 잘못된 해석도 있으리라는 것을 미리 말하여 둔다.

여기서 주목을 끄는 것은 고려태왕의 교시에 따라 신라매금과 그 수행인원 및 고구려와 신라의 각 계층 인원들에게 衣服을 준 사실이 있다는 점이다.

『후한서』 고구려전에 따르면 "武帝滅朝鮮 以高句驪爲縣 使屬玄菟 賜鼓吹伎人"[16]이라고 썼으며 『삼국지』 고구려전에는 "漢時賜鼓吹伎人 常從玄菟郡受朝服衣幘 高句麗令主其名籍 後稍驕恣 不復詣郡 於東界築小城 置朝服衣幘其中 歲時來取之"라고 썼다.[17]

이에 대하여 일부 학자들은 다음과 같이 인정하였다.

> "漢나라 정부에서 사여하는 鼓吹伎人과 高句麗 사람들이 漢玄菟郡에 와서 받아 가는 '衣服, 衣幘' 등은 결코 단순히 樂器, 樂工과 衣服을 주는데 그치는 것이 아니라 더 나아가서 漢 나라 정부와 高句麗사이에 존재하는 통치와 피통치의 일종 상징성 표현이었다."[18]

고대 중국의 역대왕조와 고구려를 포함한 주변국가들 사이에는 조공과 책봉 관계를 통하여 '君臣관계'가 형성됐으며, 衣服 등 여러 가지 물

---

16) 『後漢書』 권85, 列傳75 東夷 高句驪傳.
17) 『三國志』 권30, 魏書30 東夷 高句麗傳.
18) 顧明學, 「魏志高句麗傳解說」, 『社會科學戰線』(吉林人民出版社)잡지에 수록.

품의 사여를 통하여 君臣관계를 보다 더 공고히 하는 일종의 수단으로
삼았던 것이다.

고구려왕이 신라왕에게 의복 등 물품을 사여한 것은 상술한 태왕과
매금, 고려태왕과 동이매금, 태왕국토와 매금토내 등과 함께 고구려의
우세에 기초한 麗羅 두 나라의 친선관계를 증명해 주며, 또 麗羅 두 나라
사이에 '君臣관계'가 형성되었다는 것을 증명해 주는 증거가 되는 것이
다. 비문에서 고려태왕의 말과 행동에 대하여 '敎', '賜', '節敎賜' 등의
어구를 사용하고 있는 것은 이런 견해가 옳다는 것을 증명해 주는 또
하나의 증거가 된다.

2. '十二月卄三日'사건과 그 이후의 '募人' 등 활동을 분석

필자는 위에서 중원고구려비문을 통하여 5세기 麗羅 두 나라의 친선
관계를 고찰하였다. 그 실질은 고구려의 우세에 기초한 麗羅친선으로 두
나라 사이에는 필연적으로 불평등 요소와 잠재적 모순이 존재해 있었다.

필자는 중원고구려비 전면 후반부와 좌측면에 씌어있는 일부 문제들,
예를 들면 '十二月卄三日' 사건 이후에 발생한 '募人' 등 활동들을 중심
으로 분석을 진행하기로 한다. 이렇게 하는 것은 당시의 麗羅관계를 보
다 전면적이며 실사구시적으로 이해하는데 도움을 줄 수 있을 것으로 생
각되기 때문이다.

> 1) "十二月卄三日甲寅 東夷寐錦上下 至于伐城 敎來
> 前部大使者多于桓奴 主薄 … 境□募人三百"(전
> 면 제7~9행)

'十二月卄三日甲寅'이 되는 해가 어느 연대인가를 고찰할 필요가 있다.

이 해는 中原高句麗碑 전면 제1행에 '五月中 高麗太王祖王'이 고구려와 신라 두 나라는 형제와 같이 사이좋게 지낼 것을 호소한 사실과 밀접히 연계되어 있다고 말할 수 있다. 필자는 '高麗太王祖王'은 두 사람이 아니라 한 사람을 가리키는 것으로 그는 고구려 제20대 장수왕일 가능성이 많다고 인정하였다.

따라서 비문에 나오는 '十二月卄三日甲寅'이 되는 해는 장수왕의 재위기간 내에서 찾아야 한다. 장수왕의 재위기간 내에는 '十二月卄三日甲寅'이 되는 해가 비교적 많이 있는데 그 상황을 소개하면 다음과 같다.

> 長壽王 8년(420년)
> 長壽王 37년 혹은 39년(449, 451년)
> 長壽王 68년(480년)[19]

이와 같이 '十二月卄三日'의 일진이 '甲寅'이 되는 해는 장수왕의 재위기간(412~490년)에만 3차례(420년, 449년 혹은 451년, 480년) 나온다. 이것은 420년, 449년(혹은 451), 480년 중의 어느 한 해의 12월 23일에 신라왕 일행이 '于伐城'에 이르렀다는 것을 증명해 준다.

'于伐城'은 일반적인 지명이 아니라 매우 중요한 위치에 놓여 있는 지명이었을 가능성이 많다.

그것은 우선 중원고구려비문에 따르면 '高麗太王祖王'과 '新羅寐錦'을 포함한 모든 사람들의 언행을 기록하면서 구체적으로 월일까지 밝히고 있는 것은 오직 이 한 곳 뿐이며, '十二月卄三日甲寅'에 新羅寐錦과 그의 수행원들이 친히 于伐城에 이르렀을 때 이 기회를 이용하여 '高麗太王祖王'께서 친히 '교시'를 내려 고구려 관리들로 하여금 于伐城 부근에서 많은 인원을 모집했다는 것(募人三百)은 이런 견해가 옳다는 것을

---

19) 『史學志』 13輯, 25~26·49~50·90~92쪽 ; 武田幸男, 『高句麗史와 동아세아』, 260쪽.

증명해 준다.

　그런데 于伐城의 위치에 대해서는 아직 통일된 견해가 없다. 우선 그
것이 '우벌성'인가 아니면 '伐城'인가에 대해서도 다른 견해가 나오고
있다. 학자들의 일부는 우벌성은 신라의 수도인 경주라고 하는데 설복력
이 크지 못한 것 같다. 많은 학자들은 우벌성은 중원고구려비가 발견된
지금의 충청북도 충주 부근에 있었을 가능성이 많다고 하는데 도리가 있
는 것 같다. 따라서 우벌성은 고구려와 신라의 국경선 이북, 즉 고구려의
남부 변경에 위치해 있었을 것이다. 위에서 지적한 바와 같이 당시 신라
왕과 그의 수행원들이 친히 이곳으로 왔고, 또 이 기회를 이용하여 고구
려왕(장수왕)이 친히 '교시'를 내려 그 부근에서 '募人'활동을 진행한 사
실을 감안하면 당시 우벌성에서는 麗羅 두 나라 사이에 어떤 대사가 진
행되었을 가능성이 많다는 것을 알게 한다. 이것은 혹 중원고구려비를
세우고 두 나라 변경을 확정하며, 고구려의 우세에 기초한 麗羅 두 나라
의 관계를 재학인하는 일과 연관되었을 지도 모르는 것이다.

　『후한서』고구려전과 그에 대한 당나라 李賢의 주해에 따르면 '前部'
는 고구려 五部 중의 '南部', 즉 '灌奴部'라는 것을 알 수 있다.[20]

　『翰苑』에 인용된 「高麗記」에 따르면 '大使者'는 고구려에서 여섯 번
째 관등에 속하는 관명(「高麗記」에는 고구려 관제가 9등급으로 나누어
졌다)이었으며 '主薄'은 본래 '鬱折'이라고 불렀는데 고구려에서 세 번째
관등에 속하는 관명이었다.[21]

　募人에 대하여 일부 학자들은 명사라고 인정하나 많은 학자들은 모두
글자의 뜻에 따라 인원을 모집한다는 뜻으로 이해하는데 도리가 있다고
생각된다.

---

20) 『後漢書』 권85, 東夷 高句驪傳 ; 『歷代各族傳記會編』(第一編), 中華書局, 1958년
　　판, 505쪽.
21) 『翰苑』 권30, 蕃夷部, 高麗傳에서 인용한 『高麗記』.

이제 위의 기사를 해석하면 다음과 같은 뜻으로 풀이할 수 있다.

　　□□년(12월 23일의 일진이 甲寅이 되는 해를 가리킨다) 12월 23일에 新羅王과 그의 수행원들은 高句麗와 新羅의 변경에 해당하는 于伐城에 도착하였다. 이것을 계기로 하여 高句麗 長壽王은 곧 ‘교시’를 내려 前部 출신이며 大使者인 多于桓奴와 主薄인 □□ 등이 와서 □□境에서 인원 300명을 모집하도록 명령하였다.

　여기서 주목을 끄는 것은 □□년 12월 23일에 신라왕과 그의 수행원들은 무엇 때문에 于伐城에 도착했으며 또 이것을 계기로 고구려 장수왕(高麗太王祖王)은 무엇 때문에 특별히 ‘교시’를 내려 우벌성 부근의 □□境에서 인원 300명을 모집하게 했는가의 문제이다. 그런데 중원고구려비문에는 이런 사실에 대한 원인과 목적 등이 전혀 설명되지 않고 있다. 그렇기 때문에 多于桓奴 등이 진행한 ‘募人三百’이 고구려와 신라 두 나라의 우의를 설명해 주는 것인지 아니면 두 나라 사이에 잠재해 있던 모순이 노출된 것을 의미하는지 판단할 수 없는 것이 사실이다. 만약 이것을 어느 한쪽에만 해당한다고 생각하면 그것은 비문의 실제와 부합된다고 인정하기 어려울 것이다.

　그 밖에 주목을 끄는 것은 다음과 같다. 위에서 지적한 바와 같이 ‘大使者’는 고구려에서 여섯 번째 관등에 해당하는 관명이며 ‘主薄’은 세 번째 관등에 해당하는 관명이다. 특히 主薄은 기밀을 장악하고 정사를 토론하며 군대를 동원하며 관리들을 선택하여 작위를 수여하는 등 주요한 권리를 장악한 고관(以前五官 掌機密 謀政事 徵發兵 選授官爵－『高麗記』)이었으나, 大使者는 그 범위 안에 들지 못하는 상대적으로 급별이 낮은 관리였다. 그런데 중원고구려비문에는 두 차례 모두 ‘大使者’가 앞에 오고 ‘主薄’이 뒤에 있어 이해하기 어렵다. 이런 문제는 앞으로 계속 연구될 필요가 있을 것으로 생각된다.

2) "新羅土內幢主下部拔位使者補奴 … 盖盧共[謀]募 人新羅土內衆人□動"(전면 제9~10행)

'幢主'와 '盖盧'를 중심으로 필자의 의견을 제기하면 다음과 같다.

(1) '新羅土內幢主'를 분석

『翰苑』에 인용된「高麗記」에 따르면 다음과 같이 썼다.

> "其武官曰大模達 比衛將軍 一名莫何邏繡支 一名大幢主 以皂衣頭大兄以上 爲之"[22]

고구려 무관의 최고위급 중에 '大模達'이 있는데 그는 '大幢主'로도 불렸다. 이 대모달, 즉 대당주는 고구려에서 5번째 관등에 속하는 皂衣 頭大兄 이상만 그 직무를 맡을 수 있었다. 그런데 중원고구려비문에 나 오는 것은 대당주가 아니라 幢主(新羅土內幢主)로서 그의 관등이나 신분 은 모두 대당주보다 낮았다는 것은 의심할 바가 없다. 그 밖에 호태왕비 문 제3면 제4행에 있는 '王幢'은 왕의 군대란 뜻으로 풀이된다.[23]

이런 사실은 고구려에는 '대당주' 혹은 '당주'로 불리는 무관이 있었 으며 '幢'으로 불리는 군대도 있었다는 것을 증명해 준다.

여기서 주목을 끄는 것은 당주 혹은 당 등은 고구려에만 있는 것이 아니라 신라에도 있었다는 사실이다.『삼국사기』무관조에 따르면 신라 에는 '軍師幢主', '大匠尺幢主', '步騎幢主' 등 여러 명칭의 당주만 해도 700여 명이나 있었으며 그 밖에 각종 명칭의 '幢'도 매우 많았다.[24]

신라에 당주가 있었다는 것은 고고유물의 발견에서도 증명된다. 新羅 赤城碑文에는 '鄒文村幢主' 혹은 '忽思伐城幢主使人'이라고 쓴 구절이

---

22) 『翰苑』 권30, 蕃夷部 高麗傳에서 인용한 『高麗記』.
23) 『好太王碑與古代朝日關係研究』, 9쪽.
24) 『三國史記』 권40, 雜誌9 職官下 武官조.

나온다.[25] 그 밖에 경상북도 창녕에 있는 진흥왕의 순수비문에서도 '幢主'(大等, 軍主, 幢主의 순서로 씌어지다)가 나온다.[26]

상술한 상황은 고구려와 신라에는 다 같이 '당주'로 불리는 무관이 있었다는 것을 증명해 준다. 이런 정황에서 중원고구려비문에 씌어있는 '당주'는 과연 어느 나라 당주인가의 문제가 제기되지 않을 수 없다.

위의 기록에서 알 수 있는 바와 같이 '당주' 앞에는 '新羅土內'라는 네 글자가 있다. 따라서 양자를 합하면 '新羅土內幢主'가 되며 이것은 신라영역내에 있는 당주란 뜻으로 풀이된다. 그런데 여기서 '新羅土內幢主'가 신라 영역 내에 있는 신라 당주인가 아니면 고구려 당주인가의 문제가 제기될 수 있다.

'新羅土內幢主'는 같은 중원고구려비문에 씌어있는 '寐錦土內諸衆人'(전면 제6행)이나 '新羅土內衆人'(전면 제10행)과 문장구조가 같다고 할 수 있다. 그런데 상술한 '寐錦土內諸衆人'이나 '新羅土內衆人'은 신라 영역 내에 있는 '신라의 諸衆人' 혹은 '신라의 衆人'으로 해석될 가능성이 많다. 같은 문장구조로 씌어있는 '新羅土內幢主'도 역시 신라 영역 내에 있는 '신라의 당주'로 해석해야 옳을 것이다. 이런 문제는 앞으로 계속 연구될 필요가 있다. 그러나 만약 '新羅土內幢主'를 신라 영역 내에 있는 '신라의 당주'로 인정할 경우 그(당주) 아래에 계속되는 '下部拔位使者補奴'와의 사이에 엄중하게 모순이 된다.

『삼국사기』에 따르면 신라는 일찍 '十七等'의 관계를 설치하였다. 그러나 '拔位使者'란 관명은 존재하지 않는다. 또 拔位使者는 『삼국사기』의 新羅本紀나 職官조 등에서도 찾아볼 수 없다.[27]

---

25) 『史學志』 第12輯(丹陽新羅赤城碑特輯號), 檀國大學校史學會, 1978년 11월, 卷首, 判讀된 赤城碑文과 拓本.

26) 『史學志』 第12輯, 47·93쪽.

27) 『三國史記』 권1, 新羅本紀1 儒理王 8년조 ; 권1~12, 新羅本紀 ; 권38~39, 職官上·中.

발위사자는 오직 고구려에만 존재하는 관명이다. 『翰苑』에서 인용한 「고려기」에 따르면 발위사자는 '儒奢'라고도 부르는데 고구려에서 8번째 관등에 해당하는 관명이었다.

만약 '新羅土內幢主'를 신라 영역 내에 있는 신라 당주로 보면서 위의 기록 전반부(新羅土內幢主下部拔位使者補奴)를 해석하면 한 사람(補奴)이 신라의 당주와 고구려의 발위사자 두 관직(양자는 다 같이 虛職이 아니라 實職이다)을 함께 소유한 것이 된다. 이것은 일반적인 상황에서는 이해가 되지 않는다. 그렇다고 해서 이것을 신라의 '당주'와 고구려의 '발위사자' 두 사람으로 해석할 수도 없다. 왜냐하면 이 부분의 문장구조와 전혀 맞지 않기 때문이다.

상술한 상황은 비문의 '新羅土內幢主'는 신라 영역 내에 주둔해 있는 신라 당주가 아니라 고구려 당주였을 가능성이 많다는 것을 증명해 준다. 이것은 신라 영역 내에 얼마동안 고구려군이 주둔해 있었다는 것을 증명해 준다. 그 시기는 대체로 5세기 초부터 5세기 중엽이 좀 넘을 때까지 해당할 가능성이 많다.

호태왕비문에 따르면 好太王 '永樂 十年 庚子'(400년)에 고구려왕은 '步騎五萬'을 신라에 파견하여 신라군과 함께 그 곳에 침입한 왜군 등을 격파하고 계속 추격하여 '任那·加羅'까지 진격하여 한반도에 침입한 왜군을 축출하는데 성공하였다. 그 후 고구려와 신라의 친선관계는 급속하게 발전했는바 신라왕은 전례를 타파하고 친히 고구려에 '조공'을 바치기까지 했던 것이다.[28] 이런 정황에서 신라에 진입했던 고구려군은 공동으로 신라를 방위한다는 명분으로 5세기 중엽이 좀 더 지날 때까지 계속 신라에 주둔해 있었을 가능성이 많다. 먼저 이에 대한 관련기사를 소개하고 필자의 의견을 제기하기로 한다.

---

28) 『好太王碑與古代朝日關係研究』, 8~9쪽.

(1) 『三國史記』 新羅本紀 訥祇王: "三十四年秋七月 高句麗邊將獵於悉直之原 何瑟羅城主三直出兵掩殺之 麗王聞之怒 … 乃興師侵我西邊 王卑辭謝之 乃 歸"29)

(2) 『日本書紀』, 雄略天皇 八年(甲辰)조: "由是高麗王遣精兵一百人 守新羅 有 頃高麗軍士一人 取假歸國 時以新羅人爲典馬 … 而顧謂之曰 汝國爲吾國所 破非久矣(一本云 汝國果成吾土非久矣) 其典馬聞之 … 遂逃入國 說其所語 於是 新羅王乃知高麗僞守 遣使馳告國人曰 人殺家內所養鷄之雄者 國人知 意 盡殺國內所有高麗人"30)

신라 눌지왕 34년은 고구려 장수왕 38년으로 450년이다. 일본의 웅략 천황 8년(갑진)은 고구려 장수왕 52년으로 464년이다.31)

위의 (1)과 (2)를 연계시켜 고려하면 450년에 고구려와 신라의 우호관 계는 파괴되기 시작했으며, 그 후 10여 년이 지난 464년에는 신라에 주 둔하고 있는 고구려군은 거의 섬멸되는 큰 타격을 받았다는 것을 알 수 있다. 또 『삼국사기』에 따르면 대체로 이 시기를 전후하여 백제와 신라 가 연합하여 고구려의 남침에 대항하는 상황까지 나타나기 시작했다.32)

이런 상황은 신라 영역 내에 주둔하고 있는 고구려 '당주'이며 '下部 拔位使者'인 補奴가 '盖盧'등과 함께 '募人'활동을 진행한 것은 대체로 5세기 중엽 이전일 가능성이 많다는 것을 증명해 준다. 이것(보노 등의 모인활동)은 또 '高麗太王祖王'의 교시에 따라 진행된 多于桓奴 등의 '募 人三百'과도 밀접히 연계되어 있을 수 있다.

(2) 盖盧에 대한 분석

위의 기록 후반부에 '盖盧共[謀]募人'이라고 쓴 것이 있다. 이 '盖盧'

---

29) 『三國史記』 권3, 新羅本紀3 訥祇王 34·39년조.

30) 『日本書紀』 권14, 雄略天皇 8년(甲辰)조.

31) 『조선사연표』, 朝鮮科學院, 1957년판, 83·85쪽 ; 『日本史年表』, 東京堂, 1999년 판, 14쪽.

32) 『三國史記』 新羅本紀, 訥祇王 38·39년 ; 慈悲王 11년조.

의 신분에 대하여 학계에서는 통일된 견해가 없다. 많은 학자들은 비문의 '盖盧'는 백제의 蓋鹵王이라고 하는데 잘 동의되지 않는다. 그 이유는 다음과 같다.

첫째 비문의 '盖盧'와 『삼국사기』에 나오는 백제 '개로왕'의 발음은 다 같이 '개로, gàilu'로 동일하다. 그 밖에 비문의 첫 글자인 '盖'는 '蓋鹵王'의 첫 글자인 '蓋'자에 대한 약자로 같은 글자이다.33) 상술한 상황은 비문의 '盖盧'는 백제 개로왕이 맞다는 중요한 이유가 될 수 있다. 그러나 비문의 '盖盧'와 백제의 '개로왕' 사이에는 비록 공통점이 존재하지만 서로 다른 점들도 적지 않다는 것을 주의할 필요가 있다. 『삼국사기』에는 "蓋鹵王(或云近蓋婁) 諱慶司"라고 썼으며,34) 『魏書』百濟傳에는 "延興二年(472년 – 필자) 其王餘慶"35)이라고 쓴 것은 이런 견해가 옳다는 것을 증명해 준다. 즉 비문의 '盖盧'는 백제 '개로왕'의 두 번째 글자와 다르며 개로왕의 별칭인 '近蓋婁'와는 더 큰 차이가 나며 蓋鹵王의 이름(慶司, 餘慶)과도 공통성이 없는 것이다.

이런 상황에서 '盖盧'는 백제의 개로왕이라고 단언하는 것은 무리가 있다.

둘째 중원고구려비문에 따르면 '新羅土內幢主'인 補奴가 '盖盧'와 더불어 '募人'활동을 한 것은 그 위의 '十二月廿三日甲寅'이 되는 해와 밀접히 연계되어 있으며 그 아래의 좌측면 제3행과 5행에 씌어있는 '辛酉年'과도 연계될 가능성이 있다는 것을 보여준다. 그런데 5세기 전반기부터 6세기 초까지 12월 23일의 일진이 '甲寅'이 되는 해는 도합 4회(420년, 449년 혹은 451년, 480년, 506년)있었다. 또 4세기 후반기부터 6세기 전반기까지 '辛酉年'도 도합 4회(361년, 421년, 481년, 541년) 있은 것으로

---

33) 『漢鮮文新玉篇』 下編, 寶文館編輯部, 98쪽 ; 『現代漢語大詞典』, 商務印書館, 1980년판, 345쪽.

34) 『三國史記』 권25, 百濟本紀3 蓋鹵王 1년조.

35) 『魏書』 권100, 列傳88 百濟傳.

나타나 있다.36)

한편『삼국사기』나『조선사연표』에 의하면 백제의 개로왕은 455년부터 475년까지 재위했다. 따라서 백제 개로왕의 재위기간에는 12월 23일의 일진이 '甲寅'이 되는 연대가 없으며, 또 干支연호가 '辛酉年'이 되는 연대도 존재하지 않는다는 것을 알 수 있다. 이것은 상술한 비문의 '盖盧'는 결코 백제의 '개로왕'이 아니라는 것을 증명해 주는 증거가 되기에 손색이 없다.

셋째 호태왕비문에 따르면 고구려는 자기 나라 국왕에 대해서는 '聖王' 혹은 '太王' 등 존칭을 사용했지만 다른 나라의 국왕에 대해서는 왕에 대한 존칭 같은 것은 전혀 사용하지 않았다. 동맹국인 신라왕은 '寐錦'이라고 불렀으며 적국인 백제왕은 '殘主'라고 불렀다. 중원고구려비문에는 비교적 여러 곳에 신라왕에 대한 칭호가 나온다. 그러나 여기서는 호태왕비문과 마찬가지로 모두 '매금'이라고 쓰거나 심지어 그보다도 낮은 명칭이라고 볼 수 있는 '東夷寐錦'이라고 불렀지 결코 신라왕이라는 구체적인 명칭을 사용한 곳은 없다. 그런데 백제에 대해서는 호태왕비문의 '殘主'를 취소하고 '盖盧'라는 왕의 정식칭호를 사용했다고는 생각되지 않는다. 비문에 나오는 '盖盧'가 백제 개로왕에 대한 정식칭호가 옳다면 그것은 나라와 나라 사이에 지켜야 할 최소한의 예의를 지킨 것으로, 특히 이 시기에 고구려와 백제의 관계가 크게 개선되었다는 것을 증명해 줄 수 있는 것이다. 그러나 이것은 실제사실과 엄중하게 모순된다.『삼국사기』백제본기에 따르면 개로왕 18년에 왕은 北魏에 사신을 파견하여 자기 나라에서 북위에 통하는 길은 이리와 승냥이가 막고 있다고 말했는데, 이리와 승냥이는 고구려를 가리키는 것이었다. 개로왕은 또 말하기를 "지금 蓮(장수왕)은 죄가 있어 자기 나라를 결단내고 있으며 대신들과 호족들의 살육행위가 끝이 없으며 … 이야말로 그들이 멸

36)『中原高句麗碑新照明』, 高句麗研究會, 2000년 10월판, 87~89쪽.

망할 시기"라고 하면서 북위에서 출병하여 고구려를 정벌하면 백제도 있는 힘을 다하여 돕겠노라고 했던 것이다. 그 후 백제 개로왕은 고구려와의 싸움에서 크게 패하여 수도는 함락되고 왕은 피살되었다.[37] 이것은 백제 개로왕 때 고구려와 백제의 관계는 결코 개선된 것이 아니라 극도로 악화되었다는 것을 증명해 준다. 이것은 비문에 나오는 '盖盧' 칭호는 백제의 개로왕과는 아무런 공통성도 없다는 것을 증명해 준다.

넷째 위에서 설명한 바와 같이 개로왕 시기 고구려와 백제 관계는 극도로 악화되어 있었으며 전쟁을 통해서만이 그 모순을 해결할 수 있는 상황에 놓여 있었다. 이런 상황에서 신라의 영역 내에 주둔하고 있는 고구려 당주인 補奴가 백제 개로왕과 '共[謀]'하여 '募人'활동을 진행한다는 것은 있을 수 없는 일이다. 더군다나 '補奴'의 '募人'활동이 '高麗太王祖王'(장수왕)의 교시에 따라 진행되는 多于桓奴 등의 '募人三百'과 밀접히 연계되어 있다고 할 때 이럴 가능성은 상상조차 할 수 없는 일이다.

상술한 상황은 비문의 '盖盧'는 결코 백제 개로왕과는 관련되지 않을 가능성이 많다는 것을 증명해 준다.

위의 기록의 전반부와 후반부를 합하여 연계시켜 해석하면 다음과 같은 뜻으로 풀이할 수 있다.

> "新羅영역내에 주둔하고 있는 高句麗幢主이며 下部拔位使者인 補奴는 盖盧 등과 '共[謀]'하여 募人활동을 진행하였다. 이로 말미암아 新羅영역내의 '衆人'들은 '□動'하였다."

이런 해석은 다음과 같은 상황을 반영해 줄 수 있다. 우선 비문의 '盖盧'는 신라 영역 내에 주둔하고 있는 다른 고구려 관리의 명칭일 가능성이 많다. 물론 盖盧가 신라 사람이나 개로왕 이외의 다른 백제 사람일

3/) 『三國史記』 권25, 百濟本紀3 蓋鹵王 18·21년조 ; 권26, 本紀4 文周王 1년조 ;
   『魏書』 권100, 列傳88 百濟國傳.

수 있다는 가능성에 대해서도 배제할 수 없다. 이 문제는 앞으로 계속 연구할 필요가 있다. 다음으로 多于桓奴 등이 '□□境'에서 '募人三百' 한 것과 補奴가 盖盧와 더불어 '募人'한 것은 밀접히 연계되어 있을 가능성이 많다. 종합적으로 보아 중원고구려비문에 나오는 두 차례의 募人 활동은 다 같이 신라왕 일행의 于伐城 진입을 계기로 '高麗太王祖王'의 교시에 따라 진행된 것일 가능성이 많다.

그런데 비문에는 '募人'활동이 일어나게 된 원인과 목적이 전혀 서술되지 않았기 때문에 그 성격을 해명하기 어려운 것이 사실이다. 이에 대해서는 아래에서 계속 서술하게 된다.

3) "古鄒加共軍至□□ … 古牟婁城守事下部大兄 …"(비문의 좌측면 6~7행)

(1) "古鄒加共軍至于[伐][城]"을 분석

먼저 '古鄒加'와 관련되는 고서 기록들을 소개하고 필자의 의견을 제기하면 다음과 같다.

> (1) 『三國志』 高句麗傳: "其國有王 其官有相加 對盧 沛者 古雛加 …" ; "王之宗族 其大加皆稱古雛加 涓奴部本國主 今雖不爲王 適統大人 得稱古雛加 … 絶奴部世與王婚 加古雛之號"[38]
>
> (2) 『三國史記』 高句麗本紀: "太祖大王 … 琉璃王子古鄒加再思之子也" ; "美川王 … 西川王之子古鄒加咄固之子" ; "文咨明王 … 父王子古鄒大加助多 早死 …"[39]

위의 (1)에 따르면 고구려에서 古鄒加는 相加·對盧·沛者에 이어 네 번째 등급에 속하는 고위관등이며 고구려 왕족 가운데 '大加'들에게 수여

---

38) 『三國志』 권30, 魏書30 東夷 高句麗傳.
39) 『三國史記』 권15, 高句麗本紀3 太祖王 1년조 ; 권17, 본기5 美川王 1년조 ; 권19, 본기7 文咨明王 1년조.

하는 칭호였다는 것을 알 수 있다. 그밖에 '五部'가운데 涓(消)奴部와 絶奴部의 일부 '大人'들에게도 '고추가' 칭호가 주어졌다.

그런데 『삼국사기』에 의거하여 조사한데 따르면 고구려에서 실제로 고추가로 불린 사람은 모두 합해도 5명뿐이었으며, 그들은 전부 왕의 아버지나 아들이었다. 위의 기록 (2)에 따르면 '古鄒加 再思'는 유리왕의 '王子'로 태조왕의 아버지였으며 '古鄒加 咄固'는 西川王의 '王之子'로 미천왕의 아버지였으며 '古雛大加 무多'는 장수왕의 '王子'로 文咨王의 아버지였다는 사실은 이런 견해를 뒷받침해 준다.

따라서 비문의 좌측면 제6~7행에 씌어있는 '古鄒加'는 분명히 고구려 왕족 가운데 '大加'였으며, 그 가운데서도 국왕의 아버지나 '王子'였을 가능성이 많다.

여기서 또 주목을 끄는 것은 상술한 '고추가' 다음에 계속해서 '共軍'이라고 씌어있어 이 부분을 '古鄒加共軍'이라고 붙여 읽을 수 있다는 사실이다. 먼저 '古鄒加共'을 어떻게 이해할 것인가의 문제가 제기될 수 있다. 이 '古鄒加共'은 필연적으로 비문의 전면 제2~3행에 씌어있는 '太子共'과 연계시켜서 고려하게 된다. 이에 대하여 학계에는 두 가지 견해가 있다. 즉 태자공과 고추가공은 별개의 다른 사람과 같은 사람을 가리킨다고 인정하는 것이다.

필자는 두 번째 견해에 동감을 표하는 바 그 이유는 다음과 같다.

『삼국사기』에 따르면 고구려에서 직접 '고추가'로 불린 사람들(도합 5명)은 모두 '王子'신분의 사람들이었다. '太子' 역시 '王子'에게 주어지는 봉호로서 앞으로 왕위를 계승할 사람이다. 고구려에서 태자가 아닌 왕자가 직접 왕위를 계승한 사례는 한 차례도 없었다. 모든 왕자들은 반드시 태자를 거쳐야 왕위를 계승할 수 있었다. 또 왕자로서 고추가로 불린 사람은 있으나 태자로 고추가로 불린 사례는 단 한 번도 없다. 이렇게 볼 때 왕자와 태자 사이에는 분명히 구별이 존재한다.

비록 그렇다고 하더라도 태자와 고추가는 다 같이 고구려 왕족 가운데 '대가'였으며 양자는 다 같이 '왕자'를 매개로 매우 밀접히 연계되어 있었던 것이다. 여기서 특히 주목을 끄는 것은 중원고구려비의 전면 제 2, 3행에 씌어있는 2회의 '태자' 칭호와 좌측면 제6행에 나오는 '고추가' 칭호의 다음에는 계속해서 '共'자라는 공통점이 존재한다는 사실이다. 비문의 상하구조로 보아 이 '共'(도합 3회)은 사람 이름을 가리킬 가능성이 많다. 이 경우 도합 3회 나오는 '共'은 결코 서로 다른 사람을 가리키는 것이 아니라 같은 사람을 가리킨다는 것은 분명한 사실이다. 더 나아가 상술한 '태자공'과 '고추가공'은 같은 사람을 가리킬 가능성이 많다는 것을 증명해 준다.

필자는 태자공(고추가공)은 장수왕의 아들 '早多' 외의 다른 아들일 가능성이 많다고 인정한다. 『삼국사기』에 따르면 장수왕은 손자인 '羅雲'을 봉하여 '太孫'으로 삼았다고 썼는데 그 이유는 羅雲의 아버지인 '조다'가 '왕자'의 신분으로 '早死'했기 때문이었다.[40]

일부 학자들은 『삼국사기』의 기록에 의거하여 장수왕에게는 '태손'은 있으나 '태자'는 없었다고 인정하고 있다. 이런 견해는 역사의 실제사실과 부합되지 않을 가능성이 있다. 그 이유는 대체로 다음과 같다.

장수왕이 즉위 79년에 사망하니 太孫인 羅雲이 왕위를 계승하여 文咨王이 되었다. 이때 문자왕에게는 '世子'가 있었는데 그의 나이는 적어도 열 몇 살은 되었을 것으로 추정된다. 그것은 당시 北魏 高祖가 문자왕에게 글을 보내 세자로 하여금 '入朝'하게 할 것을 요구하였다. 왕은 세자가 어리다는 것이 아닌 몸에 병이 있다는 것을 핑계로 하여 보내지 않은 사실에 의하여 증명된다.[41]

이로부터 세자의 아버지인 문자왕의 당시 연령은 대체로 40세 전후쯤

---

40) 『三國史記』 권19, 高句麗本紀7 文咨明王 1년조.

41) 『魏書』 권100, 列傳86 高句麗傳.

되었을 것이라고 추정할 수 있으며, 따라서 그의 출생연대는 그로부터 40년가량 소급한 장수왕 40년경이라는 것을 알 수 있다. 이것은 장수왕이 羅雲이를 '太孫'으로 봉한 것이 아무리 이르다고 해도 장수왕 40년 이후에 있는 일이라는 것을 증명해 준다. 일부 학자들의 견해에 따라 장수왕에게 '태손'이 있을 뿐 '태자'는 없었다고 한다면 장수왕은 왕위를 계승한 이후 40년이 넘도록 다음 왕의 계승문제를 해결하기 위하여 아무런 조치도 취하지 않은 것으로 된다. 이것은 대부분 고구려왕들이 즉위 후 서둘러 '太子'를 임명한 상황과는 엄중하게 모순된다고 말할 수 있다.

『삼국사기』에 따라 조사한데 의하면 700여 년의 고구려 역사에서 국왕들이 자기의 재위기간 내에 왕자를 '太子'로 봉한 사람은 모두 18명이었는데 그 중에서 임명을 받은 연대를 알 수 있는 사람은 16명이었다. 즉 부왕의 즉위 후거나 혹은 먼지 봉한 태자가 사망한 이후부터 8년 이내에 태자로 봉해진 사람은 도합 9명으로 알려진 受封者 수(16명)에 대한 비율은 56.25%에 이른다. 18년 이내에 태자로 봉해진 사람은 15명으로 알려진 수봉자 총수에 대한 비율은 93.3% 이상이며, 25년 만에 태자로 봉해진 사람은 오직 한사람이 있을 뿐이었다. 여기서 또 주목을 끄는 것은 유리왕 23년 1월에 태자인 '都切'이 사망하니 같은 해 2월에 왕은 다른 왕자인 解明을 '태자'로 봉했다는 사실이다.

상술한 상황은 고구려 국왕들이 다음 왕의 계승자를 정하는 문제를 왕실과 나라의 가장 중요한 사업으로 삼고 매우 중요하게 처리했다는 것을 훌륭히 증명해 준다.

그런데 장수왕만 왕위를 계승한지 40여년이 지나도록 '태자'를 봉하지 않고 있었다면 고구려 국왕들이 서둘러 태자를 봉한 상황과는 전혀 어울리지 않는 독특한 현상이라고 할 수 있다. 더군다나 장수왕에게 아들 '조다'가 있었음에도 불구하고 계속 외면하다가 40여 년이 지난 후에 손자인 羅雲이 출생하니 비로소 그를 '太孫'으로 삼아 왕의 계승자를 정했다는 것은 일반적인 상황에서는 상상조차 할 수 없는 일이다.

장수왕은 즉위한지 40여 년가량 지난 후에 출생한 羅雲이를 '태손'으로 봉하기 이전에 조다 이외의 다른 아들을 '태자'로 봉했을 가능성이 매우 많다. 다만 이 '太子'는 여러 가지 원인으로 고서기록에서 누락되었다가 중원고구려비에 의하여 비로소 세상에 알려진 것이다. 비문의 전면과 좌측면에 씌어있는 '太子共'(古鄒加共)이 누락된 장수왕의 '태자'일 가능성이 많다. 문자왕의 아버지인 '조다'가 오래도록 '왕자'의 신분으로 머물러 있으면서 '태자'로 봉해지지 못하고 '早死'한 것은 바로 '태자공'(고추가공)이 있은 것과 관련될 수 있는 것이다.

'古鄒加共' 다음에는 계속해서 '軍'자가 씌어있는데 양자를 합하면 '古鄒加共軍'이 된다. 이것은 고추가공(태자공)이 이끄는 '軍'부대라는 뜻으로 풀이할 수 있다. 위의 기록의 전반부를 해석하면 다음과 같다.

'古鄒加共'(太子共)이 이끄는 '軍'부대는 '于[伐][城]'으로 추정되는 지방(麗羅 두 나라의 변경지대로써 이전에 新羅王 일행이 진입한 于伐城과 같은 곳일지도 모른다)에 이르렀다.

주목을 끄는 것은 여기서 특별히 '軍'이 등장한다는 사실이다. '軍'은 정치적 모순을 해결하는 최종 수단이라는 관점에서 보면 古鄒加共軍과 古牟婁城守事의 연합군사활동은 보다 큰 의의가 있다고 말할 수 있는 것이다.

(2) "古牟婁城守吏下部大兄"을 분석

중원고구려비 좌측면의 제6~7행에 따르면 "古鄒加共軍至于□□"이라고 쓰고 있으며 그로부터 세 글자를 지난 다음에 "古牟婁城守事下部大兄"이라고 쓴 기사가 나온다. 이것은 양자 사이에 매우 밀접한 연계가 있다는 것을 증명해 줄 가능성이 많다.

호태왕비문에 따르면 永樂 6년(396년)에 고구려는 백제를 공격하여 58개 성을 점령했는데 그 가운데 '古牟婁城'이 포함되어 있다. 그 후 장수왕은 부왕인 호태왕의 '敎令'에 따라 好太王陵에 守墓人烟戶 330家(新來韓穢 220家와 舊民 110家)를 배치했는데 그 중에도 '古牟婁城'에서 뽑아온 '國煙二看煙八'이 포함되어 있었다.[42]

이것은 古牟婁城은 본래 백제 소유였으나 고구려에 병합되었다는 것을 증명해 준다. 古牟婁城을 지키는 '守事'가 고구려 '下部'출신인 '大兄'(고구려에서 일곱 번째 관등에 해당하는 관직명칭[43])이었다는 사실은 이런 견해가 옳다는 것을 증명해 주는 또 하나의 증거로 된다.

한편 『삼국사기』에 따르면 475년(개로왕 21년)까지 백제의 수도는 漢城에 이었다.[44] 이런 정황에서 古牟婁城은 백제의 수도 이남일 수 없으며 그 이북의 어느 지점이라는 것은 의심할 바가 없다. 고모루성은 고구려와 백제의 변경 지역일 가능성이 많으며 '古鄒加共軍'이 진주한 것으로 추정되는 '于[拔][城]'(지금의 忠州 부근)과의 거리도 그다지 멀지 않았을 수 있다.

여기서 짚고 넘어가야 할 한 가지 사실이 더 있다. 그것은 비문의 좌측면 제3행에 '辛酉年'이란 간지연호가 나오고 제5행에 '辛酉'라는 두 글자가 있다는 사실이다. 이 '신유년'에 대하여 아직 통일된 견해가 없지만 그래도 간지년(신유년)이 옳다고 인정하는 학자들이 많은 것이 사실이다. 일부 학자들에 따르면 장수왕의 재위기간 내에 '신유년'은 2번 있었는데 각각 장수왕 8년(421년)과 69년(481년)이다.[45]

이제 비문의 좌측면에 나오는 '신유년'과 위의 기록의 전후반부를 합하여 서로 연계시켜 고려하면 다음과 같은 뜻으로 풀이할 수 있다.

---

42) 『好太王碑與古代朝日關係研究』, 8·10쪽.
43) 『翰苑』 권30, 蕃夷部 高麗에서 인용한 「高麗記」.
44) 『三國史記』 권25, 百濟本紀3 蓋鹵王 21년조 ; 권26, 本紀4 文周王 1년조.
45) 『中原高句麗碑新照明』, 88~89쪽.

　　신유년(421년 혹은 481년)에 古鄒加共(太子共)이 이끄는 '軍'부대는 그 부근에 있는 고구려의 古牟婁城守事와 함께 '于[伐][城]'으로 추정되는 곳(□□년 '十二月廿三日甲寅'에 新羅王 일행이 진입한 于伐城과 같은 곳일지도 모른다)에 진입하였다.

　　여기서 주목을 끄는 것은 '于[伐][城]'으로 추정되는 곳에 진주한 '軍'부대의 통솔자가 왕족 중의 大加에게만 주어지는 '古鄒加'거나 심지어 장차 왕위를 계승할 수 있는 '태자'의 신분을 가진 최고위급 인물(共)이었다는 사실이다. 이것은 '辛酉年'의 '于[伐][城]'(추정) 진입은 어느 한 지방과 관련된 작은 사건이 아니라 국가적 차원에서 진행된 중대한 사건이었다는 것을 증명해 준다. 물론 이 사건이 고구려와 신라 사이에 존재하는 현안을 해결하기 위하여 일어났다는 것은 의심할 바가 없다. 그러나 지금까지 알려진 비문에 따르면 그것[古鄒加共軍의 于[伐][城] (추정)진입]이 일어나게 된 구체적인 원인과 목적 등이 전혀 서술되어 있지 않은 것이다. 그렇기 때문에 '古鄒加共軍'이 '于[伐][城]'으로 진입한 사건의 성격에 대한 해명 방법은 거의 없다고 할 수 있다. 이미 위에서 지적한 바와 같이 多于桓奴 등에 의한 '募人三百'이나 補奴와 盖盧 등이 함께 진행한 '募人' 등도 이와 같은 상황인 것이다.

　　상술한 세 가지 사건들(募人三百, 補奴와 盖盧의 募人, 古鄒加共軍至 于[伐][城])은 다 같이 '十二月廿三日甲寅'에 신라왕 일행이 于伐城에 진입한 후에 '高麗太王祖王'의 직접 혹은 간접적인 교시에 따라 고구려에서 일어난 국가적 차원의 대사였던 것이다. 그러나 비문에는 이 사건들이 일어나게 된 구체적인 원인과 목적이 서술된 것이 전혀 없다. 따라서 이 사건들은 고구려와 신라의 친선을 상징해 주는 것인지 아니면 두 나라 사이의 모순이 격화된 상황을 보여주는 것인지에 대하여 구분하기 어려운 공동특징을 갖고 있다고 말할 수 있다.

　　이런 정황에서 중원고구려비문을 통해 볼 수 있는 麗羅관계의 특징은 고구려의 우세에 기초한 麗羅친선이 지나치게 강조되어 있어, 처음부터 불평등 요소가 많이 포함되어 있다는데 있다. 그러나 비문에는 두 나라 사이의 모순이 격화되어 충돌이 일어나는 현상 등은 나타나지 않는 것이 사실이다.

이럴 경우에 중원고구려비문이 반영해 주는 시대배경은 5세기 후반기가 아니라 5세기 전반기일 가능성이 더 많은 것이다.

맺음말

중원고구려비문을 통해 본 5세기 고구려와 신라의 관계는 전적으로 고구려의 우세에 기초하여 이루어진 불평등한 친선관계였다고 말할 수 있다. 그의 주요표현은 대체로 다음과 같다. 첫째 고구려왕은 '太王'(왕에 대한 존칭 이외에 또 王中王의 뜻이 포함된다)이라고 높여 불렀으나 신라왕은 '新羅寐錦' 외에 '東夷寐錦'이라고 낮추어 불렀으며, 둘째 고구려 영역은 '太王國土'라고 불렀으나 신라 영역은 '新羅土內' 혹은 '寐錦土內'라고 하여 '國'자를 빼 실제로 국가임을 승인하지 않았으며, 셋째 '太子共'을 중심으로 한 일부 고구려 관리들은 '高麗太王祖王' 교시에 따라 신라매금과 그의 수행인원 및 '新羅土內衆人' 등에게 의복 등을 '賜'함으로써 '군신관계'를 공고히 했으며, 넷째 신라 영역 내에는 한때 고구려군이 주둔해 있었을 가능성이 있는 것 등이다.

이와 같이 麗羅 두 나라의 친선관계에는 처음부터 불평등 요소가 포함되어 있었으며 여러 가지 모순들이 잠재해 있었다. '高麗太王祖王'은 이러한 모순을 덮고 두 나라는 세대를 이어 가면서 영원히 형제처럼 사이좋게 지낼 것을 호소했던 것이다. 그러나 이에 대한 신라매금의 반응은 비교적 소극적이었다고 말할 수 있다.

'十二月卄三日甲寅'에 신라매금 일행은 '于伐城'에 이르렀다. 이것을 계기로 하여 '高句麗太王祖王'의 교시에 따라 多于桓奴 등은 '□□境'에서 '募人三百'하는 활동을 전개했으며, '新羅土內'에 있는 고구려 幢主인 補奴도 盖盧와 더불어 '募人'활동을 했던 것이다. 또 비문의 좌측면에는 '古鄒加共'(太子共)이 이끄는 軍부대가 古牟婁城守事와 함께 '于[伐][城]'으로 추정되는 지방에 진출한 기록이 있다.

그런데 현재 남아있는 비문에 따르면 이 '募人'이나 '軍' 활동이 일어나게 된 원인과 목적에 대해 전혀 서술되어 있지 않기 때문에 이 활동들의 성격을 해명할 방법이 없다. 즉 그것이 麗羅 두 나라의 친선을 상징하는 것인지 아니면 두 나라 사이의 모순이 격화된 표현인지에 대하여 명확하게 답변할 수 없는 것이 사실이다.

종합적으로 중원고구려비문에 반영된 麗羅관계의 특징은 고구려의 우세에 기초한 麗羅친선이 지나치게 강조되고 있는데 비하여 두 나라 사이에 잠재해 있는 모순은 명확하게 노출되지 않았다는데 있다. 이런 상황에서 중원고구려비문이 반영해 주는 시대배경은 결코 5세기 후반기가 아니라 5세기 전반기일 가능성이 더 많다고 말할 수 있다. 이런 문제는 앞으로 계속되는 조사와 연구과정에서 점차 잘 해결되리라고 믿어진다.

부 록

부록 1: 中原高句麗碑 사진과 일부 拓本

中原高句麗碑사진

(1979年4月5日, 中原郡 立石部落입구 화단에 서 있을 때)

(『史學志』第13輯(中原高句麗碑特別號), 檀國大學校史學會, 1979年 11月, 서두 사진

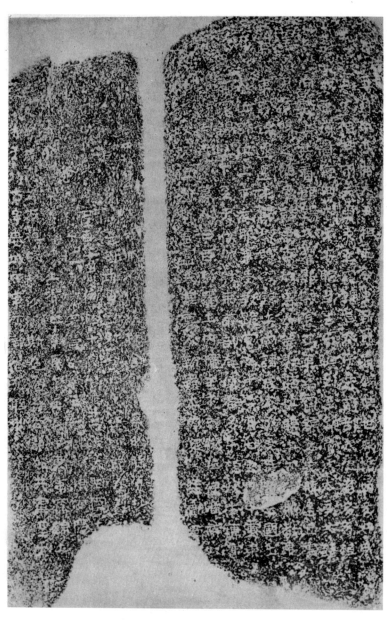

中原高句麗碑拓本(左側面과 前面)
(『史學志』 第13輯, 서두 사진 2)

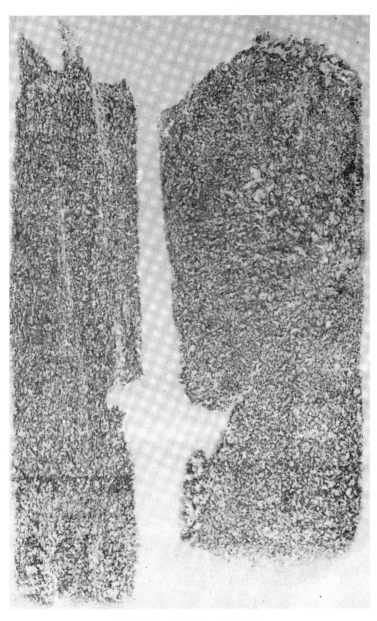

中原高句麗碑拓本(右側面과 後面)

(『史學志』第13輯, 서두 사진 3)

中原高句麗碑拓本(前面 上半部)
(『史學志』第13輯, 서두 사진 4)

中原高句麗碑拓本(前面 下半部)
(『史學志』 第13輯, 서두 사진 5)

中原高句麗碑拓本(左側面 上半部)

(『史學志』第13輯, 서두 사진 6)

中原高句麗碑拓本(左側面 下半部)

(『史學志』 第13輯, 서두 사진 7)

부록 2:

中原高句麗碑문에 대한 일부 학자들의 해석문

〔左側面〕

7	6	5	4	3	2	1	
伐?						○	1
城?						○	2
丙?						○	3
于						中	4
○						○	5
古						○	6
牟	方			辛		○	7
裵	得?		酉	從?		伐	8
城	○		年	班		城	9
守	○	上		功		不	10
事	沙	有				得	11
下	○	之?				發?	12
部	斯	辛		軍?		十	13
大	色	酉				舍	14
兄							15
耶	○						16
乎?	古						17
	都						18
	加	東		大		節	19
	共	夷		王		人	20
	軍	麻		國			21
	至	錦		隱	土	沙?	22
	于	土					23

〔前面〕

銘? 碑? ✓

10	9	8	7	6	5	4	3	2	1	
○	○	夷	大	夷	伊	尚	奴	上	五	1
○		寐	位	寐	者	教	主	下	月	2
奴		錦	諸	錦	賜	上	薄	相	中	3
故		境	上	遣	之	共	道	知	高	4
狛?		上	這	磧	看	使	守		麗	5
凶?	募	至	下	來	者?	節	鄕	天	大	6
鬼?	人		衣	節	節		賜		王	7
蓋	三	伐	服	教	教	大?	王?	來?	祖	8
盧	百	城	來?	賜	使	霍	安?	之	王	9
共	新	教	受	床	奴	鄒	貼?	麻	公	10
謀	羅	來?	教	錦	衆	食	法?	忌	新	11
募	土	前	跪	土	人	弓?		太	羅	12
人	內	官	內		諸	教		子	麻	13
新	輔	大	之?	諸	教	賜	到	共	錦	14
羅	主	使	十	衆	諸?	賜	至?	前	世	15
土	下	者	二	人	位	寐	跪	部	世	16
內	部	多	月	○		賜	錦	官	爲?	17
衆	拔?	弓?	廿	○	土	之	官	大	願	18
人	位	桓	三?	○	內	衣	大?	使	如	19
供	使	奴	日	○	○	服	太	者	兄	20
動	者	主	甲	○	○	建	子	多	如	21
○	錦	薄	寅	○	國	教	立	共	弟	22
○	奴	首?	東	土	東	處	節?		桓	23

中原高句麗碑文에 대한 鄭永鎬의 해석문
(『史學志』 第13輯, 14~15쪽 사이)

（左側面）

7	6	5	4	3	2	1	
							1
城							2
丙?							3
子?						中	4
授				日			5
古							6
牟	多			辛			7
裵	兮			酉		滅	8
城	桓			年	班	城	9
守	△奴	上			功	不?	10
事	沙	有			恩?	△?	11
下			△				12
部	斯		寅			村	13
大	色					舍	14
兄	智			十			15
鄒				四			16
乎	古						17
鄒						昕	18
	加	東		大	節		19
	共	夷		王	人		20
	軍	蘇		國			21
	至	錦		土		沙	22
	于	土					23

（前面）   高 □ 麗 建 興 四 □ □ 年

10	9	8	7	6	5	4	3	2'	1	
△	△	夷	大	夷	伊	尚	奴	上	五	1
△	△	寐	位	寐	教	者	主	下	月	2
奴	△	錦	諸	錦	賜	上	簿	相	中	3
橿?	境	去	位	逮	之	共	道	知	高	4
狛	下	上	還	隨	看	者	使	守	麗	5
殘?	募	至	下	來	者	節	賜	天	大	6
王	人	于	衣	節	節	賜	類	東	王	7
盖	三	伐	服	教	教	大	出	來	祖	8
盧	百	城	東?	賜	賜	蘿	牛	之	王	9
供	新	教	受	寐	奴	△	貽	寐	令	10
謀	羅	勤?	教	錦	寐	之	錦	忌	還	11
募	土	前	跪	土	人	食	去	太	新	12
人	內	部	營	內	革	△	△	太	羅	13
新	幢	大	△	諸	鞋	東?	△	子	寐	14
羅	主	使	十	衆	諸	賜	△	共	錦	15
土	下	者	二	人	位	寐	△	前	世	16
內	部	多	月	△衣	賜	錦	跪	部	世	17
衆	拔	兮	廿	△服	上	之	管?	大	爲	18
人	位	桓	三	△	下	衣	大	使	願	19
△	使	奴	日	△太	衣	服	太	者	如	20
動	者	主	甲	王	服	建	子	多	兄	21
△	補	簿	寅	國	教	立	共	兮	如	22
△	△	土	東	土	東	樓?	△	桓	弟	23

中原高句麗文에 대한 李丙燾의 해석문

『史學志』第13輯, 22~23쪽 사이

（左側面）

7	6	5	4	3	2	1	
							1
							2
							3
于							4
							5
古							6
牟	右						7
婁	祖						8
城							9
主?		上		功	不		10
事	沙	有					11
下							12
部	斯					村	13
大	絶	國?				舍	14
兄							15
□							16
□	古?						17
鄒							18
加?	東		大	節			19
共	夷		王	人			20
	軍	寐	安	國			21
	至	錦	土?				22
	于	土					23

（前面）

10	9	8	7	6	5	4	3	2	1	
		夷		夷	用	向	奴	上	五	1
		寐	位	寐	者	堅	主	下	月	2
		錦		錦	賜	上	簿	相	中	3
	境	上?	位		之	共	和?	相	高	4
		下	上			看	守		麗	5
	募	至	下		還	節	天		大	6
	人	于	衣	來		賜	東		王	7
盖	三	伐	服			太	來		相	8
盧	百	城		教		霍?	之			9
共	新	教	受		賜	奴	鄒?		寐	10
	羅	來	教		客	教	錦			11
募	土	前	跪	官	食?	弓?	忌		新	12
人	内	部	官			弓?	太		羅	13
新	幢	大		憨			子		寐	14
羅	主	使	十		云	賜	到?	共	錦	15
土	下	者	二		位	寐	至	前	世	16
内	部	多	月		賜	錦	跪	部	世	17
衆	于		廿		上	之	官?	大	爲	18
人	位	桓	三		下	衣	大?	使	顧	19
拜	使	奴			服		太	者	如	20
動	者	主	甲		服	建	子	多	兄	21
恩	端	簿	寅		國	教	立	共	如	22
奴	看?	東		土	東	處	△	桓	弟	23

中原高句麗碑文에 대한 任昌淳의 해석문

『史學志』 第13輯, 54~55쪽 사이

〈I: 前面〉

	5		4		3		2		1	
思伊	用	尙	向*		奴		上		五	1
	者	謁	(塹),(望)		主		下		月	2
	賜		上		簿		相		中	3
	之		共	道	貴*	知	和*		高	4
	隨		看	思	儁(德)		守		麗	5
曷忠患去	□		節		細佃*鄕苗	?+田	天	大	太	6
	節		賜	(?)	(類)	重萬	東		王	7
萬,禹,審寧教	□		太	出(玉)옥(口+玉)	(王)	夷	來	相杻招	祖	8
賜海每	□		霍	安等(玄)	(安)		之	玉	王	9
	奴	鄒	「聰」		(聏)		寐	公	令*	10
智	客	敎	(敎),(授)	「那,鄒,部」之節	□		錦	「是,忠,惠,還,遷」	□	11
	人		食	法古	(去)	「患」	(忌)		新	12
崋革者裁幷輩	□	正	(在)	弓鳥馬与	□		太		羅	13
	敎		東*		□		子		寐	14
	諸		夷*		到		共		錦	15
	位		寐		至		前		世	16
	賜		錦		跪		部		世	17
	上		之	官宮	營	大	太		爲	18
	下		衣		天大天		使		願	19
개진부분	(衣)		服		太		者		如	20
	服		建		子		多		兄	21
	敎		立		共		亏		如	22
	東	虔	處	「諾,諸,語,謀」	言+?		桓		弟	23

中原高句麗碑文에 대한 高句麗研究會 新釋文(2000年)

「中原高句麗碑研究」(高句麗研究 第10輯) 學研文化社, 2000년판, 100~103쪽

	10		9		8		7		6	
	□	德 使	□		夷		大		(夷)	1
流統	(疏)**	敎	□		寐		位		寐	2
	奴	來憝	□		錦		諸		錦	3
	扌+?	廣鑛復	(境)		上		位		運	4
狃	□	大內	□		下		上		遷	5
	(凶)		募		至		下		來	6
「兎」	鬼		人		于		衣		節	7
	盖	七	三		伐		服		敎	8
	盧		百		城	兼幷恭	(束)(來)		賜	9
供	共		新	敬放	敎		受		寐	10
誥 金+甚	?+甚		羅		來		敎		錦	11
	募		土		前		跪		土	12
	人		內		部	宮官	營		內	13
	新		幢	(大)	太	也立	之		諸	14
	羅		主		使		十		衆	15
	土	木求	下		者		二	本	人	16
	內		部		多		月	衣服	□	17
	衆		(拔)		于		廿	智	□	18
	人		位		桓	(五)	三		□	19
(踐)計? 跘	跘**		使		奴	깨짐	(日)	깨짐	□	20
	(動)		者		主		甲	十主去天	(王)	21
酒遷	□	端	補		簿		寅		國	22
깨짐	□		奴		貴		東		土	23

3-3과 8-22 簿의 좌변은 삼수변(氵)가 아니라 재방변(扌)임

〈Ⅱ: 左面〉

	7	6	5	4	3	2	1	
	□	□	□	「去」坐谷	□	□	□	1
	□	□	□	以火父	人	□	□	2
先走	(去)**	□	□	□	□	□	□	3
	于	□	□	□	□	中	(忠)**	4
教	□	□	□	谷	□	「苦」	□	5
	古	□	索榮宋	□	□	爲	□	6
	牟	石 (方,万,右)	□	鳥	(辛)	□	(于)	7
	婁	祖桓 祖	□	□	(酉) 從	□	伐	8
	城	(故)**	□	□	年	助 刺**	城	9
	守	□	上	□	□	功	不	10
	事	沙	杏有 右?**	□	□	狩得葯	扌+?**	11
	下	之	之乙	客庚	□	城穡	村	12
	部	斯	辛	寅皆菫 黃**	□	射	村	13
	大	色	酉	□	想恕	□	舍	14
	兄	□	□	□	□	鄭食	□	15
	耶	大	太**	□	□	깨짐	□	16
	□	古	□	□	盖	聚奏最 日+助	□	17
		鄒	□	□	盧陰	月+生共	月+?**	18
		加	東	□	太	節 月+生	胜**	19
		共	夷	「愼,情」賜相	王	人 優厦復	□	20
		軍	眜	(安)	國	視 刺**	征 (沙)	21
		至	錦	「隱,隱」威麗陪	土	□	□	22
		于	土	墓	□	□	□	23

高句麗研究會新釋文

〈Ⅲ면: 右面〉

6	5	4	3	2	1	
□	□	□	□	□	□	1
□	守**	□	□	□	□	2
□	(自)**	□	□	□	□	3
□	□	□	□	□	□	4
□	□	□	□	□	□	5
□	□	□	□	□	□	6
□	□	□	□	□	□	7
□	□	□	□	□	□	8
□	□	□	□	□	□	9
□	□	□	(容)**	禾+?**	前**	10
□	□	□	□	□	部**	11
□	□	□	□	□	(大)**	12
□	□	□	□	部**	兄**	13
□	□	□	□	(小+?)**	□	14
□	□	□	□	□	□	15
□	□	□	□	□	□	16
□	□	□	□	(泊)**	□	17
□	□	□	□	□	□	18
□	□	□	□	□	□	19
□	□	□	□	□	□	20
□	□	□	□	□	□	21
□	□	□	□	□	□	22
□	□	□	□	□	□	23

〈Ⅳ면: 後面〉

** 후면 왼쪽 마지막 행의 위에서 3분의 1정도 위치에 「巡」자로 보이는 글자가 있다.

高句麗研究會新釋文

戊
1
2
3
4 ∴ 행

원비문.

□ 안은. 추단.)

城 丙子 授 古 年 婁 城 守 事 下 部 大 □ 躬乎

前部大使者
多 兮 桓
奴与
□ 斯色智
□
兄
各 部 如 共 軍 至 于

上 有
當
東 夷 寐 錦 土
其

貝

十 辛 酉 年
二 月 四 日 庚
寅
十 四
日
大 王 國 土
內

班 功 恩
冬 十 一 月 二
節 人

中
減 城 不
村 舍
昖
沙

中原高句麗碑文에 대한 손영종의 해석문
조선『력사과학』 1985년 2기, 27~28쪽 사이

五月中高麗大王祖王令還新羅寐錦世世爲願如兄如弟

上下相知守天東來之寐錦忌太子共前部大使者多亏桓

奴主簿道使鄕類出牛貼之去□□□跪管

尚教上共看節賜大薑□□食□東賜寐錦之衣服建立樓

伊者賜之隨者節教賜奴衆人㡭鞋諸位賜上下衣服服鞋賜内王國土

夷寐錦逮還來節教賜寐錦土内諸衆人□□□□王國土

大位諸位上下衣服東受教跪營□冬十二月廿三日甲寅東

夷寐錦便新羅去下至于伐城教勅前部大使者多亏桓奴主簿道道

□便新羅□境□募人三百新羅土内幢主下部拔位使者補奴

손영종의 해석문

『中原・高句麗碑文』釈文　(数字は行、＊印は試釈、□の中は推定字、□は釈文できない碑字)

前面

1　五月中高麗太王祖王令□新羅寐錦世世為願如兄如弟
2　上下相和守天東夷之寐錦□太子共前部太使者多亏桓
3　奴主簿□□□□去□□到至跪営之太子共□
4　尚＊□上共看節賜□□□□□賜寐錦之衣服建立
5　用者賜之随□□□奴客人□教諸位賜上下因服教東
6　夷寐錦遝還来節教賜寐錦土内諸衆人□□□國土
7　大位諸位上下衣服来受教跪営之十二月廿三日甲寅東
8　夷寐錦上下至于伐城教来前部太使者多亏桓奴主簿
9　□境□募人三百新羅土内幢主下部□位使者□奴
10　□□奴□□□□□蓋盧共□募人新羅土内衆人□□

左面

1　□中□不□村舎□□□昧□沙＊＊
2　□□□□□功□□□□□□節人
3　□□辛酉＊□十□□□□□太王國土
4　□□＊□＊□人□□□□□□□□
5　□□□□□□□□□上有＊□□□□東夷寐錦土
6　□內□□□□□方□沙斯色□□□加共軍至于

中原高句麗碑文에 대한 武田幸男의 해석문
『高句麗史와 東아세아』, 岩波書店, 1985년판, 259쪽

前面 :

高麗建興四年

第1行　　五月中高麗太王祖王命勅新羅寐錦世世爲願如兄如弟

第2行　　上下相和安撫東夷之寐錦憑太子共前部大使者多分桓

第3行　　奴主薄㗉德佃類出安聆之告乃善對至跪官家太子其節

第4行　　問塾上恭看節賜咸羅郡諸食丏賞賜寐錦之衣服建立處

第5行　　用者賜之隨遣諸夷賜奴客令節教諸位賜上下衣服教東

第6行　　夷寐錦遝還來節教賜寐錦土內諸邑人賤客□□王國土

第7行　　大位諸位上下衣服來受教跪賞之十二月卄三日甲寅東

第8行　　夷寐錦上下至于伐城教來前部大使者多分桓奴主薄㗉

第9行　　德新羅境內募人三百新羅土內幢主下部拔位使者補奴

第10行　　□流奴招撫凶斯蓋盧共謀募人新羅土內衆人踐動　□

中原高句麗碑文에 대한 耿鐵華의 해석문

『中原高句麗碑연구』(高句麗研究 第10輯), 學研文化社, 2000년판, 534~535쪽.

주해:

耿氏에 따르면 글자 아래 " . "을 찍은 것은 그가 새로 해석한 글자라고 한다. 그는 또
후면에도 "寐錦, 誠" 등 글자가 있다고 썼다.

左側面：

第1行　　□□□中陳兵□伐城不獲發村捨□□受取時便抄□□

第2行　　□□□帥衆□□邑部功德興慰忿□□□賜節人刺□□

第3行　　□□□來賜□辛酉年恩德□十□□□□歸太王國土□

第4行　　□□□□□□□□還□奴客賣句□□□節賜境安撫□

第5行　　□□□□□梁□□□土有□辛酉年□新羅東夷寐錦土

第6行　　□□□□□多分桓奴彌沙□斯色穀命古鄒加共軍至于

第7行　　□□舍于□古牟婁城守事下部大兄躬率□□□□□□

右側面：

第1行　　□東夷寐錦賞賜□□前部大兄□□□□□孫継□□來

第2行　　命□□□□□□□利嗣東部小兄□歸□□□□□□□

第3行　　□□領衆□□憲治域節賜□□□□□□□□□□□□

第4行　　□□□□□□□婁□□□□□□□□□□□□□□□

第5行　　□等自□□□□殘合□□□□□□□□□□□□□□

第6行　　□歸鄕□□彌沙□□□□□□□□□□□□□□□□

耿鐵華의 해석문

찾아보기

ㅁ

*대한민국학술원 우수학술 도서   **문화체육관광부 우수학술 도서